國家圖書館出版品預行編目資料

新譯資治通鑑(十九) / 張大可,韓兆琦等注譯. －－
初版一刷. －－臺北市: 三民, 2017
冊;　公分. －－(古籍今注新譯叢書)
ISBN 978-957-14-6237-0　(平裝)
1. 資治通鑑 2. 注釋

610.23　　105022866

© 新譯資治通鑑(十九)

注譯者	張大可　韓兆琦等
責任編輯	陳榮華
美術設計	李唯綸
發行人	劉振強
著作財產權人	三民書局股份有限公司
發行所	三民書局股份有限公司
	地址　臺北市復興北路386號
	電話　(02)25006600
	郵撥帳號　0009998-5
門市部	(復北店)臺北市復興北路386號
	(重南店)臺北市重慶南路一段61號
出版日期	初版一刷　2017年1月
編號	S 034210

行政院新聞局登記證局版臺業字第〇二〇〇號

ISBN　978-957-14-6237-0　(平裝)

http://www.sanmin.com.tw　三民網路書店

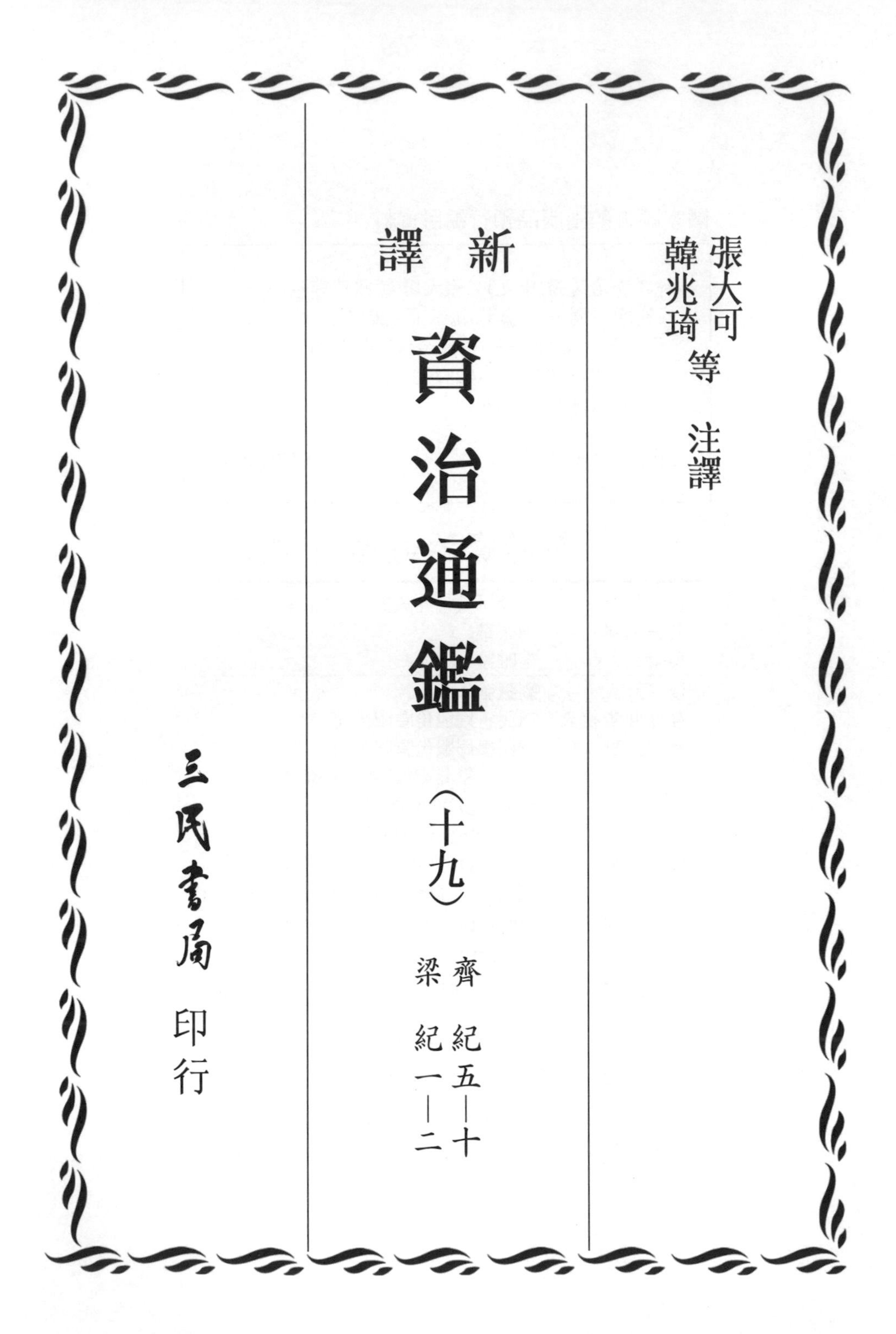

張大可
韓兆琦 等 注譯

新譯資治通鑑

（十九）

齊紀五—十
梁紀一—二

三民書局 印行

新譯資治通鑑 目次

第十九冊

卷第一百三十九 齊紀五 西元四九四年……一
卷第一百四十 齊紀六 西元四九五至四九六年……八五
卷第一百四十一 齊紀七 西元四九七至四九八年……一六七
卷第一百四十二 齊紀八 西元四九九年……二三五
卷第一百四十三 齊紀九 西元五〇〇年……二九一
卷第一百四十四 齊紀十 西元五〇一年……三四三
卷第一百四十五 梁紀一 西元五〇二至五〇四年……四二三
卷第一百四十六 梁紀二 西元五〇五至五〇七年……五〇七

卷第一百三十九

齊紀五　閼逢閹茂（甲戌　西元四九四年），凡一年。

【題解】本卷寫齊明帝蕭鸞建武元年（西元四九四年）一年間的南朝齊、北朝魏兩國大事。寫了齊蕭鸞立場的史官所加於小皇帝蕭昭業的種種劣跡，諸如說他與何皇后共為淫樂，又肆意揮霍，兩庫積存八億萬，不到一年就快花光；又說蕭昭業寵信綦毋珍之，致綦毋珍之貪婪專橫，行為僭越；寫蕭鸞以蕭衍為心腹，收買朝廷官僚與地方上的實力派，以致連小皇帝蕭昭業的親信蕭諶、蕭坦之等都投靠蕭鸞，反為之監視蕭昭業；蕭鸞為翦除蕭昭業的羽翼，先將其護衛周奉叔出為刺史，臨行又矯詔殺之；杜文謙先曾勸綦毋珍之聯合周奉叔以殺蕭鸞，綦毋珍之不聽，致蕭鸞在殺掉周奉叔後，又殺了綦毋珍之、杜文謙等。接著有威望的武陵王蕭曄、竟陵王蕭子良死，其他諸王均各被其典籤所控制，不得與內外大臣相聯繫，皇室愈益孤危；蕭昭業欲依靠皇后之堂叔何胤廢除蕭鸞，何胤不肯受命；蕭昭業的親信曹道剛謀誅蕭鸞，但還未及動手，而身為中領軍的叛徒蕭諶遂率兵入宮，殺了曹道剛、朱隆之，蕭鸞帶領王晏、徐孝嗣、陳顯達等繼而進殿，殺了小皇帝蕭昭業，徐孝嗣則掏出他預先寫好的假太后詔，宣布追廢小皇帝為鬱林王，改立蕭昭文為皇帝；寫了蕭鸞進爵為王，控制全部朝權。寫了謝粲、劉巨等勸鄱陽王蕭鏘、隨王蕭子隆借用皇帝身邊的勢力，挾天子以誅蕭鸞，蕭鏘猶豫不決，被其典籤告密，蕭鏘、蕭子隆、謝粲等皆被殺；江州刺史蕭子懋起兵反蕭鸞，因洩密與部下叛變失敗被殺；接著蕭鸞一舉殺掉了高祖蕭道成的兒子蕭銶、蕭銳、蕭鏗、蕭鑠、蕭鈞、蕭鋒與世祖蕭賾的兒子蕭子敬、蕭子真、蕭子倫；最後又殺了小皇帝蕭昭文，自己即位稱帝；寫了身為朝廷顯貴的謝朏聽到第一個小皇帝被殺時竟毫不動心，照常下棋不休而後關門睡覺；為了保持「清高」之名，謝朏請求離開朝廷去任地方官，臨行送酒數斛於其任吏部尚書的弟弟謝瀹，讓他日飲淳醪，「勿豫人事」；而略略表現出一些義形於色的有度支尚書虞悰稱疾不陪位，不願居於贊助維新之列；謝瀹則不聽其兄之勸，不肯向蕭鸞祝賀，並斥責賣主求榮的王晏等人；寫史者滿懷同情地寫了蕭子懋的部下董僧慧與陸超之的感人情節。寫了魏錄尚書事拓跋羽建議魏主依地方州鎮考核治下官員的辦法以考核朝廷百官，以及魏主對百官群臣實行三年一考核，並進行黜陟的實施情景；寫了魏主率眾離開平城，正式遷都洛陽；寫了魏主乘蕭鸞弒主篡位，又有雍州刺史曹虎聲言降魏之機，於是數道大舉攻齊；以及魏主統兵親征，魏軍與齊軍相持於赭陽、南陽一帶的情景。此外還寫了魏國原在寧夏、甘肅之河西地區養馬，後又在河南之河陽地區馴養軍馬，使軍馬逐步南移，逐漸習慣中原地區的水土氣候，以見孝文帝拓跋宏時代魏國的國勢之強盛；並寫了宋、齊時代所特有的典籤權勢之惡性膨脹，高武諸王蕭曄、蕭子罕等深受其害的慘相，戴僧靜、孔稚珪、蕭子顯皆痛斥之等等。

高宗明皇帝❶上

建武❷元年（甲戌　西元四九四年）

春，正月丁未❸，改元隆昌❹，大赦❺。○雍州❻刺史晉安王子懋❼，以主幼時艱❽，密為自全之計，令作部❾造仗❿。征南大將軍陳顯達⓫屯襄陽⓬，子懋欲脅取以為將⓭。顯達密啟西昌侯鸞⓮，鸞徵⓯顯達為車騎大將軍⓰，徙⓱子懋為江州刺史⓲，仍⓳令留部曲⓴助鎮襄陽，單將㉑白直、俠轂㉒自隨。顯達過襄陽㉓，子懋謂曰：「朝廷令身[24]單身而返，身是天王[25]，豈可過爾輕率[26]！今猶欲將二三千人自隨，公意何如？」顯達曰：「殿下若不留部曲，乃是大違敕旨[27]，其事不輕[28]；且此間人亦難可收用。」子懋默然。顯達因辭出，即發去[29]。子懋計未立，乃之尋陽[30]。

西昌侯鸞將謀廢立[31]，引前鎮西諮議參軍蕭衍[32]與同謀。荊州刺史隨王子隆[33]，性溫和，有文才，鸞欲徵之，恐其不從。衍曰：「隨王雖有美名，其實庸劣[34]。既無智謀之士，爪牙[35]唯仗司馬垣歷生[36]、武陵[37]太守卞白龍耳。二人唯利是從，若啗以顯職[38]，無有不來；隨王止須折簡[39]耳。」鸞從之。徵歷生為太子左衛率[40]，白龍為游擊將軍[41]，二人並至。續召子隆為侍中[42]、撫軍將軍[43]。豫州刺史崔慧景[44]，高、武舊將[45]，鸞疑之[46]，以蕭衍為寧朔將軍[47]，戍壽陽。慧景懼，白服[48]出迎，衍撫安之[49]。

辛亥[50]，鬱林王[51]祀南郊[52]；戊午[53]，拜崇安陵[54]。○癸亥[55]，魏主[56]南巡[57]；戊辰[58]，過比干墓[59]，祭以太牢[60]，魏主自為祝文曰：「烏呼[61]介士[62]，胡不我臣[63]！」

帝寵幸中書舍人[64]綦毋珍之[65]、朱隆之，直閤將軍[66]曹道剛、周奉叔[67]，宦者徐龍駒[68]等。珍之所論薦[69]，事無不允；內外要職，皆先論價[70]，旬月之間[71]，家累千金[72]；擅取官物[73]及役作[74]，不俟詔旨[75]。有司[76]至相語云：「寧拒至尊敕[77]，不可違舍人命。」帝以龍駒為後閤舍人[78]，常居含章殿[79]，著黃綸帽[80]，被[81]貂裘，南面向案[82]，代帝畫敕[83]；左右侍直[84]，與帝不異。

帝自山陵之後[85]，即與左右微服[86]遊走市里[87]，好於世宗崇安陵隧中[88]擲塗[89]、賭跳[90]，作諸鄙戲[91]，極意賞賜左右，動至百數十萬[92]。每見錢曰：「我昔思汝一枚[1]不得[93]，今日得用汝未[94]？」世祖聚錢上庫五億萬[95]，齊庫亦出三億萬[96]，金銀布帛不可勝計。鬱林王即位未朞歲[97]，所用垂盡[98]。入主衣庫[99]，令何后[100]及寵姬以諸寶器相投擊破碎之，用為笑樂。蒸[101]於世宗[2]幸姬霍氏[102]，更其姓曰徐。朝事大小，皆決於西昌侯鸞。鸞數諫爭[103]，帝多不從；心忌鸞，欲除之。以尚書右僕射[104]鄱陽王鏘[105]為世宗所厚，私謂鏘曰：「公[106]聞鸞於法身如何[107]？」鏘素和謹，對曰：「臣鸞於宗戚[108]最長，且受寄先帝[109]，臣等皆年少，朝廷所賴，唯鸞一人，願陛下無以為慮。」帝退，謂徐龍駒曰：「我欲與公共計取鸞，公既不同，我不能獨辦，且復小聽[110]。」

衛尉蕭諶[111]，世祖之族子[112]也，自世祖在郢州[113]，諶已為腹心[114]。及即位，常典宿衛[115]，機密之事，無不預聞[116]。征南諮議蕭坦之[117]，諶之族人也，嘗為東宮直閤[118]，為世宗所知。帝以二人祖父舊人[119]，甚親信之。諶每請急[120]出宿，帝通夕不寐，諶還乃安。坦之得出入後宮，帝褻狎宴遊[121]，坦之皆在側。帝醉後，常裸袒，坦之輒[122]扶持諫諭。西昌侯鸞欲有所諫，帝在後宮不出，唯遣諶、坦之徑進[123]，乃得聞達[124]。○何后亦淫泆[125]，私[126]於帝左右楊珉[127]，與同寢，處如伉儷[128]。又與帝相愛狎，故帝恣[129]之，迎后親戚入宮，以耀靈殿[130]處之。齋閤[131]通夜洞開，外內淆雜，無復分別。

西昌侯鸞遣坦之入奏誅珉[132]，何后流涕覆面曰：「楊郎好年少[133]，無罪，何可枉殺！」坦之附耳語帝曰：「外間並云楊珉與皇后有情，事彰遐邇[134]，不可不誅。」帝不得已，許之；俄敕原之[135]，已行刑矣[136]。鸞又啓誅徐龍駒，帝亦不能違，而心忌鸞益甚。蕭諶、蕭坦之見帝狂縱日甚，無復悛改[137]，恐禍及己，乃更回意附鸞[138]，勸其廢立[139]，陰[140]為鸞耳目，帝不之覺也。

周奉叔恃勇挾勢[141]，陵轢[142]公卿。常翼[143]單刀二十口[144]自隨，出入禁闥[145]，門衛不敢訶[146]。每語人曰：「周郎刀不識君[147]！」鸞忌之，使蕭諶、蕭坦之說帝出奉叔為外援[148]。己巳[149]，以奉叔為青州[150]刺史，曹道剛為中軍司馬[151]。奉叔就帝求千戶侯[152]，許之。鸞以為不可，封曲江縣男[153]，食三百戶。奉叔大怒，於眾中攘刀[154]厲色，鸞說諭[155]之，乃受。奉叔辭畢，將之鎮[156]，部伍[157]已出，鸞與蕭諶稱敕[158]，召奉叔於省中[159]，毆殺[160]之。啓云[161]：「奉叔慢朝廷。」帝不獲已[162]，可其奉[163]。

溧陽令[164]錢唐杜文謙，嘗為南郡王侍讀[165]，前此說綦毋珍之曰：「天下事可知，灰盡粉滅，匪朝伊夕[166]，不早為計，吾徒無類[167]矣。」珍之曰：「計將安出？」文謙曰：「先帝舊人，多見擯斥[168]，今召而使之，誰不慷慨[169]？近聞王洪範[170]與宿衛將萬靈會[171]等共語，皆攘袂捶牀[172]。君其密報[173]周奉叔，使萬靈會等殺蕭諶，則宮內之兵皆我用[174]也。即[175]勒兵入尚書[176]斬蕭令[177]，兩都伯力[178]耳。今舉大事亦死，不舉事亦死，二死等耳，死社稷可乎[179]！若遲疑不斷，復少日[180]，錄君[181]稱敕賜死[182]，父母為殉[183]，在眼中矣[184]。」珍之不能用。及鸞殺奉叔，并收[185]珍之、文謙，殺之。

乙亥[186]，魏主如洛陽西宮。中書侍郎韓顯宗[187]上書陳四事：其一，以為「竊聞輿駕[188]今夏不巡三齊[189]，當幸中山[190]。往冬輿駕停鄴[191]，當農隙[192]之時，猶比屋[193]供奉，不勝勞費。況今蠶麥方急，將何以堪命？且六軍[194]涉暑，恐生癘疫[195]。臣願早還北京[196]，以省諸州供張[197]之苦，成洛都營繕[198]之役。」其二，以為「洛陽宮殿故基，皆魏明帝[199]所造，前世已譏其奢，今茲[200]營繕，宜加裁損。又，頃來[201]北都富室[202]，競以第舍相尚[203]，宜因遷徙，為之制度[204]。及端廣衢路[205]，通利溝渠[206]。」

其三，以為「陛下之還洛陽，輕將從騎[207]。王者於闈闥之內[208]猶施警蹕[209]，況涉履山河而不加三思乎！」其四，以為「陛下耳聽法音[210]，目翫墳典[211]，口對百辟[212]，心虞萬機[213]，景昃而食[214]，夜分而寢[215]。加以孝思之至[216]，隨時而深[217]，文章之業，日成篇卷。雖叡明所用，未足為煩[218]。然非所以嗇神[219]養性，保無疆之祚[220]也。伏願陛下垂拱司契[221]，而天下治矣。」帝頗納之。顯宗，麒麟[222]之子也。

顯宗又上言，以為「州郡貢察[223]徒有秀、孝[224]之名，而無秀、孝之實[225]，朝廷但檢其門望[226]，不復彈坐[227]。如此[228]，則可令別貢門望以敘士人[229]，何假冒秀、孝之名也[230]！夫門望者，乃其父祖之遺烈[231]，亦何益於皇家[232]！益於時者，賢才而已。苟有其才，雖屠釣奴虜[233]，聖王不恥以為臣[234]；苟非其才，雖三后之胤[235]，墜於皁隸[236]矣。議者或云『今世等無奇才[237]，不若取士於門。』此亦失矣。豈可以世無周、邵[238]，遂廢宰相邪！但當校[239]其寸長銖重[240]者先敘[241]之，則賢才無遺矣。

「又，刑罰之要[242]，在於明當[243]，不在於重。苟不失有罪[244]，雖捶撻[245]之薄，人莫敢犯；若容可僥幸[246]，雖參夷[247]之嚴，不足懲禁。今內外之官，欲邀[248]當時之名，爭以深刻[249][3]為無私，迭相敦厲[250]，遂成風俗。陛下居九重[251]之內，視人如赤子[252]；百司[253]分萬務之任，遇下如仇讎[254]。是則堯、舜止一人而桀、紂以千百，和氣[255]不至，蓋由於此。謂宜敕示百僚[256]，以惠元元之命[257]。

「又，昔周居洛邑[258]，猶存宗周[259]；漢遷東都[260]，京兆置尹[261]。案[4]春秋之義，有宗廟曰都，無曰邑[262]。況代京[263]宗廟山陵所託[264]，王業所基[265]，其為神鄉福地，實亦遠矣，今便同之郡國，臣竊不安。謂宜建畿置尹[266]，一如故事[267]。崇本重舊，光示萬葉[268]。

「又，古者四民異居[269]，欲其業專志定[270]也。太祖道武皇帝[271]創基撥亂[272]，日不暇給[273]，然猶分別士庶[274]，不令雜居，工伎[275]屠沽[276]，各有攸處[277]，但不設科禁[278]，久而混殽。今聞洛邑居民之制，專以官位相從[279]，不分族類[280]。夫官位無常，朝榮夕悴[281]，則是衣冠[282]、皁隸不日同處[283]矣。借使[284]一里[285]之內，或調習歌舞，或講[5]肄[286]詩書，縱羣兒隨其所之[287]，則必不棄歌舞而從詩書矣。然則使工伎之家習士人風禮[288]，百年難成；士人之子效工伎容態，一朝而就。是以仲尼稱里仁之美[289]，孟母勤三徙之訓[290]。此乃風俗之原[291]，不可不察。朝廷每選人士，校其一婚一宦以為升降，何其密[292]也！至於度地居民[293]，則清濁連甍[294]，何其略也！今因[295]遷徙之初，皆是空[6]地，分別工伎，在於一言，有何可疑而闕盛美[296]！

「又，南人[297]昔有淮北之地[298]，自比中華[299]，僑置郡縣[300]。自歸附聖化[301]，仍而不改[302]，名實交錯，文書難辨[303]。宜依地理舊名，一皆釐革[304]，小者并合，大者分置。及中州郡縣[305]，昔以戶少併省，今民口既多，亦可復舊。

「又，君人者，以天下為家，不可有所私。倉庫之儲，以供軍國之用，自非[306]有功德者不可加賜。在朝諸貴，受祿不輕，比來賜[7]賚[307]，動以千計。若分以賜鰥寡孤獨[308]之民，所濟實多[309]。今直[310]以與親近之臣，殆非周急不繼富[311]之謂也。」

帝覽奏，甚善之。

【章旨】以上為第一段，寫齊明帝蕭鸞建武元年（西元四九四年），實際乃齊武帝的孫子蕭昭業隆昌元年正月一個月裡的大事。主要寫了齊雍州刺史晉安王蕭子懋見西昌侯蕭鸞掌控朝廷大權，心感惶恐，謀自全之計，欲收買大將陳顯達，結果被陳顯達向蕭鸞告密，陳顯達升官，蕭子懋被移任江州；寫蕭鸞以蕭衍為心腹，收買荊州刺史蕭子隆的部下垣歷生、卞白龍，以架空蕭子隆，又收撫了崔慧景；寫小皇帝蕭昭業與何皇后共為淫樂，又肆意揮霍，兩庫積存八億萬，未期年而垂盡；寫蕭昭業寵信綦毋珍之，致綦毋珍之貪婪、專橫，行為僭越；寫蕭昭業的親信蕭諶、蕭坦之投靠蕭鸞，反為之監視蕭昭業；寫蕭鸞為翦除蕭昭業的羽翼，先將其護衛周奉叔出為刺史，臨行又矯詔殺之；寫杜文謙曾勸綦毋珍之聯合周奉叔以殺蕭鸞，綦毋珍之不聽，致蕭鸞在殺掉周奉叔後，又殺了綦毋珍之、杜文謙等。寫了魏之名臣韓顯宗上書論事，論皇帝不應夏日出巡，勞民敗事；論洛陽之建應力從節儉；又論秀才、孝廉之選，只重門第，有名無實；又建議減輕刑罰，建議以平城仍為都城，置京兆尹；又建議洛陽新建，應區分士庶；又言新佔領的淮北地區，應改掉晉宋曾用的僑置郡縣之名，以免混亂；又言國家有錢應用之「周急」，不宜用來「繼富」等等。

【注　釋】❶高宗明皇帝　蕭鸞，字景栖，齊高帝蕭道成之兄蕭道生之子，西元四九四—四九八年在位。高宗是他的廟號，明是諡號。傳見《南齊書》卷六〈明帝紀〉。❷建武　明帝蕭鸞的年號（西元四九四—四九七年）。按，本年雖書為「建武元年」，其實前九個月乃是蕭昭業的「隆昌元年」和蕭昭文的「延興元年」，十月蕭鸞即皇帝位，始真正改稱「建武元年」。❸正月丁未　正月初一是丁未日。❹改元隆昌　指小皇帝蕭昭業從上年其祖父蕭賾的永明十一年改稱為他自己的隆昌元年。蕭昭業是齊武帝蕭賾的長孫，文惠太子蕭長懋的長子。從去年（癸酉，西元四九三年）的秋七月已即皇帝位，到今年（甲戌）春正月，始改用自己的年號。❺大赦　新皇帝即位，通常都要施行大赦，以博取全國臣民的歡心。❻雍州　齊國的僑治州名，州治襄陽，即今湖北襄樊漢江南岸的襄陽區。❼晉安王子懋　齊武帝蕭賾的第七子，時為雍州刺史，被封為晉安王，封地晉安郡。傳見《南齊書》卷四十。晉安郡的郡治侯官，即今福州。❽主幼時艱　皇帝的年齡較小，國家的形勢艱難，指擔心權臣蕭鸞篡位。蕭昭業當時只有二十一歲。❾作部　製造兵器杖的部門。❿造仗　製造武器。胡三省曰：「諸州各有作部，主造器仗。」⓫征南大將軍陳顯達　陳顯達是南齊的著名將領，官至太尉。傳見《南齊書》卷二十六。當時任征南大將軍之職。征南大將軍是當時高級將軍的名號，為四征之一，爵位從公。⓬屯襄陽　屯兵於襄陽，亦即征南大將軍的軍府設在襄陽。胡三省曰：「去年秋，武帝以魏將入寇，遣顯達鎮樊城。」襄陽與樊城相互挨近，現在已合併為一城，即襄樊。⓭脅取以為將　威脅利誘使其為自己所用，使之成為自己部下的將領。⓮密啓西昌侯鸞　祕密地報告了西昌侯蕭鸞。蕭鸞早從建元元年（西元四七九年）被蕭道成封為西昌侯，此時已是南齊政權中最有權勢的人物。⓯徵　召，將其調入朝廷為官。⓰車騎大將軍　高級將軍的名號，位在四征之上，掌管京城守衛。⓱徙　調動；更換官職。⓲江州刺史　江州的州治柴桑，即今江西九江市。⓳仍　通「乃」。連詞。⓴留部曲　把自己的親兵舊部都留在襄陽。部曲，這裡義同「部下」，指私人親信、私家武裝，以及效忠於其私人的賓客、食客等等。㉑單將　只能帶著。㉒白直俠轂　都是侍從人員的稱呼。白直，雖當差而無月俸，所以叫「白直」。俠轂，主子外出時，護衛在車子的兩邊。俠，通「夾」。轂，車軸，這裡即指車。㉓過襄陽　陳顯達駐紮在樊城，與襄陽只一水之隔，故來造訪。㉔身　猶今所謂「我」，子懋自稱。㉕天王　皇家的王爺。胡三省曰：「子懋自稱天王，蓋謂是天家諸王也。」㉖過爾輕率　過於簡易、隨便。㉗敕旨　帝王的旨意。敕，特指皇帝的命令或詔書。㉘其事不輕　這可不是個小問題。㉙即發去　隨即動身去京城。㉚之尋陽　前往尋陽郡的郡治，亦即柴桑，也是江州刺史的駐地。㉛謀廢立　陰謀廢掉蕭昭業，別立他人。㉜蕭衍　即後來的梁武帝，此時任鎮西將軍蕭子隆的諮議參軍。傳見《梁書》卷一。當時隨王蕭子隆以鎮西將軍的身分駐兵於荊州，蕭衍為其僚屬。諮議參軍，在將軍屬充任參謀。㉝隨王子隆　武帝蕭賾的第八子，被封為隨王，封地隨郡。傳見《南齊書》卷四十。隨郡的郡治即今湖北隨縣。㉞庸劣　平庸、拙劣。㉟爪牙　指手下得力的武將。㊱司馬垣歷生　司馬是將軍屬下的高級僚屬，綜理軍府，參與軍機。垣歷生是南齊名將垣榮祖的堂弟。傳見《南齊書》卷二十八。㊲武陵　南齊的郡名，郡治即今湖南常德。㊳啗以顯職　以顯耀的職位引誘他。啗，餵，這裡意即利誘。㊴折簡　猶言「角書」，「一紙書信」，極言其不需費事，一封信便可招之使來。簡，簡牘；古代的書寫用品。㊵太子左衛率　官名，太子衛隊的統領。㊶游擊將軍　將軍名號，皇帝直屬部隊的將領之一。㊷侍中　官名，隨侍皇帝左右，以備參謀顧問，魏晉以來地位崇重，近乎宰相之職。但現在把他放在一個即將被廢的小傀儡身邊，自然也就成為聾子的耳朵了。㊸撫軍將軍　高級將軍的名號，位在四征之上。胡三省曰：「此時西昌侯已有殺諸王之心矣，蕭衍由是以籌略見用。」㊹崔慧景　南齊的著名將領，與武帝蕭賾的關係分外緊密。此時任豫州刺史。事見《南齊書》卷五十一。南齊的豫州州治壽陽，即今安徽壽州，當時為北線的軍事重鎮。㊺高武舊將　蕭道成、蕭賾的老部下。蕭道成的廟號是高帝，蕭賾的廟號是武帝。㊻鸞疑之　蕭鸞懷疑崔慧景不和他們一條心，指在對付蕭昭業的態度上。㊼寧朔將軍　朝廷裡的武官名。㊽白服　穿白衣表示降低身分，表示願親附於他。白服，當時一般士人所穿的服飾。胡三省曰：「若得罪而白衣領職者。」㊾撫安之　安撫之，讓他取消顧慮，放下心來。㊿辛亥　正月初五。(51)鬱林王　指現時在位的小皇帝蕭昭業，因其幾個月後便被廢為鬱林王，故這時即提前以此相稱。這種寫法足見《南齊書》作者的趨附、迎合於篡位者蕭鸞。(52)祀南郊　在南郊祭天。(53)戊午　正月十二。(54)拜崇安陵　拜祭鬱林王之父文惠太子蕭長懋的陵墓。胡三省曰：「鬱林王即位，追親王父文惠太子曰文帝，陵曰崇安，廟號世宗。」按，據《南齊書》卷四十〈竟陵文宣王子良傳〉，陵在夾石。(55)癸亥　正月十七。(56)魏主　指魏孝文帝拓跋宏，西元四七一—四九九年在位。傳見《魏書》卷七。(57)南巡　由鄴城（故址在今河北臨漳西南）向南巡行。(58)戊辰　正月二十二。(59)比干墓　殷末大臣比干的墓。比干是殷紂王的叔父，也有說是紂的庶兄，因犯顏強諫，被紂王剖心而死。事見《史記・殷本紀》。比干墓在今河南淇縣。(60)太牢　牛、羊、豕各一頭的祭品。若只有羊豕而無牛，則稱少牢。(61)烏呼　同「嗚呼」。感歎詞。(62)介士　耿介、正直之士，指其正直、強諫而言。(63)胡不我臣　為何不成為我的臣子。胡，何；為何。(64)中書舍人　官名，中書令的下屬，掌管為皇帝起草詔令。(65)綦毋珍之　姓綦毋，名珍之。傳見《南史》卷七十七。(66)直閤將軍　皇帝身邊的侍衛武官。直閤，在皇帝辦公與住宿的門前值勤。閤，宮殿裡的旁門、小門。(67)曹道剛周奉叔　都是小皇帝蕭昭業親信的武將。傳見《南史》卷七十七。(68)徐龍駒　蕭昭業親信的太監。傳見《南史》卷七十七。(69)所論薦　所議論的事與所推薦的人。(70)皆先論價　都事先訂好價錢，意即按價賣官。(71)旬月之間　意即不到一個月的工夫。(72)家累千金　家產超過千金。古稱一金可抵銅錢一萬。(73)官物　宮廷或官府的財物。(74)役作　為宮廷與官府役使的工匠。(75)不俟詔旨　不等皇帝的批准。(76)有司　管理該項事務的官吏。古代設官分職，各有專司，故稱有司。(77)寧拒至尊敕　寧可拒絕皇帝的命令。敕，皇帝的命令。(78)後閤舍人　在皇帝常去的后妃之門服務的中書舍人。胡三省曰：「後閤，禁中後閤也。《南史》曰：『龍駒日夜在六宮房內。』」(79)含章殿　皇帝辦公的便殿。(80)著黃綸帽　頭戴黃綾製作的帽子。著，頭戴。(81)被　同「披」。(82)南面向案　坐北朝南地對著辦公桌。意即派頭像皇帝一樣。案，辦公桌。(83)代帝畫敕　替皇帝批閱文件。畫敕，畫上批閱過的記號，如批個「知道了」、「已閱過」，或是畫個圈、打個勾等等。(84)左右侍直　在一旁值勤或侍從的人員。(85)山陵之後　指為武帝蕭賾辦完喪事之後。山陵，帝王的陵墓，這裡指蕭賾的景安陵。(86)微服　隱藏身分，改裝私行。(87)遊走市里　到集市里巷四處遊蕩。(88)世宗崇安陵隧中　在蕭昭業之父文惠太子蕭長懋陵墓的隧道中。世宗，文惠太子蕭長懋未即位而死，蕭昭業即位後，追親尊其父為世宗，稱其墓曰崇安陵。隧，墓道。(89)擲塗　投擲泥塊。塗，泥。(90)賭跳　比賽看誰跳得高。(91)諸鄙戲　各種下等人所玩的遊戲。(92)動至百數十萬　一出手就是幾十萬，上百萬。動，動不動地；隨隨便便地。(93)我昔思汝一枚不得　當初我想要一文錢，都得不到。(94)今日得用汝未　今天可不可以支配你了。(95)世祖聚錢上庫五億萬　武帝蕭賾當初在上庫所儲存的銅錢多達五億萬。(96)齋庫亦出三億萬　齋庫裡所存的銅錢也超過三億萬。出，超過。按，上庫、齋庫都是國家的府庫名。胡三省曰：「上庫所儲以備軍國之用。齋庫以供齋內所須，人主之好用。」(97)未朞歲　不到一週年。武帝蕭賾死於上年七月，蕭昭業於八月即皇帝位，到這時只六個多月。(98)所用垂盡　已經讓他花得差不多了。(99)主衣庫　為皇帝管理衣物及各種賞玩物品的部門。(100)何后　何戢之女，小皇帝蕭昭業的皇后。傳見《南齊書》卷二十。(101)蒸　姦淫長輩的女人。(102)世宗幸姬霍氏　其父蕭長懋的寵妃霍氏。(103)數諫爭　屢次勸止。數，屢屢。爭，同「諍」。提出不同意見。(104)尚書右僕射　官名，尚書令的副職，設左右二人，協助尚書令管理尚書臺，相當於今之行政院。(105)鄱陽王鏘　蕭鏘，高帝蕭道成的第七子。傳見《南齊書》卷三十五。(106)公　對鄱陽王鏘的敬稱。(107)鸞於法身如何　蕭鸞對我怎麼樣。法身，蕭昭業的小名。對長輩自稱小名，表示客氣、恭敬。(108)於宗戚　在本家族的人員中。蕭鸞是蕭昭業的堂叔。(109)受寄先帝　接受世祖皇帝的託付。(110)且復小聽　姑且聽任蕭鸞專政，暫時不動他。(111)衛尉蕭諶　衛尉是掌宮禁警衛的官員，秦漢時為九卿之一。蕭諶，蕭氏皇室的遠房同族，此時任衛尉之職，甚受蕭賾與蕭昭業兩代的寵信。傳見《南齊書》卷四十二。(112)族子　同族兄弟之子。《南齊書》作：「諶於太祖為絕服族子（出了服的姪子）。」

(113)世祖在郢州　郢州的州治夏口，即今湖北武昌。劉宋末年，沈攸之為荊州刺史，蕭道成為防沈攸之發兵叛亂，派蕭賾為江夏內史行郢州事。(114)諶已為腹心　宋元徽末年，齊太祖蕭道成權勢漸盛，引起廢帝蒼梧王的猜忌，道成亦起廢立之心。當時世祖蕭賾在郢州，太祖派蕭諶去傳遞計謀，被世祖留為心腹。事見《南齊書》卷一、卷二。(115)典宿衛　統領禁兵，在宮中值宿，擔任警衛。(116)預聞　參與其中，及時知曉。(117)征南諮議蕭坦之　蕭坦之，蕭賾與蕭昭業兩代的寵臣，此時任征南諮議。傳見《南齊書》卷四十二。征南諮議，征南將軍的高級僚屬，主謀議。(118)東宮直閤　文惠太子蕭長懋的侍從武官。(119)祖父舊人　祖父與父親兩代的親信。(120)請急　告假。(121)褻狎宴遊　指與後宮嬪妃吃喝玩樂的時候。褻狎，親暱而不莊重的活動。(122)輒立即；總是。(123)徑進　不顧阻攔地一直進去。(124)乃得聞達　才能把自己要稟報的事情傳達上去。聞達，使之知曉。(125)淫泆放蕩。(126)私　與……私通。(127)楊珉　《南齊書》、《南史》均曰「楊珉之」，意思相同，加「之」是南北朝人用名的習慣。(128)如伉儷　如同夫妻一樣。伉儷，配偶。(129)恣　放縱；隨她的便。(130)耀靈殿　世祖蕭賾住過的宮殿。(131)齋閤　此指後宮的門戶。齋，燕居休息之所。(132)入奏誅珉　請求小皇帝蕭昭業殺掉楊珉。(133)好年少　是個好青年。(134)事彰遐邇　鬧得遠近都知道。彰，顯。(135)俄敕原之　很快地又下令赦免他。原，放過。(136)已行刑矣　《南史》卷十一敘此曰：「帝不得已乃為敕，坦之馳報明帝，即令建康行刑，而果有敕原之，而珉之已死。」(137)悛改　悔改。(138)回意附鸞　掉轉身來投靠了蕭鸞。(139)勸其廢立　勸著蕭鸞廢蕭昭業另立新君。(140)陰　暗中。(141)挾勢　倚仗皇帝對自己的寵信。挾，倚仗。(142)陵轢　欺壓。轢，軋。(143)翼　帶在身後，使之分列左右如同兩翼。(144)單刀二十口　手持單刀的衛士二十名。(145)禁闥　宮門。(146)不敢訶　不敢盤問；不敢阻擋。(147)周郎刀不識君　意思是說，我認識你，我的刀不認識你。(148)出奉叔為外援　表面上說是給周奉叔升官，放到外面掌大權，可以給皇帝做外援，但實際上是把他從皇帝身邊調開，翦除皇帝的羽翼。出，調出京師。(149)己巳　正月二十三。(150)青州　南齊的青州州治朐山，在今江蘇海州西南的錦屏山下。錦屏山在古代稱之朐山。(151)中軍司馬　中領軍的高級僚屬。(152)千戶侯　食邑千戶的侯爵。(153)曲江縣男　食邑曲江縣的男爵。男爵為古代五等爵位的最低一等。(154)攘刀　抽刀；揮刀。(155)說諭　勸說、解釋。(156)之鎮　前往青州刺史的駐兵之地。(157)部伍　部曲；部下。泛指其部下從人。(158)稱敕　假託皇帝的命令。(159)省中　尚書省中。當時蕭鸞是尚書令。(160)毆殺　打死。(161)啓云　向小皇帝報告說。(162)不獲已　不得已；沒有別的辦法。(163)可其奉　答應了他的說法。(164)溧陽令　溧陽縣令。溧陽縣在當時的建康城東南，今江蘇溧陽的西南方。(165)南郡王侍讀　即小皇帝蕭昭業當年的侍讀，蕭昭業在未被立為皇太孫之前，被封為南郡王。侍讀，侍候小王子讀書，實即小王子的教師。(166)匪朝伊夕　不是早上就是晚上。(167)吾徒無類　我們這些人都將被滅門。無類，無遺類；妻兒全部被殺光。(168)多見擯斥　大都被排斥、被驅逐。

169慷慨　情緒激昂。這裡指受感動，思圖報效。170王洪範　晉壽太守，南齊的禁衛舊臣。171宿衛將萬靈會　在宮中值勤守夜的警衛將領姓萬名靈會。172攘袂搥牀　激昂憤慨的樣子。攘袂，捲起袖子。173密報　祕密通知。174宮內之兵皆我用　宮內的衛隊就全聽我們的指揮了。蕭諶當時以衛軍司馬兼衛尉卿，掌宿衛兵。175即　倘若；再。176勒兵入尚書　帶兵衝入尚書省。當時的尚書省在宮中的雲龍門內。177蕭令　即尚書令蕭鸞。178兩都伯力　只消兩個劊子手就夠了。都伯，行刑者，今所謂劊子手。179死社稷可乎　以上四句全用陳勝所謂「今亡亦死，舉大計亦死，等死，死國可乎」，見《史記・陳涉世家》。死社稷，為保衛國家社稷而死。180復少日　再過幾天。181錄君　指蕭鸞。蕭鸞當時錄尚書事，故稱之為「錄君」。錄，總領。182稱敕賜死　假託皇帝的命令讓我們死。183父母為殉　連我們的父母也都跟著搭上。殉，跟著；陪上。184在眼中矣　就在眼前了。185收　拘捕。186乙亥　正月二十九。187韓顯宗　魏國的著名地方官韓麒麟之子，此時任中書侍郎。傳見《魏書》卷六十。中書侍郎是中書監的助手，主管為皇帝起草詔令。188輿駕　帝王的車駕。這裡即稱孝文帝拓跋宏。189不巡三齊　如果不去三齊視察。三齊，相當於今山東的大部分地區，由於秦末農民大起義中，項羽曾把這一帶分成為齊與膠東、濟北三國，故後來人們遂習稱齊地為「三齊」。190當幸中山　就要到中山一帶去。幸，敬稱皇帝到什麼地方去，或是使用什麼東西。中山，當時的郡名。郡治盧奴，即今河北定州。191鄴　古城名，在今河北臨漳西南。曾為三國時曹魏的都城，其後又為石勒後趙的都城。192農隙　農閒。193比屋　猶言家家戶戶。比，緊挨著。194六軍　泛稱皇帝所帶的軍隊。195癘疫　瘟疫。196北京　這裡指魏都平城，在今山西大同的東北側。孝文帝遷都洛陽後，稱舊都平城為北京。197供張　也寫作「供帳」，指準備迎接聖駕與其龐大侍從隊伍的吃喝、住宿、玩樂等一切需要。198營繕　修建。199魏明帝　曹叡，曹操之孫，曹丕之子，西元二二六—二三九年在位。傳見《三國志》卷三。200今茲　今此；這次。201頃來　近來。202北都富室　平城的富貴之家。203以第舍相尚　在建造府第的問題上相互攀比，一家比一家豪華。204為之制度　給他們做出規定。205端廣衢路　京城裡的大路應方向正直、路面寬闊。衢路，四通八達的街道。206通利溝渠　城裡城外的河道要使其便利暢通。207輕將從騎　只帶著很少的騎兵侍衛。輕，簡便。將，帶領。208闈闥之內　指宮廷之中。闈、闥，都是宮中的門戶。胡三省曰：「宮中門曰闈。《韓詩》：『門屏間曰闥。』」209猶施警蹕　還得要清道、戒嚴。警蹕，指帝王出行時的清道戒嚴。210法音　合乎法度的樂章，即雅樂。雅樂是儒家規範的音樂，故稱法音。211目翫墳典　眼睛觀賞的是三墳五典。三墳五典、八索九丘，都是相傳的古書名，此處代指古代聖帝明王所閱讀的經典。212口對百辟　面對說話的是公卿百官。百辟，原指諸侯，這裡指公卿百官。213心虞萬機　心裡所想的是國家大事。虞，考慮。萬機，繁多而又重要的國家大事。214景昃而食　太陽偏西了才吃午飯。景昃，日影西斜。景，同「影」。昃，太陽偏西。[215]夜分而寢　半夜了才睡覺。[216]孝思之至　對已故馮太后的思念達到頂點。[217]隨時而深　隨著時間的推移越來越深。[218]雖叡明所用二句　儘管由於您具備超常的聰明才智，還不至於感到煩勞。叡明，聰明才智。[219]嗇神　愛惜精神。[220]無疆之祚　無邊的洪福，這裡即指壽命。[221]垂拱司契　無為而治。垂拱，垂衣拱手，形容清閒無事的樣子。司契，抓緊要害，以比喻治理國家。[222]麒麟　韓麒麟，曾佐慕容白曜取得青、冀二州，後任冀州刺史、齊州刺史。傳見《魏書》卷六十。[223]貢察　察而貢之，指州郡官員考察本州郡之人才，向朝廷舉薦。貢，舉薦。[224]秀孝　秀才與孝廉，都是當時朝廷徵聘人才科目名。秀才指儒書念得好，孝廉指在家孝順父母，為官又清廉。[225]無秀孝之實　當時的樂府民歌有所謂「舉秀才，不知書；為孝廉，父別居；寒素清白濁如泥，高第良將怯如雞。」語見《抱朴子・審舉》與《古謠諺》。[226]但檢其門望　只是檢查一下這些被舉薦之人的出身門第如何，而從來不考察他們的實際品德與才幹。[227]不復彈坐　對於那些舉薦不實的地方官，從來沒人彈劾他們，給他們治罪。坐，定罪。[228]如此　既然如此。[229]別貢門望以敘士人　就按照門第給這些士族子弟排出等級向朝廷進貢就得了。別，劃分。敘，排列等級。[230]何假冒秀孝之名也　何必盜用秀才、孝廉這種名稱呢。也，同「邪」。反問語詞。[231]乃其父祖之遺烈　只是表現了他們父祖曾有的功業。遺烈，曾有的功業。烈，業。[232]何益於皇家　（他們祖先的曾有功業）對今天的國家又有什麼關係。[233]雖屠釣奴虜　即使出身於屠釣、奴虜。相傳周武王的太師姜尚原來就曾在朝歌做過屠夫，又在渭水釣過魚；相傳殷紂王的庶兄箕子曾裝瘋做過奴隸。[234]聖王不恥以為臣　周文王見到姜尚後，立刻把他請來用為大臣；周武王聞知箕子後，立即去向他請教治國的綱領。皆見於《史記・周本紀》。不恥以為臣，不以用他們做臣為恥。[235]三后之胤　夏禹、商湯、周文王的兒孫。后，君主；帝王。胤，後代。[236]皁隸　奴僕雜役之屬，指低級別的工作人員。《左傳》中無宇曰：「人有十等，士臣皁，皁臣輿，輿臣隸。」注曰：「皁，直馬者；隸，附屬者。」[237]等無奇才　反正是沒有奇才。等，終歸；反正是。[238]周邵　周公旦、邵公奭，都是周文王的兒子。在周成王年幼時，周公、邵公二人輔政，使國家成為盛世，周、邵也成為古代賢相的代表。[239]校　比較；衡量。在眾人中選拔其優秀者。[240]寸長銖重　甲比乙長一寸，張比李重一銖，只是拔其略優者。銖，古代重量單位，二十四銖為一兩。[241]先敘　先取；先錄用。[242]要　要領；關鍵。[243]明當　明確、恰當。[244]不失有罪　不遺漏犯罪者。[245]捶撻　用鞭子、棍子打的輕刑。[246]若容可僥幸　一旦出現有空子可鑽，有僥倖可圖。容，或許。[247]參夷　夷滅三族。參，通「三」。即三族。三族說法不一，一般指父母、兄弟、妻子；或曰父族、母族、妻族。夷，平；殺光。[248]邀　求取；貪圖。[249]深刻　嚴酷、刻細。[250]迭相敦厲　輪番地互相敦促從嚴處理。[251]九重　代指深宮。九重，極言門禁之多，殿堂之深遠。[252]赤子　嬰兒。[253]百司　百官。[254]遇下如仇讎　把黎民百姓看做仇敵。讎，對；對頭。[255]和氣　祥和之氣，指其所化育而成的景風吹、甘霖降、五穀豐登、河清海晏等等。256敕示百僚　告誡百官。257惠元元之命　關心、重視黎民百姓的生命。元元，眾民；百姓。258洛邑　周成王時周公營建的新都城，故址即今河南洛陽。259猶存宗周　但仍保留著舊都鎬京，鎬京是武王時代的都城，即今西安西南的豐鎬遺址。260漢遷東都　劉秀建立東漢後，將都城遷到洛陽。261京兆置尹　但在長安一帶尚設立京兆尹，意即仍不是一個普通的郡。尹，管理這一地區的行政長官。262有宗廟曰都二句　這句話出自《左傳》莊公二十八年，原文作：「凡邑有宗廟先君之主曰都，無曰邑。」邑，有城郭的鄉鎮。263代京　即指平城。264宗廟山陵所託　是列祖列宗的廟宇和墳墓所在之地。265王業所基　是國家政權所創始、發祥的地方。266建畿置尹　意即仍讓它作為一個都城繼續存在，給它設立郊區，讓行政長官稱京兆尹。畿，國都的郊區。267一如故事　就像西周、東漢所作的那樣，即「周居洛邑，猶存宗周；漢遷東都，京兆置尹」。268光示萬葉　讓您這種光輝的做法永照萬世。269四民異居　士、農、工、商分別居住，不相混雜。270業專志定　一心一意地永遠從事這個行業。271太祖道武皇帝　拓跋珪，西元三八六—四〇九年在位。傳見《魏書》卷二。272創基撥亂　創建魏國，平定北方的一些小國。273日不暇給　每天都忙得時間不夠用。274分別士庶　把官僚士大夫與一般的平民分開居住。士，指尚未進入官場的有從政知識與能力的人，也包括一些下級官吏。庶，平民；眾百姓。275工伎　工匠、樂伎。伎，歌舞人員。276屠沽　屠夫、賣酒人。277各有攸處　各有適合於他們居住的地方。278科禁　管理辦法，條例、禁令。279專以官位相從　專門按官職高低安排住所。280不分族類　不按行業劃分。281朝榮夕悴　就像花朵一樣，早晨還開著，到傍晚就凋謝了。悴，枯萎。282衣冠　穿禮服、戴禮帽，泛指官僚士大夫。283不日同處　不到一天的時間就住到一起去了。284借使　假使。285一里　同一條胡同內。286講肄　講習。肄，學習。287縱群兒隨其所之　讓孩子們隨便選其所好。288風禮　習慣、禮節。風，風習。289仲尼稱里仁之美　《論語．里仁》有所謂：「子曰：『里仁為美。擇不處仁，焉得智？』」仲尼，孔子的字。里仁，與仁者做鄰居。290孟母勤三徙之訓　相傳孟子的母親為了給兒子找個好環境，從墓旁遷到集市，又由集市遷到學校的旁邊才定居下來。事見劉向《古列女傳》。三徙，三次遷居。291此乃風俗之原　這是使風俗日益變好的先決條件。原，同「源」。292密　嚴格。293度地居民　規劃地區，讓百姓居住。294清濁連甍　意即士庶混雜、比鄰而居。清，清高門第，當時指士族之家。濁，粗俗之家，當時指醫、巫、百工等等。連甍，這家的屋頂挨著那家的屋頂。甍，屋脊；屋頂。295因　趁著。296闕盛美　該幹的好事而丟下不幹。闕，同「缺」。遺漏。297南人　以稱長江以南政權，晉、宋、齊等。298昔有淮北之地　曾有一段時間佔領著淮河以北的地區，指劉宋前期。劉裕從其即位前收復失地，將北部邊境推到了黃河一線；其後逐漸萎縮，到宋明帝期間，淮河以北全部被魏國佔去。299自比中華　自己以中原地區的統治者自居。300僑置

郡縣 指東晉初期與劉宋前期曾在淮河以北設立了許多北方的僑置州郡，如冀州、兗州、雍州、豫州等等。301自歸附聖化 指宋明帝時期淮北地區被魏國佔領。302仍而不改 指淮河以北地區有些地方仍沿用著東晉以及劉宋時期僑設的地名。仍，繼續沿用。303文書難辨 寫在紙面上讓人無法辨清究竟是指何處。304一皆釐革 通通恢復原來的名稱。305中州郡縣 中州原指豫州，今河南一帶，這裡即泛指黃河中下游流域的郡縣。306自非 假如不是；除……而外。307比來賜賚 近來對他們的賞賜。賚，賞賜。308鰥寡孤獨 《孟子・梁惠王下》：「老而無妻曰鰥，老而無夫曰寡，老而無子曰獨，幼而無父曰孤。」309所濟實多 所達到的救助效果應該更大。310直 只；僅僅。311周急不繼富 孔子語，見《論語・雍也》。意思是有錢財應用來周濟窮人，而不要再給富人添資。

【校 記】1一枚 原作「十枚」。據章鈺校，十二行本、乙十一行本、孔天胤本皆作「一枚」，熊羅宿《胡刻資治通鑑校字記》同，今據改。2世宗 原作「世祖」。胡三省注云：「則『世祖』當作『世宗』。」孔天胤本「世祖」作「世宗」，今據改。3深刻 原作「深酷」。據章鈺校，十二行本、乙十一行本、孔天胤本皆作「深刻」，今據改。4案 原作「察」。據章鈺校，十二行本、乙十一行本皆作「案」，張敦仁《通鑑刊本識誤》、張瑛《通鑑校勘記》同，今據改。5講 原作「構」。據章鈺校，十二行本、乙十一行本、孔天胤本皆作「講」，熊羅宿《胡刻資治通鑑校字記》同，今據改。6空 據章鈺校，十二行本、乙十一行本、孔天胤本皆作「公」。7賜 據章鈺校，十二行本、乙十一行本、孔天胤本皆作「頒」。

【語 譯】高宗明皇帝上

建武元年（甲戌 西元四九四年）

春季，正月初一日丁未，改年號為隆昌元年，大赦天下。〇齊國擔任雍州刺史的晉安王蕭子懋，因為皇帝蕭昭業年紀尚小，國家的局勢艱難，便暗中籌劃自我保全的辦法，他命令負責製造兵器的部門大量打造兵器。擔任征南大將軍的陳顯達率軍屯駐在襄陽，蕭子懋想用威脅、利誘的手段使陳顯達成為自己的部下將領，為自己效力。陳顯達祕密地將情況報告給了西昌侯蕭鸞，蕭鸞便以朝廷的名義將陳顯達徵調回朝廷，任命為車騎大將軍，同時將擔任雍州刺史的蕭子懋改任為江州刺史，並命令蕭子懋將自己的親兵舊部留下協助防守襄陽，只能帶著少量的侍從人員以及隨車護衛前往江州赴任。陳顯達到襄陽與晉安王蕭子懋道別，蕭子懋對陳顯達說：「朝廷命令我只能帶著隨身侍從前往江州赴任，我身為齊國皇室親王，怎麼可以如此的簡易、隨便！我現在還是想帶領二、三千人跟隨我前往江州，你覺得怎麼樣？」陳顯達回答說：「殿下如果不將自己手下的親兵舊部留在襄陽，就是大大地違抗聖旨，這可不是個小問題；而且這裡的軍隊也未必會聽從你的調遣，為你所用。」蕭子懋默然無語。陳顯達趕緊告辭，立即離開襄陽動身前往京城赴任。蕭子懋的計畫沒有得逞，只得前往江州刺史的駐地尋陽走馬上任。

齊國的西昌侯蕭鸞準備廢掉鬱林王蕭昭業，另立新君，就拉著曾經擔任過鎮西諮議參軍的蕭衍一同謀劃廢立大計。擔任荊州刺史的隨王蕭子隆，性情溫和，很有文才，蕭鸞想徵聘蕭子隆回京師參與廢立大事，又擔心蕭子隆不肯聽從。蕭衍說：「隨王蕭子隆雖然有好名聲，其實卻是一個平庸無能之輩。他身邊既沒有智謀之士的輔佐，得力的武將也只有擔任司馬的垣歷生、擔任武陵太守的卞白龍兩個人。而且這兩個人唯利是圖，如果用顯耀的職位來招引他們，他們沒有不來的道理；至於隨王蕭子隆，只需寫一封書信就可招之使來。」蕭鸞聽從了蕭衍的建議。於是徵調擔任司馬的垣歷生回朝廷擔任太子左衛率，徵調擔任武陵太守的卞白龍回朝廷擔任游擊將軍，二人果然應徵而來。接著又召擔任荊州刺史的隨王蕭子隆回朝廷擔任侍中、撫軍將軍。擔任豫州刺史的崔慧景，是齊高帝蕭道成、齊武帝蕭賾的老部下。西昌侯蕭鸞懷疑他在廢立皇帝這件事情上不會和自己一條心，因此就任命蕭衍為寧朔將軍，駐守在豫州刺史府的所在地壽陽。崔慧景見此情景心裡非常恐懼，就穿著一般士人所穿的服飾出來迎接到任的寧朔將軍蕭衍，蕭衍用好言對崔慧景進行了安撫。

正月初五日辛亥，鬱林王蕭昭業在南郊祭天；十二日戊午，蕭昭業又到崇安陵拜祭自己的父親文惠太子蕭長懋。〇十七日癸亥，魏國的孝文帝拓跋宏從臨時駐地鄴城前往魏國的南部地區進行巡視；二十二日戊辰，在經過河南淇縣的時候，用一頭牛、一頭羊、一頭豬的太牢大禮祭祀了殷末直言敢諫的大臣比干，孝文帝拓跋宏親自撰寫祭文說：「嗚呼，像比干這樣耿介、正直的人士，為什麼不成為我的臣子呢！」

齊國的小皇帝蕭昭業寵信擔任中書舍人的綦毋珍之、朱隆之，擔任直閤將軍的曹道剛、周奉叔以及宦官徐龍駒等人。綦毋珍之所議論的事情、所舉薦的人，蕭昭業沒有不答應的；凡是重要職位，不論朝廷內外，綦毋珍之都先要定好價錢，按價賣官，在不到一個月的時間內，綦毋珍之的家中就積累了超過千斤的黃金；他還擅自拿取宮廷和官府的財物、擅自調用為宮廷和官府役使的工匠幹自己的私事，而不等徵得皇帝的批准。以至於管理該項事務的官吏互相議論說：「寧可拒絕執行皇帝的命令，也不能違背中書舍人綦毋珍之的命令。」蕭昭業任用宦官徐龍駒為後閤舍人，因此徐龍駒便經常居住在含章殿，他頭上戴著黃綾製作的帽子，身上披著貂裘大衣，面朝南坐在書案前，代替蕭昭業批閱文件；左右站立著值勤的侍從，其派頭儼然與齊國皇帝一般無二。

齊國的小皇帝蕭昭業自從為齊武帝蕭賾辦完喪事之後，就與左右侍從一起身穿平民的服飾私自到集市里巷四處遊蕩，還專門喜好到自己的父親齊世宗文惠太子蕭長懋崇安陵的墓道中投擲泥巴、比賽跳高，做各種下等人所玩的遊戲取樂，他還隨意賞賜左右侍從，賞賜的財物一出手就是幾十萬、上百萬。他每次見到錢就說：「我當初想要一文錢都得不到，如今我是不是想怎麼用你就怎麼用你呢？」齊世祖蕭賾在位的時候，在上庫儲存了多達五億萬的錢，在齋庫中儲存的錢也超過三億萬，金銀布帛更是多得無法計算。蕭昭業即位不到一年，就把所有的積蓄花得差不多了。他進入為皇帝管理衣物以及各種賞玩物品的部門，讓何皇后以及他的寵姬用庫中的各種寶器互相投擲、擊打，以毀壞寶物來取笑作樂。蕭昭業又與他父親的寵妃霍氏通姦，他令霍氏改姓為徐。而此時朝廷中的大小事務，全都由西昌侯蕭鸞主持裁決。蕭鸞多次對蕭昭業進行勸阻，蕭昭業多數情況下皆不肯聽從；心裡反而忌恨蕭鸞，想把蕭鸞除掉。因為擔任尚書右僕射的鄱陽王蕭鏘曾經深受世宗蕭長懋的厚愛，蕭昭業便私下裡對鄱陽王蕭鏘說：「您聽說蕭鸞對我怎麼樣了嗎？」蕭鏘一向為人平和謹慎，當即回答說：「大臣蕭鸞在皇族中輩分最高，而且接受了先帝的託付，而我等都還年輕，朝廷所能依賴的，只有蕭鸞一個人，希望陛下不要為他而感到擔憂。」蕭昭業回到皇宮之後，便對擔任後閤舍人的徐龍駒說：「我本想與鄱陽王蕭鏘共同設計除掉蕭鸞，鄱陽王蕭鏘既然不同意我的意見，單憑我自己也無法辦到，那就姑且聽任蕭鸞專政，暫時不動他吧。」

齊國擔任衛尉的蕭諶，是齊世祖蕭賾的同族兄弟之子，自從世祖蕭賾擔任江夏內史行郢州事的時候，蕭諶就已經成為了蕭賾的心腹。等到蕭賾登基做了皇帝以後，蕭諶曾經負責統領禁兵，在宮中值宿，擔任警衛，朝廷的機密大事，蕭諶無不參與，及時知曉。擔任征南諮議參軍的蕭坦之是蕭諶的族人，曾經擔任東宮直閣，被世宗蕭長懋所賞識。小皇帝蕭昭業因為蕭諶與蕭坦之二人是祖父與父親兩代的親信，就非常親近他們、信任他們。蕭諶每次告假出宮，蕭昭業就會通宵睡不著覺，一直等到蕭諶回宮之後，蕭昭業才會有一種安全感。蕭坦之能夠經常出入後宮，即使蕭昭業在後宮與嬪妃吃喝玩樂的時候，蕭坦之也都在蕭昭業的身邊。蕭昭業每當喝醉酒之後，經常赤身裸體，蕭坦之總是把蕭昭業扶持起來進行規勸。西昌侯蕭鸞想要有所勸諫稟報，而蕭昭業身在後宮不肯出來，他就只有派遣蕭諶、蕭坦之不顧阻攔地一直闖進去，才能把自己要稟報的事情傳達上去。○蕭昭業的皇后何氏也很放蕩，竟然與蕭昭業的身邊侍從楊珉通姦，夜裡同床，白天廝守，就像夫妻一樣。何皇后又與蕭昭業相親相愛，所以蕭昭業對何皇后放縱不管，任其所為，還把何皇后的親戚迎入宮中，安排他們住在耀靈殿。於是通往後宮的門戶整夜開著，內外人員混雜，宮內宮外沒有什麼分別。

西昌侯蕭鸞派遣蕭坦之入宮奏請蕭昭業殺掉與何皇后私通的楊珉，何皇后淚流滿面地說：「楊珉可是個好青年，沒有什麼罪過，怎麼可以枉殺他呢！」蕭坦之附在蕭昭業的耳朵上小聲說：「宮外都傳說楊珉與何皇后有私情，事情已經傳得沸沸揚揚，遠近都知道，不能不把他殺掉。」蕭昭業在迫不得已的情況下終於答應殺掉楊珉；但很快又下令赦免楊珉，而楊珉此時已經被殺死了。蕭鸞又奏請蕭昭業誅殺徐龍駒，蕭昭業也不敢違背，而心裡對蕭鸞忌恨得更加厲害。蕭諶、蕭坦之看到蕭昭業狂妄、放縱得一天比一天厲害，毫無悔改之意，擔心災禍殃及自己，於是就回心轉意依附於蕭鸞，勸說蕭鸞廢掉蕭昭業，另外擇立新君，暗中為蕭鸞充當耳目，而蕭昭業竟然毫無察覺。

擔任直閣將軍的周奉叔倚仗自己的勇敢和小皇帝蕭昭業對自己的寵信，任意欺壓公卿大臣。他經常讓二十名持刀的衛士分列左右，如同兩翼一樣跟隨著自己，隨意出入宮門，守衛宮門的衛士不敢盤問、不敢阻擋。周奉叔經常對別人說：「周郎的刀可不認識你們！」蕭鸞忌恨周奉叔，就讓蕭諶、蕭坦之勸說蕭昭業把周奉叔調出京師，放到地方去執掌大權，做皇帝的外援。正月二十三日己巳，蕭昭業任命周奉叔為青州刺史，任命曹道剛為中軍司馬。周奉叔向蕭昭業請求封自己為食邑千戶的侯爵，蕭昭業答應了他。蕭鸞認為不可以，於是封周奉叔為曲江縣男爵，食邑三百戶。周奉叔於是大怒，在大庭廣眾之中便抽出刀來怒形於色，蕭鸞向他勸說解釋，周奉叔才勉強接受。周奉叔告辭之後，就準備前往青州赴任，部下的隨從都已經出發，蕭鸞與衛尉蕭諶假託皇帝的命令，把周奉叔召到尚書省中，令人打死了周奉叔。然後蕭鸞向蕭昭業報告說：「周奉叔藐視朝廷，已經把他處死了。」蕭昭業不得已，同意了蕭鸞的說法。

齊國擔任溧陽縣令的錢唐人杜文謙，在蕭昭業還是南郡王的時候曾經擔任過蕭昭業的侍讀，在此之前，杜文謙勸說綦毋珍之說：「天下的形勢已經很明顯了，灰飛煙滅，不在早上就在晚上，不早作打算，我們這些人都要被滅門了。」綦毋珍之說：「你有什麼好辦法呢？」杜文謙說：「先帝蕭賾所信用的人，大多數都已經被排斥、被驅逐出朝廷，如果把他們召來，並重用他們，誰會不受感動、不知恩圖報呢？最近聽說擔任晉壽太守的王洪範與擔任宿衛將領的萬靈會等人在一起談論時，全都情緒激昂，捲起袖子敲打著坐榻。你祕密通知周奉叔，讓萬靈會等人殺死蕭諶，如此一來，宮內的軍隊就全都歸我們指揮了。倘若率領宿衛軍衝入尚書省殺死西昌侯蕭鸞，只需要兩個劊子手就夠了。如今我們舉大事也是死，不舉大事也是死，同樣是一個死，為什麼不選擇為國家社稷而死呢！如果猶豫不決，再過幾天，擔任錄尚書事的蕭鸞假稱皇帝的命令賜你我自盡，到那時連我們的父母也都要搭上，災禍就在眼前了。」綦毋珍之沒能採納杜文謙的建議。等到蕭鸞殺死周奉叔的時候，同時逮捕了綦毋珍之、杜文謙，把他們全都殺死。

正月二十九日乙亥，魏國的孝文帝拓跋宏前往洛陽西宮。擔任中書侍郎的韓顯宗上書給孝文帝，陳述了四件事情：其一，韓顯宗以為「我私下裡聽說陛下的車駕今年夏季如果不去三齊之地巡視，就要到中山一帶去。去年冬天陛下的車駕停留在鄴城的時候，當時正是農閒季節，還要家家戶戶輪番進行供奉，其勞苦花費，百姓已經不堪負擔。何況現在正是養蠶收麥的農忙季節，一旦徵調他們服役，他們怎麼能夠承受得了呢？而且六軍冒著酷暑行軍，恐怕會產生瘟疫。我希望陛下早日回到北京平城，以節省各州為迎接聖駕與龐大侍從隊伍的吃喝住宿等一切需要的勞苦，以使修建洛陽都城的工程早日完工。」其二，韓顯宗認為「洛陽宮殿的舊址，都是魏明帝曹叡時代建造的，前代的人已經譏諷宮殿修建得太奢侈豪華，這次重新營造修建，就該加以裁減，縮小宮殿的規模。再有，近來北都平城的富有人家，在建造府第的時候都互相攀比，一家比一家豪華，現在應當趁著遷都的機會，給他們作出規定。京城裡四通八達的道路要方向正直、路面寬闊，城裡城外的河道要便利暢通。」其三，韓顯宗認為「陛下回到洛陽的時候，只帶領著很少的騎兵侍從。君王在自己的宮廷之內行動還要施行清道、戒嚴等保安措施，何況是翻山過河，長途跋涉，怎麼可以不加三思呢！」其四，韓顯宗認為「陛下耳朵裡聽的是合乎法度的音樂，眼睛觀看的是三墳五典，面對著說話的是公卿百官，心裡考慮的是紛亂繁多的國家政務，太陽偏西了才吃午飯，半夜時分才躺下睡覺休息。再加上對已故馮太后的思念，隨著時間的推移越來越深，還要撰寫文章，每天都要完成一定數量的篇幅。儘管陛下具有超常的聰明才智，還不至於感到煩勞。然而這不利於陛下愛惜精神、保養性情，保證享受無邊的洪福。希望陛下垂衣拱手，只要抓住治理國家的要害問題就可以使天下達到大治了。」孝文帝拓跋宏稍微採納了他的一些意見。韓顯宗，是韓麒麟的兒子。

韓顯宗又上書，他認為「各州各郡的官員向朝廷所舉薦的人才徒有秀才、孝廉的名聲，而無秀才、孝廉的實才，而朝廷又是只檢查一下這些被舉薦之人的出身門第如何，而從來不考察他們的實際品德與才幹，對於那些舉薦不實的地方官，從來沒有人彈劾過他們，給他們治罪。既然如此，可以讓地方官員按照門第給這些士族子弟排出等級向朝廷進貢得了，何必盜用秀才、孝廉這種名稱呢！所謂的名門望族，只是表明了他們的父祖輩曾經有過的功業，這對今天的國家又有什麼好處呢！當今對國家有益的只是賢才而已。如果真有治理國家的才能，即使他們出身於屠釣、奴虜，前代聖明的君王也不認為用他們為臣是恥辱的事情；如果沒有治理國家的才能，縱然他是夏禹、商湯、周文王周武王的後裔，也會墮落成從事奴僕雜役之屬的下等人。有人議論說『當今之世反正是沒有奇才，還不如就從高門望族中挑選人才。』這種看法也是錯誤的。豈能因為當世沒有周公旦、邵公奭那樣的人物，就廢除宰相的職位！只要在眾人中認真進行比較、衡量，從中選拔那些略顯優秀者進行錄用，那麼賢能的人才就不會被遺漏了。

「再有，刑罰的關鍵，在於運用明確、恰當，而不在於重罰。如果不遺漏有罪之人，即使是用鞭子抽、棍子打的輕刑，人們也不敢輕易犯法；如果一旦出現有空子可鑽、有僥倖可圖，縱然是夷滅三族的嚴厲刑法，也不足以懲治、禁止人們犯罪。如今朝廷內外的官員，只是貪圖當時獲得一個好名聲，就爭著以執法嚴酷、深刻來顯示自己的大公無私，輪番地互相敦促，要求從嚴處理罪犯，於是形成了風氣。陛下居住在深宮之內，愛護自己的臣民，把百姓視作嬰兒，百般呵護；百官只不過替陛下分擔一部分責任，卻把百姓視作仇敵。這樣一來，像堯、舜這樣的只有一個人，而像桀、紂那樣的卻有千百個；祥和之氣遲遲沒有到來，都是由於這個原因造成的。我認為陛下應當告誡百官，讓他們關心、重視黎民百姓的生命。

「再有，古代的周王朝把都城從鎬京遷到洛陽，但仍舊保留著舊都鎬京；東漢光武帝劉秀將都城遷到洛陽，在舊都長安一帶仍然設立京兆尹。依照孔子《春秋》的說法，凡是建有宗廟以供奉先君牌位的地方便稱為都，沒有宗廟的地方便稱為邑。更何況代京平城是列祖列宗的廟宇和陵墓所在之地，是國家政權創立、發祥的地方，它作為國家的神鄉福地，確實由來久遠啊，如今卻把平城看作一般的郡國，我心裡感到十分不安。我認為應當把平城仍舊作為一個都城繼續存在，給它設立郊區，把那裡的行政長官稱為京兆尹，就像西周、東漢所作的那樣，崇尚根本，重視舊都，讓您這種光輝的做法照耀萬代。

「再有，古時候士、農、工、商分別居住，不相混雜，是想讓他們一心一意地永遠從事他們各自的行業。太祖道武皇帝拓跋珪創建魏國，平定北方，每天都忙得感到時間不夠用，然而還是把官僚士大夫與一般的平民分開居住，不讓他們混雜在一起；工匠、樂伎、屠夫、賣酒的人家，都分別有適合他們居住的地方，但是由於沒有制定出具體的條例禁令嚴格進行管理，時間久了就逐漸又混雜在一起。如今聽說洛陽建築民宅的制度，專門按照官職高低安排住所，不按行業劃分。而做官的人不是永久不變的，就像花朵一樣，早晨還在開花，到了晚上就可能凋謝了，這樣一來，那些穿禮服、戴禮帽的官僚士大夫不到一天的功夫就與那些衙役、奴僕混雜在一起了。假使在一條胡同之內，有的人練習歌舞，有的人學習詩書，如果讓那些孩子們隨其所願任意挑選自己喜歡的，那麼他們肯定不願意放棄從事歌舞而去學習詩書。如此看來，讓工匠、樂伎的家庭去習慣士大夫的那種風習、禮節，恐怕一百年都難以學成；而讓士大夫的子弟去仿效工匠、樂伎的儀容姿態，一個上午就學會了。所以孔子才稱讚與仁者做鄰居是一種好辦法，孟軻的母親才會為了給孟軻找一個好的學習環境而三次遷居。這是使風俗日益變好的先決條件，不可以不觀察、思考。朝廷每次選拔人才，總是考察他們的婚姻關係，看對方是不是官宦人家，以此作為提拔升降的標準，那是何等的嚴格啊！至於規劃地區，安置居民居住，卻使士庶混雜、比鄰而居，這是何等的粗略啊！如今應當趁著遷徙的初期，洛陽到處都是空地，分別規劃出工匠、樂伎的居住地，在陛下只需一句話而已，還有什麼可猶豫而讓美好的事業留有缺憾呢！

「再有，佔據江南的政權過去曾經佔有淮河以北的土地，他們以中原統治者自居，在淮河以北地區設置了許多北方的僑置州郡以安置從北方過去的人，並使用北方的地名重新予以命名。自從淮河以北地區歸入魏國以來，這個地區仍然沿用南朝僑置州郡的名稱而沒有改變，造成地名與實地的不符，寫在紙面上讓人無法辨清究竟是指何處。應當以地理的舊有名稱為準，通通恢復原來的名稱，小的郡縣合併，大的郡縣分別設置。連帶著將中州的那些郡縣，過去因為戶口太少而合併，如今人口已經繁衍增多，也一同恢復原來的郡縣名稱。

「再有，統治國家的君王，以天下為家，不可以有私心雜念。倉庫的儲蓄，是用來供應軍需和國用的，除非是有特殊功德的人，不可以用來增加其他人的賞賜。在朝廷任職的那些高級官員，已經享受國家不少的俸祿，近來對他們的賞賜，一出手就是數以千計。如果把賞賜給他們的這些錢財拿來賞賜給那些鰥寡孤獨的黎民百姓，所達到的救助效果應該大得多。現在僅僅是把錢財賞賜給親近的大臣，這可不符合把錢財用來周濟給窮人，而不要再給富人添資的古訓。」孝文帝拓跋宏看了這份奏章以後，認為韓顯宗的這些見解非常好。

二月己丑❶[1]，魏主如河陰❷，規方澤❸。○辛卯❹，帝祀明堂❺。○司徒參軍劉斅等聘❻于魏。○丙申❼，魏徙河南王幹為趙郡王❽，潁川王雍❾為高陽王。

壬寅⑩，魏主北巡；癸卯⑪，濟河；三月壬申⑫，至平城⑬。使羣臣更論遷都利害，各言其志。燕州刺史穆羆⑭曰：「今四方未定，未宜遷都。且征伐無馬⑮，將何以克？」帝曰：「廄牧在代⑯，何患無馬！今代在恆山之北⑰，九州之外⑱，非帝王之都也。」尚書于果⑲曰：「臣非以代地為勝伊、洛之美⑳也。但自先帝以來，久居於此，百姓安之；一旦南遷，眾情不樂。」平陽公丕㉑曰：「遷都大事，當訊之卜筮㉒。」帝曰：「昔周、召㉓聖賢，乃能卜宅㉔。今無其人㉕，卜之何益！且『卜以決疑，不疑何卜㉖！』黃帝卜而龜焦㉗，天老曰『吉』㉘，黃帝從之。然則至人之知未然㉙，審於龜矣㉚。王者以四海為家㉛，或南或北，何常之有！朕之遠祖，世居北荒。平文皇帝㉜始都東木根山㉝，昭成皇帝㉞更營盛樂㉟，道武皇帝㊱遷于平城。朕幸屬㊲勝殘之運㊳，而獨[2]不得遷乎㊴！」羣臣不敢復言。羆，壽㊵之孫；果，烈㊶之弟也。癸酉㊷，魏主臨朝堂，部分遷留㊸。

夏，四月庚辰㊹，魏罷西郊祭天㊺。○辛巳㊻，武陵昭王曄㊼卒。○戊子㊽，竟陵文宣王子良㊾以憂卒㊿。帝常憂子良為變(51)，聞其卒，甚喜。

臣光曰：「孔子稱『鄙夫不可與事君，未得之，患得之；既得之，患失之。苟患失之，無所不至(52)。』王融(53)乘危徼幸(54)，謀易嗣君(55)。子良當時賢王(56)，雖素以忠慎自居，不免憂死。迹其所以然[57]，正由融速求富貴而已。輕躁之士，烏可近哉[58]！」

己亥[59]，魏罷五月五日、七月七日饗祖考[60]。◯魏錄尚書事廣陵王羽[61]奏：「令文[62]：每歲終，州鎮列屬官治狀[63]，及再考[64]，則行黜陟[65]。去十五年[66]，京官盡經考為三等，今已三載。臣輒準外考[67]，以定京官治行[68]。」魏主曰：「考績事重，應關朕聽[69]，不可輕發，且俟至秋。」

閏月丁卯[70]，鎮軍將軍鸞[71]，即本號[72]開府儀同三司[73]。◯戊辰[74]，以新安王昭文[75]為楊州刺史[76]。◯五月甲戌朔[77]，日有食之。

六月己巳[78]，魏遣兼員外散騎常侍盧昶[79]、兼員外散騎侍郎王清石來聘。昶，度世之子也。清石世仕江南，魏主謂清石曰：「卿勿以南人自嫌[80]。彼有知識[81]，欲見則見，欲言則言。凡使人[82]以和為貴，勿迭相矜夸[83]，見於辭色[84]，失將命之體[85]也。」

秋，七月乙亥[86]，魏以宋王劉昶[87]為使持節[88]、都督吳・越・楚諸軍事[89]、大將軍，鎮彭城[90]。魏主親餞之。以王肅[91]為昶府長史[92]。昶至鎮，不能撫接義故[93]，卒無成功[94]。◯壬午[95]，魏安定靖王休[96]卒。自卒至殯[97]，魏主三臨其第[98]，葬之如尉元[99]之禮，送之出郊，慟哭而返。○壬辰[100]【3】，魏主北巡。

西昌侯鸞既誅徐龍駒、周奉叔，而尼媼外入者[101]，頗傳異語[102]。中書令[103]何胤，以后之從叔[104]，為帝所親，使直殿省[105]。帝與胤謀誅鸞，令胤受事[106]，胤不敢當，依違諫說[107]，帝意復止。乃謀出鸞於西州[108]，中敕用事[109]，不復關咨於鸞[110]。○是時，蕭諶、蕭坦之握兵權，左僕射王晏[111]總尚書事。諶密召諸王典籤[112]，約語之[113]，不許諸王外接人物[114]。諶親要[115]日久，衆皆憚而從之。○鸞以其謀[116]告王晏，晏聞之，響應；又告丹楊尹徐孝嗣[117]，孝嗣亦從之。驃騎錄事南陽樂豫[118]謂孝嗣曰：「外傳籍籍[119]，似有伊、周之事[120]。君蒙武帝殊常之恩[121]，荷託付【4】之重[122]，恐不得同人此舉[123]。人笑褚公[124]，至今齒冷[125]。」孝嗣心然之而不能從。

帝謂蕭坦之曰：「人言鎮軍[126]與王晏、蕭諶欲共廢我，似非虛傳。卿所聞云何？」坦之曰：「天下寧當有此[127]？誰樂無事[128]廢天子邪？朝貴不容造此論[129]，當是諸尼媼言耳，豈可信耶！官[130]若無事除此三人【5】，誰敢自保！」直閤將軍曹道剛[131]疑外間有異，密有處分，謀未能發[132]。

時始興內史蕭季敞[133]、南陽太守[134]蕭穎基皆內遷[135]，諶欲待二人至，藉其勢力以舉事[136]。鸞慮事變，以告坦之，坦之馳謂諶曰：「廢天子，古來大事。比聞[137]

曹道剛、朱隆之等轉已猜疑[138]，衛尉[139]明日若不就事[140]，無所復及[141]。弟有百歲母，豈能坐聽[142]禍敗，正應作餘計[143]耳！」諶惶遽從之[144]。

壬辰[145]，鸞使蕭諶先入宮，遇曹道剛及中書舍人朱隆之，皆殺之。直後徐僧亮[146]盛怒，大言於眾[147]曰：「吾等荷恩，今日應死報！」又殺之。鸞引兵自尚書[148]入雲龍門[149]，戎服加朱衣於上[150]，比入門[151]，三失履[152]。王晏、徐孝嗣、蕭坦之、陳顯達[153]、王廣之[154]、沈文季[155]皆隨其後。帝在壽昌殿[156]，聞外有變，猶密為手敕[157]呼蕭諶，又使閉內殿諸房閤[158]。俄而諶引兵入壽昌閤，帝走趨[159]徐姬房，拔劍自刺，不入，以帛纏頸，輿接出延德殿[160]。諶初入殿，宿衛將士皆操弓楯[161]欲拒戰。諶謂之曰：「所取自有人[162]，卿等不須動！」宿衛素隸服於諶[163]，皆信之[164]。及見帝出，各欲自奮[165]，帝竟無一言。行至西弄[166]，弒之。輿尸出殯徐龍駒宅[167]，葬以王禮。徐姬及諸嬖倖[168]皆伏誅。鸞既執帝，欲作太后令[169]，徐孝嗣於袖中出而進之，鸞大悅[170]。癸巳[171]，以太后令追廢帝為鬱林王[172]，又廢何后[173]為王妃，迎立新安王昭文。

吏部尚書謝瀹[174]方與客圍棋，左右聞有變，驚走報瀹。瀹每下子，輒云「其當有意[175]」，竟局[176]，乃還齋臥[177]，竟不問外事[178]。大匠卿虞悰[179]竊歎曰：「王、徐[180]

遂縛袴廢天子[181]，天下豈有此理邪！」悰，嘯父[182]之孫也。

朝臣被召入宮，國子祭酒江斅[183]至雲龍門，託藥發[184]，吐車中而去。西昌侯鸞欲引中散大夫[185]孫謙為腹心，使兼衛尉[186]，給甲仗百人[187]。謙不欲與之同[188]，輒散甲士，鸞亦不之罪也。

丁酉[189]，新安王即皇帝位，時年十五。以西昌侯鸞為驃騎大將軍[190]、錄尚書事、揚州刺史、宣城郡公[191]。大赦。改元延興。○辛丑[192]，魏主至朔州[193]。

八月甲辰[194]，以司空王敬則[195]為太尉[196]，鄱陽王鏘為司徒[197]，車騎大將軍陳顯達為司空，尚書左僕射王晏為尚書令。○魏主至陰山[198]。

以始安王遙光[199]為南郡太守，不之官[200]。遙光，鸞之兄子也。鸞有異志，遙光贊成[201]之，凡大誅賞，無不預謀[202]。戊申[203]，以中書郎蕭遙欣[204]為兗州[205]刺史。遙欣，遙光之弟也。鸞欲樹置親黨，故用之。

癸丑[206]，魏主如懷朔鎮[207]。己未[208]，如武川鎮[209]。辛酉[210]，如撫冥[6]鎮[211]。甲子[212]，如柔玄鎮[213]。乙丑[214]，南還。辛未[215]，至平城。

九月壬申朔[216]，魏詔曰：「三載考績，三考黜陟[217]，可黜者不足為遲，可進者大成賒緩[218]。朕今三載一考，即行黜陟，欲令愚滯[219]無妨於賢者，才能不擁於下位[220]。各令當曹[221]考其優劣為三等，其上下二等仍分為三。六品已下，尚書重問[222]；五品已上，朕將親與公卿論其善惡。上上者遷之，下下者黜之，中者守其本任[223]。」

魏王之北巡也，留任城王澄[224]銓簡舊臣[225]。自公侯已下，有官者以萬數，澄品[226]其優劣能否為三等，人無怨者。○壬午[227]，魏王臨朝堂黜陟百官，謂諸尚書[228]曰：「尚書，樞機之任[229]，非徒總庶務[230]，行文書而已，朕之得失[231]，盡在於此。卿等居官，年垂再期[232]，未嘗獻可替否[233]，進一賢退一不肖，此最罪之大者。」又謂錄尚書事廣陵王羽[234]曰：「汝為朕弟，居機衡之右[235]，無勤恪[236]之聲，有阿黨[237]之迹，今黜汝錄尚書、廷尉[238]，但為特進、太子太保[239]。」又謂尚書令陸叡[240]曰：「叔翻到省之初[241]，甚有善稱；比來[242]偏頗懈怠，由卿不能相導以義[243]。雖無大責，宜有小罰，今奪卿祿一期[244]。」又謂左僕射拓跋贊曰：「叔翻受黜，卿應大辟[245]。但以咎歸一人[246]，不復重責。今解卿少師[247]，削祿一期。」又謂左丞公孫良[248]、右丞乞伏義受[249]曰：「卿罪[7]亦應大辟，可以白衣守本官[250]，冠服祿卹[251]盡從削奪。若三年有成，還復本任；無成，永歸南畝[252]。」又謂尚書任城王澄曰：「叔神志驕傲，可解少保[253]。」又謂長兼尚書[254]于果曰：「卿不勤職事，數辭以疾，可解長兼，削祿一朞。」其餘守尚書(255)尉羽、盧淵(256)等，並以不職(257)，或解任，或黜官，或奪祿，皆面數(258)其過而行之。淵，昶之兄也。

帝又謂陸叡曰：「北人每言『北俗質魯(259)，何由知書！』朕聞之，深用憮然(260)！今知書者甚眾，豈皆聖人？顧(261)學與不學耳。朕修百官(262)，興禮樂，其志固欲移風易俗。朕為天子，何必居中原(263)！正欲卿等子孫漸染美俗(264)，聞見廣博。若永居恆北(265)，復值(266)不好文(267)之主，不免面牆(268)耳。」對曰：「誠如聖言(269)。金日磾(270)不入仕漢朝，何能七世知名(271)。」帝甚悅。

鬱林王之廢也，鄱陽王鏘初不知謀。及宣城公鸞權勢益重，中外皆知其蓄不臣之志。鏘每詣鸞，鸞常屣履(272)至車後迎之；語及家國，言淚俱發，鏘以此信之。宮臺(273)之內皆屬意(274)於鏘，勸鏘入宮發兵輔政(275)。制局監(276)謝粲說鏘及隨王子隆(277)曰：「二王但乘油壁車(278)入宮，出天子置朝堂，夾輔號令(279)。粲等閉城門、上仗(280)，誰敢不同？東城人(281)正共縛送蕭令(282)耳！」子隆欲定計，鏘以上臺兵力(283)既悉度東府(284)，且慮事不捷，意甚猶豫。馬隊主(285)劉巨，世祖時舊人，詣鏘請間(286)，叩頭勸鏘立事(287)。鏘命駕將入(288)，復還內，與母陸太妃別，日暮不成行(289)。典籤知其謀，告之(290)。癸酉(291)，鸞遣兵二千人圍鏘第，殺鏘，遂殺子隆及謝粲等。於時世祖[8]諸子[292]，子隆最壯大[293]，有才能，故鸞尤忌之。

江州刺史晉安王子懋[294]聞鄱陽、隨王死，欲起兵，謂防閤[295]吳郡陸超之曰：「事成則宗廟[296]獲安，不成猶為義鬼。」防閤丹陽董僧慧[297]曰：「此州雖小，宋孝武[298]常用之[299]。若舉兵向闕[300]以請鬱林之罪[301]，誰能禦之[302]！」子懋母阮氏在建康，密遣書迎之[303]，阮氏報其同母兄[304]于瑤之為計[305]。瑤之馳告宣城公鸞。乙亥[306]，假鸞黃鉞[307]，內外纂嚴[308]，遣中護軍王玄邈[309]討子懋，又遣軍主裴叔業[310]與于瑤之先襲尋陽[311]，聲云為郢府司馬[312]。子懋知之，遣三百人守湓城[313]。叔業泝流直上[314]，至夜，回襲湓城，城局參軍[315]樂賁開門納之。子懋聞之，帥府州兵力[316]據城自守。子懋部曲多雍州[317]人，皆勇躍願奮。叔業畏之，遣于瑤之說子懋曰：「今還都必無過憂[318]，正當作散官[319]，不失富貴也。」子懋既不出兵攻叔業，眾情稍沮[320]。中兵參軍于琳之，瑤之兄也，說子懋重賂叔業，可以免禍。子懋使琳之往，琳之因說叔業取子懋。叔業遣軍主徐玄慶將四百人隨琳之入州城，僚佐皆奔散。琳之從二百人[321]，拔白刃入齋[322]，子懋罵曰：「小人！何忍行此！」琳之以袖鄣面[323]，使人殺之。王玄邈執董僧慧，將殺之，僧慧曰：「晉安舉義兵，僕實預其謀[324]，得為主人[325]死，不恨[326]矣！願至大斂[327]畢，退就鼎鑊[328]。」玄邈義之[329]，具以白鸞[330]，免死配東冶[331]。子懋子昭基，九歲，以方二寸絹為書，參其消息[332]，并遺錢五百，行金得達[333]，僧慧視之曰：「郎君書也[334]！」悲慟而卒。于琳之勸陸超之逃亡，超之曰：「人皆有死，此不足懼！吾若逃亡，非唯孤晉安之眷[335]，亦恐田橫客笑人[336]！」玄邈等欲因以還都，超之端坐俟命[337]。超之門生謂[338]殺超之當得賞，密自後斬之，頭墜而身不僵[339]。玄邈厚加殯斂。門生亦助舉棺，棺墜，壓其首[340]，折頸而死。

鸞遣平西將軍王廣之襲南兗州[341]刺史安陸王子敬[342]。廣之至歐陽[343]，遣部將濟陰陳伯之[344]先驅。伯之因[345]城開，獨入，斬子敬。◯鸞又遣徐玄慶西上[346]害諸王。臨海王昭秀[347]為荊州刺史，西中郎長史何昌寓[348]行州事[349]。玄慶至江陵，欲以便宜從事[350]。昌寓曰：「僕受朝廷意寄[351]，翼輔外藩[352]。殿下未有愆失[353]，君以一介之使[354]來，何容即以相付[355]邪？若朝廷必須殿下[356]，當自啓聞[357]，更聽後旨。」昭秀由是得還建康[358]。昌寓，尚之[359]之弟子也。◯鸞以吳興太守孔琇之[360]行郢州事[361]，欲使之殺晉熙王銶[362]。琇之辭不許[363]，遂不食而死。琇之，靖[364]之孫也。

裴叔業自尋陽仍進向湘州[365]，欲殺湘州刺史南平王銳[366]。防閤[367]周伯玉大言於眾曰：「此非天子意，今斬叔業，舉兵匡社稷[368]，誰敢不從！」銳典籤叱左右斬之。乙酉[369]，殺銳；又殺郢州刺史晉熙王銶[370]、南豫州刺史宜都王鏗[371]。○丁亥[372]，以廬陵王子卿[373]為司徒，桂陽王鑠[374]為中軍將軍、開府儀同三司。

【章　旨】以上為第二段，寫齊明帝蕭鸞建武元年（西元四九四年）二月至九月共八個月間的大事。主要寫了南齊小皇帝蕭昭業的靠山蕭曄、蕭子良以憂死，其他諸王均各被其典籤所控制，不得與內外大臣相聯繫，而皇室愈益孤危；寫蕭昭業欲依靠皇后之兄何胤廢除蕭鸞，何胤不肯受命；寫蕭昭業的親信曹道剛謀誅蕭鸞，但還未及動手，蕭鸞一黨遂先機發動，身為中領軍的蕭諶率兵入宮，先殺了曹道剛、朱隆之，隨後蕭鸞帶領王晏、徐孝嗣、陳顯達等繼而進殿，殺了小皇帝蕭昭業，身為散騎常侍的徐孝嗣掏出預先寫好的假太后詔，宣布追廢小皇帝為鬱林王，改立蕭昭文為皇帝；寫了身為吏部尚書的謝瀹聞此巨變而毫不動心，照常下棋不休而後關門睡覺；寫了謝粲、劉巨等勸鄱陽王蕭鏘、隨王蕭子隆借用皇帝身邊的勢力，挾天子以誅蕭鸞，蕭鏘猶豫不決，被其典籤告密，蕭鏘、蕭子隆、謝粲等皆被殺；寫了江州刺史蕭子懋起兵反蕭鸞，因洩密與部下叛變失敗被殺；接著蕭鸞一舉殺掉了高祖蕭道成的兒子蕭銶、蕭銳、蕭鏗與世祖蕭賾的兒子蕭子敬；寫史者滿懷同情地寫了蕭子懋的部下董僧慧與陸超之的感人情節。寫了魏主決定遷都並布署留守事宜；寫了魏錄尚書事拓跋羽建議魏主依地方州鎮考核治下官員的辦法以考核朝廷百官，以及魏主對百官群臣實行三年一考核，並進行黜陟的實施情景；寫了魏主由西至東的巡視北邊四鎮，以及令劉昶為使持節，都督吳、越、楚諸軍事，南鎮彭城，以謀求有所進取，結果因劉昶的庸劣而無功等等。

【注　釋】❶二月己丑　二月十四日。❷河陰　縣名，縣治在今河南孟津東北。❸規方澤　規劃建立一所祭祀地神的場所。其形制為掘地為方池，貯水以祭，故稱方澤。規，規劃；準備建立。❹辛卯　二月十六日。❺帝祀明堂　鬱林王在明堂祭祀天地。明堂，是依照儒家學說建立的祭祀天地、宣明政教之處。❻聘　到魏國進行禮節性訪問。❼丙申　二月二十一。❽徙河南王幹為趙郡王　徙，移封。河南王幹，拓跋幹，獻文帝拓跋弘的第三子，原封為河南王。❾潁川王雍　拓跋雍，獻文帝拓跋弘的第四子，原封為潁川王。二人皆孝文帝之弟，傳見《魏書》卷二十一上。胡三省曰：「將以河南潁川為畿甸，故二王徙封。」❿壬寅　二月二十七日。⓫癸卯　二月二十八日。⓬壬申　三月二十七日。⓭平城　魏國的都城，在今山西大同東北。⓮燕州刺史穆羆　燕州，魏州名，約當今河北張家口和與之鄰近的北京市西北部地區，州治即今河北涿鹿。穆羆，魏國的開國功臣穆崇之後，現為燕州刺史。傳見《魏書》卷二十七。⓯征伐無馬　指新都洛陽沒有更多的馬匹。⓰廄牧在代　代郡有的是我們的馬棚、牧場。廄，馬棚。牧，牧地；牧場。代，郡名，魏國的舊都平城就處於代郡之內。⓱代在恆山之北　這裡的所謂「代」主要指魏都平城。恆山，即五嶽中的北嶽，在今山西渾源境內，在魏都平城的東南方。⓲九州之外　古代傳說中的九州通常即指當時的中國境內。九州當中最靠北的是幽州、并州，而平城又處於并州的北部地區，故魏主誇張地說它處於九州之外。⓳于果　魏國名將于栗磾之孫，此時任尚書令。傳見《魏書》卷三十一。⓴非以代地為勝伊洛之美　並不是說平城一帶的地理環境比洛陽一帶還要好。伊、洛是二水名，都流經洛陽附近，故常以「伊、洛」代指洛陽地區。㉑平陽公丕　拓跋丕，拓跋翳槐之孫，曾被封為東陽王，後依例降為平陽郡公。傳見《魏書》卷十四。㉒訊之卜筮　通過卜筮來占測一下。卜筮，指用龜甲或蓍草來占卜吉凶。㉓周召　周公姬旦、召公姬奭，都是文王之子，武王之弟，因輔佐周成王穩定周初的秩序，被後代稱為聖賢。㉔卜宅　指向鬼神詢問建都於洛陽是否吉利。卜宅，向鬼神詢問蓋房子的問題。周公、召公為欲在洛陽建立都城而占卜吉凶的事情，見《尚書・洛誥》。㉕今無其人　今天我們的朝廷上沒有周公、召公那樣的聖賢。㉖卜以決疑二句　人是有了疑難才進行占卜的；如果沒有疑難，那占卜什麼。二句語出《左傳》桓公十一年。㉗黃帝卜而龜焦　相傳黃帝當年與蚩尤開戰前曾進行占卜，結果龜甲被燒糊了。杜預曰：「龜焦，兆不成也。字書釋灼龜不兆為焦。」占卜是要看龜甲上的裂紋，一旦龜甲被燒糊，就算是占卜失敗了。黃帝是傳說中的中華民族的祖先。事跡見《史記・五帝本紀》。㉘天老曰吉　天老是黃帝大臣，他見龜甲被燒糊，不但不說占卜失敗，反而說這本身就表明了我們要占卜的事情是大吉大利。㉙至人之知未然　一個聰明絕頂的人對於意想不到的突發事變的判斷。至人，聖人；英明無比的人。㉚審於龜矣　可比龜甲精確得多了。㉛王者以四海為家　古之俗語，也正因此，故稱帝王之所居曰「行在所」，意即走到哪裡都是家。㉜平文皇帝　拓跋鬱律，魏國的先祖沙漠汗之孫，拓跋弗之子，後被追稱曰平文皇帝。傳見《魏書》卷一。㉝東木根山　位於柔玄鎮（今內蒙古興和）之北。按，《魏書》卷一稱惠帝賀傉四年，「乃築城於東木根山，徙都之。」惠帝賀傉是拓跋鬱律後一代的魏國帝王。

㉞昭成皇帝　拓跋什翼犍，平文帝的第二子，西元三三八—三七六年在位，被諡為昭成皇帝。傳見《魏書》卷一。㉟更營盛樂　重新又在盛樂建立都城。盛樂在今內蒙古和林格爾西北的土城子。㊱道武皇帝　拓跋珪，拓跋什翼犍之孫，是重建魏國，使魏國空前強大的第一位君主，西元三八六—四〇九年在位，被諡為道武帝。傳見《魏書》卷二。㊲幸屬　有幸正趕上。㊳勝殘之運　意即接續在大有作為的帝王之後，自己正好可以施行仁政，不用武力征伐、不用嚴刑鎮壓的時代。勝殘，「勝殘去殺」的簡縮語。《論語・子路》：子曰：「善人為邦百年，亦可勝殘去殺矣。」勝殘，克服殘暴，避免暴力。朱熹曰：「謂化善人不為惡也。」㊴獨不得遷乎　偏偏就不能遷都了嗎。㊵壽　穆壽，魏國名臣穆崇之子，官至中書監。傳見《魏書》卷二十七。㊶烈　于烈，于栗磾之孫，官至刺史。傳見《魏書》卷三十一。㊷癸酉　三月二十八日。㊸部分遷留　安排布置哪些人跟著遷都洛陽，哪些人繼續留守在平城的問題。部分，分派。㊹四月庚辰　四月初六。㊺魏罷西郊祭天　魏國取消西郊祭天的習俗，以與中原王朝南郊祭天的習俗相一致。㊻辛巳　四月初七。㊼武陵昭王曄　蕭曄，蕭道成的第五子，剛直敢言，為鬱林王所倚重，故為蕭鸞所深忌。傳見《南齊書》卷三十五。㊽戊子　四月十四。㊾竟陵文宣王子良　蕭子良，世祖蕭賾的第二子，蕭賾臨終的託孤之臣。被封為竟陵王，文宣二字是諡。傳見《南齊書》卷四十。㊿以憂卒　見蕭鸞的篡國篡政，鬱林王又懷疑自己，故憂國憂身而死。(51)常憂子良為變　總是擔心蕭子良篡奪他的皇帝之位。胡三省曰：「鬱林但虞子良為變，而不知鸞、諶之謀已成矣。」(52)鄙夫不可與事君七句　孔子的話，見《論語・陽貨》。原文為「鄙夫可與事君也哉？其未得之也，患不得之；既得之，患失之。苟患得患失，無所不至矣。」鄙夫，指貪婪自私的邪惡之臣。秦朝的李斯是這種人的典型，司馬光這裡是指當時怙權營私的邪臣王融。不可與事君，不能與之一道共事。(53)王融　一個自私行險的邪惡之臣，在齊武帝蕭賾臨死前後，企圖發動政變廢太孫蕭昭業，改立蕭子良，因蕭子良不從，王融的政變未成被殺。傳見《南齊書》卷四十七。但由此造成了蕭昭業對蕭子良的懷疑與排擠，從而給蕭鸞的篡政鋪平了道路。(54)乘危徼幸　乘國家危難之際而謀取個人的功名利祿，即利用蕭賾病危欲矯詔立子良事，見本書卷一百三十八。徼，搏取。(55)謀易嗣君　企圖改變老皇帝的接班人。易，變更。(56)子良當時賢王　蕭子良是一個淡泊榮利，對其父蕭賾、其姪蕭昭業都忠心耿耿、唯命是從的人，其最大失誤是對野心家蕭鸞缺乏警惕，蕭子良的淡泊，更造成了蕭鸞的專權。(57)迹其所以然　推究所以形成這種局面的原因。迹，細查問題形成的原因。(58)烏可近哉　怎麼能與他們接近呢。烏，也寫作「惡」。何；怎能。(59)己亥　四月二十五。(60)罷五月五日七月七日饗祖考　饗祖考，即祭祀祖先。饗，同「享」。祭祀。考，先父。五月初五是中原地區的端午節，七月初七是中原地區的乞巧之日，而魏國古禮以此二日為祭祖之節，今孝文帝追求漢化，故將祭祖之俗廢止之。(61)廣陵王羽　拓跋羽，獻文帝的第五

子。傳見《魏書》卷二十一上。(62)令文　條例章程，這裡的意思是依照過去的章程。(63)列屬官治狀　把自己下屬官吏管理政務的狀況寫成文件呈報尚書省。(64)及再考　到第二次再進行考核時。(65)則行黜陟　就要根據兩次考評的情況進行下降或提升。(66)去十五年　過去的十五年，即孝文帝太和十五年（西元四九一年）。去，猶言「過去的」。(67)準外考　依據各州各鎮考核僚屬的辦法。(68)以定京官治行　來對朝廷百官管理政務的業績評定出個高低。(69)應關朕聽　應該向上報告，讓我知道。(70)閏月丁卯　閏四月二十三。(71)鎮軍將軍鸞　蕭鸞，時任鎮軍將軍。鎮軍將軍的位次在中軍將軍之上。(72)即本號　就任鎮軍將軍之職。早在齊武帝蕭賾臨死前就曾遺詔加蕭鸞為鎮軍將軍，但因事一直沒有到位。至此皇帝蕭昭業又重申令其就職。(73)開府儀同三司　加官名，以示榮寵。位從公，開建府署、自辟僚屬的成例與三司相同。三司，即三公，指太尉、司徒、司空。(74)戊辰　閏四月二十四。(75)新安王昭文　蕭昭文，現在的皇帝蕭昭業之胞弟，被封為新安王。傳見《南齊書》卷五。(76)揚州刺史　揚州的州治即在都城建康城內。按，任蕭昭文為揚州刺史，不過是蕭鸞的把戲而已，時蕭昭文十五歲。(77)五月甲戌朔　五月初一是甲戌日。(78)六月己巳　六月二十六。(79)散騎常侍盧昶　散騎常侍是皇帝的侍從官員，以備顧問、應對等事。盧昶是魏國的儒學之臣盧玄的孫子，盧度世之子，任員外散騎常侍之職。傳見《魏書》卷四十七。(80)自嫌　自己有顧慮。嫌，懷疑；顧慮。(81)彼有知識　你在那裡有相知相識的人。彼，那裡。(82)使人　作為一個使者。(83)勿迭相矜夸　不要盛氣陵人，總想壓倒對方。(84)見於辭色　在舉止言談中表現出來。見，通「現」。(85)失將命之體　有失於奉命出使者的體統。將命，奉命。(86)七月乙亥　七月初三。(87)宋王劉昶　劉昶是宋文帝劉義隆之子，為躲避宋廢帝劉子業的迫害於魏文成帝拓跋濬和平六年（西元四六五年）逃到魏國，被魏人封為宋王。傳見《魏書》卷五十九。(88)使持節　官銜名，古代統兵大將往往加此稱號，以提高其權位。最高者為使持節，其次曰持節，其次曰假節。(89)都督吳越楚諸軍事　吳、越、楚，都是春秋時代長江流域及長江以南的古國名，此處用以泛指長江以南地區。意即把南齊的領地都劃歸劉昶管轄。(90)鎮彭城　以彭城為劉昶軍事指揮部的駐地。彭城，即今江蘇徐州。(91)王肅　原齊人，東晉名臣王導的後代，其父王奐在齊武帝蕭賾治下為臣，被蕭賾所殺，王肅於魏孝文帝太和十七年（西元四九三年）逃到魏國，此時為鎮南將軍。傳見《魏書》卷六十三。(92)昶府長史　宋王劉昶大將軍府的長史。長史是軍府的諸史之長，總管大將軍部下的各項軍政。(93)不能撫接義故　沒能很好地安撫、招納昔時的故舊。胡三省曰：「宋蒼梧王初，昶鎮彭城，棄鎮奔魏，故義故在焉。」義故，指老部下，懷念並樂於歸附之人。(94)卒無成功　結果沒能取得應有的功效。(95)壬午　七月初十。(96)安定靖王休　景穆帝拓跋晃之子，孝文帝拓跋宏的堂祖一輩，官至太傅。傳見《魏書》卷十九下。(97)自卒至殯　從其死到其入殮的短短期間。殯，遺體裝入靈柩。(98)三臨其第　三次到其府第弔唁。(99)尉元拓跋燾、拓跋弘時代的魏國名將，有平定淮北之大功，官至司徒。傳見《魏書》卷五十。(100)王辰　七月二十日。(101)尼媼外入者　從外面進入宮廷的老尼姑。(102)頗傳異語　帶進來了外面的一些傳言。胡三省曰：「謂外人籍籍口語，言鸞等相與有異謀也。」(103)中書令　中書省的長官，中書省是為皇帝起草詔令的部門，中書令職同宰相。(104)后之從叔　何胤是蕭昭業何皇后的堂叔。(105)使直殿省　讓何胤夜間在中書省裡值班。殿省，即中書省。因其在宮廷之內，故稱殿省。(106)令胤受事　讓何胤按照蕭昭業的旨意起草處決蕭鸞的詔令。(107)依違諫說　支支吾吾地調和勸說，不奉命擬旨。依違，似依似違，模稜兩可，沒有行動。(108)出鸞於西州　意即調任蕭鸞為揚州刺史。西州，指西州城，是晉宋時期揚州刺史的官衙所在地，在當時建康臺城的西側。(109)中敕用事　朝廷頒發詔令與處理各項事務。中敕，朝廷頒布命令。(110)不復關咨於鸞　不再向蕭鸞請示、打招呼。關咨，請示；徵詢意見。(111)左僕射王晏　王晏原是齊武帝蕭賾的親信，蕭賾死後遂轉向蕭鸞，此時任尚書左僕射，主管尚書省。傳見《南齊書》卷四十二。(112)諸王典籤　在皇室諸王身邊掌權的屬吏。典籤原是書記員一類的小吏，因為他們是由朝廷派出，代表朝廷替諸王管理軍政大事，於是遂炙手可熱，連諸王自身也受其轄制，無可奈何。蕭鸞既然操縱朝政，諸王典籤自然也就成為代替蕭鸞控制諸王的打手。(113)約語之　蕭諶祕密地召集他們，給他們布置任務。胡三省曰：「約語者，約束而語之。」(114)不許諸王外接人物　不許皇室諸王與外面軍政界的要人相往來。(115)親要　受寵信、居要職。蕭諶等原是蕭賾當年的寵臣，甚至蕭昭業也不知道他們現在都成了吃裡扒外的蕭鸞的死黨。(116)其謀　要廢掉蕭昭業的陰謀。(117)丹楊尹徐孝嗣　丹楊尹，當時都城建業所在郡的行政長官，位同郡太守，但與一般郡守的地位不可同日而語。徐孝嗣，劉宋權貴徐湛之的孫子，宋孝武帝劉駿的女婿，入齊後又為齊武帝蕭賾任吏部尚書，此時任丹楊尹。傳見《南齊書》卷四十四。(118)驃騎錄事南陽樂豫　樂豫是當時的名士，南陽郡人，與其兄樂頤俱以孝聞名，當時任驃騎將軍府的錄事參軍。傳見《南齊書》的〈孝義傳〉。(119)外傳籍籍　外面的流言議論紛紛。籍籍，也寫作「藉藉」，議論紛紛的樣子。(120)伊周之事　指廢掉現有的皇帝、另立新皇帝的事情。商臣伊尹曾放逐其君太甲，周公姬旦曾代替成王臨朝攝政，故通常遂以「伊周之事」代指廢立之舉。(121)君蒙武帝殊常之恩　徐孝嗣由王儉推薦，得到武帝蕭賾分外的重用，蕭賾臨終的遺詔中有所謂「尚書中事，……悉委右僕射王晏、吏部尚書徐孝嗣」的話，可見寵信之隆。殊常，不同尋常。(122)荷託付之重　承擔著先帝的重託。荷，承蒙；接受。(123)不得同人此舉　不能跟著別人一道幹這種廢掉皇帝的事情。(124)人笑褚公　褚淵是劉宋明帝的顧命大臣，接受遺命輔佐幼主劉昱。結果褚淵後來竟幫著齊太祖蕭道成篡取了宋室的皇位，此事引起了朝野的一片責罵之聲。傳見《南齊書》卷二十三。(125)至今齒冷　至今仍受著人們的譏笑。因為人笑則露齒，故以「齒冷」代指笑罵。(126)鎮軍　鎮軍將軍，指蕭鸞。(127)寧當有此　怎麼會有這樣的事。

(128)無事　無緣無故地。(129)朝貴不容造此論　朝廷上的權貴們不可能編造這樣的謠言。不容，不可能；不應該。(130)官　也稱「官家」，當時對皇帝的稱呼，相當於「您」。(131)直閤將軍曹道剛　小皇帝蕭昭業的親信武官。直閤將軍，在皇帝住宿與臨朝之處值勤的禁軍統領。(132)密有處分二句　暗中有除掉蕭鸞的計畫，但還沒有動手。(133)始興內史蕭季敞　始興王蕭鑑的內史蕭季敞，王國的內史，在該王國主管行政，職同於郡太守。(134)南陽太守　南陽郡的郡治宛城，即今河南南陽。(135)皆內遷　都正在聽候調任進京。(136)藉其勢力以舉事　胡三省曰：「以二人方自外郡歸，各有兵力自送，為可藉也。」(137)比聞　近來聽說。(138)轉已猜疑　已經在懷疑我們。(139)衛尉　以稱蕭諶，當時蕭諶為衛軍司馬，兼衛尉之職。衛尉是主管護衛宮廷的官。(140)若不就事　如果再不完成廢掉小皇帝的事。就，完成。(141)無所復及　那恐怕就做什麼也來不及了。(142)坐聽　坐等。(143)正應作餘計　就要採取別的辦法。(144)惶遽從之　匆忙答應。(145)壬辰　七月二十。(146)直後徐僧亮　小皇帝蕭昭業的忠誠衛士。直後，皇帝車後的侍衛官。(147)大言於眾　面對眾人大聲說。(148)自尚書　從尚書省出來，當時蕭鸞任錄尚書事，尚書省是他的辦事機關。(149)雲龍門　進入皇宮內殿的正門。(150)戎服加朱衣於上　把紅色官服套在軍服外面。戎服，軍服。朱衣，紅色官服。按制度，群臣入雲龍門不准穿軍服，佩武器。(151)比入門　在蕭鸞入雲龍門的時候。比，及；當……的時候。(152)三失屨　三次掉了鞋子，極言其緊張、心虛之狀。(153)陳顯達　原是蕭道成當年的得力幹將，現又轉投到蕭鸞的門下。事見《南齊書》卷二十六。(154)王廣之　原是南齊名將，官至鎮軍將軍，現已改投到蕭鸞的門下。傳見《南齊書》卷二十九。(155)沈文季　劉宋名將沈慶之之子，入齊後又為武帝蕭賾的重臣，現又轉入到蕭鸞的門下。傳見《南齊書》卷四十四。(156)壽昌殿　齊武帝蕭賾所建，平居無事時常住在這裡。(157)密為手敕　偷偷地親筆寫了一道手令。(158)諸房閤　各個進入內殿的旁門、小門。閤，進入深宮的內門、小門。(159)走趨　逃向。(160)輿接出延德殿　被蕭鸞的黨羽們用車子拉到了延德殿。輿，輕便的小車或人抬的軟轎。(161)楯　通「盾」。盾牌。(162)所取自有人　我們所捉拿的人與你們沒有關係。(163)隸服於諶　俯首貼耳聽蕭諶的指令。隸服，像奴僕一樣地聽喝。(164)皆信之　都相信他不會做對不起皇帝的事。(165)各欲自奮　都想挺身而出，為援救皇帝而拼死一戰。(166)西弄　延德殿西側的小胡同。弄，弄堂；小巷。(167)出殯徐龍駒宅　把棺材寄放在徐龍駒宅。徐龍駒是蕭昭業的親信宦官，前已被蕭鸞所殺。按，蕭昭業被殺時年二十二歲。(168)諸嬖倖　被蕭昭業所寵愛的所有女人與男人。(169)欲作太后令　想假借太后的名義寫一道廢掉小皇帝的詔令。(170)鸞大悅　蕭鸞很賞識徐孝嗣的機靈與想得周到。(171)癸巳　七月二十一。(172)追廢帝為鬱林王　後補下令廢去蕭昭業的皇帝之位，降之為鬱林郡王。鬱林郡的郡治布山，在今廣西桂平西南。(173)何后　何皇后，撫軍將軍何戢之女。傳見《南齊書》卷二十。(174)謝瀹　南朝著名詩人謝莊之子，此時任吏部尚書。傳見《南齊書》卷四十三。(175)其當有意　他們肯定是要幹什麼。

⓱竟局　下完這盤棋之後。⓱還齋臥　回到吏部的辦公廳躺著去了。⓱竟不問外事　胡三省曰：「謝瀹為此，兄朏之教也。」⓱大匠卿虞悰　大匠卿是主管土木建築的朝官，九卿之一。虞悰是虞嘯父之孫，為人至孝，武帝時為度支尚書，此時為大匠卿。傳見《南齊書》卷三十七。⓲王徐　指王晏、徐孝嗣。⓲遂縛袴廢天子　意謂二子身為文官，居然身穿戎服廢了皇帝。縛袴，戎服。⓲嘯父　虞嘯父，東晉名將虞潭之子，曾官至尚書。傳見《晉書》卷七十六。⓲國子祭酒江斆　國子祭酒是國家太學的主管官員。江斆是劉宋權臣江湛之孫，宋文帝劉義隆的外孫，母為宋文帝女，江斆本人又是劉宋孝武帝劉駿的女婿，入齊後為五兵尚書、都官尚書，此時任吏部尚書。傳見《南齊書》卷四十三。⓲託藥發　推說服五石散的疾病發作了。五石散是當時貴族文人為了美容、長壽而服食的一種毒性很強的藥，發作起來有生命危險。⓲中散大夫　皇帝的侍從官員，無實權而有榮譽，多授與年高的大臣。⓲兼衛尉　掛有衛尉的虛銜，因為真正的衛尉是蕭諶。⓲給甲仗百人　給他配備披甲執兵的護衛一百人。⓲不欲與之同　不願與他成為一丘之貉。⓲丁酉　七月二十五日。⓳驃騎大將軍　將軍的名號，地位僅次於大將軍。而此時的大將軍又虛位無人。⓳宣城郡公　爵為公爵，封地為宣城郡。宣城郡的郡治在今安徽宣城東。⓳辛丑　七月二十九日。⓳朔州　魏州名，州治盛樂，在今內蒙古和林格爾西北。⓳八月甲辰　八月初二。⓳司空王敬則　司空，官名，三公之一，掌水土工程。王敬則，蕭道成的開國元勳，為蕭氏的篡宋可謂大效犬馬之勞，在齊朝前期歷任顯職，此前加官為司空。傳見《南齊書》卷二十六。⓳太尉　加官名，與司空、司徒同居三公之位，但太尉是三公之首，榮顯無出其右者。⓳司徒　加官名，與太尉、司空同為三公之一。蕭鸞任蕭錚為司空，純屬掩人耳目，藉以安慰人心。⓳陰山　今內蒙古河套以北的東西走向的大山，其地有魏國皇室的離宮，故魏主屢屢前往。⓳始安王遙光　蕭鸞之兄蕭鳳的長子，襲父爵為始安王，此時任南郡太守。傳見《南齊書》卷四十五。南郡的郡治江陵，在今湖北江陵西北的紀南城。⓴不之官　不離開京城去南郡上任。⓴贊成　幫助其完成。贊，佐助。⓴預謀　參與謀劃。⓴戊申　八月初六。⓴中書郎蕭遙欣　蕭道成之弟蕭道生的孫子，蕭鸞之姪，蕭遙光之胞弟，時為中書郎。中書郎是中書監、中書令的屬下，參與朝政。傳見《南齊書》卷四十五。⓴兗州　此指北兗州，州治壽張，在今江蘇清江市西南。⓴癸丑　八月十一。⓴懷朔鎮　魏國的軍鎮名，故址在今內蒙古固陽。⓴己未　八月十七。⓴武川鎮　魏國軍鎮名，故址在今內蒙古武川縣。⓵辛酉　八月十九。⓵撫冥鎮　魏國的軍鎮名，故址在今內蒙古四子王旗東南。⓵甲子　八月二十二。⓵柔玄鎮　在今內蒙古興和北。按，從懷朔至柔玄，從西向東，是魏國六鎮中的四鎮。再往東還有懷荒、禦夷二鎮。⓵乙丑　八月二十三。⓵辛未　八月二十九。⓵九月壬申朔　九月初一是壬申日。⓵三載考績二句　語出《尚書・舜典》。意思是，三年考核一次百官的政績，經三次考核，共九年的觀察，按業績進行降職或提升。

(218)大成賒緩　就過於漫長、過於遲緩了。(219)愚滯　笨拙；冥頑。(220)不擁於下位　不至於被長期地壓抑在下層。擁，通「壅」。障塞。(221)當曹　各部門的長官。曹，分職治事的部門，猶如今之中央各部。(222)尚書重問　由尚書令再加以考察。(223)守其本任　仍擔任其原來的職務。(224)任城王澄　拓跋澄，拓跋晃之孫，拓跋雲之子，孝文帝的堂叔。此時任吏部尚書、太子少保。傳見《魏書》卷十九中。(225)銓簡舊臣　對朝廷老臣進行考核評定。銓，評定。簡，選拔；任用。(226)品　評定；區分。(227)壬午　九月十一日。(228)諸尚書　尚書省的諸長官。(229)樞機之任　掌管著國家的關鍵責任。樞機，關鍵。(230)非徒總庶務　不光是總管全國的各項事務。徒，但；只。(231)朕之得失　我這個皇帝做得好不好。(232)年垂再期　已經快滿兩年。垂，近。期，週年。(233)獻可替否　提出好的意見，糾正我的錯誤做法。獻，進獻。替，更改；廢除。(234)錄尚書事廣陵王羽　錄尚書事，猶如今之副總理而分工主管某幾個部。拓跋羽是孝文帝之弟，以國家重臣而分管尚書省事務者。傳見《魏書》卷二十一上。(235)居機衡之右　位在尚書省諸長官之上。古人以右為尊。(236)勤恪　勤勞、謹慎。(237)阿黨　結黨營私，拉幫結派。阿，曲，指偏袒、徇私。(238)廷尉　掌國家刑獄的最高長官。當時拓跋羽實任廷尉，加錄尚書事。(239)但為特進太子太保　只以特進的身分任太子太保之職。特進是給年老位高者的一種加官，無具體職守，參加朝賀，位從公。太子太保是皇太子的輔導官，也是閒散職務。(240)陸叡　字叔翻，魏國的元勳陸俟之孫、陸麗之子，此時任尚書令。傳見《魏書》卷四十。(241)到省之初　初任尚書令的時候。(242)比來　近些時候以來。(243)相導以義　引導尚書省的全體僚屬向好的方向走。相導，同「嚮導」。引導。相，觀察；識別。(244)奪卿祿一期　扣除你一年的俸祿。期，週年。(245)大辟　殺頭。(246)咎歸一人　意思是已經處罰了陸叡，而且左僕射是尚書令的副職。(247)解卿少師　免除你的太子少師之職。太子少師也是皇太子的訓導官。(248)左丞公孫良　左丞、右丞都是尚書令的屬官。公孫良是公孫表之曾孫，公孫叡之子。傳見《魏書》卷三十三。(249)乞伏義受　姓乞伏名義受，乞伏義受應是西秦王乞伏乾歸的後代。(250)白衣守本官　近於後世的革職留用。白衣，指平民。(251)冠服祿卹　冠服，指原任官職的服飾。祿卹，指本人俸祿之外家庭所受的各種優惠。胡三省曰：「魏官，本祿之外，別有恤親之祿。」(252)永歸南畝　永遠回家為民。南畝，因《詩經・七月》中有所謂「饁彼南畝」，故後人遂習稱農田曰「南畝」。(253)少保　太子少保，皇太子的輔導官，也多用為加官，無實際職責。(254)長兼尚書　尚書有正有兼，「兼」的意思略同於今之所謂「後補」。(255)守尚書　試用、代理之尚書。守，試用。(256)尉羽盧淵　尉羽是魏國名將尉元之子。傳見《魏書》卷五十。盧淵是著名儒生盧玄之孫，盧昶之兄。傳見《魏書》卷四十七。二人此時皆任守尚書。按，魏有尚書令，又有錄尚書事，還有長兼尚書、守尚書，亦可謂人浮於事者矣。(257)不職　不盡職；不稱職。(258)面數　當面列舉。(259)質魯　質木粗魯，沒有文化修養的樣子。(260)深用憮然　深深地為之感歎。用，因。憮然，傷心的樣子。

[261]顧　轉折語詞，猶今所謂「問題在於」、「關鍵在於」。[262]修百官　提高百官的素質。修，提高。[263]居中原　指遷都洛陽。[264]漸染美俗　逐漸地接受美好風俗的浸沾、薰陶。[265]恆北　恆山之北，指舊都平城一帶。[266]復值　再遇上一位。[267]不好文　不重視提高思想文化。[268]不免面牆　那可就真成了面牆而立，什麼也看不到了。《尚書·周官》有所謂：「不學，牆面。」意思是一個不學習的人，就如同面牆而立，什麼也看不見什麼也不懂。[269]誠如聖言　的確是如您所說。聖，敬稱皇帝。[270]金日磾　漢武帝的託孤大臣，原是匈奴休屠王的太子，隨同昆邪王降漢後，先是為漢武帝養馬，逐漸受漢武帝信任，官至侍中，與霍光、桑弘羊等同受武帝遺詔輔佐昭帝。傳見《漢書》卷六十八。[271]七世知名　金日磾的後人七代做皇帝的近侍。《漢書·金日磾傳》贊曰：「七世內侍，何其盛也！」左思〈詠史〉有所謂「金張蒙舊業，七世珥漢貂」。[272]屣履　穿鞋而未及提上鞋跟，形容匆忙外出的樣子。以表示對來人的尊敬。[273]宮臺　後宮與朝廷之上。後宮指皇帝、皇后與宗室貴族；朝廷指群臣百官。南朝的朝廷設立中書省、尚書省、御史臺、祕書臺等等，故統稱朝廷曰「臺省」。[274]屬意　歸心；寄希望。[275]發兵輔政　依靠武力奪回被蕭鸞控制的政權，認真輔佐小皇帝。[276]制局監　主管甲杖、兵役的官。[277]隨王子隆　武帝蕭賾之子，小皇帝蕭昭文之叔。傳見《南齊書》卷四十。[278]油壁車　車廂塗著青油的車子，親王、貴族平時往來所乘坐，以區別於緊急時刻用於攻守的車子。[279]夾輔號令　幫著小皇帝發布命令。[280]上仗　宣布戒嚴，亮出刀槍。[281]東城人　蕭鸞手下的人。東城也稱東府，是當時丞相所居之地。蕭鸞當時任錄尚書事，有如晉時之司馬道子等人，故居於東府，故址在今南京通濟門附近。[282]正共縛送蕭令　都正在等著把尚書令蕭鸞捆起送來。[283]上臺兵力　警衛皇宮、朝堂的兵力。[284]悉度東府　已全部被蕭鸞所統領。度，過；歸屬。[285]馬隊主　統領騎兵的武官。[286]請間　請求個別談話。[287]立事　舉行勤王之事。[288]命駕將入　命人駕車，準備進宮。[289]不成行　還未能出發。[290]告之　火速報告了蕭鸞。[291]癸酉　九月初二。[292]世祖諸子　在齊武帝蕭賾的兒子當中。[293]子隆最壯大　《南齊書·武十七王傳》：「子隆年二十一而體過充壯，常服蘆茹丸以自損。」[294]晉安王子懋　武帝蕭賾的第七子，此時為江州刺史。傳見《南齊書》卷四十。[295]防閤　防衛齋閤的武官。[296]宗廟　本為皇帝祭祀祖先的地方，此處指稱國家政權。[297]董僧慧　《南史·齊武帝諸子傳》：「董僧慧，丹陽姑蘇人，出身寒微，慷慨有節義。」[298]宋孝武　劉駿，西元四五三—四六四年在位。傳見《宋書》卷六。[299]常用之　曾在這裡任過刺史。常，通「嘗」。宋孝武帝為江州刺史時，值劉劭弒父作亂，宋孝武帝從江州起兵討滅之，遂即位為帝事，見《宋書》卷六。[300]向闕　殺向蕭鸞控制的宮闕，即朝廷。[301]請鬱林之罪　讓蕭鸞講講鬱林王有何罪過，被你所殺。請，問罪；聲討。[302]誰能禦之　誰能抵抗得了。[303]密遣書迎之　迎其母阮氏來江州。[304]同母兄　同母異父之兄，因而其姓不同。[305]為計　向他討主意。[306]乙亥　九月初四。[307]假鸞黃鉞　假，授予。

主語是朝廷，實即蕭鸞自授。黃鉞，金色大斧，授予專征的大將，以提高其奉天命討伐的威嚴。308纂嚴　戒嚴；進入緊急狀態。309中護軍王玄邈　中護軍是高級軍官名，統領皇帝的直屬部隊，並主管選拔武官。王玄邈原是劉宋的知名將領，入齊後又連續為蕭道成、蕭賾所知遇，此時為中護軍。傳見《南齊書》卷二十七。310裴叔業　早在劉宋末年即為蕭道成的部下，入齊後又為蕭鸞的部下，故很早就成為蕭鸞的心腹。傳見《南齊書》卷五十一。311尋陽　即今江西九江市，當時為江州的州治所在地。312聲云為郢府司馬　假稱是路過江州去郢州做郢府司馬。郢州的州治夏口，即今湖北武昌漢陽區。313湓城　古地名，也作盆城，又稱盆口。在今江西九江市西，是湓水匯入長江之處，歷來為戰略要地。314泝流直上　意即經過尋陽沿長江逆水西上。315城局參軍　州刺史的僚屬，掌修浚城池與防禦來敵。316府州兵力　晉安王府與江州刺史的兵力。317雍州　南齊州名，州治即今湖北襄樊之襄陽區。蕭子懋曾任雍州刺史。318必無過憂　意即蕭鸞肯定不會對您怎麼樣。319正當作散官　即使當一個沒有實權的官員。正當，即使。320稍沮　人心漸漸瓦解。沮，渙散；瓦解。321從二百人　帶領二百人。從，使之跟從。322入齋　進入蕭子懋的住宿之處。323以袖鄣面　揚袖遮住自己的臉，以寫其心虛愧對之狀。鄣，此處同「障」。324僕實預其謀　我的確是參與了謀劃。僕，古人謙稱自己。325主人　當時僚屬稱其本官曰「主人」。326不恨　沒有遺憾。327大斂　指為晉安王收屍入殮後。328退就鼎鑊　而後我自己甘心跳油鍋。鼎鑊，古代烹煮之器。329玄邈義之　王玄邈很欣賞董僧慧的講義氣。330白鸞　稟告蕭鸞。331東冶　官署名。《通典》卷二十〈職官二〉：「宋有東冶、南冶，各置令丞，而屬少府。齊因之。江南諸郡縣有鐵者，或置冶令，或置冶丞，多是吳所置。」董僧慧當是配入東冶署為官奴。有謂此或古代之東冶城。332參其消息　寫了自己現時的情況。333行金得達　花錢求人送到了董僧慧處。334郎君書也　這是我們小主人的信。古時僚屬稱其主官之子曰「郎君」。335非唯孤晉安之眷　不但辜負了晉安王的器重。孤，同「辜」。背棄；辜負。眷，眷顧；關照。336亦恐田橫客笑人　也怕讓田橫的賓客所恥笑。田橫是秦末齊國王室的後代，繼其兄田儋、田榮等在齊地稱王。劉邦滅項、滅齊稱帝後，田橫率餘眾五百餘人逃亡海島。劉邦詔令田橫進京，田橫途中自殺，五百人得知消息後亦皆自殺。事見《史記‧田儋列傳》。337端坐俟命　靜靜地等著他們來殺。俟命，等候他們的處置。338謂　以為；當做是。339不僵　不倒。340壓其首　壓住了殺人者的腦袋。341南兗州　州治廣陵，即今江蘇揚州。342安陸王子敬　世祖蕭賾的第五子，被封為安陸王，此時任南兗州刺史。傳見《南齊書》卷四十。343歐陽　古地名，當時運河水路的衝要，在今江蘇儀徵城東。344濟陰陳伯之　陳伯之是蕭鸞黨羽王廣之的部下，以此次的襲殺蕭子敬功被蕭鸞封為冠軍將軍，魚腹縣伯。傳見《梁書》卷二十。345因　趁著。346西上　沿長江自建康西行，此指到荊州、湘州諸地。347昭秀　文惠太子的第三子，現時小皇帝蕭昭文之弟。傳見《南齊書》卷五十。348西中郎長史

何昌寓　何昌寓是劉宋權臣何尚之之姪，在蕭氏篡宋的過程中對劉宋王室頗為同情，入齊後亦頗受賞識，此時為蕭昭秀部下的西中郎將長史。傳見《南齊書》卷四十三。[349]行州事　代理荊州刺史的事務，因刺史蕭昭秀只有十五歲，照例由特派的僚屬代行州事。行，代理。[350]以便宜從事　不待上奏，自行處置，此即捕殺臨海王蕭昭秀。[351]意寄　特別委託。意，加意。[352]翼輔外藩　輔佐居外任職的藩王，這裡指蕭昭秀。[353]愆失　過失。[354]一介之使　意即就憑你個人前來一說。一介，一個人。表示輕率，不鄭重。[355]何容即以相付　我怎麼能就把蕭昭秀交給你。[356]必須殿下　一定要讓蕭昭秀回京。[357]當自啓聞　當由我們自己向朝廷請示。[358]昭秀由是得還建康　何昌寓做如此安置，只是免去了自己的干係，似乎對良心略有安慰，而蕭昭秀回到建康，不還是照樣一死。[359]尚之　何尚之，在宋官至中書令。傳見《宋書》卷六十六。[360]吳興太守孔琇之　孔琇之是當時的廉吏。傳見《南齊書》卷五十三。此時任吳興太守，吳興郡的郡治烏程，在今浙江湖州南。[361]行郢州事　代理郢州刺史的職權。[362]晉熙王銶　太祖蕭道成的第十八子，此時為掛名的郢州刺史，年十六歲。傳見《南齊書》卷三十五。[363]辭不許　拒絕執行他的指令。[364]靖　孔靖，東晉末年曾任領軍將軍。傳見《南史》卷二十七。[365]仍進向湘州　繼續前進至湘州。仍，用法同「乃」，隨即。湘州的州治臨湘，即今湖南長沙。[366]南平王銳　蕭銳，太祖蕭道成的第十五子，此時任掛名的湘州刺史，年十九歲。傳見《南齊書》卷三十五。[367]防閤　守衛宮門的武官。[368]匡社稷　救助垂危的國家政權。[369]乙酉　九月十四。[370]晉熙王銶　蕭銶，蕭道成的第十八子，此時任掛名的郢州刺史，年十六歲。傳見《南齊書》卷三十五。[371]宜都王鏗　蕭鏗，蕭道成的第十六子，此時任掛名的南豫州刺史，年十八歲。傳見《南齊書》卷三十五。南豫州的州治姑孰，在今安徽當塗。[372]丁亥　九月十六。[373]廬陵王子卿　蕭子卿，世祖蕭賾的第三子。傳見《南齊書》卷四十。[374]桂陽王鑠　蕭鑠，蕭道成的第八子。傳見《南齊書》卷三十五。

【校　記】[1]己丑　原作「乙丑」。是年二月丙子朔，無乙丑，《魏書・高祖紀》亦作「己丑」，當是，今從改。[2]而獨　據章鈺校，十二行本、乙十一行本、孔天胤本皆作「何為獨」。[3]壬辰　原作「壬戌」。是年七月癸酉朔，無壬戌，《魏書・高祖紀》亦作「壬辰」，當是，今從改。[4]付　據章鈺校，十二行本、乙十一行本、孔天胤本皆作「附」。[5]三人　據章鈺校，十二行本、乙十一行本皆作「二人」。[6]冥　原作「宜」。胡三省注云：「按《北史》，『宜』當作『冥』。」當是，今據以校正。[7]卿罪　據章鈺校，十二行本、乙十一行本、孔天胤本皆無「罪」字。[8]世祖　原作「太祖」。胡三省注云：「『太祖』當作『世祖』。」今據改。

【語　譯】二月十四日己丑，魏國的孝文帝拓跋宏前往河陰縣，規劃建立一座祭祀地神的場所。〇十六日辛卯，齊國的小皇帝蕭昭業在明堂祭祀天地。〇齊國擔任司徒參軍的劉斅等人前往魏國進行禮節性訪問。〇二十一日丙申，魏孝文帝拓跋宏改封河南王拓跋幹為趙郡王，改封潁川王拓跋雍為高陽王。

二月二十七日壬寅，拓跋宏前往魏國的北部地區進行巡視；二十八日癸卯，向北渡過黃河；三月二十七日壬申，到達平城。拓跋宏讓群臣重新討論遷都的利害關係，各自發表各自的看法，暢所欲言。擔任燕州刺史的穆羆說：「如今四方還不安定，不適宜遷都。何況出征作戰的時候洛陽沒有更多的馬匹，怎麼能夠打勝仗呢？」拓跋宏說：「我們在代郡有的是馬廄和馬匹，何必擔憂沒有馬呢！如今的代郡在恆山以北，地處九州之外，不是帝王的建都之所。」擔任尚書令的于果說：「我並不是認為代郡的地理環境比伊水、洛水所流經的洛陽一帶地區還要好。只是因為自從先帝創建魏國以來，便長久地居住在這裡，百姓也已經在這裡安居樂業；一旦將都城向南遷往洛陽，眾人的心裡都會很不樂意。」平陽公拓跋丕說：「遷都是一件大事情，應當通過卜筮來占測一下。」拓跋宏說：「只有像過去西周初期的周公姬旦、召公姬奭那樣的聖賢，才能向鬼神詢問遷都是吉是凶。現在沒有那樣的賢人，占卜又有什麼好處呢！況且『占卜是因為遇到了疑難問題，如果沒有疑難問題，何必還要占卜呢！』黃帝當年在與蚩尤開戰之前曾經進行占卜，結果用作占卜的龜甲卻被燒焦了，無法再顯示吉凶，黃帝的大臣天老解釋說『這本身就表明我們要占卜的事情是大吉大利』，黃帝同意天老的看法。如此看來，一個絕頂聰明的人對於意想不到的突發事變的判斷，可比通過龜甲占卜要精確得多了。帝王以四海為家，有時在南方，有時在北方，有什麼一定呢！我的遠代祖先，世世代代居住在北方的荒漠地區。平文皇帝拓跋鬱律時期才開始在東木根山建立都城，昭成皇帝拓跋什翼犍又在盛樂建立都城，道武皇帝拓跋珪又把首都遷到了平城。我有幸正趕上接續在大有作為的帝王之後，卻獨獨不能遷都嗎！」群臣不敢再說什麼。穆羆，是穆壽的孫子；于果，是于烈的弟弟。二十八日癸酉，魏孝文帝拓跋宏親臨朝堂，安排部署哪些人跟著遷都洛陽，哪些人繼續留守平城之事。

夏季，四月初六日庚辰，魏國取消了在都城西郊祭天的習俗。〇初七日辛巳，齊國的武陵昭王蕭曄去世。

〇十四日戊子，齊國的竟陵文宣王蕭子良因為過度憂慮而與世長辭。小皇帝蕭昭業總是擔心蕭子良篡奪自己的皇位，聽到蕭子良去世的消息，心裡感到非常高興。

司馬光說：「孔子說『那些貪婪自私的邪惡之臣，不能與他們一道侍奉君主，因為這些人在沒有得到富貴的時候，總是擔心得不到富貴；一旦得到了富貴，又擔心會失去富貴。如果他總是擔心會失去富貴，那麼為了保住富貴，便什麼事情都能做得出來。』王融便在國家危難之際準備矯詔立蕭子良為帝而謀求個人的功名利祿，企圖改變齊武帝蕭賾所立的接班人。蕭子良是當時有名的賢王，即使他一向淡泊榮利，對其父蕭賾、其姪蕭昭業都是忠心耿耿、行為謹慎，仍然免不了憂慮而死。推究所以形成這種局面的原因，正是由於王融想迅速使自己得到富貴而已。輕舉妄動之士，怎麼能與他們接近呢！」

四月二十五日己亥，魏國廢止了每年的五月初五、七月初七祭祀祖先的活動。〇魏國擔任錄尚書事的廣陵王拓跋羽上書給孝文帝拓跋宏說：「按照過去章程的規定：每到年終，各州各鎮的長官要把自己屬下官吏管理政務的情況寫成文件呈報給尚書省，等到第二次再進行考核時，就要根據兩次考評的情況決定其是提升還是降級。太和十五年，京官全部經過考核，被定為三個等級，到現在已經三年了。我準備依據各州各鎮考核僚屬的辦法，對朝廷百官管理政務的業績評定出高低。」拓跋宏答覆說：「考核官吏政績的事情事關重大，應當向上報告，讓我知道，不可輕易採取行動，暫且等到秋天再說吧。」

閏四月二十三日丁卯，齊國擔任鎮軍將軍的蕭鸞正式就任鎮軍將軍之職，加封開府儀同三司。〇二十四日戊辰，齊國朝廷任命新安王蕭昭文為楊州刺史。〇五月初一日甲戌，發生日蝕。

六月二十六日己巳，魏國派遣兼任員外散騎常侍的盧昶、兼任員外散騎侍郎的王清石到齊國進行回訪。盧昶，是盧度世的兒子。王清石世代在江南為官，魏孝文帝拓跋宏對王清石說：「你不要因為自己是南朝人而有所顧慮。你在那裡有相知相識的人，你如果想見他們就去見他們，想對他們說什麼就說什麼。總之，作為一個使者要以和為貴，不要盛氣陵人，總想要壓倒對方，並在言談舉止中表現出來，而失去奉命出使者的體統。」

秋季，七月初三日乙亥，魏孝文帝拓跋宏任命宋王劉昶為使持節、都督吳、越、楚諸軍事、大將軍，駐守彭城。拓跋宏親自設宴為劉昶餞行。任命王肅擔任劉昶宋王府、大將軍府的長史。劉昶到達彭城鎮所之後，因為沒能很好地招納、安撫舊時的故舊親朋，所以並沒有取得預期的功效。〇初十日壬午，魏國的安定靖王拓跋休去世。從拓跋休去世一直到入殮這段短短的時間內，孝文帝拓跋宏三次到他的家中進行弔唁，拓跋休葬禮的規格就像當年尉元的一樣，拓跋宏親自把拓跋休的靈柩送出郊外，然後慟哭而返。〇二十日壬辰，魏孝文帝拓跋宏前往魏國的北部地區進行巡視。

齊國的西昌侯蕭鸞誅殺了徐龍駒、周奉叔之後，從外面進入宮廷的老尼姑，多少帶進一些外面有關蕭鸞圖謀不軌的傳言。擔任中書令的何胤，因為是何皇后的堂叔，很受小皇帝蕭昭業的寵信，蕭昭業讓何胤夜間在中書省裡值班。蕭昭業與何胤密謀除掉蕭鸞，蕭昭業讓何胤按照自己的旨意起草處決蕭鸞的詔令，何胤不敢擔當如此重任，便支支吾吾地進行調和勸說，蕭昭業遂再次打消了誅殺蕭鸞的念頭。於是就想把蕭鸞調出朝廷去擔任揚州刺史，駐守西州城，朝廷頒發詔令以及處理各種政務，都不再向蕭鸞請示、打招呼。〇此時，蕭諶擔任衛尉、蕭坦之擔任征南諮議參軍，手中都掌握著兵權，而擔任左僕射的王晏主管尚書省的事務。蕭諶祕密地將那些在皇室諸王身邊擔任典籤的人招集起來，給他們布置任務，不許皇室諸王跟外面軍政界的要人往來接觸。由於蕭諶深受皇帝寵信、身居要職的時間已經很久，眾典籤都因為懼怕他而服從他的命令。〇西昌侯蕭鸞把自己的計謀告訴了尚書左僕射王晏，王晏聽說之後，立即響應；蕭鸞又把自己的計謀告訴了擔任丹楊尹的徐孝嗣，徐孝嗣也表示服從蕭鸞。擔任驃騎錄事的南陽人樂豫對徐孝嗣說：「外面的流言議論紛紛，好像要發生商臣伊尹放逐其君太甲、周公姬旦代周成王攝政那樣的事情。你蒙受武帝非同尋常的恩遇，擔負著先帝託孤的重任，恐怕不能跟著別人一道幹這種廢立之事吧。此前宋明帝的顧命大臣褚淵接受遺命輔佐幼主劉昱，後來竟然幫著齊太祖蕭道成篡取了宋室的皇位，因而引起朝野的一片責罵之聲，時至今日，褚淵依然遭受著人們的譏笑和辱罵。」徐孝嗣雖然心裡覺得樂豫說得很對卻不能聽從他的意見。

齊國的小皇帝蕭昭業對蕭坦之說：「有人說鎮軍將軍蕭鸞與王晏、蕭諶準備共同廢掉我，好像並非是子虛烏有的謠傳。您聽到些什麼風聲沒有?」蕭坦之說:「天下怎麼會有這樣的事情?誰樂意無緣無故地廢掉天子呢?朝廷上的權貴們不可能編造這樣的事情,一定是那些老尼姑們在信口雌黃,豈能相信她們的胡說八道呢!陛下如果無緣無故地除掉這三個人,誰還敢自保沒有生命之憂呢!」擔任直閤將軍的曹道剛懷疑宮外有非常舉動,暗中有除掉蕭鸞的計畫,但還沒有採取行動。

當時擔任始興內史的蕭季敞、擔任南陽太守的蕭穎基都在聽候調任準備進京,蕭諶想等待他們二人到京的時候,借助他們二人的兵力舉事。西昌侯蕭鸞擔心事情有變,就將此事告訴了蕭坦之,蕭坦之立即趕到蕭諶那裡對蕭諶說:「廢除天子,從古至今都是一件非同尋常的大事。近來聽說直閤將軍曹道剛、中書舍人朱隆之等人已經在懷疑我們,你這個衛尉明天如果再不能完成廢掉小皇帝的事情,恐怕再做什麼也來不及了。我還有一位百歲的老母親在世,豈能坐在這裡等待大禍臨頭,眼下就應該採取別的辦法!」蕭諶匆忙中答應了蕭坦之。

七月二十日壬辰,西昌侯蕭鸞讓蕭諶先入宮,途中遇到了曹道剛以及中書舍人朱隆之,蕭諶令人把他們二人殺死。負責在小皇帝蕭昭業車後擔任侍衛官的徐僧亮不禁怒髮衝冠,他對著眾人大聲說:「我們蒙受皇帝厚恩,今天我們就應該以死報效皇帝!」蕭諶又令人把徐僧亮殺死。蕭鸞率領軍隊從尚書省出來進入皇宮內殿的正門雲龍門,他把紅色官服套在軍服外面,當他進入雲龍門的時候,因為過於驚慌而三次掉了鞋子。左僕射王晏、丹楊尹徐孝嗣、征南諮議參軍蕭坦之、車騎大將軍陳顯達、護軍將軍王廣之、沈文季都跟隨在蕭鸞的後面。蕭昭業當時正在壽昌殿,聽到宮外發生政變,還偷偷地親筆書寫了一道手令呼喚蕭諶前來救駕,又讓人關閉了各個進入內殿的旁門、小門,等待救援。不一會兒蕭諶率軍進入壽昌閣,蕭昭業逃向徐姬的房間,拔劍自殺,卻沒有自殺成功,他的脖子上纏著帛,被蕭鸞的黨羽用車子把他拉到延德殿。蕭諶帶人剛進入壽昌殿的時候,那些宿衛宮廷的將士全都手持弓箭盾牌準備迎戰。蕭諶對他們說:「我們要捉拿的人與你們沒有關係,你們不需動手!」那些宿衛的將士一向都是俯首帖耳地聽從蕭諶的指令,因此都相信他不會做出對不起小皇帝的事。等到看見小皇帝蕭昭業被押解出來,於是都準備挺身而出,為解救小皇帝而拼死一戰,而蕭昭業此時竟連一句話也不說。當他走到延德殿西側的小胡同裡時，便被殺死了。蕭鸞令人把蕭昭業的屍體抬到徐龍駒的住宅殯殮，以埋葬諸侯王的禮儀埋葬了蕭昭業。徐姬以及其他那些被蕭昭業所寵愛的男人、女人全部被殺死。蕭鸞捉住了蕭昭業之後，就準備假借太后的名義寫一道廢掉小皇帝蕭昭業的詔令，徐孝嗣一見，立即從袖中拿出早已準備好的太后手令呈遞給蕭鸞，蕭鸞喜出望外。二十一日癸巳，以皇太后的名義追認廢帝蕭昭業為鬱林王，又把何皇后貶為鬱林王妃，迎立新安王蕭昭文入宮繼承皇位。

就在蕭鸞搞政變弒殺小皇帝蕭昭業的時候，齊國擔任吏部尚書的謝瀹正在與客人下圍棋，左右的侍從人員聽說朝廷發生了政變，慌忙跑去報告謝瀹。謝瀹每下一個棋子，就說「他們肯定是要幹什麼」，下完棋之後，就回到吏部的辦公廳躺著去了，竟然對朝廷發生的事情不聞不問。擔任大匠卿的虞悰私下歎息著說：「王晏、徐孝嗣身為文官，竟然身穿軍服廢掉了皇帝，天下豈有這樣的道理！」虞悰，是虞嘯父的孫子。

朝廷的大臣全被召入宮廷，擔任國子祭酒的江斅走到雲龍門的時候，便假裝服食五石散所引起的疾病發作了，於是在車中嘔吐了一番，掉頭而返。西昌侯蕭鸞想拉攏擔任中散大夫的孫謙做自己的心腹，便給孫謙掛一個衛尉的虛銜，並給他配備了一百名披甲執兵的護衛。孫謙不願意與蕭鸞成為一丘之貉，就把蕭鸞撥給他的一百名護衛全部遣散了，蕭鸞也沒有治孫謙的罪。

七月二十五日丁酉，新安王蕭昭文即皇帝位，當時只有十五歲。任命西昌侯蕭鸞為驃騎大將軍、錄尚書事、楊州刺史、宣城郡公。大赦天下。改年號為延興。〇二十九日辛丑，魏國的孝文帝拓跋宏抵達朔州。

八月初二日甲辰，齊國朝廷任命擔任司空的王敬則為太尉，任命鄱陽王蕭鏘為司徒，任命擔任車騎大將軍的陳顯達為司空，任命擔任尚書左僕射的王晏為尚書令。〇魏國的孝文帝拓跋宏到陰山一帶進行巡視。

齊國朝廷任命始安王蕭遙光為南郡太守，卻不用離開京城去南郡上任。蕭遙光，是蕭鸞的姪子。蕭鸞心懷篡奪皇位的野心，蕭遙光幫助促成蕭鸞完成了這件事，凡是大的誅殺與獎賞，蕭遙光無不參與謀劃。八月初六日戊申，朝廷任命擔任中書郎的蕭遙欣為兗州刺史。蕭遙欣，是蕭遙光的弟弟。蕭鸞想要樹立培植自己的親信黨羽，所以任用蕭遙欣擔任兗州刺史。

八月十一日癸丑，魏國的孝文帝拓跋宏前往懷朔鎮。十七日己未，從懷朔鎮前往武川鎮。十九日辛酉，又從武川鎮前往撫冥鎮。二十二日甲子，前往柔玄鎮。二十三日乙丑，向南返回。二十九日辛未，回到平城。

九月初一日壬申，魏國的孝文帝拓跋宏下詔說：「三年考核一次百官的政績，經過三次考核，一共需要九年的時間，才能按照業績進行降職或是提升，對於應該降職的官吏來說，九年的時間不算晚，而對於可以提升的官吏來說時間就過於漫長、過於遲緩了。如今我要三年考核一次官吏的政績，根據考核的情況即行決定是貶黜還是提升，不要讓愚笨冥頑的官吏妨礙賢明之人升遷的道路，才能使賢能的官吏不至於長期地被壓抑在下層。命令各部門的長官考核他們下屬官吏的政績，按照政績的優劣分為上中下三等，其上下二等再分別分為三等。被評為六品以下的官吏，由尚書令再嚴加考察；五品以上的，我將親自與公卿大臣一起分析評定他們的好壞。被評為上上品的官吏就提拔重用，被評為下下品的官吏就罷免他們，被評為中等的官吏仍舊擔任原來的職務不變。」

拓跋宏在前往北部地區巡視期間，留下擔任吏部尚書的任城王拓跋澄在平城負責對朝廷老臣進行考核評定。從公爵、侯爵以下，有官位的人數以萬計，拓跋澄按照他們的品行優劣、才能大小，把他們分為三等，沒有人認為任城王評定得不公平而心懷不滿。○九月十一日壬午，魏孝文帝拓跋宏親臨朝堂，宣布對百官或提升、或貶黜的處理結果，他對尚書省的各位長官說：「尚書省，掌管著國家的關鍵職責，不光是總管全國的各項事務，向下發發文書而已，我這個皇帝做得好不好，全在於尚書省。你們這些人做官，已經快滿兩年，從來沒有向我提出過好的意見，糾正過我的錯誤做法，沒有向我推薦過一位賢才，沒有貶退過一位不稱職的官員，這是你們最大的罪過。」又對擔任錄尚書事的廣陵王拓跋羽說：「你是我的弟弟，位在尚書省諸位長官之上，不僅沒有勤勞、謹慎的名聲，卻有結黨營私、拉幫結派的劣跡，現在就免去你所擔任的錄尚書事、廷尉的職務，只以特進的身分擔任太子太保之職。」又對擔任尚書令的陸叡說：「叔翻剛到尚書省擔任尚書令的時候，很有一些好名聲；近來尚書省處理事務則有些不公正、工作懈怠，這是由於你不能引導尚書省的全體僚屬向好的方向走。雖然你沒有太大的責任，但也應當受到小的懲罰，如今扣除你一年的俸祿。」又對擔任左僕射的拓跋贊說：「叔翻受到處罰，你就應當被殺頭。只是我已經處罰了尚書令陸叡，你這個尚書左僕射又是尚書令的副職，所以就不再重責你。現在免除你的太子少師職務，扣除你一年的俸祿。」又對擔任左丞的公孫良、擔任右丞的乞伏義受說：「你們的罪過也應當被殺頭；現將你們革職留用，以平民的身分履行原來的職責，原任官職的服飾以及恤親之祿全部剝奪。如果三年之內能夠有所成就，還可以恢復你們原來的官職；如果沒有成就，就永遠回家種田去吧。」拓跋宏又對擔任吏部尚書的任城王拓跋澄說：「叔叔您神情驕傲，我要免去您少保的職務。」又對長兼尚書于果說：「你不勤於本職工作，多次聲稱有病，要求辭職，我可以免去你長兼尚書的職務，扣除一年的俸祿。」其他那些代理尚書如尉羽、盧淵等人，都因為工作不盡職或不稱職，有的被解除了職務，有的被罷官，有的被扣除了俸祿，都是當面一一列舉他們的過錯而後對他們做出處理。盧淵，是盧昶的哥哥。

魏孝文帝拓跋宏又對尚書令陸叡說：「北方人常說『北方人質樸粗魯，怎麼能知書達禮呢！』我聽了這話之後，深深地為之感歎！如今知書達禮的人很多，難道都是聖人？區別只在於肯不肯學習罷了。我要提高百官的素質，提倡禮樂，其目的本來是想移風易俗。我身為天子，何必非要佔據中原！就是想讓你們的子孫能夠接受中原地區美好風俗的浸染、薰陶，開闊眼界，見多識廣。如果永遠居住在恆山以北地區，再遇上一個不好學的君主，那可就免不了成了面牆而立，什麼也看不到、什麼也不懂的人了。」陸叡回答說：「確實像陛下所說的那樣。金日磾如果不在漢朝做官，他的後人怎麼能以七代做皇帝的近侍而聞名於世呢。」孝文帝拓跋宏聽了這番話非常高興。

齊國鬱林王蕭昭業被蕭鸞所廢，鄱陽王蕭鏘開始的時候並不知詳情。等到宣城公蕭鸞的權勢越來越強大的時候，朝廷內外都知道蕭鸞心懷篡奪皇位的野心。而蕭鏘每次到蕭鸞那裡拜訪的時候，蕭鸞常常是趿拉著鞋就匆忙跑到蕭鏘的車後迎接；說到國家的前途命運，蕭鸞就會聲淚俱下，蕭鏘因此相信蕭鸞是一個對國家忠貞不二的人。後宮與宗室貴胄、朝廷中的文武百官都寄希望於蕭鏘，勸說蕭鏘入宮，依靠武力奪回被蕭鸞控制的政權，輔佐小皇帝蕭昭文處理朝政。擔任制局監的謝粲勸說蕭鏘和隨王蕭子隆說：「二位王爺乘坐著平日所乘坐的油壁車進入皇宮，讓皇帝坐在朝堂之上，二位王爺輔佐他發號施令。我等關閉城門、亮出刀槍，宣布戒嚴，到那時誰敢不服從？東城的人正等著把尚書令蕭鸞捆綁起來押赴朝廷呢！」蕭子隆想要定計，而蕭鏘因為守衛皇宮與朝廷的兵力全部歸屬於蕭鸞統領，又擔憂事情不會成功，心裡非常猶豫。負責統領騎兵的武官劉巨，是世祖蕭賾時期的舊臣，他到蕭鏘那裡，請求蕭鏘屏退眾人個別談話，當確信沒有旁人的時候，劉巨磕頭勸說蕭鏘立即舉事勤王。蕭鏘命人備好車準備入宮，又返回內室與自己的母親陸太妃告別，一直拖延到天黑還沒有入宮。蕭鏘手下的典籤知道了蕭鏘的陰謀，便火速報告了蕭鸞。九月初二日癸酉，蕭鸞派遣二千軍隊包圍了蕭鏘的府第，殺死了鄱陽王蕭鏘，緊接著又殺死了隨王蕭子隆以及制局監謝粲等人。當時在世祖蕭賾的兒子當中，蕭子隆體格最為強壯高大，又有才能，所以蕭鸞特別忌憚蕭子隆。

齊國擔任江州刺史的晉安王蕭子懋聽說鄱陽王蕭鏘、隨王蕭子隆已經被蕭鸞殺死，就準備起兵討伐蕭鸞，他對擔任防閤的吳郡人陸超之說：「事情如果能夠成功，那麼國家社稷就獲得了平安，如果事情失敗了，我就做一個為國捐軀的忠魂。」另一個擔任防閤的丹陽人董僧慧說：「江州地面雖小，宋孝武帝劉駿曾經在這裡起兵討伐弒父作亂的劉劭而登上皇位。如果起兵殺向蕭鸞所控制的朝廷，讓蕭鸞講清楚鬱林王有何罪過而被殺，誰能夠抵擋得了呢！」當時晉安王蕭子懋的母親阮氏還住在建康，蕭子懋祕密寫信準備把母親阮氏接到江州，阮氏卻把這個消息告訴了自己同母異父的哥哥于瑤之，向他討主意。不料于瑤之飛馬報告了宣城公蕭鸞。九月初四日乙亥，朝廷授予蕭鸞金色的大斧，宣布京城內外施行戒嚴，蕭鸞派遣擔任中護軍的王玄邈率軍討伐晉安王蕭子懋，又派遣了擔任一支小部隊統領的裴叔業與于瑤之一起先行襲擊江州刺史府所在地尋陽，聲稱是郢府司馬路過此地。蕭子懋得知消息以後，立即派遣三百人去守衛湓城。裴叔業率軍經過尋陽便沿著長江逆流而上，到了夜間，裴叔業率軍掉轉船頭返回來襲擊湓城，擔任城局參軍的樂賁打開湓城城門放入裴叔業。蕭子懋聽到消息之後，立即率領晉安王府和江州刺史府的士兵據守尋陽進行堅守。蕭子懋手下的私人部隊大多都是雍州人，全都踴躍爭先願意奮力抵抗。裴叔業很懼怕，就派遣于瑤之對蕭子懋說：「如果你現在回到京城，朝廷肯定不會把你怎麼樣，即使做一個沒有實權的閒散官員，仍然不會失去富貴榮華。」

蕭子懋既然不出兵進攻裴叔業，人心也就逐漸渙散、瓦解了。在蕭子懋手下擔任中兵參軍的于琳之是于瑤之的哥哥，他勸說蕭子懋用重金賄賂裴叔業，便可以免去殺頭之禍。蕭子懋遂派于琳之前去行賄，于琳之趁機勸說裴叔業攻取蕭子懋。裴叔業派遣擔任一支軍隊頭領的徐玄慶率領四百名士卒跟隨于琳之進入尋陽城，蕭子懋的僚佐全都四散逃命。于琳之帶著二百人，拔出利刃衝入蕭子懋的住處，蕭子懋大罵說：「你這個無恥小人！怎麼忍心做出這種卑鄙下流的事情！」于琳之羞愧得用袖子遮住臉面，讓其他人殺死了蕭子懋。中護軍王玄邈逮捕了勸說蕭子懋舉兵勤王的董僧慧，準備把董僧慧殺掉，董僧慧說：「晉安王起義兵討伐叛逆，我確實參與了謀劃，我能夠為自己的主人而死，沒有什麼遺憾的了！希望允許我為主人收屍入殮，等我做完這些事情之後，再跳入你們準備好的油鍋而死。」王玄邈認為董僧慧為人很講義氣，就把情況報告給了蕭鸞，蕭鸞赦免了董僧慧的死罪，把他發配到東冶。蕭子懋的兒子蕭昭基，年方九歲，他把自己的現時情況寫在一張寬僅二寸的絹上，並饋贈五百錢，花錢託人把信和五百錢捎給董僧慧，董僧慧看了之後說：「這是我的小主人寫的書信！」竟然因為過度悲痛而死。于琳之勸說陸超之逃走，陸超之說：「人都有一死，死並不可怕！我如果逃亡，不只是辜負了晉安王對我的器重，也怕遭到田橫賓客的恥笑！」王玄邈等人準備用囚車把陸超之押回京師建康，陸超之端端正正地坐著等候他們的處置。陸超之的一個門生認為殺了陸超之一定會得到獎賞，就偷偷地從背後砍殺了陸超之，陸超之的人頭掉了下來而屍身卻不倒。王玄邈厚葬了陸超之。那個殺死陸超之的門生也去幫忙抬棺材，棺材突然墜地，正壓在那個門生的頭上，那個門生的脖頸被壓斷而死。

宣城郡公、驃騎大將軍蕭鸞派遣擔任平西將軍的王廣之率領軍隊去襲擊擔任南兗州刺史的安陸王蕭子敬。王廣之到達歐陽的時候，便派遣屬下的部將濟陰人陳伯之為先鋒。陳伯之趁著廣陵城門打開的機會，獨自一個人進入城中，殺死了蕭子敬。〇蕭鸞又派遣徐玄慶率軍從建康西行，目的在於剷除在荊州、湘州等地任職的諸王。臨海王蕭昭秀當時擔任荊州刺史，由其屬下擔任西中郎長史的何昌寓代理荊州刺史的職務。徐玄慶到達江陵，就想自行處置，捕殺臨海王蕭昭秀。何昌寓說：「我受朝廷的特別委託，輔佐居外任職的藩王。臨海王殿下並沒有犯下什麼過失，就憑你一個人前來這麼一說，我怎麼能把臨海王交付給你處理呢？如果朝廷一定要臨海王殿下回京師，也應當由我向朝廷請示，等待朝廷的聖旨下達以後再作處理。」臨海王蕭昭秀因此才得以活著回到建康。何昌寓，是何尚之的姪子。○蕭鸞任命擔任吳興郡太守的孔琇之代理郢州刺史的職務，他想讓孔琇之殺死晉熙王蕭銶。孔琇之為了拒絕執行蕭鸞的指令，便絕食而死。孔琇之，是孔靖的孫子。

裴叔業率軍從尋陽繼續向湘州前進，準備殺死擔任湘州刺史的南平王蕭銳。南平王蕭銳手下擔任防閤的周伯玉在大庭廣眾之中高呼：「殺死南平王蕭銳，這不是天子的旨意，現在我們殺死裴叔業，然後舉兵匡扶垂危的國家社稷，誰敢不從！」蕭銳的典籤立即呵令左右殺死了周伯玉。九月十四日乙酉，南平王蕭銳被殺死；擔任郢州刺史的晉熙王蕭銶和擔任南豫州刺史的宜都王蕭鏗也先後被殺死。○十六日丁亥，齊國朝廷任命廬陵王蕭子卿為司徒，任命桂陽王蕭鑠為中軍將軍、開府儀同三司。

冬，十月丁酉❶，解嚴❷。

以宣城公鸞為太傅❸、領大將軍❹、揚州牧、都督中外諸軍事，加殊禮❺，進爵為王。

宣城王謀繼大統❻，多引朝廷名士與參籌策❼。侍中謝朏心不願，乃求出❽為吳興太守❾。至郡，致酒數斛❿，遺其弟吏部尚書瀹，為書曰：「可力飲此⓫，勿豫人事⓬！」

臣光曰：「臣聞『衣人之衣者懷人之憂，食人之食者死人之事⓭。』二謝兄弟，比肩貴近[14]，安享榮祿，危不預知[15]。為臣如此，可謂忠乎[16]？」

宣城王雖專國政，人情猶未服。王胛上有赤誌[17]，驃騎諮議參軍考城江祏[18]勸王出以示人。王以示晉壽太守[19]王洪範曰：「人言此是日月相[20]，卿幸勿泄[21]！」洪範曰：「公日月在軀，如何可隱？當轉言之[22]！」王母，祏之姑也。

戊戌[23]，殺桂陽王鑠、衡陽王鈞[24]、江夏王鋒[25]、建安王子真[26]、巴陵王子倫[27]。

鑠與鄱陽王鏘齊名，鏘好文章[28]，鑠好名理[29]，時人稱為「鄱桂」。鏘死，鑠不自安，至東府見宣城王，還，謂左右曰：「向[30]錄公見接殷勤[31]，流連不能已[32]，而面有慚色，此必欲殺我。」是夕，遇害。

宣城王每殺諸王，常夜遣兵圍其第，斬關踰垣[33]，呼譟而入，家貲[34]皆封籍[35]之。江夏王鋒，有才行[36]，宣城王嘗與之言：「遙光才力可委[37]。」鋒曰：「遙光之於殿下，猶殿下之於高皇[38]，衛宗廟，安社稷，實有攸寄[39]。」宣城王失色[40]。及殺諸王，鋒遺宣城王書[41]，誚責[42]之。宣城王深憚之，不敢於第收鋒，使兼祠官於太廟[43]。夜，遣兵廟中收之。鋒出登車，兵人[44]欲上車，鋒有力，手擊數人皆仆地，然後死。

宣城王遣典籤柯令孫殺建安王子真，子真走[45]入牀下，令孫手牽出之[46]，叩頭乞為奴，不許而死。○又遣中書舍人茹法亮[47]殺巴陵王子倫[48]。子倫性英果，時為南蘭陵太守[49]，鎮琅邪[50]，城有守兵。宣城王恐不肯就死，以問典籤華伯茂[51]，伯茂曰：「公若以兵取之，恐不可即辦[52]。若委伯茂，一夫力耳[53]。」乃手自執鴆[54][1]逼之，子倫正衣冠[55]，出受詔，謂法亮曰：「先朝[56]昔滅劉氏[57]，今日之事，理數固然[58]。君是身家舊人[59]，今銜此使[60]，當由事不獲已，此酒非勸酬之爵[61]。」因仰之[62]而死，時年十六。法亮及左右皆流涕。

初，諸王出鎮[63]，皆置典籤，主帥[64]一方之事，悉以委之[65]。時入奏事[66]，一歲數返，時主[67]輒與之間語[68]，訪以州事[69]，刺史美惡專繫其口[70]。自刺史以下莫不折節奉之[71]，恆慮弗及[72]。於是威行州部[73]，大為姦利[74]。武陵王曄[75]為江州[76]，性烈直，不可干[77]，典籤趙渥之謂人曰：「今出都易刺史[78]！」及見世祖[79]，盛毀[80]之，曄遂免還[81]。○南海王子罕[82]戍琅邪，欲暫游東堂[83]，典籤姜秀不許。子罕還[84]，泣謂母曰：「兒欲移五步亦不得，與囚何異！」邵陵王子貞[85]嘗求熊白[86]，廚人答典籤不在，不敢與。

永明[87]中，巴東王子響[88]殺劉寅等[89]，世祖聞之，謂羣臣曰：「子響遂反[90]！」戴僧靜[91]大言[92]曰：「諸王都自應反，豈唯巴東！」上問其故，對曰：「天王[93]無罪，而一時被囚[94]，取一挺藕、一杯漿，皆諮籤帥[95]；籤帥不在，則竟日[96]忍渴。諸州唯聞有籤帥，不聞有刺史。何得不反？」

竟陵王子良嘗問眾曰：「士大夫何意詣籤帥[97]？」參軍范雲[98]曰：「詣長史[99]以下皆無益，詣籤帥立有倍本之價[100]。不詣謂何[101]！」子良有愧色[102]。

及宣城王誅諸王，皆令典籤殺之，竟無一人能抗拒者。孔珪[103]聞之，流涕曰：「齊之衡陽、江夏最有意[104]，而復害之。若不立籤帥，故當不至於此[105]。」宣城王亦深知典籤之弊，乃詔：「自今諸州有急事，當密以奏聞，勿復遣典籤入都。」自是典籤之任浸輕[106]矣。

蕭子顯[107]論曰：「帝王之子，生長富厚，朝出閨閫[108]，暮司方岳[109]，防驕翦逸[110]，積代常典[111]。故輔以上佐[112]，簡自帝心[113]；勞舊左右[114]，用為主帥[115]；飲食起[2]居，動應聞啓[116]；處地雖重，行己莫由[117]；威不在身，恩未下及[118]。一朝艱難總至[119]，望其釋位扶危[120]，何可得矣？斯宋氏[121]之餘風，至齊室而尤弊也。」

癸卯[122]，以寧朔將軍蕭遙欣為豫州刺史，黃門郎蕭遙昌[123]為郢州刺史，輔國將軍蕭誕[124]為司州刺史。遙昌，遙欣之弟；誕，諶之兄也。○甲辰[125]，魏以太尉東陽王丕為太傅、錄尚書事，留守平城。○戊申[126]，魏主親告太廟，使高陽王雍、于列奉遷神主[127]于洛陽。辛亥[128]，發平城[129]。

海陵王在位，起居飲食，皆諮宣城王而後行。嘗思食蒸魚菜，太官令[130]答無錄公命，竟不與。辛亥，皇太后令曰：「嗣主沖幼[131]，庶政多昧[132]；且早嬰尪疾[133]，弗克負荷[134]。太傅宣城王，胤體宣皇[135]，鍾慈太祖[136]，宜入承寶命[137]。帝可降封海陵王，吾當歸老別館[138]。」且以宣城王為太祖第三子[139]。癸亥[140]，高宗即皇帝位，大赦，改元[141]。以太尉王敬則為大司馬[142]，司空陳顯達[143]為太尉，尚書令王晏加驃騎大將軍，左僕射徐孝嗣加中軍大將軍，中領軍蕭諶為領軍將軍[144]。

度支尚書[145]虞悰稱疾不陪位[146]。帝以悰舊人，欲引參佐命[147]，使王晏齎廢立事示悰[148]。悰曰：「主上聖明，公卿戮力[149]，寧假朽老以贊惟新[150]乎？不敢聞命！」因慟哭。朝議欲糾之[151]，徐孝嗣曰：「此亦古之遺直[152]。」乃止。

帝與羣臣宴會，詔功臣上酒[153]。王晏等興席[154]，謝瀹獨不起，曰：「陛下受命，應天順人；王晏妄叨天功以為己力[155]！」帝大笑，解之。座罷，晏呼瀹共載還令省[156]，欲相撫悅[3]，瀹正色曰：「卿[4]巢窟在何處？」晏甚憚之。○丁卯[157]，詔：「藩牧守宰[158]，或有薦獻[159]，事非任土[160]，悉加禁斷。」○己巳[161]，魏主如信都[162]。庚午[163]，詔曰：「比聞[164]緣邊之蠻[165]，多竊掠南土，使父子乖離，室家分絕。

朕方蕩壹區宇[166]，子育萬姓[167]，若苟如此，南人豈知朝德[168]哉？可詔荊、郢、東荊[169]三州，禁勒[170]蠻民，勿有侵暴。」

十一月癸酉[171]，以始安王遙光為楊州刺史。○丁丑[172]，魏主如鄴[173]。○庚辰[174]，立皇子寶義[175]為晉安王，寶玄[176]為江夏王，寶源[177]為廬陵王，寶寅[178]為建安王，寶融[179]為隨郡王，寶攸[180]為南平王。○甲申[181]，詔曰：「邑宰[182]祿薄，雖任土恆貢[183]，自今悉斷。」○乙酉[184]，追尊始安貞王[185]為景皇，妃為懿后[186]。○丙戌[187]，以聞喜公遙欣為荊州刺史，豐城公遙昌為豫州刺史。時上長子晉安王寶義有癈疾[188]，諸子皆弱小，故以遙光居中[189]，遙欣鎮撫上流[190]。○戊子[191]，立皇子寶卷[192]為太子。

魏主至洛陽，欲澄清流品[193]，以尚書崔亮[194]兼吏部郎[195]。亮，道固[196]之兄孫也。○魏主敕後軍將軍宇文福[197]行牧地[198]，福表[199]石濟[200]以西，河內[201]以東，距河[202]凡十里。魏主自代徙雜畜置其地，使福掌之，畜無耗失，以為司衛監[203]。

初，世祖[204]平統萬[205]及秦、涼[206]，以河西[207]水草豐美，用為牧地，畜甚蕃息[208]。馬至二百餘萬匹，橐駝[209]半之，牛羊無數。及高祖[210]置牧場於河陽[211]，常畜戎馬[212]十萬匹，每歲自河西徙牧并州[213]，稍復南徙[214]，欲其漸習水土，不至死傷，而河西之牧愈更蕃滋[215]。及正光[216]以後，皆為寇盜所掠，無孑遺[217]矣。

永明中[218]，御史中丞[219]沈淵表[220]，百官年七十，皆令致仕[221]，並窮困私門[222]。庚子[223]，詔依舊銓敘[224]。上輔政所誅諸王[225]，皆復屬籍[226]，封其子為侯。○上詐稱海陵恭王有疾，數遣御師[227]瞻視，因而殞[228]之，葬禮並依漢東海恭王[229]故事。

魏郢州刺史韋珍[230]，在州有聲績[231]，魏主賜以駿馬、穀帛。珍集境內孤貧者，悉散與之，謂之曰：「天子以我能綏撫[232]卿等，故賜以穀帛，吾何敢獨有之！」

魏主以上廢海陵王自立，謀大舉入寇。會邊將言，雍州刺史下邳曹虎[233]遣使請降於魏，十二月[5]辛丑朔[234]，魏遣行征南將軍薛真度[235]督四將向襄陽[236]；大將軍劉昶、平南將軍王肅[237]向義陽[238]；徐州刺史拓跋衍[239]向鍾離[240]；平南將軍廣平劉藻[241]向南鄭[242]。真度，安都從祖弟[243]也。以尚書盧淵[6]為安南將軍，督襄陽前鋒諸軍，淵辭以不習軍旅，不許。淵曰：「但恐曹虎為周魴[244]耳。」

魏主欲變易舊風[245]，壬寅[246]，詔禁士民胡服。國人[247]多不悅。

通直散騎常侍劉芳[248]，纘[249]之族弟也，與給事黃門侍郎太原郭祚[250]，皆以文學[251]為帝所親禮，多引與講論[252]及密議政事，大臣貴戚皆以為疏己，怏怏有不平之色。帝使給事黃門侍郎陸凱[253]私諭之曰：「至尊但欲廣知古事，詢訪前世法式[254]耳，終不親彼而相疏也。」眾意乃稍解[255]。凱，馛之子也。

魏主欲自將入寇。癸卯(256)，中外戒嚴。戊申(257)，詔代民遷洛者復(258)租賦三年。相州刺史高閭(259)上表稱：「洛陽草創，曹虎既不遣質任(260)，必無[7]誠心，無宜輕舉。」魏主不從。

久之，虎使竟(261)不再來，魏主引公卿問行留之計，公卿或以為宜止，或以為宜行。帝曰：「眾人紛紜，莫知所從。必欲盡行留之勢(262)，宜有客主(263)，共相起發(264)。任城、鎮南(265)為留議(266)，朕為行論(267)，諸公坐聽得失，長者從之(268)。」眾皆曰：「諾。」鎮南[8]將軍李沖曰：「臣等正以遷都草創(269)，人思少安(270)；為內應者(271)未得審諦(272)，不宜輕動。」帝曰：「彼降款虛實(273)，誠未可知。若其虛也，朕巡撫淮甸(274)，訪民疾苦，使彼知君德之所在(275)，有北向之心(276)；若其實也，今不以時應接(277)，則失乘時之機，孤歸義之誠(278)，敗朕大略矣。」任城王澄曰：「虎無質任，又使不再來(279)，其詐可知也。今代都新遷之民，皆有戀本(280)之心。扶老攜幼，始就洛邑，居無一椽之室(281)，食無甔石之儲(282)。又冬月垂盡(283)，東作將起(284)，乃『百堵皆興(285)』、『俶載南畝(286)』之時。而驅之使擐甲執兵(287)，泣當白刃(288)，殆非歌舞之師(289)也。且諸軍已進，非無應接。若降款有實，待既平樊沔(290)，然後鑾輿順動(291)，亦何晚之有！今率然(292)輕舉，上下疲勞，若空行空返，恐挫損天威(293)，更成賊氣(294)，非策之得者也。」司空穆亮[295]以為宜行，公卿皆同之。澄謂亮曰：「公輩在外之時，見張旗擐甲，皆有憂色，平居[296]論議，不願南征，何得對上[297]即為此語？面背不同，事涉欺佞，豈大臣之義[298]，國士之體[299]乎！萬一傾危，皆公輩所為也。」沖曰：「任城王可謂忠於社稷。」帝曰：「任城以從朕者為佞，不從朕者豈必皆忠？夫小忠者大忠之賊[300]，無乃似諸[301]？」澄曰：「臣愚闇[302]，雖涉小忠，要[303]是竭誠謀國，不知大忠者竟何所據？」帝不從。

辛亥[304]，發洛陽，以北海王詳[305]為尚書僕射，統留臺事[306]；李沖兼僕射，同守洛陽。給事黃門侍郎崔休[307]為左丞[308]，趙郡王幹[309]都督中外諸軍事，始平王勰[310]將宗子軍[311]宿衛左右。休，逞[312]之玄孫也。戊辰[313]，魏主至懸瓠[314]。己巳[315]，詔壽陽、鍾離、馬頭之師[316]所掠[9]男女皆放還南。曹虎果不降。

魏主命盧淵攻南陽[317]，淵以軍中乏糧，請先攻赭陽[318]以取葉倉[319]，魏主許之。乃與征南大將軍城陽王鸞[320]、安南將軍李佐[321]、荊州刺史韋珍共攻赭陽。鸞，長壽之子；佐，寶之子也。北襄城太守成公期[322]閉城拒守。薛真度軍於沙堨[323]，南陽太守房伯玉、新野太守劉思忌拒之。

先是，魏主遣中書監高閭[324]治古樂[325]，會閭出為相州刺史，是歲，表薦著作郎[326]韓顯宗、太樂[10]祭酒[327]公孫崇參知鍾律[328]，帝從之。

【章　旨】以上為第三段，寫齊明帝蕭鸞建武元年（西元四九四年）十月至十二月三個月裡的大事。主要寫了蕭鸞進爵為王後，大肆誅殺高、武諸王，殺了蕭道成的兒子蕭鑠、蕭鈞、蕭鋒；殺了蕭賾的兒子蕭子真、蕭子倫；最後又殺了小皇帝蕭昭文，自己即位稱帝；寫了蕭鸞給高、武老臣王敬則、陳顯達等加官進爵；任命自己的近屬蕭遙欣為荊州刺史，蕭遙昌為揚州刺史，以控制朝廷；立自己的次子蕭寶卷為太子；寫了朝廷的顯貴謝朏既不願趨附新貴，又不願強直取禍，於是萬事不問，只求出為地方官，離開朝廷，同時又致酒數斛於其弟吏部尚書謝瀹，讓他日飲淳醪，「勿豫人事」；而略略表現出一些義形於色的只有度支尚書虞悰稱疾不陪位，不願居於贊助維新之列；謝瀹則不聽其兄之勸，不肯向蕭鸞祝賀，並斥責賣主求榮的王晏等人；寫了魏主率眾離開平城，正式遷都洛陽；寫了魏主乘蕭鸞弒主篡位，又有雍州刺史曹虎聲言降魏之機，於是數道大舉攻齊；魏主欲統兵親征，陸凱強力勸止，魏主令群臣辯論，李沖、拓跋澄等亦皆堅持反對親征，魏主不從；寫了魏軍與齊軍相持於赭陽、南陽一帶的情景。此外還寫了魏國原在寧夏、甘肅之河西地區養馬，現又在河南之河陽地區馴養軍馬，使軍馬逐步南移，逐漸習慣中原地區的水土氣候，以見孝文帝拓跋宏時代魏國的國勢之強盛；並寫了宋、齊時代所特有的典籤權勢之惡性膨脹，高武諸王蕭曄、蕭子罕等深受其害的慘相，戴僧靜、孔稚珪、蕭子顯皆痛斥之。

【注　釋】❶十月丁酉　本月朔壬寅，無丁酉日，記事疑有誤。❷解嚴　解除戒嚴。胡三省曰：「尋陽已定，諸藩王已死，故解嚴。」❸太傅　古代的三公之一，此時為加官名，以表示其地位的崇高。❹領大將軍　兼任大將軍之職。領，兼任。大將軍，全國最高的武官，實權在丞相之上。蕭鸞此時實已把持一切國家大權。❺加殊禮　享受一切特殊禮遇。《南齊書・明帝紀》有所謂「增班劍為四十人，給幢三望車，前後部羽葆鼓吹，劍履上殿，入朝不趨，贊拜不名」等等。❻謀繼大統　意即圖謀篡位做皇帝。大統，帝位。❼與參籌策　一道參與籌劃。與參，參與。❽求出　請求離開朝廷，到地方上任職。❾吳興太守　吳興郡的郡治即今浙江湖州。❿數斛　若干石。斛是古代的容量單位，一斛等於一石。⓫可力飲此　你就只管盡力地喝酒。力，努力；盡力。⓬勿豫人事　不要管別人的事情。豫，參與；過問。人事，別人的事情。⓭衣人之衣者懷人之憂二句　出自《史記・淮陰侯列傳》，意思是既為人臣就得忠於其主，為自己的主子而效力。死人之事，為供養了你的人而效死力。⓮比肩貴近　彼此都是蕭道成、蕭賾王朝的貴臣。比肩，並肩而立。貴近，既顯貴又受寵。⓯危不預知　當其君主遇到危難時居然毫不過問。預知，關心；過問。⓰可謂忠乎　能夠算是忠臣嗎。按，司馬光批判謝氏二子，謝氏二子自然是無言可對。但類似謝朏這號人，自東晉以來「滔滔者，天下盡是也」，二十年前的褚淵、王儉是為新主子大打出手，對舊主子極力落井下石者；謝氏則是袖手旁觀，絲毫無動於中者，五十步與百步之差而已。胡三省曰：「世多有如此而得名者！」胡氏看慣了趙宋末年的世態炎涼，故憤然慨歎如此。⓱胛上有赤誌　肩膀後頭有一顆紅痣。胛，肩背之間的部位。誌，通「痣」。⓲考城江祏　考城縣人姓江名祏。其姑是蕭鸞之母，江祏是蕭鸞的姑表兄弟，當時任驃騎將軍蕭鸞部下的參謀人員。傳見《南齊書》卷四十二。考城縣在今河南民權東北。⓳晉壽太守　晉壽郡的郡治在今四川劍閣東南方。⓴日月相　大富大貴，也就是做皇帝的長相。㉑卿幸勿泄　希望你不要對別人講。幸，希望。謙詞。㉒當轉言之　我一定要轉告給他們。㉓戊戌　本月朔壬寅，無戊戌日。㉔衡陽王鈞　太祖蕭道成的第八子，過繼給蕭道成之兄。傳見《南齊書》卷三十五。㉕江夏王鋒　太祖蕭道成的第十二子。傳見《南齊書》卷三十五。㉖子真　蕭子真，世祖蕭賾的第九子。傳見《南齊書》卷四十。㉗子倫　蕭子倫，世祖蕭賾的第十三子。傳見《南齊書》卷四十。㉘好文章　愛好文學與文章寫作，指詩、賦、文史等等。㉙好名理　愛好邏輯、思辨方面的問題，指形名之學與魏晉以來清談等等。魏晉清談的內容大多為老莊、佛經、《周易》等等。㉚向　剛才。㉛錄公見接慇勤　蕭鸞對我接待得很熱情。錄公，敬稱蕭鸞，時蕭鸞任錄尚書事。見接，接待我。見，被；承蒙。㉜流連不能已　有些戀戀不捨的意思。流連，感情依依的樣子。不能已，不能自止。㉝斬關踰垣　砸開大門，翻牆而入。㉞家貲　家產；財產。㉟封籍　查封登記，指全部沒收入庫。㊱有才行　有才幹、有很好的品行。㊲可委　意即可委以重任。㊳遙光之於殿下二句　蕭遙光日後對待你，會和你對待高祖蕭道成的樣子一模一樣。高皇，指太祖高皇帝蕭道成。胡三省曰：「東昏侯之世，遙光卒如鋒言。」㊴實有攸寄　實在是寄託在你們的身上。攸，所。㊵失色　臉變色。因為蕭鋒的話既戳在了蕭鸞的心頭，又像是一盆冷水澆在頭上。㊶遺宣城王書　寫信給蕭鸞。遺，致書給……。㊷誚責　嘲諷、譴責。㊸兼祠官於太廟　兼任主管祭祀事的官員，在太廟裡任職。太廟，皇帝的祖廟。㊹兵人　手拿武器的人。㊺走　逃跑。㊻手牽出之　親手把他從床下拉出來。㊼茹法亮　劉宋時期為小吏，入齊後，深受蕭賾之賞識；蕭鸞把持政權後，任之為中書舍人。傳見《南齊書》卷五十六。㊽巴陵王子倫　世祖蕭賾的第十三子。傳見《南齊書》卷四十。㊾南蘭陵太守　南蘭陵郡是當時的僑置郡名，郡治在今江蘇武進西北。㊿鎮琅邪　駐兵在琅邪，實即將南蘭陵與琅邪二郡合併為一，郡治白下，在今南京城北。北臨長江。(51)典籤華伯茂　蕭鸞手下的典籤華伯茂，蕭鸞的親信黨羽。(52)不可即辦　不能一下子辦好。(53)一夫力耳　一個人就足夠了。(54)執鴆　端著毒酒。(55)正衣冠　將衣帽穿戴整齊。(56)先朝　指自己的祖輩蕭道成。(57)昔滅劉氏　殺宋明帝劉彧的兒子劉昱與劉準，以篡取其皇帝位的情景，見本書前文卷一百三十五。(58)理數固然　是理當如此的。古人迷信因果報應，當年蕭道成殘酷地殺光了劉裕的後代，今日蕭鸞又來殺蕭道成的子孫，是一報還一報。(59)身家舊人　是我們蕭氏朝廷的舊臣。身，我，古人用以自指。(60)銜此使　你奉命來幹這種差事。銜，奉；接受。(61)非勸酬之爵　意即我知道你端的是一杯毒酒，不是來友好相敬的。勸酬，宴會上的敬酒與回敬。(62)仰之　將毒酒一仰而盡。(63)出鎮　指出任刺史、太守之職。因當時的刺史與太守都有大小不等的兵權，故曰「出鎮」。(64)主帥　指身任刺史與太守的蕭氏諸王。(65)悉以委之　全部交由典籤掌管。(66)時入奏事　這些典籤們經常到朝廷彙報工作。(67)時主　當時的皇帝。(68)輒與之間語　經常找這些典籤們個別談話。間語，屏人而語，意即個別交談。(69)訪以州事　向他們問詢州裡的事情。(70)刺史美惡專繫其口　其主官的任職好壞，全憑這些典籤一說。(71)折節奉之　降低身分地供著他們。折節，屈尊；放下架子。(72)恆慮弗及　總擔心有什麼紕漏。(73)威行州部　指本州的轄區之內威福由己。(74)大為姦利　大肆地為非作歹。(75)武陵王曄　蕭曄，蕭道成的第五子。傳見《南齊書》卷三十五。(76)為江州　任江州刺史。江州的州治尋陽，即今江西九江市。(77)不可干　不可觸犯。(78)出都易刺史　我到京城去換個刺史。出都，離開江州到都城。易，更換。(79)世祖　齊武帝蕭賾，武陵王蕭曄之兄。(80)盛毀　大加誹謗。(81)免還　被罷免調回京城。(82)南海王子罕　齊武帝蕭賾的第十一子。傳見《南齊書》卷四十。南海王的封地南海郡，郡治即今廣州。(83)暫游東堂　到東堂去遊玩。東堂，堂名，在皇宮的東部。(84)子罕還　蕭子罕自琅邪回到京城。(85)子貞　蕭子貞，齊武帝蕭賾的第十四子。傳見《南齊書》卷四十。(86)求熊白　想吃熊脂。胡三省引陸佃《埤雅》曰：「熊當心有白脂如玉，味甚美，俗呼熊白。」(87)永明　齊武帝蕭賾的年號（西元四八三—四九三年）。(88)巴東王子響　齊武帝蕭賾的第四子。傳見《南齊書》卷四十。巴東王的封地巴東郡，郡治即今之重慶市奉節。(89)殺劉寅等　蕭子響因在荊州刺史任上私造武器，被典籤劉寅等向朝廷密報，蕭子響遂殺劉寅事，見本書前文卷一百三十八。(90)遂反　竟然敢造反。遂，竟；竟然。(91)戴僧靜　宋齊時代的名將，初為蕭道成的部下，佐蕭道成建齊大有戰功。後在武帝蕭賾時期任刺史、太守等職，為征虜將軍。傳見《南齊書》卷三十。(92)大言　高聲地當眾說。(93)天王　即皇帝的兒子被封為王者。[94]一時被囚　都突然成了囚犯。一時，一下子；突然。[95]皆詣籤帥　都得向典籤請示。籤帥，因典籤操縱刺史的一切大權，故人們畏懼地稱之為「籤帥」。[96]竟日　整天。[97]何意詣籤帥　為什麼有事都去找典籤。詣，往求；巴結。[98]范雲　當時著名的詩人，曾在蕭子良部下任參軍。傳見《南史》卷五十七。[99]長史　丞相、將軍以及刺史屬下的諸史之長，歷來是掌實權的人物，宋、齊時期受壓抑於典籤是當時特有的現象。[100]倍本之價　成倍超過本錢的價值。[101]不詣謂何　為什麼不去找他。謂，此處用法同「為」。[102]有愧色　蕭子良當時為無與倫比的權貴，在自己的執政時期竟有這等怪現象而自己無法糾正，故有愧色。[103]孔珪　即文學史所講的孔稚珪，作有〈北山移文〉。傳見《南史》卷四十九。[104]最有意　最忠於朝廷；最想翼輔帝室。[105]故當不至於此　本來就不會弄成這個樣子。故，通「固」。本來。[106]浸輕　權力漸小。[107]蕭子顯　蕭道成之孫，豫章王蕭嶷的第八子，入梁後曾為國子祭酒，是《南齊書》的作者。傳見《梁書》卷三十五。[108]閨闥　指深宮內院。閨，小門。闥，門檻。[109]司方岳　主管一方的封疆大吏。方岳，本指一方的諸侯霸主，晉、宋南朝時代即指州刺史。[110]防驕翦逸　為了防止他們的驕奢淫逸，消除他們的專橫不軌。翦，去除。[111]積代常典　歷代都制定了許多管理辦法。常典，常用的規章。[112]輔以上佐　配備上優秀的僚屬。佐，屬官。[113]簡自帝心　都是當朝帝王按著自己的心意選拔出來的。[114]勞舊左右　把他身邊的親信故舊。[115]用為主帥　派到這些出任刺史的親王身邊掌握軍政大權。宋、齊以來的皇帝之子，歷來都封為郡王，出任刺史，並都督一州或數州軍事。這些受封的子弟，小者五六歲、大者七八歲不等，不可能主持軍政大事，此其一；另外就是當朝的皇帝心懷疑忌，總怕兄弟叔姪中有人造反，奪他的政權，於是派出自己的親信，去監督、控制這些地方上的當權派。所謂典籤的級別，原本很低，但他們都是皇帝派來的特殊人物，因而長史、治中等大吏都無法與之相比，弊病與唐代的監軍大致相同。[116]動應聞啓　一舉一動都要向典籤請示報告。[117]行己莫由　要想按著自己的心意辦點事那是不可能的。[118]恩未下及　要想給僚屬們施些恩惠也辦不到。「恩」字與上句「威」字相對而言。[119]艱難總至　大禍臨頭，指皇帝被廢、被殺時。[120]釋位扶危　離開自己的位置去幫助處於危難中的國君。《左傳》昭公二十六年有所謂「諸侯釋位，以間王室。」杜預注：「間，猶與也。去其位與治王之政事。」[121]宋氏　指劉宋王朝。自劉裕建國後，開始普遍地任命自己的兒子出任州刺史，有的年僅數歲，於是當朝皇帝給出任刺史的諸王置典籤，隨時向朝廷報告情況。[122]癸卯　十月初二。[123]黃門郎蕭遙昌　黃門郎是皇帝的侍從官員，掌文書，備顧問，正好幫著蕭鸞監視小皇帝。蕭遙昌是蕭遙欣之弟，蕭鸞之姪。傳見《南齊書》卷四十五。[124]蕭誕　蕭諶之弟，蕭鸞的堂姪，此時任司州刺史。傳見《南齊書》卷四十二。司州的州治平陽，即今河南信陽。[125]甲辰　十月初三。[126]戊申　十月初七。[127]神主　歷代祖先的牌位。[128]辛亥　十月初十。[129]發平城　自平城出發，正式遷都洛陽。[130]太官

令 官名，給皇帝掌管膳食。(131)沖幼 幼小。(132)庶政多昧 對各項政務多不明白。(133)早嬰尫疾 從小就瘦弱多病。嬰，被……所纏身。尫疾，瘦弱多病。(134)弗克負荷 沒有能力擔當君主的重任。負荷，負擔、承受。(135)胤體宣皇 意即是宣皇帝的後代。胤，後代。體，承續。宣皇，蕭承之，齊太祖蕭道成之父，蕭鸞的祖父。(136)鍾慈太祖 曾受到太祖蕭道成的鍾愛。(137)入承寶命 進宮繼承皇位。寶命，上天的任命。(138)歸老別館 搬出皇宮到別處居住。(139)以宣城王為太祖第三子 讓蕭鸞做太祖蕭道成的第三個兒子，排在齊武帝蕭賾、豫章王蕭嶷的後面。(140)癸亥 十月二十二日。(141)改元 改年號曰建武元年。(142)大司馬 加官名，只提高名位，而不代表任何實權。(143)陳顯達 陳顯達與王敬則都是蕭道成的親信，為擁戴蕭道成的篡取劉氏皇位效盡犬馬之勞。(144)領軍將軍 與中領軍的職務相同，皆為禁軍統領，唯只有資歷深厚者始能任領軍將軍。(145)度支尚書 官名，掌管全國的財賦與收支。(146)不陪位 不願任職居位。(147)引參佐命 吸收他作為輔佐自己稱帝的大臣。佐命，意即佐助稱帝。(148)齎廢立事示悰 帶著要廢掉蕭昭文的計畫給虞悰看。(149)戮力 合力；努力。(150)寧假朽老以贊惟新 哪裡用得著我一個老頭子來給你們幫忙呢。贊，幫助。惟新，改立新君。《詩經・文王》有所謂「周雖舊邦，其命維新。」後世習慣稱改朝換代曰「維新」。(151)欲糾之 想要彈劾他、懲辦他。(152)古之遺直 直道而行，有古賢遺風。孔子曾稱讚晉國的叔向是「古之遺直」，見《左傳》昭公十四年。(153)上酒 向蕭鸞舉杯祝賀。(154)興席 從坐席上立起。(155)妄叨天功以為己力 膽敢把老天爺的功勞據為己有。叨，貪；佔。(156)共載還令省 同乘一輛車子回尚書省。胡三省曰：「令省，謂尚書令所舍也。」(157)丁卯 十月二十六日。(158)藩牧守宰 指藩王、刺史、太守、縣令，即各級的地方長官。(159)薦獻 向朝廷進貢的物品。(160)事非任土 如果不是本地區按規定要交的東西。《周禮・地官》有所謂「掌任土之法」。注：「任土者，任其力勢所能生育，且以制貢賦也。」意即按某地所生產的物品，來規定它進貢賦的品種和數量。(161)己巳 十月二十八日。(162)信都 當時冀州的州治所在地，即今河北冀州。(163)庚午 十月二十九日。(164)比聞 近來連續聽說。(165)緣邊之蠻 南部邊境上的漢族人，指從南朝逃到魏國，居住在魏國南部邊境一帶的人。其實這種人應該以劉昶等人為代表，可惜魏主不是指他們，而且還正想依靠他們進攻南朝。(166)蕩壹區宇 統一天下。(167)子育萬姓 像撫育兒女一樣地撫育普天下的蒼生黎民。(168)南人豈知朝德 南朝人還怎麼能知道我們魏國帝王的恩德呢。(169)荊郢東荊 魏國的三州名，荊州的州治山北，即今河南魯山縣，郢州的州治真陽，在今河南正陽北，東荊州的州治沘陽，即今河南泌陽。(170)禁勒 制止、約束。(171)十一月癸酉 十一月初三。(172)丁丑 十一月初七。(173)鄴 古城名，在今河北臨漳西南。(174)庚辰 十一月初十。(175)寶義 字智通，明帝蕭鸞的長子，有癈疾。(176)寶玄 字智深，明帝蕭鸞的第三子。(177)寶源 字智泉，明帝蕭鸞的第五子。(178)寶寅 字智亮，明帝蕭鸞的第六子。以上四子之傳皆見《南齊書》卷五十。(179)寶融 字智昭，明帝蕭鸞的第八子，後繼位為和帝。傳見《南齊書》卷八。⑱寶攸　字智宣，明帝蕭鸞的第九子。傳見《南齊書》卷五十。⑱甲申　十一月十四。⑱邑宰　縣令。⑱任土恆貢　本地所出的常規貢品。⑱乙酉　十一月十五。⑱始安貞王　蕭鸞之父蕭道生，追封曰始安王，諡號曰貞。傳見《南齊書》卷四十五。⑱懿后　姓江，諡曰懿。事見《南齊書》卷四十五。⑱丙戌　十一月十六。⑱癈疾　癱瘓之症。⑱居中　在朝廷內部掌權，指為揚州刺史，控制首都建康的局勢。⑱鎮撫上流　指任荊州刺史。荊州的州大兵強，自東晉以來為朝廷安危之關鍵。⑲戊子　十一月十八日。⑲寶卷　字智藏，明帝蕭鸞的第二子，即後來的廢帝東昏侯。西元四九八—五〇〇年在位。傳見《南齊書》卷七。⑲澄清流品　甄別各姓氏家族的地位高低，即確定各人物出身家族的門第高下。⑲崔亮　出身於名門但生活貧困，自幼受權臣李沖的賞識，被拓跋宏任為尚書僕射兼吏部郎。傳見《魏書》卷六十六。⑲吏部郎　此處即指吏部郎中。⑲道固　崔道固，原為劉宋將領，與薛安都等共同擁立劉子勛為帝，兵敗後降魏。傳見《魏書》卷二十四。⑲宇文福　孝文帝時代的魏國名將。傳見《魏書》卷四十四。⑲行牧地　勘察、建立新的牧場。⑲表　標明；做記號。⑳石濟　石濟津，黃河渡口名，在今河南衛輝東。⑳河內　魏郡名，郡治野王，即今河南沁陽。⑳距河　南離黃河。⑳司衛監　為皇帝主管警衛工作的官員。⑳世祖　即太武帝拓跋燾，西元四二三—四五二年在位。傳見《魏書》卷四。⑳平統萬　統萬是五胡時代夏主赫連勃勃的都城，在今陝西橫山縣西。拓跋燾攻克夏國都城統萬在西元四二七年，時當拓跋燾始光四年，亦即宋文帝元嘉四年。見本書前文卷一百二十。⑳秦涼　都是五胡時代的國名，此「秦」指西秦，匈奴人乞伏氏建立的政權，都城在今甘肅蘭州東北的苑川附近。此「涼」指北涼，是段業、沮渠蒙遜建立的政權，都城即今甘肅武威。西秦於西元四三一年被失去都城的夏主赫連定所滅，不久赫連定又被吐谷渾人所殺，故西秦的地盤亦旋即歸入魏國。北涼被魏所滅在西元四三九年，時當拓跋燾太延五年、宋文帝元嘉十六年。⑳河西　地區名，指今寧夏與甘肅河西走廊一帶地區。⑳蕃息　繁殖、生長得很好。⑳橐駝　駱駝。㉑高祖　即現任的魏國皇帝孝文帝拓跋宏。高祖是其廟號，孝文是其諡。㉑河陽　即上述宇文福圈定的牧場，以其在黃河以北，故稱河陽。㉑戎馬　軍馬。㉑徙牧并州　第一步將河西培育的軍馬挪到今之山西地區培養，以使其逐漸適應中原地區的水土氣候。并州，古州名，州治晉陽，在今山西太原西南。㉑稍復南徙　讓這些軍馬逐步地向南移動。稍，逐漸。㉑愈更蕃滋　越發繁殖得更多更好。㉑正光　孝文帝拓跋宏之孫魏孝明帝拓跋詡（也稱元詡）的年號（西元五二〇—五二四年）。㉑無孑遺　一匹也沒有剩下。自拓跋宏太和十八年（西元四九四年），至拓跋詡正光年間，前後共歷三十年，由其馬政之變化，可見魏國政治之興衰。㉑永明中　在齊武帝蕭賾在位的十一年間。永明是齊武帝蕭賾的年號（西元四八三—四九三年）。㉑御史中丞　朝官名，掌管彈劾不法。㉒沈淵表　沈淵上表提議。

[221]皆令致仕　都一律退休。致仕，讓出職位。[222]並窮困私門　都回到家中過窮苦日子。私門，家門。[223]庚子　十一月三十。[224]依舊銓敘　照舊參加評定。意即凡是身體好、有品德、有能力的人可以照常錄用。銓敘，選拔任用。[225]上輔政所誅諸王　齊明帝在輔政時期所誅殺的各位親王。上，指齊明帝。[226]復屬籍　恢復其在皇族譜系中原有的資格地位。[227]御師　御用的醫師。[228]殞　死亡。意即被醫生所害死。[229]漢東海恭王　名彊，漢光武帝劉秀的長子。初被立為太子，後因其母郭皇后被廢，因自請降為東海王。死後其弟明帝劉莊以天子的儀禮葬之。傳見《後漢書》卷四十二。[230]韋珍　拓跋宏時代的名將，在與南齊的邊境摩擦中曾打敗過南朝的名將崔慧景與陳顯達。傳見《魏書》卷四十五。此時任郢州刺史。[231]聲績　聲名與實績。[232]綏撫　安撫，人性化的管理。[233]下邳曹虎　下邳是魏郡名，郡治在今江蘇邳州西南。曹虎是南齊的重要將領，在蕭道成、蕭賾兩代都立有戰功，後轉為蕭鸞效力，亦頗有功效。傳見《南齊書》卷三十。[234]十二月辛丑朔　十二月初一是辛丑日。[235]行征南將軍薛真度　行，試用；代理。薛真度，劉宋名將薛安都的堂弟，因與薛安都擁戴劉子勛為帝，失敗後一道投向魏國。傳見《魏書》卷六十一。[236]襄陽　南朝的北部重鎮，即今湖北襄樊之襄陽區，當時為雍州的州治所在地。[237]王肅　晉代名臣王導的後代，宋、齊之間的名臣王奐之子，後王奐被齊武帝蕭賾所殺，王肅遂逃到魏國，甚受孝文帝拓跋宏的寵用，任平南將軍。傳見《魏書》卷六十三。[238]義陽　齊郡名，郡治平陽，即今河南信陽，當時為北部邊界上的重鎮，屢次相互爭奪。[239]拓跋衍　字安樂，景穆帝拓跋晃之孫。傳見《魏書》卷十九上。[240]鍾離　齊郡名，郡治燕縣，在今安徽鳳陽東北，是南朝北部邊界的重鎮。[241]廣平劉藻　廣平是郡名，郡治曲梁，在今河北邯鄲東北。劉藻原是劉宋人，歸魏後曾任岐州刺史、秦州刺史，都有突出的治績。傳見《魏書》卷七十。[242]南鄭　即今陝西漢中，當時為漢中郡的郡治所在地。[243]安都從祖弟　薛真度的祖父與薛安都的祖父是親兄弟。從祖，父親的叔、伯。[244]恐曹虎為周魴　擔心曹虎是像當年的周魴一樣假裝投降，騙我軍深入而伏擊之。周魴是三國時吳國的鄱陽太守，假裝請降於魏，魏派大將曹休往迎，結果被吳人伏擊，曹休慘敗而回。事見本書前文卷七十一魏明帝太和二年。[245]變易舊風　改變舊有的風俗。[246]壬寅　十二月初二。[247]國人　與魏主同起於北方而隨之南遷來的北方少數民族。[248]劉芳　西漢時楚元王劉交的後代，是魏國朝廷上著名的儒生，因熟悉《禮經》，被稱為「劉石經」，此時任通直散騎常侍。傳見《魏書》卷五十五。通直散騎常侍是皇帝的侍從官員，以備參謀顧問。[249]纘　劉纘，劉芳的同族之兄，仕於南齊，曾多次出使魏國。[250]郭祚　魏國的文學之士，曾任中書侍郎、尚書左丞。傳見《魏書》卷六十四。[251]文學　文章、學術。[252]與講論　與之共同討論。[253]陸凱　魏國名臣陸俟之孫，陸馛之子。傳見《魏書》卷四十。[254]前世法式　前朝的規矩、法度。[255]稍解　漸漸緩解、平息。[256]癸卯　十二月初三。[257]戊申　十二月初八。[258]復　免除。[259]高閭　魏國的文學

之臣，當時皇帝的詔令與朝廷發布的文告許多出自他的手筆。此時任相州刺史。傳見《魏書》卷五十四。相州的州治鄴縣，在今河北臨漳西南。(260)質任　人質，古時派人質通常以自己的兒子或兄弟充之。(261)竟　一直；最終。(262)盡行留之勢　把或行或留的道理講透。(263)客主　爭論問題的雙方。(264)共相起發　相互辯論，相互啟發。起發，同「啟發」。(265)任城鎮南　任城王拓跋澄與鎮南將軍李沖。任城王澄已見前注；李沖既是馮太后的寵幸，又是魏國的幹練名臣，此時任尚書左僕射，加鎮南將軍。傳見《魏書》卷五十三。(266)為留議　代表主張取消這次行動的觀點。(267)朕為行論　我代表主張採取行動的觀點。(268)長者從之　哪一方的意見好就按他的意見辦。長，相對優越。(269)遷都草創　意即剛剛遷都洛陽不久，諸事尚未就序。(270)人思少安　誰都想稍稍安頓一下。少，意思同「稍」。安，休息。(271)為內應者　指曹虎。(272)未得審諦　尚未摸準他的實情。審，準確；精確。諦，也是「審」的意思。(273)降款虛實　歸順心思的真假。(274)巡撫淮甸　到淮河流域巡視一回。(275)使彼知君德之所在　讓那些邊境之民好好地看一看真正有德的帝王究竟在哪裡。(276)有北向之心　讓他們產生一種嚮往北方的想法。(277)以時應接　及時地予以響應、援助。以時，按時；及時。(278)孤歸義之誠　辜負了歸順者的一番誠意。孤，辜負。(279)使不再來　沒有再派使者繼續聯絡。(280)戀本　留戀平城。(281)居無一椽之室　連一間可住的房子也還沒有。一椽之室，極言可住的房子之小。椽，放在檁上以架住屋頂的木條。(282)食無甔石之儲　可吃的糧食也沒有幾石幾斗。甔，瓦器，可盛糧食二石。石，容量單位。一石為十斗。(283)冬月垂盡　冬天將要過去。垂，即將。(284)東作將起　春耕生產即將開始。古人認為東方代表春季，故稱春耕曰「東作」。(285)百堵皆興　各家各戶都傾巢出動。堵，牆，這裡即指居民。語出《詩經・緜》。(286)俶載南畝　都到農田上參加勞動。語出《詩經・載芟》。俶，開始。南畝，農田。(287)擐甲執兵　身穿鎧甲，手執兵器。擐，穿；套。(288)泣當白刃　流著眼淚衝向敵人。當，迎；對著。(289)非歌舞之師　指仁義之師。相傳武王伐紂的大軍，前歌後舞。(290)待既平樊沔　那就等著他們攻佔樊城與漢水流域的一帶地區之後。樊，樊城，在襄陽城北，與襄陽隔漢水相對，今已合併為襄樊，當時為南齊雍州刺史曹虎的駐守之地。沔，沔水，即今之漢水，自漢中以西流來，經襄陽城下東南流入長江。(291)鑾輿順動　皇帝的車駕再順時南下。(292)率然　不謹重的樣子。(293)挫損天威　有損於皇帝您的聲望。(294)更成賊氣　反而增加了敵人的氣焰。(295)穆亮　魏國的開國元勳穆崇之後，穆壽之孫，穆羆之弟。傳見《魏書》卷二十七。(296)平居　平時；在下面。(297)對上　當著皇帝的面。(298)豈大臣之義　這難道是作為一個大臣所應有的態度嗎。義，宜；應持有的態度。(299)國士之體　一個知名人士所應表現的行為準則。體，行為準則。(300)夫小忠者大忠之賊　小忠是對大忠的一種嚴重危害。賊，危害。(301)無乃似諸　豈不就是這種樣子嗎。(302)愚闇　笨拙昏昧。(303)要　關鍵；關鍵的是。(304)辛亥　十二月十一。(305)詳　拓跋詳，獻文帝拓跋弘的第六子，孝文帝之弟。傳見《魏書》

卷二十一上。[306]統留臺事　統管洛陽留守朝廷的一切事宜。[307]崔休　孝文帝的賞信之臣，與宋弁、郭祚等齊名，歷任各部尚書。傳見《魏書》卷六十九。[308]左丞　尚書左丞。[309]趙郡王幹　拓跋幹，獻文帝拓跋弘之子，孝文帝之弟。傳見《魏書》卷二十一上。[310]始平王勰　拓跋勰，獻文帝拓跋弘的第五子。傳見《魏書》卷二十一下。[311]將宗子軍　統領皇族子弟組成的軍隊。[312]逞　崔逞，原在五胡時代的燕國任職，燕滅後歸附於魏，官至御史中丞。因桀驁不馴被拓跋珪所殺。傳見《魏書》卷三十二。[313]戊辰　十二月二十八。[314]懸瓠　古城名，即今河南汝南縣，因城北汝水屈曲如瓠而得名，南齊時是北部邊境的戰略要地。[315]己巳　十二月二十九。[316]壽陽鍾離馬頭之師　進攻壽陽、鍾離、馬頭的魏國軍隊，即前文所敘為徐州刺史拓跋衍所統之軍。壽陽即今安徽壽縣，鍾離在今安徽鳳陽城東，馬頭在今安徽淮南市東北，三城相距不遠，都在淮河沿岸，離今之蚌埠不遠，是當時南齊北部邊境的軍事要地。[317]南陽　即今河南南陽，南齊北部邊境的軍事重地。[318]赭陽　古城名，南齊北襄城郡的郡治所在地，在今河南方城東北。[319]葉倉　葉縣的糧倉，今河南葉縣南。[320]城陽王鸞　拓跋鸞，拓跋晃之孫，拓跋長壽之子，繼其父位為王。傳見《魏書》卷十九下。[321]李佐　西涼王李暠的曾孫，李寶之子。李寶以不失時機地歸降於拓跋燾，被拓跋燾任為沙州牧、敦煌公。李佐在孝文帝時任安東將軍、相州刺史。傳見《魏書》卷三十九。[322]成公期　姓成公，名期。[323]沙堨　古地名，在今之南陽與新野之間。[324]高閭　魏國的著名儒學之臣。傳見《魏書》卷五十四。[325]治古樂　研究並使用古代帝王祭祀與朝會時演奏的音樂，亦稱雅樂。[326]著作郎　官名，掌編國史。[327]太樂祭酒　官名，掌管樂府與伶人的官員。太樂，為朝廷、宮廷管理音樂的機關。[328]參知鍾律　主管樂器的製造與調試，以及相關的作曲與演奏等等。

【校記】 [1]鳩　據章鈺校，十二行本、乙十一行本、孔天胤本皆作「酖」。[2]起　據章鈺校，十二行本、乙十一行本皆作「遊」。[3]欲相撫悅　原無此四字。據章鈺校，十二行本、乙十一行本、孔天胤本皆有此四字，張瑛《通鑑校勘記》同，今據補。[4]卿　據章鈺校，十二行本、乙十一行本、孔天胤本皆作「君」。[5]十二月　原作「十一月」。據章鈺校，十二行本作「十二月」，張敦仁《通鑑刊本識誤》同，今據改。[6]尚書盧淵　原作「尚書僕射盧淵」。據章鈺校，十二行本、乙十一行本、孔天胤本皆無「僕射」二字，今據刪。按，《魏書·盧玄傳附孫淵傳》載：「降淵以王師守常侍、尚書……會蕭昭業雍州刺史曹虎遣使請降，乃以淵為使持節、安南將軍，督前鋒諸軍徑赴樊鄧。」則淵僅為尚書，非僕射也。[7]無　據章鈺校，十二行本、乙十一行本、孔天胤本皆作「非」。[8]鎮南　原作「鎮軍」。據章鈺校，十二行本、乙十一行本、孔天胤本皆作「鎮南」，今據改。[9]掠　據章鈺校，十二行本、乙十一行本、孔天胤本皆作「獲」。[10]太樂　原作「大樂」。據章鈺校，十二行本、乙十一行本皆作「太樂」，熊羅宿《胡刻資治通鑑校字記》同，今據改。

【語譯】冬季，十月丁酉日，齊國朝廷宣布解除戒嚴。

齊國朝廷任命宣城公蕭鸞為太傅、兼任大將軍、揚州牧、都督中外諸軍事，享受一切特殊禮遇，進爵為宣城王。

宣城王蕭鸞圖謀篡位自己做皇帝，他拉攏很多朝廷中的有名人士一道參與籌劃。擔任侍中的謝朏不願意參與此事，就請求離開朝廷去擔任吳興郡的太守。謝朏到達吳興郡之後，就準備了數斛酒，送給自己在朝中擔任吏部尚書的弟弟謝瀹，他寫信給謝瀹說：「你只管盡力喝酒，不要參與別人的事情！」

司馬光說：「我聽說『穿別人衣服的人就要為給你提供衣服的人分擔憂愁，吃別人飯的人就應該為給你提供飯食的人效死力。』謝朏、謝瀹兄弟，他們同時都是齊高帝蕭道成、齊武帝蕭賾王朝時期的貴臣，受到皇帝的寵幸，安享榮華俸祿，當他們的君主遇到危難的時候居然毫不關心、毫不過問。做臣子的這樣做，能夠說他們是忠臣嗎？」

宣城王蕭鸞雖然專擅國政，而人心還是不服。宣城王肩膀後邊有一顆紅痣，擔任驃騎諮議參軍的考城縣人江祏勸說宣城王讓別人看到他的紅痣。宣城王便讓擔任晉壽太守的王洪範看自己肩胛後面長的那顆紅痣，並說：「人們說這是日月，是大富大貴、做皇帝之相，你可不要向外洩露啊！」王洪範說：「您有日月在身，怎麼可以隱瞞？我一定要轉告別人！」宣城王的母親，是江祏的姑母。

戊戌日，宣城王蕭鸞誅殺了桂陽王蕭鑠、衡陽王蕭鈞、江夏王蕭鋒、建安王蕭子真、巴陵王蕭子倫。

桂陽王蕭鑠與鄱陽王蕭鏘齊名，蕭鏘愛好文學和寫文章，蕭鑠喜好鑽研邏輯、思辨方面的問題，當時的人並稱他們為「鄱桂」。蕭鏘被蕭鸞殺死之後，蕭鑠感到自己很不安全，就親自到東府求見宣城王蕭鸞，他從蕭鸞那裡回來之後，對左右的人說：「剛才錄尚書事蕭鸞對我接待得殷勤備至，很有些戀戀不捨的意思，然而面帶慚愧的表情，這一定是準備殺死我。」當天夜裡，蕭鑠就遇害身亡了。

宣城王蕭鸞每次殺害諸王的時候，經常是在夜間派遣士兵包圍諸王的府第，砸開大門，翻越圍牆，大聲呼喊著衝入，諸王的家產全部被查封登記，沒收入庫。江夏王蕭鋒，有才幹和很好的品行，宣城王曾經對蕭鋒說：「憑藉蕭遙光的才能，完全可以委他以重任。」蕭鋒回答說：「蕭遙光日後對待殿下，會像殿下對待太祖高皇帝蕭道成一樣，保衛宗廟，安定社稷，實在是寄託在你們的身上了。」宣城王聽了這番話馬上變了臉色。等到蕭鸞開始誅殺諸王的時候，蕭鋒寫信給宣城王，對蕭鸞的殘忍無道進行了嘲諷和譴責。宣城王非常忌憚蕭鋒，所以不敢在蕭鋒的府第逮捕他，就讓蕭鋒兼任主管太廟祭祀之事的官職。夜間，蕭鸞派兵到太廟去抓捕蕭鋒。蕭鋒走出太廟，登上車子，手拿武器的士兵想上車抓捕蕭鋒，蕭鋒很有力氣，他用手打倒了好幾個人，但終因寡不敵眾，最後還是被殺死了。

宣城王派遣擔任典籤的柯令孫去殺建安王蕭子真，蕭子真逃走躲入床下，柯令孫親手把蕭子真從床下拉出來，蕭子真給柯令孫磕頭，祈求願做一個奴僕，柯令孫不答應，蕭子真被殺而死。○宣城王又派遣擔任中書舍人的茹法亮去殺巴陵王蕭子倫。蕭子倫性情英武果敢，當時正在擔任南蘭陵太守，鎮守琅邪，琅邪城中有守衛的士兵。宣城王擔心巴陵王蕭子倫不肯俯首就死，就向擔任典籤的華伯茂詢問辦法，華伯茂說：「殿下如果派軍隊前去逮捕他，恐怕不能一下子辦好。如果委託我去辦理這件事情，一個人的力量就足夠了。」於是華伯茂親手端著毒酒逼迫蕭子倫，蕭子倫將衣帽穿戴整齊，出來接受詔書，他對茹法亮說：「我的祖父蕭道成為了篡奪皇位滅掉了劉氏，今天發生這樣的事情，也是理當如此。你是我們蕭氏朝廷的舊臣，現在你奉命前來殺我，應當是事不由己，我知道你端的這酒是一杯毒酒，而不是為了友好而向我敬酒。」於是將毒酒一仰而盡，立即身亡，當時只有十六歲。茹法亮以及巴陵王身邊的侍從人員全都淚流滿面，不勝悲傷。

當初，齊國諸王離開京師到地方出任刺史與太守之職的時候，朝廷都給他們配置了典籤，身為刺史、太守的蕭氏諸王所應管轄的事務，全都交由典籤負責掌管。這些典籤們經常回到朝廷彙報工作，一年當中多次往返，當時的皇帝總是屏退眾人單獨召見典籤進行個別談話，向他們詢問州裡的事情，那些擔任刺史的諸王是好是壞，全憑典籤的一張嘴。所以從刺史以下無不降低身分去奉承典籤，總擔心會有哪點奉承得不周到。

於是在本州的轄區之內，典籤們可以任意作威作福，大肆地為非作歹，謀取私利。武陵王蕭曄擔任江州刺史，他性情剛烈耿直，不可觸犯，在他身邊擔任典籤的趙渥之對人說：「現在我到京師去換個刺史！」等到趙渥之回到京師見到齊世祖蕭賾的時候，便對蕭曄大加誹謗，武陵王蕭曄果然被罷免了江州刺史的職務召回京師。〇南海王蕭子罕戍守琅邪，他想到東堂去遊玩，擔任典籤的姜秀不允許。蕭子罕便從琅邪回到京城，哭著對自己的母親說：「我想挪動五步都不能，與囚犯有什麼區別呢！」邵陵王蕭子貞曾經想吃熊脂，廚師回答說典籤不在，所以不敢作主給你吃熊脂。

齊武帝蕭賾永明年間，巴東王蕭子響殺死了劉寅等人，齊世祖蕭賾聽說以後，對群臣說：「蕭子響竟然敢造反！」征虜將軍戴僧靜大聲地說：「諸王都應該起來造反，豈只是巴東王一個！」齊武帝蕭賾問他為什麼，戴僧靜回答說：「諸王並沒有犯罪，卻一時之間全都被囚禁起來，他們想要拿一節藕、取一杯飲料，都得要向典籤請示，求得典籤的允許；如果典籤不在，他們就得整天忍受飢渴。各州只聽說有典籤，不知道還有刺史。他們怎能不造反？」

竟陵王蕭子良曾經詢問眾人說：「士大夫為什麼有事情都去找典籤？」擔任參軍的范雲回答說：「找長史以下的官員沒有什麼用，只有找典籤才能獲得超過本錢成倍的價值。怎麼會不去找典籤！」蕭子良聽了之後面帶愧色。

等到宣城王蕭鸞誅殺諸王的時候，都是命令典籤去殺，諸王當中竟然沒有一個人能夠抗拒。孔珪聽到這個消息之後，痛哭流涕地說：「齊國的衡陽王蕭鈞、江夏王蕭鋒最忠於朝廷，最想翼輔帝室，卻又慘遭殺害。如果不設置典籤，本來是不會弄成這個樣子的。」宣城王蕭鸞也深知設置典籤的弊端，於是下詔說：「從今以後各州有了緊急事務，應當祕密奏報朝廷，不用再派典籤回朝廷彙報。」從此以後典籤的權力逐漸消弱。

蕭子顯評論說：「帝王的兒子，生長在富貴當中，早晨走出深宮內院，晚上就成了主管一方的封疆大吏，為了防止他們的驕奢淫逸，消除他們的專橫不軌，歷代都制定了許多管理的辦法。所以帝王給他們配備上優秀的僚屬輔佐他們，這些僚屬都是當朝帝王按照自己的心意選拔出來的；他把自己身邊的功臣、舊臣、左右親信，派到這些出任刺史的親王身邊掌握軍政大權；親王的飲食起居，一舉一動都要向典籤請示彙報；親王所處的地位雖然很重要，但是要想按照自己的心意辦點事那是不可能的；權力不在自己手上，要想給僚屬們施些恩惠也辦不到。一旦大禍臨頭，希望他們離開自己的位置去幫助處於危難中的國君，怎麼可能呢？這是宋朝遺留下來的風俗，到齊國統治時期，尤其成了弊端。」

十月初二日癸卯，齊國朝廷任命擔任寧朔將軍的蕭遙欣為豫州刺史，任命擔任黃門郎的蕭遙昌為郢州刺史，任命擔任輔國將軍的蕭誕為司州刺史。蕭遙昌，是蕭遙欣的弟弟；蕭誕，是蕭諶的哥哥。○初三日甲辰，魏孝文帝拓跋宏任命擔任太尉的東陽王拓跋丕為太傅、錄尚書事，留守平城。○初七日戊申，孝文帝拓跋宏親自到太廟將遷都之事祭告列祖列宗，他讓高陽王拓跋雍、鎮南將軍于烈護送列祖列宗的牌位到洛陽的太廟裡安放。初十日辛亥，拓跋宏從平城出發，正式遷都洛陽。

齊國的小皇帝海陵王蕭昭文雖然在皇帝的位子上，但一切行動包括起居飲食，都要先諮詢宣城王蕭鸞，在獲得同意之後才能行動。蕭昭文曾經想吃蒸魚，負責為皇帝掌管膳食的太官令回答說沒有錄尚書事蕭鸞的命令，竟然不給蕭昭文吃蒸魚。十月初十日辛亥，皇太后下令說：「小皇帝的年紀還很幼小，對各項政務大多還不太清楚明白；而且從小就病魔纏身、體弱多病，沒有能力擔當君主的重任。擔任太傅的宣城王蕭鸞，是宣皇帝蕭承之的後代，曾經受到齊太祖蕭道成的鍾愛，應該進宮繼承皇位。現在在位的小皇帝蕭昭文可以降為海陵王，我自己也要搬出皇宮到別處居住養老。」還讓宣城王蕭鸞做太祖蕭道成的第三個兒子，排在齊武帝蕭賾、豫章王蕭嶷之後。二十二日癸亥，高宗蕭鸞即皇帝位，大赦天下，改年號為建武元年。高宗皇帝蕭鸞任命擔任太尉的王敬則為大司馬，任命擔任司空的陳顯達為太尉，給擔任尚書令的王晏加授驃騎大將軍，給擔任左僕射的徐孝嗣加授中軍大將軍，任命擔任中領軍的蕭諶為領軍將軍。

齊國擔任度支尚書的虞悰稱說自己有病，不願意居官任職。高宗皇帝蕭鸞因為虞悰是自己的舊臣，就想吸收他作為輔佐自己稱帝的大臣，便讓王晏帶著要廢立小皇帝蕭昭文的計畫給虞悰看。虞悰說：「主上聖明，公卿合力輔佐，哪裡還用得著我這個老朽來幫助你們改立新君呢？我不敢接受這個命令！」於是痛哭不已。

朝廷大臣議論要彈劾、懲辦他，徐孝嗣說：「這人直道而行，有古賢的遺風。」想要彈劾、懲治虞悰的聲浪這才停止。

齊明帝蕭鸞與群臣一起宴飲，他下詔令功臣向自己舉杯祝賀。尚書令、驃騎大將軍王晏等人全都從座席上站起來，只有擔任吏部尚書的謝瀹仍舊坐著不動，他說：「陛下接受天命，上應天意，下順民心；王晏妄圖貪天之功據為己有！」齊明帝聽了大笑，才算緩和了局面。宴會結束後，王晏招呼謝瀹與自己同乘一輛車子回尚書省，打算對他進行安撫，謝瀹神情嚴肅地說：「你的老窩在什麼地方？」王晏非常畏忌謝瀹。〇十月二十六日丁卯，齊明帝下詔說：「在地方上任職的藩王、州刺史、郡太守、縣令，有的向朝廷進獻物品，如果不是本地區按照規定要交的東西，今後一律禁止進獻。」〇二十八日己巳，魏國的孝文帝拓跋宏前往信都。二十九日庚午，孝文帝下詔說：「近來連續聽說南部邊境上的漢族人，有好多人到齊國境內進行偷盜擄掠，致使父子分離，家庭破碎。我正準備統一天下，像撫育自己的兒女一樣撫育天下的黎民百姓，如果還允許邊境上的漢族人進入南朝進行劫掠的話，南朝人還怎麼能知道我們魏國的恩德呢？可以下令給荊州、郢州、東荊州三州的官員，嚴格禁止、約束那些漢族人，不要讓他們再去侵擾南朝的邊境。」

十一月初三日癸酉，齊明帝任命始安王蕭遙光為楊州刺史。〇初七日丁丑，魏孝文帝前往鄴城。〇初十日庚辰，齊明帝封皇子蕭寶義為晉安王，封蕭寶玄為江夏王，封蕭寶源為廬陵王，封蕭寶寅為建安王，封蕭寶融為隨郡王，封蕭寶攸為南平王。〇十四日甲申，齊明帝下詔說：「縣令的俸祿十分微薄，雖然是所在地區的常規貢品，從今以後也一律不用再向朝廷進貢了。」〇十五日乙酉，齊明帝追尊自己的父親始安貞王蕭道生為景皇帝，追尊自己的母親江氏為懿后。〇十六日丙戌，齊明帝任命聞喜公蕭遙欣為荊州刺史，任命豐城公蕭遙昌為豫州刺史。當時齊明帝的長子晉安王蕭寶義患有癱瘓症，其他幾個兒子都還年紀弱小，所以才讓始安王蕭遙光為楊州刺史，在朝廷內部掌權，控制首都建康的局勢，讓聞喜公蕭遙欣為荊州刺史，控制長江上游地區。〇十八日戊子，齊明帝立皇子蕭寶卷為皇太子。

魏孝文帝到達洛陽，他想摸清楚各姓氏家族的門第高低，於是任命擔任尚書的崔亮兼任吏部郎。崔亮，是崔道固哥哥的孫子。〇魏孝文帝命令擔任後軍將軍的宇文福勘察、建立新的牧場，宇文福從石濟津以西，河內郡以東，距離黃河大約十里的地方劃出一塊土地作為新牧場。孝文帝從代地遷來各種牲畜放養在這片新牧場上，讓後軍將軍宇文福負責管理，宇文福管理得很好，放養的這些牲畜沒有一點損耗，於是任命宇文福為司衛監。

當初，魏國的世祖拓跋燾平定統萬以及秦州、涼州的時候，因為河西地區的水草豐美，所以就把這裡作為了牧場，牲畜大量繁殖，生長得很好。馬匹多至二百多萬匹，駱駝一百多萬頭，牛羊多得無法統計。等到孝文帝拓跋宏在河陽開闢新牧場之後，經常畜養十萬匹軍馬，每年都把河西地區培養的軍馬遷徙到并州地區進行培養放牧，然後再讓這些軍馬逐步地向南移動，以使其逐漸適應中原地區的水土氣候，不至於因為水土不服而死傷，而河西地區牧場上的牲畜則越發繁衍得更多更好。等到魏孝明帝拓跋詡執政的正光年間之後，牧場上的牲畜全都被寇盜所搶掠，一匹牲畜也沒有剩下。

齊國在齊武帝蕭賾在位的永明年間，擔任御史中丞的沈淵曾經給齊武帝上表提議，文武百官年滿七十歲，一律讓他們退休，於是，這些七十歲以上的官員全都回到家中過窮苦的日子去了。十一月三十日庚子，齊明帝蕭鸞下詔，對於那些退休在家的官員，可以照常選拔任用。齊明帝在輔政期間所誅殺的各位親王，現在都恢復他們在皇族譜系中原有的資格地位，並封他們的兒子為侯爵。〇齊明帝詐稱海陵王蕭昭文身患疾病，多次派遣御用的醫生前去給海陵王蕭昭文看病，這些御醫遂害死了蕭昭文，齊明帝依照漢明帝劉莊以天子的禮儀埋葬東海恭王劉彊的故例為海陵王辦理了喪事。

魏國擔任郢州刺史的韋珍，在郢州有很好的聲名和實績，魏孝文帝拓跋宏為了褒獎他，賞賜給他駿馬、糧食和布帛。韋珍把郢州境內孤獨貧困的百姓招集起來，把皇帝賞賜給自己的這些東西全部散發給他們，並對他們說：「皇帝認為我能安撫你們、管理你們，所以賞賜給我這些糧食和布帛，我怎麼敢獨自佔有呢！」

魏國的孝文帝拓跋宏因為齊明帝蕭鸞廢掉海陵王蕭昭文自立為皇帝，便以此為藉口，謀劃對齊國發動大規模的進攻。碰巧此時守衛邊防的將領報告說，齊國擔任雍州刺史的下邳人曹虎派遣使者來向魏國請求投降，十二月初一日辛丑，孝文帝便派遣代理征南將軍的薛真度統領四位將領進攻齊國的襄陽；派擔任大將軍的劉昶、擔任平南將軍的王肅率軍進攻齊國的義陽郡；派擔任徐州刺史的拓跋衍率軍進攻齊國的鍾離；派擔任平南將軍的廣平郡人劉藻率軍進攻齊國的南鄭。薛真度，是薛安都的堂弟。孝文帝任命擔任尚書的盧淵為安南將軍，負責統領襄陽前鋒各路人馬，盧淵以自己不懂軍事為由進行推辭，孝文帝沒有答應。盧淵說：「我只怕曹虎像三國時期的吳國鄱陽守將周魴那樣搞的是假投降。」

魏國孝文帝想要改變舊有的風俗，十二月初二日壬寅，下詔禁止讀書人和百姓穿胡服。與孝文帝同起於北方並隨之南遷的那些少數民族大多都不願意。

魏國擔任通直散騎常侍的劉芳，是齊國劉纘的同族兄弟，他與擔任給事黃門侍郎的太原郡人郭祚，都因為擅寫文章、鑽研學術而受到孝文帝拓跋宏的親近和禮遇，孝文帝多次召見他們，與他們共同討論文章、學術，祕密商議政事，大臣貴戚都認為孝文帝疏遠了自己，因而怏怏不樂，面露不平之色。孝文帝讓擔任給事黃門侍郎的陸凱私下裡向他們解釋說：「皇帝只是想更多地瞭解一些古代的事情，向劉芳、郭祚詢問一些前朝的規矩、法度而已，肯定不會親近他們而疏遠你們。」眾人心裡的不平之氣才漸漸平息下來。陸凱，是陸馛的兒子。

魏孝文帝準備親自統帥大軍討伐齊國。十二月初三日癸卯，魏國宣布朝廷內外進入緊急軍事狀態。初八日戊申，孝文帝下詔，給從代地遷到洛陽的居民免除三年賦稅。擔任相州刺史的高閭上表給孝文帝說：「洛陽新都剛剛建立起來，曹虎既然說要投降，卻不派人質到洛陽來，必定不是真心投降，我們不應該聽信他的話而輕舉妄動。」孝文帝沒有聽從高閭的勸告。

過了很久，曹虎竟然始終沒有再派使者到魏國來，孝文帝召集公卿大臣，向他們詢問是繼續採取行動出兵攻打齊國，還是停止發動這場戰爭，有的大臣認為應當停止發動戰爭，有的大臣認為軍隊已經發動，就應該繼續前進。孝文帝說：「眾說紛紜，我不知道到底應該聽誰的。一定要把或行或留的道理分析透徹，要讓堅持不同意見的雙方，互相辯論、互相啟發。任城王拓跋澄、鎮南將軍李沖代表取消這次行動的一方，我代表主張採取行動的一方，諸位坐在一旁靜聽我們辯論去留的得失，哪一方的意見好就按照哪一方的意見辦。」眾臣齊聲回答：「遵命。」鎮南將軍李沖說：「我們因為剛剛遷都不久，諸事尚未就緒，人們都想稍稍安頓一下；目前還沒有摸清為我們作內應的曹虎的真實情況，所以不應該輕易採取行動。」孝文帝說：「曹虎投降是真是假，確實還不清楚。如果他的投降是假的，我到淮河流域巡視一回，瞭解一些民間疾苦，讓齊國的百姓好好地看一看真正有德的帝王究竟在哪裡，使他們產生一種嚮往北方的心思；假如曹虎的投降是真的，如果我們不按時前去接應他，我們就失去了這次乘機進攻齊國的大好機會，辜負了曹虎歸順我們的一片誠意，而使我的戰略方針受挫。」任城王拓跋澄說：「曹虎既沒有派人質前來，又沒有再派使者繼續聯絡，他的假投降是可想而知的。如今從代都新遷到洛陽的人，都有留戀舊都平城之心。他們扶老攜幼，經過千辛萬苦，剛剛到達洛陽，連一間可以居住的房子也沒有，可吃的糧食也沒有儲存幾石幾斗。而且冬季就要過去，春耕生產即將開始，正是『千百間房子等待興建』、『各家各戶傾巢出動到農田裡參加生產』的時候。在這種時候驅趕著他們，讓他們穿上鎧甲，手執兵器，流著眼淚衝向敵人，這恐怕不是前歌後舞的仁義之師。而且各路軍隊已經出動，對曹虎來說並不是沒有接應。如果曹虎真心想要歸順我們，那就等待他們攻佔了樊城與漢水流域一帶地區，然後皇帝的車駕再順時南下，怎麼能算為時已晚呢！如果我們貿然採取行動，上上下下都感到很疲勞，如果再徒勞往返，恐怕有損於皇上的聲望，反而增加了賊人的氣焰，這不是正確的決策。」擔任司空的穆亮認為應當採取行動，公卿大臣都同意穆亮的意見。拓跋澄對穆亮說：「你們這些人在地方任職的時候，看見軍營樹起旗幟，向士兵發放鎧甲，就都面帶憂愁之色，平時在下面議論的時候，也表示不願意南征，為什麼當著皇帝陛下的面就說出這種贊成南征的話來？你們當面一套背後一套，恐怕有欺詐、諂媚之嫌，這難道是作為一個大臣所應有的態度嗎！萬一南征失敗給國家帶來危險，那就是你們這些人造成的。」李沖說：「任城王可以說是忠於國家。」孝文帝說：「任城王認為順從我意見的人是奸佞，不順從我意見的難道就一定都是忠臣嗎？小忠是對大忠的一種嚴重危害，豈不就是這種樣子嗎？」拓跋澄趕緊解釋說：「我笨拙愚昧，雖然只是一種小忠，關鍵是想竭盡忠誠謀慮國事，卻不知道大忠的根據究竟是什麼？」孝文帝沒有採納任城王拓跋澄的意見。

十二月十一日辛亥，孝文帝拓跋宏統領大軍從洛陽出發，他任命北海王拓跋詳為尚書僕射，統管洛陽留守朝廷的一切事務；任命鎮南將軍李沖兼任僕射，與拓跋詳共同留守洛陽。任命擔任給事黃門侍郎的崔休為左丞，令趙郡王拓跋幹都督中外諸軍事，令始平王拓跋勰統領皇族子弟組成的軍隊護衛在皇帝身邊。崔休，是崔逞的玄孫。二十八日戊辰，孝文帝到達懸瓠。二十九日己巳，下詔令進攻壽陽、鍾離、馬頭的魏國軍隊將所擄掠的齊國男女全部釋放，令他們返回南方的齊國。齊國雍州刺史曹虎果然不向魏國投降。

魏孝文帝命令安南將軍盧淵率軍進攻齊國的南陽，盧淵因為軍中缺乏糧食，便請求先進攻赭陽城以便奪取葉縣糧倉的糧食，孝文帝批准了盧淵的請求。於是盧淵就與征南大將軍城陽王拓跋鸞、安南將軍李佐、荊州刺史韋珍共同指揮軍隊攻打赭陽城。拓跋鸞，是拓跋長壽的兒子；李佐，是李寶的兒子。齊國擔任北襄城太守的成公期關閉城門率領齊國的守軍進行防守。魏國代理征南將軍薛真度率領魏軍駐紮在沙堨，齊國擔任南陽太守的房伯玉、擔任新野太守的劉思忌率軍進行抵抗。

先前，魏孝文帝派遣擔任中書監的高閭研究整理古代帝王祭祀與朝會時演奏的雅樂，恰逢高閭出京去擔任相州刺史，這一年，高閭上表給孝文帝，推薦擔任著作郎的韓顯宗、擔任太樂祭酒的公孫崇參與主持樂器的製造與調試，以及相關的作曲與演奏等事務，孝文帝採納了高閭的意見。

【研　析】本卷寫齊明帝蕭鸞建武元年（西元四九四年）一年間南齊、北魏兩國的大事。所謂「建武元年」實際包括了齊武帝蕭賾死後，其子蕭昭業繼位的「隆昌元年」，與蕭昭業被蕭鸞所廢殺之後，又立了第二個小傀儡皇帝蕭昭文的「延興元年」，以及到本年十月蕭鸞又廢了蕭昭文而自己篡位，改年號所稱的「建武元年」。故而此年名為「建武」，實際上頒行於天下使用的只有最後的兩個月。本卷所寫的事情主要有四點：

其一，蕭鸞在其叔祖蕭道成、其堂叔蕭賾在位的時候，極盡謙恭討好之能事，加上蕭鸞辦事也的確有其相當的能力，故而當齊武帝蕭賾一死，蕭賾的孫子蕭昭業繼位時，蕭鸞的權力實際已經很大了。再加上小皇帝的叔叔蕭子良地位崇高，血緣又近，朝廷內外都對之分外推崇，這就更加引起了小皇帝蕭昭業的疑懼，從而對之處處限制提防。而蕭子良本人恰又「不慕榮利」，處處退讓，把朝廷裡一切管實權的部門都推給了蕭鸞去管，於是各方面都為蕭鸞的篡權開放了綠燈。蕭鸞憑著他的權勢與手段大肆誅除異己，把忠於小皇帝的少數勇武之士全部殺掉；把朝廷上的大臣、掌軍的老將、乃至小皇帝身邊的禁軍統領，諸如王晏、徐孝嗣、陳顯達、王敬則、蕭諶等等通通拉歸己方，使之成為自己的耳報神、敢死隊；又通過各軍鎮的典籤把小皇帝血緣親近的諸王、刺史都通通控制起來，讓他們都眼睜睜地乾著急而一籌莫展。其中最奸詐、最狡猾的莫過於蕭諶。蕭賾臨死把「內外禁衛勞舊主帥左右，悉付蕭諶優量驅使之」，蕭諶統領著皇帝居處周圍的禁軍，小皇帝對蕭諶極度仰賴，以至於「諶每請急出宿，帝通夕不寐，諶還乃安」；但蕭諶恰恰又是最早投靠蕭鸞，幫著蕭鸞進行篡位的急先鋒。而小皇帝一直被蒙在鼓裡，當他聽到有關蕭鸞的一些傳言時，他第一個就是找蕭諶來幫著他裁斷虛實；當他聽到蕭鸞要發動政變時，小皇帝還「密為手敕呼蕭諶」，其結果竟是蕭諶首先率兵衝入了壽昌閤。當蕭諶初入殿，「宿衛將士皆操弓楯欲拒戰。諶謂之曰：『所取自有人，卿等不須動！』宿衛素隸服於諶，皆信之」；於是小皇帝就輕而易舉地被他們所擒，殺之於西弄。這是一群勾結得何等巧妙、籌劃得何等周密，又是何等的忘恩負義、喪盡天良的利欲之徒啊！

其二，背叛其君以改投新貴者既如此矣，更有出身名門望族、名聲極其顯赫的高官謝朏、謝瀹兄弟，二人乃劉宋名臣謝弘微之後，當時著名的文學家謝莊之子。謝瀹當時任吏部尚書，其兄謝朏任吳興太守。當蕭諶、蕭鸞等篡殺小皇帝蕭昭業的時候，「吏部尚書謝瀹方與客圍棋，左右聞有變，驚走報瀹。瀹每下子，輒云『其當有意』，竟局，乃還齋臥，竟不問外事。」在事發之前，其兄謝朏為圖心淨而辭去朝官，出任吳興太守。謝朏指著謝瀹的嘴說：「此中唯宜飲酒！」司馬光寫《通鑑》對此感慨地說：「『衣人之衣者懷人之憂，食人之食者死人之事。』二謝兄弟，比肩貴近，安享榮祿，危不預知。為臣如此，可謂忠乎？」王夫之《讀通鑑論》對此說：「蕭鸞之弒鬱林也，謝瀹與客圍棋，局竟，遂臥而不問；謝朏出為吳興守，致酒數斛與其弟，曰『可力飲此，勿豫人事』。此數事者，當時傳之以為高。而立人之朝，食人之祿，國亡君弒，若視黃雀之啄螳螂，付之目笑，非至不仁者，能若此乎？」

其三，相反倒是有幾個沉居下僚的小人物表現了令人驚異的豪氣。陸超之、董僧慧是小皇帝的叔叔晉安王蕭子懋的僚屬，當小皇帝的父輩、祖輩蕭子隆、蕭鏘等一群方面大員相繼被蕭鸞所殺後，陸超之、董僧慧勸晉安王蕭子懋起兵討逆。當蕭子懋失敗被叛徒所殺後，朝廷的官吏王玄邈捉到陸超之、董僧慧，要殺他們，文中說：「僧慧曰：『晉安舉義兵，僕實預其謀，得為主人死，不恨矣！願至大斂畢，退就鼎鑊。』玄邈義之，具以白鸞，免死配東冶。子懋子昭基，九歲，以方二寸絹為書，參其消息，並遺錢五百，行金得達，僧慧視之曰：『郎君書也！』悲慟而卒。于琳之勸陸超之逃亡，超之曰：『人皆有死，此不足懼！吾若逃亡，非唯孤晉安之眷，亦恐田橫客笑人！』」二人都從容就義。王夫之《讀通鑑論》對此說：「明帝之凶悖，高、武之子孫殺戮殫盡而後止，而大臣談笑於酒弈之間自若也。乃晉安王子懋之死，其防閤陸超之、董僧慧先與子懋謀舉兵者，獨能不昧其初心。僧慧則請大斂子懋而就死，業已無殺之者，而視子懋幼子訊父之書，一慟而卒；超之或勸其逃，而曰：『吾若逃亡，非唯孤晉安之恩，亦恐田橫之客笑人！』端坐以待囚，而為門生所殺，頭隕而身不僵。夫二子者，非但其慷慨以捐生也，審於義以遲回，瀕死而不易其度，使當託孤寄命之任，其不謂之社稷之臣與？乃皆出自寒門，身為武吏，其視王、謝、徐、江，世胄華門，清流文苑之選，果誰清而誰濁也？」這是從東晉歷宋、齊以來一百七八十年所形成的一種只追求個人安樂，而對萬事不負責任的一種沒落習氣，越是社會上流，就越是表現得尤其壞！

其四，蕭鸞殺掉蕭昭業，是為了自己做皇帝；蕭鸞大肆誅殺蕭昭業的父輩、祖輩諸王，是因為這些人的存在，會威脅到他皇帝夢的安全。但殺人就要先編造一些理由，要羅列出他們的罪狀，說明被殺者是該殺，而殺人者是替天行道。蕭昭業的罪名據蕭鸞史官的說法有四方面：一是揮霍浪費，「極意賞賜左右，動至百數十萬」，「即位未朞歲，所用垂盡」；二是行動隨便，沒有正形，說他「微服遊走市里，好於世帝崇安陵隧中擲塗、賭跳，作諸鄙戲」；三是說他淫亂，說他「蒸於世宗幸姬霍氏」，說皇后亦淫亂，「齋閤通夜洞開，外內淆雜，無復分別」；四是說他陰謀殺害蕭鸞，而蕭鸞是國家的頂樑柱，你要壞掉頂樑柱，還不應該被除掉麼？王夫之《讀通鑑論》說：「孟子曰：『盡信書則不如無書。』《尚書》刪自仲尼，且不可盡信，況後世之書哉？然曰：『世祖積錢及金帛不可勝計，未朞歲而用盡』則誣矣。夷考朞歲之中，未嘗有傾宮璇室、裂繒鑿蓮之事也，徒以擲塗賭跳之戲，遂蕩無窮之帑乎？隋煬之侈極矣，用之十三年而未竭，鬱林居位幾何時，而遽空其國耶？當其初立，王融先有廢立之謀矣；蕭鸞排抑子良，挾權輔政，即有篡奪之心矣。引蕭衍與同謀，而徵隨王子隆，於是而其謀益亟，鬱林坐臥於刀鋸之上而愚不知耳。鸞已弒主自立，王晏、徐孝嗣文致鬱林之惡以掩鸞滔天之罪，欲加之罪，何患無辭乎？」這與謝晦、徐羨之殺害營陽王劉義符；宋明帝劉彧誣衊廢帝劉子業；蕭道成誣衊劉宋的小皇帝劉昱等等，手段、做法都是一樣的。歷史讀多了，你就可以明白，許多事情都如出一轍，只是改換了當事人的姓字而已。

本卷還寫了魏主遷都洛陽，以及聽說蕭鸞弒主自立而數道起兵南伐，以討其弒君之罪等等，但這些都與下卷緊密相連，留待下卷一道講。

卷第一百四十

齊紀六

起旃蒙大淵獻（乙亥　西元四九五年），盡柔兆困敦（丙子　西元四九六年），凡二年。

【題解】本卷寫齊明帝蕭鸞建武二年（西元四九五年）、三年共兩年間南齊與北魏兩國的大事。主要寫了齊王朝派王廣之、蕭坦之、沈文季等統兵分道拒魏，齊軍與魏軍激戰於鍾離、義陽、南鄭、南陽，彼此互有勝負。其中齊將蕭衍、崔慧景、張欣泰與魏將楊播、拓跋英等都有勇敢卓絕的表現；而進攻赭陽的魏將拓跋鸞等因互不統屬，被齊軍大破於赭陽、沙堨，受到了魏主孝文帝拓跋宏的懲罰；寫了魏主親臨壽春城下，呼城中人對語，壽春守將蕭遙昌派崔慶遠入魏營以對之，因崔慶遠有禮有節受到魏主稱讚；寫了魏主巡行淮河前線，撫戰士以禮，待淮上百姓以德，表現了魏主的從容不迫；寫魏主東巡至魯城，親自祭祀孔子，封孔子之後；寫魏主溯黃河返回洛陽，告於太廟，行飲至之禮；寫了魏主孝文帝下令實行漢化，令北人一律說中原話，穿中原地區之衣，魏主給滿朝文武每人賞賜一套冠服，以易其鮮卑舊服；寫了魏國建立太學、國子學、四門學；寫了魏國鑄用五銖錢，使用中原地區的度量衡，以及命令代北地區來的人死後一律葬在洛陽；寫了魏主築圜丘於委粟山，舉行祭天之禮；又築方澤於河陰，行祭地之禮；寫了魏主好讀書，手不釋卷，詔策皆自為之，並親用儒學人物，制禮作樂，使魏國有太平之風；寫了魏主下令鮮卑人一律使用中原地區的姓氏，拓跋氏改姓元；自認為是黃帝之後，以土德為王；寫魏主仿效南朝大肆推行門閥制度，將魏國境內漢族的盧、崔、鄭、王、李五家定為士族之最優者；又定出北來少數民族的穆、陸、賀、劉、樓、于、嵇、尉八姓勳戚之家，與漢族之五姓享受同等待遇；寫魏主下令，規定諸王必須娶大士族之女，並親自為其六位兄弟重新娶妻，將原來的妻子改為妾媵；寫魏主頑固地專以門第取人，李沖、李彪、韓顯宗等都提出反對，而魏主堅持不聽；寫魏太子拓跋恂因不欲居洛，圖謀回代北自立，並擅殺其中庶子而被魏主所廢；寫魏臣穆泰勾結陸叡、拓跋思譽、拓跋隆等圖謀擁立陽平王拓跋頤據恆、朔二州叛亂，拓跋頤假意應承，暗中向朝廷告密，魏主派任城王拓跋澄前往相機討滅之；寫了齊明帝蕭鸞的親信蕭諶因未得楊州刺史而心懷怨望，連帶其兄蕭誕、其弟蕭誄皆被蕭鸞所殺；以及蕭鸞假惺惺地「志慕節儉」，以及其躬親細務，制度繁瑣，致使六署、九部的一切日常事務，無不取決詔敕的無人君之度等等。

高宗明皇帝中

建武二年（乙亥　西元四九五年）

春，正月壬申❶，遣鎮南將軍王廣之督司州❷、右衛將軍蕭坦之督徐州❸、尚書右僕射沈文季❹督豫州❺諸軍，以拒魏。

癸酉❻，魏詔：「淮北之人不得侵掠❼，犯者以大辟❽論。」乙未❾，拓跋衍攻鍾離，徐州刺史蕭惠休❿乘城⓫拒守，間出⓬襲擊魏兵，破之。惠休，惠明⓭之弟也。劉昶、王肅⓮攻義陽⓯，司州刺史蕭誕⓰拒之。肅屢破誕兵，招降萬餘人。

魏以蕭為豫州⑰刺史。劉昶性褊躁⑱，御軍嚴暴，人莫敢言。法曹行參軍⑲北平陽固⑳苦諫，昶怒，欲斬之，使當攻道㉑。固志意閒雅㉒，臨敵勇決㉓，昶始奇之。

丁酉㉔，中外纂嚴㉕。以太尉陳顯達為使持節㉖、都督西北征[1]討諸軍事，往來新亭、白下㉗，以張聲勢㉘。◯己亥㉙，魏主濟淮㉚。二月，至壽陽㉛，眾號三十萬，鐵騎彌望㉜。甲辰㉝，魏主登八公山㉞，賦詩。道遇甚雨㉟，命去蓋㊱，見軍士病者，親撫慰之。◯魏主遣使呼城中人，豐城公遙昌㊲使參軍[2]崔慶遠出應之。慶遠問師故㊳，魏主曰：「固當有故㊴！卿欲我斥言㊵之乎，欲我含垢依違㊶乎？」慶遠曰：「未承來命㊷，無所含垢㊸。」魏主曰：「齊主何故廢立？」慶遠曰：「廢昏立明㊹，古今非一，未審何疑㊺？」魏主曰：「武帝子孫今皆安在？」慶遠曰：「七王同惡㊻，已伏管、蔡之誅㊼。其餘二十餘王，或內列清要㊽，或外典方牧㊾。」魏主曰：「卿主若不忘忠義，何以不立近親㊿，如周公之輔成王，而自取之乎？」慶遠曰：「成王有亞聖(51)之德，故周公得而相之(52)。今近親皆非成王之比，故不可立。且霍光(53)亦捨武帝近親(54)而立宣帝(55)，唯其賢也。」魏主曰：「霍光何以不自立？」慶遠曰：「非其類也(56)。主上(57)正可比宣帝，安得比霍光！」若爾(58)，武王伐紂(59)，不立微子而輔之(60)，亦為苟貪天下乎(61)？」魏主大笑曰：「朕來問罪。如卿之言，便可釋然[62]。」慶遠曰：「『見可而進，知難而退[63]』，聖人之師也。」魏主曰：「卿欲吾和親，為不欲乎[64]？」慶遠曰：「和親則二國交歡，生民[65]蒙福。否則二國交惡，生民塗炭[66]。和親與否，裁自聖衷[67]。」魏主賜慶遠酒殽[68]、衣服而遣之。

戊申[69]，魏主循淮而東[70]，民皆安堵[71]，租運屬路[72]。丙辰[73]，至鍾離[74]。○上遣左衛將軍崔慧景[75]、寧朔將軍裴叔業[76]救鍾離。劉昶、王肅眾號二十萬，塹柵[77]三重，并力攻義陽，城中負楯而立[78]。王廣之引兵救義陽，去城百餘里[79]，畏魏彊，不敢進。城中益急，黃門侍郎蕭衍請先進，廣之分麾下精兵[80]配之。衍間道夜發[81]，與太子右率蕭誄[82]等徑上[83]賢首山[84]，去魏軍數里。魏人出不意[85]，未測多少，不敢逼。黎明[86]，城中望見援軍至，蕭誕遣長史王伯瑜出攻魏柵，因風縱火，衍等眾軍自外擊之，魏不能支，解圍去。己未[87]，誕等追擊，破之。誄，諶之弟也。

先是，上以義陽危急，詔都督青、冀二州諸軍事張沖[88]出軍攻魏，以分其兵勢。沖遣軍主桑係祖攻魏建陵、驛馬、厚丘[89]三城，又遣軍主杜僧護攻魏虎阬、馮時、即丘[90]三城，皆拔之。青、冀二州刺史王洪範遣軍主崔延襲魏紀城[91]，據之。

魏主欲南臨江水[92]，辛酉[93]，發鍾離[94]。司徒長樂元懿公馮誕[95]病，不能從，魏主與之泣訣[96]，行五十里，聞誕卒。時崔慧景等軍去魏主營不過百里，魏主輕將數千人夜還鍾離[97]，拊尸[98]而哭，達旦，聲淚不絕。壬戌[99]，敕諸軍罷臨江之行，葬誕依晉齊獻王故事[100]。誕與帝同年，幼同硯席[101]，尚[102]帝妹樂安長公主。雖無學術[103]，而資性淳篤，故特有寵。丁卯[104]，魏主遣使臨江，數上罪惡[105]。

魏久攻鍾離不克，士卒多死。三月戊寅[106]，魏主如邵陽[107]，築城於洲上，柵斷水路，夾築二城[108]。蕭坦之遣軍主裴叔業攻二城，拔之。魏主欲築城置戍於淮南，以撫新附之民，賜相州刺史高閭璽書[109]，具論其狀[110]。閭上表，以為「兵法『十則圍之，五則攻之[111]。』曏者[112]國家止為受降之計[113]，發兵不多，東西遼闊[114]，難以成功。今又欲置戍淮南，招撫新附。昔世祖[115]以回山倒海[116]之威，步騎數十萬，南臨瓜步[117]，諸郡盡降，而盱眙[118]小城，攻之不克[119]。班師[120]之日，兵不戍一城[121]，土不闢一廛[122]。夫豈無人[123]？以為大鎮未平[124]，不可守小[125]故也。夫壅水[126]者先塞其原[127]，伐木者先斷其本[128]。本原尚在而攻其末流[129]，終無益也。壽陽、盱眙、淮陰[130]，淮南之本原也[131]。三鎮不克其一，而留守孤城，其不能自全明矣。敵之大鎮逼其外，長淮[132]隔其內[133]，少置兵則不足以自固，多置兵則糧運難通。大軍既還，士心孤怯，夏水盛漲，救援甚難。以新擊舊[134]，以勞禦逸[135]，若果如此，必為敵擒，雖忠勇奮發，終何益哉？且安土戀本，人之常情。昔彭城之役[136]，既克大鎮[137]，城戍已定，而不服思叛者[138]猶踰數萬。角城蕞爾[139]，處在淮北，去淮陽[140]十八里。五固之役[141]，攻圍歷時[142]，卒不能克[143]。以今準昔[144]，事兼數倍[145]。天時向[3]熱[146]，雨水方降，願陛下踵[147]世祖之成規，旋轅返旆[148]，經營[149]洛邑，蓄力觀釁[150]，布德行化[151]，中國既和[152]，遠人[153]自服矣。」尚書令陸叡[154]上表，以為「長江浩蕩，彼之巨防。又南土昏霧[155]，暑氣鬱蒸[156]，師人[157]經夏，必多疾病。而遷鼎草創[158]，庶事甫爾[159]，臺省[160]無論政之館，府寺[161]靡聽治[162]之所，百僚居止[163]，事等行路[164]，沈雨炎陽，自成癘疫[165]。且兵傜並舉[166]，聖王所難。今介冑之士[167]，外攻寇讎；羸弱之夫，內勤土木，運給之費[168]，日損千金。驅罷弊[169]之兵，討堅城之虜，將何以取勝乎？陛下去冬之舉，正欲曜武江、漢[170]耳。今自春幾夏[171]，理宜釋甲[172]。願早還洛邑，使根本深固，聖懷無內顧之憂，兆民休斤板之役[173]，然後命將出師，何憂不服！」魏主納其言。

崔慧景以魏人城邵陽，患之。張欣泰[174]曰：「彼有去志[175]，所以築城者，外自誇大，懼我躡其後[176]耳。今若說之以兩願罷兵[177]，彼無不聽矣。」慧景從之，使欣泰詣城下語魏人，魏主乃還。◯濟淮[178]，餘五將未濟，齊人據渚[179]邀斷津路[180]。魏主募能破中渚兵[181]者以為直閤將軍[182]。軍主代人奚康生[183]應募，縛筏積柴，因風縱火，燒齊船艦，依煙直進，飛刀亂斫，中渚兵遂潰。魏主假[184]康生直閤將軍。

魏主使前將軍楊播[185]將步卒三千、騎五百為殿[186]。時春水方長，齊兵大至，戰艦塞川。播結陳[187]於南岸以禦之。諸軍盡濟，齊兵四集圍播，播為圓陳以禦之，身自搏戰，所殺甚眾。相拒再宿[188]，軍中食盡，圍兵愈急。魏主在北岸望之，以水盛不能救，既而水稍減，播引精騎三百歷齊艦[189]，大呼曰：「我今欲渡，能戰者來！」遂擁眾而濟[190]。播，椿[191]之兄也。◯魏軍既退，邵陽洲上餘兵萬人，求輸馬[192]五百匹，假道以歸[193]。崔慧景欲斷路攻之，張欣泰曰：「歸師勿遏[194]，古人畏之，兵在死地[195]，不可輕也。今勝之不足為武[196]，不勝徒喪前功[197]，不如許之。」慧景從之。蕭坦之還，言於上曰：「邵陽洲有死賊[198]萬人，慧景、欣泰縱而不取。」由是皆不加賞。甲申[199]，解嚴。

初，上聞魏主欲飲馬於江[200]，懼，敕廣陵太守、行南兗州事[201]蕭穎胄[202]移居民入城，民驚恐，欲席卷南渡[203]。穎胄以魏寇尚遠，不即施行，魏兵竟不至[204]。穎胄，太祖之從子[205]也。

上遣尚書右[4]僕射沈文季助豐城公遙昌守壽陽。文季入城，止游兵[206]，不聽出[207]，洞開城門，嚴加守備。魏兵尋退[208]。

魏之入寇也，盧昶等猶在建康[209]，齊人恨之，飼以蒸豆[210]。昶怖懼，食之，淚汗交横。謁者張思寧[211]辭氣不屈[212]，死於館下[213]。及還，魏主讓昶曰：「人誰不死，何至自同牛馬，屈身辱國？縱不遠慙蘇武[214]，獨[215]不近愧思寧乎！」乃黜為民。

戊子[216]，魏太師京兆武公馮熙[217]卒于平城。○乙未[218]，魏主如下邳[219]。夏，四月庚子[220]，如彭城。辛丑[221]，為馮熙舉哀。太傅、錄尚書事平陽公丕[222]不樂南遷，與陸叡表請[223]魏主還臨熙葬[224]。帝曰：「開闢[225]以來，安有天子遠奔舅喪者乎？今經始洛邑[226]，豈宜妄相誘引[227]，陷君不義[228]？令、僕以下[229]，可付法官貶之[230]。」仍[231]詔迎熙及博陵長公主[232]之柩，南葬洛陽，禮如晉安平獻王故事[233]。

魏主之在鍾離也[5]，仇池[234]鎮都大將、梁州刺史拓跋英[235]請以州兵會劉藻[236]擊漢中，魏主許之。梁州刺史蕭懿[237]遣部將尹紹祖、梁季羣等將兵二萬，據險[238]立五柵[239]以拒之。英曰：「彼帥賤[240]，莫相統壹[241]。我選精卒并攻一營，彼必不相救；

若克一營，四營皆走[242]矣。」乃引兵急攻一營，拔之，四營俱潰，生擒梁季羣，斬三千餘級，俘七百餘人，乘勝長驅[243]，進逼南鄭。懿又遣其將姜脩擊英，英掩擊[244]，盡獲之。將還，懿別軍[245]繼至，將士皆已疲，不意其至，大懼，欲走。英故緩轡徐行[246]，神色自若[247]，登高望敵，東西指麾[248]，狀若處分[249]，然後整列而前[250]。懿軍疑有伏兵，遷延引退[251]，英追擊，破之，遂圍南鄭。禁將士毋得侵暴[252]，遠近悅附，爭供租運。懿嬰城自守[253]，軍主范絜先將三千餘人在外，還救南鄭，英掩擊，盡獲之。圍城數十日，城中恟懼[254]。錄事參軍新野庾域[255]封題空倉[256]數十，指示[257]將士曰：「此中粟皆滿，足支二年，但努力固〔6〕守[258]！」眾心乃安。會魏主召兵〔7〕還，英使老弱先行，自將精兵為後拒[259]，遣使與懿告別。懿以為詐，英去一日，猶不開門，二日，乃遣將追之。英與士卒下馬交戰，懿兵不敢逼，行[260]四日四夜，懿兵乃返。英入斜谷[261]，會天大雨，士卒截竹貯米[262]，執炬火[263]於馬上炊之。先是，懿遣人誘說仇池諸氐[264]，使起兵斷英運道及歸路。英勒兵奮擊，且戰且前，矢中英頰，卒[265]全軍還仇池。討叛氐，平之。英，楨[266]之子。懿，衍之兄也。

英之攻南鄭也，魏主詔雍、涇、岐[267]三州發兵六千人戍南鄭[268]，俟克城則遣之。侍中兼左僕射李沖表諫曰：「秦川險阨[269]，地接羌夷[270]。自西師[271]出後，餉援[272]連續，加氐胡叛逆，所在奔命[273]，運糧擐甲[274]，迄茲未已[275]。今復豫差戍卒[276]，懸擬山外[277]，雖加優復[278]，恐猶驚駭。脫終攻不克[279]，徒動民情[280]，連胡結夷[281]，事或難測。輒依旨[282]密下刺史，待軍克鄭城[283]，然後差遣[284]。如臣愚見，猶謂未足[285]。何者？西道[286]險阨，單徑[287]千里，今欲深戍[288]絕界[289]之外，孤據羣賊之中[290]，敵攻不可猝援[291]，食盡不可運糧。古人有言，『雖鞭之長，不及馬腹[292]。』南鄭於國[293]，實為馬腹也。且魏境所掩[294]，九州過八[295]，民人所臣[296]，十分而九。所未民[297]者，唯漠北之與江外[298]耳。羈之在近[299]，豈汲汲於今日[300]也？宜待疆宇既廣，糧食既足，然後置邦[301]樹將[302]，為吞併之舉。今壽陽、鍾離[8]，密邇未拔[303]；赭城、新野，跬步弗降[304]。東道[305]既未可以近力守[306]，西藩[307]寧可以遠兵固[308]？若果欲置[309]者，臣恐終以資敵[310]也。又，建都土中[311]，地接寇壤[312]，方須大收死士[313]，平蕩江會[314]。若輕遣單寡[315]，棄令陷沒[316]，恐後舉[317]之日，眾以留守致懼[318]，求其死效[319]，未易可獲。推此而論，不戍[320]為上。」魏主從之。

癸丑[321]，魏主如小沛[322]。己未[323]，如瑕丘[324]。庚申[325]，如魯城[326]，親祠[327]孔子。辛酉[328]，拜[329]孔氏四人[330]、顏氏[331]二人官，仍選諸孔宗子[332]一人封崇聖侯，奉孔子祀[333]。命兗州脩孔子墓，更建碑銘。戊辰[334]，魏主如碻磝[335]，命謁者僕射成淹[336]具舟楫[337]，欲自泗入河[338]，泝流[339]還洛。淹諫，以為「河流悍猛，非萬乘[340]所宜乘。」帝曰：「我以平城無漕運[341]之路，故京邑民貧。今遷都洛陽，欲通四方之運，而民猶憚河流之險[342]。故朕有此行，所以開百姓之心[343]也。」

魏城陽王鸞[344]等攻赭陽[345]，諸將不相統壹，圍守百餘日，諸將欲按甲不戰以疲之。李佐[346]獨晝夜攻擊，士卒死者甚眾，帝[347]遣太子右衛率垣歷生[348]救之。諸將[349]以眾寡不敵，欲退，佐獨帥騎二千逆戰而敗。盧淵[350]等引去，歷生追擊，大破之。歷生，榮祖之從弟也。南陽太守房伯玉等又敗薛真度於沙堨[351]。

鸞等見魏主於瑕丘。魏主責之曰：「卿等沮辱威靈[352]，罪當大辟。朕以新遷洛邑，特從寬典[353]。」五月己巳[354]，降封鸞為定襄縣王[355]，削戶五百；盧淵、李佐、韋珍皆削官爵為民，佐仍徙瀛州[356]。以薛真度與其從兄安都有開徐方之功[357]，聽存其爵及荊州刺史[358]，餘皆削奪。曰：「進[359]足明功，退[360]足彰罪矣。」

魏廣川剛王諧[361]卒。諧，略之子也。魏主曰：「古者，大臣之喪有三臨之禮[362]，魏、晉以來，王公之喪，哭於東堂[363]。自今諸王之喪，期親三臨[364]；大功再臨[365]；小功、緦麻[366]一臨；罷東堂之哭。廣川王於朕，大功也。」將大斂[367]，素服深衣[368]

往哭之。

甲戌[369]，魏主如滑臺[370]。丙子[371]，舍于石濟[372]。庚辰[373][9]，太子[374]出迎於平桃城[375]。

○趙郡王幹[376]在洛陽，貪淫不法，御史中尉李彪[377]私戒之，且曰：「殿下不悛[378]，不敢不以聞[379]。」幹悠然[380]不以為意，彪表彈[381]之。魏主詔幹與北海王詳[382]俱從太子詣行在[383]。既至，見詳而不見幹，陰使[384]左右察其意色，知無憂悔[385]，乃親數其罪，杖之一百，免官還第。○癸未[386]，魏主還洛陽，告于太廟[387]。甲申[388]，減冗官[389]之祿，以助軍國之用。乙酉[390]，行飲至之禮[391]。班賞有差[392]。○甲午[393]，魏太子冠於廟[394]。魏主欲變北俗，引見[395]羣臣，謂曰：「卿等欲朕遠追商、周，為欲不及漢、晉邪[396]？」咸陽王禧[397]對曰：「羣臣願陛下度越前王[398]耳。」帝曰：「然則當變風易俗，當因循守故邪？」對曰：「願聖政日新[399]。」帝曰：「為止於一身，為欲傳之子孫邪？」對曰：「願傳之百世。」帝曰：「然則必當改作[400]，卿等不得違也。」對曰：「上令下從，其誰敢違？」帝曰：「夫『名不正，言不順，則禮樂不可興[401]。』今欲斷諸北語[402]，一從正音[403]。其年三[10]十已上，習性已久，容不可猝革[404]。三十已下，見[405]在朝廷之人，語音不聽仍舊[406]，若有故為[407]，當加降黜。各宜深戒！王公卿士[408]以為然不[409]？」對曰：「實如聖旨。」帝曰：「朕嘗與李沖論此，沖曰：『四方之語，竟知誰是[410]；帝者言之，即為正矣[411]。』沖之此言，其罪當死！」因顧沖曰：「卿負社稷[412]，當令御史牽下[413]！」沖免冠頓首謝[414]。又責留守之官[415]曰：「昨望見婦女猶服夾領小袖[416]，卿等何為不遵前詔！」皆謝罪。帝曰：「朕言非是[417]，卿等當庭爭[418]。如何[419]入則順旨，退則不從乎！」

【章　旨】以上為第一段，寫齊明帝蕭鸞建武二年（西元四九五年）正月至五月共五個月間的大事。主要寫了齊王朝派王廣之、蕭坦之、沈文季等統兵分道拒魏，齊軍與魏軍激戰於鍾離、義陽，建康內外戒嚴，朝廷派陳顯達往來於新亭、白下以張聲勢；寫了魏主親臨壽春城下，呼城中人對語，壽春守將蕭遙昌派崔慶遠入魏營以對之，因崔慶遠有禮有節受到魏主稱讚；寫了魏主巡行淮河前線，撫戰士以禮，待淮上百姓以德，表現了魏國從容不迫；寫了王廣之、蕭衍大破魏軍於義陽，表現精彩；寫齊將崔慧景、張欣泰與魏軍大戰於鍾離城北之淮上，魏將楊播、齊將張欣泰都表現得極為出色；寫魏將拓跋英與齊將蕭懿戰於南鄭，拓跋英勇敢卓絕，蕭懿的部將庾域也有很好的表現；寫進攻赭陽的魏將拓跋鸞等因互不統屬，被齊軍大破於赭陽、沙堨，拓跋鸞等分別受到魏主的懲罰；寫了魏主原欲南臨江水，以其表弟馮誕死於軍而遂罷臨江之舉，決議退兵；寫魏主原欲在淮南與南鄭留軍戍守，高閭、陸叡、李沖皆上書極言其孤立無援，難以救助，宜全軍撤回，魏主從之；寫魏主東巡至魯城，親自祭祀孔子，封孔子之後；寫魏主溯黃河返回洛陽，告於太廟，行飲至之禮；寫了魏主下令實行漢化，令北人一律說中原人之話，穿中原地區之衣等等。

【注　釋】❶正月壬申　正月初二。❷督司州　為司州地區駐軍的總指揮。南齊的司州州治在今河南信陽。❸徐州　指北徐州，南齊的北徐州州治鍾離，在今安徽鳳陽東北。❹沈文季　劉宋名將沈慶之之子，入齊後頗受武帝蕭賾的任使，後又佐蕭鸞篡取帝位，此時任尚書右僕射。傳見《南齊書》卷四十四。❺豫州　南齊的豫州州治即今安徽壽縣。❻癸酉　正月初三。❼淮北之人不得侵掠　意即不准侵犯掠奪淮北的黎民百姓。按，魏此時已佔領淮北，因此不准魏軍掠奪淮北居民。❽大辟　極刑，意即處死。❾乙未　正月二十五。❿蕭惠休　劉宋時代的中書令蕭思話之子，官至尚書右僕射。傳見《南齊書》卷四十六。⓫乘城　登城。⓬間出　不時地派小部隊祕密出擊。間，間斷；不時地。⓭惠明　蕭惠明，蕭惠休之兄，在宋官至司徒左長史。傳見《宋書》卷七十八。⓮劉昶王肅　都是南朝投歸魏國的貴族。劉昶是宋文帝劉義隆之子，劉子業在位時，劉昶為避迫害逃歸魏國，此時為魏統兵駐於徐州。傳見《魏書》卷五十九。王肅是南齊的官僚王奐之子，因其父被齊武帝所殺而逃歸魏國，此時任平南將軍。傳見《魏書》卷六十三。⓯義陽　即今河南信陽。⓰蕭誕　蕭鸞的骨幹親信蕭諶之兄。傳見《南齊書》卷四十二。⓱豫州　魏國的豫州州治在今河南汝南。⓲褊躁　狹隘、暴躁。⓳法曹行參軍　以刺史屬下司法官員的身分為劉昶充當參軍。行，試用；代理。⓴北平陽固　北平郡人姓陽名固。魏國的北平郡治在今河北遵化東側。陽固是魏國國子祭酒陽尼的後代，是北平郡的無終縣（今天津市薊縣）人。傳見《魏書》卷六十。㉑當攻道　把守敵軍猛烈進攻之所在。當，對；迎著。胡三省曰：「攻道，攻城之道，矢石之所集也。」㉒志意閒雅　不慌不忙，舉重若輕。㉓勇決　勇敢、能決斷。㉔丁酉　正月二十七。㉕纂嚴　戒嚴；進入緊急狀態。纂，集結；掌控。㉖使持節　皇帝命將出征的三種特殊待遇之一，最高者曰使持節，其次曰持節，再次曰假節，都有不同等級的生殺之權。節，皇帝使者所持的信物。以竹為之，以旄牛尾為之飾，三重。㉗新亭白下　都在當時的建康城外，是當時守衛京城的軍事要點。新亭在當時建康城的西南方，西臨長江，在今南京西南部。白下是建康城西北側的軍事據點，是當時南琅邪郡的郡治所在地，在今南京北部長江東側的金川門外。㉘以張聲勢　以為西北方淮河流域的壽陽、鍾離、馬頭等地的南齊守軍助威壯膽。㉙己亥　正月二十九。㉚濟淮　渡過淮河。㉛至壽陽　來到壽春城下。㉜鐵騎彌望　全副披掛的騎兵，一眼望不到邊。彌望，猶言極望。孔穎達曰：「人目所望三十里，而天地合於三十里外，不復見之，是為極望。」㉝甲辰　二月初五。㉞八公山　安徽境內的名山，在當時的壽春城北，今安徽淮南市西。西漢時淮南王劉安曾在此地招集了許多文人編纂《淮南子》；淝水之戰時前秦主苻堅登壽陽城望八公山草木皆兵，即此。㉟甚雨　大雨；急驟的暴雨。㊱去蓋　去掉車駕上的大傘，以與士兵同甘苦。㊲豐城公遙昌　蕭遙昌，蕭鸞之姪，蕭鸞之兄蕭鳳的兒子，被封為豐城公。傳見《南齊書》卷四十五。㊳師故　出兵來伐的理由。《左傳》有所謂「齊桓公以諸侯之師伐楚，楚子使與師言曰：『不虞君之涉吾地也，何故？』」㊴固當有故　當然是有理由的。故，原因；理由。㊵斥言　直言；直言說出，不留情面。斥，指也。㊶含垢依違　明知其罪，而含混忍耐不說。《左傳》宣公十五年：「川澤納汙，山藪藏疾，瑾瑜匿瑕，國君含垢，天之道也。」意為國君應有包容的器量。這裡指掩蓋蕭鸞篡位的事。㊷未承來命　不知你們因何而來。未承，未接到；不明白。㊸無所含垢　你沒有什麼不好說的。㊹廢昏立明　廢掉昏君，改立明君。㊺未審何疑　不知道這有什麼可奇怪的。未審，不明白。㊻七王同惡　七王指武帝蕭賾之子蕭子隆、蕭子懋、蕭子敬、蕭子真、蕭子倫，及被貶為王的小皇帝蕭昭業、蕭昭文，前者被貶為鬱林王，後者被貶為海陵王。同惡，共同作惡；相互勾結作惡。㊼已伏管蔡之誅　已像串通作亂的管叔、蔡叔一樣，被周公殺掉了。管、蔡，指管叔鮮、蔡叔度，周武王的兩個弟弟。武王去世後，周公輔佐年幼的成王在位，管叔、蔡叔編造謠言，串通殷紂王的兒子武庚共同叛亂，被周公出兵討平，殺武庚、管叔，流放蔡叔。後人通常將管、蔡視為叛亂之臣的代表。㊽內列清要　在朝廷上任清閒華貴而又重要的官職，如光祿大夫、散騎侍郎等。㊾外典方牧　在地方上任一方的軍政長官，即指刺史、督軍。㊿近親　這裡指齊武帝蕭賾的子孫。(51)亞聖　儒家稱堯、舜、禹、湯、周文王、周武王、周公、孔子為聖人，說他們的品德才智是無人能及的。而成王雖比聖人略次，但其品德才智也不是一般人所能及的。(52)得而相之　所以周公才把他置於君位而輔佐他。(53)霍光　西漢名臣。武帝死，霍光受遺詔輔佐昭帝。昭帝死，先迎立武帝子昌邑王劉賀，後因其淫亂而廢之，改立了宣帝劉詢。傳見《前漢書》卷六十八。霍光被後人看作是能受遺命、輔佐幼主的名臣。(54)捨武帝近親　指廢掉了武帝的兒子昌邑王劉賀，亦不立另一個兒子廣陵王劉胥。(55)宣帝　名詢，武帝原來的太子劉據之孫。西元前七四－前四九年在位。傳見《前漢書》卷八。按，昌邑王、廣陵王都是武帝之子，宣帝是武帝的曾孫。相比之下，兒子總比曾孫要近得多。(56)非其類也　意即霍光沒法與我們的主子蕭鸞相比。(57)主上　指明帝蕭鸞。(58)若爾　如果照你所說。(59)武王伐紂　意即武王滅紂後自己即位稱王。武王滅紂建立周王朝事，見《史記》卷四。紂是殷代的末代之君，事見《史記》卷三。(60)不立微子而輔之　微子名啟，紂王的庶兄，是古代著名的賢者，武王滅殷後封微子於宋，為宋國的開國之君。事見《史記》卷三十八。(61)亦為苟貪天下乎　周武王沒有立微子為帝，你能說他是自己貪圖帝位嗎。(62)便可釋然　這就解除了我內心的疑慮。(63)見可而進二句　見《左傳》宣公十二年中的士會語。原文作：「見可而進，知難而退，軍之善政也。」(64)卿欲吾和親二句　語略不順，大意謂你認為我是與齊王朝和親好呢，還是不和親好呢。(65)生民　黎民百姓。(66)塗炭　猶言水深火熱，以喻災難痛苦。(67)裁自聖衷　您自己拿主意。衷，內心；心中。(68)殽　魚肉之類的葷菜。(69)戊申　二月初九。(70)循淮而東　沿著淮河由壽春東下。(71)安堵　安居；各安其位，不受任何驚擾。(72)租運屬路　運送軍糧的車子絡繹不絕。屬，連接；跟隨。胡三省曰：「此謂淮北之民耳。」(73)丙辰　二月十七。(74)至鍾離　胡三省曰：「自壽陽至鍾離三百三十餘里。」(75)崔慧景　蕭道成早年的部下將領，入齊後，先後受蕭道成、蕭賾的寵信，後來又傾心擁戴蕭鸞，此時為左衛將軍。傳見《南齊書》卷五十一。㊆裴叔業　原為蕭道成的部下，蕭賾在位時任中軍將軍。後又成為蕭鸞的心腹，此時任寧朔將軍。傳見《南齊書》卷五十一。㊇塹柵　深壕與木柵，在營房、陣地修築的防禦工事。㊈負楯而立　胡三省曰：「攻城甚急，矢石交至，故負楯而立以自蔽。」楯，通「盾」。㊉去城百餘里　距離義陽城還有百餘里。去，距離。㊿麾下精兵　部下所有的精兵。麾下，部下。麾，大將的指揮旗。(81)間道夜發　從小路半夜出發。(82)太子右率蕭誄　蕭誄是蕭諶之弟。傳見《南齊書》卷四十二。時任太子右衛率，統領皇太子的衛隊。右率即右衛率的簡稱。(83)徑上　直接攀上。徑，直；不顧其他。(84)賢首山　山名，在當時的義陽城（今河南信陽）的西南方。(85)出不意　出乎意料之外。(86)黎明　到天將亮。黎，至；到……時。(87)己未　二月二十。(88)張沖　齊國北部地區的名將，曾任青、冀二州刺史，此時任都督青、冀二州軍事，駐兵於今江蘇海州。傳見《南齊書》卷四十九。(89)建陵驛馬厚丘　魏縣名，建陵即今山東郯城，驛馬方位不詳，厚丘在今江蘇沭陽北。(90)虎阬馮時即丘　魏縣名，虎阬在今江蘇贛榆西，馮時方位不詳，即丘在今山東臨沂東南。(91)紀城　魏縣名，在今江蘇贛榆東北。(92)江水　即今長江。(93)辛酉　二月二十二。(94)發鍾離　由鍾離出發向長江進軍。(95)馮誕　孝文帝母馮太后之姪，太后兄馮熙之子。傳見《魏書》卷八十三上。(96)泣訣　流著眼淚告別。(97)還鍾離　返回到鍾離城下的魏軍大營。(98)拊尸　拍著馮誕的遺體。拊，拍。(99)壬戌　二月二十三。(100)依晉齊獻王故事　按照司馬炎安葬其胞弟司馬攸的規格，即加賜九錫、鸞車、龍旗以及甲士、衛隊等。事見本書卷八十一太康四年。晉齊獻王，即司馬炎之弟司馬攸，被封為齊王，獻字是諡。因被司馬炎猜忌，憂憤而死。傳見《晉書》卷三十八。(101)同硯席　指一同讀書、寫字。硯席，硯臺與坐席。(102)尚　娶……為妻。(103)學術　學問；學者的修養。(104)丁卯　二月二十八。(105)數上罪惡　痛斥蕭鸞的罪行。數，數說；列其罪行而斥之。上，寫史者稱本國之君。(106)三月戊寅　三月初九。(107)邵陽　指邵陽洲，在鍾離城北的淮水之中。(108)柵斷水路二句　立柵切斷水路，又在淮水南北兩岸夾築兩城。(109)璽書　蓋著皇帝印璽的文書，以示其莊嚴鄭重。(110)具論其狀　一一地敘述了前方實地的情況，向後方留守的高閭徵求意見。(111)十則圍之二句　語出《孫子兵法・謀攻》。十，指兵力十倍於敵。(112)曩者　當初，此前決定這次南伐的時候。(113)止為受降之計　只做了接受曹虎投降的準備。(114)東西遼闊　指西起南鄭，東至鍾離，戰線東西數千里。(115)世祖　指太武帝拓跋燾，於其太平真君十一年（西元四五〇年）曾率大兵南下臨江。(116)回山倒海　意即移山倒海。回，移動；轉動。(117)瓜步　小山名，在今南京六合區東南的長江北岸。(118)盱眙　宋郡名，郡治在今江蘇盱眙的東北側，西距鍾離不遠。(119)攻之不克　當時宋將臧質、沈璞據守盱眙，打得艱苦卓絕，始終未下，給魏軍以嚴重打擊。事見本書前文卷一百二十五元嘉二十七年。(120)班師　回師；軍隊出征回國。(121)兵不戍一城　意即將一度佔領的大片地區全部放棄，連一個城鎮也未能佔領。

(122)土不闢一廛　連一畝大的地盤也未獲得。胡三省引《說文》曰：「廛，一畝半，一家之居地。」(123)夫豈無人　難道就沒有一位將領能佔據一城、守住一塊地盤麼。(124)大鎮未平　大的軍事重鎮未攻下。大鎮，指刺史、督軍的駐兵之地。(125)不可守小　光據守一個小縣、一個郡城，那是不可能守得住的。(126)壅水　堵住流水。(127)先塞其原　要截斷它的水源。原，這裡同「源」。(128)本　樹根。(129)末流　樹梢與流水。(130)壽陽盱眙淮陰　淮河以南的三個大軍鎮。淮陰，古縣名，即今江蘇淮安的淮陰區。(131)淮南之本原也　胡三省曰：「壽陽、盱眙、淮陰皆淮津之要地，齊皆以重兵守之，故云本原。」(132)長淮　即指淮水。(133)隔其內　魏主原想「築城置戍於淮南，以撫新附之民」，這樣魏國的「所置之戍」就被孤立無援地隔在淮河以南而遠離魏國的本土了。(134)以新擊舊　胡三省曰：「久於屯戍，魏師已老，齊以生兵攻之，是之謂以新擊舊。」(135)以勞禦逸　胡三省曰：「魏以孤軍守孤城，勞於備禦；齊師迭出而攻之，士有餘力，是之謂以勞禦逸。」(136)彭城之役　指魏獻文帝時因宋徐州刺史薛安都降魏所引發的兩國衝突之事，見本書卷一百三十三。(137)既克大鎮　指魏軍已牢牢地佔據徐州。(138)不服思叛者　不願受魏國統治而想回到南朝治下的淮河以北的居民。(139)角城蕞爾　一座小小的角城。角城在今江蘇宿遷東南，南臨淮水。蕞爾，極言其小的樣子。(140)去淮陽　距離淮陽城。淮陽是魏郡名，即今河南淮陽，在角城的西方。(141)五固之役　指徐州民桓標之、兗州民徐猛子等據五固城反抗魏國統治，魏國派兵討伐事，見本書卷一百三十五。五固，城邑名，在今山東滕州東北。(142)攻圍歷時　圍攻了幾個月也沒有攻下。時，一個季度，即三個月。(143)卒不能克　最終也沒有攻下。(144)以今準昔　把今天的事情與過去的事情相比較。(145)事兼數倍　事情還要困難好多倍。(146)天時向熱　天氣就要一天天地熱起來。(147)踵　遵循；沿襲。(148)旋轅返旆　掉轉車頭，撤回軍隊。返旆，班師。(149)經營　建設。(150)蓄力觀釁　積蓄力量，等候時機。釁，破綻；機會。(151)布德行化　實行好的政策，以團聚人心。(152)中國既和　魏國的內部一旦團結一致。中國，魏人自稱其國家政權，以其建都洛陽，故以正統自居。和，和諧；和睦。(153)遠人　邊遠的蠻夷，魏國把南齊看作南方蠻夷。(154)陸叡　魏國名臣陸俟之孫，陸麗之子，此時任尚書令。傳見《魏書》卷四十。(155)昏霧　冬天常大霧迷天，一片昏然。(156)暑氣鬱蒸　夏天更蒸騰著一種溼熱之氣，古代北方人一向認為是能致病的毒氣。(157)師人　指魏軍將士。(158)遷鼎草創　指剛剛遷都不久。鼎是國家的傳世重器，相傳周武王滅商後，曾將九鼎遷到洛邑，後世遂以「遷鼎」指遷都。(159)庶事甫爾　各項事務都剛剛開始。庶，眾。甫，開始。(160)臺省　朝廷的各辦事機構，如中書省、尚書省、御史臺等等。(161)府寺　各官署的衙門。寺，官舍。(162)聽治　猶今所謂「辦公」、「理事」。(163)百僚居止　朝廷百官的生活條件。(164)事等行路　就像一個出差的旅客差不多。行路，過往的行路人。(165)自成癘疫　很自然地就會形成各種疾病。(166)兵傜並舉　戰爭與傜役同時舉行。兵役指對齊作戰，傜役指興建洛陽。(167)介胄之士　指出征的將士。

介冑，甲冑；披甲戴盔。介，鎧甲。[168]運給之費　運送糧草以供應前線的花銷。[169]罷弊　同「疲敝」。筋疲力盡，人心瓦解。[170]正欲曜武江漢　只是想向南朝示威而已。江漢，以二水代指南朝。[171]自春幾夏　從冬到春，現在又快進入夏季了。幾，近；接近。[172]釋甲　解甲，指罷兵。[173]斤板之役　指戰場上的築牆挖溝等勞役。斤，斧；伐木的工具。板，築牆用的夾板。有說指修建洛陽城。[174]張欣泰　劉宋名將張興世之子，入齊後官位不顯，此時任領軍將軍長史。傳見《南齊書》卷五十一。[175]有去志　有自動撤兵的念頭。[176]懼我躡其後　怕我們趁機追擊他。躡，追擊。[177]說之以兩願罷兵　勸說他雙方協議各自罷兵。[178]濟淮　指魏主渡過淮河。[179]據渚　佔據了邵陽洲上魏人修築的據點。[180]邀斷津路　斷絕了淮河以南五將的渡河之路。邀，攔截。津，渡口。[181]中渚兵　佔據邵陽洲的齊兵。[182]直閤將軍　為皇帝統領起居與辦公場所之警衛部隊的武官。直，同「值」。值勤。[183]軍主代人奚康生　奚康生此時只是一個小的部隊長，後來成為魏國名將。傳見《魏書》卷七十三。按，據《隋書・百官志中》，北齊時軍主已入品，為從七品。北魏太和二十三年後職員令無有此官。北魏時不是正式的官名，只是一支小部隊的頭領，管的可能是一個營，也可能是一個團，猶如今之所謂「部隊長」。[184]假　加；授予。[185]楊播　魏國孝文帝時代的名將，此時任前將軍。傳見《魏書》卷五十八。[186]為殿　為全軍斷後，以對付敵兵的追擊騷擾。[187]結陳　集結軍隊，列成陣式。陳，通「陣」。[188]再宿　兩夜。[189]歷齊艦　經過齊軍的戰船旁邊。[190]擁眾而濟　帶著自己的部下一起渡過淮河。擁，聚攏；保護。[191]椿　楊椿，楊播之弟，魏主的親信之臣，曾為雍州刺史、梁州刺史。傳見《魏書》卷五十八。[192]輸馬　獻出馬匹。輸，送；交出。[193]假道以歸　求齊軍讓出一條道，讓他們返回魏國。[194]歸師勿遏　對於向回撤退的軍隊不要截擊它。遏，阻止。語出《孫子兵法》，原文作「歸師勿遏，窮寇勿迫」。[195]死地　無處可逃，只有拼死一搏的地形。[196]勝之不足為武　打贏了也顯不出威風。武，戰鬥力；威風。[197]徒喪前功　白白地把已經取得的戰功也給賠進去。[198]死賊　必死之敵；處於窮途末路之敵。[199]甲申　三月十五。[200]飲馬於江　到長江邊上飲馬，即打到長江邊上。[201]廣陵太守行南兗州事　以廣陵太守的身分代理南兗州刺史。南兗州的州治就在廣陵，今江蘇揚州。按，當時的南兗州刺史是蕭鸞的兒子廣陵王蕭寶源，因年紀尚幼，所以讓蕭穎胄代理州事。行，代理。[202]蕭穎胄　齊太祖蕭道成的遠房兄弟蕭赤斧的兒子，深受蕭道成、蕭賾兩代的寵信。此時又為蕭鸞任南兗州刺史。傳見《南齊書》卷三十八。[203]席卷南渡　帶著全部家私渡江南逃。[204]竟不至　最終也沒有來。[205]從子　姪子，實為遠房的姪子。[206]游兵　輪番出城騷擾敵軍的士兵。[207]不聽出　不准他們出城。[208]尋退　不久就撤走了。尋，不久；很快地。[209]盧昶等猶在建康　魏國的使臣盧昶從去年六月出使南齊，隨後爆發戰爭，盧昶等遂被扣押至今。[210]飼以蒸豆　拿餵牛馬的飼料讓他們吃。蒸豆，蒸熟的黑豆，以餵牛馬。[211]謁者張思寧　另一使者張思寧，在魏任謁者之職，為魏主掌管收發傳達，宴享時充當儐相。212辭氣不屈　說話的音調與行為態度絲毫不變。213死於館下　被迫害死在客館中。214遠慙蘇武　遠愧於前代的蘇武。蘇武是西漢武帝時人，因出使匈奴被匈奴人所扣押，蘇武堅守漢節不降，是古代傑出使臣的代表。事見《漢書・蘇武傳》。215獨　難道。216戊子　三月十九。217馮熙　孝文帝母馮太后之兄，孝文帝之舅，被封為京兆公，武字是諡。傳見《魏書》卷八十三上。218乙未　三月二十六。219下邳　魏郡名，郡治在今江蘇邳州西南。220庚子　四月初二。221辛丑　四月初三。222平陽公丕　拓跋丕，拓跋翳槐之孫，曾被封為東陽王，後依例降為平陽郡公。傳見《魏書》卷十四。223表請　上表請求。224還臨熙葬　回平城參加馮熙的葬禮。按，丕、叡當時皆留守平城。225開闢　開天闢地，自有人類以來。226經始洛邑　建築洛陽都城。經始，語出《詩經・靈臺》，意即開始經營創建。227妄相誘引　隨意編說一些理由哄騙不明事理的人。228陷君不義　引誘君主去做不該做的事情。不義，不相宜。229令僕以下　留守平城的尚書令、尚書僕射與其以下的官員。230付法官貶之　由御史提出彈劾，加以貶斥。胡三省曰：「法官，謂御史。」231仍　通「乃」。於是。232博陵長公主　孝文帝的姐妹，馮熙之妻，前已死，葬於平城。凡皇帝之女稱公主；皇帝的姐妹稱長公主。233禮如晉安平獻王故事　依照當年司馬炎為其叔祖司馬孚辦喪事的規格。司馬孚是司馬懿之弟，被封為安平王，諡曰獻。死時賜鑾輅、前後鼓吹，以及相應的衛隊、武士等。事見本書前文卷七十九泰始八年。234仇池　魏國西南部地區的軍鎮名，在今甘肅西南，成縣西北。235拓跋英　拓跋晃之孫，拓跋楨之子。傳見《魏書》卷十九下。此時任梁州刺史、仇池鎮的都大將。都大將是魏官名，為一方的軍事長官，位同刺史。魏國的梁州州治就在仇池。236劉藻　原是劉宋人，歸魏後曾任岐州刺史、秦州刺史，都有突出的治績。傳見《魏書》卷七十。此時正受命以征南將軍率魏軍進攻齊國之南鄭。南鄭即今陝西漢中，當時為齊國的梁州州治所在地。237蕭懿　蕭衍之兄。傳見《梁書》卷二十三。238據險　《魏書・拓跋英傳》作「徼山立柵」，意即在半山腰建立防禦工事，堵塞交通要道。239五柵　五座堵塞山路的防禦營寨。240彼帥賤　對方守將的地位低。241莫相統壹　幾處的守將誰也指揮不了誰。242走　逃跑。243長驅　大規模、長距離地追擊不停。244掩擊　乘其不備地突然襲擊。245別軍　與主力配合作戰的其他部隊。246故緩轡徐行　故意地放鬆馬韁繩，讓馬緩緩而行。轡，勒馬的嚼子與韁繩。247自若　保持原樣。248指麾　同「指揮」。249狀若處分　像是有所布置、有所安排的樣子。250整列而前　排著整齊的隊列繼續前進。251遷延引退　躊躇再三，引兵而退。遷延，猶豫不決的樣子。252侵暴　對百姓欺陵、兇暴。253嬰城自守　環城自守。嬰，環繞。254恟懼　恐懼。255新野庾域　新野郡人姓庾名域。新野郡的郡治即今河南新野。庾域是蕭懿的部下，此時任錄事參軍。傳見《梁書》卷十一。256封題空倉　給空倉的大門貼上封條，在封條上寫明是誰所封。題，做署名。257指示　指著倉庫對人說。258但努力固守　你們只管勇敢守城就行了。但，只管，不必操心別的事。259後拒　後衛，大軍撤退時走在最後以抵抗敵兵追擊的部隊。260行　過了；堅持了。261斜谷　山谷名，也是山路名，是褒斜道的斜谷部分，在今陝西眉縣西南。褒斜道是由關中地區翻越秦嶺通向漢中地區的山路。262截竹貯米　砍竹做筒以裝米燒飯。263執炬火　手持火把。264仇池諸氐　居住在仇池地區的氐族人。仇池自魏晉以來一直是氐族聚居的地區，其首領楊氏家族世代在這一片地區握有統治權，長期依違於南朝與北朝之間，《魏書》、《晉書》、《宋書》、《南齊書》等皆有傳。265卒　終於；最後。266楨　拓跋楨，恭宗拓跋晃之子，孝文帝之叔。傳見《魏書》卷十九下。267雍涇岐　魏之三州名，雍州的州治在今陝西西安，涇州的州治在今甘肅涇川縣北，岐州的州治在今陝西鳳翔南。268戍南鄭　《魏書・李沖傳》作「擬戍南鄭」，事先做好日後攻下南鄭、駐守南鄭的準備。269秦川險阨　秦川一帶的地形複雜險要，易守難攻。秦川，地區名，指今陝西、甘肅兩省交界而又臨近四川的一帶地區，仇池就在其範圍之內。270地接羌夷　靠近少數民族居住的地區。秦川一帶的主要民族是氐族、羌族，其他族類的人數不多，但名目繁雜。271西師　指拓跋英統領的進攻南鄭的軍隊，在魏國數道南伐的大軍中這是最靠西方的一路。272餉援　運送糧草與補充兵員。餉，糧餉。273奔命　到處告急，到處都得派兵奔救。奔命，按著救急的命令而奔走之。274運糧擐甲　到處都在運糧、到處都在披甲。275迄茲未已　到今天也未結束。276豫差戍卒　又要預先準備好一支派去駐守南鄭的部隊。277懸擬山外　要把他們遠遠地派駐到大山以南。懸擬，遠派。因遠離後方、隔著大山故曰「懸」。所謂大山即秦嶺，唐代大詩人李白〈蜀道難〉之所吟詠者。278優復　各種優厚待遇。復，免除各種賦稅、勞役。279脫終攻不克　假如我們一旦攻不下南鄭。280徒動民情　白白地把百姓們驚擾一番。281連胡結夷　如果百姓們一旦與少數民族勾結起來。胡，泛指北方的少數民族。夷，泛指少數民族。282輒依旨　我們已經按照您的旨意。實際上李沖等已經稍加改變了魏主的旨意，只是說得委婉而已。283軍克鄭城　等我軍攻下南鄭城。284然後差遣　到那裡再組織派遣。285猶謂未足　光改變這一項還不夠。286西道　經秦川進入漢中的道路，即褒斜道。287單徑　一條窄路。徑，小路。288深戍　遠守，指攻下南鄭而守之。289絕界　隔著高山峻嶺的邊界。290孤據羣賊之中　在周圍都是敵人的情況下防守一個孤立無援的據點。291不可猝援　我們的援軍不能及時趕到。猝，立即。292雖鞭之長二句　以比喻力所不及。語出《左傳》宣公十五年，乃伯宗勸晉侯不要恃強與楚戰之語。293南鄭於國　南鄭對於我們魏國來說。294所掩　所覆蓋、所佔據的地盤。295九州過八　九州已經佔領了八個，即《尚書・禹貢》所說的冀、兗、青、徐、荊、豫、梁、雍，只剩一個揚州在南朝的統治下。296民人所臣　魏國所統治的黎民百姓。臣，臣服；歸附。297所未民　還沒有歸附於我們的黎民。298唯漠北之與江外　只剩下大沙漠以北的柔然與長江以南的齊國。299羈之在近　把他們的頭目捉拿過來的日子已經不遠了。羈，束縛；捆綁。300豈汲汲於今日　何必非要著急地在今天就要辦成呢。汲汲，著急、匆忙的樣子。(301)置邦　預建該地的封國封君，如某國、某王，某州、某刺史。(302)樹將　委任專征一方的大將。(303)密邇未拔　緊靠我們的邊境而尚未攻取。密邇，極言其所挨之近。(304)跬步弗降　僅距我們半步之遠，居然也不投降。跬步，半步，極言其近。(305)東道　指在淮河一帶的東方前線所取得的某些勝利，如在淮河以南所取得的某些土地。(306)未可以近力守　不可能用現有的力量固守住。(307)西藩　指南鄭的西部戰線。(308)寧可以遠兵固　又怎麼能靠遠遠派出的一支軍隊堅守得住呢。(309)果欲置　如果一定要派出這支遠遠固守的軍隊。(310)恐終以資敵　我擔心最後還是以白白地送給敵人為結局。(311)建都土中　建都城於天下之中心的洛陽。洛陽自古被稱為「中州」，稱為地處天下之中。(312)地接寇壤　挨近敵方邊境。(313)大收死士　大力地募集能勇敢作戰之士。(314)平蕩江會　意即攻取建康。胡三省曰：「建康為江南都會之地，故曰江會。」(315)輕遣單寡　隨便地派出一支勢力單薄的兵力。輕，不慎重；輕易地。(316)棄令陷沒　讓這支軍隊被敵人所消滅。(317)後舉　日後再攻取建康。(318)眾以留守致懼　誰也不願意留下來堅守城池，擔心國家將其拋棄。(319)死效　效死力堅守。(320)不戍　不在淮河以南留兵固守。(321)癸丑　四月十五。(322)小沛　沛縣的別稱，即今江蘇沛縣。因當時的沛郡郡治有時在相縣，有時在蕭縣，故稱沛縣曰「小沛」以示區別。(323)己未　四月二十一。(324)瑕丘　古城名，在今山東兗州的東北側，當時為兗州的州治所在地。(325)庚申　四月二十二。(326)魯城　魯縣縣城，即今山東曲阜，城裡有孔子廟、城北有孔子墓。(327)親祠　魏主親自祭祀。(328)辛酉　四月二十三。(329)拜　任命。用「拜」字極言其嚴肅、鄭重。(330)孔氏四人　孔子的後代子孫四個人。(331)顏氏　顏回的後代子孫。顏回是孔子的弟子，名淵，被後世稱為「復聖」。傳見《史記・仲尼弟子列傳》。(332)諸孔宗子　孔子家族大宗的嫡長子。宗子，嫡傳的後代。(333)奉孔子祀　主持對孔廟、孔林的祭祀。(334)戊辰　四月三十。(335)碻磝　古城名，在今山東茌平西南，當時為濟州的州治所在地，為黃河渡口，古代的軍事重地。(336)謁者僕射成淹　謁者僕射是皇帝的侍從官員，掌收發傳達以及贊禮等等。成淹是魏國的儒學之士，原在劉宋為官，拓跋弘時代降魏，深受孝文帝與李沖等人的賞識，此時任謁者僕射。傳見《魏書》卷七十九。(337)具舟楫　安排船隻。楫，划船的槳。(338)自泗入河　經由泗水進入黃河。泗水經由曲阜，南歷徐州，再向南流入淮水。據《魏書・成淹傳》，孝文帝乃自徐州坐船逆泗水北上魯城，又準備從碻磝逆黃河西上至洛陽。(339)泝流　逆流而上。(340)萬乘　古代以敬稱皇帝。(341)漕運　水道運輸。(342)河流之險　黃河的流水湍急，易出事故。(343)開百姓之心　解除百姓在黃河中行船的顧慮。(344)城陽王鸞　拓跋鸞，拓跋晃之孫，拓跋長壽之子，繼其父位為王。傳見《魏書》卷十九下。(345)赭陽　古城名，南齊北襄城郡的郡治所在地，在今河南方城東北。(346)李佐　魏將名，時為安南將軍。(347)帝　指齊明帝蕭鸞。(348)垣歷生　劉宋名將垣護之的姪孫，南齊名將垣榮祖的堂弟，此時任太子右衛率。傳見《南齊書》卷二十八。(349)諸將　魏之諸將。

[350]盧淵　魏將名，著名儒生盧玄之孫，盧昶之兄。傳見《魏書》卷四十七。此時為進攻赭陽的主將。[351]敗薛真度於沙堨　薛真度是劉宋名將薛安都的堂弟，因與薛安都擁戴劉子勛為帝，失敗後一道以彭城投向魏國。傳見《魏書》卷六十一。此時為進攻襄陽的魏軍主將。沙堨，古地名，在今之南陽與新野之間，當時魏將薛真度駐軍於此。[352]沮辱威靈　敗壞魏國的威靈，使魏國蒙受恥辱。沮，敗壞。[353]從寬典　從寬處置。典，刑法。[354]五月己巳　五月初一。[355]降封鸞為定襄縣王　當時親王受封，封地通常皆為一個郡，今乃降為一個縣。定襄，縣名，縣治在今內蒙古的和林格爾西北。[356]徙瀛州　發配到瀛州。瀛州的州治即今河北河間。[357]開徐方之功　指帶著徐州投降魏國，並在徐州打敗了劉宋的軍隊，過程詳見本書前文卷一百三十一泰始二年。[358]荊州刺史　魏國的荊州州治即今河南魯山縣。[359]進　封賞。[360]退　貶斥。[361]廣川剛王諧　拓跋諧，拓跋濬之孫，拓跋略之子，繼其父位為廣川王，剛字是諡。傳見《魏書》卷二十。[362]三臨之禮　古代君主親臨臣喪的禮節。胡三省引賈山曰：「死則往弔哭之，臨其小斂、大斂；已棺，除而為之服，錫衰、麻絰而三臨其喪。」[363]東堂　正寢東側之堂。[364]期親三臨　對服喪一年的近親，皇帝親自往弔三次。[365]大功再臨　對服喪九個月的親屬，皇帝親自往弔兩次。[366]小功緦麻　對服喪五個月與服喪三個月的親屬。[367]將大斂　當其遺體裝入棺木的時候。[368]素服深衣　素服，白色的冠服，居喪時穿。深衣，上衣與下裙相連的便服，奔喪時套在素服裡。[369]甲戌　五月初六。[370]滑臺　古城名，在今河南滑縣東南。[371]丙子　五月初八。[372]石濟　石濟津，黃河上的渡口名，在當時的滑臺西南，古枋頭的正南方。[373]庚辰　五月十二。[374]太子　魏主拓跋宏的太子，名恂。傳見《魏書》卷二十二。[375]平桃城　即今河南滎陽東北之古滎鎮。胡三省引《水經注》曰：「滎陽縣有虢亭，俗謂之平眺城。」[376]趙郡王幹　拓跋幹，孝文帝拓跋宏之弟。傳見《魏書》卷二十一上。[377]御史中尉李彪　御史中尉是朝官名，三品上，掌糾察百官。李彪是孝文帝時代的名臣。傳見《魏書》卷六十二。[378]不悛　不思悔改。[379]不敢不以聞　我將不得不報告皇帝。[380]悠然　毫不在意的樣子。[381]表彈　上表彈劾。[382]北海王詳　拓跋詳，拓跋幹之弟。傳見《魏書》卷二十一上。[383]從太子詣行在　跟著皇太子一道到皇帝外出所駐蹕的地方。行在，出行所臨時居住之處。[384]陰使　暗中派遣。[385]知無憂悔　知道他既不恐懼又無悔過之意。[386]癸未　五月十五。[387]告于太廟　祭祀太廟，向列祖列宗報告自己從前方返回。[388]甲申　五月十六。[389]冗官　多餘的官吏。[390]乙酉　五月十七。[391]飲至之禮　天子出征返回國都，在宗廟與群臣共飲，慶祝平安歸來的一種禮儀活動。胡三省引臧僖伯曰：「三年而治兵，入而振旅，歸而飲至，以數軍實。」又曰：「反行，飲至，捨爵策勳焉。」事見《左傳》。[392]班賞有差　按照功勞大小分別給予不同程度的賞賜。班，同「頒」。發放。有差，有多少高低之不同。[393]甲午　五月二十六。[394]冠於廟　在太廟裡舉行加冠禮。古代男子到二十歲時舉行加冠禮，從此進入成年人。太子行加冠禮則在

太廟。[395]引見 召見。[396]卿等欲朕遠追商周二句 你們是想讓我遠遠地效法商、周的聖王呢，還是想讓我連個漢、晉的帝王也比不上呢。[397]咸陽王禧 拓跋禧，孝文帝的親兄弟。傳見《魏書》卷二十一上。[398]度越前王 超越一切前代的帝王。[399]願聖政日新 希望您的政教每天都能更新。聖，對帝王的頌稱。[400]改作 改變舊的一切章程、做法。[401]名不正三句 語出《論語・子路》，原文作：「名不正，則言不順；言不順，則事不成；事不成，則禮樂不興。」[402]斷諸北語 禁止再說北方話，即鮮卑人所說的鮮卑語。[403]一從正音 一律改說華夏的正音，即中原地區的通行語音。[404]容不可猝革 也許不能馬上就變過來。容，或許。猝，突然；一下子。[405]見 通「現」。現時。[406]不聽仍舊 不允許還照原來的樣子說話。[407]若有故為 或者是故意地說北方話。若，或。[408]王公卿士 四個等級的爵名，實則包括了整個朝廷上的人士。[409]然不 同「然否」。[410]竟知誰是 誰能說清哪一種是對的。胡三省曰：「四方之人，言語不同，不知當以誰為是。」[411]帝者言之二句 皇帝喜歡說哪一種，哪一種就是正確的。正，正確；標準。[412]負社稷 辜負朝廷對你的信任。社稷，代指國家、朝廷，也指皇帝。[413]牽下 意即牽出問斬。[414]免冠頓首謝 摘去帽子磕頭請罪。謝，請罪。[415]留守之官 留守洛陽朝廷的官吏，與跟在皇帝身邊的「行臺」相對而言。[416]夾領小袖 代郡地區服裝式樣。小袖，窄袖。[417]朕言非是 我的話如有不對的。[418]庭爭 當面提出意見，在朝廷上把話說清楚。[419]如何 怎麼能。

【校 記】[1]北征 原無「征」字。據張瑛《通鑑校勘記》，「北」下脫「征」字，當是，今據補。按，《南齊書・明帝紀》載「丙申，加太尉陳顯達使持節、都督西北征討諸軍事。」[2]參軍 原無此二字。據章鈺校，十二行本、乙十一行本、孔天胤本皆有此二字，今據補。[3]向 原作「尚」。據章鈺校，十二行本、乙十一行本、孔天胤本皆作「向」，張敦仁《通鑑刊本識誤》同，今據改。[4]右 原作「左」。據章鈺校，十二行本、乙十一行本皆作「右」，今據改。按，《南齊書・沈文季傳》載「永元元年，轉侍中、左僕射。」則文季任左僕射在永元元年。[5]也 原無此字。據章鈺校，十二行本、乙十一行本、孔天胤本皆有此字，張瑛《通鑑校勘記》同，今據補。[6]固 據章鈺校，十二行本、乙十一行本、孔天胤本皆作「堅」。[7]兵 據章鈺校，十二行本、乙十一行本、孔天胤本皆作「英」。[8]壽陽鍾離 據章鈺校，十二行本、乙十一行本、孔天胤本皆作「鍾離壽陽」。[9]庚辰 原作「庚申」。據章鈺校，十二行本、乙十一行本、孔天胤本皆作「庚辰」，張敦仁《通鑑刊本識誤》同，今據改。[10]三 據章鈺校，十二行本作「二」。

【語 譯】高宗明皇帝中

建武二年（乙亥　西元四九五年）

春季，正月初二日壬申，齊明帝蕭鸞派遣擔任鎮南將軍的王廣之前往司州擔任總指揮、派遣擔任右衛將軍的蕭坦之前往徐州擔任總指揮、派遣擔任尚書右僕射的沈文季前往豫州擔任總指揮，分別統領各州軍隊，抵抗魏軍的大舉入侵。

正月初三日癸酉，魏國的孝文帝拓跋宏下詔說：「不准侵犯掠奪淮北地區的黎民百姓，違反規定的人要判處死刑。」二十五日乙未，魏國擔任徐州刺史的拓跋衍率領魏軍進攻齊國的鍾離，齊國擔任徐州刺史的蕭惠休親自登城指揮守軍進行抵抗，並不時地派出小股部隊祕密出城襲擊魏軍，終於打敗了魏軍的進攻。蕭惠休，是蕭惠明的弟弟。魏國擔任大將軍的劉昶、擔任平南將軍的王肅率領魏軍進攻齊國的義陽郡，齊國擔任司州刺史的蕭誕率領齊軍進行抵抗。王肅多次率軍打敗蕭誕的守軍，並招降了一萬多人。魏孝文帝任命王肅為豫州刺史。大將軍劉昶氣量狹小、脾氣暴躁，對屬下的將士嚴厲殘暴，沒有人敢發表一句不同的意見。在劉昶手下擔任法曹兼參軍的北平人陽固苦苦地對他進行勸諫，劉昶不僅不聽，反而大怒，就想殺掉陽固，他故意把陽固安置在齊軍進攻最猛烈的地方，想藉敵人之手除掉陽固。而陽固依然不慌不忙、舉止閒雅，面對敵人的猛烈進攻表現得很勇敢、很有決斷，劉昶這才覺得陽固這個人很不一般。

正月二十七日丁酉，齊國宣布朝廷內外進入緊急軍事狀態。齊明帝任命擔任太尉的陳顯達為使持節、都督西北征討諸軍事，往來於新亭、白下之間，進行布防巡視，為齊國守軍助威壯膽。〇二十九日己亥，魏國的孝文帝率領魏軍渡過了淮河。二月，到達壽春城下，部眾號稱三十萬，全副披掛的騎兵一眼望不到邊。初五日甲辰，孝文帝登上八公山，準備賦詩紀念。途中遇到急驟的暴雨，孝文帝便命令去掉自己車駕上的大傘，與士兵同甘共苦，冒著大雨繼續向前行進；當他看到軍士當中有人生病了，就親自去安撫慰問他們。〇魏孝文帝派使者向壽春城中齊國的守軍喊話，豐城公蕭遙昌讓參軍崔慶遠出城來到魏國的營寨答話。崔慶遠首先質問魏孝文帝為什麼率領大軍侵略齊國，魏孝文帝回答說：「我出兵討伐齊國當然是有理由的！你是想讓我直言不諱地說出來呢，還是想讓我明知其罪卻含混其辭，給你們留些情面呢？」崔慶遠說：「我們不知道你們因何而來，你完全沒有必要含混其辭，沒什麼不好直說的。」魏孝文帝說：「你們的主子蕭鸞為什麼廢掉齊國的小皇帝蕭昭文而自立為皇帝？」崔慶遠回答說：「廢除昏君，改立明君，從古到今並非只有這一次，我不明白這有什麼可以讓你感到奇怪的？」魏孝文帝說：「齊武帝蕭賾的子孫如今都在哪裡？」崔慶遠說：「武帝有七個王子互相勾結，一同作惡，已經像串通作亂的管叔、蔡叔那樣被誅殺了。其餘的二十多位王爺，有的在朝廷上擔任清閒尊貴而又重要的官職，有的在地方上擔任一方的軍政長官。」魏孝文帝說：「你的主子如果還沒有忘掉忠義，為什麼不立齊武帝的子孫繼承皇位，就像當年周公輔佐周成王那樣，反而是自己取而代之做了皇帝呢？」崔慶遠回答說：「周成王的品德雖然比不上堯、舜、禹、湯、周文王、周武王，但也不是一般人所能比及的，所以周公才把他置於君主之位而輔佐他。如今齊武帝的子孫都沒有周成王那樣的品德才智，所以不可以讓他們繼承皇位。況且霍光當年在廢掉了漢武帝的兒子昌邑王劉賀之後也沒有立漢武帝的另一個兒子廣陵王劉胥，而是立了漢武帝的曾孫劉詢為皇帝，因為只有宣帝劉詢賢明。」魏孝文帝又說：「霍光為什麼不自己做皇帝呢？」崔慶遠說：「霍光沒法與我們當今的皇帝相比。我們的皇帝正可以比作漢宣帝劉詢，豈能比作霍光！如果像你說的那樣，周武王滅掉了商紂王之後，沒有立紂王的哥哥微子為王，自己去輔佐微子，你能說周武王也是貪圖君主之位嗎？」魏孝文帝大笑著說：「我來興師問罪。如果像你所說的那樣，這就解除了我心中的疑慮。」崔慶遠說：「『見可而進，知難而退』，是聖人的軍隊。」魏孝文帝說：「你認為我是與齊國和親好呢，還是不和親好呢？」崔慶遠回答說：「與齊國和親，則兩國友好相處，雙方都很高興，黎民百姓就會蒙受福澤。否則二國關係繼續惡化，黎民百姓就會遭受災難痛苦，陷入水深火熱之中。和不和親，由您自己拿主意。」魏孝文帝賞賜給崔慶遠一些美酒佳餚和衣服，然後打發崔慶遠返回壽春城。

二月初九日戊申，魏孝文帝放棄攻打壽陽，沿著淮河由壽春東下，淮北的百姓都各安其業，沒有受到任何驚擾，路上運送軍糧的車子絡繹不絕。十七日丙辰，魏孝文帝到達鍾離。○齊明帝派遣擔任左衛將軍的崔慧景、擔任寧朔將軍的裴叔業率軍前往增援鍾離。魏國的大將軍劉昶、王肅所率領的軍隊號稱二十萬，他們在營房與陣地周圍修築了三道深壕與木柵，集中全部兵力進攻義陽，義陽城中齊國的守軍每人都用盾牌遮蔽著自己站立防守。王廣之率領齊軍趕來救援義陽，在距離義陽城有一百多里的地方，因為懼怕魏軍的強大而不敢繼續前進。義陽城中的形勢更加緊急，擔任黃門侍郎的蕭衍請求允許自己率先前進，王廣之便把部下所有的精兵調撥給蕭衍。蕭衍率領著這支由精兵組成的部隊在夜間抄小路悄悄地出發了，他與擔任太子右衛率的蕭誄等人逕直攀上賢首山，這裡距離魏軍的大營僅有幾里之遙。這完全出乎魏軍的預料，魏軍不知道齊軍究竟來了多少人，因此不敢逼近齊軍。到了天快亮的時候，鍾離城中望見自己的援軍已到，擔任司州刺史的蕭誕立即派遣擔任長史的王伯瑜率軍出城進攻魏軍的木柵，王伯瑜率軍順風放火，蕭衍等眾軍從外部進攻魏軍，齊軍內外夾擊，魏軍支撐不住，遂解圍而去。二十日己未，司州刺史蕭誕等人率軍追擊，將魏軍打敗。蕭誄，是蕭諶的弟弟。

先前，齊明帝因為義陽情況危急，遂下詔給擔任都督青、冀二州諸軍事的張沖，命令張沖出軍進攻魏國，以分散魏軍的兵力。張沖派遣擔任一支軍隊首領的桑係祖進攻魏國的建陵、驛馬、厚丘三城，又派擔任另一支軍隊首領的杜僧護進攻魏國的虎阬、馮時、即丘三城，桑係祖率軍攻克了建陵、驛馬、厚丘，杜僧護率軍攻克了虎阬、馮時、即丘。擔任青、冀二州刺史的王洪範派遣擔任一支軍隊首領的崔延率軍襲擊了魏國的紀城，將紀城佔領。

魏孝文帝想要向南到達長江岸邊，二月二十二日辛酉，孝文帝離開鍾離向長江進發。魏國擔任司徒的長樂元懿公馮誕因為生病，不能跟隨孝文帝前往長江岸邊，孝文帝流著眼淚與馮誕告別，大軍前進了五十里，就聽到了馮誕去世的消息。當時齊國的左衛將軍崔慧景等所率領的齊軍距離魏孝文帝的軍營不超過一百里，孝文帝率領幾千名輕裝將士連夜返回鍾離，他拍著馮誕的屍體痛哭流涕，一直到天亮，哭聲從來沒有間斷過。二十三日壬戌，孝文帝下令諸軍取消南下長江的行動計畫，依照晉武帝司馬炎安葬自己的胞弟齊獻王司馬攸的規格安葬了馮誕。馮誕與魏孝文帝同歲，自幼便在一起讀書、寫字，馮誕還娶了孝文帝的妹妹樂安長公主為妻。馮誕雖然沒有多大學問，但卻天性淳樸篤誠，所以格外受到孝文帝的寵信。二十八日丁卯，魏孝文帝派遣使者來到長江岸邊，痛斥齊明帝蕭鸞的罪行。

魏軍用了好長時間攻打鍾離，卻始終攻打不下，士卒犧牲了很多。三月初九日戊寅，魏孝文帝前往鍾離城北淮水之中的邵陽洲，在洲上築城，並用木柵切斷了水路，又在淮水南北兩岸相對著修築了兩個軍事據點。蕭坦之派遣寧朔將軍裴叔業進攻這兩個軍事據點，裴叔業率軍很快便將這兩個軍事據點攻克。魏孝文帝想要在淮水南部築城，設置軍隊長期駐守，想以此來安撫那些新近歸附魏國的百姓，孝文帝把一封加蓋了皇帝印璽的文書，賜給擔任相州刺史的高閭，文書中詳細地敘述了前方的實際情況，徵求高閭的意見。高閭上表給孝文帝，認為「《兵法》上說『十則圍之，五則攻之。』當初，國家只是從接受曹虎投降的角度考慮，所以發兵不多，而且西起南鄭、東到鍾離，戰線拉開數千里，所以難以取得成功。現在又準備在淮河南岸築城，派兵長期防守，以招納、安撫新歸順的人。過去魏世祖拓跋燾以移山倒海之威，摧枯拉朽之勢，統領數十萬步兵、騎兵，向南到達瓜步山，各郡聞風之後全都向魏國投降，而盱眙只是一座小城，卻久攻不下。回師之日，魏軍將一度佔領的大片地區全部放棄，一個城鎮也未能佔領，連一畝大的地盤也沒有得到。難道就沒有一位將領能夠佔領一座城鎮、守住一塊地盤嗎？只是因為大的軍事重鎮未能攻佔，光是據守一個小城，那是不可能守得住的。堵住流水首先要截斷它的水源，砍伐樹木先要砍斷樹木的根。樹根、水源還在而只在樹梢和流水上下功夫，終究是沒有好處的。壽陽、盱眙、淮陰三鎮，就如同是淮南的根本和水源。三鎮之中我軍沒能佔領一個，而留下士兵據守一座孤城，其不能自我保全是顯而易見的。敵人的大軍鎮逼近它的外部，淮水又把它阻隔在孤立無援的淮河以南而遠離魏國的本土，留下少量的軍隊守衛這座孤城不能保證自身的安全，多留士兵則難以保證他們的糧食供應。南征大軍班師之後，留守孤城的士兵就會感到孤獨膽怯，夏天河水暴漲，很難出兵救援他們。齊國如果出動生力軍攻擊我們久守孤城的士兵，我們是以疲勞的守軍抵禦輪番進攻的齊軍，勞逸之勢顯而易見，果真如此，我國的守軍必定會被敵人全部擒獲，即使我們的守軍再忠勇頑強，奮力殺敵，到底有什麼好處呢？況且安於本土、思戀故鄉，這是人之常情。過去彭城之戰，我軍已經牢牢地佔據了徐州這座大的軍事重鎮，留守徐州城的軍隊已經確定，而淮河以北那些不願意接受魏國的統治而想回到南朝治下的人還是有好幾萬。地處淮河以北的一座小小的角城，距離淮陽城僅有十八里。徐州民桓標之、兗州民徐猛子等據守五固城反抗魏國的統治，我國出兵討伐，圍攻了好幾個月，最終也沒能攻克。把今天的事情和過去的事情相比較，事情還要困難好幾倍。天氣就要一天天地熱起來，雨水開始增多，希望陛下沿襲世祖的做法，掉轉車頭，撤回軍隊，全力建造新都洛陽，蓄積力量，等候敵人的可乘之機，實行好的政策以團聚人心，我們地處中原的魏國內部一旦團結一致，邊遠的蠻夷自然就會歸順了。」擔任尚書令的陸叡上表給孝文帝，認為「浩浩蕩蕩的長江，是齊國的天然屏障。再加上南方冬天經常大霧彌漫，一片昏然，夏天更是暑氣蒸騰，我軍將士在南方度夏，必然會有很多士兵生病。而且我國剛剛遷都不久，各項事務都剛剛開始，朝廷的各個辦事機構如中書省、尚書省、御史臺等還都沒有一個討論政務的館所，各官署衙門也還沒有辦公理事的地方，朝廷百官的生活條件，就像一個出差的旅客一般，冒著風雨、頂著烈日，自然就會生成各種疾病。況且進行戰爭和興建洛陽同時進行，聖明的君主處理起來也感到很困難。如今披甲戴盔的將士在外對敵作戰；年老體弱的民夫在洛陽大興土木，運輸糧草以供應前線的費用，每日消耗千金。驅趕著筋疲力盡的將士去討伐佔據堅固城池的齊國人，憑什麼獲取勝利呢？陛下去年冬天採取的軍事行動，只是想向長江、漢水流域的齊國人示威而已。如今從冬天到春天，現在又快要進入夏季了，理應罷兵。但願陛下早日班師回到洛陽，加深加固根本，使聖上沒有後顧之憂，讓億萬百姓早日結束砍伐樹木、築造工事的勞役，然後再命令將士出兵南下討伐齊國，何必擔憂敵人不被征服呢！」魏孝文帝接受了他們的建議。

齊國左衛將軍崔慧景因為魏軍在邵陽築城，心裡感到很擔憂。張欣泰說：「魏軍已經有主動撤軍的念頭，他們所以在邵陽築城，對外誇大自己的軍威，其實是怕我們趁機追擊他們罷了。如果我們派人去勸說他們，使雙方達成協議各自罷兵，他們肯定會聽從我們的建議。」崔慧景聽從了張欣泰的意見，就派張欣泰來到城下告訴魏軍，魏孝文帝於是撤軍而回。〇魏孝文帝渡過淮河的時候，還剩下五位將領沒有渡過淮河，齊軍佔據了邵陽洲上魏軍修築的據點，斷絕了淮河以南五名魏軍將領的渡河之路。魏孝文帝招募能夠打敗邵陽洲軍事據點的人，誰能完成任務，就任命誰為直閤將軍。擔任一支軍隊頭領的代郡人奚康生應募而往，他捆綁了一些筏子，在筏子上堆滿柴草，然後順風放火，燒毀了齊軍的船艦，奚康生藉著煙霧的掩護逕直前進，揮刀亂砍，佔據邵陽洲的齊軍於是潰不成軍。魏孝文帝遂任命奚康生為直閣將軍。

魏孝文帝派擔任前將軍的楊播率領三千名步兵、五百名騎兵為全軍斷後。當時正值春季河水上漲，齊國的大部隊趕來救援，戰艦浩浩蕩蕩，塞滿了河道。楊播在淮河南岸擺開陣勢抗禦到來的齊軍。此時魏國的各軍已經全部渡過了淮河，齊軍遂把孤立無援的楊播四面團團圍住攻打，楊播把部下擺成圓形陣式，矛頭全部對外抵禦齊軍，自己則親自與齊軍展開肉搏戰，殺死了很多齊軍。楊播抵抗齊軍已經堅持了兩個夜晚，軍中的糧食已經吃光了，圍攻的齊軍進攻得更加猛烈。魏孝文帝在淮河北岸焦急地注視著他們，因為淮河水太大無法渡河救援，所幸的是不久之後水勢開始逐漸減弱，楊播趁勢率領三百名精銳騎兵衝過齊軍的艦船，他大聲呼喊說：「我現在要渡河，能作戰的跟我來！」於是帶著自己的部下一起渡過了淮河。楊播，是楊椿的哥哥。○魏國的大軍撤退之後，邵陽洲上還有一萬名魏國的士兵沒有來得及撤退，魏國向齊軍請求獻出五百匹戰馬，求齊軍讓開一條道路使這些士兵返回魏國。左衛將軍崔慧景準備切斷魏軍的歸路截擊魏軍，張欣泰說：「對於向回撤退的軍隊不要截擊它，古人都懼怕逃跑的軍隊，因為此時他們處在無路可逃的情況下，肯定會拼命抵抗，對這樣的軍隊千萬不可輕視。即使打了勝仗也不足以顯示我們的威風，要是打了敗仗則前功盡棄，不如答應他們的請求。」崔慧景採納了張欣泰的意見。蕭坦之回到朝廷之後，向齊明帝彙報說：「邵陽洲有上萬名必死的敵軍，崔慧景、張欣泰竟然放了他們而沒有將他們消滅。」因為這個原因，齊明帝誰也沒有賞賜。三月十五日甲申，齊國宣布解除緊急軍事狀態。

當初，齊明帝聽說魏國皇帝拓跋宏想要到長江邊上來飲馬，心中非常恐懼，於是下令給以廣陵太守的身分代理南兗州刺史職務的蕭穎胄，讓他把居民全部遷到城內，居民得知消息之後全都驚恐不安，都想帶著全部家產渡江南逃。蕭穎胄認為魏軍距離這裡還很遙遠，所以沒有立刻執行齊明帝的命令，而魏軍最終並沒有到達長江岸邊。蕭穎胄，是齊太祖蕭道成的姪子。

齊明帝派遣擔任尚書右僕射的沈文季協助豐城公蕭遙昌守衛壽陽。沈文季進入壽春城之後，便阻止輪番出城騷擾魏軍的士兵，不准他們出城，他大開城門，嚴密防守。魏軍不久就撤走了。

魏國大軍大舉南下入侵齊國的時候，魏國的盧昶等人奉命出使齊國還留在建康沒有返回，齊國人非常痛恨他們，就把餵牛馬的飼料豆拿給他們吃。盧昶心裡非常恐懼，為了能活命便忍著恥辱吃下了這些飼料豆，他在吃下這些飼料豆的時候淚汗橫流。另一名擔任謁者的副使張思寧卻與盧昶完全不同，他毫不畏懼，言談話語與行為態度都表明他絕不向齊國人屈服，因此在賓館裡被齊國人迫害致死。等到盧昶回到魏國之後，魏孝文帝嚴厲地責備盧昶說：「人誰能不死，你怎麼能夠把自己等同於牛馬，屈服於齊國的壓力而給自己的國家帶來恥辱？縱然你不能與古代傑出的使臣蘇武相比，難道你也不愧對身邊的張思寧嗎！」遂將盧昶罷官為民。

三月十九日戊子，魏國擔任太師的京兆武公馮熙在魏國的舊都平城去世。○二十六日乙未，魏孝文帝前往下邳郡巡視。夏季，四月初二日庚子，前往彭城。初三日辛丑，拓跋宏為馮熙舉行哀悼儀式。擔任太傅、錄尚書事的平陽公拓跋丕不願意向南遷往洛陽，遂與擔任尚書令的陸叡一同上表請求孝文帝回到平城參加馮熙的葬禮。孝文帝說：「自從開天闢地以來，哪有天子遠道奔波去參加舅舅喪禮之事？現在剛剛開始營建洛陽都城，豈能隨意編造一些理由來引誘君主，讓君主去做一些不該做的事情呢？對留守平城的尚書令、尚書僕射及其以下的官員，可以由主管司法的御史提出彈劾，加以貶斥。」孝文帝遂下詔，將京兆武公馮熙和馮熙的妻子博陵長公主的靈柩接來南方，安葬在洛陽，葬禮完全依照晉武帝司馬炎為自己的叔祖父安平獻王司馬孚辦理喪事的規格。

魏孝文帝在鍾離的時候，魏國擔任仇池鎮都大將、梁州刺史的拓跋英請求出動州裡的軍隊會同奉命進攻齊國南鄭的征南將軍劉藻共同攻取齊國的漢中，孝文帝批准了他的請求。齊國擔任梁州刺史的蕭懿派遣屬下的部將尹紹祖、梁季羣等人率領二萬軍隊，佔據險要地形建立起五座營寨來抵禦魏軍的進攻。拓跋英說：「齊國守軍的將帥職位低下，幾處的守將誰也指揮不了誰。我只要選擇精兵銳卒合力去進攻他們的一個營寨，他們彼此之間一定不會互相救援；如果攻克了敵人的一個營寨，其餘四個營寨的敵軍就都潰散逃跑了。」於是率領一支由精銳士兵組成的部隊猛烈進攻齊軍的一個營寨，將這個營寨攻克，齊軍的其他四個營寨果然全部潰散，魏軍活捉了齊將梁季羣，殺死了三千多人，俘虜了七百多人，並乘勝長驅直入，進逼南鄭城下。齊國的梁州刺史蕭懿又派自己的部將姜脩進攻拓跋英，拓跋英在姜脩毫無戒備的情況下突然對其發動襲擊，把姜脩和他所率領的士卒全部俘虜。拓跋英正準備回軍的時候，蕭懿屬下配合姜脩作戰的其他部隊相繼趕到，拓跋英的將士此時已經疲憊不堪，更沒有料到會有其他齊軍到來增援，因此非常恐懼，就要逃跑。拓跋英故意放鬆馬轡繩，讓戰馬緩緩而行，自己也是神色泰然自若，他登上高處眺望敵情，揮動雙手東西指揮，就像在部署軍隊準備作戰的樣子，然後排著整齊的隊列繼續前進。蕭懿的軍隊懷疑魏軍一定設有伏兵，猶豫再三，還是退走了，拓跋英指揮軍隊追擊已經退卻的齊軍，再次把齊軍打敗，並趁勢圍困了南鄭城。拓跋英禁止將士對百姓欺陵、兇暴，遠近的百姓都非常高興地歸順了魏軍，並爭先恐後地給魏軍提供糧草，幫助魏軍運送物資。梁州刺史蕭懿在南鄭城內環城自守，擔任一支軍隊頭領的范絜先率領三千多人駐紮在外，他回軍來救援南鄭，拓跋英出其不意襲擊了范絜先，把范絜先和他所率領三千多人全部擒獲。拓跋英所率領的魏軍把南鄭城圍困了幾十天，城中軍民恐懼不安。擔任錄事參軍的新野人庾域在幾十個空倉的大門上貼上封條，並在封條上署上姓名，然後用手指著倉庫對將士們說：「這些倉庫中的糧食都是滿滿的，我們完全可以堅持二年，你們只管勇敢地堅持守城就行了！」眾人這才安下心來。恰好此時魏孝文帝命令拓跋英撤軍，拓跋英讓老弱軍士先走，自己則率領精兵走在最後以防齊軍的追擊，他還派遣使者與蕭懿告別。蕭懿卻以為這其中有詐，所以拓跋英離開南鄭已經一天了，蕭懿還不敢打開城門，直到二天以後，蕭懿才派軍隊去追擊魏軍。拓跋英與士兵下馬與追趕上來的齊軍交戰，蕭懿所派的軍隊卻不敢逼近魏軍，他們尾隨著魏軍走了四天四夜，這才返回南鄭。拓跋英率領魏軍進入斜谷，遇上天降大雨，士兵們便砍伐竹子，把竹子截成竹筒盛上米，手持火把在馬背上炊米做飯。先前，蕭懿曾經派人去勸說居住在仇池地區的氐族人，讓他們起兵截斷拓跋英運送糧食以及回歸的道路。拓跋英部署軍隊奮勇反擊前來阻截的氐族人，他指揮軍隊一邊作戰一邊前進，流矢射中了拓跋英的面頰，拓跋英忍著傷痛將軍隊完整地帶回了仇池。然後出兵討伐叛變的氐族人，把氐族人的叛變平息了下去。拓跋英，是拓跋楨的兒子。蕭懿，是蕭衍的哥哥。

就在拓跋英率軍圍攻齊國南鄭的時候，魏國的孝文帝下詔給雍州、涇州、岐州三個州的官員，命令他們發兵六千人做好戍守南鄭的準備，一旦拓跋英攻克南鄭，立即前往戍守。魏國擔任侍中兼尚書左僕射的李沖上表給魏孝文帝進行勸阻，李沖說：「秦川一帶的地形複雜險要，靠近氐族人、羌人等各少數民族居住的地區。自從拓跋英統領進攻南鄭的西路軍出發之後，為其運送糧草與補充兵員便接連不斷，再加上氐族等少數民族的叛逆，到處都得緊急派兵奔去救援，到處都在運送糧食、披甲準備上前線，直到現在都沒有停止。現在又要預先準備一支派去駐守南鄭的部隊，把他們遠遠地派往大山以南去駐守，雖然給他們各種優厚的待遇、免除他們的各種賦稅和勞役，恐怕他們還是會感到很驚惶害怕。假如我軍最終攻不下南鄭，等於白白地讓百姓驚擾了一場，如果百姓與那些少數民族勾結起來叛亂，事態的發展恐怕很難預測。我們已經依照陛下的旨意祕密通知雍州、涇州、岐州三個州的刺史做好準備，等我軍攻克南鄭之後，到那時再組織派遣。如果按照我的愚蠢想法，我覺得光改變這一點還不夠。為什麼這樣說呢？因為西部從秦川進入漢中的道路地形險惡，一條窄路長達千里，現在我們想派軍隊去遠戍隔著高山峻嶺的邊界地區，在周圍都是敵人的情況下防守一個孤立無援的南鄭，敵人一旦對其發動進攻，我們增援的部隊肯定不能及時趕到，守軍的糧食吃完了我們肯定不能馬上給他們運去糧食。古人曾經說過這樣的話，『雖然鞭子很長，卻夠不到馬的腹部。』南鄭對於我們魏國來說，實際上就是馬的腹部。況且我們魏國所佔據的地盤，九州之中我們已經佔據了八州，魏國所統治的黎民百姓，已經達到了十分之九。還沒有歸附我們的，只有大漠以北的柔然與長江以南的齊國而已。把他們的首領捉拿過來的日子已經為期不遠，何必非要急著在今天就要把此事辦成呢？應當等待疆域擴大，糧食充足以後，再預為設置該地的封國封君、委任專征一方的將領，開始吞併他們的行動。如今壽陽、鍾離，緊靠我們的邊境地區尚且沒有將其攻克；赭城、新野，距離我們僅有半步之遙，居然也不肯向我們投降。淮河一帶的東路軍所攻取的某些土地，我們已然不能用現有的力量去固守，對於西部戰線上的南鄭，豈能靠遠遠派出的一支軍隊就能堅守得住呢？如果一定要派出這支遠去固守南鄭的軍隊，我擔心最終還是把他們白白送給敵人作為結局。再有，把都城建在天下之中心的洛陽，洛陽挨近敵方的邊境，就應當大量地招募那些勇敢作戰的人，首先蕩平敵人的都城建康。如果隨便地派遣一支勢力單薄的軍隊，導致他們最終被敵人所消滅，恐怕日後再攻取建康的時候，眾人誰也不願意留下來堅守城池，因為擔心國家會將他們拋棄，到那時再要求他們拼死效力進行堅守，恐怕就不那麼容易了。由此而論，還是不在淮河以南留兵固守為好。」孝文帝採納了李沖的意見。

四月十五日癸丑，魏孝文帝前往沛縣。二十一日己未，從沛縣前往瑕丘城。二十二日庚申，從瑕丘前往魯縣縣城，在魯縣親自祭祀了孔子。二十三日辛酉，任命四名孔子的後人、二名顏回的後人為官，還從孔子家族大宗的嫡長子中選擇了一人封為崇聖侯，負責主持對孔廟、孔林的祭祀。命令兗州的官員修繕孔子墓，重新樹立石碑。三十日戊辰，孝文帝從魯縣前往碻磝城，他命令擔任謁者僕射的成淹安排好船隻，準備經由泗水進入黃河，然後逆流而上返回洛陽。成淹勸阻孝文帝，以為「黃河水流湍急迅猛，坐船渡河太危險，渡船不是萬乘之尊所應乘坐的。」孝文帝說：「我因為看到舊都平城沒有水道運輸，致使舊京地區的人民生活貧困。如今已經遷都洛陽，正要暢通四方的運輸，而百姓正在對黃河水流湍急、易出事故感到心懷恐懼。所以我才要坐船逆流而上返回洛陽，就是為了解除百姓在黃河中行船的顧慮，為百姓做出榜樣。」

魏國擔任征南大將軍的城陽王拓跋鸞等人共同率軍攻打齊國的赭陽城，因為各位將領的意見不能統一，所以圍困赭陽一百多天也沒有攻克赭陽城，諸將都想按兵不戰以疲憊赭陽城內的守軍。只有安南將軍李佐率領自己的部下晝夜攻打赭陽城，部下的士卒死傷很多，齊明帝派遣擔任太子右衛率的垣歷生率軍前往赭陽救援。魏軍各將都認為自己寡不敵眾，於是就想撤退，安南將軍李佐獨自率領二千名騎兵迎戰齊國的援軍，卻以失敗告終。盧淵等人率軍退走，垣歷生率領齊軍隨後追擊，把盧淵等打得大敗。垣歷生，是垣榮祖的堂弟。齊國擔任南陽太守的房伯玉等又在沙堨打敗了薛真度。

城陽王拓跋鸞等人在瑕丘拜見了魏孝文帝。孝文帝責備他們說：「你們這些人敗壞了魏國的威靈，使國家蒙受恥辱，罪當處死。我因為剛剛遷都洛陽，所以對你們從寬處理。」五月初一日己巳，將城陽郡王拓跋鸞降為定襄縣王，削減了拓跋鸞的五百戶食邑；盧淵、李佐、韋珍全都被削除官爵成為普通百姓，李佐還被流放到瀛州。因為薛真度與他的堂兄薛安都以前有帶著徐州投降魏國、並在徐州打敗劉宋軍隊的功勞，特准許薛真度保留爵位和荊州刺史的職位，其他的兼職則全部解除。孝文帝說：「對於晉升的人一定要明確他的功勞，對於貶斥的人一定要彰顯他的罪過。」

魏國廣川剛王拓跋諧去世。拓跋諧，是拓跋略的兒子。魏孝文帝說：「古時候，對於大臣的喪事，君主有三次親臨弔唁的禮節，曹魏、晉朝以來，對王公的喪禮，君主都是在正寢東側的堂屋裡舉行哭弔之禮。從今往後，凡是諸王的喪禮，對於服喪一年的近親，皇帝要親自前往弔唁三次；對於服喪九個月的親屬，皇帝要親臨弔喪二次；對於服喪五個月與三個月的親屬，皇帝要親臨弔喪一次；取消皇帝在正寢東側的堂屋裡哭弔王公的規定。廣川王拓跋諧和我，是服喪九個月的親屬關係。」當拓跋諧的遺體被裝入棺材的時候，孝文帝拓跋宏外穿白色冠服、內穿上衣與下裙相連的便服前往拓跋諧的家中進行哭弔。

五月初六日甲戌，魏孝文帝前往滑臺城。初八日丙子，住宿在石濟津。十二日庚辰，魏國的皇太子拓跋恂離開京師洛陽前往平桃城迎接孝文帝。○魏國的趙郡王拓跋幹在京師洛陽，貪贓淫亂，不守法紀，擔任御史中丞的李彪私下裡曾經告誡過他，並且對他說：「殿下如果不肯悔改，我將不得不報告皇帝。」拓跋幹悠然自得，對李彪的勸告毫不在意，李彪於是上表對趙郡王拓跋幹進行彈劾。魏孝文帝下詔給拓跋幹與北海王拓跋詳，讓他們跟著太子一起前往皇帝的行宮。他們三人到了行宮之後，孝文帝只接見了拓跋詳而沒有接見拓跋幹，還暗中派自己身邊的人去觀察拓跋幹的表現，當得知拓跋幹既無恐懼之色，又無悔改之意的時候，孝文帝便親自列數拓跋幹的罪過，讓人責打了拓跋幹一百棍，然後罷免了拓跋幹的官職讓他回家賦閒。○十五日癸未，魏孝文帝回到都城洛陽，他來到太廟祭祀祖先，向列祖列宗報告自己已經從前方返回。十六日甲申，孝文帝開始削減那些多餘的官員的俸祿，用以增加軍隊和國家的費用。十七日乙酉，孝文帝在宗廟與群臣共飲，慶祝平安歸來。他按照群臣功勞的大小，分別給予了不同等級的賞賜。○二十六日甲午，魏國的皇太子拓跋恂在太廟裡舉行加冠典禮。魏孝文帝拓跋宏決心改變北方的風俗習慣，於是召見群臣，他對群臣說：

「你們是希望我遠遠地效法古代商、周的聖王呢，還是想讓我連個漢、晉的帝王也比不上呢？」咸陽王拓跋禧回答說：「群臣都希望陛下能夠超越前代一切的帝王。」孝文帝說：「這樣說來，我是應當移風易俗呢，還是應當因循守舊呢？」拓跋禧回答說：「希望陛下的政教每天都能更新。」孝文帝又說：「是希望我一個人這樣呢，還是希望傳給子孫後代呢？」拓跋禧回答說：「希望傳給子孫萬代。」孝文帝說：「這樣的話就必須改變舊有的一切章程、做法，你們可不能違背啊。」拓跋禧回答說：「上令下從，誰敢違背呢？」孝文帝說：「『名不正，言不順，則禮樂就沒法發揚光大。』現在我想要禁止人們再說北方的各種土話，一律改說華夏的正音。那些年齡在三十歲以上的人，由於習慣已久，也許不能馬上改變過來。三十歲以下，現在在朝廷擔任官職的人，不允許還照原來的樣子說話，如果有故意地要說北方土話，我就要將他降職、罷官。各位應當牢牢記住這一點！你們這些朝中的王公大臣認為是不是這樣？」群臣一齊回答說：「就按陛下說的辦。」孝文帝說：「我曾經與擔任侍中兼尚書左僕射的李沖討論過這件事情，李沖說：『四面八方的各種語言，沒有人能說清楚究竟哪一種是正確的；皇帝喜歡說哪一種語言，哪一種語言就是正確的。』李沖說出這種話，其罪應當判處死刑！」孝文帝說完看了李沖一眼說：「你辜負了朝廷對你的信任，應當讓御史把你拉出去斬首！」李沖趕緊摘下頭上的帽子磕頭請罪。孝文帝又責備留守洛陽朝廷的官員說：「我昨天看見婦女還在穿著北方代郡地區流行的夾領窄袖的服飾，你們這些人為什麼不遵守我以前頒布的詔書加以禁止呢！」留守洛陽朝廷的官員全都向皇帝請罪。孝文帝說：「我說的話如果有不對的地方，你們就應當當面提出來，在朝廷上把話說清楚。為什麼在朝廷上你們順從我的旨意，退出朝廷之後就不遵照執行呢！」

六月己亥❶，下詔：「不得為北俗之語於朝廷，違者免所居官。」○癸卯❷，魏主使太子如平城赴太師熙之喪。○癸丑❸，魏詔求遺書❹，祕閣❺所無，有益時用❻者，加以優賞❼。

魏有司奏：「廣川王妃❽葬於代都，未審❾以新尊從舊卑❿，以舊卑就新尊？」魏主曰：「代人遷洛者，宜悉葬邙山⓫。其先有夫死於代者，聽妻還葬；夫死於洛者，不得還代就妻。其餘州之人，自聽從便。」丙辰⓬，詔：「遷洛之民死，葬河南⓭，不得還北。」於是代人遷洛[1]者悉為河南洛陽人。

戊午⓮，魏改用長尺、大斗⓯，其法依漢志為之⓰。

上之廢鬱林王也，許蕭諶以揚州⓱，既而除領軍將軍⓲、南徐州刺史⓳。諶恚⓴曰：「見炊飯㉑，推以與人㉒。」諶恃功，頗干預朝政，所欲選用，輒命尚書使為申論㉓。上聞而忌之，以蕭誕、蕭誄方將兵拒魏，隱忍不發㉔。壬戌㉕，上遊華林園㉖，與諶及尚書令王晏㉗等數人宴，盡歡。坐罷，留諶晚出，至華林閣，仗身㉘執還入省㉙[2]。上遣左右莫智明數諶㉚曰：「隆昌之際㉛，非卿無有今日。今一門二州㉜，兄弟三封㉝，朝廷相報，止[3]可極此㉞。卿恆懷怨望㉟，乃云『炊飯已熟，合甑與人㊱』邪！今賜卿死！」遂殺之，并其弟誄。以黃門郎蕭衍為司州別駕㊲，往執誕，殺之㊳。諶好術數㊴，吳興㊵沈文猷常語之㊶曰：「君相不減高帝㊷。」諶死，文猷亦伏誅。諶死之日，上又殺西陽王子明㊸、南海王子罕㊹、邵陵王子貞[45]。○乙丑[46]，以右衛將軍蕭坦之為領軍將軍[47]。

魏高閭上言[48]：「鄴城密皇后廟[49]頹圮[50]，請更葺治[51]；若謂已配饗太廟[52]，即宜罷毀[53]。」詔罷之。

魏拓跋英之寇漢中也，沮水氐[54]楊馥之[55]為齊擊武興氐楊集始[56]，破之。秋，七月辛卯[57]，以馥之為北秦州刺史[58]、仇池公。

八月乙巳[59]，魏選武勇之士十五萬人為羽林、虎賁[60]以充宿衛[61]。

魏金墉宮[62]成，立國子、太學[63]、四門小學[64]於洛陽。

魏高祖遊華林園[65]，觀故景陽山[66]，黃門侍郎郭祚[67]曰：「山水者，仁智之所樂[68]，宜復修之。」帝曰：「魏明帝[69]以奢失之於前，朕豈可襲之[70]於後乎？」帝好讀書，手不釋卷，在輿據鞍[71]，不忘講道[72]。善屬文[73]，多於馬上口占[74]，既成，不更一字[75]。自太和十年[76]以後，詔策皆自為之。好賢樂善，情如飢渴，所與遊接[77]，常寄以布素之意[78]。如李沖、李彪、高閭、王肅、郭祚、宋弁[79]、劉芳[80]、崔光[81]、邢巒[82]之徒，皆以文雅見親，貴顯用事[83]，制禮作樂，鬱然[84]可觀，有太平之風焉。

治書侍御史薛聰[85]，辯[86]之曾孫也。彈劾不避彊禦[87]，帝或欲寬貸[88]者，聰輒爭之(89)。帝每曰：「朕見辭聽，不能不憚，何況諸人也！」自是貴戚斂手(90)。累遷直閤將軍，兼給事黃門侍郎、散騎常侍。帝外以德器遇之(91)，內以心膂為寄(92)，親衛禁兵，悉聰管領，故終太和之世，恆帶直閤將軍(93)。羣臣罷朝之後，聰恆陪侍帷幄(94)，言兼晝夜，時政得失，動輒匡諫，事多聽允。而重厚沈密(95)，外莫窺其際(96)。帝欲進以名位(97)，輒苦讓不受。帝亦雅相體悉(98)，謂之曰：「卿天爵(99)自高，固非人爵[4]所能榮(100)也。」

九月庚午(101)，魏六宮(102)、文武悉遷于洛陽。○丙戌(103)，魏主如鄴，屢至相州刺史高閭之館(104)，美其治效(105)，賞賜甚厚。閭數請本州(106)，詔曰：「閭以懸車之年(107)，方求衣錦(108)，知進忘退，有塵謙德(109)，可降號平北將軍(110)。朝之老成(111)，宜遂情願(112)，徙授幽州刺史(113)，令存勸兩修(114)，恩法並舉(115)。」以高陽王雍(116)為相州刺史，戒之曰：「作牧(117)亦易亦難：『其身正，不令而行(118)。』所以易；『其身不正，雖令不從(119)。』所以難。」○己丑(120)，徙南平王寶佽(121)為邵陵王，蜀郡王子文(122)為西陽王，廣漢王子峻(123)為衡陽王，臨海王昭秀(124)為巴陵王，永嘉王昭粲(125)為桂陽王。

乙未(126)，魏主自鄴還。冬，十月丙辰(127)，至洛陽。○壬戌(128)，魏詔：「諸州牧[5]精品屬官(129)，考其得失為三等(130)以聞。」又詔：「徐、兗、光、南青、荊、洛(131)六州，嚴纂戎備[132]，應須赴集[133]。」

十一月丁卯[134]，詔罷[135]世宗[136]東田[137]，毀興光樓[138]。◯己卯[139]，納太子妃褚氏[140]，大赦。妃，澄[141]之女也。◯庚午[142]，魏主如委粟山[143]，定圜丘[144]。己卯[145]，帝引諸儒議圜丘禮[146]，祕書令李彪建言[147]：「魯人[148]將有事于上帝[149]，必先有事于泮宮[150]。請前一日告廟[151]。」從之。甲申[152]，魏主祀圜丘。丙戌[153][6]，大赦。

十二月乙未朔[154]，魏主見羣臣於光極堂，宣下品令[155]，為大選[156]之始。光祿勳于烈[157]子登，引例求遷官[158]，烈上表曰：「方今聖明之朝，理應廉讓[7]，而臣子登引人求進[159]，是臣素無教訓，乞行黜落[160]！」魏主曰：「此乃有識之言，不謂烈能辦此[161]！」乃引見登，謂曰：「朕將流化天下[162]，以卿父有謙遜之美、直士之風，故進卿為太子翊軍校尉[163]。」又加[164]烈散騎常侍，封聊城縣子[165]。◯魏主謂羣臣曰：「國家從來有一事可歎[166]，臣下莫肯公言得失[167]是也。夫人君患不能納諫，人臣患不能盡忠。自今朕舉一人，如有不可，卿等直言其失；若有才能而朕所不識[168]，卿等亦當舉之[169]。如是，得人者有賞，不言者有罪，卿等當知之[170]。」

丁酉[171]，詔脩晉帝諸陵[172]，增置守衛。◯甲子[173]，魏主引見羣臣於光極堂，頒賜冠服[174]。◯先是魏人未嘗用錢，魏主始命鑄太和五銖[175]。是歲，鼓鑄粗備[176]，詔公私用之。○魏以光城蠻帥田益宗[177][8]為南司州[178]刺史，所統守宰[179]，聽其銓置[180]。後更於新蔡立東豫州[181]，以益宗為刺史。○氐王楊炅[182]卒。

【章　旨】以上為第二段，寫齊明帝蕭鸞建武二年（西元四九五年）六月至十二月的大事。主要寫了魏國建立太學、國子學、四門學；寫了魏國鑄用五銖錢，使用中原地區的度量衡，以及命令代北地區來的人死後一律葬在洛陽；寫了魏主宣布九品令並以此評定朝廷百官，以及築圜丘於委粟山，舉行祭天之禮；寫了魏主不修園林，而好讀書，手不釋卷，詔策皆自為之，親用儒學人物，制禮作樂，使魏國有太平之風；寫魏國的治書侍御史薛聰以其正直敢言深受魏主倚任，使之始終身為直閤將軍之職，以及任其弟拓跋雍為相州刺史，責以「其身正，不令而行；其身不正，雖令不從」之理。寫了齊明帝蕭鸞的親信蕭諶因未得楊州刺史而心懷怨望，遂連帶其兄蕭誕、其弟蕭誄一齊被蕭鸞所殺；以蕭坦之為領軍將軍等等。

【注　釋】[1]六月己亥　六月初二。[2]癸卯　六月初六。[3]癸丑　六月十六。[4]遺書　散失在民間的古代典籍。[5]祕閣　國家圖書館。胡三省曰：「漢時書府，在外則有太常、太史、博士掌之，內則有延閣、廣內、石渠之藏。後漢則藏之東觀，晉有三閣經書。陸機〈謝表〉云『身登三閣』，謂為祕書郎掌中外三閣祕書也。」[6]有益時用　對現時政治有用處的書籍。[7]加以優賞　應對交出此書的人予以獎賞。[8]廣川王妃　廣川王拓跋諧的王妃，前已死葬於平城。[9]未審　不清楚；不知如何處置。[10]以新尊從舊卑　讓新死的丈夫就其妻歸葬於平城。古禮夫尊妻卑，故稱新死的拓跋諧叫「新尊」，稱其先死之妻曰「舊卑」。[11]邙山　也叫北邙山，在當時的洛陽城北，東漢及北魏的王侯公卿大多葬在此地。[12]丙辰　六月十九。[13]河南　黃河以南，即洛陽一帶地區。[14]戊午　六月二十一。[15]改用長尺大斗　意思是不再使用在平城時所用的長尺、大斗。[16]依漢志為之　即改用《漢書・律曆志》中所規定的標準尺與標準斗。[17]許蕭諶以楊州　答應事成之後任蕭諶為楊州刺史。[18]除領軍將軍　任以為領軍將軍。領軍將軍是掌管京城以內軍隊的最高長官。[19]南徐州刺史　南徐州的州治即今江蘇鎮江市。[20]恚　惱怒。㉑見炊飯　已經做好了的現成飯。㉒推以與人　自己不吃，推給了別人。《南齊書．蕭諶傳》作：「見炊飯熟，推以與人。」言外之意是那時還不如我自己做皇帝了。㉓使為申論　讓他替自己鋪述理由。申論，申說，意即一定要達到目的才罷休。㉔隱忍不發　勉強容忍，沒有發作。㉕壬戌　六月二十五。㉖華林園　當時建康城裡的皇家園林，劉宋時代已存在。㉗王晏　蕭鸞的親信，也是協助蕭鸞篡位的急先鋒，此時任尚書令。傳見《南齊書》卷四十二。㉘仗身　手執兵器的武士。仗，兵器。㉙執還入省　拘捕押回了尚書省。㉚數諶　譴責蕭諶。數，一條條地列舉其罪行而譴責之。㉛隆昌之際　當初作亂殺蕭昭業的時候。隆昌，蕭昭業的年號。㉜一門二州　你們一家之中就有兩個州刺史。蕭諶是南徐州刺史，其兄蕭誕是司州刺史。㉝兄弟三封　兄弟之中三人受封。蕭諶被封衡陽郡公，蕭誄被封西昌侯，蕭誕被封安德侯。㉞止可極此　如此已到極點。㉟恆懷怨望　總是心懷不滿。怨望，不滿。望，也是「怨」的意思。㊱合甑與人　連飯帶甑一起給了別人。甑，古代蒸飯用的瓦罐。㊲司州別駕　司州刺史的高級僚屬。因其隨刺史出行時能獨自另乘一輛車，故稱「別駕」。司州的州治義陽，即今河南信陽。㊳往執誕二句　前往信陽襲捕蕭誕，將其殺死。㊴好術數　這裡指迷信騙子們所搞的占卜、算命那一套。術數，古代的所謂「術數」大多屬於迷信騙人的一套，但其中也有科學的部分，如中醫、治煉等等。㊵吳興　古郡名，郡治即今浙江湖州。㊶常語之　曾經對他說。常，通「嘗」。曾經。㊷君相不減高帝　您的面相不比蕭道成差。㊸西陽王子明　蕭子明，齊武帝蕭賾的第十子，被封西陽郡王。傳見《南齊書》卷四十。西陽郡的郡治在今湖北黃岡東。㊹南海王子罕　蕭子罕，齊武帝蕭賾的第十一子，被封南海郡王。傳見《南齊書》卷四十。南海郡的郡治即今廣州。㊺邵陵王子貞　蕭子貞，齊武帝蕭賾的第十四子，被封邵陵郡王。傳見《南齊書》卷四十。邵陵郡的郡治即今湖南邵陽。㊻乙丑　六月二十八。㊼為領軍將軍　以代替蕭諶。㊽上言　上書說。胡三省曰：「高閭為相州刺史，相州治鄴，故上言之。」㊾鄴城密皇后廟　修建在鄴城的密皇后廟。密皇后是魏明元帝拓跋嗣的皇后，世祖拓跋燾的生母。姓杜，諡曰密。因她是鄴城人，故在鄴城有廟。傳見《魏書》卷十三。鄴城在今河北臨漳西南。㊿頹圮　坍塌。(51)葺治　修葺整治。(52)配饗太廟　在太廟隨其夫拓跋嗣享受祭祀。(53)罷毀　取消對這座廟宇的祭祀，將其拆毀。(54)沮水氐　沮水流域的氐族人。沮水是沔水的源頭之一，流經今陝西留壩、沔縣一帶。(55)楊馥之　氐族的世代頭領楊氏家族的後代。傳見《南齊書》卷五十九。(56)武興氐楊集始　武興郡的氐族頭領名叫楊集始。武興郡的郡治即今陝西略陽。楊集始也是氐族楊氏的後代，此時歸附於魏國。傳見《南齊書》卷五十九。(57)七月辛卯　七月二十四。(58)北秦州刺史　亦徒有其名而已，所謂「北秦州」與「仇池郡」其實都在魏國人的統治之下。(59)八月乙巳　八月初九。(60)羽林虎賁　都是皇家禁衛軍的名號，言其行動如飛鳥之快，勇猛如虎。(61)宿衛　夜間警衛，這裡即指保衛。(62)金墉宮　在洛陽城的西北部修建的宮殿名。金墉原是洛陽城西北部的小城名，今在其地建宮，名曰金墉宮。63 國子太學　都是朝廷舉辦的國立大學，以培養各級官僚為宗旨。西漢武帝時期開始建立太學，令全國各地的行政長官選拔當地的生員向太學輸送。晉又設立國子學，主要以招收與培養貴族子弟為宗旨。64 四門小學　貴族子弟的初等學校，因設在洛都的四門，故稱四門小學。65 華林園　原是洛陽城內的皇家園林，魏明帝曹叡所修築，後經五胡亂華，今魏主所遊者當是滿目瘡痍，破舊不堪。66 故景陽山　自曹魏時代遺留下來的華林園內的土山。67 郭祚　魏國的文學之臣，甚受魏主親近。傳見《魏書》卷六十四。68 山水者二句　語出《論語・雍也》：「孔子曰：『仁者樂山，智者樂水。』」69 魏明帝　曹叡，曹丕之子，西元二二七─二三七年在位。景陽山的修造者，被時人譏為奢侈。70 襲之　沿襲他的道路走，意即重蹈覆轍。71 在輿據鞍　不論是乘車還是騎在馬上。72 不忘講道　總是不停地談論儒家學說。73 善屬文　擅長於寫文章。屬文，連綴文字。74 口占　口中念出，令侍從寫下。75 不更一字　極言其思維之敏捷、成熟。76 太和十年　西元四八六年。馮太后從此年讓出權力，魏主開始親自主持政事。77 所與遊接　對那些打過交道、有過接觸的人。78 寄以布素之意　都以一個平民百姓的身分與之相互往來。79 宋弁　魏國的儒家代表人物，官至右衛將軍兼祠部尚書。傳見《魏書》卷六十三。80 劉芳　魏國的儒學代表人物，漢楚元王劉交之後，被人稱為「劉石經」。傳見《魏書》卷五十五。81 崔光　魏國的儒家代表人物，父祖原在劉宋為官，其後崔光隨其父歸降於魏。深受魏主賞識，曾任中書侍郎、黃門侍郎。傳見《魏書》卷六十七。82 邢巒　魏國的文學之士，以文才幹略被魏主所賞識。傳見《魏書》卷六十五。83 用事　當權。84 欝然　美盛的樣子。85 治書侍御史薛聰　治書侍御史，掌管彈劾的朝官名，上屬於御史中丞。薛聰是魏國的直臣，此時任治書侍御史。傳見《魏書》卷四十二。86 辯　薛聰的曾祖，曾為劉裕的部下，劉裕棄關中，薛辯遂以平陽郡降魏，被封為汾陰侯，任雍州刺史。傳見《魏書》卷四十二。87 彊禦　強悍、有權勢的人。88 寬貸　寬饒、放過。89 爭之　堅持固有的意見。90 斂手　縮手；約束自己。91 以德器遇之　以其品德、才器受到另眼相看。遇，對待；接待。92 以心膂為寄　把心腹重任委託給他。心膂，心腹與脊樑。93 恆帶直閤將軍　一直兼任著直閤將軍的職務。直閤將軍是在皇帝的住處與辦公場所值勤的軍事長官。94 陪侍帷幄　在內室陪護值勤。95 重厚沈密　寡言少語，性情沉穩，從不洩露消息。96 外莫窺其際　外頭的人誰也沒法窺測皇帝身邊的事情。際，邊緣；縫隙。97 進以名位　提高其官職爵位。98 雅相體悉　也能很好地理解他、體諒他。99 天爵　天生的性情品質。100 非人爵所能榮　不是世俗的官職爵位能夠給你帶來榮耀的。人爵，帝王所封的官職爵位。《孟子・告子上》有所謂「孟子曰：『仁義忠信，樂善不倦，此天爵也；公卿大夫，此人爵也。』」101 九月庚午　九月初四。102 六宮　指皇后及其各嬪妃。103 丙戌　九月二十。104 館　此指相州刺史的官舍。105 美其治效　稱讚他的治績。[106]數請本州　多次請求到他的故鄉任刺史。[107]懸車之年　指七十歲。懸車，掛起官車不用，意即退休。古人七十歲辭官居家，廢去官車不用，所以稱七十歲為懸車之年。[108]衣錦　指回到故鄉任刺史。古稱回故鄉任職叫「衣錦還鄉」。[109]有廉謙德　缺少謙遜的美德。有廉，有損；玷汙。[110]降號平北將軍　高閭原任鎮南將軍，今乃降號為平北將軍。[111]朝之老成　但他畢竟是朝廷上的一位閱歷多而練達世事的老臣。[112]宜遂情願　應該滿足他的願望。[113]徙授幽州刺史　改任之為幽州刺史。高閭的故鄉是幽州治下的漁陽郡的雍奴縣。古代的雍奴縣在今廊房東，武清西北。幽州的州治即今北京市。[114]存勸兩脩　既要保存法度的尊嚴，指削降其鎮南將軍之號；也要照顧點人情味，指答應他去任幽州刺史。存，保全。勸，恤；體諒。兩脩，兩方面兼顧。[115]恩法並舉　既有恩惠，指滿足其衣錦還鄉的願望；又嚴格執法，降低了其將軍的名號。[116]高陽王雍　拓跋雍，拓跋弘之子，孝文帝的親兄弟。傳見《魏書》卷二十一上。[117]作牧　即為州刺史。古代的刺史亦稱「州牧」，以牧馬放牛以喻治民。[118]其身正二句　只要你自己做得好，不用給人下命令，人家就自然地按著你的樣子做。[119]其身不正二句　如果你自己的表現不好，你即使給人下命令，人家也還是不聽。以上兩段話見《論語・子路》。[120]己丑　九月二十三。[121]寶攸　蕭寶攸，蕭鸞的第九子，先被封為南平郡王，今乃移封為邵陵郡王。傳見《南齊書》卷五十。[122]子文　武帝蕭賾之子，先被封為蜀郡王，今移封為西陽郡王。傳見《南齊書》卷四十。[123]子峻　武帝蕭賾之子，先被封為廣漢郡王，今移封為衡陽郡王。傳見《南齊書》卷四十。[124]昭秀　文惠太子之子，前小皇帝蕭昭業之弟，先被封為臨海郡王，今移封為巴陵郡王。傳見《南齊書》卷五十。[125]昭粲　文惠太子之子，前小皇帝蕭昭業之弟，先被封為永嘉郡王，今移封為桂陽郡王。傳見《南齊書》卷五十。[126]乙未　九月二十九。[127]十月丙辰　十月二十一。[128]壬戌　十月二十七。[129]諸州牧精品屬官　各州牧守都要認真地考查自己的下屬官員。精品，細心考查。[130]為三等　都分成上、中、下三等。[131]徐兗光南青荊洛　魏之六州名，大多在與南齊相鄰的邊界線上。徐州的州治彭城，即江蘇徐州，兗州的州治瑕丘，即今山東兗州，光州的州治即今山東掖縣，南青州的州治即今山東莒縣，荊州的州治即今河南魯山縣，洛州的州治上洛，即今河南商縣。[132]嚴纂戎備　都要經常處於高度的備戰狀態。嚴纂，同「纂嚴」。戒嚴。戎備，軍備；戰鬥準備。[133]應須赴集　要準備好應付突然事變。[134]十一月丁卯　十一月初二。[135]罷　停止建造。[136]世宗　文惠太子的廟號。[137]東田　文惠太子蕭長懋生前所修建的離宮，舊址在今南京的東方。胡三省曰：「時太子作東田於東宮之東，綿亙華遠，壯麗極目。」〈齊紀〉又有所謂「太子立樓館於鍾山下，號曰東田。」[138]興光樓　胡三省曰：「蓋亦文惠太子所建。」[139]己卯　十一月十四。[140]納太子妃褚氏　詞語不順，應曰「太子納妃褚氏」，不然直似蕭鸞納其子之妃為嬪妾矣。此褚氏者名令璋。東昏即位後，被立為皇后。傳見《南齊書》卷二十。[141]澄　褚澄，劉宋的司徒褚淵之弟。傳見《南齊書》卷二十三。(142)庚午　十一月初五。(143)委粟山　在今河南范縣東南。(144)定圜丘　確定將圜丘修築於此地。所謂圜丘，即後世之所謂「天壇」，皇帝祭天的高壇。今北京市的天壇即明、清皇帝的祭天之處。(145)己卯　十一月十四。(146)議圜丘禮　討論祭祀天壇的禮儀。(147)建言　提議。(148)魯人　指西周與春秋時代的魯國諸侯，文王的兒子周公姬旦之後，以講究禮樂著稱。(149)將有事于上帝　在準備祭祀上天之前。有事，即指祭祀。中國人口中的「上帝」即指天，也稱「蒼天」、「皇天」。(150)先有事于泮宮　先在泮宮裡祭天。泮宮是周代國學的名稱。按，這兩句話出自《禮記・禮器》。鄭玄曰：「泮宮，郊學也。」(151)告廟　祭祀宗廟以報告先祖自己要祭天這件大事。(152)甲申　十一月十九。(153)丙戌　十一月二十一。(154)十二月乙未朔　十二月初一是乙未日。(155)宣下品令　宣布評定人才的九品之令。宣下，宣布、下達。胡三省曰：「品令，九品之令也。」(156)大選　胡三省曰：「謂將大選群臣也。」即將滿朝文武按九品進行評定。(157)光祿勳于烈　光祿勳是掌宮殿門戶官員，在西漢時稱郎中令，為九卿之一。于烈，拓跋珪時代的名將于栗磾之孫，拓跋燾時代的名臣于洛拔之子，此時任光祿勳。傳見《魏書》卷三十一。(158)引例求遷官　援引別人獲升的先例請求自己也應提升。遷，此處指提升。(159)引人求進　引他人之例以求自己提升。(160)黜落　貶官、落職。(161)不謂烈能辦此　沒想到于烈能做到這一點。(162)流化天下　教育社會。(163)太子翊軍校尉　太子警衛部隊的統領官。(164)加　加任。(165)聊城縣子　封地為今山東聊城，爵位是子爵。(166)可歎　可悲；令人感到惋惜。(167)莫肯公言得失　沒人敢於公開進行批評。(168)不識　沒有看到；沒有正確的認識。(169)亦當舉之　也應該提出來。(170)卿等當知之　胡三省曰：「以魏孝文之求諫、求才如此，而一時之臣猶未能稱上意，豈非朝廷之議，帝務騁辭氣以加之，故有有懷而不敢盡者。」(171)丁酉　十二月初三。(172)晉帝諸陵　在洛陽的西晉諸帝之陵墓。(173)甲子　十二月三十。(174)冠服　漢族士大夫的衣帽。按，賜冠服以替換其鮮卑舊服。(175)五銖　每枚銅錢的重量為五銖，錢上文字亦明標「五銖」。當年西漢武帝就鑄過這種錢，使用的時間很長。銖，重量單位名，一兩為二十四銖。(176)鼓鑄粗備　熔鑄的錢幣大致夠用。鼓鑄，鼓風熔鑄金屬。(177)光城蠻帥田益宗　光城郡的少數民族頭領名叫田益宗。光城郡的郡治在今河南光山縣。(178)南司州　魏州名，州治即今湖北安陸。(179)所統守宰　在他轄區內的各郡縣官吏。守，指郡太守。宰，指縣令。(180)聽其銓置　一律由他自己選任。(181)東豫州　魏州名，州治即今河南新蔡。有說新蔡當為「新息」，即今河南息縣。(182)楊炅　氐王楊難當的族弟楊廣香之子。傳見《南齊書》卷五十九。

【校　記】 [1]遷洛　據章鈺校，十二行本、乙十一行本、孔天胤本皆作「南遷」。[2]還入省　原作「還省」。據章鈺校，十二行本、乙十一行本、孔天胤本皆有「入」字，今據補。[3]止　據章鈺校，十二行本、乙十一行本皆作「正」。[4]人爵　據章鈺校，十二行本、乙十一行本、孔天胤本皆作「人之爵」。⑤牧　原無此字。據章鈺校，十二行本、乙十一行本、孔天胤本皆有此字，張敦仁《通鑑刊本識誤》、張瑛《通鑑校勘記》同，與《魏書・高祖紀下》、《北史・魏本紀》亦符，今據補。⑥丙戌　原無此二字。據章鈺校，十二行本、乙十一行本、孔天胤本皆有此二字，張敦仁《通鑑刊本識誤》同，今據補。⑦廉讓　嚴衍《通鑑補》改作「謙讓」。⑧田益宗　原作「田益光」。胡三省注云：「據《北史》，『益光』當作『益宗』。」嚴衍《通鑑補》改作「田益宗」，當是，今據改。下同。

【語　譯】六月初二日己亥，孝文帝下詔說：「群臣在朝廷之上不允許再說北方的土話，違背這一規定的將被免去其所擔任的一切官職。」〇初六日癸卯，魏孝文帝讓皇太子拓跋恂前往舊都平城參加太師京兆武公馮熙的喪禮。〇十六日癸丑，魏孝文帝下詔徵集散失在民間的古代書籍，凡是國家圖書館中所沒有的、對現實政治有用處的書籍，對獻出此書的人給以優厚的獎賞。

魏國有關部門的官員上奏給孝文帝說：「廣川王拓跋諧的王妃早已去世，安葬在代都平城，我等不清楚應該如何處置：是讓新去世的廣川王拓跋諧俯就他的妻子歸葬於平城，還是將其前死之妻的墳墓遷到洛陽來與她新死的丈夫合葬呢？」孝文帝回答說：「凡是從代地遷到洛陽的人，去世之後都應當埋葬在邙山。此前有丈夫死在代地的，允許他的妻子死後運回代地合葬；如果是丈夫死在洛陽的，不允許運回代地俯就妻子合葬。其他州的人，聽其自便。」六月十九日丙辰，孝文帝下詔說：「凡是遷到洛陽的人，死後一律安葬在黃河以南，不允許歸葬北方。」於是從代地遷到洛陽的人全部都成了河南洛陽人。

六月二十一日戊午，魏國開始廢除在平城時期使用的長尺、大斗，不再用它作為計量工具，而改用《漢書・律曆志》中所規定的標準尺與標準斗作為計量工具。

齊明帝蕭鸞在廢掉鬱林王蕭昭業的時候，曾經許諾事情成功之後便任命蕭諶為楊州刺史，後來卻任命蕭諶為領軍將軍、南徐州刺史。蕭諶惱怒地說：「已經做好了的現成飯，自己不吃，卻推給了別人。」蕭諶依仗自己的功勞，經常干預朝政，對自己想要選拔任用的人，就命令尚書替自己申述理由，一定要達到目的方肯罷休。齊明帝聽說以後便對蕭諶有了憎惡之心，因為當時蕭誕、蕭誄正率軍在前線抵抗魏軍的入侵，所以他暫時隱忍下來，沒有發作。六月二十五日壬戌，齊明帝前往位於建康城內的華林園遊玩，與蕭諶以及尚書令王晏等幾個人一同飲宴，極盡歡樂。飲宴結束之後，齊明帝便留下蕭諶晚走一會兒，蕭諶來到華林閣，一些手執兵器的武士立即逮捕了蕭諶，把他押回尚書省。齊明帝令身邊的侍從人員莫智明一條一條地列舉蕭諶的罪行，並譴責他說：「當初廢殺鬱林王蕭昭業的時候，如果沒有你的幫助就沒有我的今天。如今你們一家已經有兩個人擔任州刺史，兄弟之中有三個人受封，朝廷對你的報答，至此已經達到極點，不可能再高了。而你經常心懷不滿，竟然說出『已經燒熟的現成飯，卻連飯帶甑一起送給了別人』這樣的話！現在我要你死！」於是殺死了蕭諶，一起被殺的還有他的弟弟蕭誄。齊明帝任命擔任黃門侍郎的蕭衍為司州別駕，前往司州襲捕司州刺史蕭誕，把蕭誕殺死。蕭諶喜好用占卜、算命那一套封建迷信來推測命運，吳興郡人沈文猷曾經對他說：「您的面相不比高皇帝蕭道成差。」蕭諶被殺死之後，沈文猷也被殺死。蕭諶被殺的那天，齊明帝還殺死了齊武帝蕭賾的三個兒子西陽王蕭子明、南海王蕭子罕、邵陵王蕭子貞。○二十八日乙丑，齊明帝任命擔任右衛將軍的蕭坦之為領軍將軍。

魏國擔任相州刺史的高閭上書給孝文帝拓跋宏說：「在鄴城修建的密皇后廟已經坍塌了，請將其重新修葺整治；如果認為密皇后的牌位已經在太廟跟隨其丈夫拓跋嗣享受了祭祀，就應當取消對鄴城密皇后廟的祭祀，將其拆毀。」孝文帝於是下詔，停止對鄴城密皇后廟的祭祀，將廟拆毀。

魏國的拓跋英在進犯齊國漢中的時候，居住在沮水一帶的氐族人首領楊馥之出兵為齊國襲擊了歸附於魏國的武興郡氐族人首領楊集始，把楊集始打敗。秋季，七月二十四日辛卯，齊國朝廷任命楊馥之為北秦州刺史、仇池公。

八月初九日乙巳，魏國朝廷從全國各地挑選了十五萬名勇敢之士組成了皇家的禁衛軍——羽林軍和虎賁軍，負責宮廷中的夜間值勤等保衛工作。

魏國修建的金墉宮竣工，魏國在洛陽開辦了為國家培養各級官吏的國子學、太學，還在洛陽的四門開辦了供貴族子弟接受教育的初等學校。

魏高祖拓跋宏遊覽了魏明帝曹叡時期所修建的皇家園林華林園，觀看了華林園內的景陽山遺址，擔任黃門侍郎的郭祚對孝文帝說：「山水是仁者、智者最喜歡遊覽的地方，應該把這裡的山水景致重新修建整治起來。」孝文帝拓跋宏說：「先前的魏明帝曹叡已經犯了奢侈的過失，我豈能在後邊沿襲他的道路，重蹈他的覆轍呢？」孝文帝喜歡讀書，手不釋卷，不論是坐在車子裡還是騎在馬上，總是不停地講論儒家學說。孝文帝擅長於寫文章，多次在馬上口述，令侍從寫下來，寫完之後竟然用不著再改動一個字。自從太和十年孝文帝開始親政之後，所有皇帝發布的詔令、文書都是孝文帝親自動手撰寫。孝文帝喜好結交賢士，樂於和善人來往，對待他們的情分如飢似渴，對那些打過交道、有過接觸的人，孝文帝都是以一個普通人的身分與他們相互往來。像李沖、李彪、高閭、王肅、郭祚、宋弁、劉芳、崔光、邢巒這些人，都是因為精通藝文禮樂而被孝文帝所親近，進而成為手握實權的達官顯貴，所制定的禮儀音樂，蔚然可觀，大有太平盛世的景象。

魏國擔任治書侍御史的薛聰，是薛辯的曾孫。彈劾的時候從來不避諱那些強悍、有權勢的人，即使是孝文帝想要放過的人，薛聰也要堅持自己的意見。孝文帝經常說：「我見了薛聰，都感到有些敬畏，何況是其他人呢！」從此以後，那些皇親貴戚都對自己的行為有所收斂，不敢再任意胡作非為。薛聰一步一步地被擢升為直閣將軍，同時還兼任著給事黃門侍郎、散騎常侍的職務。孝文帝表面上是以薛聰的品德、才器對他另眼相看，而內心是把他看作自己的心腹，而把重任委託給他，將貼身侍衛以及宮廷的禁衛軍全部交給薛聰統領，所以整個太和年間，薛聰一直兼任著直閣將軍的職務。群臣退朝之後，薛聰經常在孝文帝的內室陪護值勤，與孝文帝不分白天黑夜地商討國家大事，議論時政的得失，動不動就進行匡正和勸阻，在好多方面孝文帝都聽從、批准了薛聰的意見和請求。而且薛聰為人寡言少語、性情穩重，從不洩露消息，外面的人誰也沒有辦法窺測皇帝身邊的事情。孝文帝想要提高他的官職和爵位，薛聰總是苦苦辭讓不肯接受。孝文帝也能很好地理解他、體諒他，他對薛聰說：「你的性情品質天生就高，而不是世俗的官職和爵位給你帶來了榮耀。」

九月初四日庚午，魏國留在平城的六宮皇后、嬪妃以及文武群臣全部遷到了洛陽。〇二十日丙戌，魏孝文帝前往鄴城，他多次到相州刺史高閭的官舍，很讚賞高閭治理地方的政績，給高閭的賞賜非常豐厚。高閭多次向孝文帝請求回自己的故鄉擔任刺史，孝文帝下詔說：「高閭以年近退休的高齡，一再請求衣錦還鄉，到自己的故鄉去擔任刺史的職務，他只知道一味地進取而忘記了謙退，有損於謙遜的美德，現在將他由鎮南將軍降號為平北將軍。但他畢竟是朝廷上一位閱歷豐富而練達世事的老臣，應該滿足他的心願，將他改任為幽州刺史。所以這樣做，既要維護法度的尊嚴，也要講點人情味，既要施恩又要嚴格執法。」孝文帝任命高陽王拓跋雍為相州刺史，告誡他說：「擔任一個州的刺史，說容易也容易，說困難也困難：『只要你自己做得好，不用給人家下命令，人家自然就按照你的樣子去做了。』這是它容易的地方；『如果你自己的表現不好，你即使給人家下命令，人家還是不聽你的。』這是它困難的地方。」○二十三日己丑，齊明帝改封南平王蕭寶攸為邵陵王，改封蜀郡王蕭子文為西陽王，改封廣漢王蕭子峻為衡陽王，改封臨海王蕭昭秀為巴陵王，改封永嘉王蕭昭粲為桂陽王。

九月二十九日乙未，魏孝文帝從鄴城出發踏上返回洛陽的行程。冬季，十月二十一日丙辰，回到都城洛陽。○二十七日壬戌，魏孝文帝下詔：「各州牧守都要精心考察自己的下屬官員，根據他們的得失，把他們評為上、中、下三等上報朝廷知道。」又下詔說：「徐州、兗州、光州、南青州、荊州、洛州六州都要經常處於高度的戰備狀態，隨時準備應付突然事變。」

十一月初二日丁卯，齊明帝下詔，廢除齊世宗文惠太子蕭長懋生前修建的東田離宮，拆毀文惠太子修建的興光樓。○十四日己卯，齊明帝給皇太子蕭寶卷聘娶了褚氏為太子妃，大赦天下。太子妃褚氏，是褚澄的女兒。○初五日庚午，魏孝文帝前往委粟山，決定將祭天的圜丘修建於委粟山。十四日己卯，孝文帝召集各位儒學之士商議在天壇祭天的禮儀，擔任祕書令的李彪建議說：「西周以及春秋時期魯國的國君在準備祭祀上天之前，都先要在泮宮裡進行祭天演練。並要求在祭祀的前一天祭祀宗廟，將自己準備祭天這件大事報告給祖先知道。」孝文帝採納了他的意見。十九日甲申，孝文帝在委粟山的圜丘舉行祭天儀式。二十一日丙戌，實行大赦。

十二月初一日乙未，魏孝文帝在光極堂召見群臣，宣布評定人才的九品之令，作為對滿朝文武官員按照九品進行評定的開始。擔任光祿勳的于烈的兒子于登，援引他人獲取升遷的先例請求自己也能得到提升，于烈上表給孝文帝說：「如今聖明的君主執掌朝政，按理說應該講究廉潔謙讓，而我的兒子于登卻援引他人升遷的例子以求自己得到升遷，這是我一向沒有教訓好自己的兒子，請求罷免我的官職！」孝文帝說：「這樣的話只有有識之士才能說得出來，沒想到于烈竟然能說出這樣的話來！」於是召見于登，對于登說：「我將教育全社會，因為你的父親具有謙遜的美德、正直之士的作風，所以提拔你為太子翊軍校尉。」又加授于烈為散騎常侍，封于烈為子爵，封地為聊城。○魏孝文帝對群臣說：「國家有一件事情一直令人感到惋惜，就是做臣子的從來不敢公開批評朝政的得失。國君擔憂不能納諫，人臣擔憂不能盡忠。自今以後，我每舉薦一個人，如果有什麼不合適，你們這些人要直言指出我的過失；如果某人確實很有才能而我對他沒有正確的認識，你們這些人也應當提出來。如果能做到這樣，舉薦賢能的人有賞，不直言指出我的過失的就要懲罰，你們應當記住這一點。」

十二月初三日丁酉，齊明帝下詔修葺西晉諸帝的陵墓，並為其增設守衛人員。○三十日甲子，魏孝文帝在光極堂召見群臣，給他們頒發漢族士大夫的衣帽。○在此之前，魏國人從來沒有使用過錢幣，魏孝文帝開始命人鑄造太和五銖錢。這一年，熔鑄的錢幣大致已經夠用，孝文帝於是下詔，令官府和私人全部使用太和五銖錢。○魏孝文帝任命光城郡的少數民族首領田益宗為南司州刺史，在他統轄區域內的郡守和縣令，他有權自行選任。後來魏國又在新蔡設立了東豫州，任命田益宗為東豫州刺史。○氐王楊炅去世。

三年（丙子　西元四九六年）

春，正月丁卯❶，以楊炅子崇祖為沙州刺史❷，封陰平王❸。

魏主下詔，以為「北人謂土為拓，后❹為跋。魏之先出於黃帝❺，以土德王❻，故為拓跋氏。夫土者，黃中之色❼，萬物之元❽也，宜改姓元氏❾。諸功臣舊族自代來者，姓或重複❿，皆改之。」於是始改拔拔氏為長孫氏，達奚氏為奚氏，乙旃氏為叔孫氏，丘穆陵氏為穆氏，步六孤氏為陸氏，賀賴氏為賀氏，獨孤氏為劉氏，賀樓氏為樓氏，勿忸于氏為于氏，尉遲氏為尉氏，其餘所改，不可勝紀⓫。

魏主雅重門族⓬，以范陽盧敏⓭、清河崔宗伯⓮、滎陽鄭羲⓯、太原王瓊⓰四姓，衣冠所推⓱，咸納其女以充後宮⓲。隴西李沖以才識見任，當朝貴重⓳，所結姻婭⓴，莫非清望㉑，帝亦以其女為夫人㉒。詔黃門郎、司徒左長史宋弁定諸州士族㉓，多所升降㉔。又詔以「代人先無姓族㉕，雖功賢之胤㉖，無異寒賤㉗，故宦達者位極公卿，其功、衰之親㉘仍居猥任㉙。其穆、陸、賀、劉、樓、于、嵇、尉㉚八姓，自太祖已降㉛，勳著當世㉜，位盡王公，灼然可知㉝者，且下司州、吏部㉞，勿充猥官㉟，一同四姓㊱。自此以外，應班士流㊲者，尋續別敕㊳。其舊為部落大人㊴，而皇始㊵已來三世官在給事㊶已上及品登王公者為姓㊷；若本非大人，而皇始已來三世官在尚書㊸已上及品登王公者亦為姓。其大人之後，而官不顯者為族㊹；若本非大人，而官顯者亦為族。凡此姓族，皆應審覈㊺，勿容偽冒。令司空穆亮㊻、尚書陸琇㊼等詳定，務令平允。」琇，馥之子也。

魏舊制：王國舍人(48)皆應娶八族(49)及清脩之門(50)。咸陽王禧(51)娶隸戶(52)為之，帝深責之，因下詔為六弟聘室(53)。「前者所納，可為妾媵(54)。咸陽王禧，可聘故潁川太守隴西李輔(55)女；河南王幹(56)，可聘故中散大夫[1]代郡穆明樂女；廣陵王羽(57)，可聘驃騎諮議參軍滎陽鄭平城女；潁川王雍(58)，可聘故中書博士范陽盧神寶女；始平王勰(59)，可聘廷尉卿隴西李沖女；北海王詳(60)，可聘吏部郎中滎陽鄭懿女。」懿，羲之子也。

時趙郡諸李(61)人物尤多(62)，各盛家風(63)，故世之言高華(64)者，以五姓為首(65)。

○眾議以薛氏為河東茂族(66)，帝曰：「薛氏，蜀也(67)，豈可入郡姓(68)？」直閤薛宗起執戟在殿下，出次(69)對曰：「臣之先人，漢末仕蜀(70)，二世復歸河東，今六世相襲(71)，非蜀人也。伏以(72)陛下黃帝之胤，受封北土，豈可亦謂之胡邪(73)？今不預郡姓(74)，何以生為(75)！」乃碎戟於地。帝徐曰：「然則朕甲卿乙(76)乎？」乃入郡姓(77)。仍曰：「卿非『宗起』，乃『起宗』也(78)！」

帝與羣臣論選調(79)曰：「近世高卑出身，各有常分(80)，此果如何(81)？」李沖對曰：「未審上古以來，張官列位(82)，為膏粱子弟(83)乎？為致治(84)乎？」帝曰：「欲為治耳。」沖曰：「然則陛下今日[2]何為專取門品(85)，不拔才能乎？」帝曰：「苟有過人之才，不患不知。然君子之門，借使無當世之用[86]，要自德行純篤[87]，朕故用之。」沖曰：「傅說[88]、呂望[89]豈可以門地[90]得之？」帝曰：「非常之人[91]，曠世[92]乃有一二耳。」祕書令李彪[93]曰：「陛下若專取門地，不審魯之三卿[94]，孰若四科[95]？」著作佐郎韓顯宗[96]曰：「陛下豈可以貴襲貴、以賤襲賤[97]？」帝曰：「必有高明卓然[98]、出類拔萃者，朕亦不拘此制。」頃之，劉昶入朝[99]。帝謂昶曰：「或言唯能是寄[100]，不必拘門[101]，朕以為不爾[102]。何者？清濁同流[103]，混齊一等，君子小人[104]，名品[3]無別[105]，此殊為不可。我今八族以上士人[106]，品第有九[107]，九品之外，小人之官復有七等。若有其人[108]，可起家為三公[109]。正恐賢才難得，不可止為一人渾我典制[110]也。」

臣光曰：「選舉之法[111]，先門地而後賢才，此魏、晉之深弊[112]，而歷代相因[113]，莫之能改也。夫君子、小人，不在於世祿[114]與側微[115]，以今日視之，愚智所同知也。當是之時，雖魏孝文之賢，猶不免斯蔽[116]，故夫明辯是非而不惑於世俗者誠鮮[117]矣。」

壬辰[118]，魏徙始平王勰為彭城王，復定襄縣王鸞為城陽王[119]。○二月壬寅[120]，魏詔「羣臣自非金革[121]，聽終三年喪[122]。」○丙午[123]，魏詔「畿內[124]七十已上[125]，暮春赴京師行養老之禮[126]。」

三月丙寅[127]，宴羣臣及國老[128]、庶老[129]於華林園，詔「國老黃耇已上[130]，假中散大夫[131]；郡守耆年[132]已上，假給事中[133]；縣令、庶老，直假郡縣[134]。各賜鳩杖、衣裳[135]。」○丁丑[136]，魏詔「諸州中正[137]各舉其鄉之民望[138]，年五十以上守素衡門[139]者，授以令、長[140]。」

壬午[141]，詔[142]「乘輿有金銀飾校[143]者，皆剔除之。」○上志慕節儉[144]，太官嘗進裹蒸[145]，上曰：「我食此不盡，可四破之[146]，餘充晚食。」又嘗用皁莢[147]，以餘濼[148]授左右曰：「此可更用。」太官[149]元日上壽[150]，有銀酒鎗[151]，上欲壞之[152]。王晏等咸稱盛德[153]，衞尉蕭穎冑[154]曰：「朝廷盛禮，莫若三元[155]。此一器既是舊物，不足為侈。」上不悅。後預曲宴[156]，銀器滿席。穎冑曰：「陛下前欲壞酒鎗，恐宜移在此器[157]。」上甚慚。

上躬親細務[158]，綱目亦密[159]，於是郡縣及六署[160]、九府[161]常行職事，莫不啓聞取決詔敕[162]。文武勳舊[163]，皆不歸選部[164]，親戚憑藉[165][4]，互相通進[166]，人君之務過繁密。南康王侍郎潁川鍾嶸[167]上書言：「古者，明君揆才頒政[168]，量能授職，三公坐而論道，九卿作而成務[169]，天子唯恭己南面[170]而已。」書奏，上不懌[171]，謂太中大夫[172]顧暠曰：「鍾嶸何人，欲斷朕機務[173]！卿識之不？」對曰：「嶸雖位末名卑，而所言或有可采。且繁碎職事，各有司存[174]。今人主總而親之，是人主愈勞而人臣愈逸，所謂『代庖人宰[175]而為大匠斲[176]』也。」上不顧而言他[177]。

夏，四月甲辰[178]，魏廣州刺史薛法護求降[179][5]。○魏寇司州[180]，櫟城戍主魏僧珉[181]拒破之。

五月丙戌[182]，魏營方澤於河陰[183]。又詔漢、魏、晉諸帝陵[184]，百步內[185]禁樵蘇[186]。○丁亥[187]，魏主有事於方澤[188]。

秋，七月，魏廢皇后馮氏[189]。初，文明太后[190]欲其家貴重，簡[191]馮熙二女入掖庭[192]。其一早卒，其一得幸於魏主，未幾[193]，有疾，還家為尼。及太后殂[194]，帝立熙少女為皇后。既而其姊疾愈，帝思之，復迎入宮，拜左昭儀[195]，后寵浸衰[196]。昭儀自以年長，且先入宮，不率妾禮[197]，后頗愧恨[198]，昭儀因譖而廢之[199]。后素有德操，遂居瑤光寺[200]為練行尼[201]。

魏主以久旱，自癸未[202]不食至于乙酉[203]，羣臣皆詣中書省[204]請見。帝在崇虛樓[205]，遣舍人辭焉[206]，且問來故[207]。豫州刺史王肅對曰：「今四郊雨已霑洽[208]，獨京城微少。細民[209][6]未乏一餐而陛下輟膳三日，臣下惶惶，無復情地[210]。」帝使舍人應之曰：「朕不食數日，猶無所感[211]。比來中外貴賤，皆言四郊有雨，朕疑其欲相寬勉[212]，未必有實。方將遣使視之，果如所言，即當進膳；如其不然，朕何以生為？當以身為萬民塞咎[213]耳！」是夕，大雨。

魏太子恂不好學，體素肥大，苦河南地熱，常思北歸。魏主賜之衣冠，恂常私著胡服。中庶子[214]遼東高道悅[215]數切諫，恂惡之。八月戊戌[216]，帝如嵩高[217]，恂與左右密謀，召牧馬[218]，輕騎奔平城[219]，手刃道悅[220]於禁中。領軍[7]元儼[221]勒門防遏[222]，入夜乃定[223]。詰旦[224]，尚書陸琇[225]馳以啟帝。帝大駭，祕其事，仍至汴口[226]而還。甲寅[227]，入宮，引見恂，數其罪，親與咸陽王禧等[8]更代[228]杖之百餘下，扶曳[229]出外，囚於城西。月餘，乃能起。○丁巳[230]，魏相州刺史南安惠王楨[231]卒。

九月戊辰[232]，魏主講武[233]於小平津[234]。癸酉[235]，還宮。○冬，十月戊戌[236]，魏詔「軍士自代來者，皆以為羽林、虎賁。司州民[237]十二夫調一吏[238]，以供公私力役[239]。」

魏吐京胡[240]反，詔朔州刺史元彬[241]行汾州事[242]，帥并、肆之眾[243]以討之。彬，楨[244]之子也。彬遣統軍奚康生[245]擊叛胡，破之；追至車突谷[246]，又破之，俘雜畜以萬數。詔以彬為汾州刺史。胡去居[247]等六百餘人保險[248]不服，彬請兵二萬以討之，有司奏許之。魏主大怒曰：「小寇何有發兵之理？可隨宜討治[249]，若不能克，必須大兵者，則先斬刺史，然後發兵！」彬大懼，督帥州兵，身先將士討去居，平之。

魏主引見羣臣於清徽堂，議廢太子恂。太子太傅穆亮、少保李沖免冠頓首謝[250]。帝曰：「卿所謝者私也，我所議者國也。『大義滅親[251]』，古人所貴。今恂欲違父逃叛，跨據恆、朔[252]，天下之惡孰大焉[253]？若不去之，乃社稷之憂也。」閏月丙寅[254]，廢恂為庶人，置於河陽無鼻城[255]，以兵守之。服食所供，粗免飢寒[256]而已。○戊辰[257]，魏置常平倉[258]。○戊寅[259]，太子寶卷冠[260]。

初，魏文明太后欲廢魏主[261]，穆泰[262]切諫而止，由是有寵。及帝南遷洛陽，所親任者多中州儒士[263]，宗室及代人往往不樂。泰自尚書右僕射出為定州[264]刺史，自陳久病，土濕[9]則甚[265]，乞為恆州[266]；帝為之徙恆州刺史陸叡[267]為定州，以泰代之。泰至，叡未發[268]，遂相與謀作亂，陰結鎮北大將軍樂陵王思譽[269]、安樂侯隆[270]、撫冥鎮將魯郡侯業[271]、驍騎將軍超[272]等，共推朔州刺史陽平王頤[273]為主。思譽，天賜之子；業，丕之弟；隆、超，皆丕之子也。叡以為洛陽休明[274]，勸泰緩之，泰由是未發。

頭偽許泰等，以安其意，而密以狀聞。行吏部尚書任城王澄[275]有疾，帝召見於凝閑堂，謂之曰：「穆泰謀為不軌，扇誘宗室[276]，脫或必然[277]。今遷都甫爾[278]，北人戀舊，南北紛擾[279]，朕洛陽不立[280]也。此國家大事，非卿不能辦。卿雖疾，強為我北行[281]，審觀其勢[282]。儻其微弱，直往擒之；若已彊盛，可承制[283]發并、肆兵擊之。」對曰：「泰等愚惑，正由戀舊，為此計耳，非有深謀遠慮。臣雖駑怯[284]，足以制之，願陛下勿憂。雖有犬馬之疾[285]，何敢辭也！」帝笑曰：「任城肯行，朕復何憂！」遂授澄節[286]，銅虎、竹使符[287]，御仗左右[288]，仍行恆州事[289]。○行至鴈門[290]，鴈門太守夜告云「泰已引兵西就陽平[291]。」澄遽令進發[292]。右丞[293]孟斌曰：「事未可量[294]，宜依敕召并、肆兵[295]，然後徐進。」澄曰：「泰既謀亂，應據堅城，而更迎陽平[296]，度其所為，當似勢弱。泰既不相拒，無故發兵，非宜也。但速往鎮之[297]，民心自定。」遂倍道兼行。先遣治書侍御史[298]李煥單騎入代[299]，出其不意，曉諭泰黨[300]，示以禍福，皆莫為之用[301]。泰計無所出，帥麾下數百人攻煥，不克。走出城西，追擒之[302]。澄亦尋至[303]，窮治[304]黨與，收陸叡等百餘人，皆繫獄，民間帖然[305]。澄具狀表聞，帝喜，召公卿，以表示之曰：「任城可謂社稷臣[306]也！觀其獄辭[307]，正復皋陶[308]何以過之？」顧謂[309]咸陽王禧等曰：「汝曹當此[310]，不能辨也。」

魏主謀入寇[311]，引見公卿於清徽堂，曰：「朕卜宅土中[312]，綱條粗舉[313]，唯南寇未平[314]，安能效近世天子[315]下帷於深宮之中[316]乎？朕今南征決矣[317]，但未知早晚之期。比來術者皆云[318]『今往必克』。此國之大事，宜君臣各盡所見，勿以朕先言而依違於前，同異於後也[319]。」李沖對曰：「凡用兵之法，宜先論人事[320]，後察天道[321]。今卜筮雖吉而人事未備，遷都尚新，秋穀不稔[322]，未可以興師旅[323]。如臣所見，宜俟來秋[324]。」帝曰：「去十七年[325]，朕擁兵二十萬[326]，此人事之盛也，而天時不利。今天時既從，復云『人事未備』。如僕射之言[327]，是終無征伐之期也。寇戎咫尺[328]，異日將為社稷之憂[329]，朕何敢自安？若秋行不捷[330]，諸君當盡付司寇[331]，不可不盡懷[332]也。」

魏主以有罪徙邊[333]者多逋亡[334]，乃制一人逋亡，闔門充役[335]。光州[336]刺史博陵崔挺[337]上書諫曰：「天下善人少，惡人多。若一人有罪，延及闔門，則司馬牛受桓魋之罰[338]，柳下惠嬰盜跖之誅[339]，豈不哀哉！」帝善之，遂除其制[340]。

【章旨】以上為第三段，寫齊明帝蕭鸞建武三年（西元四九六年）一年中的大事。主要寫了魏主下令鮮卑人一律使用中原地區的姓氏，拓跋氏改姓元；自認為是黃帝之後，以土德為王；寫魏主仿效南朝大肆推行門閥制度，將魏國境內的漢族人盧、崔、鄭、王、李五家定為士族之最優者，又定出北來少數民族的穆、陸、賀、劉、樓、于、嵇、尉八姓勳戚之家，與漢族之五姓享受同等待遇；寫魏主下令，規定諸王必須娶大士族之女，並親自為其六位兄弟重新娶妻，將原來的妻子改為妾媵；寫魏主頑固地專以門第取人，李沖、李彪、韓顯宗等都提出反對，而魏主堅持不聽；寫魏太子拓跋恂因不欲居洛，圖謀回代北自立，並擅殺其中庶子而被魏主所廢；寫魏臣穆泰勾結陸叡、拓跋思譽、拓跋隆等圖謀擁立陽平王拓跋頤據恆、朔二州叛亂，拓跋頤假意應承，暗中向朝廷告密，魏主派任城王拓跋澄前往相機討滅之；寫魏主尊賢養老，給各階層的老人以不同的生活與級別的優待；寫魏將元彬討平吐京郡叛胡；寫魏主立意興兵南伐，李沖等以人事未備而勸阻之，建議等待來秋；此外還寫了齊明帝蕭鸞志慕節儉，假惺惺地不用金銀器具，生活亦力行儉省的一些表現，以及蕭鸞躬親細務，綱目亦密，致使六署、九部的事情，無不取決詔敕的無人君之度等等。

【注釋】❶正月丁卯　正月初三。❷沙州刺史　南齊所說的沙州約當今之甘肅成縣、武都等一帶地區，其地經常處於南北朝的相互爭奪之下，楊氏諸人也一貫依違於南北朝之間，誰來了就歸附於誰。❸陰平王　陰平是魏郡名，郡治在今成縣的西北側。❹后　古稱帝王曰「后」，如「后羿」是也。❺魏之先出於黃帝　魏國的祖先是黃帝的後代。拓跋宏明確承認自己是黃帝的子孫，這套說法起自《史記》，此後入主中原的少數民族都無不繼續這種說法，可見《史記》的影響之大。❻以土德王　是因為土德稱王。土是五行之一，戰國時期的鄒衍鼓吹「五行終始」說，他們說歷代建立的王朝是沿著金、木、水、火、土五行相生相剋的道理來不斷循環的，凡不在這一循環之中的就不算一個王朝。❼黃中之色　土是黃色，又居於東西南北四方之中。❽萬物之元　世界上的一切之物都是從土地上產生出來的。元，原始；根本。❾宜改姓元氏　即應該改姓元。姓、氏原是兩個概念，一個祖先的後代子孫都屬於一個「姓」，後來越繁衍越多，就又根據出生的地方、從事的職業等等分成若干支系，稱作「氏」。從司馬遷的《史記》開始，將此概念搞亂，遂使「姓」、「氏」混而為一。❿姓或重複　一個姓的字數過多，如「破陸韓拔陵」五個字。⓫不可勝紀　多得沒法細數。紀，通「記」。記載。⓬雅重門族　一向重視門第出身。門族，門第與家族出身。⓭范陽盧敏　范陽郡的盧敏家。范陽郡的郡治即今河北涿州。⓮清河崔宗伯　清河郡的崔宗伯家。清河郡的郡治在今山東臨清東北。⑮滎陽鄭羲　滎陽郡的郡治即今河南滎陽東北的古滎鎮。鄭羲傳見《魏書》卷五十六。⑯太原王瓊　太原郡的王瓊家。太原郡的郡治在今太原的西南側。⑰衣冠所推　為士大夫所推崇。衣冠，士大夫的服飾，這裡借指士大夫。⑱充後宮　作嬪妃。⑲貴重　位尊任重。⑳姻婭　有婚姻關係的親屬。婭，姻親。㉑清望　門第清白，被人敬重。㉒夫人　嬪妃的通稱。皇后之下有昭儀，昭儀之下即通稱夫人。㉓定諸州士族　確定魏國各州的著名家族哪家算士族，哪家不算，並列出他們的品級高下。㉔多所升降　有些原來被視為士族的，現在被黜落了；有些原來不被視為士族的，現在被篩選上去了。㉕無姓族　沒有像漢族人這樣大姓氏、大家族。㉖功賢之胤　大功臣、大賢臣的後代。胤，後代。㉗無異寒賤　也都和門第卑微的人家沒有區別。寒賤，指社會地位低下，而不是指經濟狀況不好。㉘功衰之親　血緣關係很近的親屬。衰，通「縗」。功、縗都是近親應穿的喪服。斬衰是服三年喪，如死者的子女；齊衰是服一年喪，如死者的兄弟、孫子、姪子；大功是服喪九個月，如死者的外甥、堂姪、孫媳；小功是服喪五個月，如死者的姪孫、外孫等等。㉙仍居猥任　充任一些卑微的職務。猥，卑微。㉚穆陸賀劉樓于嵇尉　都是魏國百多年來的元勳重臣之家，其中穆崇家族見《魏書》卷二十七、陸俟家族見《魏書》卷四十、于栗磾家族見《魏書》卷三十一、尉古真家族見《魏書》卷二十六。㉛自太祖已降　從太祖拓跋珪時代（西元三八六—四〇八年在位）以來。㉜勳著當世　功勳昭著於一時。㉝灼然可知　非常顯著地為世人所知。㉞且下司州吏部　通知司州刺史與吏部尚書。㉟勿充猥官　不能讓他們充任卑微的職務。㊱一同四姓　要讓這八族的人與盧、崔、鄭、王四姓享受同樣的待遇。㊲應班士流　應該列入士族門第的人士。㊳尋續別敕　我會很快地下達其他的指示。㊴部落大人　少數民族的部落頭領。㊵皇始　道武帝拓跋珪的年號（西元三九六—三九八年）。㊶給事　給事黃門侍郎，皇帝的侍從官員，位在三品中。㊷為姓　稱作大姓，意同望族。㊸尚書　指各部尚書。㊹族　大族；望族。按，「族」與「姓」的意思原本相同，這裡則強為規定「族」比「姓」的品級略低。㊺審覈　核實。㊻穆亮　穆崇的後代，此時任錄尚書事。傳見《魏書》卷二十七。㊼陸琇　陸俟之孫，陸馛之子，此時任相州刺史。傳見《魏書》卷四十。㊽王國舍人　各位親王的家裡人，即各位郡王的嬪妃。胡三省曰：「舍，謂諸王妃嬪之舍，其人即妃嬪也。」㊾八族　即前面提到的穆、陸、賀、劉等八姓。㊿清脩之門　清白良善的人家。(51)咸陽王禧　拓跋禧，孝文帝的親兄弟。傳見《魏書》卷二十一上。(52)隸戶　又叫「僮隸戶」，被沒入為奴的人家，皇帝常用來賞賜臣下。(53)為六弟聘室　為他的六位兄弟重新聘娶妻室。(54)前者所納二句　將原先娶的妻子降為一般的姬妾。媵，陪嫁女。胡三省曰：「魏定氏族，固亦未能盡允清議；至令詔諸王改納室，則大悖於人倫。夫妻者齊也，一與之齊，終身不改。富而易妻，人士猶或羞之，況天子之弟乎？此詔一出，天下何觀？」(55)李輔　鎮西大將軍李寶之子，魏國權臣李沖的親兄弟。傳見《魏書》卷三十九。[56]河南王幹　拓跋幹，孝文帝的親兄弟，原封為河南王，魏都遷洛後，改封為趙郡王。傳見《魏書》卷二十一上。[57]廣陵王羽　拓跋羽，孝文帝的親兄弟，被封為廣陵王。傳見《魏書》卷二十一上。[58]潁川王雍　拓跋雍，孝文帝的親兄弟，先被封為潁川王，魏都遷洛後，改封為高陽王。傳見《魏書》卷二十一上。[59]始平王勰　拓跋勰，孝文帝的親兄弟，先被封為始平王，魏都遷洛後，改封為彭城陽王。傳見《魏書》卷二十一下。[60]北海王詳　拓跋詳，孝文帝的親兄弟，被封為北海王。傳見《魏書》卷二十一上。[61]趙郡諸李　趙郡的李氏諸族。趙郡的郡治即今河北趙縣。[62]人物尤多　出現的人才數量最多。胡三省曰：「趙郡諸李，北人稱之『趙李』，李靈、李順、李孝伯群從子侄，皆趙李也。」[63]各盛家風　每個人都把自己的家族整治得風華峻茂。[64]世之言高華　人們一說魏國有哪些高尚而又華貴的家族。[65]以五姓為首　首先要提到的五大家族是：盧氏、崔氏、鄭氏、王氏、李氏。[66]為河東茂族　作為河東郡的望族。河東郡的郡治即今山西永濟。[67]蜀也　由巴蜀地區遷來的人。[68]豈可入郡姓　怎能成為河東郡裡的大姓。[69]出次　出列；離開自己原來的站立之地。[70]漢末仕蜀　指薛宗起的九世祖薛永，隨劉備入蜀，遂為蜀臣。[71]六世相襲　在河東地區又傳承了六世。[72]伏以　我認為。伏，謙詞。[73]豈可亦謂之胡邪　意謂我的祖先曾在蜀地生活過，如果因此就成了蜀人，那麼陛下您的先人也曾長期居住在代北，是不是也就成了胡人呢。[74]今不預郡姓　今天我們要是成不了河東郡的大姓。[75]何以生為　還活著做什麼。[76]朕甲卿乙　猶言「我是老大，你是老二」，咱們的情況差不多。孝文帝的戲言。[77]乃入郡姓　將薛氏列入了河東郡的大姓。[78]卿非宗起二句　你的發跡不是由於你的宗族，而你的宗族是因有你而獲得提高。[79]選調　選拔任用官吏。[80]各有常分　都有固定的待遇，南朝有所謂「上品無寒門，下品無士族」，出身低的不可能被任高官。[81]此果如何　這樣的做法究竟怎麼樣。[82]張官列位　設置官位。張、列義同，都是陳列、設置的意思。[83]膏粱子弟　即富貴人家的子弟。膏粱，指精美的飯食。[84]致治　把國家政事管理好，使國家得到太平。[85]專取門品　只看門第高低。[86]借使無當世之用　即使沒有管理好國家政事的能力。借使，即使。[87]要自德行純篤　至少可以保證他們的道德品質良好。要自，至少可以保證。[88]傳說　商朝武丁時代的良臣，相傳原為版築的奴隸，武丁從勞改犯人中將其拔出，任以為相。事見《史記・殷本紀》。[89]呂望　即姜太公，名尚，是輔佐周武王滅商的元勳，相傳原為屠釣者，周文王在渭水邊上遇見他，即用以為大臣。事見《史記・周本紀》與〈齊太公世家〉。[90]門地　同「門第」。門庭、地位。[91]非常之人　不尋常的傑出人才。[92]曠世　歷時長久。[93]祕書令李彪　祕書令是祕書省的長官，負責撰寫國史與管理圖書文籍等事。李彪是魏國的文史人才。傳見《魏書》卷六十二。[94]魯之三卿　春秋後期掌握魯國政權的三家貴族，即孟孫氏（也作仲孫氏）、叔孫氏、季孫氏。[95]四科　指孔門的高才弟子。據《論語》，孔子的高才弟子分為德行、言語、政事、文學四科。德行類的有顏淵、仲弓；言語類的有子貢、宰我；政事類的有子路、冉有；文學類的有子游、子夏等。96韓顯宗　韓麒麟之子，魏國的文史人才，時任著作佐郎。傳見《魏書》卷六十。著作佐郎主管撰修國史。97以貴襲貴句　讓門第高的襲任高官，讓門第低的襲任賤職。98高明卓然　高超特異。卓然，特異的樣子。99劉昶入朝　劉昶由徐州刺史任所來到洛陽。100或言唯能是寄　有人主張選拔官吏只能看他有沒有為官任職的才幹。或，有人。101不必拘門　用不著看他的出身門第如何。102不爾　不是這樣。103清濁同流　門第高的與門第低的混雜在一起。當時稱士族出身的人為「清流」。104君子小人　當時稱士族出身的人為「君子」，稱庶族出身的人為「小人」。105名品無別　家門名望與官品都沒有區別。名，指家門、門第。品，指官品，擔任官職的等級限制。106八族以上士人　指鮮卑族的穆氏、陸氏等八大家族，和與之相等的漢族的盧氏、崔氏等五大家族，共十三大族出身的人。107品第有九　先將他們分為九等。108若有其人　假如真的發現了有特殊的才能、貢獻的人。109起家為三公　從平民之家中直接出任國家的三公。三公指太尉、司徒、司空三職。110不可止為一人渾我典制　不能為了這種千年不遇的個別人物而搞亂了整個國家的大法。意即九品制的士族制度是鐵定不能變的。111選舉之法　選拔官吏的辦法。112深弊　嚴重的弊病。113相因　相互因循不變。114世祿　世代享有爵祿。115側微　門第卑微。116不免斯蔽　仍不能改變這種弊病。蔽，通「弊」。117誠鮮　實在是稀少。鮮，少。118壬辰　正月二十八日。119復定襄縣王鸞為城陽王　拓跋鸞前因赭陽之敗，被降為定襄縣王，今則恢復其城陽郡王之位。120二月壬寅　二月初九。121自非金革　除了趕上軍情緊急。自非，除……而外。金革，兵器與鎧甲，這裡即指戰爭。122聽終三年喪　都讓他們在家為父母守完三年孝。123丙午　二月十三。124畿內　京城所管轄的郊區以內。125七十已上　七十歲以上的老人。已，通「以」。126赴京師行養老之禮　到京城參加皇帝所舉辦的尊老敬老活動。127三月丙寅　三月初三。128國老　告老辭官的卿大夫。129庶老　一般士人之老者。130黃耇已上　古者七十而致仕(退休)，在退休的人群中再說「黃耇已上」，則應為八十以上矣。黃，指老人的頭髮變黃。耇，指老人面部的瘢痕。131假中散大夫　都授予中散大夫的虛銜。假，加；授予。中散大夫是皇帝的侍從官員，以備參謀顧問。132耆年　指六十以上。133假給事中　都授予給事中的虛銜。給事中是在宮廷內服務的官員，也是參謀顧問、拾遺補缺之類。134直假郡縣　都分別授予一個郡裡或縣裡職務的虛銜。135各賜鳩杖衣裳　每位老人都授予一個刻有鳩形的手杖和一套衣服。136丁丑　三月十四。137諸州中正　各個州裡的中正官。中正是給本地區的士人評定九品等級的官員。138其鄉之民望　其管區內的在群眾中有威望的人。139守素衡門　有操行而能耐守清貧的人士。守素，以寒素自守。衡門，以橫木為門，極言其居處條件之簡陋。140授以令長　任以為縣令、縣長之職。大縣的長官稱縣令，小縣的長官稱縣長。141壬午　三月十九。142詔　下詔，此句的主語是齊明帝蕭鸞。143乘輿有金銀飾校　皇帝的車駕有用金銀裝飾的部位。胡三省曰：「校，欄格也。飾其校，飾其欄格也。」144志慕節儉　追求儉樸生活。145裹蒸　古代食品，類似現在的粽子，個頭兒比較大。146可四破之　可一個分成四份。147皁莢　皁莢樹的果實，古代的潔身用品，有如現時的肥皂。148餘濼　同「餘瀝」。洗頭洗澡用過的水。149太官　管理伙食的官員。150元日上壽　大年初一向皇帝敬酒祝賀。上壽，敬酒祝人長壽。151酒鎗　溫酒的用具。鎗，同「鐺」。152欲壞之　想把它銷毀。153咸稱盛德　都歌頌蕭鸞的儉樸美德。154蕭穎冑　蕭道成的遠房姪子，武帝蕭賾在位時亦頗受信任，蕭鸞篡位後，任衛尉之職。傳見《南齊書》卷三十八。衛尉是守衛皇宮門戶的官員，位在九卿一級。155三元　指正月初一。正月初一是年、月、日三者的開始，故稱「三元」。這一天的早晨稱作「三朝」。元，開頭。156預曲宴　參加後宮的非禮節性宴會。預，參與；參加。曲宴，意同「燕飲」。安樂的宴會。157恐宜移在此器　意即你的那道命令應針對這些東西而下。158躬親細務　親自過問一些瑣碎的事情。細，繁細；瑣碎。159綱目亦密　規定的條條框框也非常繁瑣。160六署　尚書省下的六個辦事衙門，指尚書左右僕射及度支、左民、都官、五兵六個部門。署，衙門；官吏辦事的場所。161九府　胡三省曰：「指太常、光祿勳、衛尉、廷尉、大司農、少府、將作大匠、太僕、大鴻臚九卿府也。」162取決詔敕　聽取蕭鸞做出的決定。163文武勳舊　一切元勳老臣的任命罷免事宜。164不歸選部　不由吏部管理。選部，即吏部，因其主管選拔官吏，故又稱選部。165親戚憑藉　都是憑著親戚後門。166互相通進　直接找蕭鸞關說。167南康王侍郎潁川鍾嶸　南康王蕭子琳的僚屬姓鍾名嶸。鍾嶸是潁川郡長社縣人，當時著名的文學家，著有文學批評名著《詩品》。傳見《梁書》卷四十九。當時在齊武帝的兒子南康王蕭子琳屬下任侍郎之職。侍郎為帝王的侍從官員，備參謀顧問之用。168揆才頒政　義同「量能授職」。揆，打量。169三公坐而論道二句　《周禮・考工記》：「坐而論道，謂之王公；作而行之，謂之士大夫。」《尚書・周官》：「立太師、太傅、太保，茲惟三公，論道經邦，燮理陰陽。」「六卿分職，各率其屬。」意思是三公主持總體原則，不管具體事務；九卿則分工明確，都要切實執行。170恭己南面　莊嚴端正地南面臨朝，只管大局，不管具體細務的樣子。語出《論語・衛靈公》。一說，恭己，同「拱己」。清閒無事的樣子。按，鍾嶸的話與《周禮》、《尚書》、《論語》原文不完全一樣，意思一致，就是公卿各有職分，皇帝只要善於用人就行了，不必把自己搞得焦頭爛額。171不懌　不高興。172太中大夫　太中大夫是皇帝的侍從官員，掌議論。173欲斷朕機務　想要阻止我處理國家的重要事務。174各有司存　有具體的辦事機構在，應讓他們去負責處理。175代庖人宰　替廚師宰殺牲畜。語出《莊子・逍遙遊》，原文作：「庖人雖不治庖，尸祝不越樽俎而代之矣。」意為各有各的專職，不能超越自己的職責範圍去管別人的職務。庖，廚師。尸，裝扮受祭神鬼的人。祝，主管念禱詞的人。176為大匠斲　替能工巧匠去動手進行製作。語出《老子》，原文作：「夫代大匠斫者，希有不傷手矣。」意即不能代替別人做自己不應做或做不了的事。大匠，手藝高強的匠人。177不顧而言他　感到自己無理而又不肯承認錯誤。語出《孟子》。178四月甲辰　四月十一。179魏廣州刺史薛法護求降　廣州本是南朝境內的州名，但魏國為虛張自己的聲勢，也在魏國境內設置廣州，就像南朝境內設有冀州相同。魏國廣州的州治在今河南魯山縣，今其刺史薛法護逃降於南齊。180魏寇司州　魏軍進攻南齊的司州，南齊的司州州治義陽，即今河南信陽。181櫟城戍主魏僧珉　櫟城守軍的南齊將領名叫魏僧珉。櫟城在今河南信陽北。182五月丙戌　五月二十四。183營方澤於河陰　在河陰建造祭祀地神的壇臺。方澤，方形水澤內的方形土臺。古代人有天圓地方之說，故祭天的神壇都講究圓形，祭地的神壇都講究方形。184漢魏晉諸帝陵　東漢、曹魏、西晉諸帝在洛陽周圍的陵墓。185百步內　在陵墓周圍的百步之內。南朝時的一步相當於六尺。186禁樵蘇　禁止砍柴割草。樵，砍柴。蘇，割草。187丁亥　五月二十五。188有事於方澤　指在方澤祭祀地神。189皇后馮氏　太師馮熙之女，史稱廢皇后。太和十七年（西元四九三年）被立為皇后。傳見《魏書》卷十三。190文明太后　即孝文帝之母馮太后，諡曰文明。傳見《魏書》卷十三。191簡　選拔；挑選。192入掖庭　進入皇宮。193未幾　不久；沒多時。194殂　死亡。195左昭儀　嬪妃的名號，地位僅次於皇后。196后寵浸衰　皇后的受寵程度越來越不行。浸，漸。197不率妾禮　不遵守作為一個姬妾的規矩。率，遵循；遵守。198后頗愧恨　皇后自己深覺愧怨。199譖而廢之　進讒言將皇后廢掉。譖，進讒言。200瑤光寺　在洛陽皇宮的附近。201練行尼　修練戒行的尼姑。202癸未　五月二十一。203乙酉　五月二十三。204中書省　為皇帝起草詔令的機關，因其離皇帝住的地方最近，故群臣彙集於此，目的是請求皇帝進食。205崇虛樓　以虛靜命名，蓋崇尚老莊之旨也。魏主在平城時曾建崇虛寺於桑乾之陰。此崇虛樓者，蓋遷洛後建於宮中，齋戒則居之。206遣舍人辭焉　打發中書舍人傳話叫他們回去。中書舍人是中書令的下屬官員，掌管傳達詔命。207問來故　問他們是緣何而來。208雨已霑洽　雨水普遍下透。洽，潤透。209細民　小民；平民百姓。210無復情地　猶言無地自容。211無所慼　沒有感到不適。212欲相寬勉　不過是想來安慰我。213為萬民塞咎　為百姓們補救過失。咎，罪過；過失。214中庶子　全稱太子中庶子，皇太子的侍從官員。215高道悅　魏國的正直官員，先為治書侍御史，後為中庶子。傳見《魏書》卷六十二。216戊戌　八月七日。217嵩高　即今河南的中嶽嵩山。218召牧馬　調用河內馴馬場內的軍馬。219輕騎奔平城　逃回平城謀求自立。220手刃道悅　親手殺了高道悅。221領軍元儼　領軍將軍拓跋儼。領軍將軍是統領京城所有軍隊的最高長官。222勒門防遏　嚴守宮門，防止變亂。223入夜乃定　一直到天黑亂子才平定下來。224詰旦　第二天一早。225尚書陸琇　陸琇是魏國元勳陸俟之孫，陸馛之子，曾任祠部尚書。傳見《魏書》卷四十。226汴口　地名，汴水由黃河分出之口，在當時的滎陽，今河南滎陽東北古滎鎮北。此處之所謂汴水即楚漢時代的鴻溝，也稱大溝、浪宕渠。[227]甲寅　八月二十三日。[228]更代　輪流交替。[229]扶曳　連扶帶拉。[230]丁巳　八月二十六。[231]南安惠王楨　拓跋楨，惠字是謚，拓跋晃之子，孝文帝的叔祖。傳見《魏書》卷十九下。[232]九月戊辰　九月初八。[233]講武　習武；演練武事。[234]小平津　黃河渡口名，在今河南孟津東北。[235]癸酉　九月十三。[236]十月戊戌　十月初八。[237]司州民　魏都洛陽地區的成年男子。魏國以洛陽一帶地區為司州，州治即今洛陽。[238]十二夫調一吏　每十二個成年男子從中調一人為役夫。吏，役夫；服役之人。[239]供公私力役　以為貴族私家與國家政府部門服徭役。[240]吐京胡　吐京郡的少數民族。指漢人與鮮卑族以外的其他民族人。吐京郡的郡治即今山西石樓。[241]朔州刺史元彬　拓跋彬，景穆帝拓跋晃之孫，漢化後改姓元。傳見《魏書》卷十九下。朔州的州治盛樂，今內蒙古和林格爾北側。[242]行汾州事　代理汾州刺史。汾州的州治蒲子城，即今山西隰縣。[243]并肆之眾　并州與肆州的現有武裝力量。并州的州治晉陽，在今太原南側，肆州的州治即今山西忻州。[244]楨　元楨，即前文所說的南安惠王。[245]統軍奚康生　統軍，一支部隊的統領，不是具體的官名。猶言「軍主」、「戍主」等等。奚康生，魏國的猛將，前與南齊作戰中，以解魏主之急為直閤將軍。傳見《魏書》卷七十三。[246]車突谷　地名，在今山西離石境內。[247]胡去居　叛胡，名去居。[248]保險　據險；憑藉險要之地。[249]隨宜討治　根據具體情況靈活地進行討伐。[250]太子太傅穆亮句　二人皆為太子的輔導官，所以免冠請罪者，一是自請未盡職責之罪，二是為太子求情。[251]大義滅親　語出《左傳》隱公四年。衛國老臣石碏的兒子石厚幫著衛君的兒子州吁作亂，石碏為此親自殺了石厚，故《左傳》的作者讚揚石碏為「大義滅親」。[252]跨據恆朔　佔據恆、朔二州。恆州的州治即今山西大同。恆、朔二州相當於今之山西北部與內蒙古南部，包括呼和浩特在內的大片地區。[253]孰大焉　還有比這個更嚴重的嗎。[254]閏月丙寅　閏十二月初八。[255]河陽無鼻城　河陽是古邑名，在今河南孟州城西，洛陽城北，與洛陽隔黃河相望。無鼻城，也作無辟城，在河陽附近。[256]粗免飢寒　不至於受凍挨餓。粗，大概。[257]戊辰　閏十二月初十。[258]常平倉　猶如漢代所說的平準倉，其中儲存大量糧食。農民獲得豐收，糧價低賤時，糧庫以平價收入，使農民不致吃虧；當年景不好，糧食歉收，糧價飛漲時，糧庫將存糧以平價賣出，百姓不致因災受害。因其能調節糧價平穩，故曰「常平」。[259]戊寅　閏十二月二十。[260]太子寶卷冠　蕭鸞的太子蕭寶卷年已二十，行加冠禮。[261]文明太后欲廢魏主　事見本書前文卷一百三十七永明八年。[262]穆泰　魏國元勳老臣穆崇之孫，穆真之子，時為尚書右僕射。傳見《魏書》卷二十七。[263]中州儒士　中原地區的儒生，如宋弁、郭祚等人。中州，中原，指今河南一帶地區。[264]定州　州治即今河北定州。[265]土濕則甚　氣候潮溼就病得厲害。[266]乞為恆州　請求改為恆州刺史。[267]陸叡　魏國元勳老臣陸俟之孫，陸麗之子。傳見《魏書》卷四十。[268]叡未發　陸叡尚未離開平城。[269]樂陵王思譽　拓跋思譽，景穆帝拓跋晃之孫，拓跋胡兒之子。傳見《魏書》卷十九下。270安樂侯隆　拓跋隆，拓跋丕之子，明元帝拓跋嗣之孫。傳見《魏書》卷十七。271撫冥鎮將魯郡侯業　拓跋業，拓跋丕之弟，明元帝拓跋嗣之子，時為撫冥鎮的守將，被封為魯郡侯。傳見《魏書》卷十七。撫冥鎮的鎮址在今內蒙古四子王旗東南。272驍騎將軍超　拓跋超，拓跋隆之弟，時為驍騎將軍。273陽平王頤　拓跋頤，拓跋新成之子，明元帝拓跋嗣之孫。傳見《魏書》卷十七。274洛陽休明　洛陽政權的政治開明。洛陽，以指魏孝文帝。休明，英明。休，美好。275任城王澄　拓跋澄，拓跋雲之子，景穆帝拓跋晃之孫。傳見《魏書》卷十九上。276扇誘宗室　煽動引誘拓跋氏的多位親王。277脫或必然　如果肯定是這麼回事。278遷都甫爾　剛遷都洛陽不久。甫爾，剛剛開始。279南北紛擾　南北兩方如果同時亂起來。南，指已遷到洛陽的北方邊地之人。北，指穆泰等在恆州、朔州作亂的人。280洛陽不立　洛陽就有危險了。281強為我北行　勉為其難地替我到北方走一趟。282審觀其勢　仔細地分析他們的形勢。283承制　就以皇帝的名義。制，皇帝的命令。284駑怯　無能而又怯懦。這裡是謙詞。285犬馬之疾　謙稱自己的疾病。286節　旌節，皇帝賜給方面大臣的信物，表示其所受信任之重與其權力之專。287銅虎竹使符　銅虎符與竹使符，調兵、調糧與發布號令的各種憑證。288御仗左右　皇帝身邊的帶刀護衛，授與任城王澄做警衛。289仍行恆州事　仍，同「乃」。於是。行恆州事，代行恆州刺史的職務。原來的恆州刺史穆泰已被免職。290鴈門　魏郡名，郡治在今山西代縣西南。291西就陽平　西進與陽平王拓跋頤相會合。當時拓跋頤任朔州刺史。292遽令進發　立即下令全速進擊。293右丞　尚書右丞，隨拓跋澄前往處理事務的朝廷官員。294事未可量　對方的情況不清楚，難以估量。295依敕召并肆兵　按魏主旨意調集并州、肆州的武裝部隊。296更迎陽平　竟然往投拓跋頤。迎，往就。297但速往鎮之　只要我們迅速地進入恆州（即今大同）。鎮，往就刺史之位。298治書侍御史　御史中丞的下屬官員，掌彈劾，亦隨拓跋澄同往的朝廷官員。299入代　即進入平城。300曉諭泰黨　向穆泰的黨羽說明情況。301皆莫為之用　沒有人肯再為穆泰賣命。302追擒之　李渙率人追擒穆泰。303尋至　不久到達。304窮治　徹底追查。305帖然　歸心擁護的樣子。306社稷臣　關係國家安危的大臣。307獄辭　審理叛黨的問答之辭。308正復臯陶　即使讓古代的臯陶來辦理此事。臯陶，相傳是虞舜時代的法官，古代司法名臣的代表。事見《史記．五帝本紀》。309顧謂　回頭對著……說。310當此　遇到這樣的事情。311謀入寇　商量起兵伐齊的事情。312卜宅土中　建都於普天下的中央地帶，即洛陽。卜宅，舊指蓋房子安家。313綱條粗舉　各項工作大體有了眉目。314唯南寇未平　只剩下南方的殘餘之敵未被掃平。315安能效近世天子　怎麼能像近現代的那些其他皇帝一樣。316下帷於深宮之中　只會在深宮之中放下帳子睡大覺呢。下帷於深宮，指閉門不出，安於享樂。317南征決矣　起兵南征是已經確定了的。胡三省曰：「魏既都洛，逼近淮、漢，故急於南伐以攘斥境土。」318術者皆云　觀測天文氣象的術士們都說。

古代研究天文氣象的人通常都以此講王朝氣數的盛衰。319依違於前二句　當著我的面不明確表態，背後卻去大唱反調。依違，模稜兩可。320先論人事　先考察敵我雙方的人事動態，如百姓的意願如何、雙方的實力如何、雙方的決策者與統率人物的能力如何等等。321後察天道　其次才是觀測天意，即天文星象、占卜結果等等。322秋穀不稔　秋天的收成不好。323興師旅　即出兵作戰。師旅，古代軍隊的編制名，五百人為一旅，五旅為一師。324來秋　明年的秋後。325去十七年　過去的太和十七年，即前年，西元四九三年。326擁兵二十萬　當時聲稱三十萬。327如僕射之言　照你李沖的說法。當時李沖任尚書僕射。328寇戎咫尺　敵軍近在眼前。咫，八寸。329將為社稷之憂　留著這些敵人，難免給我們的國家造成危害。330若秋行不捷　如果明年秋後不能取得勝利。331盡付司寇　通通把你們送上軍事法庭。司寇，周代掌刑獄的官名。332不可不盡懷　我不得不向你們先說清楚。333有罪徙邊　因犯罪而被發配守邊。334多逋亡　很多人都逃亡。335闔門充役　全家被罰去服勞役。336光州　魏州名，州治即今山東萊州。337博陵崔挺　崔挺是博陵郡的大士族，其女為孝文帝的嬪妃。傳見《魏書》卷五十七。博陵郡的郡治即今河北安平。338司馬牛受桓魋之罰　司馬牛是春秋末期宋國人，孔子的弟子，以道德優秀著名。桓魋是司馬牛之弟，在宋國任司馬。孔子到宋國時，桓魋差點把孔子殺掉。若按魏主所定的法律，司馬牛就要因桓魋的株連而被懲罰了。339柳下惠嬰盜跖之誅　柳下惠是春秋末期魯國的賢者，深受孔子敬重。盜跖相傳是柳下惠之弟，是當時橫行天下的大惡人。若按魏主所定的法律，柳下惠就要因盜跖的株連而被懲辦了。340遂除其制　於是就取消了這種「一人逋亡，闔門充役」的條令。

【校記】1大夫　據章鈺校，十二行本、乙十一行本皆無此二字。2今日　原無此二字。據章鈺校，十二行本、乙十一行本皆有此二字，今據補。3名品　原作「名器」。據章鈺校，十二行本、乙十一行本皆作「名品」，張敦仁《通鑑刊本識誤》同，今據改。4親戚憑藉　據章鈺校，十二行本、乙十一行本、孔天胤本皆作「親近憑勢」，張敦仁《通鑑刊本識誤》「戚」作「近」。5求降　據章鈺校，十二行本、乙十一行本、孔天胤本皆作「來降」。6細民　據章鈺校，十二行本、乙十一行本、孔天胤本皆作「庶民」。7領軍　原作「中領軍」。據章鈺校，十二行本、乙十一行本皆無「中」字，張瑛《通鑑校勘記》同。張敦仁《通鑑刊本識誤》云：「無注本脫一『中』字。」熊羅宿《胡刻資治通鑑校字記》云：「《北史》無『中』字。」《魏書・廢太子恂傳》、《北史・廢太子恂傳》皆無此字，今據刪。8等　原無此字。據章鈺校，十二行本、乙十一行本、孔天胤本皆有此字，與《魏書・廢太子恂傳》、《北史・廢太子恂傳》同，今據補。9濕　原作「溼」。張敦仁《通鑑刊本識誤》作「濕」，其義長，今從改。

【語 譯】三年（丙子 西元四九六年）

春季，正月初三日丁卯，齊國朝廷任命氐王楊炅的兒子楊崇祖為沙州刺史，同時封其為陰平王。

魏孝文帝拓跋宏下詔說「北方人稱土地為拓，稱帝王為跋。魏國的祖先是黃帝軒轅氏的後代，是以土德稱王，所以稱為拓跋氏。土，是黃色的，又居於東西南北四方之中，世界上的一切之物都是從土地上生長出來的，所以拓跋氏應當改姓元氏。從代地遷到洛陽來的功臣舊族，有的姓氏字數太多，今後都要改變。」於是開始把拔拔氏改為長孫氏，把達奚氏改為奚氏，把乙旃氏改為叔孫氏，把丘穆陵氏改為穆氏，把步六孤氏改為陸氏，把賀賴氏改為賀氏，把獨孤氏改為劉氏，把賀樓氏改為樓氏，把勿忸于氏改為于氏，把尉遲氏改為尉氏，其餘被改的姓氏，多得無法統計。

魏孝文帝元宏一向重視門第出身，因為范陽郡人盧敏、清河郡人崔宗伯、滎陽郡人鄭羲、太原郡人王瓊四姓家族，都是深受士大夫所推崇的族姓，於是孝文帝都把他們的女兒納入後宮作嬪妃。隴西郡人李沖因為才能和遠見卓識受到任用，在當朝位尊任重，所有與他結為婚姻關係的，無不門第清白，被人敬重，魏孝文帝也把李沖的女兒納入後宮，封為夫人。孝文帝下詔給擔任黃門侍郎、司徒左長史的宋弁，讓他確定各州著名的家族哪些算士族，哪些不算士族，並列出他們的品級高低，經過宋弁的評定，有些原來被視為士族的，現在被黜落了；有些原來沒有被視為士族的，現在被篩選上去了。孝文帝又下詔說「代地的人先前沒有像漢族這樣的大姓氏、大家族，即使是大功臣、大賢臣的後代，也都和門第卑微的人家沒有什麼兩樣。所以即使他們飛黃騰達，位極公卿大臣，而與他們血緣關係很近的親屬仍然只充任一些卑微的職務。諸如穆、陸、賀、劉、樓、于、嵇、尉這八個姓氏，自從太祖拓跋珪時代以來，功勳昭著於一時，爵位達到王爵、公爵，非常顯著地為世人所知的，要把他們的名冊送交司州、吏部註冊，不要讓他們的後代再去充任那些卑微的職務，要讓這八個族姓的人與盧、崔、鄭、王四姓享受同樣的待遇。這些姓氏以外，應該列入士族門第的人士，不久之後我會下達其他的指示。原來曾經是部落首領的家族，並且從道武帝拓跋珪皇始年間以來有三代人擔任過給事黃門侍郎以上的官職以及爵位是王爵、公爵的家族確定為大姓；如果不曾擔任過部落首領，而從皇始年間以來有三代人做官做到尚書以上以及爵位是王爵、公爵的也確定為大姓。那些曾經擔任過部落首領的後人，而官位並不曾顯赫的則確定為大族；如果沒有擔任過部落首領，而官位顯赫的也同樣確定為大族。凡是被確定為大姓、大族的，都應該進行審查核實，不允許假冒。責成擔任司空的穆亮、擔任尚書的陸琇等進行詳實的審核，務必做到公正平允。」陸琇，是陸馛的兒子。

魏國舊有的制度：諸王的嬪妃都應該娶自穆、陸、賀、劉、樓、于、嵇、尉這八大族姓以及清白良善的人家。而咸陽王元禧卻娶了隸戶人家的女兒為妻，孝文帝嚴厲地責備了元禧，並趁機下詔為自己的六個弟弟重新聘娶妻室。孝文帝在詔書中說「將你們原來聘娶的妻子全都降為一般的姬妾。咸陽王元禧，可以聘娶原潁川太守隴西郡人李輔的女兒為妻；河南王元幹，可以聘娶原任中散大夫的代郡人穆明樂的女兒為妻；廣陵王元羽，可以聘娶擔任驃騎諮議參軍的滎陽人鄭平城的女兒為妻；潁川王元雍，可以聘娶原任中書博士的范陽人盧神寶的女兒為妻；始平王元勰，可以聘娶擔任廷尉卿的隴西人李沖的女兒為妻；北海王元詳，可以聘娶擔任吏部郎中的滎陽人鄭懿的女兒為妻。」鄭懿，是鄭羲的兒子。

當時趙郡李姓諸族出現的人才最多，每個人都把自己的家族治理得風華峻茂，所以世人一說起魏國有哪些高尚而又華貴的家族，首先要提到的五大家族就是盧、崔、鄭、王、李。○眾人都議論認為薛氏應該算作河東郡的望族，孝文帝說：「薛氏，是由巴蜀地區遷來的人，怎麼能算作河東郡裡的大姓？」當時擔任直閤將軍的薛宗起正在殿下執戟站崗，他離開自己的崗位抗議說：「我的祖先，漢代末期入蜀為官，第二代人就重新返回河東郡，如今在河東郡又傳承了六世，不能算作是蜀地人。我認為陛下是黃帝的後裔，黃帝把北方的代地封賞給陛下的祖先，難道可以因此就說陛下是胡人嗎？如果我們薛氏成不了河東郡中的大姓，我還活著做什麼！」說完便把手中的戟摔碎在地上。孝文帝慢慢地說：「如此說來我是第一你就是第二了？」遂把薛氏列入了河東郡中的大姓。孝文帝接著說：「你不應該叫『宗起』，而應該叫『起宗』，你的宗族地位是因為你而得到提高的！」

魏孝文帝與群臣一起商討選拔任用官員的問題，孝文帝說：「近代以來根據門第出身的高低，都有固定的待遇，這樣的做法究竟是好還是不好呢？」李沖回答說：「不知道自從上古以來，朝廷設置官位，是為了讓富貴人家的子弟當官而設呢，還是為了把政治搞好，使國家得到太平而設？」孝文帝說：「當然是為了把國家治理好。」李沖說：「然而陛下現在為什麼只看門第高低而不按才能選拔官員呢？」孝文帝說：「如果確實有超過別人的才能，就不用擔心別人不知道他。而出身於高貴門第的人，即使沒有管理好國家政事的能力，至少可以保證他們的道德品質良好，我所以才任用他們。」李沖說：「商朝武丁時代的賢臣傅說、輔佐周武王滅商的元勳呂望難道出身於高貴門第嗎？」孝文帝說：「不尋常的傑出人才，歷時長久才能有一二個人出現。」祕書令李彪說：「陛下如果專門按照門第高低選拔人才，不知道春秋後期掌握魯國政權的三家貴族孟孫氏、叔孫氏、季孫氏，有哪一個能與孔子所開設的德行、言語、政事、文學四個學科中的高才弟子相比？」擔任著作佐郎的韓顯宗說：「陛下難道是讓出身門第高貴的人襲任高官，讓出身門第低下的人襲任卑微的職位嗎？」孝文帝說：「如果有高於一般人的特殊才能、確實屬於出類拔萃的人物，我也不會受門第觀念的限制，也會對他們予以破格的提拔和任用。」過了一陣子，大將軍劉昶由徐州刺史任所來到洛陽朝見孝文帝。孝文帝對劉昶說：「有人主張選拔官吏只能看他有沒有實際的才能，而不必看他的出身門第如何，而我卻不這樣認為。為什麼呢？如果把出身門第高貴的人與出身門第卑賤的人混雜在一起，同等看待，使那些士族出身的君子和庶族出身的小人在家門門第與官品等級上都沒有什麼區別，這實在是不可以的。我即將把鮮卑族的穆、陸、賀、劉、樓、于、嵇、尉八個大姓和與之相等的漢族的盧氏、崔氏、鄭氏、王氏、李氏等幾個大姓出身的士人，劃分為九個等級，九個等級以外，再把出身門第卑賤的人所擔任的官職劃分為七等。如果真的發現了有特殊才能、有特殊貢獻的人，我就直接把他從平民之家中破格提拔出來，讓他出任三公之職。正是因為擔心賢才難得，所以才不能為了這千年不遇的個別人物而搞亂了整個國家的大法。」

司馬光說：「選拔官吏的辦法，先看出身門第而後才看是否是賢才，這是魏、晉時代嚴重的弊病，而歷代互相沿襲，沒有人能夠改變它。是君子還是小人，並不取決於他們是否世代享有爵祿還是出身門第卑微，以現在人的眼光來看，不論是愚笨的人還是聰明的人都清楚地知道這一點。然而在當時，即使是魏國孝文帝那樣賢明的君主，仍然不能改變這種弊病，所以說能夠明辨是非而不受世俗影響的人實在是太少了。」

正月二十八日壬辰，魏孝文帝改封始平王元勰為彭城王，恢復定襄縣王元鸞城陽郡王之位。〇二月初九日壬寅，魏孝文帝下詔說「群臣如果不是因為趕上軍情緊急，一律允許他們為自己的父母守完三年之孝。」〇十三日丙午，魏孝文帝下詔說「京畿地區年齡在七十歲以上的老人，等到春末之時都要到京城來參加皇帝舉辦的尊老敬老活動。」

三月初三日丙寅，魏孝文帝在華林園宴請群臣，以及告老辭官的卿大夫和一般的高齡士人，詔告說「告老辭官的卿大夫中年齡在七十歲以上的，都授予中散大夫的虛銜；六十歲以上的郡守，授予給事中的虛銜；縣令和一般的高齡士人，都分別授予一個郡裡或縣裡的虛銜。授予每個老人一個刻著鳩鳥形的拐杖和一套衣裳。」〇十四日丁丑，魏孝文帝下詔說「各州的中正官向朝廷所舉薦的其轄區內在群眾中有威望，年齡在五十歲以上，而且有操守、能耐守清貧的人士，我將授予他們縣令、縣長之職。」

三月十九日壬午，齊明帝蕭鸞下詔說「皇帝的車駕凡是用金銀裝飾的部位，要把金銀全部剔除。」〇齊明帝一心追求簡樸的生活，主管膳食的太官曾經給齊明帝進獻了一份裹蒸，齊明帝說：「這個裹蒸太大了，我一次吃不了這麼多，可以把它分為四份，剩下的就作為我的晚飯吧。」又曾經使用皂莢水洗浴，他把自己用過的皂莢水授予左右的侍從人員說：「這些皂莢水還可以再用。」主管伙食的太官大年正月初一向齊明帝敬酒祝賀，酒席宴上有一個用銀子打造的酒鎗，齊明帝就要把這個銀質酒鎗銷毀。擔任尚書令的王晏等人對齊明帝的儉樸美德大加歌頌，擔任衛尉的蕭穎胄說：「朝廷舉行的盛大典禮，都比不上大年初一這一次盛大。這個銀質酒器既然是舊有的東西，所以也說不上是奢侈。」齊明帝聽了做出一副很不高興的樣子。後來，蕭穎胄參加齊明帝在後宮舉辦的一次非禮節性宴會，宴會上所用的全都是銀質器皿。蕭穎胄說：「陛下在大年初一的宴會上就想把銀質的酒鎗銷毀，恐怕陛下的那道銷毀令應該應用到這些器物上面吧。」蕭鸞聽了非常慚愧。

齊明帝親自過問一些瑣碎的事務，規定的一些條條框框也非常細密繁瑣，於是各郡各縣和尚書省下的六個辦事機構以及九卿府的日常事務，無不一一向齊明帝請示彙報，聽取齊明帝親自作出決定之後再去遵照執行。一切文武元勳老臣的任命，都不歸吏部管理，都是憑著親戚關係走後門，直接找齊明帝關說，所以皇帝的政務過於繁雜瑣碎。擔任南康王侍郎的潁川郡人鍾嶸上書給齊明帝說：「古時候，聖明的君主根據臣下之才下達任務，根據臣下之能授予官職，所以三公負責主持制定治理國家的總體原則，不管具體事務，九卿則分工明確，負責具體執行，天子只管莊嚴端正地南面臨朝而已。」齊明帝看了鍾嶸的奏疏之後很不高興，就對擔任太中大夫的顧暠說：「鍾嶸是什麼人，竟然想阻止我處理國家的重要事務！你瞭解不瞭解他？」顧暠回答說：「鍾嶸雖然官階卑微名聲不大，然而他說的那些話也許有些值得採納的地方。況且那些繁雜瑣碎的事務，都有具體負責辦理的機構在。現在皇帝把所有的事務都管起來親自處理，將導致皇帝越來越辛勞而群臣越來越安逸，正如人們常說的那樣『代替廚師去屠宰牲畜、替能工巧匠去動手製作』。」齊明帝深知自己沒理卻又不肯承認，於是便說些其他的事情，將話題岔開。

夏季，四月十一日甲辰，魏國擔任廣州刺史的薛法護向齊國請求投降。〇魏國的軍隊進犯齊國的司州，齊國駐守櫟城的將領魏僧珉率軍打退了魏軍的入侵。

五月二十四日丙戌，魏國在河陰建造祭祀地神的方澤。魏孝文帝又下詔，禁止人們在東漢、曹魏、西晉諸皇帝的陵墓周圍一百步之內打柴割草。〇二十五日丁亥，魏孝文帝在河陰的方澤舉行祭祀地神的活動。

秋季，七月，魏孝文帝廢掉了馮皇后。當初，孝文帝的母親文明太后想使自己的娘家地位尊貴、權勢顯赫，就挑選了馮熙的兩個女兒進入後宮。其中的一個很早就去世了，剩下的這個女孩受到孝文帝的寵幸，誰知沒過多久，這個女孩生了病，就回到娘家出家為尼。等到文明太后去世之後，孝文帝便立馮熙的小女兒為皇后。後來馮皇后出家為尼的那個姐姐疾病痊癒，孝文帝很思念她，就又把她接入宮中，封為左昭儀，於是馮皇后越來越不受孝文帝的寵愛。左昭儀馮氏因為自己年長，是皇后的姐姐，而且比皇后早入宮，所以就不肯遵守姬妾的規矩給皇后行禮，皇后自己深感愧怨，左昭儀又在孝文帝面前說皇后的壞話，於是孝文帝元宏便廢掉了皇后。馮皇后一向有品德操守，便居住在瑤光寺當了修練戒行的尼姑。

魏孝文帝因為魏國境內久旱不雨，便從五月二十一日癸未開始不吃東西，一直到五月二十三日乙酉，以此祈求上天降雨，群臣都前往中書省請求拜見皇帝。孝文帝當時住在崇虛樓，他派中書舍人傳話給群臣叫他們回去，而且詢問群臣為什麼聚集在中書省。擔任豫州刺史的王肅回答說：「如今四郊已經普遍下透雨，只有京城的雨稍微小一些。小民百姓沒有少吃一頓飯而陛下已經連續三天停止進食，朝廷的文武百官為此心中惶恐不安，感到無地自容。」孝文帝讓中書舍人答覆說：「我幾天沒有吃飯，卻沒有感到什麼不適。近來宮廷內外不論尊卑貴賤，都說四郊已經普降雨水，我懷疑這是他們想來安慰我罷了，未必是真的。我正準備派人到四郊去察看，如果真像你們所說的那樣，我就立即進餐；如果不是，我還活著做什麼？我要用我的生命為萬民補救過失！」當天晚上，天降大雨。

魏國的皇太子元恂不愛學習，身體又一向肥胖，對河南洛陽的炎熱天氣感到非常不適，他經常想回到北方的平城居住。孝文帝雖然賞賜給他漢族的衣帽，而元恂私下裡卻經常身穿胡服。擔任太子中庶子的遼東郡人高道悅多次誠懇地進行勸諫，元恂反而對高道悅心生厭惡。八月初七日戊戌，孝文帝前往嵩山巡視，元恂趁機與自己的左右進行密謀，準備調用河內馴馬場裡的軍馬，輕騎奔回平城謀求自立，他在宮禁之中親手殺死了中庶子高道悅。擔任領軍將軍的元儼嚴守宮門，防止變亂，一直到天黑才安定下來。第二天一大早，擔任尚書的陸琇飛馬前往嵩山向孝文帝報告。孝文帝雖然非常震驚，卻沒有向外洩露此事，仍然按照原定行程到達汴口之後才返回都城洛陽。二十三日甲寅，孝文帝回到皇宮，他召見太子元恂，列數了他的罪過之後，親自與咸陽王元禧等人輪番責打了太子一百多棍，然後命人連扶帶拉地把他帶出宮外，囚禁在洛陽城西。元恂一個多月之後，才能下床走路。○二十六日丁巳，魏國擔任相州刺史的南安惠王元楨去世。

九月初八日戊辰，魏孝文帝元宏在小平津演練武事。十三日癸酉，回到皇宮。○冬季，十月初八日戊戌，魏孝文帝下詔說「凡是從代地遷移到洛陽來的軍士，全都充作羽林軍、虎賁軍。司州治下的成年男子，每十二個人中抽調出一人為役夫，為國家政府部門和貴族私家服徭役。」

魏國居住在吐京郡境內的少數民族起來造反，孝文帝命令擔任朔州刺史的元彬代理汾州刺史的職務，率領并州、肆州的現有軍力去平息叛亂。元彬，是元楨的兒子。元彬派遣一支軍隊的統領奚康生出兵攻打叛變的少數民族，奚康生很快打敗了叛軍；一直追到車突谷，再度打敗叛軍，俘獲了數以萬計的各種牲畜。魏孝文帝於是下詔任命元彬為汾州刺史。以去居為首的六百多名胡人憑藉險要之地不肯向官軍投降，元彬遂向朝廷請求派二萬軍隊去討伐去居，有關部門的官員奏請孝文帝批准元彬的請求。孝文帝勃然大怒說：「對付一股小小的賊寇，哪有朝廷發兵討伐的道理呢？刺史可以根據具體情況靈活地進行討伐，如果刺史不能戰勝賊寇，必須要由朝廷派大軍去討伐的話，那就先殺了刺史，然後朝廷再發兵！」元彬非常恐懼，趕緊統領汾州的士兵，身先士卒去討伐去居，終於將去居等消滅。

魏孝文帝在清徽堂召見群臣，商議廢掉太子元恂的事情。擔任太子太傅的穆亮、擔任太子少保的李沖摘掉帽子給孝文帝磕頭請罪。孝文帝說：「你們向我磕頭請罪是為了私情，而我所商議的是關係到國家興亡的大事。『大義滅親』，是古人所推崇的。現在太子元恂竟然違背父命準備叛逃，想要佔據恆州、朔州，與朝廷分庭抗禮，天下的罪惡還有比這更嚴重的嗎？如果不把元恂的太子廢掉，將來就會給國家造成禍患。」閏十二月初八日丙寅，孝文帝將太子元恂廢為平民，把他安置在河陽的無鼻城，派軍隊看守著他。提供給他的衣食，大體上不至於受凍挨餓而已。〇初十日戊辰，魏國設立了平抑物價的常平倉。〇二十日戊寅，齊國為皇太子蕭寶卷舉行了加冠禮。

當初，魏國的文明太后馮氏想要廢掉孝文帝的時候，當時擔任尚書右僕射的穆泰誠懇地進行勸阻，才使文明太后打消了廢立孝文帝的念頭，穆泰因此特別受到孝文帝的寵信。等到孝文帝將都城從平城南遷到洛陽之後，所親近、信任的人大部分都是中原地區的儒生，宗室成員以及從代地過來的人往往感到很不滿意。穆泰也從尚書右僕射的位子上被調離朝廷派往定州擔任刺史，穆泰不願意去定州，遂上書給孝文帝陳述自己久病不癒，而定州氣候潮溼，會使自己的病情加重，請求改任為恆州刺史；孝文帝為了滿足穆泰的要求，便將擔任恆州刺史的陸叡改任為定州刺史，讓穆泰替代陸叡為恆州刺史。穆泰到達恆州刺史任所的時候，陸叡還沒有離開恆州前往定州赴任，穆泰遂與陸叡一同密謀作亂，他們暗中聯絡擔任鎮北大將軍的樂陵王元思譽、安樂侯元隆、擔任撫冥鎮將的魯郡侯元業、擔任驍騎將軍的元超等人，共同推舉擔任朔州刺史的陽平王元頤為主。元思譽，是元天賜的兒子；元業，是元丕的弟弟；元隆、元超都是元丕的兒子。陸叡認為洛陽的孝文帝品行很好、政治英明，勸說穆泰緩一緩再採取行動，穆泰因此沒有立即發動政變。

陽平王元頤為了穩住他們，便假裝答應了穆泰等人的請求，暗中卻派人把他們的情況祕密地報告給孝文帝。代理吏部尚書的任城王元澄正在患病，孝文帝在凝閑堂召見了任城王，他對元澄說：「穆泰陰謀叛亂，煽動引誘了很多宗室成員，宗室極有可能嚮應穆泰。現在剛剛遷都不久，遷到洛陽的北方人都留戀舊都平城，南方的洛陽與北方的恆州、朔州如果同時亂起來，我在洛陽就有危險了。這是關係國家前途的大事，除了你誰也辦不成這件事。你雖然正在生病，也要勉為其難地為我到北方走一趟，仔細地分析一下那裡的形勢。假設他們的勢力微弱，你就直接把他們擒獲；如果他們的勢力已經很強大，你可以用我的名義徵調并州、肆州的軍隊擊敗他們。」元澄回答說：「穆泰等人所以會愚昧、糊塗到這種地步，就是由於捨不得離開舊都，才準備陰謀叛亂，而不是經過了深謀遠慮。我雖然無能而又怯懦，也足以制服他們，希望陛下不要擔憂。我雖然身體有病，又怎麼敢推辭呢！」孝文帝笑著說：「任城王肯替我到北方走一趟，我還有什麼可擔憂的呢！」於是把代表受皇帝委任的符節、可以調兵調糧與發號施令的銅虎符、竹使符，以及皇帝身邊的帶刀護衛授予任城王元澄，令任城王元澄代行恆州刺史的職務。○任城王元澄到達雁門郡，雁門郡太守連夜向他報告說「穆泰已經率領軍隊西進與陽平王元頤會合去了。」元澄立即命令屬下全速前進。擔任右丞的孟斌建議說：「對方的情況我們還不清楚，難以估量，應該按照皇上的旨意調集并州、肆州的軍隊，然後再慢慢前去討伐。」元澄說：「穆泰既然已經起兵作亂，就應該據守堅固的城池，而現在他卻西進投奔陽平王元頤，根據他的所作所為，我估計他是因為勢力太弱。穆泰既然沒有出兵抵抗，我們無緣無故發兵，恐怕不合適。只要我們迅速地進入恆州鎮守，民心自然就會安定下來。」於是倍道兼程加速前進。任城王先派擔任治書侍御史的李煥單人獨騎進入平城，出其不意，向穆泰的黨羽說明情況，為他們分析福禍，於是沒有人再願意為穆泰賣命。穆泰此時已經是黔驢技窮，只得率領手下的幾百人進攻李煥，卻又沒有成功。遂從平城西面逃出城去，被李煥的追兵擒獲。不久任城王元澄也到達平城，他徹底追查穆泰的黨羽，逮捕了陸叡等一百多人，全部關入監獄，民間的百姓都很擁護，沒有引發騷動。任城王元澄把情況詳細地奏報給孝文帝，孝文帝非常高興，他把公卿召集起來，將任城王的奏章拿給他們看，孝文帝說：「任城王可說是關係國家安危的大臣啊！看他審理叛黨的問答之辭，即使讓古代的皋陶來辦理此事，又怎麼能超過他呢？」說完又回過頭來對咸陽王元禧等人說：「你們這些人要是遇到這種情況，恐怕做不到這樣。」

魏孝文帝謀劃出兵討伐齊國，他在清徽堂召見公卿說：「我把都城建在華夏的中央地帶，目前各項工作大體都有了眉目，只有南方的齊國還沒有被討平，我豈能效法近現代的那些皇帝只會在深宮之中放下帳子睡大覺呢？現在我已經決定要出兵南征齊國了，只是還不知道早晚出征的日期。近來觀測天文氣象的術士們都說『現在出兵一定能大獲全勝』。這是關係國家前途命運的大事，應該君臣各抒己見，你們不要因為我已經先表明了自己的態度而當著我的面不敢明確表態，而在背後卻大唱反調。」擔任尚書左僕射的李沖回答說：「大凡用兵，都應該首先考察敵我雙方的人事動態，其次才是通過觀測天文氣象、占卜結果等瞭解天意如何。如今卜筮的結果雖然吉祥而人事方面卻未齊備，我們剛剛遷都不久，今年秋季的收成又不好，這種情況之下不可以出兵作戰。按照我的意見，應該等到來年秋天。」孝文帝說：「過去的太和十七年，我率領二十萬大軍，可以說是人事特別齊備，然而天時不利，所以沒有取勝。如今天時已順，你們又說『人事未備』。如果按照尚書左僕射所說的，是始終沒有適合出兵征伐的日期了。敵軍近在咫尺，留著這些敵人，將來必定給我們的國家造成危害，我怎麼敢自己貪圖安逸？如果明年秋後出兵還不能獲得大勝，我就把你們諸位送交司法部門進行懲處，我不得不先給你們講清楚。」

魏孝文帝因為被發配到邊疆的許多罪犯逃跑，於是就制定了一條一個罪犯逃亡，全家人都將被罰去服勞役的連坐法令。擔任光州刺史的博陵人崔挺上書勸諫說：「天下原本就好人少，惡人多。如果因為一人有罪，而牽連到全家，那麼品德高尚的司馬牛就會受自己曾經差點殺掉孔子的弟弟桓魋的株連而遭受懲罰了，素有賢名的柳下惠也會受自己弟弟盜跖的牽連而被誅殺，豈不是很可惜嗎！」魏孝文帝贊成崔挺的意見，於是取消了這條法令。

【研　析】本卷寫齊明帝蕭鸞建武二年（西元四九五年）、三年共兩年間南齊與北魏的兩國大事。主要寫了魏孝文帝遷都洛陽後實行一系列重要的社會改革，以及孝文帝個人性格方面的一些特點，其他還寫了孝文帝的南伐，以及齊明帝蕭鸞誅滅蕭諶一族等等。而我們要集中議論的是孝文帝社會改革的成敗以及孝文帝總體評價的一些問題。

首先，我們應該注意的是，魏國的社會改革，或者也可以說是魏國實行漢化的問題，不是從孝文帝才開始，而是在道武帝拓跋珪、太武帝拓跋燾就已經開始了。所不同的是，那時的變革不是自覺自願、不是有目的、有計畫地進行，而只是一種被動的、不得已的臨時變通地採取措施而已。但究其實際而言，拓跋珪、拓跋燾之所以能取得如此輝煌的軍功與政績，實在又與他們任用與依賴漢族傑出人物為之籌謀劃策大有關係。別的不說，就以拓跋燾任用崔浩，聽用崔浩之計大破柔然、滅掉夏國、滅掉北涼，從而統一黃河以北的大片國土而言，這鮮卑人接受漢文化所形成的威力就足以令舉世矚目了。但這在當時還只是表現在某些方面，而且還時常有反覆，時而出現反對「漢化」的逆流，甚至還出現了崔浩被殺，大批漢人的名門世族被牽連誅滅的駭世聽聞之事。

其二，魏國自覺地實行漢化是從孝文帝開始，但孝文帝在位的二十八年（西元四七一—四九九年），其中的前十九年是在馮太后執政的情況下度過的。馮太后對孝文帝日後的社會改革所起的作用，曾志華等在其《北朝史解讀》中說：「馮氏接受高允的建議，在全國各地設立鄉學，分配博士、助教等於各郡。在推行漢化教育的同時，馮太后還注意革除拓跋族的落後風習，一再下令禁絕女巫妖覡，反對殺生鼓舞進行祭祀活動。馮太后又進行了經濟改革，下令放寬對手工匠的禁令，准許其自由擇業。」「馮氏足智多謀，能行大事，具有豐富的政治經驗，於二次執政後，繼續進行一系列改革，孝文帝拓跋宏時期頒行的重要的均田制和三長制，實際都是由她主持定奪。」應該說正是馮太后的這些作為，給孝文帝親政後的種種改革，開了先聲，做了鋪墊。

馮太后重視宣傳教育，而且自己有文才，她以其孫年幼，「乃作〈勸戒歌〉三百餘章，又作《皇誥》十八篇，頒行天下」。在孝文帝以前，魏國的帝王能嫻習漢族經典，能親自寫文章、發詔令的似乎沒有見過。而像孝文帝後來那種熟讀漢族之書，親手撰寫詔令、發布文告的帝王，在南朝皇帝中也找不出第二個，但是馮太后在北朝的皇帝中卻開了頭。這是我們應該注意的第二點。

其三，關於魏主的遷都洛陽。遷都洛陽本身不算是漢化的內容，但與其他諸項漢化的作為有重要聯繫。遷都洛陽是為了更好治理國家，平城地處雁北，偏居一隅，對抵抗柔然的入侵是起了作用的；但對於治理幅員遼闊的魏國卻非常不利。洛陽地處天下之中，從政治、經濟、軍事諸方面衡量，都有平城所無法比擬的優越性。魏主以中國的正統自居，既然是中國的正統皇帝，別說他整天還在夢想著統一江南，即使放開江南不說，單是一個統治著黃河流域的大國，能夠以偏居於雁北一隅為滿足麼？劉宋末年以來，魏國又新得了淮河以北的大片地區，魏國的邊將時常用兵到淮河以南；在西南方的仇池、武都一帶，地形複雜，魏國的勢力早已達到這一帶，順利的時候可以佔領漢中，但當地的各派力量對魏國叛服不定，魏主遠居平城，遇事都深感鞭長莫及。尤其在經濟上，洛陽的交通發達，運輸方便，對於調動全國物資，支援淮河前線、西南前線，尤其是對正南方的南陽、義陽一線發動進攻，都有無可比擬的戰略優勢。《魏書》卷十九〈任城王傳〉載，任城王元澄反對遷都洛陽，孝文帝懇切地對他說：「國家興自北土，徙居平城，雖富有四海，文軌未一。此間用武之地，非可文治，移風易俗，信為甚難。崤函帝宅，河洛王里，因茲大舉，光宅中原。」而一旦建都洛陽之後，南伐齊國，可以「從洛入河，從河入汴，從汴入清，以至于淮，下船而戰，猶出戶而鬥，此乃軍國之大計。」（《魏書》卷五十三〈李沖傳〉）一句話，要想當名副其實的大國之君，就必須遷都洛陽；屈居於雁北的冰天雪地之中，與周邊的少數民族相雜處，那就只配讓南朝人稱做「索虜」，自己還有什麼資格呼淮河以南的大片地區為「蠻夷」呢？因此，孝文帝非遷都洛陽不可。

其四，孝文帝遷都洛陽後，全面實行「漢化」，其具體內容大致有：一、服漢人之衣，說漢人之話，死後葬於洛陽，從此籍貫為洛陽人。魏主下令：「今欲斷諸北語，一從正音。其年三十已上，習性已久，容不可猝革。三十已下，見在朝廷之人，語言不聽仍舊，若有故為，當加降黜。各宜深戒！」魏主又「引見羣臣於光極堂，頒賜冠服。」又說：「昨望見婦女猶服夾領小袖，卿等何為不遵前詔？」又規定：「代人遷洛者，宜悉葬邙山。其先有夫死於代者，聽妻還葬；夫死於洛者，不得還代就妻。」又詔：「遷洛之民死，葬河南，不得還北。」於是代人遷洛者悉為河南洛陽人。二、魏國的皇室權貴必須娶漢族的大姓之女為妻，孝文帝以身作則，納當時的漢族大姓范陽盧敏、清河崔宗伯、滎陽鄭羲、太原王瓊四家之女以充後宮；又以隴西李沖以才識見任，當朝貴重，亦以其女為夫人。又親自作主為他的六個弟弟各娶一家漢族的豪門之女為妻，咸陽王禧娶故潁川太守隴西李輔女；河南王幹娶故中散大夫代郡穆明樂女；廣陵王羽娶驃騎諮議參軍滎陽鄭平城女；潁川王雍娶故中書博士范陽盧神寶女；始平王勰娶廷尉卿隴西李沖女；北海王詳娶吏部郎中滎陽鄭懿女，原有的妻子一律降之為妾。三、改變鮮卑人原來的姓氏，一律使用漢族的姓氏，如拓跋氏改為姓「元」，達奚氏改為姓「奚」，丘穆陵氏改為姓「穆」，步六孤氏改為姓「陸」，賀賴氏改為姓「賀」，獨孤氏改為姓「劉」，勿忸于氏改為姓「于」，如此等等，據《魏書・官氏志》所載，總共有一百多個。這些規定一經實行，作為一個國家而言，是走向了統一、團結、各民族一家，免除了民族對立、民族歧視，形成並壯大了名為「漢族」，其實是各民族融匯一起，不分彼此的大家庭。作為人類進步、國家繁榮而言，只有百利而無一害。只有那些目光短淺、心胸狹隘的人，才死死地抱著其所謂「血統」的家族而不放。就人類生活的具體情況而言，所謂「純潔」的血統是一種既不實際，也毫無意義的東西。連秦始皇那樣的獨裁者都無法保持血統的「純潔」，更何況是千古以來的芸芸眾生呢？就生物學的原理而言，一個國家民族的血統越是融匯得支派眾多，其後裔就會越健康越智慧。只此一項而論，孝文帝的貢獻就遠遠不是一般帝王所能望其項背的。

至於孝文帝自稱自己的民族是黃帝之後，魏國政權是以土德列於「五行終始」之中；他的廣泛繼承歷代王朝的做法，尊孔、重儒，立國子、太學、四門小學以興辦教育；以及仿照漢族皇帝的南郊祭天、北郊祭地，這些也都是漢化的內容，但這些早從他的祖輩就已經逐步實行了，表現在孝文帝身上，只不過表演得更熟練、更熱心而已，而不是他的新創造。

其五，關於孝文帝效法南朝，大肆推行士族制度的問題。孝文帝仿效南朝大肆推行門閥制度，將魏國境內漢族的盧、崔、鄭、王、李五家定為士族之最優者；又定出北來少數民族的穆、陸、賀、劉、樓、于、嵇、尉八姓勳戚之家，與漢族之五姓享受同等待遇。孝文帝接過魏晉以來的九品中正制，用之為選拔任命官吏的管鑰與權衡。應該說，凡是熟悉中國歷史的人都知道，魏晉以至南朝的所謂「士族制度」、所謂「九品中正制」是一種赤裸裸地只為腐朽貴族服務，而摧殘人才的最混蛋、最誤國的東西，當時的民諺有所謂「上品無寒門，下品無士族」；有所謂「上馬不落為著作，體中何如做祕書」；又有所謂「舉秀才，不知書；舉孝廉，父別居，……」云云都是揭露這種制度之虛偽醜惡的；晉朝的詩人左思寫過〈詠史八首〉，其中有所謂「鬱鬱澗底松，離離山上苗。以彼徑寸莖，蔭此百尺條」；劉宋詩人鮑照寫過〈擬行路難十八首〉，其中有所謂「對案不能食，拔劍擊柱長歎息。丈夫生世會幾時，安能蹀躞垂羽翼」，都是這種罪惡制度統治下的孤直之士所發出的反抗之音。晉、宋、齊、梁的社會政治之所以如此黑暗腐朽，與這種制度有密不可分的關係。孝文帝作為一個傑出的政治家為什麼竟如此的醉心於學習南朝，應該說這是他統治階級立場的大暴露。孝文帝代表何人利益？首先是代表鮮卑一小撮貴族的利益；但只依靠這一小撮是維持不住統治政權的，於是他稍加擴大，把漢族的一群世家大族也招安過來，共同構成了魏國的統治階層。「九品中正」既是評定家族門第的上下，同時也是排定統治國家的官員的上下。

在選任官職的時候，首先是看門第呢？還是看被選人物的才智能力呢？孝文帝又學習了南朝最招人痛恨的一端，即只看門第。為此在當時就遭到了國家的名臣李沖、韓顯宗等人的反對，但孝文帝堅持不變。難道說孝文帝連這麼明顯的失誤也不能覺察？不是，他是在為他所代表、他所憑依的鮮卑族的貴胄們在爭取地位。孝文帝知道，要治好國家，必須依靠一系列的才智之臣。而這所謂才智，就是指以儒家傳統為主導的思想、言論與其相應的舉措與實踐。實話說，孝文帝所以要實行漢化，就是想迅速提高鮮卑貴族的這種文化水平與管理水平，但這種文化水平、思想水平以及相應的管理水平可不是短時間所能形成的。如果現在一開始就來個人倫才智為主、門第出身為次，那麼滿布朝野的官僚隊伍還不一下子黑壓壓的絕大多數都成了漢族人。光是遷都洛陽，已經使相當數量的鮮卑人離心離德了；如果再冒險的走出這一步，那整個的鮮卑貴族集團還會有多少人願意跟著孝文帝走？所以說，孝文帝對此不是不明白，而是沒有辦法，眼前只能如此。

其六，關於孝文帝的人格魅力。《資治通鑑》稱讚孝文帝的日常表現說：「帝好讀書，手不釋卷，在輿據鞍，不忘講道。善屬文，多於馬上口占，既成，不更一字。自太和十年以後，詔策皆自為之。好賢樂善，情如飢渴，所與遊接，常寄以布素之意。如李沖、李彪、高閭、王肅、郭祚、宋弁、劉芳、崔光、邢巒之徒，皆以文雅見親，貴顯用事，制禮作樂，鬱然可觀，有太平之風焉。」這樣的人格，別說晉、宋、齊、梁的孱頭們無法相比，就是排在中國兩千多年的歷代帝王行列中也寥寥沒有幾個。宋代的南宮靖一曾說：「孝文夙著令聞，及躬總大政，日不暇給，東征西伐，所向披靡。又愛友諸弟，終始無間。天地五郊、宗廟二分之禮，常必躬親。夢圖讖之書，禮比干之墓。虛心以訪安民之術，責己以答上天之譴。雅好讀書，手不釋卷，坐輿據鞍，講論經理。劉芳李彪以經術進，崔光邢巒以文史達，其餘涉獵典章、嫻習詞翰者，莫不縻以好爵。文風爛然，江左五朝莫能及也。」（《古今人物論》）現代的曾志華等曾說：「孝文帝的一系列改革，不但促進了北魏社會的發展，更積極推動了北方民族的大融合。孝文帝的改革也是歷史發展的產物，西晉以來民族融合已漸成一種趨勢，而孝文帝的改革更是功不可沒。孝文帝能夠撇下民族偏見，選擇歷史必由之路，主動實行漢化，在少數民族統治者中應屬難能可貴。正是孝文帝的雄才大略，使他成為對我國多民族國家的發展做出積極貢獻的傑出人物。」相比之下倒是王夫之的《讀通鑑論》顯得頗為不公，他對孝文帝幾乎沒說過一句好話，這應該是由於他生活在清朝初期，對於清王朝的殘暴現實嚴重不滿而引發出來的一種情緒所致，這是可以理解的。

卷第一百四十一

齊紀七

起彊圉赤奮若（丁丑　西元四九七年），盡著雍攝提格（戊寅　西元四九八年），凡二年。

【題　解】本卷寫齊明帝蕭鸞建武四年（西元四九七年）與永泰元年（西元四九八年）共兩年間南齊與北魏兩國的大事。主要寫了魏孝文帝處死了叛黨穆泰、陸叡等，人無稱冤者，但魏主原曾授予穆泰、陸叡等以遇死罪可以免死之詔，今穆泰、陸叡又因犯罪而蒙死刑，故司馬光稱此為「以不信之令誘之使陷於死地」，以為「刑政之失，無此為大」；寫了魏御史中尉李彪原本是靠著李沖的提拔得受魏主倚任，而地位提高後則漸漸對李沖禮數日減，又變為相對爭鬥，李沖則負氣上表彈劾其惡，極盡醜詆，必欲致李彪於死地。魏主對二人深感失望，遂將李彪除名，而李沖則盛怒中風，精神失常而死；寫了魏孝文帝發兵進攻南齊之南陽、義陽兩路，魏主先圍南陽，責南陽太守房伯玉三罪，房伯玉遣樂稚柔回對之，溫文爾雅，有古辭命之風；寫了攻義陽的魏將崔僧淵破齊將王曇紛於黃郭戍；魏將傅永破齊將魯康祚、趙公政於太倉口；傅永又破齊將裴叔業於楚王戍，深受魏主之稱賞；寫了魏將李佐先攻克新野，殺了齊將劉思忌，黃瑤起被俘，被王肅臠而食之；寫魏將又攻克南陽郡，俘獲了太守房伯玉；接著魏軍又南破崔慧景於鄧縣、鬧溝，魏軍遂圍困樊城；寫了魏將王肅率眾攻齊義陽，齊將裴叔業攻魏渦陽（今蒙城）以分其勢，魏將元羽與傅永等兩次率兵救渦陽，都被裴叔業打敗；魏主只好命王肅停攻義陽，往救渦陽，齊將裴叔業始南退過淮，回守渦口；後魏主聞蕭鸞死，以講究「禮不伐喪」而下令撤軍北還；寫齊明帝蕭鸞繼殺其親信蕭諶後，又因王晏貪心不足、口無遮攔，深被蕭鸞所忌，加以蕭遙光等人之挑動，致王晏、蕭毅、劉明達、晏弟詡、晏子德元、德和皆被殺；寫蕭鸞又猜疑老將王敬則，王敬則的兒子圖謀叛亂，連結王敬則的女婿謝朓，結果被謝朓告密；王敬則見景遂在會稽郡以擁立蕭子恪為名起兵造反，開始銳氣甚盛，其後被烏程令丘仲孚困之於長岡埭，而後被胡松、崔恭祖等破之於曲阿長岡，王敬則失敗被殺；寫了齊明帝蕭鸞死，臨終託後事於徐孝嗣、蕭遙光、蕭坦之、江祏等人，太子蕭寶卷即位。而寫史者迅即又將髒水潑向小皇帝，累敘了小皇帝的種種惡習，為日後篡殺蕭寶卷開始做鋪墊。此外還寫了魏將李崇率眾打敗了氐族頭領楊靈珍，重新平定了仇池一帶地區；江陽王元繼以講政策平息了內附於魏國的高車人之動亂等等。

高宗明皇帝下

建武四年（丁丑　西元四九七年）

春，正月，大赦。○丙申❶，魏立皇子恪❷為太子。魏主宴於清徽堂，語及太子恂，李沖謝曰：「臣忝師傅❸，不能輔導❹。」帝曰：「朕尚不能化其惡❺，師傅何謝❻也！」○乙巳❼，魏主北巡。

初，尚書令王晏❽為世祖❾所寵任，及上謀廢鬱林王❿，晏即欣然推奉⓫。鬱林王已廢，上與晏宴於東府⓬，語及時事，晏抵掌⓭曰：「公常言晏怯，今定何如⑭？」上即位⑮，晏自謂佐命新朝，常非薄世祖故事⑯。既居朝端⑰，事多專決，內外要職，並用所親，每與上爭用人⑱。上雖以事際須晏⑲，而心惡之。嘗料簡⑳世祖中詔㉑，得與晏手敕㉒三百餘紙，皆論國家事。又得晏啓諫世祖以上領選事㉓，以此愈猜薄㉔之。始安王遙光㉕勸上誅晏，上曰：「晏於我有功；且未有罪。」遙光曰：「晏尚不能為武帝㉖，安能為陛下乎？」上默然。上遣腹心[1]左右[2]陳世範等出塗巷㉗，採聽異言㉘。晏輕淺無防㉙，意望開府㉚，數呼相工自視㉛，云當大貴，與賓客語，好屏人清閒㉜。上聞之，疑晏欲反，遂有誅晏之意。

奉朝請鮮于文粲㉝密探上旨㉞，告晏有異志。世範㉟[3]又啓上云「晏謀因四年南郊㊱，與世祖故主帥㊲於道中竊發㊳。」會虎犯郊壇㊴，上愈懼。未郊一日㊵，有敕停行㊶。先報晏及徐孝嗣㊷，孝嗣奉旨㊸，而晏陳「郊祀事大，必宜自力㊹。」上益信世範之言。丙辰㊺，召晏於華林省㊻，誅之，并北中郎司馬蕭毅㊼、臺隊主㊽劉明達，及晏子德元、德和。下詔云：「晏與毅、明達以河東王鉉㊾識用微弱㊿，謀奉以為主(51)，使守虛器(52)。」晏弟詡為廣州刺史，上遣南中郎司馬蕭季敞(53)襲殺之。季敞，上之從祖(54)弟也。蕭毅奢豪，好弓馬，為上所忌，故因事陷之。河東王鉉先以年少才弱，故未為上所殺。鉉朝見，常鞠躬俯僂(55)，不敢平行直視。至是，年稍長[56]，遂坐晏事[57]免官，禁不得與外人交通[58]。

鬱林王之將廢也，晏從弟御史中丞思遠[59]謂晏曰：「兄荷世祖厚恩，今一旦贊人如此事[60]，彼或可以權計相須[61]，未知兄將來何以自立？若及此引決[62]，猶可保全門戶，不失後名。」晏曰：「方啖粥[63]，未暇此事[64]。」及拜驃騎將軍[65]，集會子弟[66]，謂思遠兄思微[4]曰：「隆昌之末[67]，阿戎[68]勸吾自裁。若從其語，豈有今日？」思遠遽應[69]曰：「如阿戎所見，今猶未晚[70]也。」思遠知上外待晏厚[71]而內已疑異，乘間[72]謂晏曰：「時事稍異[73]，兄亦覺不？凡人多拙於自謀[74]而巧於謀人。」晏不應。思遠退，晏方歎[5]曰：「世乃[75]有勸人死者！」旬日[76]而晏敗。上聞思遠言，故不之罪，仍遷侍中[77]。○晏外弟[78]尉氏阮孝緒[79]亦知晏必敗，晏屢至其門，逃匿不見[80]。嘗食醬美，問知得於晏家，吐而覆之[81]。及晏敗，人為之懼，孝緒曰：「親而不黨[82]，何懼之有！」卒免於罪。

二月壬戌[83]，魏主至太原[84]。○甲子[85]，以左僕射徐孝嗣為尚書令，征虜將軍蕭季敞為廣州刺史。○癸酉[86]，魏主至平城，引見穆泰、陸叡之黨問之，無一人稱枉[87]者，時人皆服任城王澄之明。穆泰及其親黨皆伏誅，賜陸叡死於獄[88]，宥[89]其妻、子，徙遼西[90]為民。

初，魏主遷都，變易舊俗，并州刺史新興公丕[91]皆所不樂。帝以其宗室耆舊[92]，亦不之逼，但誘示大理[93]，令其不生同異[94]而已。及朝臣皆變衣冠，朱衣滿坐，而丕獨胡服於其間，晚乃稍加冠帶[95]，而不能修飾容儀[96]，帝亦不強也。

太子恂自平城將遷洛陽[97]，元隆[98]與穆泰等密謀留恂，因舉兵斷關[99]，規據陘北[100]。丕在并州[101]，隆等以其謀告之，丕外慮不成，口雖折難[102]，心頗然之。及事覺，丕從帝至平城，帝每推問泰等[103]，常令丕坐觀[104]。有司奏元業、元隆、元超[105]罪當族，丕應從坐[106]。帝以丕嘗[6]受詔許以不死[107]，聽免死為民，留其後妻、二子，與居于太原，殺隆、超、同產乙升[108]，餘子徙敦煌[109]。

初，丕、叡與僕射李沖、領軍于烈[110]俱受不死之詔。叡既誅，帝賜沖、烈詔曰：「叡反逆之志，自負幽冥[111]，違誓在彼，不關朕[112]也。反逆既異[113]，餘犯雖欲矜恕[114]，如何可得？然猶不忘前言，聽自死別府[115]，免其孥戮[116][7]。元丕二子、一弟，首為賊端[117]，連坐應死[118]，特恕為民。朕本期始終[119]而彼自棄絕，違心乖念[120]，一何可悲！故此別示[121]，想無致怪[122]。謀反之外[123]，皎如白日[124]耳。」沖、烈皆上表謝。

臣光曰：「夫爵祿廢置[125]，殺生予奪，人君所以馭臣之大柄[126]也。是故先王之制[127]，雖有親、故、賢、能、功、貴、勤、賓[128]，苟有其罪，不直赦[129]也，必議於槐棘之下[130]，可赦則赦，可宥則宥，可刑則刑，可殺則殺。輕重視情[131]，寬猛隨時[132]。故君得以施恩而不失其威[133]，臣得以免罪而不敢自恃[134]。及魏則不然，動貴之臣，往往豫許之以不死[135]，使[8]彼驕而觸罪，又從而殺之。是以不信之令[136]誘之使陷於死地也。刑政之失，無此為大[137]焉！」

是時，代鄉舊族，多與泰等連謀，唯于烈一族[9]無所染涉[138]，帝由是益重之。帝以北方酋長[139]及侍子[140]畏暑，聽秋朝洛陽[141]，春還部落，時人謂之「鴈臣[142]」。

三月己酉[143]，魏主南至離石[144]，叛胡請降，詔宥之。夏，四月庚申[145]，至龍門[146]，遣使祀夏禹。癸亥[147]，至蒲坂[148]，祀虞舜。辛未[149]，至長安[150]。

魏太子恂既廢，頗自悔過。御史中尉李彪密表恂復與左右謀逆，魏主使中書侍郎邢巒[151]與咸陽王禧[152]奉詔齎椒酒[153]詣河陽[154]，賜恂死。斂以粗棺、常服[155]，瘞[156]於河陽。○癸未[157]，魏大將軍宋明王劉昶[158]卒於彭城，追加九錫[159][10]，葬以殊禮[160]。

五月己丑[161]，魏主東還[162]，汎渭入河[163]。壬辰[164]，遣使祀周文王於豐[165]、武王於鎬[166]。六月庚申[167]，還洛陽。○壬戌[168]，魏發冀、定、瀛、相、濟[169]五州兵二十萬，將入寇。

魏穆泰之反也，中書監魏郡公穆羆[170]與之通謀，赦後事發，削官爵為民。羆弟司空亮[171]以府事付司馬慕容契[172]，上表自劾[173]，魏主優詔[174]不許。亮固請不已，癸亥[175]，聽亮遜位[176]。○丁卯[177]，魏部[11]分六師[178]以定行留。

秋，七月甲午[179][12]，魏立昭儀馮氏為皇后[180]。后欲母養太子恪[181]，恪母高氏自代如洛陽，暴卒於共縣[182]。○戊辰[183]，魏以穆亮為征北大將軍、開府儀同三司、冀州刺史。

八月丙辰[184]，魏詔中外戒嚴[185]。○壬戌[186]，魏立皇子愉[187]為京兆王、懌[188]為清河王、懷[189]為廣平王。○追尊景皇所生王氏[190]為恭太后。○甲戌[191]，魏講武於華林園。○庚辰[192]，軍發洛陽。使吏部尚書任城王澄居守[193]，以御史中尉[13]李彪兼度支尚書[194]，與僕射李沖參治留臺事[195]。○假[196]彭城王勰[197]中軍大將軍[198]，勰辭曰：「親疏並用，古之道也。臣獨何人，頻煩寵授[199]。昔陳思[200]求而不允[201]，愚臣不請而得，何否泰之相遠[202]也？」魏主大笑，執勰手曰：「二曹[203]以才名相忌[204]，吾與汝以道德相親。」

上[205]遣軍主、直閤將軍胡松助北襄城太守成公期[206]戍赭陽[207]，軍主鮑舉助西汝南、北義陽[208]二郡太守黃瑤起戍舞陰。

魏以氐帥楊靈珍[209]為南梁州[210]刺史。靈珍舉州來降，送其母及子於南鄭以為質，遣其弟婆羅阿卜珍將步騎萬餘襲魏武興王楊集始[211]，殺其二弟集同、集眾。集始窘急，請降。九月丁酉[212]，魏主以河南尹李崇[213]為都督隴右諸軍事，將兵數萬討之。

初，魏遷洛陽，荊州刺史薛真度[214]勸魏主先取樊、鄧[215]。真度引兵寇南陽，太守房伯玉擊敗之[216]。魏主怒，以南陽小郡，志必滅之，遂引兵向襄陽，彭城王勰等三十六軍前後相繼，眾號百萬，吹脣沸地[217]。辛丑[218]，魏主留諸將攻赭陽，自引兵南下。癸卯[219]，至宛[220]，夜襲其郛[221]，克之。房伯玉嬰內城拒守[222]。魏主遣中書舍人孫延景謂伯玉曰：「我今蕩壹六合[223]，非如曏時冬來春去[224]，不有所克，終不還北。卿此城當我六龍之首[225]，無容不先攻取[226]，遠期一年，近止一月。封侯、梟首[227]，事在俯仰[228]，宜善圖之！且卿有三罪，今令卿知：卿先事武帝[229]，蒙殊常之寵[230]，不能建忠致命[231]而盡節於其嗣[232]，罪一也。頃年[233]薛真度來，卿傷我偏師[234]，罪二也。今鑾輅親臨[235]，不面縛麾下[236]，罪三也。」伯玉遣軍副[237]樂稚柔對曰：「承欲攻圍[238]，期於必克。卑微常人[239]，得抗大威[240]，真可謂獲其死所！外臣[241]蒙武帝採拔[242]，豈敢忘恩？但嗣君失德，主上光紹大宗[243]，非唯副億兆之深望[244]，抑亦[245]兼武皇之遺敕[246]。是以區區盡節[247]，不敢失墜[248]。往者北師深入，寇擾邊民，輒厲將士[249]以脩職業[250]。反己而言[251]，不應垂責[252]。」

宛城東南隅溝[253]上有橋，魏主引兵過之。伯玉使勇士數人，衣班衣[254]、戴虎頭帽，伏於竇[255]下，突出[256]擊之，魏主人馬俱驚。召善射者原靈度[257]射之，應弦而斃，乃得免。

李崇槎山分道[258]，出氐不意，表裏襲之[259]，羣氐皆棄楊靈珍散歸，靈珍之眾減太半[260]，崇進據赤土[261]。靈珍遣從弟建帥五千人[14]屯龍門[262]，自帥精勇一萬屯鷲硤[263][15]。龍門之北數十里中，伐樹塞路；鷲硤之口積大木[16]，聚礌石[264]，臨崖下之，以拒魏兵。崇命統軍慕容拒帥眾五千從它路入[17]，夜襲龍門，破之。崇自攻鷲硤。靈珍連戰敗走，俘其妻子，遂克武興[265]。梁州刺史[266]陰廣宗、參軍鄭猷等將兵救靈珍，崇進擊，大破之，斬楊婆羅阿卜珍，生擒猷等，靈珍奔還漢中。魏主聞之，喜曰：「使朕無西顧之憂者，李崇也。」以崇為都督梁・秦二州諸軍事、梁州刺史，以安集[267]其地。

丁未[268]，魏主發南陽[269]，留太尉咸陽王禧等攻之。己酉[270]，魏主至新野[271]，新野太守劉思忌拒守。冬，十月丁巳[272]，魏軍攻之不克，築長圍[273]守之，遣人謂城中曰：「房伯玉已降，汝何為獨取糜碎[274]！」思忌遣人對曰：「城中兵食猶多，未暇從汝小虜語也！」魏右軍府長史[275]韓顯宗[276]將別軍屯赭陽，成公期遣胡松引蠻兵攻其營，顯宗力戰，破之，斬其裨將[277]高法援。顯宗至新野，魏主謂曰：「卿破賊斬將，殊益軍勢[278]。朕方攻堅城[279]，何為不作露布[280]？」對曰：「頃聞鎮南將軍王肅[281]獲賊二三人，驢馬數匹，皆為露布。臣在東觀[282]，私常哂[283]之。近雖仰憑威靈[284]，得摧醜虜[285]，兵寡力弱，擒斬不多。脫復[286]高曳長縑[287]，虛張功烈[288]，尤而效之[289]，其罪彌大。臣所以不敢為之，解上而已[290]。」魏主益賢之。

上詔徐州刺史裴叔業[291]引兵救雍州[292]，叔業啓稱「北人不樂遠行[293]，唯樂鈔掠[294]。若侵虜境[295]，則司、雍之寇[296]自然分矣。」上從之。叔業引兵攻虹城[297]，獲男女四千餘人。○甲戌[298]，遣太子中庶子蕭衍、右軍司馬張稷救雍州。

十一月甲午[299]，前軍將軍韓秀方等十五將降於魏。丁酉[300]，魏敗齊兵於沔北[301]，將軍王伏保等為魏所獲。○丙辰[302]，以楊靈珍為北秦州刺史、仇池公、武都王。

新野人張賭帥萬餘家據柵拒魏，十二月庚申[303]，魏人攻拔之[18]。雍州刺史曹虎與房伯玉不協，故緩救之，頓軍樊城[304]。○丁丑[305]，詔遣度支尚書崔慧景[306]救雍州，假慧景節[307]，帥眾二萬、騎千匹向襄陽，雍州眾軍並受節度[308]。○庚午[309]，魏主南臨沔水，戊寅[310]，還新野。

將軍王曇紛[311][19]以萬餘人攻魏南青州黃郭戍[312]，魏戍主崔僧淵[313]破之，舉軍[314]皆沒。將軍魯康祚、趙公政將兵萬人侵魏太倉口[315]，魏豫州刺史王肅使長史清河傅永[316]將甲士三千擊之。康祚等軍於淮南，永軍於淮北，相去十餘里。永曰：「南人好夜斫營[317]，必於渡淮之所置火以記淺處[318][20]。」乃夜分兵為二部，伏於營外，又以瓠貯火[319]，密使人過淮南岸，於深處置之。戒[320]曰：「見火起，則亦然之[321]。」是夜，康祚等果引兵斫永營，伏兵夾擊之，康祚等走趣淮水[322]，火既競起[323]，不知所從，溺死及斬首數千級，生擒公政，獲康祚之尸以歸[324]。

豫州刺史裴叔業[325]侵魏楚王戍[326]，肅復令永擊之。永將心腹一人馳詣楚王戍，令填外塹[327]，夜伏戰士千人於城外。曉而叔業等至城東部分[328]，將置長圍，永伏兵擊其後軍，破之。叔業留將佐守營，自將精兵數千救之。永登門樓，望叔業南行數里，即開門奮擊，大破之，獲叔業傘扇、鼓幕、甲仗[329]萬餘。叔業進退失據，遂走。左右欲追之，永曰：「吾弱卒不滿三千，彼精甲[330]猶盛，非力屈而敗，自墮吾計中耳。既不測我之虛實，足使喪膽，俘此足矣，何更追之？」魏主遣謁者就拜[331]永安遠將軍、汝南[332]太守，封貝丘縣男[333]。永有勇力，好學能文。魏主常歎曰：「上馬能擊賊，下馬作露板[334]，唯傅脩期[335]耳！」

曲江公遙欣[336]好武事，上以諸子尚幼，內親則仗遙欣兄弟[337]，外親則倚后弟[338]西中郎長史彭城劉暄[339]、內弟[340]太子詹事江祏[341]，故以始安王遙光為楊州刺史，居中用事[342]；遙欣為都督荊‧雍等七州諸軍事、荊州刺史，鎮據西面。而遙欣在江陵，多招材勇[343]，厚自封殖[344]，上甚惡之。遙欣侮南郡太守劉季連[345]，季連密表遙欣有異迹[346]，上乃以季連為益州[347]刺史，使據遙欣上流以制之。季連，思考[348]之子也。

是歲，高昌王馬儒[349]遣司馬王體玄入貢于魏，請兵迎接，求舉國內徙。魏主遣明威將軍韓安保迎之，割伊吾[350]之地五百里以居儒眾。儒遣左長史顧禮、右長史金城麴嘉[351]將步騎一千五百迎安保，而安保不至[352]。禮、嘉還高昌，安保亦還伊吾。安保遣其屬朝興安[21]等使高昌，儒復遣顧禮將世子[353]義舒迎安保，至白棘城[354]，去高昌[355]百六十里。高昌舊人戀土，不願東遷，相與殺儒，立麴嘉為王，復臣於柔然。安保[22]獨與顧禮、馬義舒還洛陽[356]。

【章　旨】以上為第一段，寫齊明帝蕭鸞建武四年（西元四九七年）一年間的大事。主要寫了魏孝文帝處死了叛黨穆泰、陸叡等，人無稱冤者，以見任城王元澄辦事之明；但魏主原曾給穆泰、陸叡等人以遇死罪可以免死之詔，今穆泰、陸叡又因犯罪而蒙死刑，司馬光稱此為「以不信之令誘之使陷於死地」，以為「刑政之失，無此為大」；寫魏臣李彪進讒，魏廢太子元恂亦被殺；寫仇池地區氐族頭領楊靈珍率部降齊，攻破魏署的武興王楊集始，楊集始亦投歸南齊，魏派名將李崇率眾討之，打敗了氐族頭領楊靈珍，重新平定了仇池一帶地區，被任為南梁州刺史；寫魏孝文帝起兵南伐，圍南陽，責南陽太守房伯玉三罪，房伯玉遣樂稚柔回對之，有理有力，溫文爾雅，有古辭命之風，頗似《左傳》的文筆；寫魏將崔僧淵破齊將王曇紛於黃郭戍，魏將傅永破齊將魯康祚、趙公政於太倉口；傅永又破齊將裴叔業於楚王戍，深受魏主之稱賞；寫蕭鸞的親信王晏因貪心不足、口無遮攔，被蕭鸞所忌，加以蕭遙光、鮮于文粲等人之挑動，致王晏、蕭毅、劉明達、晏弟詡、晏子德元、德和皆被殺；寫南齊之劉暄、江祏、江祀、徐孝嗣、蕭坦之、蕭遙光一群親黨被時人稱為「六貴」，而原本亦為蕭鸞之親黨的蕭遙欣因在荊州「多招材勇，厚自封殖」，被蕭鸞惡而防之，以劉季連為益州刺史，以居其上流；此外還寫了原柔然所屬之高昌王馬儒請降於魏，求移國內屬，魏迎之未果，高昌人殺馬儒，另立麴嘉為王，仍臣於柔然等等。

【注　釋】❶丙申　正月初八。❷皇子恪　元恪，即後來的魏世宗、宣武帝，孝文帝的第二子。西元四九九—五一五年在位。傳見《魏書》卷八。❸忝師傅　愧做太子的老師。太子有少傅、少師、少保，統稱「師傅」。李沖曾為太子少保。忝，自謙之詞。❹輔導　幫助、教導。❺化其惡　改變他的作惡。❻何謝　有什麼可愧疚的呢。謝，認罪，表示愧疚。❼乙巳　正月十七。❽王晏　齊武帝蕭賾的親信，在幫著蕭道成、蕭賾篡取劉宋政權的過程中大效犬馬之力。蕭賾臨終前，將尚書省的大權交給了王晏與徐孝嗣，結果當蕭鸞一表示出要篡取蕭賾的兒子蕭昭業的帝位時，王晏等迅即跟了上去。傳見《南齊書》卷四十二。❾世祖　即齊武帝蕭賾，西元四八三—四九三年在位。❿謀廢鬱林王　陰謀廢掉齊武帝的兒子小皇帝蕭昭業。蕭昭業被殺後追廢為鬱林王。⓫推奉　擁戴、供奉。⓬東府　東晉以來的丞相所居之宅，在建康城的東側。王晏時為尚書令，職同丞相，故居於東府。⓭抵掌　擊掌，得意而不拘禮節的樣子。⓮今定何如　我的表現究竟怎麼樣。蕭諶、蕭鸞等闖進宮廷殺死小皇帝蕭昭業的時候，王晏是跟在蕭鸞身後一起闖入宮廷的。⓯上即位　蕭鸞稱帝以後。⓰非薄世祖故事　詆毀武帝蕭賾舊時的一些作為。⓱居朝端　位居群臣之首，指王晏為尚書令。⓲爭用人　爭著委任自己的親信。《史記・魏其武安侯列傳》

寫田蚡之拉幫結派有所謂「薦人或起家至二千石，權移主上。上乃曰：『君除吏已盡未？吾亦欲除吏。』」情形與此相同。⑲事際須晏　形勢需要，暫時還離不了他。胡三省曰：「事際，舉事之際；須者，倚其為用。」⑳料簡　清理；挑選。㉑世祖中詔　蕭賾親自由宮中發出來的詔令。㉒與晏手敕　發給王晏的親筆手令。㉓啓諫世祖以上領選事　上書勸阻蕭賾不要讓蕭鸞做吏部尚書的事。事見本書前文卷一百三十七。㉔猜薄　猜疑、鄙薄。㉕遙光　蕭遙光，蕭鸞之姪，被封為始安郡王。傳見《南齊書》卷四十二。㉖不能為武帝　不能盡忠於武帝蕭賾。㉗出塗巷　意即到街頭巷尾。塗巷，街道與里巷。㉘採聽異言　搜集監聽不滿於蕭鸞統治的話。㉙輕淺無防　輕率粗心，對人無防備。㉚意望開府　想要獲得一個開府儀同三司的加官。開府，即「開府儀同三司」，加官名，享受古代三公的待遇，在禮數上更排場一些，實際權力沒有任何增加。㉛數呼相工自視　多次地請相面者來給他看相。相工，相面的人。㉜屏人清閒　支開別人，兩個人祕密交談。清閒，清靜避人之處。㉝奉朝請鮮于文粲　官為奉朝請的姓鮮于，名文粲。奉朝請是給退休官僚的一種安慰官名，沒有任何任務與權力，只是在節日盛典時可以進宮參加朝會，拜見皇帝。朝請，都指進見皇帝而言，春曰朝，秋曰請。㉞密探上旨　迎合著蕭鸞的心思。密探，揣摩；迎合。㉟世範　即上文提到的蕭鸞的心腹陳世範。㊱因四年南郊　趁今年皇帝南郊祭天之日。㊲世祖故主帥　當年武帝蕭賾身邊的衛隊頭領。當時皇帝身邊有主帥、齋帥一類的侍衛官稱。㊳於道中竊發　在皇帝前往南郊的路途上暗中動手。㊴會虎犯郊壇　正趕上近來發生過一次猛虎衝犯祭天壇臺的事故。㊵未郊一日　到該去南郊祭天的前一天。㊶有敕停行　蕭鸞下旨說祭天之事取消。㊷先報晏及徐孝嗣　事情是首先通知王晏與徐孝嗣，因為他們都是尚書省的頭面人物。㊸奉旨　遵旨而行，不表示任何意見。㊹必宜自力　一定要堅持前去。自力，強打精神，克服困難。㊺丙辰　正月二十八。㊻華林省　即尚書省。因尚書省在華林園，故名。㊼蕭毅　太祖蕭道成的姪子蕭景先之子，此時任北中郎司馬，守琅邪城。因性豪奢、喜弓馬，被蕭鸞所忌。傳見《南齊書》卷三十八。㊽臺隊主　臺城守軍的領兵官。隊主，猶言「軍主」，都不是具體官名，而是大小不等的部隊長、領兵官。㊾河東王鉉　蕭鉉，蕭道成的第十九子。傳見《南齊書》卷三十五。㊿識用微弱　認識與才幹都不高。(51)謀奉以為主　陰謀推戴蕭鉉為頭領。(52)使守虛器　讓他做掛名皇帝。(53)蕭季敞　蕭鸞的不同祖的堂兄弟，此時任南中郎將司馬。(54)從祖　祖父的親兄弟。(55)鞠躬俯僂　低頭曲背。(56)稍長　年齡大了一些。(57)遂坐晏事　遂因王晏事情的牽連。(58)不得與外人交通　不許與外人相往來。時蕭鉉年十八歲，於次年被殺。(59)御史中丞思遠　王思遠，王晏的堂弟，為人恬淡。傳見《南齊書》卷四十三。(60)贊人如此事　幫著人做這等滅主篡位的事情。贊，助。(61)以權計相須　因權宜之計而暫時需要你。(62)及此引決　在此時自殺，指殉鬱林王而死。(63)方啜粥　眼下正在吃粥。(64)未暇此事　暫時還顧不上考慮這個。(65)及拜驃騎

將軍　蕭鸞篡位後，拜王晏為驃騎大將軍，班劍二十人侍中、尚書令如故。(66)集會子弟　召集全家的晚輩。子弟，對家族子、姪的統稱。(67)隆昌之末　指小皇帝鬱林王被蕭鸞等所殺時。「隆昌」是鬱林王蕭昭業的年號（西元四九四年）。(68)阿戎　胡三省曰：「晉、宋間人多謂堂弟曰『阿戎』，至唐猶然。如杜甫〈於從弟杜位宅守歲〉詩云『守歲阿戎家』是也。」(69)遽應　立刻回答。(70)今猶未晚　你今天自殺還不算晚。(71)外待晏厚　表面上還對王晏不錯。(72)乘間　插空；找機會。(73)時事稍異　形勢已經開始有了變化。(74)多拙於自謀　不善於分析自己，為自己謀劃退路。(75)乃　竟然。(76)旬日　過了十來天。(77)仍遷侍中　乃任以為侍中。仍，通「乃」。遷，這裡指提升。侍中，官名，皇帝的侍從官員，屬門下省，地位非常重要。(78)外弟　妻弟。(79)尉氏阮孝緒　尉氏是縣名，即今河南尉氏。阮孝緒是齊、梁間名士，一生隱退未做官，著有目錄學書《七錄》。傳見《梁書》卷五十一。(80)逃匿不見　謂阮孝緒常躲避起來不見王晏。(81)吐而覆之　把吃到嘴裡的吐出來，把尚未吃的倒掉。(82)親而不黨　雖與他是親戚但不是他的黨羽。(83)壬戌　二月初五。(84)太原　魏郡名，郡治在今山西太原西南側。(85)甲子　二月初七。(86)癸酉　二月十六。(87)稱枉　訴說自己冤屈。枉，曲；屈。(88)賜陸叡死於獄　讓陸叡在獄中自裁，因為他是世代功臣之後。(89)宥　寬饒。(90)遼西　魏郡名，郡治在今河北遷安東北。(91)新興公丕　元丕，拓跋翳槐的後代，初封東陽王，後例降平陽公，平陽郡劃歸京城管轄後，丕改封新興公。傳見《魏書》卷十四。(92)宗室耆舊　皇族的老臣。(93)誘示大理　對之講清大道理。誘示，開導。(94)不生同異　不公開反對、鬧事。同異，偏義複詞，此處指異，不同的言論與行動。(95)稍加冠帶　漸漸地戴上了帽子、繫上了腰帶，即改換了裝束。稍，逐漸。(96)修飾容儀　意即嚴格遵行朝廷規定的禮儀動作。容儀，容貌與儀表。(97)太子恂自平城將遷洛陽　魏主先率領滿朝文武遷都洛陽時，留太子恂鎮守平城；至洛陽秩序穩定後，故太子恂亦將遷往洛陽。(98)元隆　拓跋隆，新興公丕前妻所生的兒子，即前文所說的安樂侯隆。事見《魏書》卷十四。(99)因舉兵斷關　於是起兵扼守雁門關，斬斷關南、關北的聯絡往來，準備在關北割據。胡三省曰：「關，即雁門之東陘、西陘二關也。」雁門是魏郡名，郡治在今山西代縣西南。所謂東陘、西陘，即指代縣西北側的陘嶺，也稱句注山。又因為陘嶺與雁門山相接，故也被稱為雁門山。(100)規據陘北　陰謀佔據陘嶺以北。(101)并州　魏州名，州治晉陽，在今太原南側。(102)折難　批駁、質問，提出過一些這樣那樣的問題。(103)推問泰等　審問穆泰等人。(104)令丕坐觀　讓元丕坐在一邊聽，目的是讓他受教育。(105)元業元隆元超　三人為親兄弟，皆元丕之弟。(106)丕應從坐　元丕應受牽連治罪。從坐，即「連坐」，因親緣關係緊密而連帶受懲治。(107)嘗受詔許以不死　《魏書》卷十四有所謂「又特賜丕金卷」云云。(108)同產乙升　元丕的同胞兄弟名叫乙升。(109)敦煌　魏郡名，郡治在今甘肅敦煌西。(110)于烈　魏國名臣于栗磾之孫，于洛拔之子，時為領軍將軍。傳見《魏書》卷三十一。(111)自負幽冥　愧對鬼神，違背了對鬼神的盟誓。幽冥，看不見的一種形而上的力量，即指鬼神。112不關朕　不是因為不守過去的諾言。113反逆既異　謀反既然是一種特別嚴重的罪狀。114餘犯雖欲矜恕　其他一些受波及的人即使我想寬恕他們。115聽自死別府　允許他們在別的地方自裁。別府，別的地方，以與正法於刑場相區別。116免其孥戮　免去了妻子兒女一同被殺的結局。胡三省曰：「免其孥戮，謂叡妻子免死徙遼西也。」117首為賊端　首先帶頭作亂。118連坐應死　意謂元丕理應連帶處死。119朕本期始終　我是希望你們都能善始善終，實踐我當初的諾言。120違心乖念　違背了我的心願。乖，違背。121故此別示　因此再特別地給你們講一講。122想無致怪　我想你們是不會感到奇怪的。123謀反之外　除了謀反這種無法寬赦的大罪外。124皦如白日　意思是其他事情還是照常堅守過去我給你們所下的不死之詔。皦如白日，猶如說讓太陽替我作證。這是古人發誓的一種方式。此外還有所謂「有如河水」、「有如大江」等等。125爵祿廢置　爵位俸祿的設立與廢除。126馭臣之大柄　駕御群臣的根本手段。馭，駕御；管理。127先王之制　古代聖帝明王的規定。128親故賢能功貴勤賓　與皇帝有特殊關係的八種人。親，指皇帝的親屬，包括本家族之人與姻親之家。故，故舊，皇帝的老朋友、老部下。賢，有德行。能，有道義。功，有功勞。貴，身分地位高，官大。勤，辛苦操勞國事者。賓，前朝帝王的後代。129不直赦　皇帝不直接下大赦令。130議於槐棘之下　在槐樹、棘木之下對犯罪者進行討論。據《周禮・秋官・小司寇》，古代帝王與公卿討論重大問題時，三公坐於槐木之下，九卿坐於棘木之下。漢代稱前述與皇帝有特殊關係的八種人為「八議」，意思是這八種人如果犯了罪都必須召集大臣進行討論，皇帝無權自己處治。131輕重視情　罪輕罪重視其情節而定。132寬猛隨時　執法的寬嚴隨當時的社會情況而定，如治亂世就須用重典。133施恩而不失其威　在大赦、從寬時候不會喪失威嚴。134免罪而不敢自恃　在從寬免死的時候是心感蒙幸而不是有恃無恐。135豫許之以不死　事先答應他犯了死罪可以不死。136不信之令　不講信用的政令。137無此為大　再沒有比這個更嚴重的了。138唯于烈一族無所染涉　只有于烈一個家族沒有參與此事。染涉，參與；牽連。139北方酋長　北方少數民族的頭領。140侍子　進京侍奉皇帝的酋長之子。實際上是人質。141秋朝洛陽　到秋天氣候涼爽時再到洛陽朝賀魏帝。142鴈臣　像雁一樣避寒而南來，又像雁一樣至暖而北去的大臣。143三月己酉　三月二十二。144離石　魏國的軍鎮名，鎮址即今山西離石。145四月庚申　四月初四。146龍門　也稱禹門口，即今之山西河津。此地的黃河河道，據說是夏禹所疏鑿，兩岸峭壁對峙如門，故稱「龍門」。147癸亥　四月初七。148蒲坂　魏縣名，縣治即今山西永濟西的蒲州，相傳虞舜曾在此建都。149辛未　四月十五。150長安　古城名，舊址在今西安西北部。151邢巒　魏國的文學之士，與高允、盧玄等齊名。傳見《魏書》卷六十五。152咸陽王禧　元禧，孝文帝之弟。傳見《魏書》卷二十一上。153齎椒酒　攜帶毒酒。胡三省曰：「椒味辛，大熱，其合口者尤甚。」154河陽　古邑名，在今河南孟州西，處黃河之北，與洛陽隔黃河相望。時太子恂被廢為庶人，置於河陽無鼻城，以兵守之。[155]常服　平時所穿的衣裳。[156]瘞埋葬。[157]癸未　四月二十七。[158]宋明王劉昶　劉昶是宋文帝劉義隆之子，劉子業在位時，劉昶為避迫害逃歸魏國，深受魏主重視，封之為宋王，此時為魏統兵駐於徐州。傳見《魏書》卷五十九。明字是謚。[159]九錫　古代帝王所授予大臣的九種禮節上的待遇。[160]殊禮　不是一般群臣所能享用的禮儀。[161]五月己丑　五月初三。[162]東還　由長安東返洛陽。[163]汎渭入河　從渭水中乘船進入黃河，再沿黃河東下。汎，泛舟；乘船行於水上。[164]壬辰　五月初六。[165]豐　周文王所建的都城，在今西安長安的灃河之西。[166]鎬　周武王滅殷後所建立的都城，在今西安長安西北的灃河之東，今其地被稱之「豐鎬遺址」。[167]六月庚申　六月初五。[168]壬戌　六月初七。[169]冀定瀛相濟　魏國的五個州名，冀州的州治即今河北冀州，定州的州治即今河北定州，瀛洲的州治即今河北河間，相州的州治鄴城，在今河北臨漳西南，濟州的州治所在今山東茌平西南。[170]魏郡公穆羆　穆羆是穆泰的堂兄弟，都是魏國老臣穆崇的曾孫。傳見《魏書》卷二十七。穆羆此時任中書監，封魏郡公。[171]司空亮　穆亮，穆羆之弟，魏國名將，此時任錄尚書事。傳見《魏書》卷二十七。[172]慕容契　魏國名將慕容白耀之姪，此時為穆亮的僚屬，任司馬官司。傳見《魏書》卷五十。[173]自劾　自己彈劾自己，請求對己加罪。[174]優詔　加以勉勵、寬慰的詔書。[175]癸亥　六月初八。[176]聽亮遜位　准許穆亮辭去職位。[177]丁卯　六月十二。[178]分六師　將魏主的警衛部隊分成六部分。六師，同「六軍」。這裡指皇帝的禁衛部隊。[179]七月甲午　七月初九。[180]立昭儀馮氏為皇后　昭儀馮氏原是皇后的胞姐，二次進宮後讒毀其妹，致使其妹被廢，昭儀進位皇后。詳細過程見本書上卷。[181]欲母養太子恪　認太子恪為自己所生，實際是為了自己固寵。[182]暴卒於共縣　意即為新皇后馮氏所殺。共縣的縣治即今河南輝縣，在平城到洛陽的半路上。[183]戊辰　七月無戊辰日，疑此處記事有誤。[184]八月丙辰　八月初一。[185]詔中外戒嚴　下令全國進入緊急狀態，因為馬上就要起兵伐齊了。[186]壬戌　八月初七。[187]愉　元愉，被封為京兆郡王，任徐州刺史。[188]懌　元懌，被封為清河郡王。[189]懷　元懷，事跡不詳。以上三人皆孝文帝之子，傳皆見於《魏書》卷二十二。[190]景皇所生王氏　蕭鸞之父的生母王氏，亦即蕭鸞的祖母。景皇，蕭鸞之父蕭道生，被蕭鸞追尊為景皇。胡三省曰：「稱『皇』不稱『帝』，用漢制也。」[191]甲戌　八月十九。[192]庚辰　八月二十五。[193]居守　留在洛陽主管後方事宜。[194]度支尚書　朝官名，掌財賦收支。[195]參治留臺事　參與管理留守朝廷的事務，以佐助任城王元澄。[196]假　委任；授予。[197]彭城王勰　元勰，孝文帝的親兄弟，先被封為始平王，魏都遷洛後，改封為彭城陽王。傳見《魏書》卷二十一下。[198]中軍大將軍　將軍的封號名，位在四征將軍之下，位為從一品。[199]頻煩寵授　連續地蒙受您的提升。頻煩，連續地勞動您。客氣語。按，彭城王在其父獻文帝時不很有寵，太和以來孝文帝屢授侍中、中書令、監。[200]陳思　即曹植，曹操之子，曹丕之弟，被封為陳王，諡曰思。傳見《三國志・魏書》。[201]求而不允　曹植曾上表給曹丕，自請統兵攻吳、蜀，曹丕皆不許。[202]否泰之相遠　意即我比曹植幸運得出奇。否、泰，本為《易經》中的兩卦名。否卦，象徵閉塞不通；泰卦象徵上下交通，無所阻礙。是以人們常用來代稱命運的好壞、境遇的順逆。相遠，差距。[203]二曹　指曹丕與曹植。[204]以才名相忌　意即曹丕忌恨其弟曹植的才華、名望太高，故而處處壓抑他。[205]上　指齊明帝蕭鸞。[206]北襄城太守成公期　南齊北襄城郡的太守姓成公名期。北襄城郡的郡治在今河南襄城。[207]赭陽　古城名，即今河南方城，當時為北襄城郡的郡治所在地。[208]西汝南北義陽　南齊之二郡名，郡治即下文所說的舞陰，在今河南泌陽北。[209]楊靈珍　仇池地區氐族頭領楊氏家族的後代。事見《南齊書》卷五十九。[210]南梁州　魏州名，州治即當時的武興郡，今之陝西略陽。[211]楊集始　也是仇池地區氐族頭領楊氏的後代，此時正降服於魏，被魏封為武興王。[212]九月丁酉　九月十三。[213]李崇　魏孝文帝時代著名的將領與地方官，在平定仇池地區的叛亂貢獻甚大。傳見《魏書》卷六十六。[214]薛真度　劉宋名將薛安都的堂弟，因與薛安都擁戴劉子勛為帝，失敗後一道投向魏國，現為魏之荊州刺史。傳見《魏書》卷六十一。[215]樊鄧　皆南齊之軍事要地名，樊城即今湖北襄樊之樊城區，鄧是古縣名，縣治在今襄樊樊城區的西北側。薛真度之所以慫恿魏主先取樊鄧，胡三省曰：「此時魏荊州猶治魯陽，樊鄧逼近洛陽，欲先取之以廣封略。」[216]房伯玉擊敗之　胡三省曰：「此即去年沙堨之敗也。」去年薛真度被房伯玉破於沙堨事，見本書上卷建武二年四月。[217]吹脣沸地　吹口哨的聲音震動大地。吹脣，吹口哨。沸，喧騰；震動。[218]辛丑　九月十七。[219]癸卯　九月十九。[220]宛　古縣名，當時南齊之南陽郡的郡治所在地，即今河南南陽。[221]郛　意思同「郭」，外城。[222]嬰內城拒守　以內城為依托，環城而守。嬰，環；圍繞。[223]蕩壹六合　意即統一天下。六合，天地四方之中。[224]非如曩時冬來春去　絕不會再像去年那樣冬天來的，春天撤走。曩時，往日；上一次。[225]當我六龍之首　正好擋著我天子大軍的前進之路。六龍，指皇帝的車駕。《周易・乾卦》有所謂「時乘六龍以御天」，此借用其語以自比。[226]無容不先攻取　不得不把你這座城先攻下來。無容，不得放過；不可避免。[227]封侯梟首　你是選擇立功封侯呢，還是選擇被斬首懸掛高竿呢。[228]事在俯仰　就在這短暫的時間內做出決定。俯仰，低頭與抬頭，以比喻時間之短暫。[229]先事武帝　你先在武帝蕭賾駕下為臣。[230]蒙殊常之寵　曾受過不同尋常寵遇。[231]建忠致命　指為維護蕭賾之子蕭昭業的帝位而捨身。致命，獻出生命。[232]盡節於其讎　反而為他的仇人蕭鸞而拼死賣命。[233]頃年　近年；前年。指建武二年（西元四九五年）。[234]傷我偏師　指打敗魏將薛真度於沙堨。偏師，主力大軍以外的起策應作用的小部隊。[235]鑾輅親臨　猶言皇帝我已經親臨南陽城下。鑾輅，皇帝的車駕。鑾，車鈴。[236]面縛麾下　意即早早向我的部下束手投降。面縛，兩手反綁在身後而臉朝前，表示投降。麾下，部下；屬下。麾，大將的指揮旗。[237]軍副　軍中的副將。(238)承欲攻圍　聽說你要攻擊被圍的南陽城。承，謙詞。承蒙。(239)卑微常人　我作為一個無名之輩。(240)得抗大威　有幸今天能和你一見高低。(241)外臣　樂稚柔在外國君主跟前謙稱自己的太守房伯玉。(242)採拔　選拔；提拔。(243)光紹大宗　入繼齊高帝，以蕭道成的三兒子的身分接續了帝位。紹，繼承。(244)副億兆之深望　符合齊國百姓的願望。副，符合。億兆，指全國的黎民百姓。(245)抑亦　而且；也是。(246)兼武皇之遺敕　而且也完全體現了先皇蕭賾遺詔的精神。(247)是以區區盡節　所以我才對我們現在的皇帝表現了微薄的忠懇。(248)不敢失墜　不敢出現任何差錯。(249)輒厲將士　我曾激勵我的部下。(250)以脩職業　做了一些我們應做的工作。(251)反己而言　從我們的立場上說。(252)不應垂責　您不該責備我們。垂責，賜責。垂，表示謙敬。(253)東南隅溝　東南角的護城河。(254)班衣　衣上畫有保護色的彩飾，猶如今時士兵穿的迷彩服。班，通「斑」。(255)竇　橋洞。(256)突出　突然竄出。(257)原靈度　善射者的姓名，姓原名靈度。按，原靈度，疑當為「源靈度」。《魏書・源賀傳附子懷傳》：「長子規，字靈度。中書學生、羽林監，襲爵。」源靈度任羽林監，侍從於皇帝左右，自不待言。且北魏皇帝羽林護衛，多為代北強宗子弟，原氏不見於〈官氏志〉，故當為源氏。(258)槎山分道　砍削荊棘，開出道路。槎，用刀斧砍削荊棘。(259)表裏襲之　裡應外合地進行攻擊。(260)減太半　減少了一大半。太半，三分之二。(261)赤土　古縣名，據《魏書・地形志》，武階郡有赤土縣。當時的武階郡在今甘肅武都東南。(262)龍門　古代的軍事據點名，在當時仇池郡的東南，西漢水的北岸，今之甘肅成縣西。(263)鷲硤　在龍門的北側。(264)礧石　可以從山上滾下的大石塊。(265)武興　當時楊靈珍的根據地，即今陝西略陽。(266)梁州刺史　魏國的梁州州治即武興。(267)安集　安撫、團聚。集，招徠；招納。(268)丁未　九月二十三。(269)發南陽　離開南陽城下。(270)己酉　九月二十五。(271)新野　齊郡名，郡治即今河南新野，地處於當時的南陽郡與襄陽郡之間。(272)十月丁巳　十月初三。(273)長圍　繞著敵方的城池建築一個包圍圈，也築得有牆有溝，可以長期防守，目的是斷絕城內的守城者與外界的一切聯繫。(274)糜碎　粉碎。糜，爛。(275)右軍府長史　右軍將軍府的長史。長史是將軍的高級僚屬，為諸史之長。(276)韓顯宗　韓麒麟之子，魏國的才學之臣。傳見《魏書》卷六十。(277)裨將　副將。(278)殊益軍勢　對提高我軍的士氣很有作用。(279)方攻堅城　意謂正在攻打敵兵堅守的城池而未能攻下。(280)露布　猶如今之所謂公開信、勝利海報。目的是為了鼓舞自己、瓦解敵人。(281)王肅　魏國的儒學之臣，很受魏主賞識。傳見《魏書》卷六十三。(282)東觀　祕書省管理下的一個機構，是著作郎們編寫國史的所在。東漢班固曾在東觀修撰《漢書》，後世遂藉以泛指朝廷的藏書和著書之處。韓顯宗曾任著作郎，故曰「臣在東觀」。(283)哂　微笑，此處指譏笑、嘲笑。(284)仰憑威靈　仰仗皇帝您的威名與震懾力。(285)得摧醜虜　得以打敗了齊兵。醜虜，群敵。醜，類。(286)脱復　如果還要。(287)高曳長縑　把勝利的消息寫在長長的絹帛之上向人炫耀。高曳，高高地扯著炫耀。縑，細絹，古時用作書寫的材質。288虛張功烈　誇大自己的功勞業績。烈，業。289尤而效之　剛剛批評了人家而又轉過來效法他。尤，責怪。290解上而已　把俘虜押送到皇帝所在也就得了。有人將「解上」說成是「向上報告」，自然可以；但理會「解」字似不貼切。按，據此事，似乎韓顯宗是個很平易謙退的人，但本傳記載他又炫耀己功，盛氣陵人，與此頗不相類。291裴叔業　南齊的名將，武帝蕭賾時即很有建樹，又較早地歸依了蕭鸞，此時任徐州刺史。傳見《南齊書》卷五十一。南齊的徐州州治鍾離，在今安徽鳳陽東北。292雍州　南齊的雍州州治即襄陽，此時為魏軍所攻的對象。293不樂遠行　不願翻山越水地遠攻齊地。294鈔掠同「抄掠」。騷擾；掠奪。295若侵虜境　如果我們也侵入魏國之境，對魏國進行抄掠。296司雍之寇　進攻我們司州、雍州一帶的魏軍。南齊的司州州治義陽，即今河南信陽，與上文所說的雍州相鄰，是當時齊國的北部邊境，且又與魏都洛陽相距較近，故而屢次發生戰爭。297虹城　地名，在今安徽泗縣西南。298甲戌　十月二十。299十一月甲午　十一月十一。300丁酉　十一月十四。301沔北　漢水以北。沔水即今之漢水。302丙辰　十二月初三。303十二月庚申　十二月初七。按，此句中「十二月」三字應移至上注「丙辰」字上。304頓軍樊城　軍隊停留在樊城，不進救新野與南陽。胡三省曰：「曹虎之頓軍樊城，不特因與房伯玉不協而然，亦由畏魏軍之強而不敢進也。」305丁丑　十二月二十四。306崔慧景　南齊的老將，初受賞識於蕭道成、蕭賾，後又較早地歸依了蕭鸞，此時任度支尚書。傳見《南齊書》卷五十一。307假慧景節　授予崔慧景旌節。古代命將出征，分使持節、持節、假節，各自的權限有所區別，但都表現了朝廷的器重。假節，作戰時可殺違犯軍令的人。308節度　受其指揮、調度。309庚午　十二月十七。310戊寅　十二月二十五。311王曇紛　南齊的將領。312南青州黃郭戍　南青州的黃郭戍，當時的軍事據點名，在今江蘇贛榆西北。當時南齊的南青州治即今山東沂水縣。313崔僧淵　魏將崔道固之姪。傳見《魏書》卷二十四。崔道固原是劉宋名將，因擁戴劉子勛，反對明帝劉彧，與薛安都等一道歸於魏國。314舉軍　全軍。315太倉口　古地名，當在淮河北岸的廣陵城（今河南息縣）附近，以其地有大糧倉而得名。316清河傅永　傅永是清河郡人，原為崔道固的部下，後一道降魏，深受孝文帝賞識。傳見《魏書》卷七十。317夜斫營　夜間偷襲敵人的營寨。318置火以記淺處　插上火把，標出可涉水之處。319以瓠貯火　用葫蘆裝著火種。瓠，葫蘆。320戒　同「誡」。囑咐。321見火起二句　見到別處有了燈火，就把你們手裡的燈火也點起來。然，同「燃」。322走趣淮水　逃向淮河邊。趣，同「趨」。323火既競起　一看到處都是火把。324獲康祚之尸以歸　據《魏書・傅永傳》，康祚溺死。325豫州刺史裴叔業　胡三省曰：「裴叔業蓋自徐州遷為豫州。」當時梁國的豫州，即今安徽壽縣。326楚王戍　胡三省引《水經注》曰：「鮦陽縣有葛陵城，城東北有楚武王冢，民謂之楚王琖城。魏蓋於此置戍，因謂之楚王戍。」其地在今安徽臨泉附近。327填外塹　將城外的護城河填平。328部分　籌劃；調度。329傘扇

鼓幕甲仗　傘扇、鼓幕都是將軍的儀仗。鼓幕，鼓樂和帳幕。甲仗指鎧甲與兵器。330精甲　精兵。331就拜　到楚王戍去授予傅永官職。332汝南　魏郡名，郡治懸瓠城，即今河南汝南縣。也是魏國豫州的州治所在地。333貝丘縣男　封地貝丘縣，爵級為男爵。貝丘縣在今河北南宮東南。334露板　公開的文告，也稱露布文。335傅脩期　傅永的字，皇帝稱臣下以字，是客氣、尊敬的表現。336曲江公遙欣　蕭遙欣，蕭鸞之姪，蕭鸞兄蕭鳳之第二子，被封為曲江郡公。傳見《南齊書》卷四十五。337遙欣兄弟　蕭遙欣有兄曰遙光，弟曰遙昌。338后弟　蕭鸞的皇后劉惠端之弟。劉惠端傳見《南齊書》卷二十。339劉暄　曾為衛尉。傳見《南齊書》卷四十二。340內弟　表弟。蕭鸞母親的姪子。341江祏　曾為右衛將軍、太子詹事。傳見《南齊書》卷四十二。江祏與其弟江祀、劉暄，再加上蕭遙光、徐孝嗣、蕭坦之，時人稱之「六貴」。342居中用事　在朝廷上掌權。用事，執政；掌權。343材勇　有勇力而又敢作敢為的人。344厚自封殖　大量地賞賜他們以財物。345劉季連　彭城人，宋高祖劉裕同族的後代。傳見《梁書》卷二十。346有異迹　有圖謀不軌的跡象。347益州　州治即今四川成都。348思考　劉思考，宋高祖劉裕的同族兄弟，劉遵考之堂弟。傳見《宋書》卷五十一。349高昌王馬儒　高昌是西域國名，國都高昌，在今新疆吐魯番東。其國王名叫馬儒。傳見《魏書》卷一百一。350伊吾　伊吾戍，魏國西部的邊防軍事據點名，在今新疆哈密西北，東距今之伊吾距離尚遠。351金城麴嘉　麴嘉是金城郡人，魏國的金城郡治在今蘭州西北側。麴嘉此時任馬儒之右長史。事見《魏書》卷一百二。352不至　未按時到達。353將世子　帶領著高昌王馬儒的太子。世子，意同「太子」，未來的王位繼承人。354白棘城　即今新疆鄯善。355去高昌　西距高昌。356與顧禮馬義舒還洛陽　留其前王之子，可為日後重奪其國之用。

【校　記】1腹心　據章鈺校，十二行本、乙十一行本、孔天胤本皆作「心腹」。2左右　原無此二字。據章鈺校，十二行本、乙十一行本、孔天胤本皆有此二字，張敦仁《通鑑刊本識誤》同，今據補。3世範　據章鈺校，十二行本、乙十一行本、孔天胤本「範」下皆有「等」字。4思微　原作「思徵」。據章鈺校，十二行本、乙十一行本、孔天胤本皆作「思微」，張敦仁《通鑑刊本識誤》、張瑛《通鑑校勘記》、熊羅宿《胡刻資治通鑑校字記》同，今據改。5歎　據章鈺校，乙十一行本作「歡」。6嘗　據章鈺校，十二行本、孔天胤本皆作「常」，乙十一行本作「當」。7孥戮　原作「拏戮」。據章鈺校，十二行本、乙十一行本、孔天胤本皆作「孥戮」，熊羅宿《胡刻資治通鑑校字記》同，今據改。8使　原無此字。據章鈺校，十二行本、乙十一行本、孔天胤本皆有此字，今據補。9一族　原無此二字。據章鈺校，十二行本、乙十一行本、孔天胤本皆有此二字，張敦仁《通鑑刊本識誤》同，今據補。10追加九錫　此四字原無。據章鈺校，十二行本、乙十一行本、孔天胤本皆有此四字，張敦仁《通鑑刊本識誤》、張瑛《通鑑校勘記》同，今據補。⑪部　原無此字。張敦仁《通鑑刊本識誤》有此字，其義長，今據補。⑫甲午　原無此二字。據章鈺校，十二行本、乙十一行本、孔天胤本皆有此二字，張瑛《通鑑校勘記》同，今據補。按，陳垣《二十史朔閏表》，建武四年七月甲午為七月初九。⑬中尉　原作「中丞」。據章鈺校，十二行本、乙十一行本、孔天胤本皆作「中尉」，張敦仁《通鑑刊本識誤》同，今據改。⑭帥五千人　原無此四字。據章鈺校，十二行本、乙十一行本、孔天胤本皆有此四字，張敦仁《通鑑刊本識誤》、張瑛《通鑑校勘記》同，今據補。⑮鸞硤　原作「鸞峽」。據章鈺校，十二行本、乙十一行本、孔天胤本皆作「鸞硤」，《魏書・李崇傳》、《北史・李崇傳》亦作「鸞硤」，今據改。下同。⑯積大木　原無此三字。據章鈺校，十二行本、乙十一行本、孔天胤本皆有此三字，張敦仁《通鑑刊本識誤》、張瑛《通鑑校勘記》同，今據補。⑰入　據章鈺校，十二行本、乙十一行本、孔天胤本皆無此字。⑱之　據章鈺校，十二行本、乙十一行本皆無此字。⑲王曇紛　嚴衍《通鑑補》改作「王曇分」。⑳處　原無此字。據章鈺校，十二行本、乙十一行本、孔天胤本皆有此字，張敦仁《通鑑刊本識誤》同，今據補。㉑朝興安　胡三省注云：「『朝』，姓也。漢有鼂錯，《史記》作朝錯。」嚴衍《通鑑補》改作「韓興安」。㉒安保　據章鈺校，十二行本、乙十一行本皆無此二字。

【語　譯】高宗明皇帝下

建武四年（丁丑　西元四九七年）

春季，正月，齊國實行大赦。〇初八日丙申，魏孝文帝元宏立皇子元恪為太子。魏孝文帝在清徽堂設宴招待群臣，當談到被廢掉的太子元恂的時候，李沖向孝文帝請罪說：「我愧做太子的師傅，沒有能幫助、教導好他。」魏孝文帝說：「我是他的父親，尚且不能改變他的作惡，做師傅的有什麼可愧疚的呢！」〇十七日乙巳，魏孝文帝前往魏國的北方進行巡視。

當初，齊國擔任尚書令的王晏深受齊世祖蕭賾的寵信和重用，然而等到齊明帝蕭鸞將自己陰謀廢殺鬱林王的蕭昭業的想法告訴王晏的時候，王晏卻欣然贊同，立即響應，對蕭鸞表示擁戴。鬱林王蕭昭業被廢殺之後，齊明帝到王晏所居住的東府與王晏一起宴飲，談話中說到了當時在延德殿廢殺鬱林王蕭昭業的事情，王晏得意地拍著雙手說：「你曾經說我為人膽小怕事，我那天的表現怎麼樣？」蕭鸞篡位稱帝以後，王晏因為自己輔佐蕭鸞的新朝有功，遂經常詆毀齊世祖蕭賾舊時的一些作為。等到王晏做了尚書令，位居朝臣之首以後，對朝中的許多政務便開始擅權專行，朝廷內外的重要職位，王晏全部任用自己的親信充任，與齊明帝之間經常為了爭著委任自己的親信而發生矛盾。齊明帝雖然因為形勢的需要，暫時還離不了王晏，而心裡已經對王晏充滿了厭惡。齊明帝曾經整理齊世祖親自從宮中發出來的詔令，得到了齊世祖發給王晏的親筆手令三百多張，都是談論有關國家大事的。還得到了王晏勸阻齊世祖不要任用蕭鸞為吏部尚書的奏章，因為這些原因使得齊明帝對王晏越加猜疑和鄙薄。始安王蕭遙光勸說齊明帝除掉王晏，齊明帝說：「王晏對我有功；況且現在他又沒有犯罪。」蕭遙光說：「王晏尚且不能為武帝盡忠，又怎麼能盡忠於陛下呢？」齊明帝沉默無語。齊明帝派遣自己的心腹左右陳世範等人出宮到街頭巷尾，搜集監聽對自己的統治表示不滿的言語。王晏為人輕率粗心，對人沒有防範之心，心中又希望能夠獲得一個開府儀同三司的加官，所以曾多次請相面的人來給自己看相，那些相面的都說王晏能夠大富大貴，王晏與自己的賓客說話的時候，又喜歡支開別人，找一個清靜避人之處祕密交談。齊明帝得知了這些情況之後，懷疑王晏想要謀反，於是產生了誅除王晏的念頭。

齊國擔任奉朝請的鮮于文粲暗中揣摩到齊明帝的心思，為了迎合、討好齊明帝，於是便向朝廷告發王晏蓄意謀反。齊明帝的心腹陳世範又向齊明帝奏報說「王晏密謀趁著陛下今年到南郊祭天的機會，與世祖當年身邊的衛隊頭領一起在陛下前往南郊的途中暗中動手。」正趕上近來發生過一起老虎衝犯南郊祭天壇臺的事情，齊明帝認為是不祥之兆，於是越加恐懼。到了該去南郊祭天的前一天，齊明帝下旨說南郊祭天之事取消。同時，首先通知了王晏和徐孝嗣，徐孝嗣遵從命令，沒有提出任何異議，而王晏卻認為「到南郊祭天的事情是一件大事，陛下即使強打精神，也一定要堅持前去。」齊明帝更加相信陳世範奏報的事情是真實可信的。正月二十八日丙辰，齊明帝召王晏前往華林園中的尚書省，把王晏殺死，連同被殺的還有擔任北中郎司馬的蕭毅、擔任臺城守軍頭領的劉明達，以及王晏的兒子王德元、王德和。齊明帝下詔說：「王晏與蕭毅、劉明達因為河東王蕭鉉見識與才能都不高，便於他們控制，所以密謀擁戴河東王蕭鉉做個掛名的皇帝。」王晏的弟弟王詡正在廣州擔任刺史，齊明帝派遣擔任南中郎司馬的蕭季敞率人襲殺了王詡。蕭季敞，是齊明帝的堂弟。北中郎司馬蕭毅生活奢侈、性情豪放，喜歡走馬射箭，因而遭到齊明帝的忌恨，所以便趁機陷害他。河東王蕭鉉早先因為年紀幼小，又沒有什麼才能，所以才沒有被齊明帝所殺。蕭鉉每當朝見齊明帝的時候，總是低頭曲背，兩眼不敢平視。到現在，年紀已經逐漸長大，齊明帝便藉著剷除王晏的機會把蕭鉉免官，並禁止蕭鉉與外人來往。

在齊國的小皇帝鬱林王蕭昭業即將被廢殺的時候，王晏的堂弟擔任御史中丞的王思遠對王晏說：「哥哥深受世祖的厚恩，如今卻突然幫助他人做這等滅主篡位的事情，他人或許因為權宜之計而暫時需要你，不知道哥哥將來憑什麼自立於世？如果哥哥現在自殺而死，還可以保全家人的性命，今後還能落一個好名聲。」王晏說：「我現在正在吃粥，暫時還沒有功夫想這件事。」等到蕭鸞篡位之後，任命王晏為驃騎將軍的時候，王晏把子弟召集在一起，他對王思遠的哥哥王思微說：「隆昌末年，鬱林王被廢殺時，堂弟思遠曾經勸我自殺。如果我當時聽了他的話，我怎能有今天的榮耀？」王思遠立即回答說：「如果按照堂弟的看法，你今天自殺還不算晚。」王思遠深知齊明帝表面上厚待王晏而內心已經對王晏產生了猜忌，所以找機會對王晏說：「形勢已經開始有了變化，哥哥你覺察到了沒有？一般人大多都不善於分析自己的處境，為自己謀劃退路，卻善於算計別人。」王晏不予理睬。王思遠走後，王晏才歎息著說：「世上竟然還有勸說別人自殺的人！」過了十來天王晏被殺。齊明帝得知了王思遠勸說王晏自殺的話，所以沒有降罪於他，反而任命王思遠為侍中。○王晏的妻弟尉氏縣人阮孝緒也知道王晏一定會敗亡，王晏多次前往阮孝緒的家中拜訪，阮孝緒總是躲避起來不肯與王晏見面。阮孝緒有一次吃醬，感到醬的味道很美，一問才知道醬是王晏家的，於是立即把吃到嘴裡的醬吐了出來，把剩下的醬也全部倒掉。等到王晏被殺之後，人們都替阮孝緒的命運感到擔憂，阮孝緒說：「我和王晏雖然是親戚卻不是他的同黨，我有什麼可懼怕的！」阮孝緒最終並沒有因為與王晏是姻親而受到牽連獲罪。

二月初五日壬戌，魏孝文帝到達太原郡。○初七日甲子，齊明帝任命擔任尚書左僕射的徐孝嗣為尚書令，任命擔任征虜將軍的蕭季敞為廣州刺史。○十六日癸酉，魏孝文帝到達魏國的舊都平城，他召見了穆泰、陸叡的黨羽，一個一個地審問他們，竟然沒有一個人為自己喊冤叫屈，當時的人都佩服任城王元澄的英明。穆泰和他的親族、同黨都被依法誅殺，孝文帝令陸叡在獄中自殺，但赦免了他妻子、兒女的死罪，把他的妻兒流放到遼西郡為民。

當初，魏孝文帝遷都洛陽，下詔改變舊俗的時候，擔任并州刺史的新興公元丕等人都不樂意。孝文帝因為他們都是皇族老臣，所以也不逼迫他們，只是用大道理來勸說開導他們，使他們不公開反對、鬧事而已。等到滿朝的文武大臣都已經改穿了漢族衣帽，滿座都是身穿紅色衣帽的官員，而唯獨元丕身穿胡服雜坐其間，顯得很不協調，後來元丕才逐漸地戴上了帽子，束上了腰帶，然而仍然不能嚴格遵行朝廷所規定的禮儀動作，孝文帝也沒有勉強他。

當初，魏國的皇太子元恂準備從平城遷往洛陽的時候，安樂侯元隆與擔任尚書右僕射的穆泰等人密謀將皇太子元恂留在平城，並起兵扼守雁門關，斬斷關南、關北的聯絡往來，陰謀佔領陘嶺以北。新興公元丕當時在并州擔任刺史，元隆等人把自己的陰謀計畫告訴了元丕，元丕所擔心的是事情不能成功，口頭上雖然對元隆、穆泰進行了駁斥、質問，提出一些這樣那樣的問題，心裡其實非常贊同他們的意見。等到穆泰等起兵叛亂的事情被發覺之後，元丕跟隨孝文帝來到了平城，孝文帝每次審問穆泰等人的時候，經常讓元丕坐在一旁觀看自己審問。有關部門的官員奏請將元業、元隆、元超判處滅族之罪，元丕也應當受到牽連而被治罪。孝文帝因為元丕曾經接受了自己賜予的免死金卷，所以赦免了元丕的死罪，將他貶官為民，留下他後娶的妻子和兩個兒子，與他一同居住在太原，殺死了安樂侯元隆、驍騎將軍元超以及元丕的同胞兄弟乙升，元丕的其他兒子都被流放到了敦煌郡。

當初，新興公元丕、陸叡與擔任尚書左僕射的李沖、擔任領軍將軍的于烈都接受了魏孝文帝賜予的免死詔書。陸叡被殺之後，孝文帝下詔給尚書左僕射李沖、領軍將軍于烈說：「陸叡具有反叛忤逆之心，違背了對鬼神的盟誓，所以我將其處死，違背誓言的是他，而不是因為我不遵守過去的諾言。謀反叛逆既然是一種特別嚴重的罪狀，其他一些受到波及的人即使我想寬恕他們，又怎麼能夠呢？然而我還是不忘以前曾經許下的諾言，允許他們在別的地方自裁，免去了他的妻子兒女一同被殺的結局。元丕的二個兒子、一個弟弟，首先帶頭作亂，按其罪行，元丕理應連帶被處死，我特別予以寬恕，赦其不死，將其削官為民。我本來希望他們能夠善始善終，而他們卻放棄了當初的誓言與我決裂，完全違背了我的心願，這是多麼可悲的事情啊！所以我特別地給你們講一講，我想你們是不會感到奇怪的。除了謀反這種無法寬赦的大罪之外，其他事情還是照常遵行過去我給你們所下的免死之詔，太陽可以替我作證。」李沖、于烈都上書表示感謝。

司馬光說：「爵位、俸祿的廢止與設置，生殺予奪之大權，是君主駕御群臣的根本手段。所以古代的聖帝明君，對待皇帝的親屬、皇帝的老部下老朋友、有德行、有道義、有功勞、身分地位高、辛苦操勞國事的，以及前朝帝王的後代這八種人，如果他們犯了罪，君主都不直接下令赦免他們，一定要召集公卿大臣坐在槐樹、棘木之下對犯罪者進行討論，可以赦免的就加以赦免，可以寬恕的就加以寬恕，應該判刑的就判刑，應該處死的就處死。罪輕罪重根據具體情節而定，執法的寬嚴程度隨當時的社會情況決定。所以君主在實行大赦或從寬處理的時候不會喪失君主的威嚴，罪臣得以從寬免死而不敢有恃無恐。等到魏國的時候情況就不是這樣了，對於功勳卓著的大臣，君主往往預先許諾他們如果犯了死罪可以免死，讓這些勳貴之臣因為驕橫而觸犯法律獲罪，君主卻又不遵守自己的諾言而將他們殺死。是君主用不講信用的政令誘使他們犯罪，把他們陷於死地。刑政的失誤，再沒有比這更嚴重的了！」

當時，代地的舊族，多數人都與穆泰等人有勾結，只有于烈一個家族沒有參與穆泰的陰謀，魏孝文帝因此更加敬重于烈。孝文帝因為北方少數民族的頭領以及進京侍奉皇帝的酋長之子畏懼洛陽的酷暑，所以允許他們秋季天氣涼爽的時候再到洛陽朝拜皇帝，春季則回到北方自己的部落中去，因為他們像大雁一樣避寒而南來，又像大雁一樣至暖而北去，所以當時的人稱他們為「雁臣」。

三月二十二日己酉，魏孝文帝向南到達離石鎮，吐京地區那些叛變的少數民族向孝文帝請求投降，孝文帝下詔寬恕了他們。夏季，四月初四日庚申，孝文帝到達龍門，他派使臣在龍門祭祀了夏禹。初七日癸亥，孝文帝到達蒲坂縣，在蒲坂祭祀了虞舜。十五日辛未，孝文帝到達長安城。

魏太子元恂被廢之後，對自己的過錯感到非常後悔。擔任御史中尉的李彪卻祕密上表給孝文帝，說元恂又與自己身邊的人密謀叛逆。魏孝文帝派擔任中書侍郎的邢巒與咸陽王元禧一同奉命攜帶著毒酒前往河陽，賜元恂自殺。元恂死後，身上就穿著平時所穿的衣服被裝進一口粗劣的棺材裡，埋葬在了河陽。〇四月二十七日癸未，魏國的大將軍宋明王劉昶在彭城去世，魏孝文帝為他追加了九種禮遇，用非同一般的特殊禮儀安葬了他。

五月初三日己丑，魏孝文帝由長安東返洛陽，他乘船由渭河進入黃河，再沿著黃河東下。初六日壬辰，孝文帝派遣使者到豐城祭祀了周文王，到鎬城祭祀了周武王。六月初五日庚申，孝文帝回到洛陽。〇初七日壬戌，魏國發動了冀州、定州、瀛州、相州、濟州五個州的二十萬大軍，準備進犯齊國。

魏國穆泰謀反的時候，擔任中書監的魏郡公穆羆參與了穆泰的陰謀，大赦之後，穆羆參與叛變的事情才被揭發出來，魏孝文帝剝奪了穆羆的爵位，把穆羆罷職為民。穆羆的弟弟擔任司空的穆亮把司空府的事務委託給屬下擔任司馬的慕容契，便上疏給孝文帝自己彈劾自己，孝文帝下詔對他加以勉勵、寬慰，沒有批准穆亮辭職的請求。穆亮堅決請求辭職，六月初八日癸亥，孝文帝准許穆亮辭去了自己的所有職務。〇十二日丁卯，魏孝文帝把集結的二十萬大軍部分成六個軍，並對哪部分軍隊開赴前線，哪部分軍隊作為留守作出決定。

秋季，七月初九日甲午，魏孝文帝立左昭儀馮氏為皇后。馮皇后想要認太子元恪為自己的親生兒子，太子元恪的生身母親高氏在從平城前來洛陽的途中，在共縣暴病身亡。〇戊辰日，魏國朝廷任命穆亮為征北大將軍、開府儀同三司、冀州刺史。

八月初一日丙辰，魏孝文帝下令全國進入緊急軍事狀態。〇初七日壬戌，魏孝文帝立自己的兒子元愉為京兆王、立元懌為清河王、立元懷為廣平王。〇齊明帝蕭鸞追尊景皇帝蕭道生的母親王氏為恭太后。〇十九日甲戌，魏國在華林園舉行閱兵儀式。二十五日庚辰，魏孝文帝親率大軍從洛陽出發南征。他令擔任吏部尚書的任城王元澄留在洛陽主管後方事宜，任用擔任御史中尉的李彪兼任度支尚書，與擔任尚書左僕射的李沖一同輔佐任城王元澄管理留守洛陽朝廷的事務。委任彭城王元勰為中軍大將軍，彭城王元勰推辭說：「關係親近的人和關係疏遠的人一同任用，是古人的用人原則。我是何等人，連續地蒙受陛下的寵信和提升。過去陳思王曹植向他做皇帝的哥哥曹丕請求統兵攻吳、蜀，而曹丕不允許，我沒有請求反而得到提升，人的命運好壞、境遇的順逆為什麼相差這麼遠呢？」魏孝文帝聽了不禁大笑起來，他拉著元勰的手說：「曹丕因為忌恨他弟弟曹植的才華出眾、名望太高，所以要處處壓制他，我和你是因為道義相同而互相親密。」

齊明帝派遣軍主兼任直閤將軍的胡松率軍協助北襄城太守成公期防守赭陽，派另一名軍主鮑舉率軍去協助擔任西汝南、北義陽二郡太守的黃瑤起防守舞陰。

魏孝文帝任命仇池地區的氐族人首領楊靈珍為南梁州刺史。楊靈珍獻出梁州投降了齊國，他把自己的母親和兒子送到南鄭作為人質，然後派自己的弟弟楊婆羅阿卜珍率領一萬多名步兵、騎兵襲擊投降魏國、被魏國封為武興王的另一氐族人首領楊集始，殺死了楊集始的兩個弟弟楊集同、楊集眾。楊集始處境十分窘迫危急，遂向齊國請求投降。九月十三日丁酉，魏孝文帝任命擔任河南尹的李崇為都督隴右諸軍事，率領數萬軍隊前往討伐楊靈珍。

當初，魏國遷都洛陽的時候，魏國擔任荊州刺史的薛真度曾經勸說魏孝文帝先攻取樊城、鄧縣。薛真度率領自己的部下攻打齊國的南陽郡，被齊國擔任南陽郡太守的房伯玉打敗。魏孝文帝得知薛真度失敗的消息不禁大怒，認為南陽郡只是一個小郡，一定得把它拿下來，於是孝文帝率領魏軍向襄陽進發，彭城王元勰等三十六軍前後相繼進發，兵眾號稱百萬，吹口哨的聲音震動大地。九月十七日辛丑，魏孝文帝留下幾位將領進攻赭陽，自己則親率大軍繼續南下。十九日癸卯，大軍抵達齊國南陽郡的郡治所在地宛城，夜間便出兵襲擊了宛城的外城，將外城佔領。南陽太守房伯玉以內城為依托，環城堅守。魏孝文帝派遣擔任中書舍人的孫延景對房伯玉說：「我今天率領百萬大軍要蕩平江南、統一天下，絕對不會再像去年出兵那樣冬天來，春天走，這次我軍如果無所攻克，我絕不率軍北還。你堅守的這個宛城正擋在皇帝所率大軍前進的路上，所以不得不首先將其攻克，最長一年，最短一個月，一定會攻克此城。你是選擇立功封侯，還是選擇城破之後被斬首懸掛示眾，必須在低頭與抬頭這一短暫的時間內作出決定，你應該好好考慮考慮！而且你有三種罪過，今天要讓你知道：你先是在齊武帝蕭賾駕下為臣，曾經受過齊武帝蕭賾不同尋常的恩寵，你不僅不能為維護齊武帝蕭賾之子蕭昭業的帝位而獻身，反而為他的仇人拼死賣命，這是你的第一樁罪過。近年荊州刺史薛真度率軍前來，你在沙堨打敗了薛真度，傷害了我的這支小部隊，這是你的第二樁罪過。如今皇帝我已經親率大軍到達城下，你不早早向我的部下束手投降，這是你的第三樁罪過。」房伯玉派遣軍中的副將樂稚柔答覆說：「承蒙你要攻擊被圍的南陽郡城，而且志在必得。我作為一個地位卑微的無名小輩，今天有幸能和魏國的皇帝一見高低，即使我戰敗而死，也可以說是死得其所了！我們的太守房伯玉承蒙齊武帝蕭賾的提拔重用，他怎敢忘記齊武帝的大恩？只是因為繼位的小皇帝蕭昭業有失君德，現在的皇帝蕭鸞以齊高帝蕭道成三兒子的身分接續了帝位，這不只是符合齊國億兆百姓的願望，而且也完全體現了齊武帝蕭賾遺詔的精神。所以我才以自己的綿薄之力效忠於我們現在的皇帝，不敢出現任何差錯。過去魏國的軍隊深入我國境內，掠奪驚擾我國邊境的人民，我曾經激勵我部下的將士，讓他們盡到自己應盡的職責。站在我們的立場上來說，你不應該指責我們。」

宛城東南角的護城河上有一座橋，魏孝文帝率軍從這座橋上過河。房伯玉讓幾個勇士，身穿具有保護色彩的衣服、頭上戴著虎頭形狀的帽子，藏在橋洞之下，等到魏孝文帝騎著馬過橋的時候，隱藏在橋洞下的勇士突然竄出來襲擊孝文帝，孝文帝連人帶馬全都受了驚嚇。孝文帝趕緊將善於射箭的原靈度召來，隨著原靈度弓弦的響聲，幾名齊國的勇士應聲倒地而死，孝文帝才幸免於難。

魏國李崇率軍在山上砍削荊棘，開闢出一條道路，在氐族人毫無防備的情況下，出其不意地對氐族首領楊靈珍展開內外夾攻，那些氐族人全都拋下楊靈珍四散逃走，楊靈珍的部眾立即減少了一大半，李崇率軍迅速前進佔領了赤土縣。楊靈珍派遣自己的堂弟楊建率軍五千人屯紮在龍門，自己則率領一萬名精壯的勇士屯紮在鷲硤。屯紮在龍門的楊建在龍門之北的幾十里山中，砍伐樹木堵塞道路；屯紮在鷲硤的楊靈珍命令士兵在鷲硤的硤口堆積了很多的大木、大石塊，準備在魏軍發起進攻的時候，把這些大木、大石塊從山崖上推下去，以抵抗魏軍的進攻。李崇命令擔任統軍的慕容拒率領五千人從別的道路進入山中，在夜間出其不意地襲擊了駐紮在龍門的守軍，把楊建率領的齊軍打敗，佔領了龍門軍事據點。河南尹李崇則親自率軍進攻鷩硤。據守鷩硤的楊靈珍連戰連敗，最後狼狽逃竄，李崇遂俘虜了楊靈珍的妻兒，隨即又攻克了武興。齊國擔任梁州刺史的陰廣宗、擔任參軍的鄭猷等人率軍前來救援楊靈珍，李崇率軍迎擊，把陰廣宗、鄭猷所率領的齊國援軍打得大敗，斬殺了楊靈珍的弟弟楊婆羅阿卜珍，活捉了鄭猷等，楊靈珍逃回漢中。魏孝文帝聽到李崇勝利的消息，非常高興地說：「使我沒有西顧之憂的，就是李崇。」孝文帝任命李崇為都督梁、秦二州諸軍事、梁州刺史，讓他安撫、招集那裡的民眾，穩定那裡的局面。

九月二十三日丁未，魏孝文帝離開南陽城下，他留下擔任太尉的咸陽王元禧等繼續進攻南陽。二十五日己酉，魏孝文帝到達齊國的新野郡，擔任新野太守的劉思忌據城防守。冬季，十月初三日丁巳，魏軍進攻新野，沒有攻克，於是就圍著新野城修築起一個包圍圈，將新野團團圍困起來，孝文帝派人對新野城中的劉思忌說：「南陽太守房伯玉已經向魏軍投降了，你為什麼還要獨自據守，自取滅亡，被粉身碎骨呢！」劉思忌派人答覆說：「城中兵多糧足，我沒有功夫跟你這小小的胡虜說話！」魏國擔任右軍府長史的韓顯宗率領一支部隊屯紮在赭陽，齊國擔任北襄城太守的成公期派遣直閤將軍胡松率領一支由少數民族組成的軍隊進攻韓顯宗的軍營，韓顯宗拼力死戰，打敗了胡松，斬殺了他的副將高法援。韓顯宗率領得勝軍到達新野，魏孝文帝對韓顯宗說：「你攻破賊軍，斬殺賊軍將領，極大地提高了我軍的士氣。我正在攻打齊軍堅守的城池，卻還沒有攻下，你為什麼不公開傳遞捷報、宣傳我軍的勝利呢？」韓顯宗回答說：「不久前我聽說鎮南將軍王肅活捉了二、三個敵人，幾匹驢馬，便全都公開地傳遞捷報。我當時正在東觀，曾經私下裡譏笑過他。近來我雖然仰仗著陛下的威名和震懾力，得以打敗群敵，但我兵少力弱，擒獲、斬殺的敵人並不多。如果我還要把這點勝利的消息寫在長長的絹帛上高高地扯著炫耀，誇大自己的功勞業績，剛剛批評了人家而又轉過來效法人家，我的罪過就更大了。所以我不敢那樣做，只是把俘虜押送到皇帝的所在也就得了。」魏孝文帝更加認為他賢能。

齊明帝下詔令擔任徐州刺史的裴叔業率軍前往救援雍州，裴叔業上書給齊明帝說「北方的魏國人並不樂意翻山越水地遠攻齊地，他們只喜歡騷擾、掠奪。如果我軍侵入魏國境內，對魏國人進行騷擾、掠奪，那麼進攻我們司州、雍州一帶的魏軍自然就離開了。」齊明帝批准了裴叔業的請求。裴叔業遂率軍進攻魏國的虹城，俘虜了魏國四千多名男女。〇十月二十日甲戌，齊明帝派遣擔任太子中庶子的蕭衍、擔任右軍司馬的張稷率領軍隊前往救援雍州。

十一月十一日甲午，擔任前軍將軍的韓秀方等十五位齊國將領投降了魏軍。十四日丁酉，魏軍在沔水以北打敗了齊軍，齊國將軍王伏保等人被魏軍活捉。〇十二月初三日丙辰，齊國朝廷任命楊靈珍為北秦州刺史、仇池公、武都王。

齊國新野人張賭率領一萬多家居民構築圍柵抵抗魏軍的進攻，十二月初七日庚申，魏軍攻破了張賭的圍柵。齊國擔任雍州刺史的曹虎與南陽太守房伯玉有矛盾，所以曹虎故意延緩救援新野與南陽，他把軍隊停留在了樊城。〇二十四日丁丑，齊明帝下詔令擔任度支尚書的崔慧景率軍救援雍州，齊明帝授予崔慧景假節，令他率領二萬軍隊、一千名騎兵趕赴襄陽，雍州地區的軍隊全部接受崔慧景的指揮、調度。〇十七日庚午，魏孝文帝向南到達沔水，二十五日戊寅，回到新野。

齊國的將軍王曇紛率領一萬多人進攻魏國南青州的黃郭戍，被魏國黃郭戍的駐軍首領崔僧淵打敗，王曇紛全軍覆沒。齊國將軍魯康祚、趙公政率領一萬人入侵魏國的太倉口，魏國擔任豫州刺史的王肅派屬下擔任長史的清河人傅永率領三千名裝備齊全的士兵抗擊齊國軍隊的入侵。齊軍將領魯康祚等人率軍駐紮在淮河以南，魏軍將領傅永率領魏軍駐紮在淮河以北，兩軍相距十多里。傅永說：「南方的齊軍喜歡在夜間偷襲對方的營寨，他們一定在水淺的地方插上火把，標出可以渡河的地方。」於是在入夜之後便把軍隊分成二部，分別埋伏在軍營以外，準備伏擊前來偷襲的齊軍；又用葫蘆裝上火種，祕密派人渡到淮河南岸，把火種放置在河水最深的地方。傅永囑咐他們說：「你們看見敵軍在別處點燃火把，你們就趕緊把自己設置的火把點燃。」當天夜裡，齊將魯康祚等人果然率領齊軍偷襲傅永的軍營，傅永預先埋伏的兩支軍隊前後夾擊，把魯康祚打得大敗。魯康祚等人趕緊逃向淮河岸邊想在水淺的地方渡河逃跑，一看到處都是火把，根本無法分辨哪個地方水淺可以渡河，慌亂中齊軍被河水淹死的以及被追兵斬殺的就有好幾千人，魏軍活捉了齊軍將領趙公政，並得到了被淹死的魯康祚的屍體，得勝而回。

齊國的豫州刺史裴叔業率領軍隊進攻魏國的楚王戍，魏國擔任豫州刺史的王肅又派傅永率軍往攻裴叔業。傅永派遣一個心腹騎著快馬趕往楚王戍，令楚王戍的駐軍將城外的護城河填平，夜間，傅永把上千人埋伏在城外。天明時分，裴叔業等人率領齊軍到達城東，開始調度軍隊，準備修築長圍包圍楚王戍。傅永的伏兵齊出，向裴叔業的後軍發起進攻，把裴叔業的後軍打敗。裴叔業留下將佐守護自己的營寨，自己則率領幾千名精兵救援後軍。傅永登上城門樓，看著裴叔業率軍向南走了幾里路之後，便打開城門奮勇出擊，把裴叔業圍城的軍隊打得大敗，繳獲了裴叔業的傘扇、鼓樂帳幕，以及上萬件鎧甲與兵器。裴叔業進退都失去了依據，只好逃走。傅永身邊的人都主張出兵追擊裴叔業，傅永說：「我軍中連老帶弱都加起來還不滿三千人，而裴叔業手下的精兵還很多，他們並不是因為力竭而被我們打敗，只是因為中了我們的計策而已。他們既然不清楚我軍的虛實，這一仗已經足以讓他們丟魂喪膽，我們繳獲了這麼多的東西已經足夠了，何必再去追擊他們呢？」魏孝文帝派謁者來到楚王戍任命傅永為安遠將軍、汝南太守，封傅永為貝丘縣男爵。傅永既勇敢又有力氣，愛好學習，能寫文章。魏孝文帝曾經感慨地稱讚說：「上馬能夠擊敗敵人，下馬能夠書寫文告，只有傅脩期一個人能夠做到！」

齊國的曲江公蕭遙欣喜好軍事，齊明帝因為自己的兒子們都還很年幼，只好在皇室中倚靠蕭遙欣、蕭遙光、蕭遙昌三兄弟，外戚中則倚靠皇后的弟弟擔任西中郎長史的彭城人劉暄、擔任太子詹事的表弟江祏，所以齊明帝才任命始安王蕭遙光為揚州刺史，在朝廷上掌權；任命曲江公蕭遙欣為都督荊、雍等七州諸軍事、荊州刺史，負責鎮守建康西部地區。然而蕭遙欣卻在江陵招募了很多有勇力而又敢作敢為的人，把大量的財物賞賜給他們，以培植自己的勢力，齊明帝對此非常憎惡。蕭遙欣還侮辱了擔任南郡太守的劉季連，劉季連遂祕密上書給齊明帝，奏報蕭遙欣有圖謀不軌的跡象，齊明帝遂改任劉季連為益州刺史，讓劉季連佔據長江上游以控制蕭遙欣。劉季連，是劉思考的兒子。

這一年，高昌國王馬儒派遣手下擔任司馬的王體玄到魏國進貢，同時請求准許他率領全國之人遷居到魏國境內，請求魏國出兵前往迎接。魏孝文帝派遣明威將軍韓安保率軍前去迎接高昌王馬儒，並將魏國西部伊吾一帶劃出五百里地準備安置高昌國的國民。馬儒派遣擔任左長史的顧禮、擔任右長史的金城人麴嘉率領一千五百名步兵、騎兵到國境線上迎候韓安保，韓安保沒有如期到達。顧禮、麴嘉沒有接到韓安保遂返回高昌，韓安保到達約定地點卻不見有人迎候，便返回了魏國境內的伊吾。韓安保派自己手下的朝興安等為使者出使高昌，高昌王馬儒又派顧禮帶著太子馬義舒一同去迎接韓安保，他們到達了白棘城，白棘城西距高昌一百六十里。而高昌人全都留戀自己的故土，不願意跟隨國王馬儒向東遷移到魏國境內的伊吾，於是他們一同殺死了馬儒，擁立擔任右長史的麴嘉為高昌王，再次歸降了柔然。韓安保只得帶著顧禮、馬義舒回到了洛陽。

永泰元年（戊寅　西元四九八年）

春，正月癸未朔❶，大赦。○加中軍大將軍徐孝嗣開府儀同三司，孝嗣固辭。

魏統軍李佐攻新野，丁亥❷，拔之，縛劉思忌，問之曰：「今欲降未？」思忌曰：「寧為南鬼，不為北臣！」乃殺之。於是沔北❸大震。戊子❹，湖陽❺戍主蔡道福，辛卯❻，赭陽戍主成公期，壬辰❼，舞陰戍主黃瑤起、南鄉❽太守席謙相繼南遁❾。瑤起為魏所獲，魏主以賜王肅，肅臠而食之❿。乙巳⓫，命太尉陳顯達救雍州。

上有疾，以近親寡弱⓬，忌高、武子孫⓭。時高、武子孫猶有十王，每朔、望[14]入朝，上還後宮，輒歎息曰：「我及司徒[15]諸子皆不長[16]，高、武子孫日益長大！」上欲盡除高、武之族，以微言[17]問陳顯達，對曰：「此等豈足介慮！」以問揚州刺史始安王遙光，遙光以為當以次施行[18]。遙光有足疾，上常令乘輿[19]自望賢門[20]入，每與上屏人久語畢，上索香火，嗚咽流涕，明日必有所誅。會上疾暴甚[21]，絕而復蘇，遙光遂行其策。丁未[22]，殺河東王鉉[23]、臨賀王子岳、西陽王子文、永陽王子峻、南康王子琳、衡陽王子珉、湘東王子建、南郡王子夏[24]、桂陽王昭粲、巴陵王昭秀[25]，於是太祖、世祖及世宗[26]諸子皆盡矣。鉉等已死，乃使公卿奏其罪狀，請誅之，下詔不許，再奏，然後許之[27]。南康侍讀濟陽江泌[28]，哭子琳淚盡，繼之以血，親視殯葬畢，乃去。

庚戌[29]，魏主如南陽。二月癸丑[30]，詔左衛將軍蕭惠休等[1]救南陽[2]。甲子[31]，魏人拔宛北城，房伯玉面縛出降。伯玉從父[32]弟思安為魏中統軍[33]，數為伯玉泣請，魏主乃赦之。庚午[34]，魏主如新野。辛巳[35]，以彭城王勰為使持節、都督南征諸軍事、中軍大將軍、開府儀同三司。

三月壬午朔[36]，崔慧景、蕭衍大敗於鄧城。時慧景至襄陽，五郡[37]已陷[3]沒，慧景與衍及軍主劉山陽、傅法憲等帥五千餘人進行[38]鄧城，魏數萬騎奄至[39]，諸軍登城拒守。時將士蓐食輕行(40)，皆有飢懼之色。衍欲出戰，慧景曰：「虜不夜圍人城，待日暮自當去。」既而魏眾轉至(41)，慧景於南門拔軍去(42)，諸軍不相知，相繼皆遁。魏兵自北門入，劉山陽與部曲(43)數百人斷後死戰，且戰且卻行(44)。慧景過鬧溝(45)，軍人相蹈藉(46)，橋皆斷壞。魏兵夾路射之，殺傅法憲，士卒赴溝死者相枕，山陽[4]取襖仗(47)填溝乘之(48)，得免。魏主將大兵追之，晡時至沔(49)。山陽據城(50)苦戰，至暮，魏兵乃退。諸軍恐懼，是夕，皆下船還襄陽。庚寅(51)，魏主將十萬眾，羽儀華蓋(52)以圍樊城，曹虎閉門自守。魏主臨沔水，望襄陽岸，乃去，如湖陽(53)。辛亥(54)，如懸瓠(55)。

魏鎮南將軍王肅攻義陽(56)，裴叔業將兵五萬圍渦陽(57)以救義陽。魏南兗州刺史濟北孟表(58)守渦陽，糧盡，食草木皮葉。叔業積所殺魏人高五丈以示城內，別遣軍主蕭璝等攻龍亢(59)，魏廣陵王羽(60)救之。叔業引兵擊羽，大破之，追獲其節。魏主使安遠將軍傅永、征虜將軍劉藻(61)、假輔國將軍高聰(62)[5]救渦陽，並受王肅節度。叔業進擊，大破之，聰奔懸瓠，永收散卒徐還。叔業再戰，凡斬首萬級，俘三千餘人，獲器械、雜畜、財物以千萬計。魏主命鎖三將詣懸瓠，劉藻、高聰免死，徙平州(63)，傅永奪官爵，黜王肅為平南將軍(64)。肅表請更遣軍救渦陽，魏主報(65)曰：「觀卿意，必以藻等新敗，故難於更往。朕今少分兵則不足制敵，多分兵則禁旅(66)有闕，卿審圖之！義陽當止則止，當下則下。若失渦陽，卿之過也！」肅乃解義陽之圍，與統軍楊大眼、奚康生(67)等步騎十餘萬救渦陽。叔業見魏兵盛，夜，引軍[6]退，明日，士眾奔潰，魏人追之，殺傷不可勝數。叔業還保渦口(68)。

初，魏中尉李彪，家世孤微(69)，朝無親援。初遊代都，以清淵文穆公李沖(70)好士，傾心附之(71)。沖亦重其材學，禮遇甚厚，薦於魏主，且為之延譽於朝(72)，公私汲引(73)。及為中尉，彈劾不避貴戚，魏主賢之，以比汲黯(74)。彪自以結知人主(75)，不復藉沖(76)，稍稍疏之，唯公坐(77)斂袂(78)而已，無復宗敬(79)之意，沖浸銜之(80)。

及魏主南伐，彪與沖及任城王澄共掌留務(81)。彪性剛豪(82)，意議多所乖異(83)，數與沖爭辯，形於聲色。自以身為法官(84)，他人莫能糾劾(85)，事多專恣(86)。沖不勝忿，乃積其前後過惡(87)，禁彪於尚書省(88)，上表劾彪「違傲高亢(89)，公行僭逸(90)，坐輿禁省(91)，私取官材(92)，輒駕乘黃(93)，無所憚懾(94)。臣輒集尚書(95)已下、令史已上於尚書都座(96)，以彪所犯罪狀告彪，訊其虛實，彪皆伏罪。請以見事(97)免彪所居職，付廷尉(98)治罪。」沖又表稱：「臣與彪相識以來，垂(99)二十載。見其才優學博，議論剛正，愚意誠謂拔萃公清(100)之人。後稍察其為[7]人酷急(101)，猶謂益多損少[102]。自大駕南行以來，彪兼尚書[103]，日夕共事，始知其專恣無忌，尊身忽物[104]。聽其言如振古[105]忠恕之賢，校其行[106]實天下佞暴[107]之賊。臣與任城[108]卑躬曲己，若順弟[109]之奉暴兄，其所欲者，事雖非理，無不屈從[110]。依事求實，悉有成驗[111]。如臣列得實，宜殛彪於北荒[112]，以除亂政之姦；所引無證，宜投臣於四裔[113]，以息青蠅之譖[114]。」沖手自[115]作表，家人不知。◯帝覽表，歎悵久之，曰：「不意留臺乃至於此！」既而曰：「道固可謂溢矣[116]，而僕射亦為滿也[117]。」黃門侍郎宋弁[118]素怨沖，而與彪同州[119]相善，陰左右之[120]。有司處彪大辟[121]，帝宥之，除名而已。

沖雅[122]性溫厚，及收彪之際，親數彪前後過失，瞋目[123]大呼，投折几案[124]，御史[125]皆泥首面縛[126]。沖詈辱肆口[127]，遂發病荒悸[128]，言語錯繆，時扼腕[129]大罵，稱「李彪小人」，醫藥皆不能療，或以為肝裂[130]，旬餘而卒。帝哭之，悲不自勝，贈[131]司空。◯沖勤敏彊力[132]，久處要劇[133]，文案盈積[134]，終日視事[135]，未嘗厭倦，職業修舉[136]，纔四十而髮白。兄弟六人，凡四母，少時每[8]多忿鬩[137]。及沖貴，祿賜皆與共之，更成敦睦[138]。然多援引族姻[139]，私以官爵[140]，一家歲祿，萬匹[141]有餘，時人以此少[142]之。

魏主以彭城王勰為宗師[143]，詔使督察宗室，有不帥教[144]者以聞。○夏，四月甲寅[145]，改元[146]。

大司馬會稽太守王敬則[147]，自以高、武舊將，心不自安。上雖外禮甚厚，而內相疑備，數訪問[148]敬則飲食，體幹堪宜[149]。聞其衰老，且以居內地[150]，故得少寬。前二歲，上遣領軍將軍蕭坦之將齋仗[151]五百人行武進陵[152]，敬則諸子在都，憂怖無計。上知之，遣敬則世子仲雄[153]入東安慰之[154]。○仲雄善琴，上以蔡邕焦尾琴[155]借之[156]。仲雄於御前鼓琴作懊儂歌[157][9]，曰：「常歎負情儂，郎今果行許[158]。」又曰：「君行不淨心，那得惡人題[159]！」上愈猜愧。

上疾屢危，乃以光祿大夫張瓌[160]為平東將軍、吳郡太守，置兵佐以密防敬則。中外傳言，當有異處分[161]。敬則聞之，竊曰：「東今有誰，只是欲平我耳。東亦何易可平？吾終不受金甖[162]！」金甖，謂鴆[163]也。

敬則女為徐州行事謝朓[164]妻，敬則子太子洗馬幼隆[165]遣正員將軍[166]徐岳以情告朓：「為計若同[167]者，當往報敬則。」朓執岳，馳啓以聞[168]。敬則城局參軍徐庶，家在京口，其子密以報庶，庶以告敬則五官掾[169][10]王公林。公林，敬則族子也，常所委信。公林勸敬則急送啓賜兒死[170]，單舟星夜還都。敬則令司馬張思祖草啓[171]，既而曰：「若爾[172]，諸郎在都[173]，要應有信[174]，且忍一夕。」○其夜，呼僚佐文武樗蒲[175]，謂眾曰：「卿諸人欲令我作何計？」莫敢先答。防閤[176]丁興懷曰：「官祗應作爾[177]！」敬則不應。明旦，召山陰令[178]王詢、臺傳御史[179]鍾離祖願[180]，敬則橫刀跂坐[181]，問詢等：「發丁[182]可得幾人？庫見有幾錢物[183]？」詢稱「縣丁猝不可集[184]」；祖願稱「庫物多未輸入[185]。」敬則怒，將出斬之，王公林又諫曰：「凡事皆可悔，唯此事不可悔。官詎不更思[186]？」敬則唾其面曰：「我作事，何關汝小子[187]！」丁卯[188][11]，敬則舉兵反，招集、配衣[189]，二三日便發。

前中書令何胤[190]棄官隱居若邪山[191]，敬則欲劫以為尚書令。長史王弄璋等諫曰：「何令高蹈[192]，必不從；不從，便應殺之。舉大事先殺名賢，事必不濟[193]。」敬則乃止。胤，尚之[194]之孫也。

庚午[195]，魏發州郡兵二十萬人，期[196]八月中旬集懸瓠。○魏趙郡靈王幹[197]卒。

上聞王敬則反，收王幼隆及其兄員外郎世雄[198]、記室參軍季哲[199]、其弟太子舍人少安[200]等，皆殺之。長子黃門郎元遷[201]將千人在徐州擊魏，敕徐州刺史[202]徐玄慶殺之。前吳郡太守南康侯子恪[203]，嶷[204]之子也，敬則起兵，以奉子恪[205]為名，子恪亡走，未知所在。始安王遙光勸上盡誅高、武子孫，於是悉召諸王侯入宮。晉安王寶義[206]、江陵公寶覽[207]等處中書省，高、武諸孫處西省[208]，敕人各從左右兩人[209]，過此依軍法。孩幼者[210]與乳母俱入。其夜，令太醫煑椒二斛[211]，都水[212]辦棺材數十具，須三更[213]，當盡殺之。子恪徒跣自歸[214]，二更達建陽門[215]，刺啟[216]。時刻已至[217]，而上眠不起，中書舍人沈徽孚與上所親左右單景雋共謀少留其事[218]。須臾上覺[219]，景雋啟子恪已至。上驚問曰：「未邪[220]？未邪？」景雋具以事對[221]。上撫牀[222]曰：「遙光幾誤人事[223]！」乃賜王侯供饌[224]。明日，悉遣還第[225]。以子恪為太子中庶子[226]。寶覽，緬之子也。

敬則帥實甲[227]萬人過浙江[228]。張瓌遣兵三千拒敬則於松江[229]，聞敬則軍鼓聲，一時散走[230]，瓌棄郡逃民間。敬則以舊將[231]舉事，百姓擔篙荷鍤[232]，隨之者十餘萬眾。至晉陵[233]，南沙[234]人范脩化殺縣令公上延孫[235]以應之[236]。敬則至武進陵口[237]，慟哭而過。烏程丘仲孚[238]為曲阿令[239]，敬則前鋒奄至，仲孚謂吏民曰：「賊乘勝雖銳[240]，而烏合易離[241]。今若收船艦[242]，鑿長岡埭[243]，瀉瀆水以阻其路[244]，得留數日[245]，臺軍[246]必至。如此，則大事濟矣。」敬則軍至，值瀆涸[247]，果頓兵不得進。

五月壬午[248] [12]，詔前軍司馬[249]左興盛、後軍將軍崔恭祖、輔國將軍劉山陽、龍驤將軍·馬軍主胡松築壘[250]於曲阿長岡；右僕射沈文季[251]為持節、都督，屯湖頭[252]，備京口路。恭祖，慧景之族也。敬則急攻興盛、山陽二壘，臺軍不能敵，欲退，而圍不開，各死戰。胡松引騎兵突其後[253]，白丁無器仗[254]，皆驚散。敬則軍大敗，索馬再上，不能得，崔恭祖刺之仆地，興盛軍容[255][13]袁文曠斬之。乙酉[256]，傳首建康。

是時上疾已篤[257]，敬則倉猝東起，朝廷震懼。太子寶卷使人上屋，望見征虜亭[258]失火，謂敬則至，急裝[259]欲走。敬則聞之，喜曰：「檀公[260]三十六策，走為上策[261]，計汝父子唯有走耳！」蓋時人譏檀道濟避魏之語[262]也。敬則之來，聲勢甚盛，裁少日[263]而敗。

臺軍討賊黨[264]，晉陵民以附敬則，應死者甚眾。太守王瞻[265]上言：「愚民易動，不足窮法[266]。」上許之，所全活以萬數。瞻，弘之從孫[267]也。

上賞謝朓之功，遷尚書吏部郎[268]。朓上表三讓，上不許。中書[269]疑朓官未及讓[270]，國子祭酒沈約[271]曰：「近世小官不讓，遂成恆俗[272]。謝吏部今授超階[273]，讓別有意[274]。夫讓出人情[275]，豈關官之大小邪！」朓妻常懷刃欲殺朓，朓不敢相見。

秋，七月，魏彭城王勰表以一歲國秩[276]、職俸[277]、親恤[278]裨軍國之用[279]。魏主詔曰：「割身存國[280]，理為遠矣。職俸便停，親、國聽三分受一。」壬午[281]，又詔損皇后私府(282)之半，六宮嬪御(283)、五服男女(284)供恤亦減半，在軍者(285)三分省一，以給軍賞。○癸卯(286)，以太子中庶子蕭衍為雍州刺史。○己酉(287)，上殂于正福殿。遺詔：「徐令(288)可重申前命(289)。沈文季可左僕射，江祏可右僕射，江祀可侍中，劉暄可衛尉。軍政可[14]委陳太尉(290)。內外眾事，無大小委徐孝嗣、遙光、坦之、江祏，其大事與沈文季、江祀、劉暄參懷(291)。心膂之任(292)可委劉悛(293)、蕭惠休(294)、崔慧景。」

上性猜多慮，簡於出入(295)，竟不郊天(296)。又深信巫覡(297)，每出先占利害，東出云西，南出云北。初有疾，甚祕之，聽覽不輟(298)。久之，敕臺省文簿(299)中求白魚(300)以為藥，外始知之。太子即位。

八月辛亥(301)，魏太子自洛陽朝于懸瓠(302)。○王子(303)，奉朝請鄧學以齊興郡(304)降魏。

魏主之入寇也，遣使發高車(305)兵。高車憚遠役，奉袁紇樹者為主(306)，相帥北叛。魏主遣征北將軍宇文福討之，大敗而還，福坐黜官。更命平北將軍江陽王繼(307)都督北討諸軍事以討之，自懷朔(308)以東悉稟節度(309)，仍攝鎮平城(310)。繼，熙(311)之曾孫也。

八月，葬明皇帝於興安陵[312]，廟號高宗。東昏侯[313]惡靈在太極殿[314]，欲速葬，徐孝嗣固爭，得踰月[315]。帝每當哭，輒云喉痛。太中大夫羊闡入臨[316]，無髮[317]，號慟俯仰，幘遂脫地[318]，帝輟哭大笑，謂左右曰：「禿鶖啼來乎[319]？」

九月己亥[320]，魏主聞高宗殂，下詔稱「禮不伐喪[321]」，引兵還。庚子[322]，詔北伐高車。

魏主得疾甚篤，旬日不見侍臣，左右唯彭城王勰等數人而已。勰內侍醫藥，外總軍國之務，遠近肅然，人無異議。右軍將軍丹楊徐謇[323]善醫，時在洛陽，急召之。既至，勰涕泣執手謂曰：「君能已至尊之疾[324]，當獲意外之賞；不然，有不測之誅[325]。非但榮辱，乃繫存亡。」勰又密為壇於汝水之濱，依周公故事[326]，告天地及顯祖[327]，乞以身代魏主[328]。魏主疾有閒[329]，丙午[330]，發懸瓠，舍于汝濱[331]，集百官，坐徐謇于上席[332]，稱揚其功，除鴻臚卿[333]，封金鄉縣伯，賜錢萬緡[334]，諸王別餉賚[335]，各不減千匹。冬，十一月辛巳[336]，魏主如鄴。

戊子[337]，立妃褚氏[338]為皇后。

魏江陽王繼上言：「高車頑昧[339]，避役遁逃，若悉追戮，恐遂擾亂。請遣使鎮別推檢[340]，斬魁首[341]一人，自餘[342]加以慰撫。若悔悟從役者，即令赴軍。」詔從之，於是叛者往往自歸。繼先遣人慰諭樹者，樹者亡入柔然，尋自悔，相帥出降[343]。魏主善之，曰：「江陽可大任也。」十二月甲寅[344]，魏主自鄴班師[345]。

林邑王諸農[346]入朝[347]，海中值風，溺死，以其子文款為林邑王。

【章　旨】以上為第二段，寫齊明帝蕭鸞永泰元年（西元四九八年）一年間的大事。主要寫了魏主發兵進攻南齊之南陽、義陽兩地，以擴展洛陽正南方的疆域，結果魏將李佐先攻克新野，殺齊將劉思忌，黃瑤起被俘，被王肅臠而食之，其他齊將蔡道福、成公期、席謙等相繼南逃；寫魏將又攻克南陽郡，俘獲了其太守房伯玉；接著魏軍又南破崔慧景於鄧縣、鬧溝，魏軍遂圍困樊城；寫了魏將王肅率眾攻齊義陽，齊將裴叔業攻魏渦陽（今蒙城）以分其兵，魏將元羽與傅永等兩次率兵救渦陽，都被裴叔業打敗；魏主只好命王肅停攻義陽，往救渦陽，齊將裴叔業始南退過淮，回守渦口；後魏主聞蕭鸞死，以講究「禮不伐喪」而下令撤軍北還；寫了魏國的御史中尉李彪原本是靠著李沖的提拔得受魏主倚任，而地位提高後則漸漸對李沖禮數日減，又變為相對爭鬥，李沖負氣上表彈劾其惡，極盡醜詆，必欲致李彪於死地。魏主對二人深感失望，遂將李彪除名，而李沖則盛怒中風，精神失常而死；寫齊明帝蕭鸞猜疑老將王敬則，王敬則的兒子圖謀叛亂，連結王敬則的女婿謝朓，結果被謝朓告密；王敬則遂在會稽郡以擁立蕭子恪為名起兵造反，開始銳氣甚盛，一哄而起的百姓多有跟從者，其後被烏程令丘仲孚困之於長岡埭，又被胡松、崔恭祖等破之於曲阿長岡，王敬則失敗被殺；寫蕭鸞接受蕭遙光的建議，要全部殺死剩餘的高、武諸孫，結果因蕭子恪不從王敬則而走歸京城，致使蕭鸞改變了殺人之心，遂將剩餘的高、武諸孫放回；寫了齊明帝蕭鸞死，臨終託後於徐孝嗣、蕭遙光、蕭坦之、江祏等人，太子蕭寶卷即位。而寫史者迅即又將髒水潑向小皇帝，累敘了小皇帝的種種惡習，為日後篡殺蕭寶卷開始做鋪墊。此外還寫了內附的高車族因心憚遠役而發生叛亂，魏將宇文福往討，大敗；魏主又派江陽王元繼督諸鎮之軍往討，而元繼則建議朝廷派使到高車居住的各鎮查清事實，誅其首惡，餘皆赦之。魏主從其議，高車人之叛亂遂告平息等等。

【注釋】❶正月癸未朔　正月初一是癸未日。❷丁亥　正月初五。❸沔北　此指雍州漢水以北與魏接壤之區，在今河南新野、南陽一帶。❹戊子　正月初六。❺湖陽　南齊的軍事據點名，在今河南新野東南。❻辛卯　正月初九。❼壬辰　正月初十。❽南鄉　齊郡名，郡治在今河南新野西北。❾南遁　向南方逃跑。❿臠而食之　王肅將黃瑤起剮成小塊，一塊塊地吃掉。黃瑤起曾是王肅之父王奐的部下，王奐在齊武帝蕭賾時任雍州刺史，齊武帝欲殺王奐，黃瑤起遂從中起，幫著蕭賾殺了王奐。事見本書卷一百三十八，與《南齊書》卷四十九。⓫乙巳　正月二十三。⓬近親寡弱　指兒子年幼，姪子蕭遙光、蕭遙欣等人少勢弱。⓭高武子孫　高祖蕭道成與武帝蕭賾的兒子們，按輩分都是蕭鸞的堂兄弟與叔伯姪子。⓮朔望　初一與十五。朔，每個月的初一。望，每個月的十五。都是群臣、親屬朝拜皇帝、向皇帝請安的日子。⓯司徒　指蕭鸞的親兄弟蕭緬，已早死，建武元年追贈為司徒。⓰不長　年紀幼小。⓱微言　含蓄的語言，此處指祕密商議。⓲當以次施行　應當按次序把他們全部殺掉。⓳乘輿　乘車，或是乘軟轎。軟轎也稱肩輿。⓴望賢門　自華林園通向皇宮的門。㉑疾暴甚　病突然厲害起來。㉒丁未　正月二十五。㉓河東王鉉　蕭鉉，高祖蕭道成的第十九子，被封為河東郡王。傳見《南齊書》卷三十五。被殺時年十九。㉔臨賀王子岳句　臨賀郡王蕭子岳、西陽郡王蕭子文、永陽郡王蕭子峻、南康郡王蕭子琳、衡陽郡王蕭子珉、湘東郡王蕭子建、南郡王蕭子夏，都是世祖蕭賾的兒子。各傳皆見於《南齊書》卷四十。以上七人最大的年十四，最小的只七歲。㉕桂陽王昭粲巴陵王昭秀　桂陽郡王蕭昭粲、巴陵郡王蕭昭秀，都是文惠太子蕭長懋之子。傳見《南齊書》卷五十。以上蕭昭秀被殺時年十六，蕭昭粲被殺時年八歲。㉖世宗　即未即位而死的文惠太子蕭長懋，被其子鬱林王在位時追尊為世宗。㉗再奏二句　胡三省曰：「『難將一人手，掩盡天下目』，齊明帝之詔類如此。」㉘濟陽江泌　江泌是濟陽郡人，為南康郡王蕭子琳的侍讀。傳見《南齊書・孝義傳》。濟陽郡的郡治在今河南蘭考東北。㉙庚戌　正月二十八。㉚二月癸丑　二月初一。㉛甲子　二月十二。㉜從父　伯父、叔父的統稱。㉝中統軍　皇帝禁衛軍的統領官。㉞庚午　二月十八。㉟辛巳　二月二十九。㊱三月壬午朔　三月初一是壬午日。㊲五郡　指南陽郡、新野郡、南鄉郡、北襄城與西汝南郡（二郡設一太守）、北義陽郡。㊳進行　猶今所謂「前進」。㊴奄至　突然而至。奄，出其不意。㊵蓐食輕行　早早吃飯，輕裝而行。蓐食，在寢席上進食，以言趄早行路，匆匆進食。蓐，草席。41轉至　反而來得更多了。42於南門拔軍去　只帶著他的那股軍隊從南門偷偷逃去。據《南齊書．崔慧景傳》，當時慧景守南門，蕭衍守北門。43部曲　泛指部下。將軍下統若干部，部的長官曰校尉；部下有曲，曲的長官曰軍候。南北朝時期也稱私家武裝曰部曲。44卻行　後退。45鬧溝　水道名，在沙堨附近，南流入漢水。沙堨，意即枯河，在今河南新野東北，沙堨有水時即流入鬧溝。46相蹈藉　互相推擠、踐踏。47褁仗　服裝、兵器。48乘之　踩著渡過水溝。49晡時至沔　下午四點前後追到漢水。晡時，下午的三時至五時。此所謂「沔」實即當時的樊城、襄陽，二城即夾漢水相對。50據城　憑藉樊城。51庚寅　三月初九。52羽儀華蓋　用羽毛做裝飾的旌旗幡傘之類的各種儀仗，是古時帝王或貴官出行時用以顯示威風的東西。53湖陽　齊縣名，治所在今河南唐河縣南。54辛亥　三月三十。55懸瓠　古軍事重鎮名，當時也稱上蔡，魏國的豫州州治所在地，即今河南汝南縣。56義陽　齊國北部邊界上的軍事重鎮名，齊國司州的州治所在地，即今河南信陽。57渦陽　魏國南部邊境上的軍事重鎮名，當時也叫馬頭鎮，魏國南兗州的州治所在地，即今安徽蒙城，在今安徽渦陽的東南方。58濟北孟表　濟北郡人孟表，先曾在南齊任馬頭郡太守，後以郡降魏，被任為南兗州刺史，仍兼馬頭太守，守渦陽。傳見《魏書》卷六十一。59龍亢　魏縣名，在渦陽東南。60廣陵王羽　元羽，孝文帝之弟，被封為廣陵郡王。傳見《魏書》卷二十一上。61劉藻　魏國的才學之臣，為將為吏皆有政績。傳見《魏書》卷七十。62高聰　魏國的文學之臣，曾出使南齊，此時為假輔國將軍。傳見《魏書》卷六十八。63徙平州　發配到平州為民。魏國平州的州治在今河北盧龍北。64黜王肅為平南將軍　由鎮南將軍降為平南將軍。鎮南將軍為二品下，平南將軍為從二品上。65報　答覆。66禁旅　禁軍；皇帝的警衛部隊。67楊大眼奚康生　都是魏國的名將。楊大眼是氐王楊難當之孫；奚康生於上次魏主南伐中因解魏主之急被授為直閤將軍。傳見《魏書》卷七十三。68渦口　渦水入淮河之口，在今安徽懷遠。其南岸即當時南齊的馬頭郡，其東側不遠即今之蚌埠。69家世孤微　指出身於寒門，而不是出身於豪門世族。70清淵文穆公李沖　魏國的權臣李沖被封為清淵郡公，死後謚曰文穆。清淵郡的郡治在今河北館陶東北。71傾心附之　盡心投靠於其門下。72延譽於朝　在朝廷上提高他的聲譽。延，引；為之提高。73公私汲引　在處理公務或與人私下交往時，都不斷地推薦與提攜李彪。汲引，引進；提拔。74汲黯　漢武帝時代的直臣，以面折廷諍聞名。傳見《史記》卷一百二十、《漢書》卷五十。75結知人主　交結帝王；被帝王所賞識。76不復藉沖　不再靠著李沖。藉，憑藉；倚靠。77公坐　當眾；公開場合。78斂袂　整理衣袖，意即拱手。79宗敬　像對待主子一樣地敬重。80浸銜之　漸漸地懷恨在心。81留務　留守洛陽的事務。82剛豪　剛正、強硬。83意議多所乖異　主張、看法、意見往往不同。84法官　指任御史中尉，位在三品上。85莫能糾劾　不能檢舉彈劾。86專恣　專斷、任意。87過惡　過失、短處。(88)禁彪於尚書省　軟禁在尚書省內。(89)違傲高亢　邪惡高傲。違，邪惡。高亢，剛硬無禮。(90)僭逸　行動越分、放縱。僭，越分。(91)坐輿禁省　坐著車子出入宮門。古時出入宮門不下車為「不敬」。(92)官材　公家的器材。(93)輒駕乘黃　有時還用皇帝的御馬給自己拉車。輒，往往；有時。乘黃，御馬。胡三省引杜佑曰：「漢有未央廄令，魏改稱乘黃廄。乘黃，古之神馬，因以為名。」(94)無所憚懾　無所畏懼、收斂。(95)尚書　此指各部尚書，猶如今之國務院各部長。當時李沖為尚書僕射，是尚書省的副長官，主持留守事宜。(96)尚書都座　尚書省的議事堂。都，集；聚。胡三省曰：「尚書都座，錄、令、僕射、尚書圓坐處。」(97)見事　現有的罪行。見，同「現」。(98)付廷尉　交由司法部門。廷尉，全國最高的司法長官，古代為九卿或六部之一。(99)垂　將近。(100)拔萃公清　才能出眾、公正清廉。(101)酷急　殘虐、急躁。(102)益多損少　總的看來還是好事做得多、壞事做得少。(103)兼尚書　以中尉兼度支尚書。(104)尊身忽物　唯我獨尊，藐視他人。身，自己。物，他人。(105)振古　自古以來所未有的。(106)校其行　檢點一下他的實際行為。(107)佞暴　口頭上伶牙俐齒，行動上殘暴無比。(108)任城　任城王元澄，時為負責留守事務的總管。(109)順弟　恭順的小弟。(110)無不屈從　我們都只好違心地順著他。(111)悉有成驗　都有確鑿的證據可查。(112)殛彪於北荒　把李彪放逐到北荒之邊地。殛，誅；放逐。《詩經．節南山》有所謂「取彼譖人，投畀有北。」毛注曰：「北方寒涼而不毛。」(113)四裔　四方邊遠的地方。裔，邊荒。《左傳》文公十八年有所謂「投諸四裔，以禦螭魅」。(114)青蠅之譖　以喻奸佞之人所說的壞話。語見《詩經．青蠅》：「營營青蠅，止于棘，讒人罔極，交亂四國。」把青蠅比做進讒言的佞人。(115)手自　親手；親自。(116)道固可謂溢矣　這李彪可算是自滿得沒有邊啦。李彪字道固。(117)僕射亦為滿也　這李沖也自滿得真是夠嗆。李沖當時以鎮南將軍兼尚書左僕射。(118)黃門侍郎宋弁　宋弁是魏國的儒學之臣，時為黃門侍郎。皇帝的侍從官員，為皇帝掌管機密文件。傳見《魏書》卷六十三。(119)同州　二人同是相州人。相州的州治鄴城，在今河北臨漳西南。(120)陰左右之　暗中幫助他。(121)大辟　殺頭之罪。(122)雅　平素；一向。(123)瞋目　瞪著眼睛。(124)投折几案　提起身邊的家具砸人，摔壞了几案。几案，古人坐臥時可以憑靠的家具。(125)御史　李彪的下屬官員。(126)泥首面縛　以泥塗面，自縛雙手，都是表示認罪、請罪的樣子。(127)詈辱肆口　隨口肆意地辱罵。(128)發病荒悸　一下子得了中風病。荒悸，迷亂；糊塗。(129)扼腕　這隻手抓著另一隻手的腕子，古人動怒時經常表現的一種動作。(130)肝裂　中醫有所謂怒氣傷肝。(131)贈　死後追封的職位，表示一種榮譽。(132)彊力　勉力；努力。(133)要劇　重要而繁忙的職位。劇，複雜；繁難。(134)文案盈積　桌子上堆滿了等候處理、批覆的案卷。(135)視事　處理事務。(136)職業修舉　每一件工作都完成得很好。修舉，完備。(137)忿競　怨恨、爭執。(138)更成敦睦　反而變得親厚和睦起來。(139)援引族姻　把很多的同族、親戚拉進官場。(140)私以官爵　憑私情授以官職、爵位。(141)萬匹　萬匹絹帛，當時以此計算俸祿。[142]少　貶低；瞧不起。[143]宗師　官名，約當於漢代的宗正，主管皇族事務，糾察皇族中的不法者。[144]不帥教　不服從管理、教訓。帥，同「率」。遵循；服從。[145]四月甲寅　四月初三。[146]改元　南齊宋明帝蕭鸞由建元五年中途改稱永泰元年。於是寫史者遂將這一年的前幾個月也通通改寫為永泰元年的某月某日。[147]王敬則　蕭道成與蕭賾的忠實親信，在協助蕭道成篡宋建齊與維護蕭賾的皇位繼承權問題上都極盡其心力。至蕭賾一死，王敬則立即又轉為蕭鸞效力，在擁立蕭鸞為帝、幫著蕭鸞誅除高、武子孫等問題上大效犬馬之力。傳見《南齊書》卷二十六。[148]訪問　詢問。[149]體幹堪宜　身體狀況如何，適合於做什麼事情。體幹，身軀。[150]居內地　指在會稽郡（今浙江紹興）。因會稽遠離長江，地處南齊東南部，故稱「內地」。[151]齊仗　皇帝居處周圍的衛隊。[152]行武進陵　巡視齊高帝、齊武帝的陵園。行，巡行；巡視。當時蕭道成、蕭賾的陵墓都在武進縣，今江蘇丹陽東南。[153]世子仲雄　王敬則的繼承人王仲雄。世子，嫡長子；權位者的法定繼承人。[154]入東安尉之　到會稽去安慰王敬則。入東，到東方，會稽在建康的東南方。安尉，同「安慰」。[155]蔡邕焦尾琴　古代文物，漢代蔡邕使用過的琴。蔡邕是東漢著名學者。傳見《後漢書》卷九十上、下。相傳是蔡邕用一段燒剩的桐木做成了一把琴，因琴尾留有燒焦的痕跡，故名「焦尾琴」。[156]借之　給他使用；讓他彈奏。[157]懊憹歌　樂府中的吳聲歌曲名，內容是抒寫男女青年之間的戀情。《晉書・禮樂志》有所謂「〈懊憹歌〉者，隆安初俗間訛謠之曲。歌云：『春草可攬結，女兒可攬擷。』」王仲雄在這裡是借〈懊憹歌〉的曲調自己作歌演唱。[158]常歎負情儂二句　大意說我一向擔心你背叛我，今天你果然這樣做了。儂，吳語，同「我」。許，如此。[159]君行不淨心二句　大意說你自己的內心不好，你怎麼能責怪別人說你呢。惡，討厭；責怪。題，品評；指說。[160]張瓌　原為宋臣，在蕭道成篡宋過程中成為蕭的親信；到蕭鸞謀取帝位時，張瓌又成為蕭鸞的親信。傳見《南齊書》卷二十四。[161]異處分　大變動。[162]金甖　金製的酒罈子。皇帝令人自殺，常以此盛酒以賜之。[163]鴆　毒酒。[164]徐州行事謝朓　徐州行事，試用徐州刺史。行，代理；試用。謝朓，字玄暉，當時的著名文學家，人稱「小謝」。傳見《南齊書》卷四十七。曾任宣城太守，此時代理南徐州刺史，郡治京口，即今江蘇鎮江市。[165]太子洗馬幼隆　太子洗馬是皇太子的屬官，平時掌禮儀文書，出行時在太子的馬前開道。洗，同「洗」。意思同「先」。王幼隆，王敬則的第五子，時任太子洗馬之職。[166]正員將軍　胡三省曰：「官至將軍而未有軍號者為正員將軍；次為員外將軍。」[167]為計若同　如果同意我的計畫。[168]馳啓以聞　飛快地寫信報告了蕭鸞。[169]五官掾　郡太守的屬官，無一定職掌，可代行諸曹事。王敬則此時任會稽太守，故屬下有此職。[170]送啓賜兒死　寫信啟奏蕭鸞，請求蕭鸞處死那個圖謀作亂的兒子王幼隆。[171]草啓　起草給皇帝的上書。啓，文體名，意思與「章」、「表」大體相同，奏事的類別有些差異。[172]若爾　如果事情真是如此。[173]諸郎在都　其他在京的兒子。[174]要應有信　肯定也應該有訊息來。[175] 樗蒲　古代賭輸贏的一種棋戲，類似後代的擲骰子。盛行於魏晉南北朝。[176] 防閤　負責齋閤周圍警衛的武官，類似朝廷的直閤將軍。[177] 官祇應作爾　大人現在也只能這樣做了，即指造反。官，敬稱王敬則。當時通常稱皇帝才曰「官」。[178] 山陰令　山陰縣的縣令，縣治即會稽郡城。[179] 臺傳御史　官名，負責給朝廷運送糧秣的官員。[180] 鍾離祖願　姓鍾離名祖願。[181] 橫刀跂坐　橫刀膝上，垂足而坐。胡三省曰：「跂坐，垂足而坐，跟不及地。」按，解釋為「腳不及地」，似乎可疑。腳不及地，究竟坐於何處？這種坐姿舒服麼？疑「跂坐」即斜身而坐。[182] 發丁　徵調郡裡的全部成年男子。[183] 見有幾錢物　倉庫裡現有多少錢糧、多少武器。見，通「現」。[184] 猝不可集　短時內不可能全部徵調。[185] 多未輸入　大多數還沒有收繳上來。[186] 詎不更思　何不另考慮別的出路。詎，豈；何。[187] 小子　長輩對晚輩的稱呼，此處有辱罵意。[188] 丁卯　四月十六日。[189] 配衣　發放軍服。[190] 何胤　齊武帝蕭賾的信任之臣，被廢的鬱林王蕭昭業的岳父何戢的堂兄弟，當時任中書令。鬱林王曾想倚靠何胤誅蕭鸞，何胤不從，故使鬱林王被殺。傳見《南史》卷三十。[191] 若邪山　在當時的會稽，今浙江紹興的東南方。[192] 高蹈　追求隱士的行徑。[193] 不濟　不能成功。[194] 尚之　何尚之，劉宋時期的無節行官僚，曾歷任尚書僕射、尚書令、中書令等要職。歷宋文帝、劉劭、孝武帝之漫長時期，雖政權更迭，而能永保其高高在上。傳見《宋書》卷六十六。[195] 庚午　四月十九。[196] 期約定。[197] 趙郡靈王幹　元幹，孝文帝的親兄弟，被封為趙郡王，靈字是謚。《謚法解》：「亂而不損曰靈。」[198] 世雄　胡三省曰：「此即敬則世子仲雄也。『仲』、『世』二字必有一誤。」[199] 季哲　王敬則之子。[200] 少安　王敬則之子。[201] 長子黃門郎元遷　王元遷，時任黃門郎。按，由其長子元遷任黃門郎，前文曰「世子仲雄」云云，知王敬則乃以其第二子為繼承人。[202] 徐州刺史　當時真正的徐州乃在魏人之管區，南齊的徐州州治鍾離，即今安徽鳳陽。[203] 南康侯子恪　蕭子恪，蕭道成之孫，蕭嶷之次子，被封為南康縣侯。[204] 嶷　蕭嶷，蕭道成之子，被封為豫章郡王。傳見《南齊書》卷二十二。[205] 奉子恪　意即擁立蕭子恪為皇帝。[206] 晉安王寶義　蕭寶義，蕭鸞之子，被封為晉安郡王。[207] 江陵公寶覽　蕭寶覽，蕭鸞之弟蕭緬的次子。蕭緬被封為安陸王。傳見《南齊書》卷四十五。[208] 西省　指門下省，侍中諸官的辦公之處。胡三省曰：「據〈蕭子恪傳〉，西省，永福省也。至唐分三省，以門下省為西省，中書省為東省。」[209] 各從左右兩人　每人可帶兩個侍從。[210] 孩幼者　年紀幼小還僅是孩子的。[211] 賫椒二斛　煮了許多花椒水。花椒水有毒，可以殺人。斛，容量單位，一斛相當十斗。[212] 都水　官名，為宮廷主管造船以及水上運輸等事，上屬於將作大匠。[213] 須三更　等待三更時分。三更即夜十一時至凌晨一時。[214] 徒跣自歸　赤足步行，到朝廷請罪。徒跣，光著雙腳走路，這是古人請罪的一種姿態。[215] 建陽門　當時南齊皇宮的大門。[216] 刺啓　填寫求見報告。上寫求見者的姓字、官稱，以及欲所陳何事等等。[217] 時刻已至　指殺人的三更時分已到。[218] 少留其事　意即「稍等一等」。219須臾上覺　不久蕭鸞睡醒了。220未邪　難道還沒有動手嗎。邪，語氣詞。221具以事對　把蕭子恪不從亂黨，自逃入京的事情說了一遍。222撫牀　拍著床榻。223幾誤人事　差點壞了我的事情，指差點冤殺了許多人。224供餼　即指飯食、餚饌。225遣還第　打發他們各自回家。226太子中庶子　主管皇太子宮中的事務，實即太子的侍從官員。227實甲　披甲，指裝備精良的士兵。按，「實甲」，疑應作「貫甲」。228浙江　即今之錢塘江。會稽在錢塘江以南。229松江　吳淞江的古稱。吳松江上游流經今蘇州南，下游即今上海市之蘇州河。230一時散走　猶言一哄而散。一時，頃刻。231舊將　老將，高祖、武帝時代的老人。232擔篙荷鍤　扛著竹篙、扛著鐵鍬。竹篙，可以撐船。鍤，可以挖地。233晉陵　郡名，郡治即今江蘇常州。234南沙　縣名，縣治在今江蘇常熟西北。235公上延孫　姓公上，名延孫，時為南沙縣令。236應之　響應王敬則。因王敬則也是南沙縣人，故南沙縣人范脩化殺南沙縣令公上延孫以應王敬則。237武進陵口　武進縣高祖、武帝陵園的入口。238烏程丘仲孚　烏程縣人丘仲孚。烏程縣的縣治即今浙江湖州。239曲阿令　曲阿縣令。曲阿縣治即今江蘇丹陽。240雖銳　雖然來勢兇猛。241烏合易離　一哄而起，容易離散。烏合，像烏鴉一樣倉猝聚合在一起。242收船艦　把百姓的船隻都收藏起來，不為敵兵所用。243鑿長岡埭　挖開長岡埭的河堤，把運河裡的水放乾，使敵兵無法行船。長岡埭是當時曲阿縣境內的運河名，西連破岡瀆，可以行船進入秦淮河，直達建康城。244以阻其路　使其不能通行。245得留數日　只要能把叛軍拖住幾天。246臺軍　官軍；朝廷的軍隊。247瀆涸　長岡埭裡的水乾了。248壬午　五月初二日。249前軍司馬　前軍將軍的司馬官。因其將軍未至，故使其司馬左興盛統兵前來。250築壘　構築防禦工事。251沈文季　劉宋時代的名將沈慶之之子，入齊後頗受武帝蕭賾賞識；蕭鸞篡位後，又轉為蕭鸞效力，此時為尚書右僕射。傳見《南齊書》卷四十四。252湖頭　玄武湖邊。西接玄武湖堤，地勢平坦，正對京口大路。253突其後　衝擊王敬則軍的背後。254白丁無器仗　一哄而起的百姓手中沒有武器。器仗，兵器。255軍容　武士的名稱，以魁梧健壯，能壯軍馬之容，故設此號。256乙酉　五月初五。257上疾已篤　蕭鸞已經病得很厲害。篤，沉重。258征虜亭　相傳是東晉末年的征虜將軍謝安所建，在當時建康城的正南方，今江蘇江寧東南的方山南面，是王敬則軍隊進京的必經之路。259急裝　身穿軍服。胡三省曰：「急裝，謂縛袴也。戎裝謂之急裝。」260檀公　指劉宋時期的名將檀道濟。宋文帝元嘉八年（西元四三一年）伐魏時，曾用「唱籌量沙」的故作從容以退魏兵。傳見《宋書》卷四十三。261三十六策二句　世人俗語，王敬則將之安在檀道濟身上，今人又多傳為「孫子兵法」，其實都是瞎掰。262時人譏檀道濟避魏之語　檀道濟虛名在外，其實沒有打過多少勝仗，在伐魏的過程中，表現尤差，故當時人編了這樣的故事加在他的頭上，以諷刺他的畏魏潛逃還能振振有辭。263裁少日　只過了幾天。裁，通「才」。264討賊黨　清查王敬則的黨羽。265太守王瞻　晉陵郡的太守王瞻。266不足窮法沒必要追查到底。不足，不必；不值得。[267]弘之從孫　王弘之的堂孫。王弘之是晉宋間人，官至司徒主簿，宋時未出仕。傳見《宋書》卷九十三。從孫，兄弟的孫子。[268]吏部郎　尚書省吏部的主官，即後代的吏部尚書，主管選任官吏，其地位高於其他部。[269]中書　中書省的主官為中書令，主管為皇帝起草文件、詔令。[270]官未及讓　吏部郎不夠謙讓的品級。[271]國子祭酒沈約　國子祭酒，官名，是管理國家太學的主要官員。沈約，當時著名的文人，歷仕宋、齊、梁，此時任國子祭酒。著有《宋書》、《四聲韻譜》等。傳見《梁書》卷十三。[272]恆俗　常俗；常例。[273]超階　破格提拔。階，官員的品級。謝朓原是一名普通的殿中郎，現在一下子升為吏部郎，故曰超階。[274]讓別有意　他的謙讓實際是有別的意思。按，謝朓以告發岳父得官，心中慚愧。[275]出人情　出於一種真正的感情。[276]國秩　國家郡王的俸祿，時元勰為彭城郡王。[277]職俸　所居官職的俸祿，時元勰任中軍大將軍，使持節、都督南征諸軍事。[278]親恤　朝廷對皇室家族所頒發的特殊優待之資，元勰是孝文帝的親兄弟。[279]裨軍國之用　（把自己以上的三宗錢財捐出來）以補助國家的政務與軍務的開支。裨，補；補助。[280]割身存國　拿出自己家的財物以解國家之急。身，自己。[281]壬午　七月初三。[282]損皇后私府　減少皇后的私房錢。[283]六宮嬪御　皇帝的各個嬪妃與侍妾、宮女。[284]五服男女　皇族中五服以內的男女近親。五服，指區別血緣關係遠近的斬衰、齊衰、大功、小功、緦麻五種。[285]在軍者　在軍中服務的皇帝的五種近親。[286]癸卯　七月二十四。[287]己酉　七月三十。[288]徐令　指尚書令徐孝嗣。[289]可重申前命　意即按照上次的任命辦，這回不再重提。所謂「前命」即建武四年（西元四九七年）所說過的給徐孝嗣加「開府儀同三司」，當時徐孝嗣未接受。[290]陳太尉　即陳顯達。[291]參懷　參謀商定。[292]心膂之任　重要的軍事問題。[293]劉悛　劉宋後期的名將劉勔之子，入齊後很受蕭道成與蕭賾的信任，最後又深受蕭鸞的寵信，並屢屢聯姻皇室。傳見《南齊書》卷三十七。[294]蕭惠休　宋齊以來的名將蕭思話之子，蕭惠基之弟。傳見《南齊書》卷四十六。[295]簡於出入　很少出門。簡，少。[296]竟不郊天　連南郊祭天的典禮也不親臨。[297]深信巫覡　深度地痴迷那巫婆神漢之流。舊稱女騙子曰覡，男騙子曰巫。[298]聽覽不輟　意即過問政事不停。聽覽，聽請示、批奏章。[299]敕臺省文簿　讓政府機關下文書。臺省，泛指中央機關，如尚書省、御史臺等。[300]白魚　衣服、書籍中的蠹蟲，體小，有銀白色的細鱗，形似魚，故名。胡三省引《本草》曰：「白魚，味甘平，無毒，主胃氣，開胃下食，去水氣，令人肥健。」胡氏又曰：「《本草》謂之衣魚，亦曰白魚，利小便，療偏風、口喎。」[301]八月辛亥　八月初二。[302]朝于懸瓠　到懸瓠朝見魏主。[303]壬子　八月初三。[304]齊興郡　南齊的郡名，郡治即今湖北鄖縣，上屬於郢州。[305]高車　北方少數民族建立的小國名，也稱敕勒，在柔然以北的今俄羅斯境內。這裡指內附於北魏的部落，當時居住在今內蒙古中西部。[306]奉袁紇樹者為主　擁戴袁紇樹者為頭領。[307]江陽王繼　元繼，道武帝拓跋珪的後代，被封為江陽郡王。

傳見《魏書》卷十六。[308]懷朔　魏國北部邊境地區的軍鎮名，在今內蒙古包頭正北的固陽西南側。[309]悉稟節度　一律聽從江陽王元繼的調遣。[310]仍攝鎮平城　而且兼管鎮守平城。攝，兼任。「仍」字的意思同「乃」，與後代當「還」字講者不同。[311]熙　拓跋熙，道武帝拓跋珪之子。傳見《魏書》卷十六。[312]興安陵　蕭鸞預先為自己修造的陵墓，在當時的曲阿縣，今江蘇丹陽境內。[313]東昏侯　即剛繼位的小皇帝蕭寶卷。因日後被廢為東昏侯，故此提前使用。[314]惡靈在太極殿　厭惡在太極殿設靈堂，停放其父蕭鸞的靈柩。寫史者立刻又開始向著小皇帝潑髒水了。[315]得踰月　停放過了一個月。[316]入臨　進靈堂哭弔蕭鸞。[317]無髮　羊闡脫頂，沒有頭髮。[318]幘遂脫地　頭巾甩落到了地上。[319]禿鶖啼來乎　是禿鶖在哭嗎。禿鶖，水鳥名，也稱鵜鶘，狀如鶴而大，頭頂無毛，以魚為食。[320]九月己亥　九月二十一。[321]禮不伐喪　《左傳》有所謂「晉士匄侵齊，及穀，離喪而還，禮也」之語，見《左傳》襄公十九年。《公羊傳》曰：「還者何？善辭也。何善爾？大其不伐喪也。」[322]庚子　九月二十二。[323]徐謇　魏國的良醫，被孝文帝封為右將軍。傳見《魏書》卷九十一。[324]已至尊之疾　治好皇帝的病。[325]不測之誅　想像不到的懲罰，指死刑。誅，討；懲罰。[326]依周公故事　學習當年武王有病時周公的做法。據《尚書・金縢》記載，周武王滅商後有病，周公曾祝告祖先太王、王季、文王，禱告願代替武王病死，使武王病癒管理國家。[327]顯祖　拓跋弘，即孝文帝與彭城王勰的父親，廟號顯祖。[328]乞以身代魏主　請求鬼神讓自己代替魏主死。[329]疾有間　病情有些好轉。[330]丙午　九月二十八。[331]汝濱　汝水之濱，在今河南的南部，其實懸瓠城也就在汝水邊上。[332]坐徐謇于上席　讓徐謇坐在上座。坐，使之坐。[333]除鴻臚卿　任以為鴻臚卿，職務為贊導禮儀。[334]萬緡　銅錢一萬吊。緡是穿銅錢的絲繩，古時一千文為一吊，即所謂一緡。[335]別餉賚　另外各有饋贈。[336]十一月辛巳　十一月初四。[337]戊子　十一月十一。[338]褚氏　褚澄之女。傳見《南齊書》卷二十。褚澄是褚淵之弟，褚淵是劉宋時期的無節行官僚，世世與皇室通婚，又身居高位，而積極出賣國家政權與蕭道成。傳見《南齊書》卷二十三。褚澄既無節行且又貪婪，但在當時卻被視為「門第高貴」，人品優雅。[339]頑昧　頑固、愚蠢。[340]請遣使鎮別推檢　詞語生澀，大意是，朝廷應該派使者分別到有高車人居住的軍鎮去對那裡的高車人進行劾查。胡三省注此句有所謂「六鎮各遣一使，令各推檢一鎮」云云，似不合情理。[341]魁首　大頭目。[342]自餘　其餘的一切人。[343]相帥出降　又率領眾人離柔然而歸降魏國。[344]十二月甲寅　十二月初七。[345]自鄴班師　魏主統率的北討大軍行至鄴城而遂返回。[346]林邑王諸農　林邑國的國王姓范名諸農，是劉宋時代的林邑王范楊邁的後代。林邑國的轄境約當在今越南的南部地區。傳見《南齊書》卷五十八。[347]入朝　到建康城朝拜南齊皇帝。

【校記】①等 據章鈺校，十二行本、乙十一行本皆無此字。②南陽 原作「壽陽」。胡三省注云：「是時魏不攻壽陽。疑『壽』字誤。」張瑛《通鑑校勘記》作「南陽」，當是，今據以校正。③陷 據章鈺校，十二行本、乙十一行本、孔天胤本皆無此字。④山陽 據章鈺校，乙十一行本作「岳陽」。⑤高聰 據章鈺校，十二行本、乙十一行本、孔天胤本「聰」下皆有「等」字。⑥軍 據章鈺校，十二行本、乙十一行本、孔天胤本皆作「兵」。⑦為 原無此字。據章鈺校，十二行本、乙十一行本、孔天胤本皆有此字，張敦仁《通鑑刊本識誤》同，今據補。⑧每 據章鈺校，十二行本、乙十一行本、孔天胤本皆作「頗」。⑨懊儂歌 據章鈺校，孔天胤本作「懊儂歌」。⑩五官掾 據章鈺校，十二行本、乙十一行本、孔天胤本皆無「掾」字，熊羅宿《胡刻資治通鑑校字記》同。⑪丁卯 原無此二字。據章鈺校，十二行本、乙十一行本、孔天胤本皆有此二字，今據補。按，據《南齊書‧明帝紀》，王敬則正於丁卯日反。⑫壬午 原無此二字。據章鈺校，十二行本、乙十一行本、孔天胤本皆有此二字，張敦仁《通鑑刊本識誤》、張瑛《通鑑校勘記》同，今據補。按，《南齊書‧明帝紀》亦記劉山陽東討在壬午日。⑬軍容 原作「軍客」。胡三省注云：「『軍客』，《齊書‧王敬則傳》作『軍容』。《南史》有軍容、馬容。」當是，今據改。⑭可 據章鈺校，十二行本、乙十一行本皆作「事」，孔天胤本「可」上有「事」字。

【語譯】永泰元年（戊寅 西元四九八年）

春季，正月初一日癸未，齊國實行大赦。〇齊明帝蕭鸞為擔任中軍大將軍的徐孝嗣加授開府儀同三司，徐孝嗣堅決推辭了。

魏國擔任統軍的李佐率軍進攻齊國的新野，正月初五日丁亥，將新野攻克，齊國新野太守劉思忌被活捉，李佐向被綁縛著的劉思忌發問說：「你現在想不想投降？」劉思忌回答說：「我寧可當南朝的鬼，也不願意做北國的臣！」李佐遂殺死了劉思忌。齊國雍州漢水以北地區的人民大為震恐。初六日戊子，齊國擔任湖陽軍事據點守軍頭領的蔡道福，初九日辛卯，擔任赭陽軍事據點守軍頭領的北襄城太守成公期，初十日壬辰，齊國擔任舞陰軍事據點守軍頭領的黃瑤起、擔任南鄉郡太守的席謙相繼棄城向南逃走。黃瑤起在逃跑的過程中被魏軍抓獲，魏孝文帝元宏把黃瑤起賞給了擔任豫州刺史的王肅，王肅把黃瑤起剮成了小塊，一塊兒一塊兒地吃掉了。二十三日乙巳，齊國朝廷命令擔任太尉的陳顯達率領齊軍去救援雍州。

齊明帝生了病，因為與自己血緣關係親近的人人少勢弱，所以非常忌恨齊高帝蕭道成與齊武帝蕭賾的兒孫們。當時齊高帝、齊武帝的子孫當中還有十位親王在世，每當初一、十五群臣、親屬入朝朝拜皇帝之後，齊明帝回到後宮，總會歎息著說：「我和弟弟蕭緬的兒子年齡都不大，而高祖和武帝的子孫卻都已經日益長大成人！」齊明帝想把高帝、武帝的子孫全部除掉，遂祕密和太尉陳顯達商議此事，陳顯達回答說：「這些人難道還值得陛下擔憂嗎！」齊明帝又去詢問擔任揚州刺史的始安王蕭遙光，蕭遙光認為應當按次序把他們全部殺掉。蕭遙光患有腳病，行走不便，齊明帝經常讓他坐著車從華林園的望賢門進入皇宮，蕭遙光每次入宮都與齊明帝一起支開旁人長久密談，密談之後，齊明帝就向人索要香燭燈火，嗚咽流涕，第二天一定會有人被殺。恰逢齊明帝的病情突然嚴重起來，昏厥之後又蘇醒過來，蕭遙光遂按照與齊明帝預先商定好的計畫開始施行。正月二十五日丁未，殺死了高祖蕭道成的第十九子河東王蕭鉉和齊武帝蕭賾的兒子臨賀王蕭子岳、西陽王蕭子文、永陽王蕭子峻、南康王蕭子琳、衡陽王蕭子珉、湘東王蕭子建、南郡王蕭子夏，以及文惠太子蕭長懋的兒子桂陽王蕭昭粲、巴陵王蕭昭秀，至此，齊太祖蕭道成、齊世祖蕭賾以及世宗蕭長懋的兒子便全部被誅殺光了。河東王蕭鉉等已經被殺死之後，齊明帝才示意公卿大臣奏報他們的罪狀，請求誅殺他們，齊明帝卻下詔故意裝模作樣地沒有批准他們的請求，公卿再次奏請，齊明帝才批准。在南康王蕭子琳手下擔任侍讀的濟陽人江泌看到蕭子琳被殺，哭得眼淚都流盡了，眼裡再流出來的都是血，他親眼看著把蕭子琳殯葬之後才離去。

正月二十八日庚戌，魏孝文帝元宏前往南陽。二月初一日癸丑，齊明帝蕭鸞下詔令擔任左衛將軍的蕭惠休等人率軍前往救援南陽。十二日甲子，魏軍攻陷了南陽郡城宛城的北城，南陽太守房伯玉反綁雙手，出城向魏軍投降。房伯玉的堂兄弟房思安在魏國擔任中統軍，他多次流著眼淚為房伯玉向魏孝文帝求情，魏孝文帝這才赦免了房伯玉。十八日庚午，魏孝文帝前往新野。二十九日辛巳，孝文帝任命彭城王元勰為使持節、都督南征諸軍事、中軍大將軍、開府儀同三司。

三月初一日壬午，齊國擔任度支尚書的崔慧景、擔任太子中庶子的蕭衍在鄧城被魏軍打得大敗。當崔慧景趕到襄陽的時候，南陽郡、新野郡、南鄉郡、北襄城與西汝南郡、北義陽郡五個郡已經全部落入魏軍之手，崔慧景與蕭衍以及擔任一支軍隊首領的劉山陽、傅法憲等人率領著五千多人前行進入鄧城，魏國的幾萬騎兵突然而至，把鄧城團團圍住，齊軍趕緊登上城牆進行防守。當時齊軍將士還是在早上匆匆地吃了一頓飯就一直在輕裝行軍，到現在全都顯出了飢餓恐懼的神色。蕭衍想要出城與魏軍作戰，崔慧景說：「賊寇如果不打算在夜間圍住城池攻入城中，等天黑以後他們自然就會撤走。」不久魏軍反而越來越多，崔慧景帶著自己的那股軍隊從南城門偷偷逃去，其他各路軍隊誰也不管誰，一個接一個地全都逃走了。魏軍從鄧城的北門進入城中，劉山陽與自己的幾百名部下斷後，他們拼死作戰，一邊作戰一邊後退。崔慧景的軍隊在通過鬧溝的時候，軍人之間互相推擠、踐踏，橋樑都被踩塌了。魏軍夾道射箭，殺死了軍主傅法憲，士卒跳入鬧溝而死的你枕著我，我枕著你，劉山陽把衣服和兵器填到鬧溝裡踩著過了鬧溝，才幸免一死。魏孝文帝率領大軍隨後追擊，下午四點前後追到沔水。劉山陽憑藉著樊城拼死抵抗，天黑以後，魏軍才撤退。齊國各軍恐懼萬分，當天夜裡，就都下到船中回到襄陽。初九日庚寅，魏孝文帝率領十萬大軍，以及羽儀華蓋等各種儀仗，包圍了樊城，齊國擔任雍州刺史的曹虎緊閉城門進行防守。魏孝文帝來到沔水邊，看了看襄陽岸邊，然後離去，前往湖陽。三十日辛亥，魏孝文帝前往懸瓠。

魏國鎮南將軍王肅率領魏軍進攻齊國司州州治所在地義陽，齊國徐州刺史裴叔業率領著五萬齊軍圍困了魏國的渦陽以分散進攻義陽的魏軍，達到救援義陽的目的。魏國擔任南兗州刺史的濟北郡人孟表正在守衛渦陽，渦陽城內的糧食已經吃光了，軍民就以野草、樹皮、樹葉充飢。裴叔業把殺死的魏軍堆成五丈高給渦陽城裡的人看，又派遣擔任一支軍隊首領的蕭璝等人前往進攻魏國的龍亢縣，魏國的廣陵王元羽率軍前往解救龍亢。裴叔業率領齊軍襲擊元羽，把元羽打得大敗，在追擊的過程中繳獲了元羽的符節。魏孝文帝派安遠將軍傅永、征虜將軍劉藻、代理輔國將軍高聰三位將領率軍去救援渦陽，令他們全部接受鎮南將軍王肅的調度、指揮。裴叔業率軍進攻魏國的援軍，把魏國的援軍打得大敗，高聰逃往懸瓠，傅永招集起逃散的士兵慢慢撤回。裴叔業兩次與魏軍交戰，總計斬殺了一萬名魏軍，俘虜了三千多人，此外繳獲的軍用器械、各種牲畜、財物數以千萬計。魏孝文帝下令把傅永、劉藻、高聰三位將領捆綁起來押送到懸瓠，劉藻、高聰被免除死罪，發配到平州為民，傅永被削去了官職和爵位，將鎮南將軍王肅貶官為平南將軍。王肅上表給孝文帝請求再發兵援救渦陽，魏孝文帝答覆說：「看你的意思，一定以為劉藻等人剛剛被齊軍打敗，所以你的軍隊難以再去救援渦陽。我如果派遣少量的軍隊去救援渦陽就不能戰勝敵人，如果多派軍隊去，我的警衛部隊就人員不足，你仔細考慮考慮！對於攻打義陽，我看應該停止的時候就停止，如果能夠攻克就立即將其攻克。但是如果使渦陽落入齊軍之手，就是你的罪過了！」王肅於是放棄圍攻義陽，與擔任統軍的楊大眼、奚康生等率領著十多萬步兵、騎兵趕去援救渦陽。齊國的徐州刺史裴叔業看到魏軍兵力強盛，於是在夜間率軍撤退，第二天，齊軍士卒便四散奔逃，王肅所率領的魏軍隨後追擊，齊軍被殺死殺傷的多得無法統計。裴叔業退回渦口進行防守。

當初，魏國擔任御史中尉兼任度支尚書的李彪，出身於寒門，朝廷中沒有任何能夠幫助他、提攜他的親朋。李彪第一次來到平城尋求做官的門路，因為清淵文穆公李沖喜好結交讀書人，所以李彪就千方百計地投在了李沖的門下。李沖也很看重李彪的才能學問，對李彪非常優禮相待，並把李彪推薦給了魏孝文帝，而且還在朝中進行宣揚以提高李彪的聲譽，在處理公務或與人私下交往時，都不斷地推薦與提攜李彪。等到李彪擔任了中尉以後，彈劾官員從來不避諱皇親國戚和當朝顯貴，魏孝文帝遂認為李彪確實是個很賢能的人，把他比作漢武帝時期的直臣汲黯。李彪自以為已經交結了帝王，並被帝王所賞識，不再需要靠著李沖，於是便逐漸地疏遠了李沖，只是在公開場合見到李沖拱一拱手而已，不再像對待主子一樣敬重李沖，李沖因此漸漸地對李彪懷恨在心。

等到魏孝文帝率領大軍前往南方討伐齊國的時候，李彪與李沖輔佐任城王元澄共同掌管留守洛陽的事務。李彪的性情剛正、強硬，他的主張、看法、意見往往與李沖不同，遂多次與李沖發生爭辯，言辭激烈，臉色難看。李彪自以為是執法官，別人不能檢舉彈劾他，所以很多事情都任意專斷。李沖控制不住自己心中的憤怒，於是就搜集李彪前前後後的所有過失，把李彪軟禁在尚書省，然後上表彈劾李彪說「李彪邪惡高傲，行動越分、放縱，坐著車子出入宮門，私自取用公家的器材，有時還用皇帝的御馬給自己拉車，無所顧忌、無所畏懼。我已經把各部尚書以下、令史以上級別的官員召集到尚書都座，當著眾人的面把李彪所犯的罪狀告訴李彪，審問他這些罪狀是不是事實，李彪已經供認不諱。請求陛下根據李彪犯罪的事實罷免李彪所擔任的一切官職，把李彪交付給國家的司法部門進行治罪。」李沖還上表說：「我與李彪認識以來，到現在已經快二十年了。我見他才能優良，學問淵博，議論剛正，遂認為他是一個才能出眾、公正清廉的人。後來我逐漸覺察到他為人殘虐、性情急躁，但還是認為他好事做得多、壞事做得少。自從陛下率軍南征以來，李彪以御史中尉的身分兼任度支尚書，我每天從早到晚與他在一起共事，才開始看清他的專橫跋扈、不知忌憚，惟我獨尊、藐視他人。如果光聽他說的話，會覺得他是自古以來前所未有的賢人，如果檢點一下他的實際行為，才知道他原來是那種口頭上伶牙俐齒，行動上殘暴無比的奸賊。我與任城王元澄卑躬屈膝、委曲求全，就像是恭順的弟弟侍奉暴虐的兄長一樣，他想要做的事情，即使毫不在理，我們也無不違心地順著他。李彪的犯罪事實，都有確鑿的證據可查。如果我歷數李彪的罪過是事實，就應該把李彪扔到北方寒冷的不毛之地，以剷除擾亂朝政的奸賊；如果我列舉的李彪罪過查無實據，也應該把我發配到四方邊遠的地方去，以止息奸佞之臣的讒言。」李沖親筆書寫表章，家裡的人都不知道這件事。○魏孝文帝看了李沖的表章，歎息惆悵了好久，說：「沒想到留守朝廷的人竟會發生這種事情！」後來又說：「李彪這個人可算是自滿得沒有邊了，而尚書左僕射李沖也自滿得夠嗆。」擔任黃門侍郎的宋弁一向怨恨李沖，而與李彪是同鄉，關係又很好，遂暗中幫助李彪。有關部門的官員根據李彪的罪狀判處李彪殺頭之罪，魏孝文帝赦免了李彪的死罪，只是將他罷了官。

李沖一向性情溫和為人厚道，等到逮捕李彪的時候，李沖親自一條一條列數李彪前前後後所有的罪狀，他瞪著眼睛，大聲吼叫，竟然抓起身邊的几案砸人，几案都被他摔折了，李彪屬下的官員被嚇得不知所措，只好把泥塗抹在臉上，自縛雙手向李沖請罪。李沖隨口肆意辱罵，由於情緒過分激動，竟一下子得了中風病，神智不清、言語錯亂，有時就用這隻手抓住另一隻手的手腕大罵「李彪是個小人」，請醫服藥都不見效，有人認為李沖是怨氣損傷了肝臟，過了十多天李沖就死了。魏孝文帝得知消息後痛哭不止，悲痛得無法控制，追贈李沖為司空。○李沖勤於政事，兢兢業業，長時間處在重要而繁忙的職位，桌子上堆滿了等待處理、批覆的案件，李沖整天處理公務，從來沒有感到厭倦過，主管的每一件事情都完成得很好，才四十歲的人頭髮就都花白了。李沖兄弟六人，是四位母親所生，年少的時候兄弟之間往往互相怨恨、爭執。等到李沖做了高官之後，李沖所得的俸祿和賞賜都與幾個兄弟一同分享，關係反而變得親厚和睦起來。然而李沖把自己的很多族人和親戚拉進官場，憑藉私人關係請求授予他們官職和爵位，一家人的俸祿，加起來一年就有一萬多匹絹帛，當時的人也因此而貶低他、瞧不起他。

魏孝文帝任命彭城王元勰為主管皇家事務的宗師，下詔令他督查宗室，有不服從管理、教訓的都要向皇帝報告。○夏季，四月初三日甲寅，齊明帝將年號建元五年改為永泰元年。

齊國擔任大司馬的會稽太守王敬則，因為自己曾經是齊高帝、齊武帝的舊時親信，心裡感到很不安。齊明帝雖然在表面上對王敬則很敬重，而內心卻對王敬則充滿懷疑和戒心，他多次詢問王敬則的飲食情況，身體狀況如何，適合於做什麼事情。當齊明帝聽說王敬則已經年老體衰，而且居住在內地的會稽郡，所以心裡才稍微感到放心一些。前兩年，齊明帝派擔任領軍將軍的蕭坦之率領五百名宮廷衛隊前往武進縣巡視齊高帝、齊武帝的陵園，王敬則的幾個兒子都在首都建康，懷疑這些衛隊是去逮捕自己的父親，因此都感到非常憂慮恐懼，卻又無計可施。齊明帝知道這個情況以後，便派王敬則的嫡長子王仲雄到東方的會稽郡去安慰他的父親。○王仲雄善於彈琴，齊明帝便把蔡邕的焦尾琴給王仲雄使用，讓他彈奏。王仲雄在齊明帝面前彈奏著焦尾琴演唱自己依據〈懊儂歌〉的曲調所填寫的歌曲，歌詞是：「我一向擔心你背叛我，今天你果然這樣做了。」又接著演唱：「你自己的內心不好，你怎麼能責怪別人說你呢！」齊明帝更加對自己的猜忌感到愧疚。

齊明帝屢次病危，於是就任命擔任光祿大夫的張瓌為平東將軍、吳郡太守，並給張瓌配備了親兵僚佐，讓他暗中防備王敬則。當時朝廷內外都在傳說，朝廷會有大變動。王敬則聽說之後，便私下說：「建康的東部如今還有誰，只是想平定我罷了。東部又怎麼容易平定呢？我絕對不會接受皇帝賞賜令我自殺的金罌！」

金罌，是指用金酒罈子所盛的毒酒。

王敬則的女兒是代理南徐州刺史謝朓的妻子，王敬則的兒子擔任太子洗馬的王幼隆派遣官至正員將軍的徐岳把朝中的情況以及自己準備造反的計畫告訴了謝朓，並說：「如果你同意我的計畫，就應當去告訴我的父親王敬則。」謝朓卻把報信人徐岳抓起來，派人騎上快馬攜帶著自己的奏章報告給齊明帝。在王敬則屬下擔任城局參軍的徐庶，家在京口，徐庶的兒子把情況祕密地報告了徐庶，徐庶又告訴了王敬則的屬官擔任五官掾的王公林。王公林，是王敬則的同族姪子，一向受到王敬則的委託和信任。王公林遂勸說王敬則趕緊寫奏章給齊明帝，請求處死那個圖謀作亂的兒子王幼隆，然後單人乘坐小舟連夜趕回首都建康向皇帝請罪。王敬則讓屬下擔任司馬的張思祖起草給皇帝的奏章，一會兒又說：「如果事情果真如此，我那些在都城的兒子，肯定也會有消息傳來，暫且忍耐一晚再說吧。」〇當天夜裡，王敬則招呼屬下的文武僚佐一起玩棋賭博，他向眾人詢問說：「你們想讓我怎麼辦？」沒有人敢先回答他的問題。擔任防閤的丁興懷說：「大人現在也只有造反一條路可走了！」王敬則沉默沒有應聲。第二天一早，王敬則把擔任山陰縣令的王詢、擔任臺傳御史的鍾離祖願召來，王敬則把刀橫在膝上垂足而坐，他向王詢等人發問說：「如果徵調郡裡的所有成年男子，能得到多少人？倉庫裡現在還有多少錢糧？」王詢回答說「縣裡的成年男子在短時間內無法全部徵調」；鍾離祖願回答說「應該入庫的錢糧還有好多沒有收繳上來。」王敬則勃然大怒，就要把他們推出去斬首，王公林又勸諫說：「所有的事情都可以反悔，只有造反這件事情不可以後悔。大人何不另行考慮別的出路？」王敬則把唾液唾到他的臉上，說：「我做事情，關你小子什麼事！」四月十六日丁卯，王敬則起兵造反，他徵集士兵，發放軍服，二三天之後就準備發兵。

以前曾經擔任過中書令的何胤拋棄官職隱居在若邪山，王敬則想要劫持他為自己擔任尚書令。擔任長史的王弄璋等人勸阻說：「何胤追求隱居的生活，一定不會聽從大人的安排；如果他真的不聽，就應該把他殺了。舉大事先殺有名的賢人，事情一定不會成功。」王敬則這才改變主意不再劫持何胤出來為自己擔任尚書令。何胤，是何尚之的孫子。

去世。

四月十九日庚午，魏國從各州郡調集了二十萬人，約定在八月中旬會師於懸瓠。〇魏國的趙郡靈王元幹

齊明帝聽到王敬則起兵造反的消息之後，就逮捕了王幼隆和王幼隆的哥哥擔任員外郎的王世雄、擔任記室參軍的王季哲、和王幼隆的弟弟擔任太子舍人的王少安等，把他們全部殺死。王敬則的長子擔任黃門郎的王元遷正率領著一千人在徐州抗擊魏軍的入侵，齊明帝下令給擔任徐州刺史的徐玄慶，讓他把王元遷殺掉。以前曾經擔任過吳郡太守的南康侯蕭子恪，是蕭嶷的兒子，王敬則起兵，以擁戴南康侯蕭子恪為皇帝作為號召，蕭子恪聞訊後立即逃走，沒有人知道蕭子恪逃到了什麼地方。始安王蕭遙光勸說齊明帝把齊高帝、齊武帝的子孫全部殺光，齊明帝於是把諸王侯全部召入宮中。齊明帝的兒子晉安王蕭寶義、姪子江陵公蕭寶覽等被安置在中書省，齊高帝、齊武帝的子孫都被安置在門下省，齊明帝下令，齊高帝、齊武帝的子孫每人可以帶兩個侍從，超過兩人的，按照軍法進行處置。年紀幼小還只是個孩子的可以和乳母一同入宮。當天夜裡，齊明帝命令太醫熬了二斛花椒水，令擔任都水的官員負責打造了幾十口棺材，等到三更天，就要把他們全部殺死。南康侯蕭子恪光著雙腳逃回，二更時分到達建陽門，他把寫有自己名字的求見報告呈遞給齊明帝。約定毒死高帝、武帝子孫的三更時刻已到，而齊明帝卻沉睡不起，擔任中書舍人的沈徽孚與齊明帝所親信的侍從單景雋一同商議後決定再稍微等一等。不一會兒齊明帝睡醒了，單景雋遂向齊明帝啟奏說蕭子恪已經到了建陽門。齊明帝吃驚地問：「已經動手了沒有？已經動手了沒有？」單景雋如實地回答了齊明帝的提問。齊明帝拍著床榻說：「蕭遙光差一點壞了我的大事！」於是就把飯食、餚饌賞賜給各位王侯食用。第二天，把他們全部打發回自己的府第。齊明帝任命蕭子恪為太子中庶子。蕭寶覽，是蕭緬的兒子。

王敬則率領著一萬名裝備精良的士兵渡過錢塘江。平東將軍、吳郡太守張瓌派遣三千軍隊在松江抵抗王敬則的叛軍，張瓌派出的這三千人聽到王敬則軍中的鼓聲，頃刻之間就一哄而散了，張瓌拋棄郡城，逃往民間。王敬則以齊高帝、齊武帝時期老將的名義起兵，百姓們扛著竹篙、鐵鍬，跟隨王敬則造反的有十多萬人。王敬則到達晉陵郡的時候，南沙縣人范脩化殺死了南沙縣縣令公上延孫響應王敬則。王敬則到達武進縣齊高

帝、齊武帝陵園入口處時，面對著高帝、武帝的陵墓痛哭而過。烏程縣人丘仲孚正在擔任曲阿縣令，王敬則的前鋒部隊突然來到曲阿縣，丘仲孚對曲阿縣的官吏和百姓們說：「叛賊乘勝而來，雖然來勢兇猛，然而不過是一群烏合之眾一哄而起，很容易離散。現在如果我們把所有的船隻都收藏起來，掘開長岡埭的堤壩，把運河的水放乾，使他們的船隻無法前行。只要把叛軍拖住幾天，朝廷的軍隊一定會來到這裡。如果這樣，那麼大事就成功了。」王敬則的軍隊到了曲阿縣以後，正趕上運河的水已經被放乾了，王敬則的叛軍果然停了下來，無法繼續前進。

五月初二日壬午，齊明帝下詔給擔任前軍司馬的左興盛、擔任後軍將軍的崔恭祖、擔任輔國將軍的劉山陽、擔任龍驤將軍、馬軍頭領的胡松，令他們在曲阿縣的長岡地區修築防禦工事阻擊王敬則的叛軍；任命擔任尚書右僕射的沈文季為持節、都督，率軍屯駐在玄武湖邊，防備從京口方向來的叛軍。崔恭祖，是崔慧景的族人。王敬則指揮手下的叛軍猛攻左興盛、劉山陽防守的兩個堡壘，朝廷軍抵擋不住叛軍的猛攻，就想退卻，然而卻衝不破叛軍的包圍圈，只好各自拼力死戰。胡松率領騎兵從王敬則軍隊的背後發起攻擊，跟隨王敬則造反的百姓手中沒有武器，於是全部驚慌逃散。王敬則的軍隊立即全線大敗，王敬則尋找馬匹準備親自上陣，竟然沒有戰馬可供騎乘，後軍將軍崔恭祖把王敬則刺倒在地，左興盛手下的武士袁文曠上前斬下了王敬則的人頭。初五日乙酉，王敬則的人頭便被傳送到了京師建康。

此時齊明帝的病情已經很危重，王敬則在建康東邊突然起兵造反，使朝廷感到非常震動恐懼。皇太子蕭寶卷派人登上屋頂遠望敵情，恰巧看見都城正南方的征虜亭失火，就誤認為是王敬則的叛軍到了，蕭寶卷趕緊換上士兵的衣服準備逃走。王敬則得知這個消息以後，高興地說：「檀道濟的三十六計，走為上計，我估計蕭鸞父子也只有逃走這一條路可走了！」這句話是當時的人譏諷檀道濟畏懼魏軍而逃跑還振振有辭的話。王敬則剛剛起兵殺向建康的時候，聲勢十分盛大，然而沒有幾天就敗亡了。

朝廷軍清查王敬則的餘黨，晉陵郡的百姓因為依附王敬則造反，應被判處死刑的人很多。擔任晉陵太守的王瞻上書給朝廷說：「愚民百姓很容易被鼓動起來，沒有必要對他們追查到底。」齊明帝同意了王瞻的意見，王瞻的奏章保全了晉陵郡數以萬計人的性命。王瞻，是王弘之的堂孫子。

齊明帝為賞賜謝朓告密的功勞，提升謝朓為尚書吏部郎。謝朓三次上表推辭，齊明帝都沒有同意。中書省的官員懷疑謝朓的級別低，還不夠謙讓的資格，擔任國子祭酒的沈約說：「近代以來小官不謙讓，已經成了常例。吏部郎謝朓如今被破格提升，他的謙讓實際上是有別的原因。謙讓是出於一種真正的感情，這與官職大小有什麼關係呢！」謝朓的妻子經常懷揣利刃準備刺殺謝朓，謝朓因此不敢和他的妻子見面。

秋季，七月，魏國的彭城王元勰上表給孝文帝，請求允許自己把一年之內國家所給的郡王俸祿、所居官職的俸祿以及朝廷對皇室家族所頒發的特殊優待費全部捐獻出來以補貼國家軍務和政務的開支。魏孝文帝下詔答覆說：「拿出自己家中的財物以解國家之急，這個意義是非常遠大的。元勰一年官職的俸祿便停發，而皇族的特殊優待費、郡王的俸祿允許留下三分之一。」初三日壬午，魏孝文帝又下詔，將皇后的私房錢減少一半，後宮中皇帝的嬪妃侍妾、宮女以及皇族中五服以內的男女近親的特殊優待費也減少一半，在軍中服務的五服以內近親的優待費減少三分之一，把這些節省下來的費用用作賞賜作戰有功人員。〇二十四日癸卯，齊明帝命擔任太子中庶子的蕭衍為雍州刺史。〇三十日己酉，齊明帝在正福殿病逝。他留給太子的遺詔說：「尚書令徐孝嗣可以按照上次的任命辦，這裡不再重複。沈文季可以任命為尚書左僕射，江祏可以任命為尚書右僕射，江祀可以任命為侍中，劉暄可以任命為衛尉。軍隊的事務可以委託給太尉陳顯達。朝廷內外的各種事務不論大小，全部委託給尚書令徐孝嗣、始安王蕭遙光、領軍將軍蕭坦之、尚書右僕射江祏負責，其中重大事情則由沈文季、江祀、劉暄一同參謀商定。重要的軍事問題可以委託給劉悛、左衛將軍蕭惠休、度支尚書崔慧景負責。」

齊明帝生性喜好猜疑，顧慮很多，很少出門，自從做了皇帝，竟然連到南郊祭天的典禮也不參加。他又深信那些巫婆神漢的胡說八道，每次出門都要預先讓他們占卜吉凶，本來是要到東邊去，卻偏偏說是準備到西邊去，本來要到南邊去，卻偏偏說是準備到北邊去。剛生病的時候，便嚴格對外保密，每天照常聽政、批閱奏章。過了很久，齊明帝才命令尚書省、御史臺下達文書讓人從文簿、書籍中尋找蠱蟲做藥材治病，皇宮以外的人才知道齊明帝生了病。皇太子蕭寶卷繼承了皇位。

八月初二日辛亥，魏太子元恪從洛陽前往懸瓠拜見自己的父親孝文帝元宏。○初三日壬子，齊國擔任奉朝請的鄧學把齊興郡獻給魏國，向魏國投降。

魏孝文帝在發兵入侵齊國的時候，曾經派遣使者前去徵調高車國出兵協助作戰。高車人懼怕到遙遠的地方服役，於是就擁戴袁紇樹者為首領，袁紇樹者率領高車各部落背叛了魏國，向北方逃走。魏孝文帝派遣擔任征北將軍的宇文福率軍追擊叛逃的高車人，宇文福被高車人打得大敗而回，因此被免去了官職。孝文帝又命令擔任平北將軍的江陽王元繼為都督北討諸軍事，負責討伐高車人，從懷朔以東的各州郡一律聽從江陽王元繼的調遣指揮，元繼同時還兼管著鎮守平城的重任。元繼，是元熙的曾孫。

八月，齊國將明皇帝蕭鸞安葬在興安陵，廟號高宗。東昏侯蕭寶卷厭惡在太極殿設置靈堂，停放他父親蕭鸞的靈柩，所以就想快點把齊明帝安葬，尚書令徐孝嗣極力諫爭，蕭鸞的靈柩才得以停放了一個多月。每當應該蕭寶卷哭弔的時候，蕭寶卷就說自己的咽喉疼。擔任太中大夫的羊闡進入蕭鸞的靈堂進行哭弔，羊闡因為脫頂，頭上沒有頭髮，他前仰後合地大聲痛哭，頭巾便掉在了地上，蕭寶卷一下子看見了羊闡的禿腦袋，便停住哭聲，忍不住大笑起來，他對身邊的侍從說：「是禿鶖在啼哭嗎？」

九月二十一日己亥，魏孝文帝得知了齊高宗去世的消息，下詔說「按照禮的規定，不應該出兵討伐有喪事的國家」，於是率大軍返回。二十二日庚子，魏孝文帝下詔北伐高車。

魏孝文帝得了病，而且病情很嚴重，因此十來天沒有召見朝中的大臣，身邊只有彭城王元勰等幾個人。元勰一面在行宮內侍奉孝文帝請醫吃藥，一面主管國家的軍政、朝政，不論遠近都對他肅然起敬，沒有人提出異議。被孝文帝封為右軍將軍的丹楊人徐謇是魏國有名的良醫，當時徐謇還在洛陽，元勰急忙召徐謇來給孝文帝看病。徐謇來到之後，元勰流著眼淚拉著徐謇的手說：「你如果能夠治好陛下的病，一定會得到使你意想不到的賞賜；如果你治不好陛下的病，你就會受到想像不到的懲罰。這不只是你個人的榮辱問題，而是關係到國家存亡的大事情。」元勰又祕密地在汝水之濱修建了一座祭壇，像當年周武王生病期間周公所做的那樣，每天禱告天地神靈以及孝文帝和自己的父親顯祖拓跋弘，請求讓自己代替孝文帝去死。魏孝文帝的病情有些好轉，九月二十八日丙午，從懸瓠出發，住宿在汝水之濱，他召集文武百官，讓徐謇坐在上座，稱讚、表揚他治病的功勞，並提升他為贊導禮儀的鴻臚卿，還封他為金鄉縣伯爵，賞賜給他一萬吊銅錢，其他各親王對徐謇也都另有饋贈，每位親王饋贈給他的都不少於一千匹絹帛。冬季，十一月初四日辛巳，魏孝文帝前往鄴城。

十一月十一日戊子，齊國的小皇帝蕭寶卷立太子妃褚氏為皇后。

魏國江陽王元繼上書給孝文帝說：「高車人頑固愚蠢，為了躲避遠征服役而逃遁，如果出兵征討把他們全部殺戮，恐怕立即會引起騷擾動亂。請求陛下派使者分別到高車人的軍鎮中進行核查，只把帶頭叛變的一個斬首就行了，對其他人則用好言撫慰。如果他們已經悔悟願意服兵役，就讓他們從軍。」魏孝文帝下詔批准了元繼的建議，於是那些叛變而逃亡的高車人陸續自動返回。元繼先派人向被高車人擁戴為首領的袁紇樹者表示慰問，給他講明利害關係，袁紇樹者雖然逃到了柔然，然而不久就後悔了，於是就率領著高車人離開柔然再次投降了魏國。魏孝文帝認為元繼做得很好，就稱讚說：「江陽王元繼可以委以重任。」十二月初七日甲寅，魏孝文帝從鄴城班師而回。

林邑國的國王范諸農到齊國朝廷朝拜齊國的皇帝，因為在海上遇到大風浪，被淹死了，齊國遂封范諸農的兒子范文款為林邑王。

【研　析】本卷寫齊明帝蕭鸞建武四年（西元四九七年）與永泰元年（西元四九八年）共兩年間南齊與北魏兩國的大事。主要寫了魏主孝文帝進攻南齊之南陽郡與義陽郡兩路，以擴展其都城洛陽正南方的疆域。在南陽一路進展順利，先後攻克了新野、南陽二郡，並乘勝南進，大破齊將崔慧景等於鄧城，並進而圍困了樊城；而進攻義陽的一路沒有進展，齊將裴叔業攻擊東方的渦陽以分其勢，連破魏國的兩路援救之兵，迫使魏主不得不放棄了攻取義陽的計畫。在南齊方面主要寫了齊明帝蕭鸞繼除掉其黨羽蕭諶之後，又除掉了大權幸王晏，接著又有老將王敬則的起兵造反，擾得患病深重的蕭鸞至死也難以獲得安寧，以及蕭鸞臨死前的一些委託後事、小皇帝蕭寶卷隨之即位等等。其中可議論的有如下幾點：

其一，本書上卷蕭鸞建武二年、三年，已經寫了魏主為討伐蕭鸞篡殺其君而興起的南伐之師，上次的南伐聲勢浩大，西起仇池、武都一帶的今之川、陝、甘一帶，東至鍾離、馬頭、壽春，今之蘇北、皖北的淮河一線；以及在這之間的南陽、赭陽、義陽，今河南南部一線。各路都打得相當激烈，雙方的傑出將領都打出過一些令人歡欣鼓舞的精彩好仗。但縱觀全局，仍是雙方互有勝負，誰也不可能消滅誰，這是被雙方的主客觀條件決定了的。上次南伐剛剛過去，魏主便又發動了本卷所寫的這次主要針對南陽、義陽兩路的重點進攻，結果除了在南陽、新野取得一些地盤外，其他仍是沒有多大進展。孝文帝原是一位英明皇帝，他何必如此勞民傷財地連年發動戰爭呢？其主要原因還是想以戰爭來消弭國人對遷都洛陽的非議，這一點在以穆泰、陸叡為首，其中還牽連到東陽王元丕，以及皇太子元恂的想在雁門嶺北另建割據政權，以與洛陽的朝廷相對立。最後使魏主不得不把皇太子與穆泰、陸叡兩位元勳重臣都分別處死，這對孝文帝的精神打擊實在太大了。另一方面，魏國的疆域相當遼闊，但洛陽都城距離南齊的前線又實在是太近了。當時南齊佔據的南陽郡離洛陽只有三百五十多華里，義陽（今河南信陽）離洛陽也就是大約六百華里，因此孝文帝急於將其奪過來的迫切心情是可以理解的。南陽終於被魏國所得，完成了孝文帝的心願；而義陽則是終孝文帝之世也未能攻下，這應該是孝文帝死不瞑目的原因。

其二，齊高帝蕭道成作為一個弒君篡位的統治者，是屬於最卑鄙、最不得人心的那一種。他沒法與曹操、劉裕相比，因為曹操、劉裕為國為民都立下了眾多的功勳，天下是他們自己打下來的。自己打下了天下自己做皇帝，別人能有什麼脾氣呢？蕭道成就不同了，他為國為民沒有做過任何好事，只是靠著上輩皇帝賦予他的巨大權力，等老皇帝一死，他就輕而易舉地先是把小皇帝誣衊一番，說他如何如何地不是東西，而後便揮動屠刀把小皇帝連同他的叔叔、伯伯、兄弟、子姪通通殺得一乾二淨，於是自己做了皇帝，蕭道成就是這樣滅了劉宋、建立起南齊的。蕭鸞比起蕭道成，似乎還要簡便、還要等而下之。蕭鸞是蕭道成的親姪子，是齊武帝蕭賾的堂兄弟。其伯父、其堂兄都對蕭鸞寵信有加，臨死把小兒子、把江山社稷都託付給他；那些活著的堂兄弟們也都對他格外推戴，把自己的許多實權統統讓給了他。朝廷上的異姓大臣如王晏、徐孝嗣、陳顯達、王敬則等等也一個個隨風轉舵，於是不費吹灰之力，一下子就把皇帝的位子奪過來了。於是又按著歷代篡位者的老辦法指揮寫史者狠狠地辱罵小皇帝，把一切難聽難堪的詞語都加到被殺的小皇帝頭上。蕭鸞似乎比其他一切篡位者都更加狠毒，他把他伯父蕭道成的兒子，也就是他的所有堂兄弟；與他堂兄蕭賾的所有兒子，也就是蕭鸞的所有堂姪，通通殺光了。其中有相當一部分是在十五歲以下，最小的只有七歲。

由於蕭鸞本人如此，故而他手下的親信們也就一律沒有任何道德信義可言。蕭諶原是幫著蕭鸞殺割小皇帝鬱林王的急先鋒，事後就因為蕭鸞沒有實現諾言讓他當揚州刺史，故而對蕭鸞不滿，後悔自己當時沒有做皇帝，而是把搶到手的東西給了別人，於是被蕭鸞滅了滿門；蕭鸞接著又猜疑王晏，滅了王晏；接著又猜疑王敬則，促成了王敬則的起兵造反，最後被朝廷軍打敗被殺。蕭鸞懷疑異姓，懷疑並殺光了他的堂兄弟，只相信他的親姪子蕭遙欣與蕭遙光。後來連蕭遙欣也不相信了，只相信蕭遙光。殊不知當蕭鸞一死，小兒子蕭寶卷即位時，首先「據東府造反」起兵奪權的就是蕭遙光。

其三，寫史者有時見到某段文字華麗有趣，便載之入史，其實於理無當，只不過是一段趣談而已。如本書上卷寫魏主圍攻壽陽時的一段對話：「魏主遣使呼城中人，豐城公遙昌使參軍崔慶遠出應之。慶遠問師故，魏主曰：『固當有故！卿欲我斥言之乎，欲我含垢依違乎？』慶遠曰：『未承來命，無所含垢。』魏主曰：『齊主何故廢立？』慶遠曰：『廢昏立明，古今非一，未審何疑？』魏主曰：『武帝子孫今皆安在？』慶遠曰：『七王同惡，已伏管、蔡之誅。其餘二十餘王，或內列清要，或外典方牧。』魏主曰：『卿主若不忘忠義，何以不立近親，如周公之輔成王，而自取之乎？』慶遠曰：『成王有亞聖之德，故周公得而相之。今近親皆非成王之比，故不可立。且霍光亦捨武帝近親而立宣帝，唯其賢也。』魏主曰：『霍光何以不自立？』慶遠曰：『非其類也。主上正可比宣帝，安得比霍光？若爾，武王伐紂，不立微子而輔之，亦為苟貪天下乎？』魏主大笑曰：『朕來問罪。如卿之言，便可釋然。』……魏主賜慶遠酒殽、衣服而遣之。」試問，崔慶遠的這種強辭奪理，能使魏主心服嗎？這段話只能表現出崔慶遠作為一個蕭鸞之使臣的善於隨機應變，善於粉飾事實，為其君諱，而絲毫不能改變蕭鸞篡位弒君的性質。魏主愛聽南朝文人的這種花里胡哨，其習氣是其來有自的，不必深責。他可以理解崔慶遠如此說話的苦心，可以讚美他能如此流利地從容應對，但不可以說「如卿之言，便可釋然」，這樣就沒有是非善惡了。不過，到本卷魏主圍困南陽時，作品又寫了一段對話：「癸卯，至宛，夜襲其郛，克之。房伯玉嬰內城拒守。魏主遣中書舍人孫延景謂伯玉曰：『我今蕩壹六合，非如鄉時冬來春去，不有所克，終不還北。卿此城當我六龍之首，無容不先攻取，遠期一年，近止一月。封侯、梟首，事在俯仰，宜善圖之！且卿有三罪，今令卿知：卿先事武帝，蒙殊常之寵，不能建忠致命而盡節於其雠，罪一也。頃年薛真度來，卿傷我偏師，罪二也。今鑾輅親臨，不面縛麾下，罪三也。』伯玉遣軍副樂稚柔對曰：『承欲攻圍，期於必克。卑微常人，得抗大威，真可謂獲其死所！外臣蒙武帝採拔，豈敢忘恩？但嗣君失德，主上光紹大宗，非唯副億兆之深望，抑亦兼武皇之遺敕。是以區區盡節，不敢失墜。往者北師深入，寇擾邊民，輒厲將士以脩職業。反己而言，不應垂責。』」這段文字雖然也涉及為蕭鸞粉飾，但非主旨所在。而回答魏主的挑戰之詞，確實有理有力。尤其所謂「卑微常人，得抗大威，真可謂獲其死所」，與「往者北師深入，寇擾邊民，輒厲將士以脩職業。反己而言，不應垂責」云云，真可謂鏗鏘悅耳，字字珠璣。不期《左傳》中的古辭命之風，能得復見於此！

其四，俗話中的「三十六策，走為上策」是什麼意思？劉宋時期有一個將領名叫檀道濟，也濫竽充數地被列在古代的名將之中。檀道濟的著名故事不是表現在一生打了多少次勝仗，消滅了多少萬敵兵，而是表現在自己處於困境的時候，如何蒙蔽敵人換得了喘息逃跑的機會，這就是「唱籌量沙」。也就是說自己的軍隊在戰場上絕糧了，為了假充自己的糧食充足，於是在夜間「唱籌量沙」，天亮後在沙堆上灑上薄薄的一層糧食，以穩定自己的軍心，以蒙蔽敵人，從而給自己贏得了從容撤退的時間。這個故事自然也不錯，但可惜檀道濟名揚天下的勝仗畢竟太少，尤其是眼睜睜地望著宋將毛德祖在浴血奮戰地堅守洛陽，而居然不施一援手，坐視毛德祖最後城破被俘！所以南朝人嘲笑檀道濟是軟骨頭，說他最善於逃跑，而且人們還編排故事，說是他不僅善於逃跑，而且還能振振有辭地說出一番道理，這就是「三十六策，走為上策」。年深日久，人們用得多了，也說不清故事的出處了，於是就亂做解釋。時至今日，有些人不僅公然說《孫子兵法》中有「三十六計」，而且還能給人們排列出「三十六」種名目，說這就是當年軍事家孫武之所為，而且這「走為上計」就異常耀眼地名列其中。這讓愛尋根究底的人們聽起來真是大殺風景！為了讓人們記住這件事，現將本卷中的一段故事引在下面：當王敬則起兵造蕭鸞之反的時候，朝廷震懼。蕭鸞的兒子蕭寶卷派人爬上屋頂，眺望城外的消息。他們望見征虜亭一帶有火光，誤以為是王敬則的大軍已到，於是他們就化裝成士兵準備逃跑。王敬則聽說這件事，高興地說：「檀道濟不是總愛說『三十六策，走為上策』嗎，我估計你們蕭家父子也只有這『鞋底子上抹油』一條路啦！」為了不讓讀者對故事中的典故產生誤解，寫史者特別加以解釋說：這「三十六策，走為上策」，「蓋時人譏檀道濟避魏之語也」。

卷第一百四十二

齊紀八 屠維單閼（己卯 西元四九九年），一年。

【題解】本卷寫小皇帝蕭寶卷永元元年（西元四九九年）一年間南齊與北魏兩國的大事。主要寫了魏主孝文帝懷念已死的重臣李沖，但亦引見李彪將欲用之，會李彪讒害太子之事又發，遂不復被用；寫了馮皇后之罪惡行徑以及馮氏家族之顯赫絕倫，但隨著馮熙、馮誕的相繼病死，其兩度為皇后的馮氏長女之罪行暴露被魏主所廢，馮氏家族遂衰；寫了齊將陳顯達率崔慧景等攻魏所佔去的雍州五郡，陳顯達先是破魏將元英，奪回了馬圈城、南鄉縣；於是魏主又率軍南伐，派魏將元嘉截斷均口，而魏將元嵩大破陳顯達於均水西，陳顯達的部將挾持陳顯達南逃，魏軍乘勝追擊至漢水邊，獲軍資以億計，齊軍死者三萬人；寫魏主因病死於軍中，彭城王元勰祕不發喪，率軍北歸，與太子元恪會於魯陽後始發布喪事；寫元恪繼位為魏主，彭城王元勰辭去朝權，被任為定州刺史；寫了南齊野心家蕭衍佔據雍州，窺測形勢，斷定朝廷六貴並存的局面不會長久，必將相互噬齧，他倚其心腹張弘策、呂僧珍等預做起事奪權之準備；寫了南齊的六貴江祏、蕭遙光、劉暄等各懷野心，劉暄因不同意江祏改立蕭遙光而被蕭遙光所謀刺，劉暄向小皇帝舉報江祏，江祏兄弟遂被皇帝蕭寶卷所殺；寫蕭遙光收聚三州之蕭氏部曲，依據東府城以討劉暄為名發動叛亂，但蕭遙光又為人怯懦，不聽其親黨垣歷生之言，不敢出兵攻擊臺城，而一味徘徊瞻望，坐失良機；寫蕭坦之、沈文季、左興盛、曹虎等討伐叛亂，圍攻東府，垣歷生出戰投降被殺，蕭遙光因東府失陷被殺，建康亂平；寫了小皇帝蕭寶卷的各種劣跡，好騎馬，好舞長幢，專門幹些損人不利己的勾當，因為蕭坦之剛狠持權，遭到一些人的讒毀，遂被蕭寶卷所殺，並殺其子；接著劉暄、曹虎又因近習茹法珍、徐世標等人的進言而被蕭寶卷所殺；其後蕭寶卷又殺了徐孝嗣、沈文季等，滅其門；老將陳顯達自蕭鸞在世時即深自貶損，懼不得全，最終還是因恐懼於江州起兵造反，攻至建康城下，在作戰中因自己的武器折斷，被朝廷軍所殺；此外還寫了魏國的南徐州刺史沈陵率部降齊，徐州長史盧淵因早有準備，故使魏國損失不大，以及儒臣王肅為魏人制定官品、百司，一如南朝等等。

東昏侯上

永元元年（己卯　西元四九九年）

春，正月戊寅朔❶，大赦，改元❷。○太尉陳顯達督平北將軍崔慧景等[1]軍四萬擊魏，欲復雍州諸郡❸。癸未❹，魏遣前將軍元英❺拒之。○乙酉❻，魏主發鄴❼。○辛卯❽，帝祀南郊❾。○戊戌❿，魏主至洛陽，過李沖家⓫。時臥疾⓬，望之而泣。見留守官⓭，語及沖，輒流涕⓮。

魏主謂任城王澄曰：「朕離京以來，舊俗少變不⓯？」對曰：「聖化日新⓰。」帝曰：「朕入城，見車上婦人⓱猶戴帽、著小襖⓲，何謂日新？」對曰：「著者少，不著者多。」帝曰：「任城，此何言也！必欲使滿城盡著邪⓳！」澄與留守官皆免冠謝⑳。

甲辰㉑，魏大赦。魏主之幸鄴㉒也，李彪迎拜於鄴南，且謝罪㉓。帝曰：「朕欲用卿，思李僕射而止㉔。」慰而遣之。會御史臺令史龍文觀㉕告太子恂被收㉖之日，有手書自理㉗，彪不以聞㉘。尚書表收彪㉙赴洛陽。帝以為彪必不然，以牛車散載㉚詣洛陽，會赦，得免。

魏太保㉛齊郡靈王簡㉜卒。

二月辛亥㉝，魏以咸陽王禧㉞為太尉。

魏主連年在外㉟，馮后私㊱於宦者高菩薩。及帝在懸瓠病篤㊲，后益肆意無所憚，中常侍雙蒙㊳等為之心腹。○彭城公主㊴為宋王劉昶子婦，寡居。后為其母弟㊵北平公馮夙求昏，帝許之。公主不願，后強之，公主密與家僮冒雨詣懸瓠，訴於帝，且具道后所為，帝疑而祕之。后聞之，始懼，陰與母常氏使女巫厭禱㊶，曰：「帝疾若不起，一旦得如文明太后輔少主稱制㊷者，當賞報不貲㊸。」

帝還洛，收高菩薩、雙蒙等案問㊹，具伏㊺。帝在含溫室，夜引后入，賜坐東楹㊻，去御榻二丈餘，命菩薩等陳狀㊼。既而召彭城王勰、北海王詳入坐，曰：「昔為汝嫂，今是路人，但入勿避！」又曰：「此嫗㊽欲手刃吾脅㊾！吾以文明太后家女[50]，不能廢，但虛置宮中，有心庶能自死[51]，汝等勿謂吾猶有情也。」二王出，賜后辭訣[52]。后再拜，稽首涕泣。入居後宮，諸嬪御[53]奉之猶如后禮，唯命太子不復朝謁[54]而已。

初，馮熙以文明太后之兄尚恭宗女博陵長公主[55]。熙有三女，二為皇后，一為左昭儀[56]，由是馮氏貴寵冠羣臣，賞賜累巨萬[57]。公主生二子，誕、脩[58]。熙為太保，誕為司徒，脩為侍中、尚書，庶子聿[59]為黃門郎。黃門侍郎崔光與聿同直[60]，謂聿曰：「君家富貴太盛，終必衰敗。」聿曰：「我家何所負[61]，而君無故詛我[62]！」光曰：「不然。物盛必衰，此天地之常理。若以古事推之，不可不慎。」後歲餘而脩敗。脩性浮競[63]，誕屢戒之，不悛[64]，乃白於太后及帝[65]而杖之。脩由是恨誕，求藥，使誕左右毒之。事覺，帝欲誅之，誕自引咎[66]，懇乞其生。帝亦以其父老，杖脩百餘，黜為平城民[67]。及誕、熙繼卒[68]，幽后尋廢[69]，聿亦擯棄[70]，馮氏遂衰[71]。

癸亥[72] [2]，魏以彭城王勰為司徒。○陳顯達與魏元英戰，屢破之。攻馬圈城[73]四十日，城中食盡，噉死人肉及樹皮。癸酉[74]，魏人突圍走，斬獲千計[75]。顯達入城，將士競取城中絹[76]，遂不窮追。顯達又遣軍主莊丘黑進擊南鄉[77]，拔之。○魏主謂任城王澄曰：「顯達侵擾，朕不親行，無以制之。」

三月庚辰[78]，魏主發洛陽，命于烈居守[79]，以右衛將軍宋弁[80]兼祠部尚書、攝七兵事[81]以佐之。弁精勤吏治[82]，恩遇亞於李沖[83]。○癸未[84]，魏主至梁城[85]。崔慧景攻魏順陽[86]，順陽太守清河張烈[87]固守。甲申[88]，魏主遣振威將軍慕容平城[89]將騎五千救之。

自魏主有疾，彭城王勰常居中[90]侍醫藥，晝夜不離左右，飲食必先嘗而後進，蓬首垢面[91]，衣不解帶。帝久疾多忿[92]，近侍失指[93]，動欲誅斬[94]，勰承顏伺間[95]，多所匡救。丙戌[96]，以勰為使持節、都督中外諸軍事。勰辭曰：「臣侍疾無暇，安能治軍？願更請一王[97]，使總軍要[98]，臣得專心醫藥。」帝曰：「侍疾、治軍，皆憑於汝。吾病如此，深慮不濟[99]；安六軍[100]、保社稷者，捨汝而誰？何容方更請人[101]以違心寄[102]乎？」

丁酉[103]，魏主至馬圈，命荊州刺史廣陽王嘉[104]斷均口[105]，邀[106]齊兵歸路。嘉，建[107]之子也。

陳顯達引兵渡水西[108]，據鷹子山築城。人情沮恐，與魏戰，屢敗。魏武衛將軍元嵩[109]免冑陷陳[110]，將士隨之，齊兵大敗。嵩，澄之弟也。戊戌夜[111]〔3〕，軍主崔恭祖、胡松[112]以烏布幔盛顯達[113]，數人擔之，間道自分磧山[114]出均水口南走。己亥[115]

魏收顯達軍資億計，班賜將士，追奔至漢水[116]而還。左軍將軍張千戰死，士卒死者三萬餘人。

顯達之北伐，軍入汋均口[117]，廣平馮道根[118]說顯達曰：「汋均水迅急，易進難退。魏若守隘[119]，則首尾俱急[120]。不如悉棄船於酇城[121]，陸道步進，列營相次[122]，鼓行而前[123]，破之必矣。」顯達不從。道根以私屬從軍[124]，及顯達夜走，軍人不知山路，道根每及險要，輒停馬指示之[125]，眾賴以全[126]。詔以道根為汋均口戍副。顯達素有威名，至是大損。御史中丞范岫[127]奏免顯達官，顯達亦自表解職，皆不許，更以顯達為江州刺史。崔慧景亦棄順陽走還。

庚子[128]，魏主疾甚，北還，至穀塘原[129]，謂司徒勰曰：「後宮[130]久乖陰德[131]，吾死之後，可賜自盡，葬以后禮，庶免馮門之醜。」又曰：「吾病益惡，殆[132]必不起。雖摧破顯達，而天下未平，嗣子幼弱[133]，社稷所倚，唯在於汝。霍子孟[134]、諸葛孔明[135]以異姓[4]受顧託[136]，況汝親賢[137]，可不勉之[138]？」勰泣曰：「布衣之士[139]猶為知己畢命[140]，況臣託靈先帝[141]，依陛下之末光[142]乎？但臣以至親，久參機要，寵靈輝赫[143]，海內莫及。所以敢受而不辭，正恃陛下日月之明[144]，恕臣忘退之過[145]耳。今復任以元宰[146]，總握機政[147]，震主之聲[148]，取罪必矣。昔周公大聖[149]，成王至明[150]，猶不免疑[151]，而況臣乎？如此，則陛下愛臣，更為未盡始終之美[152]。」帝默然，久之曰：「詳思汝言，理實難奪。」乃手詔太子曰：「汝叔父勰，清規懋賞[153]，與白雲俱潔，厭榮捨紱[154]，以松竹為心。吾少與綢繆[155]，未忍暌離[156]。百年之後[157]，其聽勰辭蟬捨冕[158]，遂[159]其沖挹之性[160]。」以侍中、護軍將軍北海王詳為司空，鎮南將軍王肅為尚書令，鎮南大將軍廣陽王嘉為左僕射，尚書宋弁為吏部尚書，與侍中．太尉禧、尚書右僕射澄等六人輔政。夏，四月丙午朔[161]，殂于穀塘原[162]。

高祖友愛諸弟，終始無間[163]。嘗從容謂咸陽王禧等曰：「我後子孫邂逅不肖[164]，汝等觀望，可輔則輔之，不可輔則取之，勿為它人有也。」親任賢能，從善如流，精勤庶務[165]，朝夕不倦。常曰：「人主患不能處心公平[166]，推誠於物[167]。能是二者，則胡、越之人皆可使如兄弟矣。」用法雖嚴，於大臣無所容貸[168]，然人有小過，常多闊略[169]。嘗於食中得蟲，又左右進羹誤傷帝手，皆笑而赦之。天地五郊[170]、宗廟二分[171]之祭，未嘗不身親其禮[172]。每出巡遊及用兵，有司奏脩道路，帝輒曰：「粗脩橋梁，通車馬而已，勿去草剗令平[173]也。」在淮南行兵[174]，如在境內。禁士卒無得踐傷粟稻，或[175]伐民樹以供軍用，皆留絹償之[176]。宮室非不得已不修，衣弊177，浣濯178而服之，鞍勒179用鐵木而已。幼多力善射，能以指彈碎羊骨，射禽獸無不命中。及年十五，遂不復畋獵。常謂史官曰：「時事180不可以不直書。人君威福在己181，無能制之者。若史策復不書其惡，將何所畏忌邪？」

彭城王勰與任城王澄謀，以陳顯達去尚未遠，恐其覆相掩逼182，乃祕不發喪183，徙御臥輿184，唯二王與左右數人知之。勰出入神色無異，奉膳進藥，可決外奏185，一如平日186。數日，至宛城187，夜，進臥輿於郡聽事188，得加棺斂189，還載臥輿內，外莫有知者。遣中書舍人張儒奉詔徵太子190，密以凶問191告留守于烈。烈處分行留192，舉止無變。太子至魯陽193，遇梓宮194，乃發喪。丁巳195，即位，大赦。

彭城王勰跪授遺敕數紙，東宮官屬多疑勰有異志，密防之，而勰推誠盡禮196，卒無間隙。咸陽王禧至魯陽，留城外以察其變。久之乃入，謂勰曰：「汝此行不唯勤勞，亦實危險。」勰曰：「兄年長識高，故知有夷險197，彥和198握蛇騎虎199，不覺艱難200。」禧曰：「汝恨吾後至201耳！」

勰等以高祖遺詔賜馮后死。北海王詳使長秋卿202白整入授后藥，后走呼203，不肯飲，曰：「官豈有此204，是諸王輩殺我耳！」整執持彊之205，乃飲藥而卒。喪至洛城南，咸陽王禧等知后審死206，相視曰：「設207無遺詔，我兄弟亦當決策去之[208]，豈可令失行婦人宰制天下，殺我輩也[209]！」諡曰幽[210]皇后。

五月癸亥[211]，加撫軍大將軍始安王遙光開府儀同三司。○丙申[212]，魏葬孝文帝於長陵，廟號高祖。

魏世宗[213]欲以彭城王勰為相，勰屢陳遺旨，請遂素懷[214]，帝對之悲慟，勰懇請不已，乃以勰為使持節、侍中、都督冀・定等七州[215]諸軍事、驃騎大將軍、開府儀同三司、定州刺史。勰猶固辭，帝不許，乃之官[216]。

魏任城王澄以王肅羇旅[217]，位加己上，意頗不平。會齊人降者嚴叔懋告肅謀逃還江南，澄輒禁止肅[218]，表稱謀叛[219]，案驗[220]無實。咸陽王禧等奏澄擅禁宰輔[221]，免官還第，尋[222]出為雍州刺史[223]。

六月戊辰[224]，魏追尊皇妣高氏[225]為文昭皇后，配饗高祖[226]，增脩舊冢，號終寧陵[227]。追賜后父颺爵勃海公，諡曰敬，以其嫡孫猛襲爵[228]；封后兄肇[229]為平原公，肇弟顯為澄城公，三人同日受封。魏主素未識諸舅，始賜衣幘[230]引見，皆惶懼失措[231]，數日之間，富貴赫奕[232]。

【章　旨】以上為第一段，寫小皇帝蕭寶卷永元元年（西元四九九年）上半年的大事。寫魏主孝文帝懷念重臣李沖，但亦引見李彪將欲用之，會其讒害太子之事又發，遂不復被用；寫馮皇后之罪惡行徑及馮氏家族之顯赫，但隨著馮熙、馮誕的相繼病死，其兩度為皇后之馮氏長女被魏主所廢，馮氏家族遂衰。至孝文帝死後，馮皇后亦隨之被賜死；寫齊將陳顯達率崔慧景等攻魏所佔之雍州五郡，魏派元英率兵往救，陳顯達破元英，奪回了馬圈城、南鄉縣；於是魏主又率軍南伐，魏將元嘉斷均口，元嵩大破陳顯達於均水西，陳顯達的部將挾持陳顯達南逃，魏軍追擊至漢水，獲軍資以億計，齊軍死者三萬人，崔慧景亦引兵逃回；寫魏主因病死於軍中，彭城王元勰祕不發喪，率軍北歸，與太子會於魯陽後始發布喪事；寫元恪繼位為魏主，彭城王元勰辭去朝權，被任為定州刺史；此外還寫了任城王元澄因與王肅不協，拘禁王肅，被出為雍州刺史等等。

【注釋】❶正月戊寅朔　正月初一是戊寅日。❷改元　改年號曰永元元年。上一年是明帝蕭鸞的永泰元年。❸雍州諸郡　指上年被魏國所佔去的南陽、新野等郡。❹癸未　正月初六。❺元英　即拓跋英，拓跋晃之子，孝文帝的叔祖，被封為中山王，時任前將軍。傳見《魏書》卷十九下。❻乙酉　正月初八。❼發鄴　由鄴城動身，返回洛陽。據本書上卷，魏主於去年「十二月甲寅，自鄴班師」。❽辛卯　正月十四。❾帝祀南郊　南齊的小皇帝蕭寶卷到南郊祭天。❿戊戌　正月二十一。⓫李沖家　魏國名臣李沖於上年因與李彪鬧矛盾生氣中風而死，孝文帝令葬於洛陽的覆舟山。⓬臥疾　因疾臥於車中。⓭留守官　留守洛陽的群臣。⓮語及沖二句　胡三省曰：「李沖與任城王澄等同守留臺，魏主還洛見留守官，而沖已死，故語及輒流涕，念之之甚也。」⓯舊俗少變不　過去的舊習慣有點變化了嗎。少變不，同「稍變否」。少，同「稍」。⓰聖化日新　按著您的教導，正在一天天地變化。⓱車上婦人　乘車的貴婦人。⓲戴帽著小襖　胡三省曰：「此代北婦人之服也。」⓳必欲使滿城盡著邪　必須想辦法讓全城的人都穿華服。⓴免冠謝　摘掉帽子磕頭請罪。㉑甲辰　正月二十七。㉒魏主之幸鄴　此追敘去年事。指魏主由南方前線回到鄴城。㉓謝罪　自陳李沖鬧矛盾的罪過。當時李彪已被免職為民。㉔思李僕射而止　一想到李沖被你氣死，於是也就只好停止了。李沖生前任尚書僕射。㉕御史臺令史龍文觀　御史臺的下級官員姓龍，名文觀。令史，主管文書的小吏。㉖被收　被逮捕。㉗有手書自理　曾親筆寫信向您申訴。㉘彪不以聞　李彪沒有向您報告。按，李彪不只是沒有上交太子的書信，而且說過太子的壞話。事見本書上卷明帝建武三年。㉙尚書表收彪　尚書令上表請求逮捕李彪。㉚散載　與裝入囚車相對而言，用牛車裝載。㉛太保　加官名，三公之一，授與年高有德者表示恩寵。㉜齊郡靈王簡　拓跋簡，文成帝拓跋濬之子，孝文帝的叔父，被封為齊郡王，諡曰靈。傳見《魏書》卷二十。(33)二月辛亥　二月初五。(34)咸陽王禧　元禧，孝文帝之弟。傳見《魏書》卷二十一上。(35)連年在外　連年南伐與在外地巡視。按，孝文帝自建武元年（西元四九四年）南伐，至此已歷四年。(36)私　特殊寵愛、偏袒。非謂男女之事。(37)在懸瓠病篤　事見本書上卷明帝永泰元年。(38)中常侍雙蒙　皇帝的近侍名叫雙蒙。中常侍，官名，皇帝的親近侍從，因其口傳帝命，故而有權。(39)彭城公主　彭城王元勰之女，孝文帝的姪女。(40)母弟　猶言「胞弟」，同母之弟，以見其關係之親近。(41)厭禱　《魏書．皇后傳》作「禱厭」，求鬼神降災以害人，即祈禱孝文帝死。(42)輔少主稱制　意即像當年的馮太后那樣以輔佐小皇帝為名，而自己行使皇帝的權力。稱制，以皇帝的口氣發號施令。(43)賞報不貲　我將賞給你以無法計算的錢財。不貲，無法計算。(44)案問　審問；追問。(45)具伏　全都認罪。(46)東楹　廳堂東側的立柱。(47)陳狀　陳述與皇后之間的罪狀。(48)此嫗　這個女人，指馮皇后。(49)手刃吾脅　《魏書．皇后傳》作「欲白刃插我肋上」。(50)文明太后家女　孝文馮皇后是馮熙之女，馮太后的姪女。傳見《魏書》卷十三。(51)有心庶能自死　我希望她或許能認罪自裁。有心，我希望；我估計。胡三省乃謂「言若有人心，必當自取盡也」，未必合適。(52)賜后辭訣　讓皇后向二王告別。(53)諸嬪御　各位嬪妃、侍女。(54)不復朝謁　不再以母后之禮拜見之。(55)恭宗女博陵長公主　恭宗即拓跋晃，太武帝拓跋燾之子，做太子時即死，其子拓跋濬繼其祖為帝後，追號其父拓跋晃為恭宗。傳見《魏書》卷四。拓跋晃的女兒被封為博陵公主，是拓跋濬的姐妹、拓跋弘的姑姑、孝文帝的姑奶奶。凡皇帝的姐妹，眾人稱曰長公主；皇帝的姑姑，眾人稱曰太長公主。(56)二為皇后二句　其長女、次女先一齊入宮，長女為皇后，次女為左昭儀。後來為皇后者因患病被遣送回家，於是又迎娶其第三女為皇后。後來其長女病癒又回宮任左昭儀，並惡毒地陷害其三妹，致三妹被廢出家，長女又重新為皇后，即此邪惡不端者。(57)累巨萬　猶今之所謂「好幾億」、「若干億」。巨萬，大萬，即「億」，單位是銅錢。(58)誕脩　馮誕、馮脩。傳見《魏書．外戚傳》。(59)庶子聿　姬妾所生的兒子馮聿。(60)同直　一起在宮中值班。(61)何所負　有什麼地方對不起你。(62)無故詛我　無緣無故地詛咒我們家。(63)浮競　浮躁、奔競，喜歡攀龍附鳳地向上爬。(64)不悛　不思悔改。(65)太后及帝　指文明太后與孝文帝。(66)引咎　引罪歸己，主動承擔責任。(67)黜為平城民　被削職為民，發回平城居住。(68)誕熙繼卒　胡三省曰：「太和十九年馮誕卒，是年二月也；四月馮熙又卒。」(69)幽后尋廢　其二次為皇后之長女，跟著於太和二十年被廢賜死，被諡為「幽」。尋，緊跟著。(70)擯棄　被拋棄。擯，拋捨。(71)馮氏遂衰　胡三省曰：「史言外戚罕有能全保其福祿者。」(72)癸亥　二月十七。(73)馬圈城　魏國軍事據點名，在今河南南陽西南。(74)癸酉　二月二十七。(75)斬獲千計　指陳顯達斬獲魏軍數千人。(76)競取城中絹　爭先恐後地搶奪絹帛。絹帛，絲織品，在當時當做錢幣使用。(77)南鄉　郡名，原來屬齊，去年被魏人所佔。78三月庚辰 三月初四。79命于烈居守 于烈，魏國名將于栗磾之孫，此時任領軍將軍。傳見《魏書》卷三十一。居守，居洛陽主管留守事宜。80宋弁 漢族人，魏國的儒學之臣，甚受孝文帝賞識。傳見《魏書》卷六十三。81攝七兵事 代理兵部尚書的職務。攝，代理；兼任。七兵，當時魏國尚書省中管理軍事的部門，即後來的兵部尚書。胡三省引杜佑曰：「魏始置五兵尚書，謂中兵、外兵、別兵、都兵、騎兵也。晉又分中、外兵各為左、右，後魏遂為七兵尚書。」82精勤吏治 熟悉並擅長於處理行政事務。83恩遇亞於李沖 受魏主寵信的程度只比當年的李沖略差一點。84癸未 三月初七。85梁城 梁縣縣城，在今河南汝州西。86順陽 郡名，郡治南鄉，在今河南內鄉西南。87張烈 清河郡人。傳見《魏書》卷七十六。88甲申 三月初八。89慕容平城 姓慕容，名平城。90居中 侍候在宮中。91蓬首垢面 頭不梳、臉不洗的樣子。92久疾多忿 因長期有病，脾氣暴躁。93失指 不合心思。指，同「旨」。意圖。94動欲誅斬 動不動就想殺人。95承顏伺間 隨著孝文帝的感情變化見機行事。伺間，抓取時機。96丙戌 三月初十。97更請一王 另叫一位兄弟。98使總軍要 讓他總管軍機。99深慮不濟 估計是好不了啦。100安六軍 總管全國軍隊。周制，天子置六軍，後作為軍隊的統稱。101何容方更請人 怎麼能再請別人。方，將；想。102以違心寄 以違背我的信託。心寄，出自內心的寄託。103丁酉 三月二十一。104廣陽王嘉 拓跋嘉，太武帝拓跋燾之孫，此時任荊州刺史。傳見《魏書》卷十八。魏國的荊州州治即今河南魯山縣。105斷均口 截斷由均水進入沔水的一切船隻。均口，即今湖北十堰市，是均水流入沔水的匯口。當時的齊國軍隊與其一切物資都是由漢水逆流北上，再由漢水進入均水。106邀 攔截。107建 拓跋建，太武帝拓跋燾之子。傳見《魏書．太武五王傳》。但《魏書》作「建閭」，疑作《通鑑》者誤漏「閭」字。108渡水西 渡均水西進。109元嵩 拓跋嵩，任城王拓跋澄之弟，孝文帝的叔祖。傳見《魏書》卷十九中。110免冑陷陳 不戴頭盔地衝入齊陣。陳，通「陣」。111戊戌夜 三月二十二的夜間。112崔恭祖胡松皆陳顯達部下的齊將名，各為一支軍隊的頭領。113以烏布幔盛顯達 用黑色的帳布將陳顯達包裹起來，因為陳顯達主張進攻，而諸將要求退卻而不得，故將陳顯達包裹挾持而退。114分磧山 在均口的北方。115己亥 三月二十三。116漢水 即前文所說的沔水。齊國的雍州州治襄陽就在漢水邊上。117汮均口 即均口。均水，也稱「汮水」。118馮道根 廣平郡人，此時是當地的一名見義勇為的百姓。傳見《梁書》卷十八。119守隘 堅守要地不戰。120首尾俱急 指齊軍進退兩難，兩頭難以相顧。121酇城 酇縣縣城，即當時廣平郡的郡治所在地，在今湖北十堰市東南。122列營相次 排列紮營，緊密連接。123鼓行而前 擊鼓前進，造成大的聲勢。124以私屬從軍 帶著家中的一些奴僕、親黨跟著軍隊一道活動。125指示之 指著山形溪路告訴他們。126眾賴以全 許多人就因為有他才獲保性命。127范岫 南齊的文學之士，曾為黃門侍郎、御史中丞。傳見《梁書》卷二十六。

[128]庚子 三月二十四。[129]穀塘原 地名，在馬圈之北。[130]後宮 指皇后馮氏。[131]久乖陰德 很早以來就沒有皇后之德。陰德，指皇后之德。古以女子為陰，皇后是全國女人的代表。[132]殆 估計；恐怕。[133]嗣子幼弱 魏太子元恪，時年十七歲。[134]霍子孟 即霍光，字子孟。漢武帝死後，受遺詔輔佐年幼的漢昭帝，被後代傳為輔少主的傑出代表。事見《漢書．霍光傳》。[135]諸葛孔明 即諸葛亮，字孔明。劉備死後，輔佐劉禪治理蜀國。事見《三國志．諸葛亮傳》。[136]顧託 帝王臨終前託孤於大臣。[137]親賢 本家族的賢才，既親又賢。[138]可不勉之 還不應該盡心盡力麼。[139]布衣之士 平民出身的賢人。這裡即指異姓之家的霍光、諸葛亮等人。[140]畢命 猶言「貢獻一切」。[141]託靈先帝 與孝文帝同秉一個父親的骨血。[142]依陛下之末光 意即又長期在孝文帝駕下稱臣。[143]寵靈輝赫 所受的恩寵過多。[144]恃陛下日月之明 依仗您像日月一樣的光明、英明。[145]恕臣忘退之過 能讓我在如此之長的時間內掌管大權。[146]元宰 首相；眾臣之長。[147]機政 國家的機要大權。[148]震主之聲 這就會形成一種讓君主畏懼的聲威。[149]周公大聖 像周公那樣的大聖人。周公被歷代儒生稱頌為大聖人。事跡見《史記．周本紀》與〈魯周公世家〉。[150]成王至明 像周成王那樣極度英明的君主。[151]猶不免疑 成王聽信讒言，懷疑周公事，見《尚書．金滕》、《史記．周本紀》。[152]更為未盡始終之美 反而使我不能實現善始善終的美好願望。[153]清規懋賞 清高的節操，美好的人格。賞，氣質；風韻。[154]厭榮捨紱 厭棄榮華，不願做官。紱，繫官印的絲帶。[155]少與綢繆 從小與他感情深厚。綢繆，情意纏綿的樣子。[156]未忍暌離 不忍心與他分開。[157]百年之後 意即等我去世之後。[158]聽褫蟬捨冕 可以答應他辭去顯貴的職務。蟬冕，又稱貂蟬冠，漢代皇帝侍從的帽子，用貂尾蟬紋做裝飾。後用蟬冕作為對顯貴官僚的通稱。[159]遂 順從；滿足。[160]沖挹之性 謙遜退讓的性格。[161]四月丙午朔 四月初一。[162]殂于穀塘原 殂，死；去世。按，孝文帝死時年僅三十三歲。[163]終始無間 從始至終都沒有任何隔閡。[164]邂逅不肖 一旦碰上不成材、沒有出息的。不肖，不類其父。[165]精勤庶務 專心勤奮於各項工作。[166]處心公平 以公平之心處理、對待一切事情。[167]推誠於物 推心置腹地對待別人。[168]無所容貸 絕不寬容。[169]闊略 忽略；不計較。[170]天地五郊 祭祀天、地，與祭祀五方之神的郊外祭祀。南郊祭天、北郊祭地，歷朝皆同。唯所謂「五郊」說法不同，有說謂祭五方之帝，有說謂迎五方之氣。曹魏有所謂「迎氣」，是迎陰陽二氣，也沒有聽說迎「五氣」。[171]宗廟二分 祭祀宗廟，與春分朝日、秋分朝月的祭祀。胡三省引鄭康成說：「古者天子春分朝日，秋分夕月，故曰二分之祭。」[172]身親其禮 親自參加這些典禮。[173]勿去草剗令平 不必清除雜草、不必鏟平路面。[174]在淮南行兵 在敵佔區的地面上行軍。[175]或 有時。[176]皆留絹償之 都給樹的主人留下絹帛，以做賠償。[177]弊 破舊，這裡實指髒汙。[178]浣濯 洗滌。[179]鞍勒 馬鞍和馬籠頭。勒，籠頭；嚼子。[180]時事 國家大事與皇帝的活動。[181]威福在己 言其權力極大，可以令人獲福，也可

以令人遭罪。[182]覆相掩逼 又回來追擊魏軍。覆，回來。胡三省曰：「恐凶問外露，陳顯達知之，反兵追掩以相逼。」[183]不發喪 不宣布魏主去世的消息。[184]徙御臥輿 把魏主的遺體移放在可以睡臥的車子裡。御，裝載。[185]可決外奏 答應、批准臣下啟奏的公事。[186]一如平日 此處描寫掩蓋魏主去世消息的情景，與《史記》寫始皇帝之死相同。〈始皇本紀〉云：「丞相斯為上崩在外，恐諸公子及天下有變，乃祕之，不發喪。棺載轀涼車中，故幸宦者參乘，所至上食。百官奏事如故，宦者輒從轀涼車中可其奏事。」[187]宛城 即今河南南陽。[188]郡聽事 南陽郡太守衙門的正堂。[189]棺斂 裝遺體入棺。斂，同「殮」。給死者穿戴入棺。[190]徵太子 召太子來宛城。[191]凶問 魏主去世的消息。[192]處分行留 有關派人去宛城，與派人在洛陽準備迎接的各項安排。[193]魯陽 魏郡名，郡治即今河南魯山縣。[194]遇梓宮 遇到了皇帝的靈柩。[195]丁巳 四月十二。[196]推誠盡禮 對東宮屬官以誠相待，對嗣君（世宗）以禮相待。[197]有夷險 有平安，也有危險。夷，平；平安。[198]彥和 彭城王元勰字彥和。對人說話自稱名字是表示謙遜、客氣。[199]握蛇騎虎 如握毒蛇、如騎虎背。[200]不覺艱難 已經忘記了艱難。[201]恨吾後至 意即嫌我對你產生懷疑，故遲遲不肯進城。[202]長秋卿 官名，是皇后宮的諸官之長。[203]走呼 一邊逃跑一邊喊叫。[204]官豈有此 皇帝怎麼會這樣做。官，也稱「官家」，對皇帝的稱呼。[205]執持彊之 捉住她，逼著她喝。[206]審死 確實是死了。[207]設 假使；即使。[208]去之 除掉她。[209]殺我輩也 「也」字同「邪」，反問語詞。[210]幽 《謚法解》：「壅遏不通曰幽。」[211]五月癸亥 此句疑有誤，本年的五月無癸亥日。[212]丙申 五月二十一。[213]魏世宗 嗣君元恪的廟號。元恪是孝文帝第二子，西元五〇〇—五一五年在位。[214]請遂素懷 請求滿足一貫的心願。[215]冀定等七州 即冀州、定州、相州、瀛州、幽州、平州、營州。[216]之官 到管區上任。[217]羇旅 外來的人。王肅本是江南人，因其父被齊武帝所殺而北投魏，故曰羇旅。按，此時王肅為尚書令，任城王澄為右僕射，所以元澄說王肅「位加己上」。[218]禁止肅 不許王肅進入尚書省。[219]表稱謀叛 元澄上表魏主，說王肅陰謀叛逃。[220]案驗 查驗。案，考查。[221]擅禁宰輔 擅自拘禁宰相。當時的尚書令，相當於別的朝代的丞相。[222]尋 不久。[223]出為雍州刺史 放外任為雍州刺史。魏國雍州州治長安，在今西安的西北側。胡三省曰：「史官稱任城王澄之才略，魏宗室中之巨擘也。太和之間，朝廷有大議，澄每出辭，氣加萬乘而軼其上。孝文外雖容之，內實憚之，況咸陽王禧等乎！因王肅而斥逐之耳。主少國疑之時，澄之能全其身者，幸也。」[224]六月戊辰 六月二十四。[225]皇妣高氏 魏世宗元恪死去的生母。妣，古稱死去的母親，即前被皇后馮氏所害死者。事見本書上卷建武四年。[226]配饗高祖 把高皇后的靈牌放在宗廟裡孝文帝靈牌的旁邊，隨丈夫一道享受祭祀。[227]終寧陵 在孝文帝長陵的東南方。[228]嫡孫猛襲爵 嫡孫高猛襲其祖高颺之爵，因其父已死故也。事見《魏書・外戚傳下》。[229]后兄肇 高肇。傳見《魏書・外戚傳下》。[230]衣幘 衣服頭巾。[231]惶懼失措舉動慌亂失常。(232)赫奕 華貴顯耀的樣子。奕，盛大。胡三省曰：「為高肇以擅權致禍張本。」

【校 記】[1]等 原無此字。據章鈺校，十二行本、乙十一行本、孔天胤本皆有此字，今據補。[2]癸亥 原無此二字。據章鈺校，十二行本、乙十一行本、孔天胤本皆有此二字，張瑛《通鑑校勘記》同，今據補。[3]夜 原無此字。據章鈺校，十二行本、乙十一行本、孔天胤本皆有此字，張敦仁《通鑑刊本識誤》、張瑛《通鑑校勘記》同，今據補。[4]姓 據章鈺校，十二行本、乙十一行本、孔天胤本此下皆有「猶」字。

【語 譯】東昏侯上

永元元年（己卯 西元四九九年）

春季，正月初一日戊寅，齊國實行大赦，改年號為永元元年。〇齊國擔任太尉的陳顯達統領著平北將軍崔慧景等四萬齊軍攻打魏國，想要奪回被魏軍攻佔的雍州所屬南陽、新野等郡。正月初六日癸未，魏國派遣前將軍元英率領魏軍抵抗齊軍的進攻。〇初八日乙酉，魏孝文帝元宏從鄴城出發返回都城洛陽。〇十四日辛卯，齊國的小皇帝蕭寶卷到南郊舉行祭天典禮。〇二十一日戊戌，魏孝文帝回到都城洛陽，返回途中經過尚書左僕射李沖的墳墓。當時孝文帝已經因為疾病而臥於車中，他望見李沖的墳墓竟然忍不住哭泣起來。回到洛陽之後，見到留守洛陽的群臣，談話中只要一提到李沖的時候，孝文帝就傷心的直掉眼淚。

魏孝文帝對擔任吏部尚書的任城王元澄說：「自從我離開京師以來，過去的舊習慣稍微改變了一些沒有？」任城王回答說：「按照陛下的教導，每一天都有新的變化。」孝文帝說：「我在進入洛陽城的時候，看見車上坐著的貴婦人還是代北人的妝扮，頭上戴著帽子，上身穿著小襖，你怎麼竟說每一天都有新的變化呢？」任城王回答說：「穿代北人服飾的少，不穿代北人服飾的多。」孝文帝說：「任城王，你說的這是什麼話！必須想辦法讓全城的人都穿華服！」任城王與留守洛陽的群臣全都摘下帽子向孝文帝磕頭請罪。

正月二十七日甲辰，魏國實行大赦。魏孝文帝在從南方前線返回途中經過鄴城的時候，李彪到鄴城城南來迎接、拜見孝文帝，並向孝文帝請罪。孝文帝說：「我本來想要起用你，可是一想到尚書左僕射李沖我就打消了這個念頭。」孝文帝安慰了李彪一番就把他打發走了。又遇到擔任御史臺令史的龍文觀向孝文帝報告說廢太子元恂被逮捕的那天，太子曾經親筆寫信向陛下申訴自己的悔改之心，而李彪竟敢扣留了太子的信件，沒有報告給陛下知道。尚書令上表給孝文帝，請求把李彪逮捕起來押赴洛陽。孝文帝認為李彪一定不會做出這樣的事情，就沒有像對待犯人那樣把李彪捆綁起來裝入囚車，而是用牛車把李彪送到了洛陽，正遇上朝廷實行大赦，李彪才得以免死。

魏國擔任太保的齊郡靈王拓跋簡去世。

二月初五日辛亥，魏孝文帝任命咸陽王元禧為太尉。

魏孝文帝因為連年出兵南伐齊國而在外征戰、巡視，馮皇后在後宮非常寵愛、偏袒宦官高菩薩。等到孝文帝在懸瓠病情危重的時候，馮皇后更加肆無忌憚，擔任中常侍的雙蒙等人都是馮皇后的心腹。○彭城王元勰的女兒是宋王劉昶的兒媳婦，在家寡居。馮皇后便為自己的胞弟北平公馮夙向孝文帝求婚，孝文帝答應了馮皇后的請求。而彭城公主不願意嫁給馮夙，馮皇后便以勢壓人，強迫彭城公主嫁給她的弟弟馮夙，彭城公主便祕密地與家僮一起冒著大雨趕往孝文帝所在的懸瓠，親自向孝文帝訴說，同時還把馮皇后的所作所為具體而詳細地說了一遍，孝文帝對彭城公主所說事情的真實性雖然抱有懷疑，然而卻沒有說出來。馮皇后得知彭城公主在孝文帝面前告了自己的狀之後，開始感到很恐懼，便暗地裡與自己的母親常氏一起指使女巫祈禱鬼神降災禍給孝文帝，她對女巫說：「如果能讓皇帝得病而死，使我有一天也能像當年的文明太后馮氏那樣以輔佐小皇帝為名，自己行使皇帝的權力，我一定會把多得無法計算的錢財賞賜給你。」

魏孝文帝回到洛陽之後，就下令逮捕了宦官高菩薩、中常侍雙蒙等人進行審查追問，他們全部認了罪。孝文帝宿於含溫室，夜裡，他派人把馮皇后拉進含溫室，讓馮皇后坐在廳堂東側的立柱邊，距離皇帝的床榻有二丈多遠，然後命令高菩薩等人陳述自己與皇后之間的罪狀。後來又把彭城王元勰、北海王元詳召來坐下，孝文帝對他們說：「過去她是你們的嫂子，如今與你們是陌路之人，你們只管進來，不用迴避她！」又說：「這個女人想把白刃刺入我的胸膛！我因為她是文明太后家的女兒，不能把她廢掉，只能讓她佔有皇后這個虛名，我心裡真希望她能認罪自裁，你們不要認為我對她還有什麼情分。」彭城王、北海王二人離開的時候，孝文帝令馮皇后向二王告別。馮皇后一連向二王拜了二次，一邊磕頭一邊哭泣。然後馮皇后仍舊回到她的後宮，那些嬪妃、侍女仍然像對待皇后一樣對她恭敬有禮，孝文帝只是不再讓太子元恪以對待母后之禮去拜見她而已。

當初，馮熙以文明太后馮氏哥哥的身分娶了魏恭宗拓跋晃的女兒博陵長公主為妻。馮熙有三個女兒，二個女兒相繼被孝文帝封為皇后，一個女兒被孝文帝封為左昭儀，從此馮家的權勢、地位與所受到的恩寵，超過了朝中所有的大臣，皇帝賞賜給馮家的錢財累計起來有好幾億。博陵長公主生了兩個兒子，即馮誕、馮脩。馮熙擔任太保，馮誕擔任司徒，馮脩擔任侍中、尚書，馮熙小妾生的兒子馮聿擔任黃門郎。擔任黃門侍郎的崔光與馮聿一同在宮中值班，崔光對馮聿說：「你家的錢財太多、地位太高了，最終一定會衰敗。」馮聿說：「我們馮家哪一點對不起你了，你今天竟然無緣無故地詛咒我們馮家！」崔光說：「我不是那個意思。事物興盛到極點一定會走向衰落，這是天地之間的自然規律。如果你按照古代所發生的事情來推斷一下，你就不能不慎重對待了。」此後過了一年多，馮脩敗落。馮脩為人性情浮躁，喜歡爭強好勝，他的哥哥馮誕曾經多次告誡過他，然而馮脩卻不思悔改，馮誕只好把馮脩的情況向文明太后與孝文帝作了彙報，馮脩因此受到棍棒的責打。馮脩因此而怨恨自己的哥哥馮誕，於是找來毒藥，指使馮誕身邊的人下毒，準備毒死馮誕。事情被發覺之後，孝文帝就想殺死馮脩，馮誕卻引咎自責，懇請孝文帝留下馮脩一條性命。孝文帝也因為馮脩的父親馮熙已經年老，就責打了馮脩一百多棍，把馮脩貶官為民，發回平城居住。等到馮誕、馮熙相繼去世之後，緊跟著馮皇后又被廢掉，馮聿也就被孝文帝拋棄了，馮家的權勢和地位從此衰落下來。

二月十七日癸亥，魏孝文帝任命彭城王元勰為司徒。〇齊國太尉陳顯達率領的齊軍與魏國前將軍元英所率領的魏軍交戰，陳顯達多次打敗元英。陳顯達率領齊軍把魏國的馬圈城圍攻了四十天，馬圈城中的魏軍已經把所有能吃的東西都吃光了，於是就把死人身上的肉和樹皮拿來充飢。二十七日癸酉，魏軍突破齊軍的包圍逃走，齊軍斬殺、俘虜了上千名魏軍。陳顯達率軍進入馬圈城中，將士們都爭先恐後地搶奪馬圈城中的絹帛，根本顧不上去窮追魏軍。陳顯達又派遣自己部下的一名將領莊丘黑率領著一支軍隊進攻南鄉郡，莊丘黑率軍收復了南鄉郡。〇魏孝文帝對任城王元澄說：「陳顯達率軍侵擾我國，我如果不親自率軍出征，就無法戰勝他。」

三月初四日庚辰，魏孝文帝親自統率大軍從洛陽出發，他令擔任領軍將軍的于烈留在洛陽主管留守事宜，任命擔任右衛將軍的宋弁兼任祠部尚書、代理兵部尚書的職務，協助于烈處理留守朝廷的事務。宋弁熟悉並擅長於處理行政事務，受孝文帝寵信的程度只比當年的李沖略差一點。〇初七日癸未，魏孝文帝率軍到達梁縣縣城。齊國平北將軍崔慧景率領齊軍攻打魏國的順陽郡，魏國擔任順陽郡太守的清河郡人張烈率領守軍頑強防守。初八日甲申，魏孝文帝派遣擔任振威將軍的慕容平城率領五千名騎兵前往順陽救援張烈。

自從魏孝文帝生病以來，彭城王元勰經常在宮中侍奉孝文帝看病吃藥，日夜不離開孝文帝身邊，孝文帝吃的喝的，元勰都要自己先嘗一嘗然後再進獻給孝文帝食用，由於每天忙得顧不上梳頭、洗臉，所以他經常是一副蓬首垢面的樣子，身上的衣服也顧不上脫下來換洗。孝文帝生病時間一長脾氣就變得比較暴躁，身邊的侍從人員服侍得稍微不合他的心意，他動不動就要把人拉出去斬首，元勰能夠根據孝文帝的情緒變化而見機行事，不僅糾正了孝文帝很多錯誤的做法，還挽救了很多人的性命。三月初十日丙戌，孝文帝任命元勰為使持節、都督中外諸軍事。元勰推辭說：「我在陛下身邊侍奉醫藥，忙得連一點功夫都沒有，哪裡還能再去管理軍隊？希望陛下另外找一位親王兄弟，讓他總管軍機要務，使我能夠專心侍奉陛下請醫吃藥。」孝文帝說：「侍奉我的疾病、治理軍隊，全都要依靠你。我病到如此程度，恐怕是好不了了；總管全國的軍隊、保衛國家政權，除了你還能有誰？怎麼能去另找別人而違背我對你的信任呢？」

三月二十一日丁酉，魏孝文帝帶病率軍到達馬圈城，他命令擔任荊州刺史的廣陽王元嘉率領軍隊截斷從均水進入沔水的一切船隻，攔截齊軍的歸路。元嘉，是元建的兒子。

齊國太尉陳顯達率領齊軍渡過均水西進，佔據了鷹子山，並在鷹子山修築防禦工事。齊軍士氣低落，與魏軍交戰，多次失敗。魏國擔任武衛將軍的元嵩摘下頭盔脫去鎧甲，奮勇衝入齊軍陣地，屬下的將士跟隨著他奮勇殺敵，把齊軍打得大敗。元嵩，是任城王元澄的弟弟。三月二十二日戊戌的夜間，陳顯達的部下擔任後軍將軍兼任一支軍隊首領的崔恭祖、擔任龍驤將軍的胡松用黑色的帳幔把陳顯達包裹起來，令幾個士兵抬著，抄小路從分磧山出均水口向南逃走。二十三日己亥，魏軍將陳顯達軍隊所拋棄的數以億計的各種軍用物資搜集起來，賞賜給各級將士，他們追擊齊軍一直追到沔水才返回。齊國擔任左軍將軍的張千戰死沙場，齊軍士卒死了三萬多人。

齊國太尉陳顯達率軍北伐，軍隊進入汋均水口的時候，廣平郡人馮道根曾經勸阻陳顯達說：「均水水流迅速湍急，進入容易退卻難。魏國的軍隊如果把守關隘不戰，我軍就會陷入進退兩難的境地。不如把我軍所有的船艦全部拋棄在酇縣縣城，然後從陸路步行前進，排列紮營，使各營寨緊密連接，擊鼓前進，造成一種很大的聲勢，就一定能夠打敗魏軍。」陳顯達沒有採納馮道根的建議。馮道根是帶著自己家中的一些奴僕、親黨自願跟隨著軍隊一道行動的，等到陳顯達率領齊軍趁黑夜逃走的時候，軍隊不知道應該走山中的哪條道路，馮道根每當遇到險要的地方，就停下馬來指著山形溪路告訴士兵該怎麼走，許多士兵因為靠了馮道根的指引才得以保全性命。齊國的小皇帝蕭寶卷因此下詔任命馮道根為汋均口軍事據點的副頭領。陳顯達一向享有威名，至此名聲受到很大的損害。擔任御史中丞的范岫上奏給小皇帝請求罷免陳顯達的官職，陳顯達自己也上表請求辭職，小皇帝全都沒有批准，反而任命陳顯達為江州刺史。平北將軍崔慧景也放棄攻打順陽逃回齊國。

三月二十四日庚子，魏孝文帝病得很厲害，於是班師北還，到達穀塘原的時候，孝文帝對擔任司徒的元勰說：「馮皇后很早以來就不守婦道，缺少皇后之德，我死之後，你可以賜她自盡，然後用皇后的禮儀安葬她，或許可以免掉馮家出醜。」又說：「我的病情越來越重，恐怕再也好不了了。我軍這次雖然摧敗了陳顯達的進攻，然而天下還沒有平定，皇太子元恪年紀還小性格懦弱，國家所能依靠的，只有你一個人。西漢的霍光、蜀漢的諸葛亮不與他們的皇帝同姓，漢武帝劉徹、蜀漢先帝劉備臨終前尚且把輔佐小皇帝的重任分別託付給他們，何況你是皇帝的近親，而且又很賢能，難道還不應該盡心盡力地輔佐嗣君嗎？」元勰流著眼淚說：「平民出身的賢人尚且能為有知遇之恩的皇帝貢獻一切，何況我這個與皇帝同秉一個父親的骨血，又長期在皇帝駕下稱臣的人呢？只是我以皇帝至親的身分，長期以來一直參與朝廷的機密要務，受到陛下的恩寵過多，全國之內沒有人能夠比得上我。我所以敢於接受陛下的重託而不敢推辭，正是依靠著陛下像日月一樣的光明，使我能在如此長的時間內掌管大權而寬恕我不知道謙退的過錯。如果再任命我為眾臣之首的宰相，總管朝廷的機要大權，使我享有一種能令皇帝畏懼的聲威，我一定會因此而獲罪了。像過去周公那樣的大聖人，像周成王那樣極其英明的君主，周成王尚且聽信讒言，對周公的忠誠產生過懷疑，何況像我這樣的人呢？如果這樣的話，那麼陛下愛護我，反而使我不能實現善始善終的美好願望。」孝文帝沉默了，好久之後說：「仔細考慮你所說的話，我也很難反駁你。」於是親筆書寫詔書給太子元恪說：「你的叔父元勰，具有清高的節操和美好的人格，人品像白雲一樣潔白無瑕，他厭棄榮華，不願意做官，一心羨慕松竹的節操。我從小就與他感情深厚，不忍心與他分開。等我百年之後，你可以答應他辭去顯貴的職務，順從他謙遜退讓的性格。」孝文帝任命擔任侍中、護軍將軍的北海王元詳為司空，任命擔任鎮南將軍的王肅為尚書令，任命擔任鎮南大將軍的廣陽王元嘉為尚書左僕射，任命擔任尚書的宋弁為吏部尚書，與擔任侍中、太尉的咸陽王元禧，擔任尚書右僕射的任城王元澄等六人共同輔佐皇太子元恪。夏季，四月初一日丙午，魏孝文帝在穀塘原病逝。

魏高祖孝文帝元宏對自己所有的弟弟都十分友愛，與他們從始至終都沒有產生任何隔閡。他曾經很隨意似的對咸陽王元禧等人說：「我的後代子孫一旦遇上不成材、沒出息的，你們經過觀察，認為他可以輔佐，你們就輔佐他，如果認為他不可以輔佐，你們就取而代之，不要讓外人奪去了江山。」孝文帝親自挑選、任用賢能的人，他從善如流，專心勤奮於各項政務，一天到晚從來不感到厭倦。他曾經對人說：「作為一國的君主，最值得擔憂的是不能以一顆公平之心去處理、對待一切事情，推心置腹地對待別人。如果能夠做到這兩點，那麼即使是北方的胡人、南方的越人都可以使他們像自己的兄弟一樣。」孝文帝雖然執法嚴格，對犯罪的大臣絕不寬容，然而對別人有點小的過失，多數情況下都是忽略不計。曾經在吃的飯裡發現了一條蟲子，又有左右侍從人員送湯的時候不小心燙傷了孝文帝的手，孝文帝都一笑而過赦免了他們。而對於南郊祭天、北郊祭地，祭祀五方之神，祭祀宗廟以及春分那天祭祀太陽、秋分那天祭祀月亮的典禮，孝文帝都是親自主持，從未缺席過。每當準備外出巡遊或是親自統兵出征的時候，有關部門的官員奏請修整道路，孝文帝就會回答說：「簡單地修護一下橋樑，能夠通行車馬就行了，不必剷除雜草，不必平整路面。」在淮河以南敵佔區的地面上行軍的時候，也像在自己的國內行軍一樣。孝文帝禁止士卒踐踏農田裡的穀子和水稻，有時需要砍伐百姓的樹木供給軍隊使用，孝文帝都讓軍隊給樹的主人留下絹帛作為賠償。宮室非要等到不得不修繕的時候才修繕，衣服髒了，洗滌之後照樣穿，馬鞍和馬嚼子只用鐵和木製作。孝文帝年幼的時候力氣很大，喜好射箭，他能用指頭彈碎羊骨頭，射禽獸的時候無不百發百中。等到孝文帝長到十五歲的時候，就不再進行打獵了。他曾經對史官說：「國家大事與皇帝的活動不可以不照實書寫。作為一國之君，他的權力極大，可以擅作威福，沒有人能夠阻止他。如果史冊再不真實書寫他的罪惡，還有什麼可以令他感到畏忌的呢？」

彭城王元勰與任城王元澄一同商議，認為齊國的陳顯達率領齊軍逃跑得還不太遠，恐怕他得知孝文帝去世的消息會再次返回來襲擊魏軍，於是便將孝文帝去世的消息隱瞞下來，沒有對外宣布，他們把孝文帝的遺體移放到可以睡臥的車子裡，只有他們二位親王與孝文帝身邊的幾個人知道孝文帝已經去世。元勰照常出來進去，神色與往常沒有什麼兩樣，他按時進奉膳食、湯藥，答覆、批閱外面群臣啟奏的公事，一切都和往常一樣。幾天以後，到達宛城，夜間，元勰等人把放有孝文帝遺體的臥車拉進南陽郡太守衙門的正堂，孝文帝的遺體這時才得以裝殮入棺，然後又把棺材安放在臥車之內，外面沒有人知道這一切。元勰等人派遣擔任中書舍人的張儒帶著詔書前往洛陽召太子元恪前來宛城，同時把孝文帝去世的噩耗悄悄地告訴了奉命留守洛陽的領軍將軍于烈。于烈知道皇帝已經去世的消息後，趕緊布置有關人員前往宛城以及安排在洛陽準備迎接的各項事宜，舉止沒有一點慌亂的跡象。太子元恪到達魯陽的時候，遇到了皇帝的靈柩，這才對外發布皇帝駕崩的消息。四月十二日丁巳，皇太子元恪即皇帝位，大赦天下。

彭城王元勰跪在嗣君元恪的面前，呈上孝文帝臨終前親筆書寫的幾頁遺詔，東宮的官屬有很多人懷疑元勰心存篡位奪權的野心，便祕密地防範著他，而元勰對東宮的官屬以誠相待，對嗣君盡心盡禮，終於消除了東宮官屬的疑慮，叔姪之間始終沒有發生什麼隔閡。咸陽王元禧到達魯陽，逗留在魯陽城外以觀察城內的動靜。過了很久才入城，他對元勰說：「你這次遠行不只是艱辛勞苦，也實在是危險。」元勰回答他說：「哥哥歲數大，見識高遠，所以知道有平安也有危險，而我就像握著毒蛇、騎著猛虎，已經忘記了艱難。」元禧說：「你是恨我對你產生懷疑，故意遲遲不肯進城吧！」

彭城王元勰等人遵從魏高祖的遺詔，賜馮皇后自殺。北海王元詳派擔任長秋卿的白整入宮將毒藥送給馮皇后，馮皇后一邊躲避一邊喊叫，就是不肯喝，她說：「皇帝怎麼會這樣做，一定是那些諸侯王要殺我！」白整捉住她，逼著她非喝不可，馮皇后這才喝下毒藥而死。孝文帝的靈柩到達洛陽城南，咸陽王元禧等人知道馮皇后確實死了，於是互相看了一眼說：「即使皇帝沒有留下令馮皇后自殺的遺詔，我們兄弟也應當做出決策將她除掉，怎麼可以讓一個失去皇后之德的人來主宰天下，殺害我們兄弟呢！」給馮皇后的謚號為幽皇后。

五月癸亥日，齊國朝廷加授擔任撫軍大將軍的始安王蕭遙光開府儀同三司。〇二十一日丙申，魏國把孝文帝安葬在長陵，廟號高祖。

魏世宗元恪想要任命彭城王元勰為宰相，元勰多次陳述高祖的遺詔，請求世宗滿足自己一向的心願，魏世宗對著他放聲痛哭，元勰仍然不停地懇求，世宗只得順從他，於是任命元勰為使持節、侍中、都督冀、定等七州諸軍事、驃騎大將軍、開府儀同三司、定州刺史。元勰還是堅決推辭，世宗不批准，元勰這才不得不到定州赴任。

魏國擔任尚書右僕射的任城王元澄因為尚書令王肅是個外來人，而職位卻在自己之上，心裡便有些不滿。碰巧遇到從齊國投降過來的嚴叔懋告發王肅陰謀逃回江南，元澄便趁機採取措施，將王肅拘禁起來不許他進入尚書省，同時上表給世宗說王肅陰謀叛變，朝廷派官員進行查驗，卻沒有查出王肅有任何叛逃的跡象。咸陽王元禧等人遂上書彈劾元澄擅自拘禁宰相，於是元澄被免去官職回到自己的府第，不久又命他離開京城洛陽去雍州擔任刺史。

六月二十四日戊辰，魏世宗追尊自己的生母高氏為文昭皇后，把文昭皇后高氏的靈牌安放在宗廟裡孝文帝靈牌的旁邊，隨同丈夫一道享受祭祀，並增修擴建了文昭皇后的陵墓，稱為終寧陵。追賜文昭皇后的父親高颺為勃海公，諡號為敬，讓高颺的嫡孫子高猛繼承了其祖父高颺勃海公的爵位；封文昭皇后的哥哥高肇為平原公，封高肇的弟弟高顯為澄城公，三人同一天受封。魏世宗向來沒有見過自己的幾位舅舅，這時才開始賞賜給他們衣服頭巾召見他們，他們全都驚慌失措，幾天之內，他們三人的地位一下子變得非常尊貴顯耀。

秋，八月戊申❶，魏用高祖遺詔，三夫人❷以下皆遣還家。〇帝❸自在東宮，不好學，唯嬉戲無度，性重澀少言❹。及即位，不與朝士❺相接，專親信宦官及左右御刀❻、應敕❼等。

是時，楊州刺史始安王遙光、尚書令徐孝嗣、右僕射江祏、右將軍蕭坦之❽、侍中江祀、衛尉劉暄更直內省❾，分日帖敕❿。雍州刺史蕭衍聞之，謂從舅⓫錄事參軍范陽張弘策⓬曰：「一國三公⓭猶不堪，況六貴同朝，勢必相圖⓮，亂將作矣。避禍圖福，無如此州。但諸弟在都，恐罹世患⓯，當更與益州⓰圖之耳。」乃密與弘策脩武備⓱，它人皆不得預謀⓲。招聚驍勇以萬數，多伐材竹⓳，沈之檀溪⓴，積茅如岡阜㉑，皆不之用。中兵參軍東平呂僧珍㉒覺其意，亦私具櫓㉓數百張。先是，僧珍為羽林監㉔，徐孝嗣欲引置其府㉕，僧珍知孝嗣不能久，固求從衍㉖。是時，衍兄懿罷益州刺史還，仍行郢州事㉗，衍使弘策說懿曰：「今六貴比肩㉘，人自畫敕[29]，爭權睚眦[30]，理相圖〔1〕滅[31]。主上[32]自東宮素無令譽[33]，媟近[34]左右，慓輕忍虐[35]。安肯委政諸公[36]，虛坐主諾[37]？嫌忌[38]積久，必大行誅戮。始安[39]欲為趙王倫[40]，形迹已見，然性猜量狹[41]，徒為禍階[42]。蕭坦之忌克陵人[43]，徐孝嗣聽人穿鼻[44]，江祏無斷，劉暄闇弱[45]。一朝禍發，中外土崩。吾兄弟幸守外藩[46]，宜為身計[47]。及今猜防未生[48]，當悉召諸弟[49]，恐異時拔足無路矣。郢州控帶荊、湘[50]，雍州士馬精彊，世治則竭誠本朝[51]，世亂則足以匡濟[52]。與時進退[53]，此萬全之策[54]也。若不早圖，後悔無及。」弘策又自說懿曰：「以卿兄弟英武，天下無敵，據郢、雍二州為百姓請命[55]，廢昏立明[56]，易於反掌，此桓、文之業[57]也。勿為豎子[58]所欺，取笑身後[59]。雍州[60]揣之已熟[61]，願善圖之。」懿不從。衍乃迎其弟驃騎外兵參軍偉[62]及西中郎外兵參軍憺[63]至襄陽。

初，高宗雖顧命羣公，而多寄腹心在江祏兄弟，二江更直殿內[64]，動止關之[65]。帝稍欲行意[66]，徐孝嗣不能奪[67]，蕭坦之時有異同[68]，而祏執制堅確[69]，帝深忿之。帝左右會稽茹法珍、吳興梅蟲兒等，為帝所委任，祏常裁折[70]之，法珍等切齒[71]。徐孝嗣謂祏曰：「主上稍有異同[72]，詎可盡相乖反[73]？」祏曰：「但以見付[74]，必無所憂。」

帝失德寖彰[75]，祏議廢帝，立江夏王寶玄[76]。劉暄嘗為寶玄郢州行事[77]，執事過刻[78]。有人獻馬，寶玄欲觀之，暄曰：「馬何用觀？」妃索煮肫[79]，帳下諮暄[80]，暄曰：「旦已煮鵝，不煩復此[81]。」寶玄恚曰：「舅殊無渭陽情[82]。」暄由是忌寶玄，不同祏議，更欲立建安王寶寅[83]。

祏密謀於始安王遙光，遙光自以年長，欲[2]自取，以微旨動祏[84]。祏弟祀亦以少主難保，勸祏立遙光。祏意回惑[85]，以問蕭坦之，坦之時居母喪[86]，起復為領軍將軍[87]，謂祏曰：「明帝立，已非次[88]，天下至今不服。若復為此，恐四方瓦解，我期不敢言[89]耳。」遂還宅行喪[90]。

祏、祀密謂吏部郎謝朓[91]曰：「江夏年少[92]，脫不堪負荷[93]，豈可復行廢立？始安年長，入纂[94]不乖物望[95]。非以此要富貴[96]，政是[97]求安國家耳。」遙光又遣所親丹楊丞南陽劉渢[98]密致意於朓，欲引以為黨，朓不答。頃之，遙光以朓兼知衛尉事[99]，朓懼[100]，即以祏謀告太子右衛率[101][3]左興盛，興盛不敢發[102]。朓又說劉暄曰：「始安一旦南面，則劉渢、劉晏居卿今地[103]，但以卿為反覆人[104]耳。」晏者，遙光城局參軍[105]也。暄陽驚[106]，馳告遙光及祏。遙光欲出朓為東陽郡[107]，朓常輕祏[108]，祏固請[4]除之。遙光乃收朓付廷尉，與孝嗣、祏、暄等連名啓朓[109]「扇動內外，妄貶乘輿[110]，竊論宮禁[111]，間謗親賢[112]，輕議朝宰[113]。」朓遂死獄中。

暄以遙光若立，己失元舅[114]之尊，不肯同祏議，故祏遲疑，久不決。遙光大怒，遣左右黃曇慶刺暄於青溪橋[115]。曇慶見暄部伍多，不敢發。暄覺之，遂發祏謀[116]，帝命收祏兄弟。時祀直內殿，疑有異，遣信報祏曰：「劉暄似有異謀，今作何計？」祏曰：「政當靜以鎮之。」俄[117]有詔召祏入見，停中書省[118]。初，袁文曠以斬王敬則功[119]當封，祏執不與[120]。帝使文曠取祏[121]，文曠以刀環築其心[122]曰：「復能奪我封不？」并弟祀皆死。劉暄聞祏等死，眠中大驚，投出戶外[123]，問左右：「收至未[124]？」良久意定[125]，還坐大悲曰：「不念江，行自痛也[126]！」

帝自是無所忌憚，益得自恣，日夜與近習[127]於後堂鼓叫戲馬[128]。常以五更就寢，至晡乃起[129]。羣臣節朔朝見[130]，晡後方前[131]，或際闇遣出[132]。臺閣案奏[133]，月數十日乃報[134]，或不知所在[135]。宦者以裹魚肉還家，並是五省黃案[136]。帝嘗[5]習騎致適[137]，顧謂左右曰：「江祏常禁吾乘馬，小子若在，吾豈能得此！」因問：「祏親戚餘誰？」對曰：「江祥今在冶[138]。」帝於馬上作敕[139]，賜祥死。

始安王遙光素有異志，與其弟荊州刺史遙欣密謀舉兵據東府[140]，使遙欣自江陵引兵[6]急下，刻期[141]將發，而遙欣病卒。江祏被誅，帝召遙光入殿，告以祏罪。

遙光懼，還省(142)，即陽狂號哭，遂稱疾不復入臺(143)。先是，遙光弟豫州刺史(144)遙昌卒，其部曲皆歸遙光。及遙欣喪還，停東府前渚(145)，荊州眾力送者(146)甚盛。帝既誅二江，慮遙光不自安，欲遷為司徒使還第(147)，召入諭旨。遙光恐見殺，乙卯(148)晡時，收集二州部曲(149)於東府東門，召劉渢、劉晏等謀舉兵，以討劉暄為名。夜，遣數百人破東冶，出囚，於尚方取仗(150)。又召驍騎[7]將軍垣歷生(151)，歷生隨信而至。蕭坦之宅在東府城東，遙光遣人掩取(152)之。坦之露袒(153)踰牆走向臺(154)，道逢遊邏主(155)顏端，執之。坦之[8]告以遙光反，不信。自往詗問(156)，知實，乃以馬與坦之，相隨入臺。遙光又掩取尚書左僕射沈文季(157)於其宅，欲以為都督，會文季已入臺。垣歷生說遙光帥城內兵夜攻臺，輦荻(158)燒城門，曰：「公但乘輿隨後(159)，反掌可克(160)！」遙光狐疑不敢出。天稍曉，遙光戎服出聽事(161)，命上仗(162)登城，行賞賜。歷生復勸出軍，遙光不肯，冀(163)臺中自有變。及日出，臺軍稍至(164)。臺中始聞亂，眾情惶惑。向曉(165)，有詔召徐孝嗣，孝嗣入，人心乃安。左將軍沈約(166)聞變，馳入西掖門(167)，或勸戎服，約曰：「臺中方擾攘(168)，見我戎服，或者謂同遙光(169)。」乃朱衣而入。

丙辰(170)，詔曲赦建康(171)，中外戒嚴。徐孝嗣以下屯衛宮城，蕭坦之帥臺軍討遙光。孝嗣內自疑懼[172]，與沈文季戎服共坐南掖門[173]上，欲與之共論世事[174]，文季輒引以他辭[175]，終不得及[176]。蕭坦之屯湘宮寺[177]，左興盛屯東籬門[178]，鎮軍司馬曹虎[179]屯青溪大橋。眾軍圍東城[180]，三面燒司徒府[181]。遙光遣垣歷生從西門出戰，臺軍屢敗，殺軍主桑天愛。遙光之起兵也，問諮議參軍蕭暢，暢正色不從。戊午[182]，暢與撫軍長史沈昭略潛自南門出，詣臺自歸[183]，眾情大沮[184]。暢，衍之弟。昭略，文季之兄子也。己未[185]，垣歷生從南門出戰，因棄矟[186]降曹虎，虎命斬之。遙光大怒，於牀上自踊[187]，使殺歷生子。其晚，臺軍以火箭燒東北角樓，至夜，城潰。遙光還小齋帳中，著衣帢[188]坐，秉燭自照，令人反拒[189]，齋閤皆重關[190]，左右並踰屋[191]散出。臺軍主劉國寶等先入，遙光聞外兵至，滅燭扶匐牀下。軍人排閤[192]入，於闇中牽出，斬之。臺軍入城，焚燒室屋且盡。劉渢走還家，為人所殺。荊州將潘紹聞遙光作亂，謀欲應之。西中郎司馬夏侯詳[193]呼紹議事，因斬之，州府以安[194]。

己巳[195]，以徐孝嗣為司空；加沈文季鎮軍將軍，侍中、僕射如故；蕭坦之為尚書右僕射、丹楊尹，右將軍如故；劉暄為領軍將軍；曹虎為散騎常侍、右衛將軍，皆賞平始安之功也。

魏南徐州[196]刺史沈陵來降。陵，文季之族子也。時魏徐州刺史京兆王愉[197]年少，軍[9]府事皆決於兼[10]長史盧淵[198]。淵知陵將叛，敕諸城潛為之備。屢以聞於魏朝[199]，魏朝不聽。陵遂殺將佐，帥宿預[11]之眾來奔，濱淮諸戍[200]以有備得全。陵在邊歷年[201]，陰結邊州豪傑。陵既叛，郡縣多捕送陵黨，淵皆撫而赦之，唯歸罪於陵，眾心乃安。

閏月丙子[202]，立江陵公寶覽[203]為始安王，奉靖王後[204]。○以沈陵為北徐州刺史[205]。

江祏等既敗，帝左右捉刀、應敕之徒皆恣橫用事，時人謂之「刀敕」。蕭坦之剛狠而專[206]，嬖倖畏而憎之。遙光死二十餘日，帝遣延明主帥[207]黃文濟將兵圍坦之宅，殺之，并其子祕書郎賞[208]。坦之從兄翼宗為海陵太守[209]，未發[210]，坦之謂文濟曰：「從兄海陵宅故應無它[211]。」文濟曰：「海陵宅在何處？」坦之以告。文濟白帝，帝仍遣收之。檢[212]其家，至貧，唯有質錢帖[213]數百，還以啓帝，原[214]其死，繫尚方[215]。

茹法珍等譖[216]劉暄有異志，帝曰：「暄是我舅，豈應有此？」直閤新蔡徐世標曰：「明帝乃武帝同堂[217]，恩遇如此，猶滅武帝之後，舅焉可信邪！」遂殺之。

○曹虎善於誘納[218]，日食荒客[219]常數百人。晚節吝嗇，罷雍州，有錢五千萬，它物稱是[220]。帝疑虎舊將[221]，且利其財[222]，遂殺之。坦之、暄、虎所新除官[223]，皆未及拜而死[224]。

初，高宗臨[12]殂，以隆昌事[225]戒帝曰：「作事不可在人後[226]。」故帝數與近習謀誅大臣，皆發於倉猝[227]，決意無疑[228]，於是大臣人人莫能自保。

九月丁未[229]，以豫州刺史裴叔業為南兗州刺史，征虜長史張沖[230]為豫州刺史。

○壬戌[231]，以頻誅大臣，大赦。

丙戌[232]，魏主謁長陵，欲引白衣左右[233]吳人茹皓同車。皓奮衣[234]將登，給事黃門侍郎元匡進諫，帝推之使下，皓失色而退。匡，新城[235]之子也。

益州刺史劉季連聞帝失德，遂自驕恣，用刑嚴酷，蜀人怨之。是月，遣兵襲中水[236]，不克。於是蜀人趙續伯等皆起兵作亂，季連不能制。

枝江文忠公[237]徐孝嗣，以文士不顯同異[238]，故名位雖重，猶得久存。虎賁中郎將[239]許準為孝嗣陳說事機[240]，勸行廢立。孝嗣遲[13]疑久之[241]，謂必無用干戈之理，須[242]帝出遊，閉城門，召百官[14]集議廢之。雖有此懷[243]，終不能決。諸嬖倖亦稍憎之。西豐忠憲侯[244]沈文季自託老疾，不豫朝權，侍中沈昭略謂文季曰：「叔父行年六十[245]，為員外僕射[246]，欲求自免，豈可得乎？」文季笑而不應。

冬，十月乙未[247]，帝召孝嗣、文季、昭略入華林省[248]。文季登車顧曰：「此行恐往而不反。」帝使外監茹法珍[249]賜以藥酒，昭略怒，罵孝嗣曰：「廢昏立明，古今令典[250]，宰相無才，致有今日！」以甌[251]擲其面曰：「使作破面鬼！」孝嗣飲藥酒至斗餘，乃卒。孝嗣子演尚武康公主[252]，況尚山陰公主[253]，皆坐誅。昭略弟昭光聞收至，家人勸之逃。昭光不忍捨其母，入執母手悲泣，收者殺之。昭光兄子曇亮逃，已得免，聞昭光死，歎曰：「家門屠滅，何以生為！」絕吭[254]而死。

初，太尉陳顯達自以高、武舊將，當高宗[255]之世，內懷危懼，深自貶損[256]，常乘朽弊車，道從鹵簿[257]止用羸小[258]者十數人。嘗侍宴，酒酣，啟高宗借枕[259]，高宗令與之。顯達撫枕曰：「臣年衰老，富貴已足，唯欠枕枕死[260]，特就陛下乞之[261]。」高宗失色曰：「公醉矣。」顯達以年禮告退[262]，高宗不許。及王敬則反，時顯達將兵拒魏[263]，始安王遙光疑之，啟高宗欲追軍還[264]。會敬則平，乃止。及帝即位，顯達彌[265]不樂在建康，得江州[266]，甚喜。嘗有疾，不令治，既而自愈，意甚不悅。聞帝屢誅大臣，傳云[267]當遣兵襲江州，十一月丙辰[268]，顯達舉兵於尋陽，令長史庾弘遠等與朝貴書，數帝罪惡，云欲奉建安王[269]為主，須京塵一靜[270]，西迎大駕。

乙丑[271]，以護軍將軍崔慧景為平南將軍，督眾軍擊顯達；後軍將軍胡松、驍騎將軍李叔獻帥水軍據梁山[272]；左衛將軍左興盛督前鋒軍屯杜姥宅[273]。

十二月癸未[274]，以前輔國將軍楊集始[275]為秦州刺史[276]。○陳顯達發尋陽，敗胡松於采石[277]，建康震恐。甲申[278]，軍于新林[279]，左興盛帥諸軍拒之。顯達多置屯火[280]於岸側，潛軍夜渡，襲宮城。乙酉[281]，顯達以數千人登落星岡[282]，新亭[283]諸軍聞之奔還，宮城大駭，閉門設守。顯達執馬矟[284]從步兵數百，於西州[285]前與臺軍戰。再合[286]，顯達大勝，手殺數人，矟折。臺軍繼至，顯達不能抗，退[15]走，至西州後，騎官[287]趙潭注刺[288]顯達墜馬，斬之，諸子皆伏誅。長史庾弘遠，炳之[289]之子也，斬於朱雀航[290]。將刑，索帽著之，曰：「子路結纓[291]，吾不可以不冠而死。」謂觀者曰：「吾非賊，乃是義兵，為諸君[16]請命[292]耳。陳公太輕事[293]，若用吾言，天下將免塗炭[294]。」弘遠子子曜，抱父乞代，命并殺之。

帝既誅顯達，益自驕恣，漸出遊走，又不欲人見之。每出，先驅斥[295]所過人家，唯置空宅。尉司[296]擊鼓蹋圍[297]，鼓聲所聞，便應奔走[298]，不暇衣履，犯禁者應手格殺[299]。一月凡二十餘出，出輒不言定所，東西南北，無處不驅。常以三四更[300]中，鼓聲四出，火光照天，幡戟橫路[301]。士民喧走相隨[302]，老小震驚，啼號塞路[17]，處處禁斷，不知所過。四民廢業[303]，樵蘇[304]路斷，吉凶失時[305]，乳母[18]寄產[306]，或輿病棄尸[307]，不得殯葬[308]。巷陌懸幔為高鄣，置仗人[309]防守，謂之「屏除」，亦謂之「長圍」。嘗至沈公城[310]，有一婦人臨產不去[311]，因剖腹視其男女。又嘗至定林寺[312]，有沙門[313]老病不能去，藏草間，命左右射之，百箭俱發。帝有膂力[314]，牽弓至三斛五斗[315]。又好擔幢[316]，白虎幢[317]高七丈五尺，於齒上擔之，折齒不倦[318]。自制擔幢校具[319]，伎衣[320]飾以金玉，侍衛滿側，逞諸變態[321]，曾無愧色[322]。學乘馬於東冶營兵[323]俞靈韻，常著織成袴褶[324]、金薄帽[325]，執七寶矟[326]，急裝縛袴[327]，凌冒雨雪[328]，不避阬穽。馳騁渴乏，輒下馬，解取腰邊蠡器[329]，酌水飲之，復上馬馳去。又選無賴小人善走者，為逐馬左右[330]五百人，常以自隨。或於市側過[331]親幸家，環回宛轉，周偏城邑。或出郊射雉[332]，置射雉場二百九十六處，奔走往來，略不暇息。

王肅為魏制官品百司[333]，皆如江南之制，凡九品，品各有二[334]。侍中郭祚兼吏部尚書。祚清謹，重惜官位[335]，每有銓授[336]，雖得其人，必徘徊久之，然後下筆，曰：「此人便已貴[337]矣。」人以是多怨之，然所用者無不稱職。

【章旨】以上為第二段，寫東昏侯蕭寶卷永元元年（西元四九九年）下半年的大事。主要寫了南齊野心家蕭衍佔據雍州，窺測形勢，斷定六貴並存的局面不會長久，必將相互噬齧，他倚其心腹張弘策、呂僧珍等預做起事奪權之準備；寫了江祏、蕭遙光、劉暄等各懷野心，各自樹黨，謝朓因舉報江祏陰謀欲行廢立而被下獄誅死；寫了劉暄因不同意江祏立蕭遙光之議而被蕭遙光所謀刺，劉暄向小皇帝舉報江祏，江祏兄弟被小皇帝蕭寶卷所殺；寫蕭遙光收聚三州之蕭氏部曲，依據東府以討劉暄為名發動叛亂，但蕭遙光為人怯懦，不聽其親黨垣歷生之言，不敢出兵攻擊臺城，而一味徘徊瞻望；寫蕭坦之、沈文季、左興盛、曹虎等討伐叛亂，圍攻東府，垣歷生出戰投降被殺，蕭遙光因東府失陷被殺，建康亂平；寫了小皇帝蕭寶卷的各種劣跡，好騎馬，好舞長幢，專門幹些損人不利己的勾當，因為蕭坦之剛狠持權，遭到一些人的讒毀，遂被蕭寶卷所殺，並殺其子；接著劉暄、曹虎又因近習茹法珍、徐世標等人的進言而被殺；其後蕭寶卷又殺了徐孝嗣、沈文季等，滅其門；老將陳顯達自蕭鸞在世時即深自貶損，懼不得全，最終還是因恐懼於江州起兵造反，攻至建康城下，在作戰中因自己的武器折斷，被朝廷軍所殺；此外還寫了魏國的南徐州刺史沈陵率部降齊，徐州長史盧淵因早有準備，故使魏國受損失不大，以及儒臣王肅為魏人制定官品、百司，一如南朝等等。

【注　釋】❶八月戊申　八月初五。❷三夫人　三個夫人。夫人是魏國嬪妃的名號，位在左、右昭儀以下。夫人位同三公。❸帝　指蕭鸞之子小皇帝蕭寶卷。❹重澀少言　說話費勁不流暢，故而話少。❺朝士　朝廷上的百官。❻御刀　握刀者。❼應敕　聽喝、聽使喚的侍從。❽蕭坦之　蕭諶的同族，與蕭鸞沒有血緣關係。原為蕭道成、蕭賾的親信，後又轉為蕭鸞篡位的積極擁護者。傳見《南齊書》卷四十二。❾更直內省　輪流在宮中值班。❿分日帖敕　分別每天在群臣的奏章後面簽署意見，作為皇帝的命令發布施行。帖敕，猶言「畫敕」，即批閱、簽署。⓫從舅　堂舅；母親的堂兄弟。⓬張弘策　蕭衍少年時的夥伴，協助蕭衍建梁的元勳，此時任錄事參軍，兼襄陽令。傳見《梁書》卷十一。⓭一國三公　一個國家裡有三個權臣當道。《左傳》僖公五年晉臣士蔿有所謂「一國三公，吾誰適從」之語。⓮相圖　為爭權奪利而相互謀害。⓯恐罹世患　恐怕捲進災難之中。罹，陷入；捲進。⓰益州　蕭衍以稱其兄蕭懿，時蕭懿任益州刺史。事見《梁書》卷一。⓱脩武備　準備發動起事作戰使用的物資。⓲預謀　參與謀劃。⓳材竹　木材與竹竿，都是造船使用的材料。⓴沈之檀溪　貯藏在檀溪水下。檀溪流經襄陽城西，北流入沔水。即當年劉備躍馬飛越之處。㉑積茅如岡阜　貯存茅草，堆積得像山崗一樣高。岡阜，丘陵；小山包。㉒呂僧珍　東平郡人，在齊時為蕭衍之父蕭順之的部下，後又成為蕭衍的部下，此時為中兵參軍。傳見《梁書》卷十一。中兵參軍是將軍貼身的僚屬，管理軍府諸事。㉓具櫓　準備了戰船上使用的大盾牌。櫓，吊車。有時也指大盾牌。㉔羽林監　掌管皇帝衛隊的軍官。㉕引置其府　調他到尚書令的官衙。㉖固求從衍　堅決請求到蕭衍的部下。㉗仍行郢州事　被任為代理郢州刺史。仍，此處用法同「乃」。行，代理；試用。南齊時的郢州州治即今武漢的漢口。㉘比肩　猶言「並立」，權力大小相等。㉙人自畫敕　各人批閱各人手下的奏章，各自下達自己的號令。㉚爭權睚眥　為了爭權奪利而彼此怒目相視。㉛理相圖滅　必然要發展到相互消滅。㉜主上　指小皇帝蕭寶卷。㉝素無令譽　一向沒有好名聲。令，善；美好。㉞媟近　親近；寵信。媟，不正當的親近。㉟慓輕忍虐　急躁輕浮、殘忍暴虐。㊱委政諸公　把朝廷大權交給他們幾個人。㊲虛坐主諾　像個木偶一樣坐在那裡，只管點頭說是。㊳嫌忌　嫌疑、忌恨。㊴始安　指蕭遙光，蕭鸞之姪，時為始安王。傳見《南齊書》卷四十五。㊵欲為趙王倫　想和西晉的趙王倫一樣起兵殺人奪權，控制朝政。趙王倫是司馬懿之子，西晉八王之亂的八王之一。事見本書卷八十四。㊶性猜量狹　性情殘忍，心胸狹窄。㊷徒為禍階　只能成為另一起禍亂產生的臺階，言外之意是他自己成不了什麼大氣候。㊸忌克陵人　嫉妒別人，好居人上。忌克，同「忌刻」。嫉妒、苛刻。陵人，欺壓人。㊹聽人穿鼻　言其糊裡糊塗，如牛之被人牽著鼻子走。㊺闇弱　昏庸懦弱。㊻幸守外藩　有幸在地方上掌權。指分別任大州刺史。㊼宜為身計　應及早地為自己做好打算。㊽及今猜防未生　趁他們還沒對我們產生懷疑。㊾悉召諸弟　讓諸弟都離開京城到我們掌權的地方上來。㊿控帶荊湘　連接著荊州與湘州，是二州赴京師的必經之路。荊州的州治江陵，湘州的州治長沙。(51)竭誠本朝　對朝廷忠心耿耿。(52)足以匡濟　可以救國濟世。匡，正；扶持。濟，救助。(53)與時進退　隨著形勢的變化而變化。(54)萬全之策　對我們自己是萬無一失的。(55)為百姓請命　意即打著為百姓請命的旗號，對朝廷施加壓力。(56)廢昏立明　廢掉昏君，改立明主。(57)桓文之業　是齊桓公、晉文公一樣的稱霸天下的功業。(58)豎子　指江祏、徐孝嗣等。(59)取笑身後　以至於被人所殺，被世人所恥笑。(60)雍州　指蕭衍，時任雍州刺史。(61)揣之已熟　已經揣度得十分成熟。(62)驃騎外兵參軍偉　蕭偉，時任驃騎將軍的外兵參軍，此時在京城。(63)西中郎外兵參軍憺　蕭憺，時任西中郎將的外兵參軍，此時在京城。二人之傳皆見於《梁書》卷二十二。(64)更直殿內　輪流在皇帝跟前值班。(65)動止關之　朝廷的任何一舉一動都必須稟告他們兩人知道。胡三省曰：「江祏、江祀兄弟，高宗母景皇后之姪也，故寄以腹心。」(66)稍欲行意　稍有一點想按自己的想法辦。(67)不能奪　不敢反對皇帝的心思。奪，改變。(68)時有異同　有時能提出不同的意見。異同，偏義複詞，實際就指異。(69)執制堅確　能頑固堅持自己的意見，不肯改變。(70)裁折　批評；訓斥。(71)切齒　對江氏兄弟極端痛恨。(72)稍有異同　意思是皇上有時提出些不同的要求（，就應該任他去）。73詎可盡相乖反　怎麼能全部地給予駁回。詎，豈；怎能。乖反，違背他的心思。74但以見付　你就儘管交給我辦吧。但，儘管。見付，交給我。75失德寖彰　缺點越來越表現得明顯。失德，缺點；短處。寖，逐漸。76江夏王寶玄　蕭寶玄，蕭鸞的第三子。傳見《南齊書》卷五十。77嘗為寶玄郢州行事　曾代江夏王寶玄主持郢州刺史的事務。按，當時刺史均由皇子擔任，因年齡幼小，又派大臣代理州事。78執事過刻　對蕭寶玄限制得過嚴。79責肫　水煮的豬肉。肫，胡三省曰：「豕也。」80帳下諮暄　手下的人向劉暄請示。81不煩復此　用不著再煮豬肉。82殊無渭陽情　實在沒有個舅舅的樣子，沒有一點甥舅之情。《詩經．渭陽》有所謂「我送舅氏，曰至渭陽。」「我」是秦康公自指，舅氏指公子重耳。這是一首秦康公送其舅重耳所作的詩。以後便常以「渭陽」表示甥舅關係的事。劉暄是明帝劉皇后之弟，蕭寶玄之舅。83建安王寶寅　蕭寶寅，蕭鸞的第六子，此時任江州刺史。傳見《南齊書》卷五十。84以微旨動祏　隱微地向江祏示意。85回惑　困惑；拿不定主意。86居母喪　正為其母守孝。87起復為領軍將軍　守喪之期未滿，被朝廷以緊急需要之名讓他出任了領軍將軍。官吏守喪未滿而被朝廷任以政事叫做「起復」。領軍將軍主管京城以內的全部駐軍，且管理諸將，地位崇重。88已非次　已經是亂了次序，不合資格。89我期不敢言　我實在是不敢發表意見。期，《南齊書．蕭坦之傳》作「其」，總之是表示一種說話艱難的樣子。周昌口吃，當年勸劉邦不廢劉盈，有所謂「臣期期知其不可」。事見《史記．張丞相列傳》。90還宅行喪　回家繼續守孝。91謝朓　當時著名的文學家，對於新體詩、山水詩的發展有重要貢獻，人稱「小謝」。謝朓是王敬則的女婿，王敬則的兒子串連謝朓謀反蕭鸞，遭謝朓告密被殺，因而得超升為吏部尚書。傳見《南齊書》卷四十七。92江夏年少　江夏王蕭寶玄年齡幼小。93脫不堪負荷　一旦表現出不能承擔社稷重任。脫，萬一；假如。不堪負荷，不能接續其父留下的重任。94入纂　入朝繼承皇位。95不乖物望　不違背人們的願望。物，人心；社會輿論。96要富貴　求取富貴，討好蕭遙光。97政是　真正的目的是。政，同「正」。98丹楊丞南陽劉渢　劉渢是南陽郡人，此時任丹楊縣丞。丹楊縣丞官位甚卑，但它是都城建康所在的縣，縣衙即在建康城內，因而地位不同一般，故蕭遙光拉為一黨。99兼知衛尉事　兼管衛尉的職務。衛尉是統兵防護皇宮的官員，秦漢時是九卿之一。100朓懼　胡三省曰：「以郎兼卿，事本無足懼。其所懼者，以為為遙光所引，將罹其難也。」101太子右衛率　統兵防護太子宮的官員，是深受朝廷寵信的人。102不敢發　不敢告發其事，因為江祏的權力太大了。103居卿今地　處於你今天的位置。104以卿為反覆人　把你看成一個兩面派。105城局參軍　州刺史的僚屬，掌修浚城池與防禦來敵。106陽驚　假裝吃驚。陽，通「佯」。107東陽郡　郡治即今浙江金華。108輕祏　以門第輕視江祏。109啓朓　彈劾謝朓。110妄貶乘輿　狂妄地貶損皇帝。乘輿，皇帝坐的車，也用來指稱皇帝，此指蕭寶卷。111竊論宮禁　私下議論宮廷內的事情。(112)間謗親賢　離間、誹謗與皇帝親密而又賢良的大臣。(113)朝宰　朝廷的宰輔。(114)元舅　皇帝的大舅。(115)青溪橋　青溪水上的橋樑。青溪是人工開鑿的河水名，引玄武湖之水南通秦淮河。流經當時建康城的東側，在今南京內。(116)遂發祏謀　遂舉報了江祏欲行廢立的陰謀。(117)俄　一會兒；時間不久。(118)停中書省　在中書省等候召見，江祏時任中書令。(119)斬王敬則功　袁文曠斬王敬則事，見本書上卷永泰元年。(120)祏執不與　江祏堅持不封袁文曠。胡三省曰：「時崔恭祖以刺仆敬則，與文曠爭功，祏執不與，當為此也。」(121)取祏　逮捕江祏。這裡即處死江祏。(122)築其心　搗他的胸口。築，搗；砸。(123)投出戶外　奔出門外。(124)收至未　逮捕我的人來了沒有。(125)意定　情緒穩定下來。(126)不念江二句　我不是想江祏，我是心疼自己快要倒楣了。(127)近習　身邊的親信。(128)戲馬　騎馬為戲。(129)至晡乃起　到下午才起床。晡，相當於現在的下午三時至五時。(130)節朔朝見　每到節日與每個月的初一應該朝拜皇帝的時候。節，節日。朔，每個月的初一早晨。(131)晡後方前　都要改到下午才來上朝。(132)或際闇遣出　有時群臣等到天黑，皇帝還不出見，只派人說一聲打發群臣回家。際闇，到天黑。(133)臺閣案奏　朝廷各部門上報的請示批覆的案卷。(134)月數十日乃報　要等上一個月或幾十天才見回覆。(135)或不知所在　有的竟不知扔到哪裡去了。(136)並是五省黃案　都是用的各部門上報的文書檔案。五省，胡三省曰：「江左有吏部、祠部、五兵、左民、度支五尚書，各為一省，謂之尚書五省。」黃案，胡三省曰：「案，文案也，藏之以為案據。尚書用黃札，故曰黃案。」(137)嘗習騎致適　有一次練習騎馬玩得很高興。致適，得到了樂趣、快感。(138)江祥今在冶　江祥現在東冶做苦工。東冶是皇家的冶鐵所，常用囚禁的犯人做苦工。江祥，江祏之弟。(139)作敕　寫了一道手諭。(140)東府　東府城，在當時的臺城東。蕭遙光以任揚州刺史居於東府。(141)刻期　已經約定日期。(142)還省　回到中書省。(143)不復入臺　不再進入臺城；不再到中書省辦公。(144)豫州刺史　南齊的豫州州治即今安徽當塗。當時稱作「南豫州」，與揚州相連接。(145)東府前渚　即秦淮河的北岸，東府南臨秦淮河。(146)荊州眾力送者　從荊州送蕭遙欣之喪來京城的蕭氏的私家勢力。眾力，眾多奴僕。(147)遷為司徒使還第　授予他司徒的虛銜，讓他交出實權回家養老。(148)乙卯　八月十二。(149)二州部曲　指來自荊州與豫州的蕭氏私家勢力，包括私家軍隊與依附其家的農戶、工商戶等。(150)於尚方取仗　從皇家的兵工廠裡取出武器。(151)垣歷生　宋齊時代的名將垣榮祖的堂弟，在齊為驍騎將軍。傳見《南齊書》卷二十八。(152)掩取　襲捕，因蕭坦之不肯依附於江祏等人故也。(153)露袒　光著頭、沒穿上衣，極言其驚慌匆忙的樣子。(154)走向臺　逃向朝廷。(155)遊邏主　京城巡邏部隊的小頭目。(156)訶問　偵察；刺探。(157)沈文季　劉宋名將沈慶之子，入齊後亦頗受齊武帝之信任，後又為齊明帝蕭鸞效力。蕭鸞死後，朝廷混亂，遂退居在家。傳見《南齊書》卷四十四。(158)輦荻　用車拉柴草。輦，用如動詞，載運。(159)乘輦隨後　坐著車子跟在我的後面。(160)反掌可克　意即攻下臺城易如反掌。(161)聽

事　議事廳；正堂。(162)上仗　列隊，排好執仗的衛兵。(163)冀　希望；盼著。(164)稍至　漸至；越來越多。(165)向曉　天將亮。(166)左將軍沈約　沈約是當時著名的文人，發現了漢語的四聲，提出了寫詩應避免「八病」，是《宋書》的作者。傳見《宋書．自序》。左將軍，據《梁書．沈約傳》當增「衛」字。左衛將軍是當時朝廷禁軍中的一支軍隊的統帥。(167)西掖門　皇宮的西側旁門。(168)擾攘　人心惶惶，秩序混亂。(169)或者謂同遙光　或許被當做是蕭遙光的同夥。(170)丙辰　八月十三。(171)曲赦建康　大赦京城裡的所有人，目的是孤立叛亂分子，吸引失足的人迅速返回朝廷一方。曲赦，不當赦而赦，根據當前事態發布的赦免令。(172)內自疑懼　懷疑皇帝也饒不了他。(173)南掖門　皇宮南面正門旁邊的小門。(174)共論世事　一道討論當前的時局，意思是想向沈文季摸底，探測沈文季對當前事態的看法。(175)輒引以他辭　總是把話題引到別的事情上。(176)終不得及　始終不談對當前事變的看法。(177)湘宮寺　宋明帝劉彧所建。(178)東籬門　臺城外城的東門。(179)曹虎　南齊的重要將領，始為蕭道成部下，接著又事齊武帝，又轉事齊明帝，此時任前將軍。傳見《南齊書》卷三十。(180)東城　東府城，蕭遙光的老巢。(181)司徒府　在東府城的旁邊，劉宋時期的彭城王劉義康為司徒時所建。可以看做是東府城的一部分。(182)戊午　八月十五。(183)詣臺自歸　到臺城歸順請罪。(184)眾情大沮　叛軍隊伍的士氣大大受挫。(185)己未　八月十六。(186)棄矟　扔下長矛；放下武器。(187)於牀上自踊　從床上跳起來。(188)著衣帢　穿好衣服，戴好帽子。帢，便帽。(189)反拒　抵抗。(190)皆重關　都重重地上好門栓。關，門栓。(191)踰屋　翻牆。(192)排閤　推開房門。閤，小門；內室之門。(193)夏侯詳　曾為劉宋名將劉勔的部下，在齊時頗受蕭鸞的賞識，後又成為蕭衍的開國元勳。此時任西中郎將的司馬。傳見《梁書》卷十。(194)州府以安　荊州刺史府與西中郎將蕭寶融的軍府都獲得平安無事。(195)己巳　八月二十六。(196)南徐州　州治宿預，在今江蘇宿遷東南。(197)京兆王愉　元瑜，孝文帝元宏之子，被封為京兆王，此時任徐州刺史。傳見《魏書》卷二十二。(198)盧淵　魏國的儒學之臣盧玄之孫，盧度世之子，為官甚有能名。傳見《魏書》卷四十七。(199)聞於魏朝　向魏國朝廷報告。(200)濱淮諸戍　魏國的緣淮諸軍事據點。(201)在邊歷年　為魏國任邊將多年。(202)閏月丙子　閏八月初三。(203)江陵公寶覽　蕭緬之子，蕭鸞之姪，被封為江陵公。傳見《南齊書》卷四十五。(204)奉靖王後　作為始安靖王蕭鳳的繼承人。蕭鳳是蕭鸞之兄，蕭遙光之父。因蕭遙光造反被殺，蕭鳳遂絕無後，故以蕭緬之子過繼給蕭鳳做繼承人。(205)北徐州刺史　齊國的北徐州州治鍾離，在今安徽鳳陽東。(206)剛狠而專　粗暴、固執而又獨斷專行。狠，固執；執拗。(207)延明主帥　延明殿的衛隊頭領。延明殿是蕭寶卷日常居處之殿堂。(208)祕書郎賞　蕭賞，祕書郎是在朝廷掌管圖書文籍的官。(209)海陵太守　海陵郡的郡治即今江蘇泰州。(210)未發　尚未離京前往上任。(211)故應無它　猶言「沒有問題」、「不該受到牽連」。(212)檢　查抄。(213)質錢帖　今稱「當票」，因缺錢而典當東西的憑據。(214)原　赦免。(215)繫尚方　因禁在尚方省，使做苦工。按，尚方省是為宮廷製造器物的場所，其地有許多因家族犯罪而沒入此處做苦工的罪犯。(216)譖　進讒言；說人壞話。(217)同堂　同祖兄弟，即堂兄弟。(218)善於誘納　喜好招降納叛，收容各色人等。(219)荒客　流浪者；從落後邊遠或敵佔區過來的人。(220)它物稱是　其他物品也與這些錢財成比例。(221)舊將　齊高帝、齊武帝時的老將。(222)利其財　想把他的錢財都弄過來。利，貪圖。(223)所新除官　所提議被任命的官員。(224)未及拜而死　還沒有正式就職就被視為同黨被殺了。(225)隆昌事　指隆昌年間（西元四九四年）鬱林王蕭昭業被廢殺事。(226)作事不可在人後　意即先下手為強，不要落在人後倒楣。(227)發於倉猝　讓人無法提防。(228)決意無疑　想幹就幹，絕不遲疑。(229)九月丁未　九月初五。(230)張沖　劉宋時名將張永的堂姪，入齊後又先後在齊武帝、齊明帝手下任職。此時任豫州刺史。傳見《南齊書》卷四十九。(231)壬戌　九月二十。(232)丙戌　此句疑有誤，本年的九月無「丙戌」日。(233)白衣左右　一個在皇帝左右服務，而尚無品級、官職的人。(234)奮衣　撩起衣襟。(235)新城　拓跋新城，文成帝拓跋濬之弟，封陽平王。傳見《魏書》卷十九上。按，新城《魏書》作「新成」。(236)中水　即資水，今稱沱江，流經今四川資陽東。(237)枝江文忠公　徐孝嗣的封號名，枝江是封地，文忠是其死後的諡。(238)不顯同異　遇事模稜兩可，不明確表示態度。(239)虎賁中郎將　皇帝衛隊的頭領，上屬郎中令。(240)陳說事機　分析當前最需要做的事情。機，關鍵。(241)遲疑久之　長時間地拿不定主意，下不了決心。(242)須　等待。(243)此懷　這種想法。(244)西豐忠憲侯　沈文季的封號名，被封為西豐侯，忠憲是諡。(245)行年六十　將近六十歲。行，將。(246)員外僕射　是一個只掛名而不管事的僕射。僕射相當於副丞相，是有權的，但沈文季雖為僕射，卻稱病在家，不問朝政，故沈昭略諷刺他是「編外的僕射」。(247)十月乙未　十月二十三。(248)華林省　即尚書省。因尚書省在華林園，故名。(249)外監茹法珍　茹法珍是蕭寶卷身邊的宦官，主管監視宮外的動態。(250)古今令典　古往今來的一條良好規則。令，美好。(251)甌　盛壽酒的杯子。(252)尚武康公主　娶武帝蕭賾之女武康公主為妻。(253)山陰公主　明帝蕭鸞之女。(254)絕吭　割絕咽喉。吭，咽喉。按，蕭遙光作亂，沈文季、徐孝嗣皆定亂者，蕭寶卷乃皆滅其門，此事殊不可解。胡三省曰：「沈慶之、沈文季皆託老疾不預朝權，而終不免於死，國無道而富貴，則進退皆陷危機也。」此說仍不能令人釋懷。(255)高宗　齊明帝蕭鸞的廟號，西元四九四—四九八年，共在位五年。(256)自貶損　自我壓抑、謙退。(257)道從鹵簿　侍從與儀仗。道從，開路者與後從者。道，同「導」。先導；開路。鹵簿，儀仗隊。(258)羸小　瘦弱的人，與「彪形大漢」相對而言。(259)枕　枕頭。(260)枕枕死　枕著枕頭死。言以壽終。(261)就陛下乞之　意即求陛下能給我個善始善終。(262)以年禮告退　以年已七十歲而請求退休。古禮有所謂「大夫七十而致仕」。致仕，即退休。(263)將兵拒魏　事見本書上卷永泰元年。(264)追軍還　把派出的陳顯達軍追回來。(265)彌　更加。(266)得江州　陳顯達自馬圈失敗後，被出為江州刺史，州治尋陽，即今江西九江市。(267)傳云　聽到傳言說。(268)十

一月丙辰　十一月十五。(269)建安王　蕭寶卷之弟蕭寶寅。蕭寶寅當時是郢州刺史，州治即今武漢的漢口，在江州的上游。(270)須京塵一靜　等京城建康的戰亂一平定。須，等。塵，煙塵，比喻戰亂。(271)乙丑　十一月二十四。(272)據梁山　以捍衛建康城。梁山，軍事要地，在今安徽和縣東南，距建康近在咫尺。(273)杜姥宅　軍事要地，在當時建康城的西側。(274)十二月癸未　十二月十二。(275)楊集始　仇池、武都一帶的氐族頭領，於蕭鸞建武四年（西元四九七年）率眾降南齊。(276)為秦州刺史　當時秦州的大片領土在魏國的統治下，此語實即以他所佔領的地區封之，其他魏國所轄任他自己去經營開闢。(277)采石　采石山，在今安徽當塗西北。山下有采石磯，是長江的最狹處，歷來是兵家必爭之地。其地距梁山不遠。(278)甲申　十二月十三。(279)新林　又名新林港，在當時建康城的西南方，今江蘇南京的西南部。(280)屯火　火堆，遠望以為有軍隊駐此。(281)乙酉　十二月十四。(282)落星岡　山名，在當時的石頭城西。(283)新亭　地名，在當時的建康城南，地處長江邊，依山築城壘，是交通、軍事要地。(284)馬矟　又叫馬叉，騎兵使用的長矛。(285)西州　西州城，在新亭之北，當時建康城的西側。(286)再合　兩次交鋒。(287)騎官　騎兵的小頭目。(288)注刺　猛刺；用盡力氣刺去。(289)炳之　庾炳之，劉宋時期的官僚，曾至吏部尚書。傳見《宋書》卷五十三。(290)朱雀航　又作「朱雀桁」。當時建康城南側橫跨秦淮河的最大浮橋，以船舶連接而成。因在建康城正南的朱雀門外，故名。(291)子路結纓　子路是孔子的弟子。在與叛亂分子的戰鬥中發現自己的冠纓斷了，子路說：「君子死，冠不免。」於是在繫帽帶的時候被人殺害了。魯迅為此曾說：「子路先生確是勇士，但我覺得有點迂。掉了一頂帽子又有何妨呢？卻看得這麼鄭重，實在是上了仲尼先生的當了。子路先生倘若不信他的胡說，披頭散髮的戰起來，也許不至於死的罷！」事見《史記・仲尼弟子列傳》。(292)為諸君請命　為無辜被朝廷所殺的沈文季、徐孝嗣、曹虎等人提出抗議，請求給我們一個說法。(293)輕事　草率；輕敵。(294)將免塗炭　將免於生活在水深火熱之中；將不再受此暴君的統治。(295)驅斥　驅趕。(296)尉司　指建康城裡維持社會治安的機關。胡三省曰：「晉初洛陽置六部尉。江左建康亦置六部尉。」(297)擊鼓蹋圍　意即擊鼓清道，驅趕、清除該區域的一切人等。(298)便應奔走　意思是（凡是能聽到鼓聲的地方）那裡的百姓就得迅速避開。(299)應手格殺　被驅趕者隨手所殺。(300)三四更　三更即午夜、半夜，指十一點到一點。四更指一點到三點。(301)幡戟橫路　皇帝的儀仗隊與護衛士兵布滿街巷。幡，儀仗中的一種，用長竿直挑的長條旗。戟，可以指儀仗中的戟，也可以指衛隊士兵所執的長矛。(302)喧走相隨　相互叫嚷著奔跑。相隨，指逃跑者前後相隨。(303)四民廢業　滿城的老百姓都攪得不得安生、不能從事各自的行業活動。四民，指士、農、工、商。廢業，停業。(304)樵蘇　砍柴、割草，以供炊爨。(305)吉凶失時　該結婚的、該出殯的都不能按時進行。吉凶，吉禮與凶禮。吉禮指冠禮與婚禮。凶禮指殯葬之事。(306)乳母寄產　滿月的孕婦躲到別人家去生產。(307)輿病棄尸　車上拉著病人逃難，病人死了只好扔在路旁。(308)不得殯葬　不能按照禮節停靈、出殯。(309)置仗人　安排下幾個士兵。(310)嘗至沈公城　主語是小皇帝蕭寶卷。沈公城，應在建康之郊。(311)臨産不去　因為快要生産，未能逃離。(312)定林寺　胡三省曰：「定林寺舊基在蔣山應潮井後。」蔣山即今之紫金山。(313)沙門　和尚。(314)有膂力　有力氣。膂，脊背。(315)牽弓至三斛五斗　可以拉開三石五斗重量的硬弓。斛，古容量單位，一斛即一石，相當於十斗。(316)擔幢　相當於今雜技中的舞中幡。擔，指用肩扛、用頭頂、用手舉等等。幢，古代儀仗中的一種，狀如女子所穿的筒裙，更加以羽毛為飾。(317)白虎幢　繡有白虎圖像的幢。(318)折齒不倦　曾傷了牙齒，但仍樂之不疲。(319)擔幢校具　舞中幡的一些輔助用具。(320)伎衣　舞中幡時所穿的衣服。(321)逞諸變態　極力變換出各種姿態。逞，逞能；盡一切可能。(322)曾無愧色　沒有任何不好意思的神態。(323)東冶營兵　守衛尚方東冶營的士兵。(324)織成袴褶　一種絲織物製成的騎兵套褲。(325)金薄帽　用黃金薄片做裝飾的帽子。金薄，也作「金箔」。(326)七寶矟　裝飾有各種寶物的長矛。(327)急裝縛袴　穿著一套軍衣軍褲。(328)凌冒雨雪　頂著雨雪。(329)蠡器　身邊攜帶的小瓢。(330)逐馬左右　能隨馬奔跑的侍從。(331)過過訪；探看。(332)雉　野雞；山雞。(333)官品百司　官員的品級與各部門的建制。(334)凡九品二句　共有九品，每品各有正、從二品。按，北魏不僅各品分正、從，而且從第四品以下還分上下階，形成三十個等級的品階制度，為隋唐所沿用。(335)重惜官位　不輕易授人以職。(336)銓授　任命官職。(337)便已貴　從此就闊起來了。

【校　記】[1]圖　嚴衍《通鑑補》改作「層」。[2]欲　據章鈺校，十二行本、乙十一行本、孔天胤本「欲」上皆有「意」字。[3]右衛率　嚴衍《通鑑補》改作「右衛軍」。[4]固請　據章鈺校，乙十一行本作「尉議」。[5]嘗　原作「常」。據章鈺校，十二行本、孔天胤本皆作「嘗」，今據改。按，賜死江祥之事只可發生一次，作「嘗」字義長。[6]自江陵引兵　原作「引兵自江陵」。據章鈺校，十二行本、乙十一行本、孔天胤本皆作「自江陵引兵」，張敦仁《通鑑刊本識誤》同，今據改。[7]驍騎　嚴衍《通鑑補》改作「驍勇」。[8]坦之　原無此二字。據章鈺校，十二行本、乙十一行本、孔天胤本皆有此二字，今據補。[9]軍　原無此字。據章鈺校，十二行本、乙十一行本、孔天胤本皆有此字，張敦仁《通鑑刊本識誤》同，今據補。[10]兼　原無此字。據章鈺校，十二行本、乙十一行本、孔天胤本皆有此字，今據補。[11]宿預　原作「宿豫」。據章鈺校，十二行本、乙十一行本皆作「宿預」，今據改。[12]臨　原無此字。據章鈺校，十二行本、乙十一行本、孔天胤本皆有此字，今據補。[13]遲　原作「持」。據章鈺校，十二行本、乙十一行本、孔天胤本皆作「遲」，今據改。[14]官　據章鈺校，十二行本、乙十一行本、孔天胤本皆作「僚」。[15]退　原無此字。據章鈺校，十二行本、乙十一行本、孔天胤本皆有此字，於義相合，今據補。[16]君　原作「軍」。

張敦仁《通鑑刊本識誤》作「君」，其義長，今從改。⑰路 據章鈺校，十二行本、乙十一行本、孔天胤本皆作「道」。⑱毋 據章鈺校，十二行本、乙十一行本、孔天胤本皆作「婦」。

【語 譯】秋季，八月初五日戊申，魏世宗元恪遵照魏高祖元宏的遺詔，把後宮三個夫人以下的嬪妃全部放出皇宮令其回到自己的家中。〇齊國的小皇帝蕭寶卷在東宮當太子的時候，就不喜歡學習，每天只是毫無節制地嬉戲玩耍，天生說話費力不流暢，因而很少說話。等到即位做了皇帝，並不與朝廷上的文武百官進行接觸，只親近、信任宮中的那些宦官以及身邊的那些帶刀侍衛、供聽使喚的侍從等。

當時，擔任楊州刺史的始安王蕭遙光、擔任尚書令的徐孝嗣、擔任尚書右僕射的江祏、擔任右將軍的蕭坦之、擔任侍中的江祀、擔任衛尉的劉暄輪流在宮中值班，每天分別在群臣的奏章後面簽署意見，作為皇帝的敕命發布施行。擔任雍州刺史的蕭衍聽說以後，便對自己的堂舅擔任錄事參軍的范陽人張弘策說：「一個國家中如果有三個權臣當道，下邊的官員就都不知道該聽誰的才好，何況現在的朝廷中有六個權臣輪流輔政，他們必將為了爭權奪利而相互謀害，國家大亂的局面就要出現了。躲避災禍、圖謀幸福，沒有比雍州再好的地方了。但是我的幾個弟弟現在還在都城建康，我擔心他們會被捲入災難之中，我得與我那擔任益州刺史的哥哥蕭懿另行商量對策。」於是就與張弘策祕密地為發兵起事做好各方面的準備，其他人都不得參與謀劃這件事。蕭衍招募聚集了數以萬計的驍勇善戰之人，砍伐了大量的木材和竹竿，並把這些木材和竹竿全部沉入檀溪儲藏起來，儲存的茅草堆積得就像小山包一樣，存放在那裡，全都暫不使用。在蕭衍手下擔任中兵參軍的東平人呂僧珍明白了蕭衍的意圖，也私下裡準備了幾百張戰船上使用的大盾牌。先前，呂僧珍曾經擔任掌管皇帝衛隊的羽林監，尚書令徐孝嗣想要把呂僧珍調到尚書省衙門內任職，呂僧珍知道徐孝嗣根本不能長久，所以堅決請求跟隨雍州刺史蕭衍。這時，蕭衍的哥哥蕭懿被免去了益州刺史的職務回到建康，隨即又被朝廷任命為代理郢州刺史，蕭衍派遣張弘策去遊說蕭懿說：「如今朝廷之中有六位輔政大臣，他們的權力不相上下，六位權臣每人批閱每人的奏章，各自下達各自的命令，為了爭權奪利彼此怒目而視，必然會發展到互相殘殺的地步。當今的皇帝在東宮當太子的時候就一直沒有好名聲，他以不正當的方式去親近、寵信自己身邊的那些人，又性情急躁輕浮，為人殘忍暴虐。他怎麼會甘心把朝政大權交給他們六個人掌管，自己坐在皇帝的位子上，像個木偶一樣只管點頭說是呢？猜疑、忌恨的時間一長，一定會大行殺戮。始安王蕭遙光想要像西晉時期的趙王司馬倫那樣起兵奪權，控制朝政，他的行跡已經顯露出來，然而他生性喜好猜疑，氣量狹窄，只能成為另一起禍亂產生的臺階。右將軍蕭坦之嫉妒別人，好居人上，尚書令徐孝嗣糊裡糊塗就像牛一樣被人牽著鼻子走，尚書右僕射江祏優柔寡斷，衛尉劉暄昏庸懦弱。一旦有災禍發生，朝廷內外立即就會土崩瓦解。幸好我們兄弟都分別在地方上擔任大州的刺史，我們應該及早為自己做好打算。趁著他們還沒有對我們產生猜疑，應該讓還在京城的兄弟們趕緊離開京城到我們這裡來，恐怕以後想拔腿也沒有路子了。郢州連接著荊州、湘州，控制著二州通往京師的道路，雍州兵精馬壯，世道太平的時候我們對朝廷忠心耿耿，世道混亂的時候也完全可以匡扶社稷，救助百姓。我們應該隨著形勢的變化而變化，只有這樣才能確保萬無一失。如果你不早作打算，恐怕後悔就來不及了。」張弘策又向蕭懿談了自己的想法，他說：「憑藉你們兄弟的英明勇武，一定是天下無敵，你們兄弟二人分別佔據著郢州、雍州，如果打著為百姓請命的旗號向朝廷施加壓力，廢掉昏君蕭寶卷，改立聖明的君主，肯定是易如反掌，這是齊桓公、晉文公稱霸天下一樣的功業。不要被朝中徐孝嗣、蕭坦之等那些掌權的小人所欺騙，以至於被人所殺，被世人所恥笑。雍州刺史蕭衍已經揣摩得十分成熟了，希望你好好地考慮考慮。」蕭懿沒有聽從他們的勸告。蕭衍便把自己的弟弟擔任驃騎外兵參軍的蕭偉和擔任西中郎外兵參軍的蕭憺接到了雍州州治所在地襄陽。

當初，齊高宗蕭鸞雖然託孤於六位公卿大臣，然而卻把心腹大事大多都寄託在了江祏、江祀兄弟二人身上，江祏、江祀兄弟輪流在皇帝跟前值班，小皇帝的一舉一動都必須稟報江祏、江祀二人知道。小皇帝蕭寶卷稍微有一點想按照自己的想法辦的時候，尚書令徐孝嗣不敢反對皇帝的意見，右將軍蕭坦之有時會提出一些不同意見，而尚書右僕射江祏則頑固地堅持自己的意見，小皇帝對他們深深地懷恨在心。小皇帝身邊的侍從會稽郡人茹法珍、吳興郡人梅蟲兒等，都深受蕭寶卷的倚重和信任，而江祏卻經常批評他們、訓斥他們。

茹法珍等人對江祏兄弟恨得咬牙切齒。徐孝嗣曾經對江祏說：「小皇帝有時稍微提出一些不同的意見，你怎麼能完全違背他的心思而全部予以駁回呢？」江祏回答說：「你就只管交給我去辦好了，一定不用你擔憂什麼。」

齊國小皇帝蕭寶卷的惡劣品行越來越明顯地表現出來，尚書右僕射江祏遂提議廢掉他，改立江夏王蕭寶玄為皇帝。衛尉劉暄曾經代替江夏王蕭寶玄主持過郢州刺史的事務，對江夏王蕭寶玄限制得過於苛刻。曾經有人獻給蕭寶玄一匹馬，蕭寶玄想要看一看這匹馬，劉暄立即阻止他說：「一匹馬有什麼好看的？」蕭寶玄的王妃向廚師索要燉豬肉，帳下的人向劉暄請示給還是不給，劉暄說：「早上已經給他煮了鵝，用不著再給他煮豬肉。」蕭寶玄憤怒地說：「舅舅實在沒有舅舅的樣子，對我沒有一點甥舅之情。」劉暄因此忌恨蕭寶玄，所以不同意江祏的提議，他想另立建安王蕭寶寅為皇帝。

江祏祕密地和始安王蕭遙光商議，蕭遙光認為自己年長，就想自己奪取皇位，他隱隱約約地把自己的想法透露給了江祏。江祏的弟弟擔任侍中的江祀也認為年紀小的皇帝很難輔佐，於是也勸說江祏擁立蕭遙光為皇帝。江祏搞不清楚到底立誰為帝才好，於是就去諮詢右將軍蕭坦之，當時蕭坦之正在為自己的母親守孝，守孝期未滿，便被朝廷以緊急需要為名讓他出任領軍將軍，蕭坦之對江祏說：「明帝蕭鸞繼承皇位，就已經亂了次序，天下人到現在都還不服。如果再做出這種事情，恐怕國家就會土崩瓦解了，我實在是不敢發表意見。」於是回到家中繼續為自己的母親守孝。

尚書右僕射江祏、侍中江祀兄弟二人祕密地對擔任吏部郎的謝朓說：「江夏王蕭寶玄年紀太小，假如他不能承擔起社稷重任，難道還能再來一次廢黜皇帝另立新君的事嗎？始安王蕭遙光年歲最大，如果讓他入宮繼承皇位一定不會違背人們的願望。我並不是想以此來為自己求取富貴，真正的目的就是為了求得國家的安定而已。」始安王蕭遙光又派遣自己的親信擔任丹楊縣丞的南陽郡人劉渢祕密地向謝朓表達自己的心意，想拉攏他作為自己的黨羽，謝朓沒有答覆。不久，蕭遙光任命謝朓兼任衛尉的職務，謝朓非常恐懼，立即就把江祏準備廢掉現在的皇帝擁立始安王為帝的陰謀告訴了擔任太子右衛率的左興盛，左興盛不敢告發其事。謝朓於是又去勸說衛尉劉暄，他對劉暄說：「始安王一旦南面稱帝，那麼丹陽縣丞劉渢、劉晏就會處於你今天的位置，而把你看成是一個反覆無常的兩面派。」劉晏，是揚州刺史蕭遙光屬下負責掌管修浚城池與防禦外敵的城局參軍。劉暄假裝很吃驚的樣子，他騎上快馬飛速地把謝朓的話報告給蕭遙光和江祏。蕭遙光想把謝朓趕出京師讓他到東陽郡去擔任太守，謝朓曾經以門第出身輕視江祏，所以江祏堅決請求蕭遙光除掉謝朓。蕭遙光遂逮捕了謝朓，把謝朓交付給司法部門進行審理，並且與徐孝嗣、江祏、劉暄一起聯名上書彈劾謝朓「在朝廷內外煽動是非，狂妄地貶損皇帝，私下裡議論宮廷裡的事情，離間、誹謗與皇帝親密而又賢良的大臣，隨便議論朝廷的宰輔。」謝朓於是便死在了監獄中。

擔任衛尉的劉暄認為如果蕭遙光繼承皇位，他就失去了作為皇帝大舅的尊貴，不肯贊同江祏的建議，江祏因此猶豫不定，很久不能做出決定。始安王蕭遙光不禁大怒，遂派遣自己身邊的侍從黃曇慶埋伏在青溪橋準備刺殺劉暄。黃曇慶看見劉暄的警衛很多，前呼後擁，所以沒敢動手。劉暄也覺察到了蕭遙光的陰謀，於是就向小皇帝蕭寶卷告發了江祏欲行廢立的陰謀，小皇帝下令逮捕了江祏兄弟。當時江祀正在宮內值班，他感覺到了周圍的情況有些異常，就立即派人去給自己的哥哥江祏報信說：「劉暄好像另有陰謀，現在我們該怎麼辦？」江祏答覆說：「我們應當以靜來懾服他。」不一會兒有皇帝的詔書召江祏入宮朝見，江祏在中書省等候皇帝的召見。當初，袁文曠因為砍下王敬則的人頭而立了大功，按理應該得到封賞，然而江祏堅持主張不封賞袁文曠。所以現在小皇帝就派袁文曠去逮捕江祏，袁文曠用刀環搗著江祏的胸口說：「你還能剝奪我的封賞不能？」江祏連同他的弟弟江祀都被殺死。劉暄聽到江祏兄弟被殺死的消息後睡臥不安，一次他在睡夢中忽然驚醒，便立即奔出門外，向左右的侍從詢問說：「逮捕我的人來了嗎？」過了好久情緒才逐漸平靜下來，他回到屋中坐下非常悲痛地說：「我不是懷念江祏兄弟，我是心疼自己快要倒楣了！」

小皇帝蕭寶卷自從江祏兄弟死後便無所忌憚，他越來越放縱，不分白天黑夜地與身邊的親信在後堂擊鼓呼叫，以騎馬作為遊戲。他經常到五更天才上床睡覺，一直睡到下午才起床。每逢節日與每個月的初一，是群臣朝拜皇帝的時候，現在也都改在下午才來上朝，有時候群臣一直等到天黑，也不見小皇帝出來召見群臣，他只派人出來說一聲就打發群臣回家。朝廷各部門上報的請示批覆的案卷，要等上一個月或幾十天之後才能見到答覆，有的奏章呈遞之後竟然石沉大海，都不知道被丟到哪裡去了。宦官回家的時候用來包裹魚肉的，都是尚書省各個部門上報的案卷。小皇帝有一次練習騎馬，玩得特別高興，他看著左右的人說：「江祏曾經禁止我騎馬，這小子如果現在還活著，我豈能玩得如此快樂！」趁機又問：「江祏的親戚還有誰？」左右的人回答說：「江祥現在還在東冶做苦工。」小皇帝在馬上寫了一道手諭，賜江祥自殺。

齊國擔任揚州刺史的始安王蕭遙光一向懷有篡奪皇位的政治野心，他與自己的弟弟擔任荊州刺史的蕭遙欣密謀起兵佔領東府城，他令蕭遙欣從江陵率領荊州兵沿著長江迅速東下進攻建康，本來已經約定好日期，就在即將準備發兵的時候，蕭遙欣卻得病而死。江祏兄弟被殺之後，小皇帝召蕭遙光入殿，把江祏兄弟的犯罪事實告訴了蕭遙光。蕭遙光聽後非常恐懼，他回到中書省以後，就佯裝瘋狂，大哭大叫，於是就裝病不再到中書省去辦公。先前的時候，蕭遙光的弟弟擔任豫州刺史的蕭遙昌去世之後，蕭遙昌的私人武裝全都歸附了蕭遙光。等到蕭遙欣的靈柩運回京師，停靠在東府所面臨的秦淮河北岸，從荊州護送蕭遙欣靈柩來京的蕭氏奴僕非常多。小皇帝誅殺了江祏兄弟之後，也擔憂蕭遙光會因此而感到不安，就準備授予蕭遙光司徒的虛銜讓他回家養老，因此召請蕭遙光入宮想要當面告訴他這件事。蕭遙光卻擔心自己入宮之後被殺，於是就在八月十二日乙卯午後，把來自荊州、豫州的蕭氏私家武裝召集在東府東門，同時也把自己的親信擔任丹楊縣丞的劉渢、擔任城局參軍的劉晏等人召來一起謀劃起兵之事，最後決定以討伐衛尉劉暄為藉口起兵叛亂。當天夜裡，蕭遙光派遣了數百人攻破了東冶，放出了在東冶做苦工的囚犯，又從皇家的兵工廠裡取出武器。蕭遙光又召請擔任驍騎將軍的垣歷生，垣歷生接到信後便立即趕來。右將軍蕭坦之的住宅就在東府城的東邊，蕭遙光派人去襲捕蕭坦之。蕭坦之驚慌之下也顧不上穿衣服，就光著頭、光著脊樑翻過院牆向朝廷方向逃跑，逃跑途中遇到了巡邏部隊的小頭領顏端，顏端逮捕了蕭坦之。蕭坦之告訴顏端蕭遙光舉兵造反了，顏端沒有聽信蕭坦之。顏端親自前去偵察，知道蕭遙光確實叛亂了，於是就把自己的馬交給蕭坦之乘坐，自己跟隨著蕭坦之進入朝廷。蕭遙光又派人到尚書左僕射沈文季的家中襲捕沈文季，準備脅迫他為自己擔任都督，碰巧沈文季此時已經去了朝廷。驍騎將軍垣歷生勸說蕭遙光率領東府城內的軍隊連夜進攻皇城，用車運送蘆草燒毀皇城城門，垣歷生說：「你只管坐著車子跟在我的後面，攻克皇城易如反掌！」蕭遙光舉棋不定，沒敢出動軍隊。天快黎明的時候，蕭遙光穿著軍服來到議事廳，他命令自己的衛兵列好隊伍，然後登上城樓，頒發賞賜。驍騎將軍垣歷生再次勸說蕭遙光出兵，蕭遙光還是不肯，他希望朝廷內部自行發生變化。等到太陽出來的時候，朝廷的軍隊逐漸到達，越來越多。宮中剛得知蕭遙光聚眾叛變的時候，群臣心中全都惶恐不安。天將亮的時候，小皇帝下詔召尚書令徐孝嗣入宮，徐孝嗣入宮之後，眾人之心才逐漸安定下來。擔任左將軍的沈約聽到始安王蕭遙光叛亂的消息，立即飛馬趕到皇宮的西側旁門，有人勸沈約穿上軍服，沈約說：「宮中正在人心惶惶、秩序混亂，看見我身穿軍服，說不定會認為我是蕭遙光的同夥。」就穿著紅色的官服進入皇宮。

八月十三日丙辰，小皇帝因為國家遭遇特殊情況而將建康城裡所有的罪犯全部赦免，朝廷內外全面進入緊急狀態。尚書令徐孝嗣以下的官員全都留在皇城負責保衛，右將軍蕭坦之率領朝廷軍討伐蕭遙光。徐孝嗣內心懷疑皇帝也饒不了自己，遂與尚書左僕射沈文季身穿軍服坐在皇宮南面正門旁邊的側門上，想與沈文季共同討論當前的局勢，探測一下沈文季對當前事態的看法，而沈文季卻故意把話題引導到別的事情上去，始終沒有談對當前事態的看法。蕭坦之率領朝廷軍屯紮在湘宮寺，擔任太子右衛率的左興盛率軍屯紮在皇城外城的東門，擔任鎮軍司馬的曹虎率領一支軍隊屯紮在青溪大橋。各路軍隊將蕭遙光的老巢東府城團團圍困，並從三面用火攻燒司徒府。蕭遙光派遣垣歷生從東府城的西門出兵迎戰朝廷軍，朝廷軍多次被垣歷生的叛軍打敗，朝廷軍中擔任一支軍隊首領的桑天愛被叛軍殺死。蕭遙光在起兵的時候，曾經徵求諮議參軍蕭暢的意見，蕭暢態度極其嚴肅地堅決表示反對。十五日戊午，蕭暢與擔任撫軍長史的沈昭略偷偷地從東府城的南門逃出，到朝廷歸順請罪，蕭遙光的軍心士氣大受挫折。蕭暢，是蕭衍的弟弟。沈昭略，是沈文季的姪子。十六日己未，垣歷生率領一部分叛軍從東府城南門出來作戰，他藉著這個機會扔下手中的長矛投降了朝廷軍中的鎮軍司馬曹虎，曹虎下令殺死了垣歷生。蕭遙光得知垣歷生向朝廷軍投降的消息不禁大怒，他一下子從床上跳起來，立即派人殺死了垣歷生的兒子。當天晚上，朝廷軍發射帶火的箭燒毀了東府城東北的角樓，到了夜間，東府城便徹底崩潰了。蕭遙光回到小齋的帳中，穿好衣服，戴上便帽，然後坐下來，他手裡拿著蠟燭給自己照亮，下令叛軍繼續抵抗朝廷軍，齋閣全都層層上好門閂，然而蕭遙光身邊的人還是全部翻牆而出四處逃散了。朝廷軍中的小頭領劉國寶等人率先進入蕭遙光所在的齋閣，蕭遙光聽到外面的朝廷軍已經進入齋閣，就吹滅手中的蠟燭趴伏到床下躲藏起來。朝廷軍中的士兵推開房門進入齋閣，在黑暗中把蕭遙光從床下拉了出來，將蕭遙光斬首。朝廷軍進入東府城，放火把城裡所有的房屋差不多全燒光了。蕭遙光的親信劉渢逃回自己的家中，也被人殺死。荊州的將領潘紹聽到蕭遙光起兵作亂的消息之後，就準備謀劃起兵響應蕭遙光。擔任西中郎司馬的夏侯詳招呼潘紹一起商議事情，趁機把潘紹斬首，荊州刺史府與西中郎將蕭寶融的軍府因此才得以平安無事。

八月二十六日己巳，齊國朝廷任命徐孝嗣為司空；加授沈文季為鎮軍將軍，侍中、尚書左僕射的職位不變；任命蕭坦之為尚書右僕射、丹楊尹，右將軍的職位保留不變；任命劉暄為領軍將軍；任命曹虎為散騎常侍、右衛將軍，這些封賞都是對他們在這次平定始安王蕭遙光之亂中所建功勞的賞賜。

魏國擔任南徐州刺史的沈陵來向齊國投降。沈陵，是沈文季的族姪。當時魏國擔任徐州刺史的京兆王元愉年齡很小，刺史府中的事務都決定於兼任長史的盧淵。盧淵知道沈陵將要叛逃齊國，就命令各城守軍暗中做好防備。盧淵多次向魏國朝廷反映沈陵的情況，而朝廷卻沒有做出任何反應。沈陵殺死將佐，率領著宿預部眾前來投奔齊國，魏國沿著淮河的各軍事據點因為預先都有所防備而沒有遭受什麼損失。沈陵在魏國擔任邊將多年，暗中結交了邊境州郡的很多豪傑。沈陵叛變魏國歸降齊國之後，很多郡縣都把沈陵的黨羽逮捕起來押送到盧淵這裡，盧淵對他們都進行了安撫，並且赦免了他們，把所有的罪過都歸到沈陵一個人的身上，眾人這才安下心來。

閏八月初三日丙子，齊國的小皇帝封江陵公蕭寶覽為始安王，令他作為始安靖王蕭鳳的繼承人。○齊國朝廷任命從魏國歸降的沈陵為北徐州刺史。

齊國把持朝權的江祏兄弟等人敗亡之後，小皇帝蕭寶卷身邊的那些提刀衛士、供聽使喚的侍從等一類的人物全都得以任意胡為，掌權用事，當時的人把他們叫做「刀敕」。蕭坦之為人粗暴、固執而又獨斷專行，小皇帝所寵幸的那些人對蕭坦之既畏懼又憎恨。蕭遙光死後二十多天，小皇帝就派遣延明殿的衛隊頭領黃文濟率軍包圍了蕭坦之的住宅，把蕭坦之殺死，同時被殺死的還有蕭坦之的兒子擔任祕書郎的蕭賞。蕭坦之的堂兄蕭翼宗被任命為海陵郡太守，此時還沒有離開京城前往海陵郡上任，蕭坦之對黃文濟說：「我的堂兄海陵太守蕭翼宗的家裡不應該受到牽連。」黃文濟問蕭坦之說：「海陵太守的住宅在什麼地方？」蕭坦之遂將蕭翼宗家的住址告訴了黃文濟。黃文濟報告了小皇帝，小皇帝派人去逮捕蕭翼宗。在查抄蕭翼宗家產的時候，發現蕭翼宗的家裡一貧如洗，只有幾百張當票，查抄蕭翼宗家產的人回去把情況報告了小皇帝，小皇帝遂赦免了蕭翼宗的死罪，把蕭翼宗囚禁在尚方省，讓他做苦工。

小皇帝身邊的侍從茹法珍等人在小皇帝面前進讒言，說領軍將軍劉暄圖謀不軌，小皇帝說：「劉暄是我的舅舅，豈能有這種事？」擔任直閣的新蔡人徐世標說：「齊明帝蕭鸞是齊武帝蕭賾的堂兄弟，齊武帝對齊明帝有著非同一般的恩寵和禮遇，齊明帝還是滅掉了齊武帝的後代，舅舅又怎麼可以信賴呢！」小皇帝遂把自己的舅舅劉暄殺死。〇曹虎喜歡招降納叛，每天在他家裡吃飯的流浪者、從落後邊遠地區或敵佔區過來的人經常有好幾百人。曹虎到了晚年開始變得吝嗇起來，被罷免了雍州刺史之後，家裡還有五千萬錢，其他的物品折合起來也差不多有這個數目。小皇帝因為曹虎是齊高帝、齊武帝時的舊將而懷疑他對自己不忠，再加上貪圖他家的錢財，於是就把曹虎也殺死了。蕭坦之、劉暄、曹虎所提議任命的新官職都還沒有來得及正式就職就被小皇帝殺死了。

當初，齊高宗蕭鸞臨死的時候，以隆昌年間自己廢殺鬱林王蕭昭業作例子，告誡小皇帝蕭寶卷說：「做事要先下手，落在別人的後邊就要倒楣。」所以小皇帝多次與自己的親信密謀誅殺大臣，都是在突然之間採取行動，決定要幹的事情就絕不遲疑地去幹，於是朝中的大臣人人自危，誰也無法保證自己不被小皇帝殺死。

九月初五日丁未，齊國朝廷任命擔任豫州刺史的裴叔業為南兗州刺史，任命擔任征虜長史的張沖為豫州刺史。〇二十日壬戌，齊國的小皇帝因為連續地誅殺大臣而實行大赦。

丙戌日，魏世宗元恪到長陵祭拜自己的父親孝文帝元宏，他想讓還沒有官職的身邊親信侍從吳郡人茹皓和自己同坐一輛車子。茹皓撩起衣襟就要上車，擔任給事黃門侍郎的元匡上前進行勸阻，世宗便推茹皓讓他下車，茹皓臉色大變而退。元匡，是陽平王拓跋新城的兒子。

齊國擔任益州刺史的劉季連聽到小皇帝任意誅殺大臣、有失君德的時候，自己也就驕橫放縱起來，他用刑嚴酷，蜀地的人都很怨恨他。當月，劉季連派遣蜀軍襲擊中水，沒有取勝。於是蜀郡人趙續伯等全都起兵作亂，劉季連沒有辦法對付他們。

枝江文忠公徐孝嗣，因為自己是個文官，遇到事情總是模稜兩可，不敢明確表態，所以名聲雖然很大、官位雖然很高，仍然能夠保持長久。擔任虎賁中郎將的許準為徐孝嗣分析當前最需要做的事情，勸說徐孝嗣廢掉蕭寶卷，另立新君。徐孝嗣遲疑了很久，認為絕對沒有動用武力廢掉皇帝的道理，必須等待小皇帝蕭寶卷出宮遊玩的機會，先關閉城門，然後召集起文武百官一同商議廢掉蕭寶卷的事情。徐孝嗣心中雖然有這樣的想法，然而卻始終拿不定主意。小皇帝所寵信的那些刀敕也逐漸憎恨起徐孝嗣來。西豐忠憲侯沈文季自稱年老多病，已經不再參與朝政，擔任侍中的沈昭略對沈文季說：「叔父已經將近六十歲了，只是一個編外的尚書左僕射，即使你想使自己免除災禍，難道可能嗎？」沈文季笑而不答。

冬季，十月二十三日乙未，小皇帝蕭寶卷召徐孝嗣、沈文季、沈昭略前往華林省。沈文季登上車子之後回過頭來對家裡的人說：「我這次到華林省，恐怕是有去無回了。」小皇帝讓監視宮外活動的宦官茹法珍拿著藥酒逼迫他們喝下去，沈昭略非常憤怒，他大罵徐孝嗣說：「廢掉昏君，另立明主，這是從古到今的一條良好規則，你這個當宰相的沒有能力，才會有今天這樣的下場！」沈昭略拿起盛放毒酒的杯子就砸向徐孝嗣的臉，一邊說：「讓你作個破臉鬼去吧！」徐孝嗣喝下一斗多的藥酒才死去。徐孝嗣的兒子徐演娶了齊武帝蕭賾的女兒武康公主為妻，徐況娶了齊明帝蕭鸞的女兒山陰公主為妻，他們全都因為受到牽連而被殺死。沈昭略的弟弟沈昭光聽到小皇帝派來逮捕自己的人到了，家裡人都勸他趕緊逃跑。沈昭光不忍心拋下自己的母親，他進入房間拉著母親的手悲哀地哭泣起來，逮捕他的人當場把沈昭光殺死。沈昭光的姪子沈曇亮已經逃走，擺脫了追殺，當他聽到自己的叔父沈昭光已經被殺死的消息，就嘆了一口氣說：「全家人都被屠殺了，我還活著做什麼！」沈曇亮於是割斷自己的咽喉而死。

當初，擔任太尉的陳顯達認為自己是齊高帝蕭道成、齊武帝蕭賾時期的舊將，在齊高宗蕭鸞在位的時候，內心就感到十分的不安和恐懼，於是就深深地壓抑著自己，處處謙退，他經常乘坐著一輛腐朽的破車，出行時的侍從與儀仗也只用十幾個瘦小的人。陳顯達曾經陪著齊高宗飲酒，酒喝多了以後，就開口向齊高宗借用枕頭，齊高宗讓人把枕頭給他。陳顯達撫摸著枕頭說：「我現在年老體衰，已經享受了足夠的富貴，就差枕著枕頭死了，所以特地向陛下請求能賞賜給我一個枕頭，讓我能枕著枕頭死去。」齊高宗不禁變了臉色，說：「你喝醉了。」陳顯達按照七十歲致仕的古禮請求辭官退休，齊高宗沒有批准。等到王敬則起兵造反的時候，陳顯達正奉命率領齊軍去抗拒魏軍的入侵，始安王蕭遙光懷疑陳顯達，就奏請齊高宗將陳顯達所率領的軍隊追回來。正好此時王敬則的叛亂已經被朝廷軍平定，齊高宗這才沒有下令追回陳顯達。等到小皇帝蕭寶卷繼承了皇位之後，陳顯達更加不願意留在京師建康，自從被逐出朝廷出任江州刺史，他心裡非常高興。陳顯達曾經生了一場病，他不讓醫生給自己治療，然而沒過多久，他的病卻自然痊癒了，陳顯達為此心裡很不痛快。後來聽說小皇帝多次誅殺朝中大臣，還有傳言說小皇帝要派兵來襲擊江州，十一月十五日丙辰，陳顯達在江州州治尋陽起兵造反，他令擔任長史的庾弘遠等人給朝中的顯貴大臣寫信，一條一條地列舉了小皇帝的種種罪惡，陳顯達說自己想要擁戴擔任郢州刺史的建安王蕭寶寅為皇帝，等到京城建康的戰亂平定下來之後，就到西邊的郢州去迎接建安王蕭寶寅的車駕回京師稱帝。

十一月二十四日乙丑，齊國的小皇帝任命擔任護軍將軍的崔慧景為平南將軍，統帥各路軍隊平定江州刺史陳顯達的叛變；派擔任後軍將軍的胡松、擔任驍騎將軍的李叔獻率領水軍佔據梁山以捍衛建康城；派擔任左衛將軍的左興盛率領前鋒部隊屯紮在杜姥宅。

十二月十二日癸未，齊國朝廷任命曾經擔任輔國將軍的楊集始為秦州刺史。〇陳顯達率領江州軍從尋陽出發，在采石山打敗了朝廷派出的後軍將軍胡松，建康朝廷得知後軍將軍胡松被陳顯達打敗的消息之後非常震驚和恐慌。十三日甲申，陳顯達將軍隊駐紮在新林，左衛將軍左興盛率領前鋒各部隊抗拒陳顯達。陳顯達在秦淮河岸邊堆放了很多火堆以迷惑朝廷軍，自己則暗中率領軍隊連夜渡過秦淮河北上，襲擊宮城。十四日乙酉，陳顯達率領幾千人登上了落星岡，駐防新亭的各路軍隊聽到這個消息全都放棄新亭逃回建康城，宮城裡的人非常驚恐，趕緊關閉城門，派兵防守。陳顯達騎在馬上，手執長矛，有幾百名步兵跟隨其後，在西州城前面與朝廷軍交戰。兩次交戰，陳顯達都大獲全勝，他親手殺死了好幾個朝廷軍，不幸的是他手中的長矛突然折斷了。朝廷軍相繼到來，陳顯達抵抗不住，退敗逃走，當他逃到西州城後面的時候，朝廷軍中一個騎兵小頭目趙潭用盡力氣向陳顯達刺去，將陳顯達刺落馬下，接著又斬下了陳顯達的首級，陳顯達的幾個兒子也都被朝廷軍殺死。擔任長史的庾弘遠，是庾炳之的兒子，他在朱雀橋上被朝廷軍殺死。在他即將被殺死的時候，他要求拿來自己的帽子戴在頭上，說：「孔子的弟子子路在與叛亂分子的戰鬥中寧可被敵人殺死也要繫好自己的帽帶，我死的時候不能不戴好帽子。」然後對著圍觀的人說：「我們不是叛賊，我們是為了正義而起兵造反，是為了給那些無辜被朝廷殺死的人討一個說法。江州刺史陳顯達做事太草率、太輕敵，所以才會失敗，如果他能聽取我的意見，天下人將免受水深火熱之苦。」庾弘遠的兒子庾子曜，抱著自己的父親向朝廷軍請求替父去死，結果一同被殺死。

小皇帝蕭寶卷殺死了江州刺史陳顯達之後，行為更加放縱，竟然毫無節制地離開皇宮四處遊走，又不願意讓人看見他。所以他每次出宮，都要讓人預先把自己所經過的人家趕走，只剩下空房子。京城之中負責維持治安的尉司們便敲著鼓為他清除道路，驅趕該區域內的一切人等，鼓聲傳到哪裡，哪裡的百姓就得迅速避開，都來不及穿好衣服鞋子，對於違反了禁令沒有及時避開的人，一經被清道的尉司們發現，就隨手將其殺死。一個月當中，小皇帝大概要出宮二十多次，出宮的時候也不預先說好要到哪裡去，所以負責清道的尉司們便不管東西南北，到處驅趕百姓。經常半夜三更的時候，擊鼓之聲已經響遍了四面八方，火光照亮了天空，小皇帝的儀仗隊與護衛隊已經布滿了大街小巷。不論是士大夫還是平民百姓全都一邊相互呼喊著一邊相互跟隨著奔跑，老人小孩更是震驚害怕，哭喊聲號叫聲充滿了道路，街道上到處禁止通行，也不知道跑到哪裡才能找到避難所。士、農、工、商全都被攪得不得安生，不能從事各自的行業活動，路上看不見砍柴割草的人，婚喪嫁娶也不能按時進行，滿月的孕婦都要躲到遠處別人的家裡去生孩子，有的車上拉著病人奔跑躲避，病人如果死在路上，就只好拋屍路旁，不能按照禮節為他停靈、出殯。大街小巷的兩側全都懸掛著高大的帳幔作為屏障，屏障後面安排有手持兵器的士兵進行防守，人們管這叫做「屏除」，也叫「長圍」。小皇帝曾經來到沈公城閒逛，有一個孕婦因為就要生產了而未能逃離，小皇帝就叫人剖開孕婦的肚子，他要看看肚子裡的嬰兒是男是女。小皇帝還曾經到定林寺閒遊，有一個年老的和尚因為有病不能逃避到別處去，就躲藏在柴草堆中；小皇帝命令自己身邊的侍衛向老和尚射箭，一百支箭同時向老和尚射去，老和尚立即斃命。小皇帝很有力氣，能拉開三斛五斗重量的硬弓。又喜好以各種方式舞弄中幢，繡有白虎圖案的中幢高七丈五尺，他能用牙齒將中幢頂起來，還曾經為此損傷了牙齒，但他仍然樂此不疲。小皇帝還自製了一些舞弄中幢的輔助用具，舞弄中幢時所穿的衣服全都用金玉做裝飾，舞弄時，兩側站滿了侍衛，小皇帝極力變換著各種姿態讓他們觀看，竟然沒有一點慚愧的神色。小皇帝向守衛東冶營的士兵俞靈韻學習騎馬，他經常穿著用絲織品製成的騎兵套褲，戴著一頂用黃金薄片作裝飾的帽子，手裡拿著一柄裝飾著各種寶物的長矛，身穿一套軍衣軍褲，頂著雨雪，也不顧地面上的坑坑窪窪。騎在馬上任意馳騁，等他感到渴了、累了的時候，就跳下馬來，解下腰邊攜帶的小瓢，舀點水喝，喝完之後就又騎上馬飛快地向遠處跑去。小皇帝又從那些無賴小人當中，選擇了五百名善於奔跑的人充當隨馬奔跑的侍從，他經常讓這些人跟隨著自己。有時小皇帝在集市旁邊閒遊，忽然想到自己所親近、寵幸的人家裡探訪，於是便轉彎抹角，找遍京城的每一個角落。有時候到郊外去射獵野雞，他令人圈定二百九十六處射獵野雞的場所，他便在這二百九十六處奔走往來，一會兒也不休息。

魏國擔任尚書令的王肅為魏國制定了官員的品級和各部門的建制，都和江南的制度一樣，所制定的官員品級共有九品，每品分為正、從二品。擔任侍中的郭祚兼任吏部尚書。郭祚為人清廉做事謹慎，不輕易授予人官職，每當任命官職，即使已經得到了合適的人選，也一定要考慮再三，然後才下筆書寫委任狀，他說：

「這個人從此就闊起來了。」因此這個緣故，很多人都怨恨他，然而他所任用的人沒有不稱職的。

【研　析】本卷寫了東昏侯蕭寶卷永元元年（西元四九九年）一年間南齊與北魏兩國的大事。主要寫了魏主孝文帝元宏死，其子元恪繼位，以及南齊政權內的江祏、劉暄都想搞廢立，但因改立的對象不同而一直沒動手，從而引起蕭遙光謀刺劉暄，劉暄向皇帝蕭寶卷告發江祏，蕭寶卷誅江祏、江祀兄弟，於是蕭遙光公開造反，蕭坦之、沈文季、徐孝嗣、曹虎等討平蕭遙光；而蕭寶卷又相繼殺蕭坦之和沈文季、徐孝嗣、曹虎；早已心懷恐懼的老將陳顯達終於在江州起兵反朝廷，進攻臺城，開始銳氣甚盛，後來在戰場上因武器折斷，兵敗被朝廷軍所殺。在這種群魔亂舞的時刻，一個新的陰謀家正在雍州窺測形勢、積蓄力量、伺機待發，這就是蕭衍。螳螂捕蟬，黃雀在後，或者說，鷸蚌相爭，漁人得利，總之一場新的皇位篡奪、改朝換代的鬧劇又要開始了。但在本卷中有一些眼花繚亂、令人看不清的事件，特提出幾端，議論如下：

其一，蕭鸞去世，其子小皇帝蕭寶卷繼位，蕭鸞生前任命的輔政大臣是江祏、江祀、蕭遙光、蕭坦之、劉暄、徐孝嗣，六人分掌朝權，時人稱之曰「六貴」。從劉宋政權開始，形成的一個惡劣慣例是，從小皇帝上臺的那一天開始，輔政大臣就想廢掉他，或是改立自己想要的傀儡，或是乾脆自己做皇帝。想當年徐羨之、謝晦等之殺劉義符，宋明帝劉彧之殺劉子業；蕭道成之殺劉昱；蕭鸞之殺蕭昭業，情形都是如此。而相同的步驟都是，御用的歷史家為虎作倀，先把一盆盆髒水潑到小皇帝頭上，大肆鋪陳他如何如何不是東西，以表明他的該廢、該死。而明眼人一看就知道這些都是「強加之罪」，因為他們說得太過分、太不合情理。而歷史就是這樣一報還一報，當年蕭道成用於劉昱、蕭鸞用於蕭昭業的做法，現在又被蕭衍御用的歷史家一一地用到蕭寶卷的頭上來了。蕭寶卷的突出罪惡大致有三：一是特別喜歡騎馬。他「日夜與近習於後堂鼓叫戲馬。常以五更就寢，至晡乃起」；他「學乘馬於東冶營兵俞靈韻，常著織成袴褶、金薄帽，執七寶矟，急裝縛袴，凌冒雨雪，不避阬穽。馳騁渴之，輒下馬，解取腰邊蠡器，酌水飲之，復上馬馳去。……置射雉場二百九十六處，奔走往來，略不暇息」。二是喜歡玩雜技的耍中幡。他「好擔幢，白虎幢高七丈五尺，於齒上擔之，折齒不倦。自制擔幢校具，伎衣飾以金玉，侍衛滿側，逞諸變態，曾無愧色」，比之老北京天橋的把式毫不遜色。三是不遵守作息時間，愛夤夜外出，攪得人雞犬不寧。他「一月凡二十餘出，出輒不言定所，東西南北，無處不驅。常以三四更中，鼓聲四出，火光照天，幡戟橫路。士民喧走相隨，老小震驚，啼號塞路，處處禁斷，不知所過。四民廢業，樵蘇路斷，吉凶失時，乳母寄產，或輿病棄尸，不得殯葬」。此外還說他「不與朝士相接，專親信宦官及左右御刀、應敕」等等。這好騎馬、好玩雜技已經寫得很過分，夠令人生疑了；但一個貴族少年窮極無聊的情景還可以想像的，溥儀在《我的前半生》中不是也寫過他在宮中學騎自行車的情景麼？至於說他夜間外出胡鬧的情景就令人更加不可理解，他為何要如此折騰？這對他有什麼樂趣？他為什麼要幹這些損人不利己的事情？蕭寶卷被殺的時候虛歲十九，他的行為頂多是淘氣、頑皮、惡作劇！歷史家極力地鋪陳這些故事，不覺得自己是欲蓋彌彰、心勞日蹙麼？王夫之《讀通鑑論》說：「一帝殂，一嗣子立，則必有權臣不旋踵而思廢之……謝晦一啟戎心，而接跡以興者不絕。至於東昏立，而無人不思攘臂以仍矣……君臣道亡，恬不知恤，相習以成風尚，至此極矣。」

其二，小皇帝蕭寶卷一上臺，六貴中的第一貴江祏就想廢他，而另立蕭鸞的三兒子蕭寶玄；而第二貴劉暄則想立蕭鸞的六兒子蕭寶寅；第三貴蕭遙光是蕭鸞的親姪子，他希望自己出來做皇帝，於是變亂爆發，小皇帝首先殺了江祏、江祀，又殺了造反的蕭遙光，又殺了劉暄、蕭坦之，這些都可以理解。因為這江祏、江祀、劉暄等人廢掉蕭寶卷是早晚的事，是司馬昭之心，路人皆知的。再加上他們專權跋扈，絲毫不把小皇帝放在眼裡的表現，也太讓人難以容忍了：「二江更直殿內，動止關之。帝稍欲行意，徐孝嗣不能奪，蕭坦之時有異同，而祏執制堅確，帝深忿之。……徐孝嗣謂祏曰：『主上稍有異同，詎可盡相乖反？』祏曰：『但以見付，必無所憂。』」諸人對小皇帝如此欺侮，小皇帝焉能甘心忍受？更何況蕭鸞臨死前還特別以自己當年解決蕭昭業的過程向小皇帝吩咐過：「作事不可在人後。」意思是說，有些事情要及早下手，不能讓別人搶了先！所以蕭坦之儘管有討平蕭遙光的功勞，但由於他「剛狠而專」，又在皇帝面前「時有異同」，因此蕭寶卷毫不遲疑地向他舉起了屠刀。

唯有不可理解的是徐孝嗣、沈文季、曹虎等人的結局。徐孝嗣雖為六貴之一，但能「以文士不顯異同」，而從來沒有反對過皇帝的意旨；而沈文季與曹虎更是有功無過，是朝廷上僅存的平定亂黨的有名望、有功勳之臣，蕭寶卷為什麼要殺死他們？又是憑著什麼力量殺的他們？胡三省注《通鑑》至此而歎息曰：「沈慶之、沈文季皆託老疾不預朝權，而終不免於死，國無道而富貴，則進退皆陷危機也。」此說似乎沒有說到點子上，仍不能令人釋懷。

其三，是傑出文學家謝朓的死。謝朓是南齊著名的文學家，以寫新體詩聞名。「餘霞散成綺，澄江靜如練」是膾炙人口的名句，曾被唐代大詩人李白佩服得五體投地，但他在政治上卻是一個失敗者。謝朓是老將王敬則的女婿，王敬則是劉宋後期的名將，在幫著蕭道成篡奪劉宋王朝皇位的過程中大效了犬馬之力，後來又轉到蕭鸞名下，幫著蕭鸞篡奪了蕭道成的曾孫蕭昭業的政權。蕭鸞在位的第四年，王敬則時任會稽太守，擔心自己要被蕭鸞所殺，讓他在京的兒子與謝朓串通，想一起造反。謝朓得知消息後，悄悄地報告了蕭鸞，蕭鸞遂及時逮捕了王敬則在京的黨羽，並很快地撲滅了王敬則在會稽舉行的武裝叛亂。由於謝朓的這種「大義滅親」，使蕭鸞把他一下子由一個普通的殿中郎提升為吏部尚書。又過了四年，蕭鸞死去，蕭鸞的兒子蕭寶卷繼位，當時的權臣江祏陰謀廢掉蕭寶卷，改立蕭鸞的姪子蕭遙光。江祏與蕭遙光都派人與謝朓聯絡，想拉謝朓入夥。謝朓出於對蕭鸞的感恩，趕緊又把消息報告了小皇帝的禁衛軍長官左興盛。左興盛深感問題重大，不敢聲張；謝朓又向當時的另一個權臣劉暄報告，劉暄立刻報告了江祏與蕭遙光。於是朝廷上的六貴聯名上書報告小皇帝，以「扇動內外，妄貶乘輿，竊論宮禁，間謗親賢，輕議朝宰」的罪名，遂將謝朓下獄，使之死在獄中。王夫之《讀通鑑論》曰：「若朓者，非有位望之隆足為輕重，幹略之長可謀成敗者也；徒以詞翰之美見推流輩而已。而不軌以徼幸者，必引與偕而不相釋，夫朓亦豈幸有此哉？無端苦以相加，而進有叛主之逆，退有負親戚、賣友朋之憾。夫朓非懷情叵測、陷人以自陷之憸人也，而卒以不令而死。朓之詩曰：『大江流日夜，客心悲未央』，誠哉其可悲乎！」

卷第一百四十三

齊紀九

上章執徐（庚辰　西元五〇〇年），一年。

【題解】本卷寫東昏侯蕭寶卷永元二年（西元五〇〇年）一年間南齊與北魏兩國的大事。主要寫了南齊駐軍壽陽的豫州刺史裴叔業見朝臣連續被殺，心懷恐懼，遣使請降於魏，魏遣將軍奚康生、楊大眼率軍往迎，時值裴叔業病死，奚康生有勇有謀，迅速撫定了壽陽城；寫南齊朝廷派蕭懿、李叔獻等多路攻壽陽，魏將奚康生等據壽陽堅守，魏彭城王元勰等率援軍大破蕭懿軍，擒李叔獻，並取得齊之軍事要地建安；寫南齊朝廷又遣崔慧景從水路往攻壽陽，崔慧景過廣陵後率軍渡江而回，以擁立蕭鸞之子南徐、兗二州刺史蕭寶玄為名進攻建康，大破朝廷軍張佛護、徐元稱等六將於竹里；又翻越鍾山嚇走了玄武湖畔的朝廷守軍與臺城北籬門的左興盛軍；宮城內的守衛全靠蕭衍之弟蕭暢隨方應對，得保無事；寫為朝廷進攻壽陽的蕭懿率兵回救建康，自采石渡江上岸；崔慧景的部將崔恭祖多次建議迅速攻下臺城，崔慧景不聽；崔慧景之子崔覺又事事欺壓崔恭祖，使崔恭祖積忿投降臺軍；而蕭懿的軍隊又皆致死進戰，於是崔慧景功虧一簣，單身逃亡，被漁人所殺；蕭寶玄隨崔慧景至建康後，駐於東府城，士民多往歸之，崔慧景失敗後，蕭寶玄亦被蕭寶卷所殺。寫了南齊將領陳伯之率兵再攻壽陽，魏彭城王元勰拒守，魏將傅永率軍救壽陽，與元勰合力擊破陳伯之軍於肥口，斬首九千、俘獲一萬，淮南郡遂徹底入於魏；寫蕭寶卷更為近習小人所包圍，先是徐世檦專權為惡，其後茹法珍、梅蟲兒讒殺徐世檦，與中書舍人王咺之相為脣齒。蕭寶卷又大造芳樂、玉壽諸宮殿，窮奢極麗；整個宮廷極力揮霍，諸嬖幸藉徵收珍奇之物而十倍地勒索百姓；寫蕭衍之兄蕭懿以平崔慧景之功居朝廷之右，蕭衍與蕭懿的部下皆勸蕭懿廢掉蕭寶卷，蕭懿不從，不久遂與其弟蕭暢皆被蕭寶卷所殺；寫蕭衍聞蕭懿被殺，即在雍州起兵反朝廷；南齊朝廷派劉山陽率兵就荊州行事蕭穎冑共攻襄陽，蕭衍則散布朝廷派劉山陽乃為兼取荊州之流言，致蕭穎冑在其諸將的推動下與蕭衍聯盟，騙劉山陽到荊州的江津戍殺之；蕭穎冑、蕭衍共同擁立蕭鸞之子荊州刺史蕭寶融為帝，蕭衍為前鋒大都督，蕭穎冑為行留大都督，他們以蕭寶融的名義向建康朝廷與其所屬的各州郡發布檄文，討伐蕭寶卷與其諸嬖幸的罪行；又假傳「宣德太后」的命令，廢掉蕭寶卷，改立蕭寶融；此時西北地區的州郡長官竟陵太守曹景宗、上庸太守韋叡、華山太守康絢、梁南秦二州刺史柳惔，皆率州郡以歸蕭衍；寫朝廷派將軍張沖、薛元嗣等鎮守郢州，以阻西軍之東下，而西軍之將領楊公則已南下取得湘州等等。

東昏侯下

永元二年（庚辰　西元五〇〇年）

春，正月，元會❶，帝食後方出，朝賀裁竟❷，即還殿西序❸寢。自巳至申❹，百僚陪位❺，皆僵仆飢甚❻。比起就會❼，怱遽而罷❽。○乙巳❾，魏大赦，改元景明❿。

豫州刺史裴叔業⓫聞帝數誅⓬大臣，心不自安。登壽陽城⓭，北望肥水⓮，謂部下曰：「卿等欲富貴乎？我能辦之⓯！」及除南兗州⓰，意不樂內徙⓱。會陳顯達反，叔業遣司馬遼東李元護⑱將兵救建康，實持兩端⑲，顯達敗而還。朝廷疑叔業有異志，叔業亦遣使參察⑳建康消息，眾論益疑之。叔業兄子植、颺、粲㉑皆為直閤㉒，在殿中，懼，棄母奔壽陽，說叔業以朝廷必相掩襲，宜早為計。徐世檦㉓等以叔業在邊，急則引魏自助㉔，力未能制㉕，白帝遣叔業宗人㉖中書舍人長穆㉗宣旨，許停本任㉘。叔業猶憂畏，而植等說之不已。

叔業遣親人㉙馬文範至襄陽，問蕭衍以自安之計，曰：「天下大勢可知，恐無復自存之理。不若回面向北㉚，不失作河南公㉛。」衍報曰：「羣小用事，豈能及遠㉜？計慮回惑㉝，自無所成，唯應送家還都以安慰之㉞。若意外相逼，當勒馬步㉟二萬直出橫江㊱以斷其後㊲，則天下之事㊳一舉可定。若欲北向，彼必遣人相代㊴，以河北一州相處㊵，河南公寧可復得邪？如此，則南歸之望㊶絕矣。」叔業沈疑㊷未決，乃遣其子芬之㊸入建康為質，亦遣信㊹詣魏豫州刺史薛真度㊺，問以入魏可不㊻之宜。真度勸其早降，曰：「若事迫而來，則功微[1]賞薄矣。」數遣密信，往來相應和。建康人傳叔業叛者不已，芬之懼，復奔壽陽。叔業遂遣芬之及兄女婿杜陵韋伯昕㊼奉表降魏。丁未㊽，魏遣驃騎大將軍彭城王勰㊾、車騎將軍王肅㊿帥步騎十萬赴之(51)。以叔業為使持節、都督豫・雍等五州諸軍事、征南將軍、豫州刺史，封蘭陵郡公[52]。○庚午[53]，下詔討叔業。

二月丙戌[54]，以衛尉蕭懿[55]為豫州刺史[56]。戊戌[57]，魏以彭城王勰為司徒，領揚州刺史[58]，鎮壽陽[59]。魏人遣大將軍李醜、楊大眼[60]將二千騎入壽陽，又遣奚康生[61]將羽林一千馳赴之。大眼，難當[62]之孫也。○魏兵未渡淮，己亥[63]，裴叔業病卒，僚佐多欲推司馬李元護監州[64]，一二日謀不定。前建安戍主安定席法友[65]等以元護非其鄉曲[66]，恐有異志，共推裴植監州，祕叔業喪問[67]，教命處分[68]，皆出於植。奚康生至，植乃開門納魏兵，城庫管籥[69]悉付康生。康生集城內耆舊[70]，宣詔撫賚[71]之。魏以植為兗州刺史[72]，李元護為齊州刺史[73]，席法友為豫州刺史，軍主京兆王世弼[74]為南徐州刺史[75]。

巴西民雍道晞[76]聚眾萬餘逼郡城，巴西太守魯休烈嬰城自守[77]。三月，劉季連[78]遣中兵參軍李奉伯帥眾五千救之，與郡兵合擊道晞，斬之。奉伯欲進討郡東餘賊，涪令[79]李膺止之曰：「卒惰將驕，乘勝履險[80]，非完策也。不如少[2]緩，更思後計。」奉伯不從，悉眾[81]入山，大敗而還。

乙卯[82]，遣平西將軍崔慧景將水軍討壽陽，帝屏除[83]，出琅邪城[84]送之。帝戎服坐樓上，召慧景單騎進圍內[85]，無一人自隨者。裁交數言，拜辭而去。慧景既得出，甚喜。○豫州刺史蕭懿將步軍三萬屯小峴[86]，交州刺史李叔獻[87]屯合肥[88]。懿遣裨將胡松、李居士帥眾萬餘屯死虎[89]。驃騎司馬陳伯之將水軍泝淮[90]而上，以逼壽陽，軍于硤石[91]。壽陽士民多謀應齊者。

魏奚康生防禦內外，閉城一月，援軍乃至。丙申[92]，彭城王勰、王肅擊松、伯之等，大破之，進攻合肥，生擒叔獻。統軍宇文福言於勰曰：「建安，淮南重鎮，彼此要衝[93]。得之，則義陽[94]可[3]圖；不得，則壽陽難保。」勰然之，使福攻建安，建安戍主胡景略面縛[95]出降。○己亥[96]，魏皇弟悅[97]卒。

崔慧景之發建康也，其子覺[98]為直閤將軍，密與之約[99]。慧景至廣陵[100]，覺走從之[101]。慧景過廣陵數十里，召會諸軍主[102]曰：「吾荷三帝[103]厚恩，當顧託之重[104]。幼主昏狂，朝廷壞亂，危而不扶，責在今日[105]。欲與諸君共建大功以安社稷，何如？」眾皆響應。於是還軍向廣陵，司馬崔恭祖[106]守廣陵城，開門納之。帝聞變，王子[107]，假右衛將軍左興盛節[108]，都督建康水陸諸軍以討之。慧景停廣陵二日，即收眾濟江[109]。

初，南徐、兗二州[110]刺史江夏王寶玄娶徐孝嗣女為妃，孝嗣誅，詔令離昏，寶玄恨望[111]。慧景遣使奉寶玄為主，寶玄斬其使，因發將吏守城[112]，帝遣馬軍主戚平、外監[113]黃林夫助鎮京口[114]。慧景將渡江，寶玄密與相應，殺司馬孔矜、典籤[115]呂承緒及平、林夫，開門納慧景，使長史沈佚之、諮議柳憕分部[116]軍眾。寶玄乘八掆輿[117]，手執絳麾[118]，隨慧景向建康。臺[119]遣驍騎將軍張佛護、直閤將軍徐元稱等六將據竹里[120]，為數城以拒之。寶玄遣信謂佛護曰：「身[121]自還朝，君何意苦相斷遏[122]？」佛護對曰：「小人荷國重恩，使於此創立小戍。殿下還朝，但自直過，豈敢斷遏！」遂射慧景軍，因合戰。崔覺、崔恭祖將前鋒[123]，皆荒傖[124]善戰，又輕行不爨食[125]，以數舫[126]緣江載酒食[127][4]為軍糧，每見臺軍城中[128]煙火起，輒盡力攻之。臺軍不復得食[129]，以此飢困。元稱等議欲降，佛護不可。恭祖等進攻城，拔之，斬佛護；徐元稱降，餘四軍主皆死。

乙卯[130]，遣中領軍王瑩[131]都督眾軍，據湖頭[132]築壘；上帶蔣山西巖[133]，實甲數萬。瑩，誕[134]之從曾孫也。慧景至查硎[135]，竹塘人萬副兒說慧景曰：「今平路皆為臺軍所斷，不可議進[136]，唯宜從蔣山龍尾[137]上，出其不意耳。」慧景從之，分遣千餘人，魚貫[138]緣山，自西巖夜下，鼓叫臨城[139]中。臺軍驚恐，即時奔散。帝又遣右衛將軍左興盛帥臺內三萬人拒慧景於北籬門[140]，興盛望風退走。

甲子[141]，慧景入樂游苑[142]，崔恭祖帥輕騎十餘突入北掖門[143]，乃復出。宮門皆閉，慧景引眾圍之。於是東府、石頭、白下、新亭諸城皆潰。左興盛走，不得入宮，逃淮渚荻舫(144)中，慧景擒殺之。宮中遣兵出盪(145)，不克。慧景燒蘭臺府署(146)為戰場。守衛[5]尉蕭暢(147)屯南掖門，處分城內(148)，隨方應拒(149)，眾心稍安。慧景稱宣德太后令(150)，廢帝為吳王(151)。

陳顯達之反也，帝復召諸王侯(152)[6]入宮。巴陵王昭胄(153)懲永泰之難(154)，與弟永新侯昭穎詐為沙門(155)，逃於江西(156)。昭胄，子良之子也。及慧景舉兵，昭胄兄弟出赴之(157)。慧景意更向昭胄(158)，猶豫未知所立。

竹里之捷，崔覺與崔恭祖爭功，慧景不能決。恭祖勸慧景以火箭燒北掖樓，慧景以大事垂定(159)，後若更造，費用功多(160)，不從。慧景性好談義(161)，兼解佛理(162)，頓法輪寺(163)，對客高談(164)，恭祖深懷怨望。

時豫州刺史蕭懿將兵在小峴，帝遣密使告之。懿方食，投箸(165)而起，帥軍主胡松、李居士等數千人自採石(166)濟江，頓越城(167)，舉火(168)，臺城中(169)[7]鼓叫稱慶。恭祖先勸(170)慧景遣二千人斷西岸兵(171)，令不得度。慧景以城旦夕降，外救自然應散，不從。至是(172)，恭祖請擊懿軍，又不許，獨遣崔覺將精手(173)數千人渡南岸(174)。懿軍昧旦(175)進戰，數合(176)，士皆致死(177)，覺大敗，赴淮死者二千餘人。覺單馬退，開桁阻淮[178]。恭祖掠得東宮女伎[179]，覺逼奪之。恭祖積忿恨[180]，其夜，與慧景驍將[181]劉靈運詣城降[182]，眾心離壞。

夏，四月癸酉[183]，慧景將腹心數人潛去，欲北渡江。城北諸軍不知，猶為拒戰。城中[8]出，盪殺數百人。懿軍渡北岸[184]，慧景餘眾皆走。慧景圍城凡十二日而敗，從者於道稍散[185]，單騎至蟹浦[186]，為漁人所斬，以頭內鰌籃[187]，擔送建康。恭祖繫尚方[188]，少時殺之。覺亡命[189]為道人[190]，捕獲，伏誅。

寶玄初至建康，軍於東城[191]，士民多往投集[192]。慧景敗，收得朝野投寶玄及慧景人名，帝令燒之，曰：「江夏尚爾[193]，豈可復罪餘人[194]！」寶玄逃亡數日乃出。帝召入後堂，以步障[195]裹之，令左右數十人鳴鼓角[196]馳繞其外，遣人謂寶玄曰：「汝近圍我亦如此耳。」

初，慧景欲交處士何點[197]，點不顧[198]。及圍建康，逼召點，點往赴其軍，終日談義[199][9]，不及軍事。慧景敗，帝欲殺點。蕭暢謂茹法珍曰：「點若不誘賊共講[200]，未易可量[201]。以此言之，乃應得封！」帝乃止。點，胤[202]之兄也。

蕭懿既去小峴[203]，魏[10]王肅亦還洛陽。○荒人[204]往來者妄云肅復謀歸國[205]，五月乙巳[206]，詔[207]以肅為都督豫・徐・司[208]三州諸軍事、豫州刺史、西豐公。○己酉[209]，江夏王寶玄伏誅。○壬子[210]，大赦。

六月丙子[211]，魏彭城王勰進位大司馬，領司徒[212]，王肅加開府儀同三司。○大陽蠻[213]田育丘等二萬八千戶附於魏，魏置四郡十八縣。

乙丑[214]，曲赦建康、南徐．兗二州[215]。先是，崔慧景既平，詔赦其黨。而嬖倖用事，不依詔書，無罪而家富者，皆誣為賊黨，殺而籍其貲[216]，實附賊而貧者皆不問。或謂中書舍人王咺之云：「赦書無信，人情大惡[217]。」咺之曰：「正當[218]復有赦耳。」由是再赦[219]。既而嬖倖誅縱[220]亦如初。

是時，帝所寵左右凡三十一人，黃門[221]十人。直閤、驍騎將軍徐世檦素為帝所委任，凡有殺戮，皆在其手。及陳顯達事起，加輔國將軍，雖用護軍崔慧景為都督，而兵權實在世檦。世檦亦知帝昏縱，密謂其黨茹法珍、梅蟲兒[222]曰：「何世天子無要人，但儂貨主惡[223]耳！」法珍等與之爭權，以白帝。帝稍惡其凶彊[224]，遣禁兵殺之，世檦拒戰而死。自是法珍、蟲兒用事，並為外監，口稱詔敕[225]，王咺之專掌文翰[226]，與相脣齒[227]。

帝呼所幸潘貴妃父寶慶及茹法珍為阿丈[228]，梅蟲兒及[11]俞靈韻為阿兄[229]。帝與法珍等俱詣寶慶家，躬自汲水[230]，助廚人作膳。寶慶恃勢作姦[231]，富人悉誣以罪，田宅貲財莫不啓乞[232]。一家被陷，禍及親鄰。又慮後患，盡殺其男口。

帝數往諸「刀敕」家[233]游宴，有吉凶輒往慶弔。○奄人[234]王寶孫，年十三四，號為「倀子[235]」，最有寵，參預朝政，雖王咺之、梅蟲兒之徒亦下之。控制大臣，移易詔敕[236]，乃至騎馬入殿，詆訶[237]天子。公卿見之，莫不懾息[238]焉。

吐谷渾王伏連籌[239]事魏盡禮[240]，而居其國，置百官，皆如天子之制，稱制於其鄰國[241]。魏主遣使責而宥之。

【章旨】以上為第一段，寫東昏侯蕭寶卷永元二年（西元五〇〇年）上半年的大事。主要寫了南齊駐軍壽陽的豫州刺史裴叔業見朝臣連續被殺，心懷恐懼，經與降魏的將軍薛真度等商議後，遣使請降於魏；魏遣將軍奚康生、楊大眼率軍往迎，時值裴叔業病死，奚康生有勇有謀，迅速撫定了壽陽城；寫南齊朝廷派蕭懿、李叔獻等多路攻壽陽，魏將奚康生等據壽陽堅守，魏彭城王元勰、王肅率援軍大破蕭懿軍，擒李叔獻，又取得南齊之軍事要地建安；寫南齊朝廷又遣崔慧景從水路往攻壽陽，崔慧景過廣陵後率軍渡江而回，以擁立蕭鸞之子南徐、兗二州刺史蕭寶玄為名進攻建康，大破朝廷軍張佛護、徐元稱等六將於竹里；又翻越鍾山嚇走玄武湖畔的朝廷守軍；又嚇退臺城北籬門的左興盛守軍；宮城內的守衛全靠蕭衍之弟蕭暢隨方應對，得保無事；寫蕭子良之子蕭昭冑投入崔慧景軍，因而引起崔慧景究竟應立何人為帝之遲疑；寫為朝廷進攻壽陽的蕭衍之兄蕭懿率兵回救建康，自採石渡江上岸，崔慧景的部將崔恭祖多次向崔慧景進言，崔慧景不聽，坐失機宜；崔慧景之子崔覺又事事欺壓崔恭祖，使崔恭祖積忿投降臺軍，蕭懿的軍隊又皆致死進戰，於是崔慧景功虧一簣，單身逃亡，被漁人所殺；蕭寶玄隨崔慧景至建康後，駐於東府城，士民多往歸之，崔慧景失敗後，蕭寶玄亦被蕭寶卷所殺。寫蕭寶卷更為近習小人所包圍，先是徐世檦專權為惡，其後茹法珍、梅蟲兒讒殺徐世檦，與中書舍人王咺之相為脣齒。妃父潘寶慶、小閹人王寶孫等並肆意威福，群臣屏息等等。

【注　釋】❶元會　正月初一早晨的會見群臣。❷朝賀裁竟　群臣剛剛行完朝拜之禮。裁，通「才」。❸殿西序　大殿的西廂房。胡三省引孔安國曰：「東西廂謂之序。」❹自巳至申　從上午的十點前後一直等到下午的四點前後。巳時，上午的九點至十一點。申時，下午的三點至五點。❺百僚陪位　百官都還在外頭等著議事。陪位，在自己應該站立的地方等候。❻僵仆飢甚　都餓得東倒西歪。僵，向後仰倒。仆，向前撲倒。❼比起就會　等蕭寶卷睡醒後來到會場。比，及；等到。❽怱遽而罷　匆忙地說了幾句就散了。怱遽，匆忙；倉促。❾乙巳　正月初五。❿改元景明　上年魏主孝文帝死，小皇帝元恪繼位，改用自己的新年號。即由去年的太和二十三年，改為今年的景明元年。⓫裴叔業　南齊的名將，前年曾率軍進攻魏之渦陽以救南齊的義陽之急，曾大破魏將元羽以及傅永、劉藻、高聰等人。事見本書前卷永泰元年。⓬數誅　連續地誅殺。⓭壽陽城即今安徽壽縣，當時南齊豫州的州治所在地。⓮肥水　淮河支流，流經壽陽城東。前秦苻堅與晉軍曾在此會戰，晉將謝玄大破苻堅軍。⓯我能辦之　意即帶著他的部下北投魏國。⓰及除南兗州　後來將其改任為南兗州刺史。事在去年，見本書上卷。南兗州的州治廣陵，即今江蘇揚州。⓱不樂內徙　不願向內地遷動。按，南兗州的州治廣陵，離邊境遠，遇到變故，不利於向外逃。⓲李元護　原為蕭道成的部下，後為裴叔業的部下。傳見《魏書》卷七十一。⓳持兩端　兩面觀望，哪邊得勝就歸附於它。⓴參察　窺視；伺察。㉑植颺粲　裴植、裴颺、裴粲，皆裴叔業之姪。傳見《魏書》卷七十一。㉒直閤　在皇帝生活、工作殿堂值勤。㉓徐世檦　蕭寶卷的身邊親信，時為直閤、驍騎將軍。㉔引魏自助　勾引魏兵以援助自己。㉕力未能制　朝廷的勢力對他沒有辦法。㉖宗人　同族的人，沒有太近的血緣關係。㉗長穆　裴長穆，當時任中書舍人，在皇帝的身邊傳達文件，上屬中書省。㉘許停本任　允許他還留在豫州刺史的任上。㉙親人　親信。㉚回面向北　轉身投降魏國。㉛不失作河南公　頂不濟也可以被封作「河南公」。意即在黃河以南、淮河以北的地區做魏國的貴族。㉜豈能及遠　意思是時間長不了。㉝計慮回惑　計畫如果想得不清楚。㉞以安慰之　以讓朝廷放心。胡三省曰：「蕭衍密呼諸弟，而令裴叔業送家還都，此亦華言耳。」㉟勒馬步　你可以率領騎兵、步兵。㊱出橫江　到達橫江。橫江是當時建康城西的渡口名，也是河水名，經歷陽（今安徽和縣）匯入長江。李白詩有〈橫江六首〉。㊲以斷其後　以截斷建康與西方、南方州郡的聯繫。胡三省曰：「自壽陽南至歷陽，出橫江。」㊳天下之事　指控制朝廷、重新安排南齊政局之事。㊴遣人相代　改派別人來代替你任豫州刺史。㊵以河北一州相處　讓你去做河北某州的刺史。河北，黃河以北，魏國的後方地區。㊶南歸之望　再回到江南的希望。㊷沈疑　沉吟遲疑。沈，同「沉」。沉吟，心問口，口問心，拿不定主意的樣子。㊸芬之　裴芬之。傳見《魏書》卷七十一。㊹遣信　派使者。㊺薛真度　劉宋名將薛安都的堂弟，劉宋明帝時隨薛安都投歸魏國，現任魏國的豫州刺史。傳見《魏書》卷七十一。㊻可不　同「可否」。㊼兄女壻杜陵韋伯昕　其兄的女婿杜陵人姓韋名伯昕。杜陵是縣名，在當時長安城的正南方，今西安西南側。㊽丁未　正月初七。㊾彭城王勰　元勰，魏孝文帝之弟，現時魏主之叔，此時任定州刺史。傳見《魏書》卷二十一下。㊿王肅　魏國的儒學之臣，曾任尚書令，此時任車騎將軍都督江西諸軍事。傳見《魏書》卷六十三。(51)赴之　前往接應、救援。(52)蘭陵郡公　封地蘭陵郡，蘭陵郡的郡治即今山東棗莊之嶧城區。(53)庚午　正月三十。(54)二月丙戌　二月十六。(55)蕭懿　蕭衍之長兄，時在朝為衛尉，是掌管守衛宮門的官員，為九卿之一。傳見《南史》卷五十一。(56)為豫州刺史　以取代叛變降魏的裴叔業。(57)戊戌　二月二十八。(58)領揚州刺史　指南齊的疆域以任之，揚州是南齊都城建康所在的州。領，兼任。胡三省曰：「壽陽自東漢以來為揚州治所，宋始為豫州治所，今復其舊。」(59)鎮壽陽　率兵前往壽陽鎮守，以協助裴叔業共同抵抗南齊的進攻。(60)李醜楊大眼　皆魏之名將。楊大眼是仇池地區的氐族首領楊難當之子，降魏為魏將。傳見《魏書》卷七十三。(61)奚康生　魏國名將，前曾揚威於鍾離、義陽諸地，深為孝文帝所賞識。傳見《魏書》卷七十三。(62)難當　楊難當，仇池地區的氐族頭領，其家族世代為氐王，自東晉以來依違於南朝與北朝之間。事見《魏書》卷一百一，《晉書》、《宋書》、《南齊書》亦皆有其傳。(63)己亥　二月二十九。(64)監州　臨時主持豫州刺史的事務。(65)前建安戍主安定席法友　前曾任建安駐軍頭領的安定郡人席法友，裴叔業的部下。傳見《魏書》卷七十一。建安戍是南齊北部沿邊的軍事據點名，即當時的北新蔡郡治固始，今河南固始，北離淮河不遠。安定郡的郡治在今甘肅涇川縣北，此時屬魏。(66)非其鄉曲　不是裴叔業的同鄉人。(67)祕叔業喪問　封鎖了裴叔業去世的消息。問，意思同「聞」，消息。(68)教命處分　各項命令與各項部署。(69)城庫管籥　城門與倉庫的鑰匙。(70)耆舊　有資歷、資格的老年人。(71)宣詔撫賚　向他們宣讀魏主的詔書並給他們以安慰、賞賜。賚，賞賜。(72)兗州刺史　魏國的兗州州治瑕丘，在今山東兗州西北側。(73)齊州刺史　魏國的齊州州治即今山東濟南。(74)王世弼　原為南齊將領，隨裴叔業一同歸魏。傳見《魏書》卷七十一。(75)南徐州刺史　魏國的南徐州州治宿預，在今江蘇宿遷東南。(76)巴西民雍道晞　巴西郡的百姓姓雍名道晞。巴西郡的郡治即今四川閬中。(77)嬰城自守　即據城而守。嬰城，環城；憑藉四周的城牆。(78)劉季連　時為益州刺史，因為政酷苛遭百姓痛恨，郡人多反之。事見本書上卷。(79)涪令　涪縣縣令。涪縣的縣治即今四川綿陽。(80)履險　深入險境。按，蠻人住在山中，山勢險峻。(81)悉眾　率領全部軍隊。(82)乙卯　三月十五。(83)屏除　清道；驅開百姓。(84)琅邪城　當時的僑郡名，也稱臨沂，即白下，在當時的建康城北，今之南京城北部的幕府山西南，濱臨長江。(85)圍內　皇帝衛隊的警戒圈內。(86)小峴　小峴山，也稱昭關，軍事要地名，在今安徽含山縣北。春秋末期，楚平王的逃臣伍子胥由楚入吳，曾經過此。(87)交州刺史李叔獻　在京多年但仍掛著交州刺史的李叔獻。胡三省曰：「武帝永明三年（西元四八五年），李叔獻自交州入朝，蓋以其阻險不庭，逼以兵威而後至，廢棄不用也。」交州的州治龍編，在今越南河內東北。(88)合肥　縣名，縣治在今安徽合肥。(89)死虎　地名，在當時的壽陽（今壽縣）東南。(90)泝淮　自東而西逆淮水而上。(91)硤石　山名，在今壽縣西北。淮水流過硤石山峽，兩岸各築一城。是屏障淮南的軍事要地。(92)丙申　四月二十七日。據《魏書・世宗紀》作「四月丙申」。此處數行乃後文錯簡於此。(93)彼此要衝　雙方必爭的軍事要地。(94)義陽　即今河南信陽，當時屬於南齊，前年魏軍曾多次進攻，未能攻下。見本書前卷永泰元年。(95)面縛　雙手縛於背後，自前只見其面。自動束手投降的樣子。(96)己亥　四月三十。(97)魏皇弟愉　元愉，孝文帝之子，魏世宗元恪之弟，未受封而卒。按，以上敘魏事之「丙申」魏擒叔獻與魏取建安，與「己亥，魏皇弟愉卒」云云，都應移至後文之「蕭懿既去小峴」句上。乃錯簡也。(98)其子覺　崔覺。事見《南齊書》卷五十一。(99)約　約定見機政變。(100)廣陵　即今江蘇揚州。(101)走從之　逃出建康，追從其父。(102)諸軍主　各支部隊的部隊長。(103)三帝　指高帝蕭道成、武帝蕭賾、明帝蕭鸞。(104)當顧託之重　承擔著老皇帝委託的重任。(105)危而不扶二句　我焉能看到朝廷有危險而不出來拯救呢？現在就是我們來盡責任的時候了。《論語・季氏》有所謂「危而不持，顛而不扶，則將焉用彼相矣？」(106)司馬崔恭祖　崔恭祖是崔慧景同族，現為崔慧景的司馬官，駐守廣陵。(107)壬子　三月十二。(108)假右衛將軍左興盛節　假……節，授予某某人旌節。旌節是朝廷授予專征大將或使者的一種信物，共分三級，最高者曰使持節，其次曰持節，其三曰假節，都有不同程度的生殺之權。左興盛，時為皇帝禁衛軍的統領。(109)收眾濟江　集合軍隊渡江向建康殺來。(110)南徐兗二州　南徐州和南兗州。南徐州的州治即今江蘇鎮江市，南兗州的州治即今江蘇揚州，兩城隔江相對。(111)恨望　怨恨。怨恨其兄蕭寶卷。(112)發將吏守城　守南徐州，即今鎮江城。(113)外監　官名，掌監察州部刺史。(114)京口　即今鎮江市，當時稱作京口。(115)典籤　州刺史屬下的大吏，通常為代表朝廷，以伺察、監督刺史之活動為務。(116)分部　分別率領。(117)八擱輿　八人抬的轎子，無帷蓋。(118)絳麾　深紅色的拂塵。手執拂塵是南朝貴族的一種時尚姿態。(119)臺　這裡即指朝廷。(120)竹里　軍事要地名，在當時建康城的東北方，距建康城約四十公里。(121)身　猶今所謂「我」，指稱自己。(122)斷遏　攔阻。(123)將前鋒　所率領的先頭部隊。(124)荒傖　出身於邊荒多戰亂之地。(125)輕行不爨食　快速前進，不在做飯上耽誤時間。輕行，輕裝前進，不帶輜重。爨食，生火做飯。(126)數舫　幾條小船。(127)緣江載酒食　崔慧景從江陵渡江到鎮江，再由鎮江進攻建康，一路都是緣江邊而行，故其後勤部隊可以「緣江載酒食為軍糧」。(128)臺軍城中　朝廷軍在竹里修築的軍事據點中。(129)不復得食　總是吃不上飯。(130)乙卯　三月十五。(131)中領軍王瑩　王瑩是晉、宋時期的貴族官僚王誕之堂曾孫，此時為中領軍。中領軍是朝廷駐京城部隊的最高統領官。(132)湖頭　建康城東北側的玄武湖邊。(133)上帶蔣山西巖　與東側的鍾山西麓相連接。帶，連接。蔣山，即今之鍾山，也稱紫金山。因山上有蔣子文廟，故稱蔣山。(134)誕　王誕，幫著劉裕篡晉的腐朽官僚。傳見《宋書》卷五十二。(135)查硎　位置不詳，應離玄武湖不遠。(136)不可議進　不要打算從這裡過去。(137)龍尾　蔣山上的道路名，因其彎曲像龍尾，故稱。(138)魚貫　一個接一個，像魚游頭尾相連。(139)鼓叫臨城　從鍾山的西坡對著下面的臺軍據點擊鼓喊叫。城，指玄武湖邊的守軍據點。(140)北籬門　建康城北面外城的城門。(141)甲子　三月二十四。(142)樂游苑　宮苑名，在玄武湖的南側。(143)北掖門　皇宮後門的側門。(144)淮渚荻舫　秦淮河中小洲的裝蘆葦的小船上。荻，蘆葦。(145)出盪　出來衝殺。(146)蘭臺府署　御史中丞辦公的衙門。(147)守衛尉蕭暢　蕭暢是蕭衍的同胞弟，此時任代理衛尉之職。(148)處分城內　安排宮城內的防守事宜。處分，安排。(149)隨方應拒　根據各處受攻的具體情況而採取相應的抵抗措施。(150)稱宣德太后令　假託宣德太后的命令。宣德太后，即文惠太子蕭長懋的妃子王氏，鬱林王蕭昭業之母。蕭昭業繼位後尊之為皇太后。蕭昭業、蕭昭文相繼被蕭鸞廢殺後，王氏被趕出宮廷，居於宣德宮。崔慧景現要推翻蕭寶卷，並連帶不承認明帝蕭鸞，故重新請出蕭昭業之母來發號施令。(151)廢帝為吳王　廢蕭寶卷為吳王。(152)諸王侯　指蕭道成、蕭賾所剩餘的子孫們。陳顯達大兵圍城，以聲討蕭鸞的叛逆相號召，蕭寶卷為斬草除根，故欲將高、武的子孫一概殺光。胡三省曰：「明帝永泰元年，王敬則反，帝召諸王入宮，欲殺之而中止，事見一百四十一卷。陳顯達反，帝復召之。」(153)巴陵王昭胄　蕭昭胄，武帝蕭賾之孫，竟陵王蕭子良之子，被封為巴陵王，傳見《南齊書》卷四十。(154)懲永泰之難　接受上次永泰元年差點被殺的教訓。(155)詐為沙門　化裝成和尚。(156)江西　胡三省以為是橫江以西。橫江是長江的一條小支流，流經今江蘇和縣匯入長江。其實此處即解釋為「長江以西」亦無不可，實際區域亦無差別。(157)出赴之　出來加入崔慧景的軍隊。(158)意更向昭胄　心想改立蕭昭胄為皇帝。因為從血緣上蕭昭胄與蕭道成、蕭賾的關係比蕭寶玄更近。(159)垂定　將定。(160)費用功多　花費的人力、物力都很多。(161)好談義　好談論儒家經典的義理，即仁義禮智信云云。(162)兼解佛理　兼帶著還懂一點佛教的經典，即一切皆空云云。(163)頓法輪寺　這時正臨時住在法輪寺裡。(164)對客高談　於是就和一位賓客談佛理談個沒完了。(165)投箸　拋下筷子。(166)採石　采石磯，長江上的軍事要地，在今安徽馬鞍山市西北部的長江邊上，此地的江面最狹。(167)頓越城　駐紮在越城。越城的地址不詳，應在今之馬鞍山與南京之間。(168)舉火　舉火向臺城發出信號。[169]臺城中　指臺城的宮城之中。[170]先勸　先曾勸說。[171]斷西岸兵　守住長江，不令西岸的蕭懿軍隊渡江過來。[172]至是　到現在，蕭懿的軍隊已到臺城城外。[173]精手　軍中武藝高強的士兵。[174]渡南岸　渡秦淮河到南岸去。由南岸西行攻擊蕭懿的側翼。[175]昧旦　黎明；天光將亮。[176]數合　幾次交手。崔慧景軍看來也並非一擊即潰，只是缺少良將，未能死死頂住。[177]士皆致死　每個士兵都拼出死力。陳顯達之敗即因無此戰，崔慧景之敗又因無此戰。功虧一簣，良可歎也。[178]開桁阻淮　拆開朱雀桁浮橋，以秦淮河為屏障堅守。[179]東宮女伎　東府城中的女伶。[180]積忿恨　多次的忿恨積累起來。[181]驍將　勇猛之將。按，崔覺白天戰敗，崔恭祖當天晚上就投降了臺軍。[182]詣城降　到臺城下投降了臺軍。[183]四月癸酉　四月初四。[184]渡北岸　渡過秦淮河來到北岸，即到達臺城。[185]稍散　漸漸散去。稍，漸。[186]蟹浦　長江上的渡口名。浦，水邊。[187]內鰌籃　裝進盛魚的筐子裡。內，同「納」。裝入。鰌，當地產的一種魚，二月時其味美。[188]繫尚方　雖是投降，仍被下獄。尚方，尚方省的關押犯人之處。尚方省是主管為皇家製造器物的機關。[189]亡命　改名換姓地逃亡。命，名也。[190]道人　指和尚，六朝時和尚也稱「道人」。[191]東城　即東府城，當初蕭遙光所盤據的老巢。[192]投集　投靠，聚集在東府城。[193]江夏尚爾　江夏王蕭寶玄（是我的親兄弟）尚且如此。[194]豈可復罪餘人　還怎麼能懲罰其他的人。[195]步障　用來遮蔽風塵或隔開內外的屏幕。[196]鳴鼓角　擊鼓吹角。鼓、角都是軍隊的樂器，用於行軍，好用於戰場。[197]處士何點　處士，即隱士。何點，字子晰，劉宋時期大官僚何尚之的後代，其兄何求、其弟何胤，三人皆以退隱聞名，何點曾嘲弄過蕭道成的篡宋骨幹褚淵、王儉。傳見《南齊書》卷五十四。[198]不顧　不理睬他。[199]談義　談佛經義理。[200]共講　共同談論。[201]未易可量　臺城的安危將難以預料。[202]胤　何胤，何點之弟，鬱林王時曾為中書令，蕭鸞時期曾為散騎常侍。傳見《南齊書》卷五十四。[203]蕭懿既去小峴　蕭懿既離開了小峴山，指放棄進攻壽陽，返回救朝廷之急。去，離開。按，前[92]、[93]、[94]、[95]、[96]、[97]，所注正文敘魏事之「丙申」魏擒叔獻與魏取建安，與「己亥，魏皇弟恌卒」云云，都應移至此句「蕭懿既去小峴」句上。乃錯簡也。[204]荒人　流浪者。指在邊方與京城間，或在南國與北國之間往來流浪的人。南朝稱之為「荒人」。[205]復謀歸國　還想回到南朝來。王肅是在齊武帝蕭賾時期因其父王奐被殺而北投魏國。[206]五月乙巳　五月初六。[207]詔　下詔書。主語是南齊皇帝蕭寶卷。[208]豫徐司　南齊的三個州名，豫州的州治原在壽陽，此時已被魏人所佔，徐州的州治鍾離，在今安徽鳳陽東，司州的州治義陽，即今河南信陽。[209]己酉　五月初十。[210]壬子　五月十三。[211]六月丙子　六月初八。[212]領司徒　兼任司徒之稱號。[213]大陽蠻　居住在大陽山的少數民族。大陽山在齊興郡（郡治即今湖北鄖縣）東，原本屬於南齊的梁州，鄰近魏國邊境。[214]乙丑　本年六月無乙丑日，疑記載有誤。[215]曲赦建康南徐兗二州　因崔慧景圍攻臺城時，此三地有許多人投靠、追隨是也。[216]籍其貲　沒收他們的錢財。

籍，沒收。貲，通「資」。錢財。(217)人情大惡　人心不安；人心思變。(218)正當　應該，推測語氣。寫史者以此暗示此次蕭寶卷的曲赦是王咺之進言的結果。(219)由是再赦　因此才有了前面所說的「曲赦建康、南徐、兗二州」事。(220)誅縱　殺誰與放誰。縱，指放過附賊而貧者，不治罪。(221)黃門　指皇帝身邊的太監。(222)茹法珍梅蟲兒　此二人都是太監。(223)但儂貨主惡　只不過是因為我的主子太壞了。儂，吳語，我。貨主，東家；主子。指東昏侯。(224)惡其凶彊　討厭他的兇惡強暴。(225)口稱詔敕　做什麼事都說是奉了皇帝的命令。(226)專掌文翰　皇帝的詔書、命令一切都出自王咺之之手。王咺之任中書舍人，為皇帝起草詔令是其職內的工作之一。(227)與相脣齒　相互依附，狼狽為奸。(228)為阿丈　皇帝對他們以「阿丈」相稱，視之為長輩。丈，長者。(229)為阿兄　以兄長待之。(230)汲水　從井中向上取水。(231)恃勢作姦　靠著皇帝岳父的勢力為非作歹。(232)莫不啓乞　沒有一樣不向皇帝討要過來。啓乞，稟告、討要。(233)刀敕家　皇帝的護衛與其身邊侍從的家庭。刀，謂操刀者，帶刀護衛。敕，聽從呼喚者，即所謂「小答應」。(234)奄人　宦者。奄，同「閹」。(235)倀子　猶今所謂「小瘋子」，故作張狂以取悅於人者。(236)移易詔敕　改變皇帝的命令。(237)詆訶　訓斥；斥責。(238)懾息　屏住氣不敢出。(239)吐谷渾王伏連籌　吐谷渾是古代少數民族建立的小國名，其地在今甘肅洮河西南至青海北部一帶。伏連籌是老吐谷渾王拾寅之孫，繼其父度易侯為吐谷渾王，其政權依違於南朝與北朝之間，有時也同時接受南北雙方的封號。(240)盡禮　盡藩臣之禮。(241)稱制於其鄰國　以皇帝的身分對周邊小國發號施令。

【校　記】[1]徵　原作「徵」。於義不通，顯為誤刻，今校正。[2]少　據章鈺校，十二行本、乙十一行本皆作「小」。[3]可　據章鈺校，十二行本、乙十一行本、孔天胤本皆作「易」。[4]食　據章鈺校，十二行本、乙十一行本皆作「肉」。[5]衛　原作「御」。據章鈺校，十二行本、乙十一行本、孔天胤本皆作「衛」，張敦仁《通鑑刊本識誤》同，今據改。[6]侯　原無此字。據章鈺校，十二行本、乙十一行本、孔天胤本皆有此字，今據補。[7]臺城中　原作「城中」。胡三省注云：「城中，臺城中也。」據章鈺校，十二行本、乙十一行本、孔天胤本皆作「臺城中」，張敦仁《通鑑刊本識誤》同，今據補。[8]中　據章鈺校，十二行本、乙十一行本、孔天胤本皆作「內」。[9]義　據章鈺校，十二行本、乙十一行本、孔天胤本「義」下皆有「佛」字。[10]魏　原無此字。據章鈺校，十二行本、乙十一行本、孔天胤本皆有此字，今據補。[11]及　原無此字。據章鈺校，十二行本、乙十一行本、孔天胤本皆有此字，今據補。

【語　譯】東昏侯下

永元二年（庚辰　西元五〇〇年）

春季，正月初一日早晨，按例是皇帝接受群臣朝賀的時間，齊國的小皇帝蕭寶卷吃完了早飯才出來接受群臣的朝賀，群臣剛剛向他行完朝拜之禮，蕭寶卷就回到大殿的西廂房睡大覺。他從上午的十點鐘左右一直睡到下午的四點鐘前後，文武百官都還在朝堂上站在自己應該站立的地方等候著小皇帝出來議事，他們已經餓得東倒西歪。等到蕭寶卷睡醒之後來到朝堂，他匆忙地說了幾句話就結束了朝會。〇初五日乙巳，魏國實行大赦，改年號為景明元年。

齊國擔任豫州刺史的裴叔業聽到小皇帝蕭寶卷已經在連續地誅殺大臣，感到自己的安全也完全沒有保障。裴叔業登上壽陽城樓，向北望著滔滔奔流的肥水，對自己的部下說：「你們這些人想要得到富貴嗎？我能使你們得到富貴！」等到蕭寶卷改任裴叔業為南兗州刺史的時候，裴叔業心裡並不願意遷移到內地做官。恰逢擔任江州刺史的陳顯達起兵造反，裴叔業遂派遣自己手下擔任司馬的遼東人李元護率領一支軍隊前往京師建康，名義上是去增援，而實際上是去觀望形勢，準備哪方得勝就歸附哪方，等到江州刺史陳顯達兵敗被殺之後，李元護也就率軍返回壽陽。朝廷遂懷疑裴叔業圖謀不軌，裴叔業也派使者到京師建康來窺視、打探朝廷方面的消息，朝廷官員議論紛紛，更加懷疑裴叔業。裴叔業哥哥的兒子裴植、裴颺、裴粲都在皇宮中擔任直閤將軍，負責在皇帝生活、工作的殿堂值勤，他們因為心懷恐懼，便都拋棄自己的母親逃奔壽陽來投奔自己的叔父裴叔業，他們對裴叔業說朝廷一定會來襲擊壽陽，勸說裴叔業應該早做打算。徐世檦等人認為裴叔業所在的壽陽靠近邊境，一旦感到危急了就會勾結魏國出兵援助，朝廷的力量暫時還對付不了他，於是就奏請小皇帝派遣裴叔業族人中正在擔任中書舍人的裴長穆前往壽陽宣布皇帝的旨意，允許裴叔業繼續留在豫州刺史任上。裴叔業心裡還是感到很擔憂、恐懼，而裴植等仍然不停地勸說裴叔業早點做好對付朝廷的準備。

豫州刺史裴叔業派遣自己的親信馬文範來到雍州治所襄陽，向擔任雍州刺史的蕭衍徵求如何能夠保證自己安全的辦法，馬文範對蕭衍說：「天下的大勢已經很明顯了，恐怕再也沒有保證自己安全的辦法了。倒不如轉過身來投靠北方的魏國，頂不濟也能得到一個河南公的爵位。」蕭衍答覆說：「一群小人掌握朝政，怎麼會長遠得了呢？如果計畫考慮得不清楚，自然會一事無成，唯一的辦法就是把你自己的家屬全部送回京師建康，讓朝廷對你感到放心。如果發生意外，朝廷確實逼迫你，你就應當率領二萬騎兵、步兵到達橫江渡口以截斷建康朝廷與西方、南方各州郡的聯繫，那麼控制朝廷、重新安排國家政局之事就可以一舉而定。如果想要向北投降魏國，魏國一定改派別人來代替你擔任豫州刺史的職務，而把你調到黃河以北去擔任魏國某州的刺史，想做一個河南公哪裡還有可能呢？如果一旦投降了北魏，再想要回到江南就徹底沒有希望了。」裴叔業沉思猶豫，實在拿不定主意，最後只好把自己的兒子裴芬之送到建康朝廷去做人質，同時也派使者到魏國擔任豫州刺史的薛真度那裡，向薛真度詢問可不可以歸順魏國。薛真度勸說裴叔業應該及早向魏國投降，薛真度說：「如果等到事情緊迫之時再來投降魏國，那麼你的功勞就小，魏國給你的賞賜就少。」裴叔業與薛真度之間多次祕密地互派使者，互相往來應答。建康城中的人們都在傳說裴叔業要背叛齊國投降魏國，裴叔業的兒子裴芬之非常恐懼，就又逃回了壽陽。裴叔業於是派遣裴芬之和自己的姪女婿杜陵人韋伯昕攜帶著表章前往魏國投降。正月初七日丁未，魏國朝廷派遣驃騎大將軍的彭城王元勰、車騎將軍的王肅率領著十萬名步兵、騎兵奔赴壽陽。魏國朝廷任命裴叔業為使持節、都督豫、雍等五州諸軍事、征南將軍、豫州刺史，封裴叔業為蘭陵郡公。〇三十日庚午，齊國的小皇帝蕭寶卷下詔出兵討伐裴叔業。

二月十六日丙戌，任命擔任衛尉的蕭懿為豫州刺史。二十八日戊戌，魏國朝廷任命彭城王元勰為司徒，兼任楊州刺史，率軍前往壽陽鎮守，協助裴叔業共同抵抗齊國的進攻。魏國人派擔任大將軍的李醜、楊大眼率領二千騎兵進入壽陽城，又派遣奚康生率領一千羽林軍火速趕往壽陽。楊大眼，是仇池地區氐族首領楊難當的孫子。〇魏軍還沒有渡過淮河，二十九日己亥，裴叔業突然病逝，裴叔業的僚屬大多數都想推舉擔任司馬的李元護出來臨時主持豫州刺史的事務，眾人商議了一二天都沒有確定下來。以前曾經擔任過建安駐軍頭領的安定郡人席法友等人認為李元護不是裴叔業的同鄉人，擔心李元護會改變裴叔業投降魏國的決定，於是共同推戴裴叔業的姪子裴植臨時主持豫州刺史的事務，並封鎖了裴叔業病逝的消息，各項命令與各項部署，都出自於裴植之手。魏國將領奚康生來到壽陽之後，裴植打開城門將魏軍接入城中，還把壽陽城門和倉庫的鑰匙全都交給了奚康生。奚康生召集壽陽城內那些有資歷的老年人，向他們宣讀魏國皇帝的詔書，並給他們以安慰和賞賜。魏國任命裴植為兗州刺史，任命李元護為齊州刺史，任命席法友為豫州刺史，任命擔任一支軍隊首領的京兆人王世弼為南徐州刺史。

齊國管轄之下的巴西郡百姓雍道晞聚集了一萬多人造反，他們逼近巴西郡郡城，擔任巴西郡太守的魯休烈據城堅守。三月，擔任益州刺史的劉季連派遣擔任中兵參軍的李奉伯率領五千人前往巴西解救魯休烈，李奉伯與巴西郡的軍隊內外夾擊雍道晞，將雍道晞斬首。李奉伯還想率軍進一步征討巴西郡以東的殘餘叛賊，擔任涪縣縣令的李膺阻止李奉伯說：「官軍士兵懶惰，將領驕傲，憑藉著一場勝利而深入險境，不是確保萬無一失的做法。不如暫且緩一緩，再另想別的辦法。」李奉伯沒有聽從李膺的勸阻，就率領全部人馬進入山中討賊，結果大敗而回。

三月十五日乙卯，齊國朝廷派遣擔任平西將軍的崔慧景率領水軍前往壽陽討伐叛國投敵的裴叔業，小皇帝蕭寶卷在清道之後，親自到琅邪城為崔慧景送行。蕭寶卷身穿軍服坐在城門樓上，令崔慧景單人騎馬進入皇帝衛隊的警戒線之內，沒有讓一個人跟隨著崔慧景。蕭寶卷只和崔慧景說了幾句話，崔慧景就拜辭而去。崔慧景出城之後，心裡非常高興。○齊國擔任豫州刺史的蕭懿率領三萬步兵屯紮在小峴山，擔任交州刺史的李叔獻率軍屯紮在合肥。蕭懿派遣屬下的裨將胡松、李居士率領一萬多軍隊屯紮在死虎。在驃騎將軍屬下擔任司馬的陳伯之率領水軍沿著淮河逆流而上，以逼近壽陽城，陳伯之將水軍駐紮在硤石。壽陽城內有很多士民準備背叛裴氏，響應齊軍。

魏軍將領奚康生在壽陽城內外堅持防禦，他將壽陽城門關閉了一個月，魏國的援軍才到達壽陽。四月二十七日丙申，魏國擔任司徒兼任揚州刺史的彭城王元勰、擔任車騎將軍的王肅率領魏軍進攻齊國率軍駐紮在死虎的胡松、駐紮在硤石的陳伯之等，他們把胡松、陳伯之所率領的齊軍打得大敗，魏軍隨後又進攻合肥，活捉了齊國的交州刺史李叔獻。魏國擔任統軍的宇文福對彭城王元勰說：「建安，是淮南的軍事重鎮，是敵我雙方必爭的軍事要地。如果能夠攻克建安，我們就可以乘勝攻克義陽城；如果攻不下建安，那麼已經到手的壽陽城我們也很難保有。」元勰認為宇文福說得很有道理，於是就派宇文福去攻取建安，建安的駐軍頭領胡景略反綁著自己的雙手出城向魏軍投降。〇三十日己亥，魏世宗皇帝元恪的弟弟元愉去世。

齊國平西將軍崔慧景率領軍隊從建康出發的時候，他的兒子崔覺還在宮中擔任直閤將軍，崔慧景祕密與他約定見機政變。崔慧景到達廣陵的時候，崔覺便從建康逃了出來，追上了自己的父親崔慧景。崔慧景通過廣陵城幾十里之後，便將各支部隊的頭領召集起來，崔慧景對他們說：「我蒙受了齊高帝蕭道成、齊武帝蕭賾、齊明帝蕭鸞三位皇帝的厚恩，承擔著老皇帝委託的重任。然而現在的小皇帝蕭寶卷昏庸狂妄，導致朝綱敗壞，政局混亂；我怎能眼看著國家政權有傾覆的危險而不出來拯救呢？現在就是我為國盡職盡責的時候了。我想與在座的各位共同建立大功以安定我們的國家，你們覺得怎麼樣？」眾人全都響應他的號召。於是崔慧景率領軍隊回過頭來向廣陵城進發，擔任司馬的崔恭祖正在駐守廣陵城，他打開城門將崔慧景和他所率領的軍隊放入城中。小皇帝蕭寶卷得到了崔慧景政變的消息，三月十二日壬子，蕭寶卷授予擔任右衛將軍的左興盛旌節，令他統領建康水陸諸軍前往廣陵討伐崔慧景。崔慧景在廣陵城停留了二天，就集結部隊渡過長江向建康進發。

當初，齊國擔任南徐州、南兗州二州刺史的江夏王蕭寶玄娶了尚書令徐孝嗣的女兒為妃，小皇帝蕭寶卷誅殺了徐孝嗣之後，就下詔令蕭寶玄與徐孝嗣的女兒離婚，蕭寶玄因此非常怨恨自己的哥哥蕭寶卷。崔慧景於是派使者到京口向江夏王蕭寶玄表示願意尊奉他為皇帝，蕭寶玄斬殺了崔慧景派去的使者，趁機動員屬下的將佐做好防守州城的各項準備，蕭寶卷派遣擔任馬軍頭領的戚平、擔任外監的黃林夫前往協助蕭寶玄鎮守京口。崔慧景即將渡過長江的時候，蕭寶玄又暗中派人與崔慧景相勾結，殺死了擔任司馬的孔矜、擔任典籤的呂承緒以及馬軍頭領戚平、外監黃林夫，打開城門迎接崔慧景入城，並讓擔任長史的沈佚之、擔任諮議參軍的柳憕分別統帥軍隊。蕭寶玄乘坐著八人抬的大轎，手裡拿著深紅色的拂塵，跟隨著崔慧景向建康進發。齊國朝廷派遣擔任驍騎將軍的張佛護、擔任直閤將軍的徐元稱等六位將領據守竹里，他們構築了好幾個堡壘以阻擋崔慧景的進攻。蕭寶玄派自己的親信對張佛護說：「我自己要回朝廷，你為什麼這樣苦苦阻攔？」張佛護回答說：「我蒙受國家厚恩，朝廷令我在這裡構築軍事據點。殿下回朝，只管逕直通過，我怎麼敢截斷道路，阻止殿下通行呢！」遂向崔慧景的軍隊放箭，朝廷軍與崔慧景所率的叛軍戰在了一起。崔慧景的兒子崔覺、擔任司馬的崔恭祖所率領的先頭部隊，全都是出身於邊遠荒僻多戰亂的地方，一個個粗野善戰，又是輕裝快速行進，為了不在做飯上耽誤時間，所以就用幾條小船裝載著酒食沿著長江供應軍隊食用，他們每當看見朝廷軍在竹里城中修建的軍事據點裡炊煙升起的時候，就盡力攻城。攪得朝廷軍連飯都吃不上，朝廷軍因此飢餓困乏。徐元稱等人經過商議，就想向崔慧景投降，而張佛護堅決不同意。崔恭祖等人組織軍隊向竹里城發起猛攻，終於攻克了竹里城，殺死了張佛護；徐元稱向崔慧景投降，其餘的四支軍隊頭領全部被殺。

三月十五日乙卯，齊國朝廷派遣擔任中領軍的王瑩統領眾軍，據守建康城東北側的湖頭，修築堡壘；上面與東側的蔣山西麓相連接，手下有幾萬名裝備精良的士兵。王瑩，是王誕的堂曾孫。崔慧景率領屬下部隊到達查硎，竹塘人萬副兒向崔慧景獻計說：「如今平坦的道路已經全部被朝廷軍所切斷，不要打算從平路進軍，只應從蔣山上的龍尾路上山，以取得出其不意、攻其不備的效果。」崔慧景聽了萬副兒的建議，於是派出了一千多人，一個接一個地沿著龍尾路攀上蔣山，夜裡又從蔣山西坡下山，他們對著下面朝廷軍的軍事據點一面擊鼓喊叫一面向朝廷軍靠近。朝廷軍驚慌恐懼，立刻逃跑潰散。小皇帝蕭寶卷又派擔任右衛將軍的左興盛率領朝廷內的三萬禁衛軍前往建康城北面外城的北籬門抵抗崔慧景的軍隊，左興盛剛剛望見崔慧景軍隊的影子便立即撤退了。

三月二十四日甲子，崔慧景率軍進入玄武湖南側的樂游苑，崔恭祖率領著十多名輕騎兵突然衝入皇宮後面的北掖門，然後又衝殺出來。皇宮的所有門戶全都關閉，崔慧景率領眾軍將宮城團團圍住。此時東府城、石頭城、白下城、新亭各城的守軍全部潰敗。左興盛逃走，卻無法入宮，他逃到秦淮河中小洲邊一艘裝蘆葦的小船上，崔慧景把他活捉以後，將他殺死。皇宮中的蕭寶卷派兵出來衝殺，沒有取勝。崔慧景放火燒毀了御史中丞辦公的衙門作為戰場。擔任代理衛尉的蕭暢率軍屯紮在皇宮南面正門旁邊的南掖門，他安排宮城內各處的防守事宜，根據各處遭受攻擊的具體情況隨時採取相應的抵抗措施，眾人之心這才稍微安定下來。崔慧景假稱奉了宣德太后的命令，宣布將小皇帝蕭寶卷廢為吳王。

當年江州刺史陳顯達造反的時候，小皇帝蕭寶卷再次把齊高帝蕭道成、齊武帝蕭賾所剩餘的爵位為王為侯的子孫召入皇宮。巴陵王蕭昭胄受了永泰元年被召入宮差點被殺的教訓，遂與自己的弟弟永新侯蕭昭穎化裝成和尚模樣，逃到長江以西躲藏起來。蕭昭胄，是竟陵王蕭子良的兒子。等到平西將軍崔慧景起兵造反的時候，蕭昭胄兄弟二人出來加入了崔慧景的部隊。崔慧景心裡想著要改立蕭昭胄為皇帝，因此猶豫不決，不知道到底擁立誰為皇帝才好。

在攻打竹里城獲勝之後，崔覺與崔恭祖互相爭功，崔慧景不能辨別到底誰的功勞大。崔恭祖勸說崔慧景用火箭燒毀皇宮北面正門旁邊的北掖樓，崔慧景認為自己起兵行廢立之事即將獲得最後的成功，如果以後再重新建造北掖樓，就要花費很多的人力、物力，所以沒有同意崔恭祖的建議。崔慧景喜歡談論儒家經典的義理，同時還懂得一些佛家的經典，他的臨時住所就在法輪寺裡，崔慧景只知道對著賓客高談闊論，而此時的崔恭祖已經對崔慧景懷有深深的怨恨。

當時擔任豫州刺史的蕭懿為了討伐裴叔業正率軍駐紮在小峴山，小皇帝蕭寶卷派遣密使前來向蕭懿告急。當時蕭懿正在吃飯，他扔下手中的筷子就站了起來，他派駐紮死虎的屬下裨將胡松、李居士等數千人從采石磯渡過長江，駐紮在越城，他們舉火向皇城發出信號，皇城中的人們擊鼓喊叫，慶賀援軍的到來。崔恭祖先前曾經勸說崔慧景派遣二千人守住長江，不要讓長江西岸的蕭懿軍渡過長江。崔慧景則認為臺城旦夕之間就會出來投降，臺城投降之後，外部的援軍自然就會自動散去，因此沒有聽從崔恭祖的勸告。等到蕭懿的軍隊已經到達臺城城外的時候，崔恭祖又向崔慧景請求派自己率軍去襲擊蕭懿的軍隊，崔慧景仍然沒有批准他的請求，而是單獨派崔覺率領著幾千名軍中武藝高強的士兵渡到秦淮河南岸，然後向西進攻蕭懿的側翼。蕭懿的軍隊在天光將亮的時候向崔覺的軍隊發起進攻，幾次交手，蕭懿軍中的每個士兵都拼力死戰，崔覺所率領的精兵便被打得大敗而逃，跳入秦淮河被淹死的就有二千多人。崔覺獨自一人騎著馬退卻，他拆下朱雀桁的浮橋，企圖以秦淮河水為屏障阻斷蕭懿軍隊的進攻。崔恭祖從東府城中掠奪了很多的歌舞女，崔覺又逼迫著崔恭祖把搶來的歌舞女讓給自己。崔恭祖多次的憤恨積累起來，於是在當天夜裡，與崔慧景手下的勇將劉靈運一起前往臺城投降了朝廷，崔慧景的軍心開始離散、士氣開始衰敗。

夏季，四月初四日癸酉，崔慧景率領著自己的幾個心腹偷偷地離開大營，想要向北渡過長江逃走。而臺城北邊崔慧景的各軍都不知道，還在為崔慧景效力死戰。臺城中的軍隊出城攻擊，殺死了崔慧景軍中的數百人。蕭懿的軍隊渡過秦淮河來到北岸，崔慧景剩下的軍隊也就全部逃走了。崔慧景率軍圍攻臺城總計十二天就失敗了，跟隨崔慧景一起出逃的那些親信在道上逐漸散去，崔慧景一個人騎著馬到達蟹浦的時候，被打漁的人殺死，打漁的人把崔慧景的人頭裝入盛鰌魚的籃子裡，挑著送到建康。崔恭祖被囚禁在尚方省，不久就被殺死了。崔覺改名換姓妝扮成和尚的模樣以圖逃跑，還是被朝廷軍捕獲、殺死。

江夏王蕭寶玄剛剛到達建康的時候，駐紮在東府城，很多士大夫和民眾都聚集到東府城來投靠他。崔慧景失敗之後，朝廷繳獲了朝野投靠蕭寶玄和崔慧景的人名單，小皇帝蕭寶卷下令將其全部燒毀，他說：「江夏王蕭寶玄尚且如此，我還怎麼能再去懲罰其他的人呢！」蕭寶玄逃亡了幾天之後才露面。小皇帝蕭寶卷把蕭寶玄叫到後堂，讓人用步障把蕭寶玄裹起來，然後命令身邊的幾十名侍從圍著蕭寶玄一邊擊鼓吹號角一邊奔跑，蕭寶卷派人對蕭寶玄說：「你近來圍攻我的時候也是這個樣子。」

當初，崔慧景想要與當時的隱士何點結交，何點根本不理睬他。等到崔慧景圍攻建康城的時候，逼迫著何點到自己的大營來，何點迫不得已只好前往崔慧景的軍中，何點在崔慧景軍中，整天和崔慧景一起談論佛經義理，根本不談論有關軍事方面的問題。崔慧景失敗以後，小皇帝蕭寶卷想要殺死何點。代理衛尉的蕭暢對蕭寶卷的親信茹法珍說：「如果不是何點引誘著叛賊崔慧景共同談論佛經義理，恐怕臺城的安危還很難預料。以此看來，何點應該受到封賞才是！」小皇帝蕭寶卷這才打消了殺死何點的念頭。何點，是何胤的哥哥。

擔任豫州刺史的蕭懿率領齊軍離開小峴山回師救援建康以後，魏國的車騎將軍王肅也率領魏軍返回洛陽。○往來於齊國與魏國之間的那些流浪人胡亂傳說車騎將軍王肅還有圖謀回到南朝齊國的計畫，五月初六日乙巳，齊國的小皇帝蕭寶卷下詔，任命還在魏國擔任車騎將軍的王肅為都督豫、徐、司三州諸軍事、豫州刺史、西豐公。○初十日己酉，江夏王蕭寶玄被小皇帝蕭寶卷殺死。○十三日壬子，齊國實行大赦。

六月初八日丙子，魏國的彭城王元勰被晉升為大司馬，兼任司徒，車騎將軍王肅加授開府儀同三司。○居住在大陽山一帶的少數民族田育丘等二萬八千戶歸附了魏國，魏國設置了四個郡，十八個縣。

乙丑日，齊國朝廷專門針對崔慧景率軍圍攻臺城時建康、南徐州、南兗州三地投靠、追隨崔慧景的人發布了赦免令。此前，在崔慧景的政變被平息的時候，小皇帝蕭寶卷曾經下詔赦免了崔慧景的餘黨。然而朝廷中是蕭寶卷所寵幸的那些人在掌權，他們沒有按照詔書的要求辦事，有些根本就沒有犯罪只是因為家庭富有，便都被誣陷為叛賊的黨羽，他們被殺以後，家產被沒收，而那些真正依附過賊軍而家庭貧窮的人卻都沒有被追究。有人對擔任中書舍人的王咺之說：「朝廷不講信用，沒有按照赦免的詔書辦事，民心因此還沒有安定下來。」王咺之說：「皇帝還會再有赦書的。」因此才有了前面所說的「曲赦建康、南徐、兗二州」之事。赦書發布不久之後，那些寵臣想殺誰或放誰，依然像先前那樣。

此時，小皇帝蕭寶卷所寵信的左右侍從有三十一個人，身邊的宦官有十個人。擔任直閣將軍、驍騎將軍的徐世檦一向受到蕭寶卷的委託與信任，所有的殺戮，都出自徐世檦之手。等到江州刺史陳顯達起兵造反的時候，蕭寶卷又加授徐世檦為輔國將軍，雖然任用平西將軍崔慧景為都督，而實際上兵權完全掌握在徐世檦手裡。徐世檦也知道蕭寶卷昏庸放縱，他曾經祕密地對自己的黨羽茹法珍、梅蟲兒說：「哪朝哪代沒有壞皇帝呢，只是我的主子太壞了！」茹法珍等人正在暗中與徐世檦爭奪權力，於是就把徐世檦所說的話告訴了蕭寶卷。蕭寶卷也越來越討厭徐世檦的兇惡強暴，就派遣禁衛軍去殺掉徐世檦，徐世檦竭力抵抗還是被殺死了。從此以後茹法珍、梅蟲兒等人專權用事，他們都擔任外監的職務，做什麼事情都說是奉了小皇帝蕭寶卷的命令，中書舍人王咺之專門負責為皇帝起草詔書、命令，他與茹法珍、梅蟲兒就像脣與齒一樣互相依附，狼狽為奸。

小皇帝蕭寶卷稱呼自己所寵幸的潘貴妃的父親潘寶慶和茹法珍為阿丈，稱呼梅蟲兒及俞靈韻為阿兄。蕭寶卷與茹法珍等人一同到潘寶慶家裡去，親自從水井中向上提水，幫助廚師做膳食。潘寶慶依仗著自己是皇帝岳父的勢力為非作歹，凡是富有的人家他就誣陷他們有罪，這些富人被誅殺之後，留下的所有田宅資產潘寶慶無不一一向蕭寶卷討要過來據為己有。一家富人被陷害，災禍就會牽連到所有的親戚和四鄰。潘寶慶又擔心這些人會出來報復，使自己後患無窮，他就把這些人家中所有的男子全部殺死。

小皇帝蕭寶卷曾經多次到自己身邊的帶刀侍衛和侍從人員的家中去遊樂宴飲，每逢這些人的家中有了婚喪嫁娶等事情，蕭寶卷就親自前去慶賀、弔喪。○宦官王寶孫，才十三四歲，由於善作張狂之態以取悅於人，所以被人稱作「倀子」，他最受蕭寶卷的寵信，竟然令他參與朝政，即使是中書舍人王咺之、專權用事的梅蟲兒這類的人也要在他面前低聲下氣。王寶孫控制著朝中大臣，隨意改變皇帝的詔命，甚至於騎著馬進入宮殿，訓斥小皇帝蕭寶卷。公卿大臣見了他，無不屏聲斂氣，戰戰兢兢。

吐谷渾國王伏連籌對魏國曲盡藩屬之禮，而在他的吐谷渾王國之內，所設置的文武百官，都和大國皇帝的規制一樣，他以皇帝的身分對周邊的小國發號施令。魏世宗元恪派使者前去責備伏連籌，但還是寬恕了他的過錯。

冠軍將軍、驃騎司馬陳伯之❶再引兵攻壽陽❷，魏彭城王勰拒之。援軍未至，汝陰太守傅永❸將郡兵三千救壽陽。伯之防淮口❹甚固，永去淮口二十餘里，牽船上汝水南岸，以水牛挽之❺，直南趣淮❻，下船即渡❼，適上南岸，齊兵亦至。會夜❽，永潛入[1]城，勰喜甚，曰：「吾北望已久，恐洛陽難可復見，不意卿能至也。」勰令永引兵入城，永曰：「永之此來，欲以卻敵；若如教旨❾，乃是與殿下同受攻圍，豈救援之意？」遂軍於城外。

秋，八月乙酉⑩，勰部分⑪將士，與永并勢擊伯之於肥口⑫，大破之，斬首九千[2]，俘獲一萬。伯之脫身⑬遁還，淮南⑭遂入于魏。

魏遣鎮南將軍元英⑮將兵救淮南，未至，伯之已敗，魏主召勰還洛陽。勰累表辭大司馬、領司徒，乞還中山⑯，魏主不許。以元英行揚州事⑰。尋以王肅為都督淮南諸軍事、揚州刺史，持節代之。

甲辰⑱，夜，後宮火。時帝出未還，宮內人不得出，外人不敢輒開⑲；比及開，死者相枕⑳，燒三千[3]餘間。

時嬖倖㉑之徒皆號為鬼。有趙鬼者，能讀西京賦㉒，言於帝曰：「柏梁既災，建章是營㉓。」帝乃大起芳樂、玉壽等諸殿，以麝香塗壁，刻畫裝飾，窮極綺麗。役者自夜達曉，猶不副速㉔。○後宮服御㉕，極選珍奇，府庫舊物，不復周用㉖。貴市民間金寶㉗，價皆數倍。建康酒租皆折使輸金㉘，猶不能足。鑿金為蓮華㉙以帖地㉚，令潘妃行其上，曰：「此步步生蓮華也。」又訂出㉛雉頭、鶴氅、白鷺縗㉜。嬖倖因緣為姦利㉝，課一輸十㉞。又各就州縣求為人輸㉟，準取見直，不為輸送㊱，守宰㊲皆不敢言，重更科斂㊳。如此相仍㊴，前後不息，百姓困盡，號泣道路。

軍主吳子陽等出三關(40)侵魏，九月，與魏東豫州刺史(41)田益宗戰於長風城(42)，子陽等敗還。

蕭懿之入援也，蕭衍馳使所親虞安福說懿曰：「誅賊之後，則有不賞之功(43)，當明君賢主，尚或難立(44)；況於亂朝，何以自免？若賊滅之後，仍勒兵入宮，行伊、霍故事(45)，此萬世一時(46)。若不欲爾，便放表還歷陽(47)，託以外拒(48)為事，則威振內外，誰敢不從？一朝放兵(49)，受其厚爵(50)，高而無民(51)，必生後悔。」長史徐曜甫亦[4]苦勸之，懿並不從。

崔慧景死，懿為尚書令。有弟九人：敷、衍、暢、融、宏、偉、秀、憺、恢(52)。懿以元勳居朝右(53)，暢為衛尉，掌管籥(54)。時帝出入無度，或勸懿因其出門，舉兵廢之。懿不聽。嬖臣茹法珍、王咺之等憚懿威權，說帝曰：「懿將行隆昌故事(55)，陛下命在晷刻(56)。」帝然之。徐曜甫知之，密具舟江渚(57)，勸懿西奔襄陽。懿曰：「自古皆有死，豈有叛走尚書令邪！」懿弟姪(58)咸為之備。

冬，十月己卯(59)，帝賜懿藥於省中。懿且死，曰：「家弟在雍，深為朝廷憂之。」懿弟姪皆亡匿於里巷，無人發之者(60)。唯融捕得，誅之。

丁亥(61)，魏以彭城王勰為司徒、錄尚書事，勰固辭，不免。勰雅好恬素(62)，不樂勢利。高祖重其事幹[63]，故委以權任，雖有遺詔[64]，復為世宗所留[65]。勰每乖情願[66]，常悽然歎息。為人美風儀[67]，端嚴若神[68]，折旋合度[69]，出入言笑，觀者忘疲；敦尚文史[70]，物務[71]之暇，披覽[72]不輟；小心謹慎，初無[73]過失，雖閒居獨處，亦無惰容[74]；愛敬儒雅[75]，傾心禮待；清正儉素，門無私謁[76]。

十一月己亥[77]，魏東荊州[78]刺史桓暉[79]入寇，拔下笮戍[80]，歸之者二千餘戶[81]。暉，誕之子也。

初，帝疑雍州刺史蕭衍有異志，直後[82]滎陽鄭植弟紹叔[83]為衍寧蠻長史[84]，帝使植以候紹叔[85]為名，往刺衍。紹叔知之，密以白衍，衍置酒紹叔家，戲植曰：「朝廷遣卿見圖[86]，今日閒宴[87]，是可取良會[88]也。」賓主大笑。又令植歷觀[89]城隍[90]、府庫、士馬[91]、器械、舟艦，植退，謂紹叔曰：「雍州實力未易圖也。」紹叔曰：「兄還，具為天子言之：若取雍州，紹叔請以此眾一戰！」送植於南峴[92]，相持[93]慟哭而別。

及懿死，衍聞之，夜，召張弘策、呂僧珍、長史王茂[94]、別駕柳慶遠[95]、功曹吉士瞻等入宅定議。茂，天生[96]之子。慶遠，元景之弟子也。乙巳[97]，衍集僚佐，謂曰：「昏主暴虐，惡踰於紂，當與卿等共除之！」是日，建牙集眾[98]，得甲士萬餘人，馬千餘匹，船三千艘。出檀溪竹木[99]裝艦[100]，葺之以茅[101]，事皆立辦。諸將爭樐，呂僧珍出先所具者，每船付二張，爭者乃息[102]。

是時，南康王寶融[103]為荊州刺史，西中郎長史蕭穎胄[104]行府州事，帝遣輔國將軍、巴西・梓潼[105]二郡太守劉山陽將兵三千之官，就穎胄兵使襲襄陽。衍知其謀，遣參軍王天虎詣江陵，徧與州府[106]書，聲云[107]：「山陽西上，并襲荊、雍[108]。」衍因謂諸將佐曰：「荊州素畏襄陽人[109]，加以脣亡齒寒，寧不闇同邪[110]！我合荊、雍之兵，鼓行而東，雖[5]韓、白[111]復生，不能為建康計。況以昏主役『刀敕』之徒[112]哉！」穎胄等[6]得書，疑未能決。山陽至巴陵[113]，衍復令天虎齎書與穎胄及其弟南康王友穎達[114]。天虎既行，衍謂張弘策曰：「用兵之道，攻心為上。近遣天虎往荊州，人皆有書[115]。今段[116]乘驛甚急[117]，止有兩函與行事兄弟[118]，云『天虎口具[119]』。及問天虎而口無所說[120]，天虎是行事心膂[121]，彼聞[122]必謂行事與天虎共隱其事[123]，則人人生疑。山陽惑於眾口，判相嫌貳[124]。則行事進退無以自明，必入吾謀內[125]。是馳[7]兩空函定一州矣。」

山陽至江安[126]，遲回[127]十餘日不上[128]。穎胄大懼，計無所出，夜[8]，呼西中郎城局參軍安定席闡文[129]、諮議參軍柳忱[130]，閉齋定議[131]。闡文曰：「蕭雍州畜養士馬，非復一日。江陵素畏襄陽人，又眾寡不敵，取之必不可制[132]；就[133]能制之，歲寒[134]復不為朝廷所容。今若殺山陽，與雍州舉事，立天子以令諸侯，則霸業[135]成矣。山陽持疑不進，是不信我。今斬送天虎，則彼疑可釋。至而圖之[136]，罔不濟矣[137]。」忱曰：「朝廷[138]狂悖日滋，京師貴人莫不重足累息[139]。今幸在遠[140]，得假日自安[141]。雍州之事[142]，且藉以相斃耳[143]。獨不見蕭令君[144]乎？以精兵數千，破崔氏十萬眾，竟[145]為羣邪所陷，禍酷相尋[146]。『前事之不忘，後事之師也。』且雍州士銳糧多，蕭使君[147]雄姿冠世，必非山陽所能敵。若破山陽，荊州復受失律之責[148]，進退無可[149]，宜深慮之。」蕭穎達亦勸穎胄從闡文等計。詰旦[150]，穎胄謂天虎曰：「卿與劉輔國[151]相識，今不得不借卿頭！」乃斬天虎送示山陽，發民車牛，聲云起步軍征襄陽，山陽大喜。甲寅[152]，山陽至江津[153]，單車白服[154]，從左右數十人詣穎胄。穎胄使前汶陽太守劉孝慶等伏兵城內，山陽入門[155]，即於車中斬之。副軍主李元履收餘眾請降。

柳忱，世隆[156]之子也。穎胄慮西中郎司馬夏侯詳[157]不同，以告忱，忱曰：「易耳！近詳求昏，未之許也。」乃以女嫁詳子夔，而告之謀，詳從之。乙卯[158]，以南康王寶融教纂嚴[159]，又教赦囚徒，施惠澤，頒賞格[160]。丙辰[161]，以蕭衍為使持節都督前鋒諸軍事。丁巳(162)，以蕭穎胄為都督行留諸軍事(163)。穎胄有器局(164)，既舉大事(165)，虛心委己(166)，眾情歸之。以別駕南陽宗夬(167)及同郡中兵參軍劉坦(168)[9]、諮議參軍樂藹(169)為州人所推信，軍府經略(170)，每事諮焉。穎胄、夬各獻私錢、穀及換借富貲(171)以助軍。長沙寺(172)僧素富，鑄黃金為金[10]龍數千兩(173)，埋土中。穎胄取之，以資[11]軍費。

穎胄遣使送劉山陽首於蕭衍，且言年月未利(174)，當須明年二月進兵。衍曰：「舉事之初，所藉(175)者一時驍銳(176)之心，事事相接(177)，猶恐疑怠。若頓兵十旬(178)，必生悔吝(179)。且坐甲十萬(180)，糧用自竭。若童子立異(181)，則大事不成。況處分已定，安可中息(182)哉！昔武王伐紂，行逆太歲(183)，豈復待年月乎(184)？」○戊午(185)，衍上表勸南康王寶融稱尊號，不許。

十二月，穎胄與夏侯詳移檄(186)建康百官及州郡牧守，數(187)帝及梅蟲兒、茹法珍罪惡。穎胄遣冠軍將軍天水楊公則(188)向湘州(189)，西中郎參軍南郡鄧元起向夏口(190)。軍主王法度坐不進軍免官。乙亥(191)，荊州將佐復勸寶融稱尊號，不許。夏侯詳之子驍騎將軍亶為殿中主帥(192)，詳密召之，亶自建康亡歸。壬辰(193)，至江陵，稱奉宣德皇太后令(194)：南康王宜纂承皇祚(195)。方俟清宮(196)，未即大號(197)。可封十郡，為宣城王[198]、相國、荊州牧[199]，加黃鉞[200]，選百官[201]，西中郎府、南康國如故[202]。須軍次近路[203]，主者備法駕[204]奉迎。竟陵太守新野曹景宗[205]遣親人說蕭衍，迎南康王都襄陽，先正尊號，然後進軍，衍不從。王茂私謂張弘策曰：「今以南康置人手中[206]，彼挾天子以令諸侯，節下[207]前進為人所使，此豈他日之長計乎！」弘策以告衍，衍曰：「若前塗大事不捷[208]，故自蘭艾同焚[209]；若其克捷，則威振四海，誰敢不從[12]，豈碌碌受人處分者邪[210]！」

初，陳顯達、崔慧景之亂，人心不安。或問時事於上庸太守杜陵韋叡[211]，叡曰：「陳雖舊將，非命世才[212]；崔頗更事[213]，懦而不武[214]，其赤族[215]宜矣。定天下者，殆必在吾州將[216]乎？」乃遣二子自結於蕭衍。及衍起兵，叡帥郡兵二千倍道赴之。華山太守藍田康絢[217]帥郡兵三千赴衍。馮道根時[13]居母喪，聞衍起兵[14]，帥鄉人子弟勝兵者[218]悉往赴之。梁、南秦二州刺史柳惔[219]亦起兵應衍。惔，忱之兄也。

帝聞劉山陽死，發詔討荊、雍。戊寅[220]，以冠軍長史劉澮為雍州刺史，遣驍騎將軍薛元嗣、制局監暨榮伯將兵，及運糧百四十餘船送郢州刺史張沖[221]，使拒西師[222]。元嗣等懲劉山陽之死，疑沖[223]，不敢進，停夏口浦[224]。聞西師將至，乃相帥入郢城[225]。前竟陵太守房僧寄將還建康，至郢[226]，帝敕僧寄留守魯山[227]，除驍騎將軍。張沖與之結盟，遣軍主孫樂祖將數千人助僧寄守魯山。

蕭穎胄與武寧[228]太守鄧元起書，招之。張沖待元起素厚，眾皆勸其還郢，元起大言於眾[229]曰：「朝廷暴虐，誅戮宰輔，羣小用事，衣冠道盡[230]。荊、雍二州同舉大事，何患不克？且我老母在西，若事不成，正受戮昏朝，幸免不孝之罪。」即日治嚴[231]上道，至江陵，為西中郎中兵參軍[232]。

湘州行事張寶積發兵自守，未知所附。楊公則克巴陵，進軍白沙[233]，寶積懼，請降，公則入長沙，撫納之。

是歲，北秦州刺史楊集始將眾萬餘自漢中北出，規復舊地[234]。魏梁州[235]刺史楊椿將步騎五千出頓下辯[236]，遺集始書，開以利害[237]，集始遂復將其部曲千餘人降魏。魏人還其爵位[238]，使歸守武興[239]。

【章旨】以上為第二段，寫東昏侯蕭寶卷永元二年（西元五〇〇年）下半年的大事。主要寫了南齊將領陳伯之率兵再攻壽陽，魏彭城王元勰拒守，魏將傅永率軍救壽陽，與元勰合力擊陳伯之軍於肥口，斬首九千、俘獲一萬，淮南郡遂徹底入於魏；寫蕭寶卷的嬖幸、近習慫恿蕭寶卷大造芳樂、玉壽諸宮殿，窮奢極麗；又整個宮廷極力揮霍，諸嬖幸藉徵收珍奇之物而十倍百倍地勒索百姓；寫蕭衍之兄蕭懿以平崔慧景之功居朝廷之右，蕭衍與蕭懿的部下皆勸蕭懿廢掉蕭寶卷，蕭懿不從，不久蕭懿與其弟蕭暢皆被蕭寶卷所殺；寫蕭衍聞蕭懿被殺，即在雍州起兵反朝廷，甲士萬餘，船艦三千艘，頓時而具，蕭衍的忠實將領有王茂、張弘策、呂僧珍、鄭紹叔、柳慶遠諸人；寫南齊朝廷派劉山陽率兵就荊州蕭穎胄共攻襄陽，蕭衍則既散布朝廷派劉山陽兼取荊州之流言，又在荊州蕭穎胄與諸將之間施行反間計，以圖坐收漁人之利；寫蕭穎胄在諸將的推動下與蕭衍聯盟，騙劉山陽到荊州的江津戍，殺之；蕭穎胄、蕭衍共同擁立蕭寶融，蕭衍為前鋒大都督，蕭穎胄為行留大都督，他們以蕭寶融的名義向建康朝廷與其所屬的各州郡發布檄文，討伐蕭寶卷與茹法珍、梅蟲兒等人的罪行；又命部將夏侯詳從京城召來他現為朝官的兒子夏侯亶，令其假傳「宣德太后」的命令，廢掉蕭寶卷，改立蕭寶融；寫西北地區的州郡長官竟陵太守曹景宗、上庸太守韋叡、華山太守康絢、梁、南秦二州刺史柳惔，皆率州郡以歸蕭衍，武寧太守鄧元起隻身往投之；寫朝廷派將軍張沖、薛元嗣等鎮守郢州，以阻西軍之東下，而西軍之將領楊公則已南下取得湘州等等。

【注　釋】❶陳伯之　南齊的勇將。傳見《梁書》卷二十。❷再引兵攻壽陽　胡三省曰：「是年春，伯之攻壽陽敗退，今再攻之。」❸傅永　魏國名將。傳見《魏書》卷七十。❹淮口　汝水入淮之口，在當時的期思縣東北，今河南淮濱東。地處當時壽陽的西方，相距一百多公里。❺以水牛挽之　用水牛拉著這些船在陸地上繞過淮口。挽，拉。❻直南趣淮　直奔南邊的淮河。趣，同「趨」。奔赴。❼下船即渡　把船拉進淮河，隨即乘船渡過淮河。❽會夜　趁著夜色黑暗。❾若如教旨　如果按著您的命令。教，文體名，當時諸侯王或朝廷大官所下的命令。❿八月乙酉　八月十八。⓫部分　部署；派遣。⓬肥口　肥水的入淮之口，在壽陽城的北側。肥水自南方流來，流經壽陽城東，北流入淮水。胡三省曰：「時陳伯之蓋軍於肥口以逼壽陽也。」⓭脫身　謂單身逃脫。⓮淮南　指壽陽城（今安徽壽縣）與其周圍的一帶地區。胡三省曰：「壽春自漢以來為淮南郡的治所。」⓯元英　拓跋晃之子，孝文帝的叔祖，今魏主叔曾祖。傳見《魏書》卷十九下。⓰乞還中山　請求回到中山郡。中山郡的郡治即今河北定州。時彭城王勰任定州刺史，今年春來鎮壽陽，乃臨時之受命。⓱行楊州事　代理楊州刺史。

行，代理；臨時擔任。魏以壽陽為楊州的州治所在地。⓲甲辰　本年八月無甲辰日，《南齊書・東昏侯紀》作「甲申」，當是。甲申，八月十七日。⓳不敢輒開　不敢及時打開宮門進入。輒，就；隨即。⓴相枕　相互枕藉，彼此壓著、墊著，極言死者之多、之密。㉑嬖倖　受寵者，指男寵、女寵等。嬖，寵愛的貶義詞。㉒西京賦　東漢張衡作，是描寫西京長安之豪華、壯麗的作品。班固原作有〈西都賦〉與〈東都賦〉，是分別描寫西京長安與東京洛陽的豪華的作品，張衡不滿意，又寫了〈西京賦〉與〈東京賦〉。事見《後漢書・張衡傳》。這些作品除分別見於《後漢書》的本傳外，亦見於《昭明文選》。㉓柏梁既災二句　此八字是〈西京賦〉中的原文，意思是說柏梁殿剛剛燒毀，建章宮又建造起來了。即俗話所說的「舊的不去，新的不來」。現在南齊的宮殿剛剛失火，這就意味著我們要立即再建造一所更好的。柏梁殿也叫柏梁臺，相傳是用香柏木建成，風一吹香氣四溢。建章宮在長安城的西牆外，與城裡的未央宮隔城牆相對，比未央宮更加豪華壯麗得多。柏梁臺與建章宮都是漢武帝所建造。㉔猶不副速　還不能達到蕭寶卷所要求的建造速度。副，符合；達到。㉕後宮服御　后妃使女們所穿戴使用的一切衣物。㉖不復周用　已經供不應求。㉗貴市民間金寶　於是高價向民間收購各種名貴的裝飾品。㉘酒租皆折使輸金　向一些酒館收稅都讓他們交納黃金。㉙鑿金為蓮華　把金片雕刻成蓮花的形狀。華，同「花」。㉚帖地　貼在地板上。帖，通「貼」。㉛訂出　規定上交。胡三省曰：「訂，平議也。齊梁之時謂賦民曰訂，蓋取平議而賦之之義。」㉜雉頭鶴氅白鷺縗　三種珍貴禽鳥的羽毛。雉頭，野雞頭上的紅色細毛。鶴氅，白鶴兩翅上的翎毛。白鷺縗，白鷺頭上的下垂之毛。㉝因緣為姦利　藉著徵收這三種鳥毛而大發不義之財。㉞課一輸十　皇帝每徵收一支，這些經手的傢伙們就向下頭收取十支。輸，繳納。㉟求為人輸　去報名替某人交納這種東西。㊱準取見直二句　收夠他們所要的現金之後，還不把他們手裡這種羽毛繳上去。㊲守宰　所在郡縣的太守與縣令。㊳重更科斂　過段時間他們就又按照以上方法再來勒索一次。㊴相仍　周而復始。㊵三關　指平靖關、黃峴關、武陽關，都在當時的義陽，今河南信陽南。平靖關在義陽城南七十五里，黃峴關在義陽城南百里，武陽關在義陽東南九十里。㊶魏東豫州刺史　魏國東豫州的州治在今河南息縣，距離南齊的義陽及所謂「三關」都不足一百公里。㊷長風城　在今河南潢川縣西。㊸不賞之功　無法賞賜的大功。㊹難立　難以立足；難以求得平安。㊺行伊霍故事　指行廢立的事。伊尹，商湯之臣，商湯死後，曾放逐其君太甲。事見《史記・殷本紀》。霍光，西漢大臣，曾廢昌邑王劉賀改立漢宣帝。事見《漢書・霍光傳》。㊻萬世一時　萬世難逢的好時機。㊼放表還歷陽　上表請求回到歷陽，及早離開朝廷。歷陽是南齊豫州的州治所在地，在今安徽和縣城北。㊽託以外拒　假託居邊抵禦魏寇之名，以擁兵自重。㊾放兵　放棄兵權。㊿厚爵　崇高的爵位。(51)無民　沒有軍隊；沒有親信。(52)敷衍暢融宏偉秀儈恢　蕭懿之弟九人，除蕭衍事見《梁書・武帝紀》外，其餘八人皆見《梁書》卷二十二。(53)居朝右　居於整個朝廷之首位。當時以右為尊。(54)掌管籥　掌管著整個皇宮大門的鑰匙。蕭暢時任衛尉，衛尉的職務就是帶兵以守衛宮門。籥，通「鑰」。鎖鑰。(55)隆昌故事　指隆昌元年（西元四九四年）鬱林王蕭昭業被廢的舊事。(56)命在晷刻　猶言「危在旦夕」。晷刻，短時間；片刻。(57)具舟江渚　在江邊為蕭懿準備好了逃走的船隻。江渚，這裡即指江邊。渚，原指江中的小洲。(58)懿弟姪　蕭懿的諸弟、諸姪。(59)十月己卯　十月十三。(60)無人發之者　胡三省曰：「史言人心皆為蕭懿兄弟覆護。」(61)丁亥　十月二十一。(62)恬素　恬淡、樸素，即不好榮利。(63)事幹　辦事的能力。(64)遺詔　指孝文帝同意隨元勰自己所請，辭去一切官職。(65)為世宗所留　被元恪留在朝內擔當重任。(66)乖情願　違背自己的心願。(67)美風儀　風度儀表美麗瀟灑。(68)端嚴若神　端莊、整肅得有如神明。(69)折旋合度　舉止合宜。折旋，意即周旋，指辦事、行禮等一舉一動。《禮記》有所謂「周旋中規，折旋中矩」。(70)敦尚文史　好讀古書。(71)物務　處理公務。(72)披覽　意即閱讀。(73)初無　從來沒有。(74)惰容　懶散的情態。(75)儒雅　溫文爾雅的儒家人物。(76)私謁　從不接受任何人的請託。(77)十一月己亥　十一月初三。(78)東荊州　魏州名，州治即今河南泌陽。(79)桓暉　東晉末年的叛亂分子桓玄之孫，桓誕之子。桓玄失敗被殺後，桓誕逃入漢水以北的少數民族（即大陽蠻）中，時常出來抄擄、襲擊南朝的邊境。後來投歸魏國。事見《晉書·桓玄傳》。(80)下笮戍　南齊的軍事據點名，在今襄樊東北。(81)歸之者二千餘戶　因桓氏家族對這一帶地區的影響太大故也。(82)直後　官名。在乘輿之後擔任侍衛。(83)紹叔　鄭紹叔，蕭衍的親信，幫蕭衍建梁的元勳。傳見《梁書》卷十一。(84)寧蠻長史　雍州刺史的屬官，管理該州的少數民族事務。(85)候紹叔　探看其弟鄭紹叔。候，問候；探看。(86)見圖　來謀殺我。(87)閒宴　輕鬆、消閒而沒有任何戒備的宴會。(88)良會　良好時機。(89)歷觀　逐一觀看。(90)城隍　城牆與護城河。隍，原指沒有水的護城河。(91)士馬　猶言「兵馬」。(92)南峴　山名，在當時的襄陽城南，是當地的著名遊覽區，孟浩然、李白的詩中都曾多次提及。(93)相持　互相拉著手。(94)王茂　蕭衍部下的傑出將領，建梁的功勳之臣。傳見《梁書》卷九。(95)柳慶遠　劉宋的名將柳元景之姪，蕭衍的開國元勳。傳見《梁書》卷九。(96)天生　王天生，蕭道成的部將，曾隨蕭道成攻殺袁粲。事見本書卷一百三十四昇明元年。(97)乙巳　十一月初九。(98)建牙集眾　樹起大旗，集合兵眾。牙，軍營前大旗。(99)出檀溪竹木　把貯存在檀溪水中的竹木撈出來。(100)裝艦　造船；組裝戰船。(101)葺之以茅　用茅草編葺成篷蓋。(102)爭者乃息　胡三省曰：「僧珍具檣事見上卷元年。然僧珍所具者數百張櫓耳，安能給三千艘邪？每船付二張，蓋給諸將所乘之船耳。」(103)南康王寶融　蕭寶融，蕭鸞之子，蕭寶卷之弟，封南康王。此時任荊州刺史、西中郎將。傳見《南齊書》卷八。(104)蕭穎胄　蕭赤斧之子，蕭道成從祖家的堂姪，蕭鸞篡位後，又依附了蕭鸞。傳見《南齊書》卷三十八。此時為蕭鸞的兒子蕭寶融的部下，代蕭寶融管理荊州刺史與西中郎將的職務。(105)巴西梓潼　南齊的二郡名，二郡只設一個太守。郡治涪縣，在今四川綿陽東。(106)州府　胡三省曰：「州謂荊州官屬，府謂西中郎府官屬。」(107)聲云　故意地挑動說。(108)并襲荊雍　不光是襲擊我們雍州，也同時襲取你們荊州。目的是挑起荊州的文武與雍州共同對抗朝廷。(109)荊州素畏襄陽人　胡三省曰：「襄陽被邊，人皆習兵，故荊州人畏之。」(110)寧不闇同邪　他們怎麼能不暗中幫著我們呢。寧，豈；難道不。(111)韓白　漢將韓信，秦將白起，都以善於用兵著稱。事見《史記》之〈淮陰侯列傳〉、〈白起王翦列傳〉。(112)昏主役刀敕之徒　一個昏君驅趕著一群操刀手與小答應。(113)巴陵　郡名，郡治即今湖南岳陽。(114)南康王友穎達　蕭穎達，蕭穎胄之弟，此時為南康王蕭寶融之友。傳見《梁書》卷十。友，官名，王公的近臣。《晉書・職官志》：「王置師、友、文學各一人。」(115)人皆有書　荊州的官員每個人的手裡都有我們給他的書信。(116)今段猶言「今天這一次」。指王天虎二次去荊州。(117)乘驛甚急　出發的車子走得太急。驛，驛車，古代驛站為傳送官員與信件使用的馬車。(118)行事兄弟　指蕭穎胄、蕭穎達。行事，即前文「行府州事」的簡稱。(119)天虎口具　讓王天虎當面陳述。言外之意是為保密起見，信上就不多寫了。(120)及問天虎而口無所說　等到穎胄兄弟問王天虎蕭衍讓你口頭轉達什麼時，天虎無法回答，因為蕭衍並沒有讓天虎再口頭轉達什麼。這是蕭衍的反間計，亦猶《三國演義》之「曹操抹書間韓遂」也。(121)天虎是行事心膂　心膂，猶言心腹。王天虎在蕭衍部下任職，雖然他與蕭穎胄有親戚關係，但說他為「行事心膂」，沒有事實。(122)彼間　那裡，指荊州的其他官員。(123)共隱其事　意即瞞著眾人背後還有別的陰謀。(124)判相嫌貳　眾說紛紜，主意難定。嫌，遲疑。貳，持兩端；猶豫不決。(125)入吾謀內　鑽進了我的圈套之中。胡三省曰：「蕭衍舉事於襄陽，智計橫出；及遇侯景，庸夫之不若。豈耄耶？抑天奪其鑒耶？」(126)江安　縣名，即今湖北鄂城，當時為武昌郡的郡治所在地。(127)遲回　猶豫不前。(128)不上　不向江陵進發。(129)席闡文　安定郡人，時為蕭寶融西中郎將的城局參軍。傳見《梁書》卷十二。城局參軍主管修城、守城等事。(130)柳忱　蕭穎胄的部下，劉宋名將柳世隆之子，勸蕭穎胄堅定地跟從蕭衍。傳見《梁書》卷十二。(131)定議　決定何去何從。(132)取之必不可制　前往討伐必不能勝。取，捉拿。不可制，無法制服他。(133)就　即使。(134)歲寒　一年的末了。此處猶言「到頭來」、「到最後」。(135)霸業　稱霸者的事業，意即成為一方諸侯。(136)至而圖之　等劉山陽來到荊州我們再殺掉他。(137)罔不濟矣　那就沒有不成功的了。(138)朝廷　這裡即指小皇帝蕭寶卷。(139)重足累息　懼怕的樣子。重足，並足；不敢移動腳步。累息，猶之屏息，不敢出氣。(140)今幸在遠　我們幸虧離著朝廷遠。(141)得假日自安　猶言「還能苟延一段生命」。(142)雍州之事　朝廷之所以讓我們幫著劉山陽去打雍州。(143)且藉以相斃耳　不過是藉此舉讓我們去與蕭衍互相殘殺罷了。相斃，相互殘殺。(144)蕭令君　指蕭懿。蕭懿曾為尚書令，所以被稱之為「令君」。(145)竟　到最後。(146)禍酷相尋　類似的慘劇一個接一個。(147)蕭使君指蕭衍。使君，古代對州刺史與郡太守的尊稱。[148]失律之責　沒有嚴格遵照朝廷命令，協助劉山陽剿滅雍州。[149]進退無可　猶言「進退兩難」。勝了不行，敗了也不行。[150]詰旦　第二天早晨。[151]劉輔國　指劉山陽，當時劉山陽任輔國將軍。[152]甲寅　十一月十八。[153]江津　軍事要塞名，故址在今湖北沙市南長江中的沙洲上，當時的江防要地。[154]單車白服　深表對蕭穎胄信任不疑。單車，以言侍從極少。白服，身穿便服。[155]入門　入江津戍的城門。[156]世隆　柳世隆，蕭道成的開國功臣，又受齊武帝蕭賾的信任。傳見《南齊書》卷二十四。[157]夏侯詳　原為劉宋名將劉勔的部下，入齊後先效忠於蕭道成、蕭賾，後又效忠於蕭鸞，今又效忠於蕭衍。傳見《梁書》卷十。[158]乙卯　十一月十九。[159]以南康王寶融教纂嚴　以蕭寶融的名義宣布整個荊州戒嚴，進行軍事動員。教，文體名，諸侯王與朝廷三公的命令。[160]頒賞格　頒布立功受賞的等級標準。[161]丙辰　十一月二十。[162]丁巳　十一月二十一。[163]行留諸軍事　東下之軍與留守之軍的各種事務。實際上蕭穎胄是都督後方諸軍，與繼續派軍支前諸事。因為第一批東征大軍的總督是蕭衍。[164]器局　有才識、有度量。[165]舉大事　興兵起義，立新君、廢舊君。[166]虛心委己　虛心聽取眾人的意見，不自以為是。虛己，放棄一己之見。[167]別駕南陽宗夬　宗夬是南陽郡人，是蕭穎胄的僚屬，任別駕之職。傳見《梁書》卷十九。別駕，州刺史的僚屬，因其隨刺史出行時能獨自另乘一輛車，故稱別駕。[168]中兵參軍劉坦　劉坦原為西中郎將蕭寶融的中兵參軍，為人有智略。傳見《梁書》卷十九。中兵參軍是管理州城駐軍事務的官員。[169]諮議參軍樂藹　樂藹是蕭穎胄的高級僚屬，任諮議參軍之職。傳見《梁書》卷十九。諮議參軍在長史、司馬之下，比諸曹參軍的地位略高。[170]軍府經略　督軍府裡的一些重大問題。經略，須要議論、商討的重大問題。[171]換借富貲　用交換或借貸的方式向富有人家籌得一些錢。[172]長沙寺　寺廟名，在當時的江陵城內。胡三省曰：「宋元嘉中，臨川王義慶鎮江陵起寺，為其本生父長沙王道憐資福，因名長沙寺。」[173]鑄黃金為金龍數千兩　意即用數千兩黃金鑄成了一條金龍。[174]年月未利　意即本年最後的這兩個月裡，日子不太吉利。[175]所藉　所靠的。[176]驍銳　一種勇猛的、敢打敢衝的銳氣。[177]事事相接　意即樣樣抓緊。[178]頓兵十旬　停止不前三個多月。十一月底至明年二月將近一百天。[179]必生悔吝　一定會造成許多讓人後悔的、無法挽救的結果。悔吝，《周易》中的詞語：「悔吝者，憂虞之象也。」通常即用為「後悔」、「悔恨」的意思。胡三省曰：「兵以氣勢為用者也，是以巧遲不若拙速。」[180]坐甲十萬　十萬大兵坐吃不動。坐甲，士兵披甲，坐以待敵。[181]若童子立異　如果再有個少不經事的傢伙跳出來唱上幾句反調。[182]中息　中途停止。[183]行逆太歲　行動的時間與太歲相逆。太歲，即今日所說的木星。古時的陰陽五行家說當木星運行到某個地區的分野時，如果向著這個地區用兵，那就叫「行逆太歲」，必然招致失敗。但周武王伐紂「行逆太歲」，不也是把殷紂王消滅了麼？[184]豈復待年月乎　周武王為此改變時間了嗎。[185]戊午　十一月二十二。

[186]移檄　向……地區的官員士民發布檄文。[187]數　指說，羅列其罪狀。[188]楊公則　天水郡人，原為宋、齊將領，現為蕭穎胄的部下。傳見《梁書》卷十。[189]湘州　州治即今湖南長沙。[190]夏口　即今武漢的漢口區，當時為郢州的州治所在地。[191]乙亥　十二月初十。[192]殿中主帥　蕭寶卷朝廷殿堂四周的禁軍統領。[193]壬辰　十二月二十七。[194]稱奉宣德皇太后令　此與前文崔慧景攻至臺城之下，「稱宣德太后令，廢帝為吳王」云云手段相同。「宣德太后」即此「宣德皇太后」，即文惠太子蕭長懋的妃子王氏，鬱林王蕭昭業之母。其實都是崔慧景、蕭穎胄等人之所為，「宣德太后」本人是否知道都是問題。令人不解的是，上次崔慧景是要推翻蕭寶卷，並連帶不承認明帝蕭鸞，故重新請出蕭昭業之母來發號施令；此次蕭穎胄是想廢蕭寶卷，而改立蕭寶融，同是蕭鸞之子，按理應該請出蕭鸞的皇后，蕭寶卷的母親來發號施令，不知蕭穎胄、蕭衍緣何仍請「宣德太后」，如此豈不蔑棄了蕭鸞一代嗎。[195]纂承皇祚　繼承皇位。[196]方俟清宮　但現在的皇宮還有待清理，言外之意是蕭寶卷現時還在帝位上。[197]未即大號　暫時還不能就稱「做皇帝」。[198]可封十郡二句　可以封給十個郡的封地，暫時先稱宣城王。按，當年蕭鸞篡殺鬱林王蕭昭業時，第一步也是先為「宣城王」。所謂十郡是指宣城、南琅邪、南東海、東陽、臨海、新安、尋陽、南郡、竟陵、宜都。[199]相國荊州牧　「相國」是新的加官；「荊州牧」是還讓他繼續兼任荊州刺史。[200]加黃鉞　授與黃金為飾的大斧，象徵有極度的生殺之權。當年武王伐紂就是「秉黃鉞、麾白旄」。[201]選百官　組建新的朝廷班底。[202]西中郎府南康國如故　意即西中郎將的職權、南康王的爵位你也還都兼著。[203]須軍次近路　等你們的軍隊到達臺城跟前。次，抵達；駐紮。[204]主者備法駕　主管該項事務的官員再帶著皇帝乘坐的車駕去迎接您。法駕，皇帝所乘車駕的一種，僅次於大駕。[205]曹景宗　新野郡人，此時為竟陵太守。傳見《梁書》卷九。竟陵郡的郡治即今湖北鍾祥。[206]置人手中　使其處於蕭穎胄的控制下。[207]節下　當對蕭衍的敬稱。蕭衍此時為使持節都督前鋒諸軍事。[208]前塗大事不捷　指進攻建康失敗。塗，通「途」。[209]故自蘭艾同焚　當然是不論何人都只有死路一條。故，同「固」。當然是。蘭，香草，以喻優秀的人。艾，艾蒿；臭草。以喻卑劣的人。[210]豈碌碌受人處分者邪　我還會隨隨便便地受人處置嗎。碌碌，平庸無為，一籌莫展。[211]上庸太守杜陵韋叡　韋叡是僑置的京兆杜陵縣（今湖北襄樊西北側）人，此時任南齊的上庸太守。傳見《梁書》卷十二。上庸郡的郡治即今湖北竹山縣西南。[212]非命世才　不是著名一世的傑出人才。[213]頗更事　見過一些世面，經歷過一些事故。頗，有點。[214]懦而不武　軟弱拿不起事來。武，剛強能斷。[215]赤族　滅族；全族被殺光。[216]吾州將　我們州的刺史，指蕭衍。韋叡是僑置的杜陵人，杜陵上屬於雍州，所以韋叡稱蕭衍為「吾州將」，引為自豪。[217]藍田康絢　康絢是藍田縣人，此時任南齊僑置的華山郡太守。傳見《梁書》卷十八。南齊的華山郡治即今湖北宜城。[218]勝兵者　能夠拿起武器的人。[219]梁南秦二州刺史柳惔　梁、南秦是南齊的二州名，二

州合設一個刺史，州治都在今陝西漢中。其刺史柳惔是宋、齊時期的名將柳世隆之子，柳忱之兄。傳見《梁書》卷十二。(220)戊寅　十二月十三。(221)張沖　宋、齊時期的名將張永的堂姪。傳見《南齊書》卷四十九。(222)西師　來自長江上游的荊、雍軍隊。(223)疑沖　不知張沖的態度如何。(224)夏口浦　地名，在今武漢漢口區的對面。(225)郢城　即今武漢之漢口區。(226)至郢　由上游鍾祥縣沿江而下至郢。(227)留守魯山　留下來鎮守魯山的軍事據點，魯山戍在郢城的對面。(228)武寧　南齊郡名，郡治樂鄉，在今湖北荊門北，當時竟陵郡的西北方。(229)大言於眾　對著眾人大聲說。(230)衣冠道盡　有身分、講體面的人沒法再活下去了。(231)治嚴　收拾行裝。按，東漢時因避明帝劉莊諱，故改「治裝」曰「治嚴」。(232)為西中郎中兵參軍　授以為西中郎將的中兵參軍。(233)白沙　軍事據點名，在今湖南湘陰北。(234)規復舊地　謀求收復被魏人佔去的舊地盤。胡三省曰：「楊集始失國事，見一百四十一卷明帝建武四年。」(235)魏梁州　魏國的梁州州治仇池，在今甘肅西和南，成縣之西。(236)出頓下辯　出兵駐紮在下辯。下辯是魏縣名，縣治在今甘肅成縣西北。(237)開以利害　給他講明利害關係。開，開導；講明白。(238)還其爵位　還讓他當原來的南秦州刺史、武興王。(239)武興　郡名，郡治即今陝西略陽。

【校　記】①入　據章鈺校，十二行本、乙十一行本、孔天胤本此下皆有「進」字。②千　原誤作「十」。嚴衍《通鑑補》改作「千」，今據以校正。③千　原作「十」。據章鈺校，十二行本、乙十一行本、孔天胤本皆作「千」，今據改。④亦　原無此字。據章鈺校，十二行本、乙十一行本、孔天胤本皆有此字，張敦仁《通鑑刊本識誤》同，今據補。⑤雖　據章鈺校，十二行本、乙十一行本、孔天胤本「雖」下皆有「使」字。⑥等　原無此字。據章鈺校，十二行本、乙十一行本、孔天胤本皆有此字，今據補。⑦馳　原作「持」。據章鈺校，十二行本、乙十一行本、孔天胤本皆作「馳」，張瑛《通鑑校勘記》同，今據改。⑧夜　據章鈺校，孔天胤本此下有「遣」字。⑨劉坦　據章鈺校，十二行本、乙十一行本、孔天胤本皆作「劉垣」。⑩金　據章鈺校，十二行本、乙十一行本、孔天胤本皆無此字。⑪資　據章鈺校，十二行本、乙十一行本、孔天胤本皆作「充」。⑫誰敢不從　原無此四字。據章鈺校，十二行本、乙十一行本、孔天胤本皆有此四字，張敦仁《通鑑刊本識誤》、張瑛《通鑑校勘記》同，今據補。⑬時　據章鈺校，十二行本、乙十一行本、孔天胤本皆無此字。⑭聞衍起兵　此四字原無。據章鈺校，十二行本、乙十一行本、孔天胤本皆有此四字，張敦仁《通鑑刊本識誤》、張瑛《通鑑校勘記》同，今據補。

【語　譯】齊國擔任冠軍將軍、驃騎司馬的陳伯之再次率領齊軍進攻被魏國佔領的壽陽城，魏國的彭城王元勰率領魏軍抵抗齊軍的進攻。在魏國的援軍還沒有到來的時候，擔任汝陰太守的傅永便率領著三千名汝陰郡的士兵趕來援救壽陽城。陳伯之把大軍布防在汝水的入淮之口，防守得非常嚴密，傅永所率領的汝陰郡兵在距離淮口二十多里的地方，便把所乘船隻拉上汝水南岸，然後改用水牛拉著這些船隻在陸地上繞過淮口，逕直奔向南面的淮河，到了淮河之後，立即把船拉入淮河，乘船渡過淮河，軍隊剛剛登上淮河南岸，齊國的軍隊就到了。趁著夜色的掩護，傅永悄悄地進入壽陽城，元勰看見傅永到來非常高興，說：「我已經向北眺望了很久，我擔心再也見不到洛陽城了，沒想到你竟然能夠來到這裡。」元勰讓傅永把汝陰郡兵領進壽陽城，傅永說：「我這次率軍前來，目的是想打退敵人的進攻；如果遵從殿下的命令將軍隊領進城中，就是來與殿下一同遭受敵人的圍攻，豈不是違背了我前來援救殿下的本意？」傅永遂把軍隊駐紮在壽陽城外。

秋季，八月十八日乙酉，彭城王元勰派遣將士，與傅永的軍隊會合，在肥水的入淮之口向陳伯之所率領的齊軍發起進攻，把陳伯之的軍隊打得大敗，斬殺了齊軍九千名，俘虜了一萬名。陳伯之單身逃回齊國，於是壽陽城與其周圍的一帶地區全部劃入魏國的版圖。

魏世宗元恪派遣擔任鎮南將軍的元英率領一支軍隊前往救援淮南，元英還沒有到達淮南，齊國的陳伯之已經兵敗逃走，魏世宗將彭城王元勰召回洛陽。元勰多次上表給魏世宗請求辭去自己所擔任的大司馬、兼任司徒的職務，請求回到中山郡繼續擔任定州刺史，魏世宗沒有批准元勰的請求。魏世宗任命元英為代理楊州刺史。不久，世宗正式任命王肅為都督淮南諸軍事、楊州刺史，持節前往代替元英的職務。

甲辰日，夜間，齊國小皇帝蕭寶卷的後宮發生火災。當時小皇帝出宮遊玩還沒有回宮，宮內的人無法出宮，外面的人也不敢馬上打開宮門進入後宮；等到宮門打開的時候，宮內已經被燒死了很多人，屍體互相枕藉，慘不忍睹，燒毀了三千多間房屋。

當時深受小皇帝蕭寶卷寵愛的那類人都被稱為鬼。有一個被稱為趙鬼的人，能夠閱讀東漢張衡寫作的〈西京賦〉，他引用〈西京賦〉裡的句子對小皇帝說：「柏梁殿剛剛被燒毀，建章宮就又建造起來了。」於是小皇帝便大力修建芳樂、玉壽等宮殿，他用麝香塗抹牆壁，雕刻繪畫作為裝飾，極盡綺麗。工匠、民伕夜以繼日地工作，還是不能達到蕭寶卷所要求的建造速度。○後宮中那些后妃使女們所穿戴使用的一切衣物，都要選用最珍貴最奇特的，府庫中原有的物品，已經供不應求。於是就用高價到民間去收購黃金珠寶等各種各樣名貴的裝飾品，價格都比平時高出好幾倍。建康城內徵收的酒稅都讓納稅人直接交納黃金，即使如此還是不能滿足宮內的需要。蕭寶卷命令工匠把金片雕刻成蓮花的形狀貼在地板上，然後令潘妃在蓮花上來回行走，蕭寶卷說：「這就是步步生蓮花。」又規定各地要向宮廷交納野雞頭上的紅色細毛、白鶴兩個翅膀上的翎毛、白鷺頭上下垂的羽毛。那些被蕭寶卷寵幸的小人便趁著徵收這三種鳥毛的機會而大發不義之財，蕭寶卷每徵收一支，這些經手的小人就要向下面徵收十支。他們還各自到州縣強行要求地方官把徵收賦稅的事情交給他們去辦，由他們代替各州縣交納，然而他們收夠所要的現金之後，卻不把徵收來的錢物上交，所在郡縣的太守和縣令全都敢怒而不敢言，只好按照以上的方法再來向百姓勒索一次。如此周而復始，前後不停地徵稅，百姓們錢財耗盡，困苦不堪，道路之上到處都是哭泣號叫的難民。

擔任一支軍隊頭領的吳子陽等人率領自己的部下經過平靖關、武陽關、黃峴關入侵魏國，九月，吳子陽與魏國擔任東豫州刺史的田益宗在長風城交戰，吳子陽等所率領的齊軍被魏軍打敗，返回齊國。

豫州刺史蕭懿從小峴山撤軍回救建康的時候，蕭衍派遣自己的親信虞安福騎著快馬趕到蕭懿那裡，勸阻蕭懿說：「你誅滅了叛賊崔慧景之後，就立下了令皇帝無法賞賜的大功，即使是遇到賢明的君主，尚且難以立足於世，求得平安；何況你遇到的是昏庸無道的君主，你有什麼辦法能使自己免除災禍呢？如果你消滅了叛賊之後，仍然率領軍隊進入皇宮，像商朝的伊尹、西漢的霍光那樣廢掉昏君另立明主，這是萬世難逢的好機會。如果不準備這樣做，你就應該上表給朝廷，請求回到歷陽，及早離開朝廷，假託居邊抵禦外寇之名以擁兵自重，那麼你就可以威震內外，誰敢不聽從你的命令？你一旦放棄軍權，接受了皇帝賞賜給你的高官厚祿，官位雖然高而手中卻沒有軍隊，你將來一定會後悔的。」在蕭懿屬下擔任長史的徐曜甫也苦苦地勸說蕭懿，蕭懿對他們的勸告全都沒有聽從。

崔慧景被殺死之後，豫州刺史蕭懿被朝廷任命為尚書令。蕭懿有九個弟弟，他們是蕭敷、蕭衍、蕭暢、蕭融、蕭宏、蕭偉、蕭秀、蕭憺、蕭恢。蕭懿以誅滅叛賊崔慧景之大功而位居朝臣之首，他的弟弟蕭暢擔任衛尉，負責掌管整個皇宮大門的鎖鑰。當時小皇帝蕭寶卷出入宮城毫無節制，有人便勸說蕭懿趁著小皇帝離開皇宮外出遊逛的機會，起兵廢掉他。蕭懿沒有聽從這種勸告。小皇帝的寵臣茹法珍、王咺之等人忌憚蕭懿的威權，就勸小皇帝說：「蕭懿即將重演隆昌年間鬱林王蕭昭業被廢殺的故事，陛下的性命恐怕危在旦夕了。」小皇帝同意他們的看法。長史徐曜甫得知這個消息之後，就祕密地在江邊為蕭懿準備好了一艘逃走的船隻，他勸說蕭懿趕快乘船向西逃奔襄陽。蕭懿說：「從古到今人人都免不了一死，豈有叛逃的尚書令呢！」蕭懿的弟弟、姪子們都做好了逃命的準備。

冬季，十月十三日己卯，小皇帝在尚書省賜蕭懿毒藥令其自盡。蕭懿在臨死的時候說：「我的弟弟蕭衍還在雍州擔任刺史，我為朝廷的安危深感擔憂。」蕭懿的弟弟、姪子全都逃到里巷裡躲藏起來，沒有人出來向朝廷告發他們。只有蕭融一個人被朝廷捕獲、殺死。

十月二十一日丁亥，魏國朝廷任命彭城王元勰為司徒、錄尚書事，元勰堅決推辭，沒有被批准。元勰一向喜歡過那種恬淡、樸素的生活，不貪圖權勢榮利。魏高祖元宏非常看重他的辦事能力，所以才把掌管朝政大權的重任託付給他，雖然留下遺詔，同意隨元勰自己所請，辭去一切官職，但還是被世宗元恪留在朝內擔當重任。元勰每每因為違背自己的心願出任官職，而經常淒涼地歎息。元勰有著漂亮瀟灑的儀表，端莊整肅得有如神明，舉止合宜，出入言笑，能令看見他的人忘記了疲勞；元勰好讀古書，公務閒暇的時候，便手不釋卷地閱讀；他為人小心謹慎，從來沒有什麼過失，即使是在閒暇之時獨自一人的時候，也從來不表現出那種懶散的情態；元勰愛護、敬重那些溫文爾雅的儒家人物，對他們推心置腹、相待以禮；元勰為官清廉、正直、儉約、樸素，從不接受任何人的請託。

十一月初三日己亥，魏國擔任東荊州刺史的桓暉率軍入侵齊國，他們攻克了齊國的下笮戍，有二千多戶齊國人歸順了魏國。桓暉，是桓誕的兒子。

當初，齊國的小皇帝蕭寶卷懷疑擔任雍州刺史的蕭衍有篡權奪位的野心，擔任直後的滎陽人鄭植的弟弟鄭紹叔當時在蕭衍屬下擔任寧蠻長史，小皇帝便派鄭植以探望自己弟弟鄭紹叔的名義前往襄陽行刺蕭衍。鄭紹叔得知消息以後，就祕密地報告了蕭衍，蕭衍在鄭紹叔家裡擺設酒宴，他對鄭植開玩笑似的說：「朝廷派遣你來謀殺我，今天這個輕鬆、消閒而沒有任何戒備的宴會，正是你謀殺我的良好機會啊。」賓主全都不約而同地大笑起來。蕭衍又讓鄭植逐一觀看襄陽城的城牆與護城河、府庫、兵馬、器械、舟艦。鄭植從宴會回來以後對自己的弟弟鄭紹叔說：「雍州的實力很強大，不容易被消滅。」鄭紹叔說：「哥哥回到朝廷以後，請詳細地把雍州的情況告訴小皇帝，就說：如果朝廷想要攻取雍州，鄭紹叔就率領著雍州的兵眾與朝廷軍決一死戰！」鄭紹叔一直把自己的哥哥鄭植送到南峴山，兄弟二人手拉著手慟哭了一場才戀戀不捨地分別。

等到尚書令蕭懿被小皇帝蕭寶卷毒死之後，雍州刺史蕭衍得知了消息，便連夜把自己的親信擔任錄事參軍的范陽人張弘策、擔任中兵參軍的東平人呂僧珍、擔任長史的王茂、擔任別駕的柳慶遠、擔任功曹的吉士瞻等人找來進入自己的私宅祕密地商議對策。王茂，是王天生的兒子。柳慶遠，是柳元景的姪子。十一月初九日乙巳，蕭衍把自己的僚佐招集起來，對他們說：「小皇帝昏庸暴虐，其罪惡行徑超過了殷紂王，我要與你們共同起兵把他除掉！」當天，便樹起大旗，集合兵眾，立即便得到了一萬多名披甲執械的武士，一千多匹戰馬，三千艘戰船。他們把原先儲藏在檀溪水中的竹竿、木材撈出來打造艦船，用茅草編葺成篷蓋，起兵的各項工作很快便準備就緒。各將領全都爭搶大盾牌，呂僧珍便把自己先前準備好的幾百張大盾牌拿出來，每艘船上發給二張，關於大盾牌的爭奪戰才算平息下來。

此時，擔任西中郎將的南康王蕭寶融正在擔任荊州刺史，在他屬下擔任西中郎長史的蕭穎胄代替南康王蕭寶融管理荊州刺史府和西中郎將將軍府的事務，小皇帝蕭寶卷派遣擔任輔國將軍、巴西、梓潼二郡太守的劉山陽率領三千士兵前往巴西、梓潼二郡的郡治涪縣赴任，途中會合蕭穎胄的荊州兵一同去襲擊雍州刺史蕭衍所在的襄陽。蕭衍看穿了小皇帝的陰謀，就派屬下擔任參軍的王天虎前往江陵，給荊州官屬每處全都送上一封書信，他在書信中故意挑動說：「劉山陽率軍西上，不光是要襲擊我們雍州，也會同時襲擊你們的荊州。」蕭衍趁機對屬下的各將領說：「荊州一向懼怕襄陽人，再加上脣亡齒寒，他們怎能不暗中幫助我們呢！我們如果能把荊州、雍州的軍隊聯合起來，敲著戰鼓向著東方的建康進軍，即使是漢代的大將韓信、秦將白起再生，也沒有辦法為建康出謀劃策了。何況現在是一個昏庸的小皇帝驅趕著一群操刀手與小答應呢！」蕭穎胄等得到蕭衍的書信後，正在狐疑，左右拿不定主意。劉山陽已經到達巴陵郡，蕭衍又令王天虎攜帶著書信送交蕭穎胄和蕭穎胄的弟弟、在南康王蕭寶融屬下擔任友的蕭穎達。王天虎走後，蕭衍對錄事參軍張弘策說：「用兵之道，以攻心為上。近來我派王天虎前往荊州，荊州所有的官員每個人手裡都有我們送給他們的書信。這一次我派王天虎前往荊州，由於驛站出發的車子走得太急，所以只帶著兩封空函分別送給蕭穎胄、蕭穎達兄弟，信中只簡單地寫著『讓王天虎當面向你們陳述』。等到蕭穎胄、蕭穎達分別向王天虎詢問我讓他口頭傳達什麼的時候，而王天虎卻無法回答，王天虎是蕭穎胄的心腹，荊州的其他官員一定會認為蕭穎胄與王天虎瞞著眾人的背後還有別的陰謀，於是人人都會對他產生懷疑。劉山陽聽到眾說紛紜，必然心生疑慮，就會遲疑不決。到那時行州府事的蕭穎胄無論是進還是退都無法證明他自己的清白，一定會落入我的圈套。我是傳送兩封空函平定了一個州啊。」

劉山陽率領軍隊到達江安縣，在江安逗留了十多天沒有向江陵進發。此時蕭穎胄心中非常恐懼，不知如何是好，夜裡，他把擔任西中郎城局參軍的安定郡人席闡文、擔任諮議參軍的柳忱找來，關上書齋的房門祕密地商議應該何去何從。席闡文說：「雍州刺史蕭衍畜養戰士、馬匹，已經不是一天二天的事情了。江陵人一向懼怕襄陽人，況且江陵的兵力與襄陽的兵力比較起來又是寡不敵眾，我們出兵討伐襄陽一定不能取勝；即使我們能夠戰勝襄陽，到頭來也會被朝廷所不容。現在如果我們殺掉劉山陽，與雍州聯合起來廢掉現在的小皇帝蕭寶卷，另立一位皇帝，然後以這位皇帝的名義號令全國，那麼就可以成就霸業。劉山陽現在猶豫不決，不敢向江陵進發，是因為他不信任我們。如果我們把王天虎殺死之後送給劉山陽，劉山陽對我們的懷疑就會消除。等到劉山陽到了江陵之後，我們再想辦法把劉山陽除掉，沒有不成功的道理。」柳忱說：「小皇帝一天比一天狂妄悖謬，京城裡的那些達官顯貴一個個被他嚇得連腳步也不敢移動，連口大氣也不敢出。如今幸虧我們遠離京城，還能苟延一段日子。小皇帝所以讓我們荊州出兵幫助劉山陽去攻打襄陽的蕭衍，只不過是借助此舉讓我們與蕭衍互相殘殺罷了。我們難道沒有看到尚書令蕭懿的下場嗎？蕭懿率領著幾千精兵打敗了崔慧景的十萬大軍，到最後竟然遭到一幫奸佞小人的誣陷而被殺，類似的慘劇一個接著一個。俗話說：『前事不忘，後事之師。』況且雍州兵精糧足，雍州刺史蕭衍英雄蓋世，劉山陽一定不是他的對手。如果蕭衍打敗了劉山陽，我們荊州必定還要承擔沒有嚴格遵照朝廷的命令協助劉山陽剿滅雍州，致使劉山陽被蕭衍打敗的責任而受到朝廷的懲罰，現在我們已經陷入進退兩難的境地，我們應該認真而深刻地考慮如何處理這件事情。」蕭穎達也勸說自己的哥哥蕭穎胄聽從席闡文等人的意見。第二天早晨，蕭穎胄對王天虎說：「你與輔國將軍劉山陽相識，現在我們不得不借用一下你的人頭！」於是就砍下王天虎的人頭送給劉山陽看，又大張旗鼓地徵調百姓的車、牛，宣稱是為了動員步兵去征討襄陽的蕭衍，劉山陽看到荊州如此表現非常高興。十一月十八日甲寅，劉山陽率領軍隊到達江津，他身穿便服，乘坐著一輛車子，身邊只帶著幾十名侍從便前往造訪行州府事的蕭穎胄。蕭穎胄讓以前曾經擔任過汶陽太守的劉孝慶等人埋伏在江津戍的城門以內，等到劉山陽一進入江津戍的城門，還沒等他下車，埋伏的人就把他殺死在車中了。劉山陽的副將李元履將其餘的兵眾招集到一起向蕭穎胄請求投降。

擔任諮議參軍的柳忱，是柳世隆的兒子。行州府事的蕭穎胄擔心擔任西中郎司馬的夏侯詳不贊成自己的做法，於是就把自己的擔憂告訴了柳忱，柳忱說：「這件事情好辦得很！近來夏侯詳曾經為他的兒子向我家求婚，我還沒有答應他。」柳忱遂把自己的女兒嫁給了夏侯詳的兒子夏侯夔，之後才把起兵的計畫告訴夏侯詳，夏侯詳同意起兵。十一月十九日乙卯，蕭穎胄以南康王蕭寶融的名義宣布整個荊州進入緊急軍事狀態，又以南康王蕭寶融的名義赦免了荊州境內所有的囚徒，施以恩惠，頒布立功受賞的等級標準。二十日丙辰，又以南康王蕭寶融的名義任命雍州刺史蕭衍為使持節都督前鋒諸軍事。二十一日丁巳，以南康王蕭寶融的名義任命蕭穎胄為主管東下之軍與留守荊州之軍各項事務的都督行留諸軍事。蕭穎胄是一個有才識、有度量的人，舉兵起義之後，他虛心聽取別人的意見，從不固執己見、自以為是，所以人們都很擁護他。因為擔任別駕的南陽郡人宗夬以及和他同郡的擔任中兵參軍的劉坦、擔任諮議參軍的樂藹都深受本州人的推崇與信任，所以蕭穎胄督軍府裡一些需要商討的重大問題，蕭穎胄都向他們諮詢、與他們一起商量。蕭穎胄、宗夬各自獻出自家的錢糧，還用交換或借貸的方式向富有人家籌措了一些錢糧以資助軍需。長沙寺裡的和尚一向就很富有，他們把幾千兩的黃金鑄造成金龍埋在地下。蕭穎胄把金龍要過來，用作了軍費。

都督行留諸軍事的蕭穎胄派使者把劉山陽的人頭送給了雍州刺史蕭衍，同時告訴蕭衍說本年最後的這兩個月不利於軍事行動，應當等到明年二月再舉兵向建康進發。蕭衍回覆說：「舉事開始的時候，所憑藉的是一時的勇猛、敢打敢衝的士氣，事情樣樣抓緊，尚且擔心猶疑懈怠。如果停止不前三個多月，一定會造成許多讓人後悔而又無法挽救的結果。況且十萬大兵披著鎧甲光吃不動，糧食資用很快就會枯竭。再有個少不經事的傢伙跳出來唱上幾句反調，大事就可能成功不了。更何況現在各項部署已經確定，豈可中途停止呢！過去周武王出兵討伐殷紂王，行動的時間恰好與太歲相逆，難道周武王為此改變時間了嗎？」〇十一月二十二日戊午，雍州刺史蕭衍上表給南康王蕭寶融，勸說他稱帝，蕭寶融不答應。

十二月，都督行留諸軍事的蕭穎胄與西中郎司馬夏侯詳向建康城內的文武百官以及各州牧郡守發布檄文，一條一條地列數小皇帝蕭寶卷以及梅蟲兒、茹法珍的罪惡。蕭穎胄派遣擔任冠軍將軍的天水郡人楊公則率軍攻取湘州，派擔任西中郎參軍的南郡人鄧元起率軍攻取夏口。擔任一支軍隊頭領的王法度由於不服從命令，拒絕進軍而被免去官職。初十日乙亥，荊州的將佐又勸說蕭寶融稱帝，蕭寶融還是不同意。夏侯詳的兒子擔任驍騎將軍的夏侯亶還在建康的皇宮中擔任禁軍統領，夏侯詳祕密地將他召回江陵，夏侯亶遂從建康逃回。二十七日壬辰，夏侯亶回到江陵，他假託奉了宣德皇太后的命令：南康王蕭寶融理應繼承皇位。但現在的皇宮還有待清理，南康王蕭寶融暫時還不能就稱皇帝。可以先把十個郡分封給蕭寶融，封蕭寶融為宣城王、相國、荊州刺史，加授黃金做裝飾的大斧，選任文武百官組建新的朝廷班底，原任西中郎將的職權、南康王爵位依然保留。等你們的軍隊到達臺城近前的時候，朝廷主管該項事務的官員再帶著皇帝乘坐的車駕前去迎接。

齊國擔任竟陵太守的新野人曹景宗派自己的親屬前往襄陽勸說蕭衍，建議蕭衍到江陵把南康王蕭寶融接到襄陽，在襄陽建都，先稱帝，然後再向建康進軍，蕭衍沒有聽從曹景宗的建議。蕭衍的親信擔任長史的王茂私下裡對擔任錄事參軍的張弘策說：「如果讓南康王蕭寶融處於蕭穎胄的控制之下，他們以天子的名義向各諸侯王發號施令，使持節都督前鋒諸軍事的蕭衍今後在前進的路上就要被別人所驅使，這難道是為今後做長遠的打算嗎！」張弘策把王茂的話告訴了蕭衍，蕭衍說：「如果今後進攻建康的事情不能成功，當然是不論什麼樣的人都只有死路一條；如果能夠取得攻克建康的大捷，我的權勢將會威震四海，有誰會不服從於我，我難道是那種平庸無為、隨隨便便受別人擺布的人嗎！」

當初，江州刺史陳顯達、平西將軍崔慧景起兵進攻建康的時候，人心不安。有人詢問擔任上庸太守的杜陵縣人韋叡，韋叡回答說：「陳顯達雖然是一員老將，卻不是著名一世的傑出人才；崔慧景雖然見過一些世面、經歷過一些事故，但他性情懦弱而沒有決斷，他們被滅族是在預料之中的事情。能夠安定天下的人，恐怕一定是我州的刺史蕭衍將軍吧？」於是韋叡就讓自己的二個兒子主動去和蕭衍結交。等到蕭衍起兵的時候，韋叡立即率領二千名上庸郡的士兵倍道兼程趕來參加蕭衍的軍事行動。擔任華山太守的藍田縣人康絢率領著華山郡的三千士兵趕來投奔蕭衍。馮道根當時正在家中為自己的母親守孝，他聽到蕭衍起兵的消息之後，立即率領家鄉子弟當中所有能夠拿起武器作戰的人前往投奔蕭衍。擔任梁、南秦二州刺史的柳惔也起兵響應蕭衍，柳惔，是在蕭穎胄手下擔任諮議參軍的柳忱的哥哥。

齊國的小皇帝蕭寶卷聽說自己派去襲擊雍州刺史蕭衍的劉山陽已經被殺死，於是發布詔書出兵討伐荊州、雍州的叛軍。十二月十三日戊寅，小皇帝任命擔任冠軍長史的劉澮為雍州刺史，又派遣擔任驍騎將軍的薛元嗣、擔任制局監的暨榮伯率軍前往郢州，連帶運送一百四十多艘船糧食給擔任郢州刺史的張沖，令他們在郢州抵擋從西部長江上游而來的荊州軍、雍州軍。薛元嗣等人接受了劉山陽被殺的教訓，因為還不知道郢州刺史張沖是什麼態度，因此不敢貿然前進，便停泊在夏口浦。當他們聽到西部長江上游的雍州軍、荊州軍即將到來的消息，這才相互率軍進入郢城。前任竟陵太守房僧寄卸任後即將返回京師建康，他將從上游的鍾祥縣沿江而下到達郢城，小皇帝敕令房僧寄留下來鎮守魯山的軍事據點，並擢升房僧寄為驍騎將軍。郢州刺史張沖與房僧寄結成聯盟，他派遣自己的部將孫樂祖率領數千人協助房僧寄防守魯山。

都督行留諸軍事的蕭穎胄寫信給擔任武寧太守的鄧元起，招請鄧元起歸順自己。而郢州刺史張沖對鄧元起一向都很厚愛，所以眾人都勸說鄧元起回到郢州，鄧元起大聲地對眾人說：「朝廷暴虐無道，誅殺宰相，一群小人當道，有身分、講體面的人已經沒法再活下去了。荊州、雍州一同起兵推翻小皇帝蕭寶卷的統治，怎麼會擔心他們不能取勝呢？況且我年邁的母親還在西方，如果起兵之事失敗，就是被昏暴的朝廷所誅殺，我也會慶幸自己免去了不孝的罪名。」鄧元起當天就收拾好行裝上路了，鄧元起到達江陵之後，便被授予西中郎中兵參軍的職位。

代管湘州刺史職務的張寶積調動軍隊加強防守，他不知道自己到底應該歸順哪一方。接受蕭穎胄派遣攻取湘州的冠軍將軍楊公則率軍攻克了巴陵以後，繼續向白沙戍進軍，張寶積因為心懷恐懼，遂向楊公則請求投降，楊公則順利地進入長沙，他接受了張寶積的投降，並對張寶積進行了安撫。

這一年，被齊國任命為北秦州刺史的楊集始率領一萬多人從漢中出發向北挺進，謀求收復被魏國人佔去的舊地盤。魏國擔任梁州刺史的楊椿出動五千名步兵、騎兵駐紮在下辯，他寫信給楊集始，為楊集始分析利害關係，楊集始於是又率領自己的一千多名親兵投降了魏國。魏國仍然讓楊集始擔任原來南秦州刺史的職務和武興王的爵位，令楊集始回去鎮守武興郡。

【研析】本卷寫東昏侯蕭寶卷永元二年（西元五〇〇年）一年間南齊與北魏兩國的大事。主要寫了南齊北部邊境的守將裴叔業因害怕蕭寶卷的迫害，率壽陽軍民投降魏國，致使淮南地區的大片土地落入魏人之手；寫了南齊將領崔慧景以擁立蕭寶玄為名，由廣陵北回師進攻建康城，一路上勢如破竹，只不過由於崔慧景的遲疑不決與其他內部原因，未能迅即攻下臺城，以致最後被蕭懿率軍擊敗。寫了小皇帝蕭寶卷在如此風雨飄搖的情況下，仍大興土木，縱容近習小人為非作歹，尤其莫名其妙地對擊破崔慧景有大功的蕭懿、蕭暢兄弟心懷畏忌，找藉口將其殺害，以致激起早已割據雍州的蕭衍立即興兵反抗朝廷；寫了蕭衍聯合荊州的蕭穎胄共同擁立蕭寶融，蕭衍率領雍、荊二州之兵下圍郢城，朝廷派出的西援之軍被蕭衍打敗，郢州周圍的州郡紛紛歸依蕭衍等等。其中可議論的有如下幾點：

其一，裴叔業的率領壽陽降魏，完全是南齊朝廷的錯誤政策所致。其原因、其後果都與宋明帝不相信薛安都，想加害薛安都，致使薛安都等率徐州投降魏國的情節相同。薛安都、裴叔業都是南朝的名將，在為保衛南朝領土與北朝的戰鬥中，都曾立下過重大功勳，他們在戰場上的卓絕表現都給讀者留下過深刻的印象。由於宋明帝的自私、愚蠢，處置錯誤，致使薛安都等一群將領都率領各自的州郡投降魏國，讓魏國人不費吹灰之力而坐獲了淮河以北的大片領土，從而使南北雙方對峙的邊境南移到了淮河一線。在南齊統治南方的二十多年間，北魏孝文帝遷都到了洛陽，為了進一步開拓南方領土，他曾幾次地發起對鍾離、壽陽、義陽、南陽等地的進攻，最後攻下的只有南陽，將那裡的邊境推到了襄陽一線。而義陽、壽陽、鍾離則依舊巍然屹立，牢不可拔。尤其應該特別說清的，是當孝文帝下決心一定要拔掉義陽（今河南信陽）這座前進中的橋頭堡時，南朝正是靠著裴叔業從東方進攻魏國的渦陽，從而緩解了義陽的危急。誰曾想南齊又轉而迫害裴叔業，最後使裴叔業攜郡投魏，於是又使魏國人不費吹灰之力而獲得了淮南的大片領土，這是當初孝文帝所朝思暮想，費盡心機而未能實現的。幸虧魏主元恪荏弱無能，如果他能及時地聽取元英、源懷、田益宗等人的建議，不失時機地趁著蕭寶卷朝廷與蕭衍內戰的機會，對以上諸地發起進攻，可以想見，南朝邊境退縮到長江一線的日子，大概不必等到侯景之亂就可以實現了。結論是：不是北朝的力量真的大得不可抵禦，是南朝的腐敗統治者自毀長城，自己把大片的領土拱手讓給了敵人！

其二，關於蕭懿之死。蕭懿是蕭衍的親哥哥，早在蕭衍往任雍州刺史的時候，就勸其諸兄弟尋機往雍州移動靠攏，一來可以集聚勢力，二來可以避免受到朝廷的傷害。但蕭懿堅持不聽。他是以南齊的臣子自居，他的信念是要做一個南齊的良臣，有始有終地堅持到底。當裴叔業攜壽春降魏後，蕭寶卷派當時任衛尉的蕭懿為豫州刺史率軍討之。因當時的魏將奚康生、楊大眼等都已進駐壽春，南齊的進討之軍被擊敗。也正是在這個時候，崔慧景發動叛亂，圍攻臺城，朝廷喚蕭懿回援臺城。蕭懿自采石磯渡江而回，擊破崔慧景，被朝廷任為尚書令。其弟蕭暢在蕭懿尚未回援時，在臺城內率兵堅守，事後被任為衛尉。這時在雍州伺機而動的蕭衍馳書告蕭懿，讓他在朝廷發動政變，廢掉蕭寶卷。蕭懿不聽。「嬖臣茹法珍、王咺之等憚懿威權，說帝曰：

『懿將行隆昌故事，陛下命在晷刻。』帝然之。徐曜甫知之，密具舟江渚，勸懿西奔襄陽。懿曰：『自古皆有死，豈有叛走尚書令邪！』懿弟姪咸為之備。冬，十月己卯，帝賜懿藥於省中。懿且死，曰：『家弟在雍，深為朝廷憂之。』懿弟姪皆亡匿於里巷，無人發之者。唯融捕得，誅之。」蕭懿的死是令人遺憾的，也給了蕭衍起兵造反以更為充分的理由。但作為蕭懿個人來說，他是充分自覺的，他死而無憾，相反還為朝廷日後的結局擔著淡淡的一分心。王夫之對蕭懿的死給予了崇高的評價，其《讀通鑑論》說：「自有天地以來，人道之逆，未有甚於此時者也。能挽其狂波而扶名義於已墜者，顧不偉與？於是而蕭懿獨秉耿耿之忠，白刃臨頭而不易其節，弟衍說之而不聽，張弘策說之而不聽，徐曜甫說之而不聽。禍將及矣，曜甫知之，勸其奔襄陽，而奮然曰：『自古皆有死，豈有叛走尚書令邪？』可不謂皎皎炎炎，天日在心，而山嶽孤立者乎？沈慶之不忍廢子業而死，猶有低回之心焉；懿則引領受刃，以全大臣之節，尤為烈矣，懿之為功於名教大矣哉！」

其三，史家寫王天虎之死有失公道。王天虎是蕭衍屬下的參軍，《梁書》無傳，其事跡雜見於《梁書·武帝紀上》。當蕭懿在建康被殺，消息傳到襄陽，蕭衍召集親信謀議起兵時，參加謀議的有長史王茂、中兵呂僧珍、別駕柳慶遠、功曹吉士瞻等。待至建牙起事後，朝廷派出的巴西太守劉山陽即將路過江陵前往蜀中就職。劉山陽所受的秘密使命是到達江陵時與荊州行事蕭穎胄共同發兵以襲襄陽。蕭衍得到這個消息後，「遣參軍王天虎詣江陵，徧與州府書，聲云：『山陽西上，并襲荊、雍。』衍因謂諸將佐曰：『荊州素畏襄陽人，加以脣亡齒寒，寧不闇同邪！我合荊、雍之兵，鼓行而東，雖韓、白復生，不能為建康計。況以昏主役「刀敕」之徒哉！』」這是王天虎第一次露面。他不是蕭衍第一圈的親信，但也是奉命出使，第一批為蕭衍前去聯絡、拉攏蕭穎胄的部下，促使蕭穎胄與蕭衍結成聯盟的人。《通鑑》寫這段情事的文字大體與《梁書·武帝紀》相同。只是《梁書》說與王天虎一道去江陵進行活動還有龐慶國，龐慶國與王天虎的身分一樣，都在蕭衍部下任參軍之職。蕭穎胄在得到蕭衍的書信後，「疑未能決」，可是逆江水而上的劉山陽這時已經到達巴陵，離江陵已經很近了。於是「衍復令天虎齎書與穎胄及其弟南康王友穎達。天虎既行，衍謂張弘策曰：『用兵之道，攻心為上。近遣天虎往荊州，人皆有書。今段乘驛甚急，止有兩函與行事兄弟，云「天虎口具」。及問天虎而口無所說，天虎是行事心膂，彼間必謂行事與天虎共隱其事，則人人生疑。山陽惑於眾口，判相嫌貳。則行事進退無以自明，必入吾謀內。是馳兩空函定一州矣。」」王天虎二次為蕭衍送書信與蕭穎胄兄弟，他是忠心耿耿而去，並無與蕭穎胄有任何祕密之私情。而蕭衍實際上卻在王天虎與蕭穎胄之間演了一齣《三國演義》所寫的「曹操抹書間韓遂」，他在信上說王天虎還有口頭的事情要稟告，但王天虎並沒有得到書信以外的蕭衍的其他口頭吩咐。這一來蕭穎胄與其僚屬之間遂被攪得疑慮叢生。當蕭穎胄計無所出，召集部下商量對策時，席闡文給他建議說：「蕭雍州畜養士馬，非復一日。江陵素畏襄陽人，又眾寡不敵，取之必不可制；就能制之，歲寒復不為朝廷所容。今若殺山陽，與雍州舉事，立天子以令諸侯，則霸業成矣。山陽持疑不進，是不信我。今斬送天虎，則彼疑可釋。至而圖之，罔不濟矣。」蕭穎達亦勸穎胄從闡文等計。於是蕭穎胄謂天虎曰：「卿與劉輔國相識，今不得不借卿頭！」於是乃斬王天虎，送其頭與劉山陽；劉山陽遂放心地進入江陵，結果被蕭穎胄所殺，最後達到了蕭衍所預期的目的。這段文字寫蕭衍的謀略可以說是萬無一失，但對王天虎來說卻未免缺德。而且在事成之後也沒有聽說蕭衍對王天虎的家屬與後人有任何的褒獎與賞賜。究竟是蕭衍本來就是這麼過河拆橋地不把人當人呢？還是寫史者的寫法不周密、情理欠缺呢？我覺得王天虎的死應該受到重視，其價值有如「荊軻刺秦王」當中獻出生命的樊於期或是田光！寫史者不能青紅不分地把人家寫得像個該死的叛徒一樣！這段文字有失公道。

卷第一百四十四

齊紀十　重光大荒落（辛巳　西元五〇一年），一年。

【題　解】本卷寫齊和帝蕭寶融中興元年（西元五〇一年）一年間南齊與北魏兩國的大事。寫了魏主元恪罷咸陽王元禧、彭城王元勰之職，而信任于烈父子，以于烈為領軍將軍，長直宮禁之中，軍國大事皆得參焉；寫元禧勾結氐王楊集始等陰謀叛亂，因楊集始告密，于烈父子又早有準備而妥善平息了變亂，元禧被殺，陸琇亦以「通情」死於獄中；寫魏主寵信近臣茹皓、趙脩與外戚高肇等人，魏政從此浸衰；寫南齊蕭穎胄、蕭衍擁立小傀儡蕭寶融在江陵稱帝，蕭穎胄為尚書令兼荊州刺史以主管後方，蕭衍為左僕射、假黃鉞以管東征之事；寫蕭衍率雍、荊二州之兵東下，包圍郢州城，朝廷方的郢州刺史張沖與其部將房僧寄分別據守郢州與魯山。蕭衍不聽蕭穎胄等人的督促迅速攻城，而是必欲徹底解決之，以根除後患；寫了建康朝廷新任的雍州刺史張欣泰與直閤將軍鴻選、軍主胡松等人謀劃欲乘諸嬖幸為其所派的監軍馮元嗣送行於新亭之際誅殺諸嬖幸、廢蕭寶卷，結果事情未成，張欣泰、胡松等皆被蕭寶卷所殺；寫了蕭子良的兒子蕭昭胄、蕭昭穎與蕭子良的舊部陰謀尋機以殺蕭寶卷，擁立蕭昭胄，結果事洩被殺；寫了堅守郢城、魯山的將領張沖、房僧寄相繼病死，而朝廷所派西救郢州的軍於加湖的吳子陽軍，又被蕭衍派兵擊破，死者萬餘，郢城、魯山為之喪氣。隨即魯山的守將孫樂祖、新任的郢州刺史程茂等以郢城降蕭衍。蕭衍平定郢州後揮師東下，沿途對江州的守將陳伯之進行攻心，陳伯之幾經動搖後投降蕭衍；寫了蕭寶卷又派王珍國、馬仙琕等率軍西上迎敵，而蕭衍則一路破關斬將而直抵新亭；寫蕭衍的部將楊公則圍攻臺城，沉著幹練，情景動人，建康周圍的朝廷守軍紛紛投降蕭衍；寫長江上游的巴西、巴東二郡不從蕭衍，起兵下攻江陵，江陵震動，直至見建康的大勢已去，始向蕭衍投降；蕭穎胄則以自己未能安定後方憂憤而死；寫東昏侯在宮城被圍時的吝嗇荒悖、欲殺大臣，致使王珍國、張稷等聯合蕭寶卷身邊的侍衛殺了蕭寶卷，送其首級於蕭衍；寫蕭衍置江陵的蕭寶融於不顧，而以宣德太后令任己為最高執政者；寫蕭衍入屯閱武堂，頒行各項條令，廢除蕭寶卷時代的一切弊政；此外還寫了魏將元英、源懷皆上書請魏主趁齊國內亂出兵伐齊，魏之東豫州刺史田益宗與魏將元英又進規取義陽之策，魏主皆未能迅速行動；以及崔慧景之子崔偃給蕭寶融上書要求給被蕭寶卷所殺的蕭寶玄與崔慧景平反，言辭勁直而頗顯滑稽，蕭衍不願視之為同道，致崔偃被下獄死等等。

和皇帝❶

中興元年❷（辛巳　西元五〇一年）

春，正月丁酉❸，東昏侯以晉安王寶義❹為司徒，建安王寶寅❺為車騎將軍、開府儀同三司。○乙巳❻，南康王寶融始稱相國❼，大赦。以蕭穎胄為左長史❽，蕭衍為征東將軍，楊公則為湘州刺史。戊申❾，蕭衍發襄陽❿，留弟偉⓫總府州事⓬，憺⓭守壘城⓮，府司馬莊丘黑⓯守樊城。衍既行，州中兵及儲偫⓰皆虛。魏興⓱太守裴師仁、齊興⓲太守顏僧都並不受衍命，舉兵欲襲襄陽，偉、憺遣兵邀擊於始平⓳，大破之，雍州乃安。

魏咸陽王禧⑳為上相㉑，不親政務，驕奢貪淫，多為不法，魏主頗惡之。禧遣奴就領軍于烈㉒求[1]羽林虎賁㉓，執仗出入㉔。烈曰：「天子諒闇㉕，事歸宰輔㉖。領軍㉗但知典掌宿衛㉘，非有詔不敢違理從私㉙。」禧奴惘然㉚而返。禧復遣謂烈曰：「我，天子之子，天子[2]叔父㉛，身為元輔㉜，有所求須，與詔何異！」烈厲色曰：「烈非不知王之貴也，柰何㉝使私奴索天子羽林？烈頭可得，羽林不可得！」禧怒，以烈為恆州㉞刺史。烈不願出外，固辭，不許，遂稱疾不出㉟。

烈子左中郎將忠領直閤㊱，常在魏主左右。烈使忠言於魏主曰：「諸王專恣，意不可測，宜早罷之，自攬權綱㊲。」北海王詳㊳亦密以禧過惡㊴白帝，且言彭城王勰大得人情㊵，不宜久輔政。帝然之。

時將礿祭㊶，王公並齊於廟東坊㊷。帝夜使于忠語烈「明日入見㊸，當有處分。」質明㊹，烈至。帝命烈將直閤㊺[3]六十餘人宣旨，召禧、勰、詳，衛送至帝所㊻。禧等入見于光極殿，帝曰：「恪雖寡昧㊼，忝承寶曆㊽。比纏尪疢㊾[4]，實憑諸父㊿，苟延視息(51)，奄涉三齡(52)。諸父歸遜殷勤(53)，今便親攝百揆(54)，且還府司(55)，當別處分(56)。」又謂勰曰：「頃來南北務殷(57)，不容仰遂沖操(58)。恪是何人，而敢久違先敕(59)，今[5]遂叔父高蹈(60)之意。」勰謝曰：「陛下孝恭，仰遵先詔，上成睿明之美[61]，下遂微臣之志，感今惟往[62]，悲喜交深。」庚戌[63]，詔勰以王歸第[64]，禧進位太保[65]，詳為大將軍、錄尚書事[66]。尚書清河張彝、邢巒[67]聞處分非常[68]，亡走[69]出洛陽城，為御史中尉中山甄琛[70]所彈，詔書切責[71]之。復以于烈為領軍，仍加車騎大將軍[72]，自是長直禁中[73]，軍國大事皆得參焉。

魏主時年十六，不能親決庶務，委之左右。於是倖臣茹皓、趙郡王仲興、上谷寇猛、趙郡趙脩、南陽趙邕[74]及外戚高肇[75]等始用事，魏政浸衰[76]。趙脩尤親幸，旬月間，累遷至光祿卿。每遷官，帝親至其宅設宴，王公百官皆從。

辛亥[77]，東昏侯祀南郊，大赦。〇丁巳[78]，魏主引見羣臣於太極前殿，告以親政之意。壬戌[79]，以咸陽王禧領太尉[80]，廣陵王羽[81]為司徒[82]。魏主引羽入內，面授之，羽固辭曰：「彥和[83]本自不願，而陛下強與之。今新去此官而以臣代之，必招物議[84]。」乃以為司空[85]。

二月乙丑[86]，南康王以冠軍長史王茂為江州刺史，竟陵太守曹景宗為郢州刺史，邵陵王寶攸[87]為荊州刺史。〇甲戌[88]，魏大赦。〇壬午[89]，東昏侯遣羽林兵擊雍州，中外纂嚴。

甲申[90]，蕭衍至竟陵[91]，命王茂、曹景宗為前軍，以中兵參軍張法安守竟陵城。茂等至漢口[92]，諸將議欲併兵圍郢[93]，分兵襲西陽、武昌[94]。衍曰：「漢口不闊一里[95]，箭道交至[96]，房僧寄以重兵固守[97]，與郢城為掎角[98]。若悉眾前進[99]，僧寄必絕我軍後，悔無所及。不若遣王、曹諸軍濟江[100]，與荊州軍合，以逼郢城；吾自圍魯山以通沔漢[101]，使鄖城[102]、竟陵之粟方舟而下[103]，江陵、湘中之兵相繼而至，兵多食足，何憂兩城[104]之不拔！天下之事，可以臥取之耳。」乃使茂等帥眾濟江，頓[6]九里[105]。張沖遣中兵參軍陳光靜開門迎戰，茂等擊破之，光靜死，沖嬰城自守。景宗遂據石橋浦[106]，連軍相續，下至加湖[107]。

荊州遣冠軍將軍鄧元起、軍主王世興、田安之將數千人會雍州兵於夏首[108]。衍築漢口城以守魯山[109]，命水軍主義陽張惠紹[110]等游遏[111]江中，絕郢、魯二城信使[112]。楊公則舉湘州之眾會于夏口。蕭穎胄命荊州諸軍皆受公則節度[113]，雖蕭穎達[114]亦隸焉。

府朝[115]議欲遣人行湘州事[116]而難其人，西中郎中兵參軍劉坦謂眾曰：「湘土人情，易擾難信[117]，用武士則侵漁[118]百姓，用文士則威略不振[119][7]。必欲鎮靜一州，軍民足食，無踰老夫[120]。」乃以坦為輔國長史、長沙太守，行湘州事。坦先[8]嘗在湘州[121]，多舊恩[122]，迎者屬路[123]。下車，選堪事吏[124]分詣十郡[125]，發民運租米三十餘萬斛以助荊、雍之軍，由是資糧不乏。

三月，蕭衍使鄧元起進據南堂西渚[126]，田安之頓城北[127]，王世興頓曲水故城[128]。丁酉[129]，張沖病卒，驍騎將軍薛元嗣與沖子孜及征虜長史江夏內史程茂[130]共守郢城。

乙巳[131]，南康王即皇帝位於江陵[132]，改元[133]，大赦；立宗廟，南北郊，州府城門悉依建康宮；置尚書五省[134]，以南郡太守為尹[135]；以蕭穎胄為尚書令，蕭衍為左僕射[136]，晉安王寶義為司空，廬陵王寶源為車騎將軍、開府儀同三司，建安王寶寅為徐州刺史[137]，散騎常侍夏侯詳為中領軍[138]，冠軍將軍蕭偉為雍州刺史。丙午[139]，詔封庶人寶卷為涪陵王[140]。乙酉[141]，以尚書令蕭穎胄行荊州刺史[142]，加蕭衍征東大將軍、都督征討諸軍事，假黃鉞[143]。時衍次楊口[144]，和帝[145]遣御史中丞宗夬勞軍[146]。寧朔將軍新野庾域[147]諷夬[148]曰：「黃鉞未加，非所以總帥侯伯[149]。」夬返西臺[150]，遂有是命[151]。薛元嗣遣軍主沈難當帥輕舸數千亂流[152]來戰，張惠紹等擊擒之。

癸丑[153]，東昏侯以豫州刺史陳伯之[154]為江州刺史、假節、都督前鋒諸軍事，西擊荊、雍。

夏，四月，蕭衍出沔，命王茂、蕭穎達等進軍逼郢城。薛元嗣不敢出[155]，諸將欲攻之，衍不許[156]。

魏廣陵惠王羽[157]通於員外郎[158]馮俊興妻，夜往，為俊興所擊而匿之[159]。五月壬子[160]，卒。

魏主既親政事，嬖倖擅權，王公希得進見[161]，咸陽王禧意不自安[162][9]。齊[10]帥[163]劉小苟屢言於禧云，聞天子左右人言欲誅禧，禧益懼，乃與妃兄兼[11]給事黃門侍郎[164]李伯尚、氐王楊集始[165]、楊靈祐、乞伏馬居[166]等謀反。會帝出獵北邙[167]，禧與其黨會城西小宅，欲發兵襲帝，使長子通竊入河內[168]舉兵相應。乞伏馬居說禧還入洛城，勒兵閉門，天子必北走桑乾[169]，殿下可斷河橋[170]，為河南天子[171]。眾情前卻不壹[172]，禧心更緩[173]，自旦至晡[174]，猶豫不決，遂約不泄而散。楊集始既出[175]，即馳至北邙告之[176]。

直寢[177]苻承祖、薛魏孫與禧通謀，是日，帝寢於浮圖之陰[178]，魏孫欲弒帝，承祖曰：「吾聞殺天子者身當病癩[179]。」魏孫乃止。俄而帝寤，集始亦至。帝左右皆四出逐禽[180]，直衛無幾[181]，倉猝不知所出[182]。左中郎將于忠曰：「臣父領軍留守京城，計防遏有備[183]，必無所慮[184]。」帝遣忠馳騎觀之，于烈已分兵嚴備，使忠還奏曰：「臣雖老，心力猶可用。此屬猖狂[185]，不足為慮，願陛下清蹕徐還[186]，以安物望[187]。」帝甚悅，自華林園還宮[188]，撫于忠之背曰：「卿差強人意[189]！」

禧不知事露，與姬妾及左右宿洪池別墅[190]，遣劉小苟奉啟[191]，云「檢行田收」[192]。小苟至北邙，已逢軍人，怪小苟赤衣，欲殺之。小苟困迫[193]，言欲告反，乃緩之[194]。或謂禧曰：「殿下集眾圖事，見意而停[195]，恐必漏泄，今夕何宜自寬[196]？」禧曰：「吾有此身，應知自惜，豈待人言！」又曰：「殿下長子已濟河[197]，兩不相知，豈不可慮？」禧曰：「吾已遣人追之[198]，計今應還。」時通已入河內，列兵仗，放囚徒矣。

于烈遣直閤叔孫侯將虎賁三百人收禧。禧聞之，自洪池東南走，僮僕不過數人，濟洛[199]，至柏谷塢[200]，追兵至，擒之，送華林都亭[201]，帝面詰其反狀。壬戌[202]，賜死於私第，同謀伏誅者十餘人；諸子皆絕屬籍[203]，微給資產、奴婢，自餘家財悉分賜高肇及趙脩之家，其餘賜內外百官，逮于流外[204]，多者百餘匹，下至十匹。禧諸子乏衣食，獨彭城王勰屢賑給之。河內太守陸琇[205]聞禧敗，斬送禧子通首[206]。魏朝以琇於禧未敗之前不收捕通，責其通情[207]，徵詣廷尉[208]，死獄中[209]。帝以禧無故而反，由是益疏忌宗室。

巴西太守[210]魯休烈、巴東太守蕭惠訓[211]不從蕭穎胄之命，惠訓遣子璝將兵擊穎胄，穎胄遣汝陽太守劉孝慶[212]屯峽口[213]，與巴東太守任漾之等拒之。○東昏侯遣軍主吳子陽、陳虎牙等十三軍救郢州，進屯巴口[214]。虎牙，伯之之子也。

六月，西臺遣衛尉席闡文勞蕭衍軍，齎蕭穎胄等議[215]謂衍曰：「今頓兵兩岸，不併軍圍郢，定西陽、武昌，取江州，此機已失，莫若請救於魏，與北連和，猶為上策。」衍曰：「漢口路通荊、雍，控引秦、梁[216]，糧運資儲，仰此氣息[217]，所以兵壓漢口，連結數州[218]。今若併軍圍郢，又分兵前進，魯山必沮沔路[219]，搤吾咽喉[220]。若糧運不通，自然離散，何謂持久？鄧元起近欲以三千兵往取尋陽，彼若懽然知機[221]，一說士足矣[222]。脫距王師[223]，固非三千兵所能下也。進退無據，未見其可。西陽、武昌，取之即得[224]；然既得之[12]，即應鎮守。欲守兩城，不減萬人[225]，糧儲稱是[226]，卒無所出[227]。脫東軍有上[228]者，以萬人攻一[13]城，兩城勢不得相救。若我分軍應援[229]，則首尾俱弱[230]；如其不遣，孤城必陷[231]。一城既沒，諸城相次[232]土崩，天下大事去矣。若郢州既拔[233]，席卷沿流[234]，西陽、武昌自然風靡[235]。何遽[236]分兵散眾，自貽憂患[237]乎？且丈夫舉事欲清天步[238]，況擁數州之兵以誅羣小，懸河注火[239]，奚有不滅！豈容[240]北面[241]請救戎狄，以示弱於天下[242]！彼未必能信[243]，徒取醜聲[244]，此乃下計，何謂上策？卿為我輩白鎮軍[245]：前途攻取，但以見付[246]，事在日中[247]，無患不捷，但借鎮軍靖鎮之[248]耳。」

吳子陽等進軍武口[249]。衍命軍主梁天惠等屯漁湖城[250]，唐脩期等屯白陽壘，夾岸待之。子陽進軍加湖[251]。去郢三十里，傍山帶水，築壘自固。子陽舉烽，城內亦舉火應之，而內外各自保[252]，不能相救。會房僧寄病卒，眾復推助防孫樂祖[253][14]代守魯山。

蕭穎胄之初起[254]也，弟穎孚自建康出亡[255]，廬陵[256]民脩靈祐為之聚兵，得二千人，襲廬陵，克之，內史[257]謝篹奔豫章[258]。穎胄遣寧朔將軍范僧簡自湘州赴之[259]，僧簡拔安成[260]，穎胄以僧簡為安成太守，以穎孚為廬陵內史。東昏侯遣軍主劉希祖將三千人擊之，南康[261]太守王丹以郡應希祖。穎孚敗，奔長沙，尋病卒，謝篹復還郡。希祖攻拔安成，殺范僧簡，東昏侯以希祖為安成內史。脩靈祐復合餘眾攻謝篹，篹敗走。

東昏侯作芳樂苑，山石皆塗以五采；望民家有好樹、美竹，則毀牆撤屋[262]而徙之。時方盛暑，隨即枯萎，朝暮相繼[263]。又於苑中立市[264]，使宮人、宦者共為裨販[265]。以潘貴妃為市令[266]，東昏侯自為市錄事[267]，小有得失[268]，妃則予[15]杖[269]，乃敕虎賁不得進大荊(270)、實中荻(271)。又開渠立埭(272)，身自引船(273)；或坐而屠肉(274)。又好巫覡(275)，左右朱光尚詐云見鬼；東昏入樂遊苑(276)，人馬忽驚，以問光尚，對曰：「鄉見先帝(277)大嗔(278)，不許數出(279)。」東昏大怒，拔刀與光尚尋之。既不見，乃縛菰為高宗形(280)，北向斬之，縣首苑門(281)。

崔慧景之敗(282)也，巴陵王昭胄(283)、永新侯昭穎(284)出投臺軍(285)，各以王侯還第(286)，心不自安。竟陵王子良故防閤(287)桑偃為梅蟲兒軍副(288)，與前巴西太守蕭寅謀立昭胄，昭胄許事克用寅為尚書左僕射、護軍。時軍主胡松將兵屯新亭(289)，寅遣人說之曰：「須昏人出(290)，寅等將兵奉昭胄入臺，閉城號令(291)。昏人必還就將軍(292)，但閉壘不應(293)，則三公不足得(294)也。」松許諾。會東昏新作芳樂苑，經月不出遊。偃等議募健兒(295)百餘人，從萬春門(296)入，突取之(297)，昭胄以為不可。偃同黨王山沙慮事久無成，以事告御刀(298)徐僧重。寅遣人殺山沙於路，吏於麝幐(299)中得其事。昭胄兄弟與偃等皆伏誅。

【章　旨】以上為第一段，寫齊和帝蕭寶融中興元年（西元五〇一年）上半年的大事。寫了魏咸陽王元禧位居首輔，專權自恣，罷領軍將軍于烈之職，于烈與北海王元詳皆向魏主進言元禧之惡，彭城王元勰亦因大得人心而被魏主所疑；魏主遂突然罷去元禧、元勰的一切職務，任于烈為領軍將軍，加車騎大將軍，長直宮禁之中，軍國大事皆得參焉；寫魏主寵信近臣茹皓、王仲興、寇猛、趙脩與外戚高肇等人，魏政浸衰；寫元禧勾結氐王楊集始等陰謀叛亂，因元禧遲疑不決，楊集始告密，于烈、于忠父子又早有準備而妥善平息了變亂，元禧被殺，連及陸琇亦以「通情」死於獄中；寫南齊蕭穎胄、蕭衍聯合擁立小傀儡蕭寶融在江陵稱帝，蕭穎胄為尚書令兼荊州刺史以管後方，蕭衍為左僕射，假黃鉞以管東征之事；寫蕭衍率師東下，與蕭穎胄所派之荊州兵會於夏口，包圍郢州城；朝廷方的郢州刺史張沖與其部將房僧寄分別據守郢州與魯山，而朝廷所派的西上之軍與巴西、巴東支援朝廷的軍隊紛紛向漢口彙聚。蕭穎胄諸人督促蕭衍迅速攻城，蕭衍則擔心一旦攻城失敗，郢城、魯山將成為嚴重禍患，故必欲坐困根除之，以絕後患；寫堅守郢城、魯山的將領張沖、房僧寄相繼病死，朝廷又派吳子陽進救郢城，雙方決戰的時機逐漸來臨；寫蕭衍率軍東征後，魏興、齊興二郡的太守欲襲雍州，蕭衍之弟蕭偉、蕭憺邀擊大破之，雍州乃安；寫蕭寶融的將領劉坦自請往任行湘州事，以其熟悉州人，辦事幹練，從而使西軍資糧不缺；寫蕭寶卷修建芳樂苑之擾民、殘民，以及在宮中與潘貴妃的諸種玩樂情景，寫蕭寶卷好巫覡，迷信鬼神，有侍從藉機假說蕭鸞顯靈，以勸阻蕭寶卷不要頻頻外出遊蕩，蕭寶卷竟「縛菰為高宗形，北向斬之，縣首苑門」云云，殊不可信。此外還寫了蕭子良的兒子蕭昭胄、蕭昭穎與蕭子良的舊部陰謀尋機以殺蕭寶卷，擁立蕭昭胄，事洩被殺等等。

【注　釋】❶和皇帝　名蕭寶融，西元五〇一—五〇二年在位。傳見《南齊書》卷八。❷中興元年　和帝中興元年（西元五〇一年）。這年的三月改元。三月以前稱蕭寶卷永元三年。❸正月丁酉　正月初二。❹晉安王寶義　蕭寶義，蕭鸞的長子。傳見《南齊書》卷五十。為人有殘疾，故未立為帝。此時任楊州刺史，因東府被火，改居西州府。❺建安王寶寅　蕭寶寅，蕭鸞的第六子。傳見《南齊書》卷五十。❻乙巳　正月初十。❼始稱相國　自去年十一月蕭衍等即以宣德太后令任蕭寶融為相國，今則正式就任。相國，本即宰相之職，但在秦漢之際稱「相國」者位尊而權專，只一人；稱「丞相」者則有左右二人。魏晉以來只授與地位最崇高的人，作為向皇帝的過渡。《通志》卷五十二〈職官二〉：「自魏晉以來，相國、丞相多非尋常人臣之職。」❽左長史　時蕭寶融尚未稱帝，被封為宣城王，故其屬下有長史。長史為諸史之長，權位最尊。❾戊申　正月十三。❿發襄陽　由襄陽出發，開始東征建康。⓫弟偉　蕭衍之弟蕭偉，後被封為南平王。傳見《梁書》卷二十二。⓬總府州事　總管都督府與雍州刺史府的一切事務。⓭憺　蕭憺，蕭衍之弟蕭憺，後被封為始興王。傳見《梁書》卷二十二。⓮守壘城　防守襄陽城外附近的堡寨。胡三省曰：「壘城者，築壘附近大城，猶今堡寨也。」⓯府司馬莊丘黑　征東將軍府的司馬官姓莊名丘黑。司馬在軍中主管司法。⓰儲偫　倉庫裡的各種物資。偫，積蓄；儲備。⓱魏興　郡名，郡治在今陝西安康西。⓲齊興　郡名，郡治即今湖北鄖縣。⓳邀擊於始平　在始平郡設埋伏以截擊之。始平郡的郡治在鄖縣城的東南方。⓴咸陽王禧　元禧，孝文帝元宏之弟，宣武帝元恪之叔。傳見《魏書》卷二十一上。㉑上相　首相，當時咸陽王元禧以太尉輔政，位在群臣之上，故稱上相。㉒領軍于烈　領軍將軍于烈。領軍將軍是管理京城以內眾軍的最高統領。于烈是魏國功勳名將于栗磾之孫，于洛拔之子。傳見《魏書》卷三十一。㉓求羽林虎賁　討要若干名皇帝的禁軍武士。虎賁，言其勇猛如虎之奔。㉔執仗出入　去給元禧充當帶刀侍衛，陪護他出入宮廷。㉕諒闇　處於居喪時期。指因守喪而不問政事。㉖事歸宰輔　一切政事交由丞相處理。㉗領軍　領軍將軍我。指稱自己。㉘典掌宿衛　主管守衛宮廷的事宜。宿衛，夜間防衛，這裡即指防衛。㉙違理從私　違背原則地給某個私人辦事。㉚惘然　失意惱怒的樣子。㉛天子之子二句　老皇帝的兒子，小皇帝的叔父。㉜元輔　猶前文所謂「上相」，諸輔政大臣的領班。㉝柰何　你怎麼能。㉞恆州　恆州的州治即今山西大同。㉟稱疾不出　推說有病，不出家門。㊱領直閣　兼任直閣將軍之職。直閣將軍是在皇帝所生活與辦公殿堂值勤的武官。㊲自攬權綱　自己掌握朝廷權柄。㊳北海王詳　元詳，拓跋弘之子，也是孝文帝與咸陽王元禧的親兄弟。傳見《魏書》卷二十一上。㊴過惡　過失、罪惡。㊵大得人情　深得朝野的人心。㊶礿祭　春天的祭祀宗廟。胡三省曰：「礿，薄也。春物始生，其祭尚薄。」㊷齊於廟東坊　在太廟東牌坊旁邊的房子裡一同進行齋戒。齊，同「齋」。祭祀前的洗沐、吃齋、獨居等等，靜心以表示虔敬。㊸入見　入朝見帝。㊹質明　天剛亮。胡三省曰：「質，正也。質明，天正亮也。」㊺將直閣　率領著直閣的衛士。㊻衛送至帝所　保護並押著他們來到皇帝所處的地方。㊼恪雖寡昧　元恪我雖然無知、愚昧。對人說話自稱己名表示謙卑。㊽忝承寶曆　但畢竟是坐在了這個皇帝的位子上。忝，辱，謙詞。寶曆，皇帝的傳承次序。㊾比纏尪疢　前一段時間孱弱多病。尪疢，疾病。㊿諸父　指伯父、叔父。(51)苟延視息　猶言「苟延殘喘」，勉強維持生命。(52)奄涉三齡　很快地已經過了三年。此時已是元恪在位的第三年。(53)歸遜殷勤　多次懇切地請求交出職位，退休回家。歸遜，退位歸家。殷勤，誠懇的樣子。(54)親攝百揆　親自管理各項政務。(55)且還府司　你們暫且各回府第。(56)當別處分　我會另外做出安排。(57)南北務殷　胡三省曰：「謂使勰北鎮中山，南取壽陽，因而守之也。」務殷，公務繁多。(58)不容仰遂沖操　沒能讓您滿足謙退的願望。仰遂，讓您滿足。仰，敬詞。沖操，謙虛的美德。(59)先敕　先人的詔令，指孝文帝答應過的讓彭城王勰辭職的遺詔。(60)高蹈　離開官場去當隱士的清高行動。(61)上成睿明之美　向上完成了老皇帝英明睿智的遺願。(62)感今惟往　感謝當今的皇帝，追懷去世的皇帝。惟，思；懷念。(63)庚戌　正月十五。(64)以王歸第　帶著彭城王的爵祿回歸府第，言外之意是其他的一切職務就沒有了。(65)進位太保　授予元禧太保的虛銜，而免去了其他的一切實權。(66)詳為大將軍錄尚書事　元詳成了魏國軍權、政權一把抓的首席大臣。大將軍是國家最高的軍事統帥，位在丞相之上。錄尚書事，是以大將軍的身分兼管尚書省的事務，位在尚書令之上。尚書令相當於國務總理。(67)張彝邢巒　都是尚書省的官員，各為一曹的尚書。張彝傳見《魏書》卷六十四，邢巒傳見《魏書》卷六十五。(68)處分非常　魏主採取的措施不同尋常，估計可能要大開殺戒。(69)亡走　改名換姓地潛逃而去。(70)甄琛　時為御史中尉，為御史中丞的屬官。傳見《魏書》卷六十八。(71)切責　嚴厲地批評。(72)加車騎大將軍　增授以車騎大將軍的職銜。車騎大將軍地位崇高，在大將軍之下，其他一切將軍之上。(73)長直禁中　長期在宮廷之中值勤，於是成為魏國皇帝最親信的人。(74)南陽趙邕　與其上文之茹皓、王仲興、寇猛、趙脩，都是魏主元恪的親信，其傳皆見於《魏書》卷九十三。其中所提到的趙郡，郡治平棘，即今河北趙縣，上谷郡的郡治即今北京市延慶。(75)高肇　孝文帝皇后之兄，宣武帝元恪之舅。傳見《魏書》卷八十三下。(76)浸衰　漸漸衰落下去。(77)辛亥　正月十六。(78)丁巳　正月二十二。(79)壬戌　正月二十七。(80)領太尉　兼任太尉之官。元禧初被剝奪職務時只是被「進為太保」，現在又「領太尉」。太尉是秦漢時代的三公，在魏晉南朝也只是加官名，沒有實權。(81)廣陵王羽　元羽，拓跋弘之子，孝文帝的親兄弟。傳見《魏書》卷二十一上。(82)司徒　周代的三公之一，位同丞相，在魏晉南朝也只是加官名，沒有實權。(83)彥和　彭城王元勰的字。稱人不稱名而稱字，是表示尊重。(84)招物議　招起眾人的議論。(85)司空　周代的三公之一，是主管建築的官。在魏晉南朝也只是加官名，沒有實權。(86)二月乙丑　二月初一。(87)邵陵王寶攸　蕭寶攸，蕭鸞的第九子，南康王蕭寶融之弟。傳見《南齊書》卷五十。(88)甲戌　二月初十。(89)壬午　二月十八。(90)甲申　二月二十。(91)竟陵　齊郡名，郡治萇壽，即今湖北鍾祥，位於漢水岸邊，是從雍州順漢水到郢州之所必經。(92)漢口　漢水入長江之口，也稱「夏口」，在當時的郢州，即今武漢漢口區的東南角。(93)併兵圍郢　集中大部分的兵力圍攻郢州。(94)分兵襲西陽武昌　分出一小部分兵力襲擊西陽、武昌二郡。西陽郡的郡治在今湖北黃岡東，武昌郡的郡治即今湖北鄂州。(95)漢口不闊一里　漢水水面的寬度不過一華里。(96)箭道交至　兩岸的敵人射箭都可以射到我們的船上。(97)房僧寄以重兵固守　房僧寄原為竟陵太守，因任滿歸京，被郢州刺史張沖所留，請房僧寄為之分守魯山，漢水的入江之口就在魯山的防區內。(98)為掎角　相互救援、相互策應之勢。掎，拉腿。角，捉角。如兩人之共制一獸，你扯牠的腿，我拉牠的角。當時的郢州城地處漢水之北，漢水的入江之口在郢州城之南，故駐守郢州城的張沖與駐守魯山的房僧寄正相為掎角之勢。[99]悉眾前進　指全力往攻郢城，而不迅速拔掉魯山的這根釘子。[100]濟江　這裡實指進入長江的水面。[101]圍魯山以通沔漢　圍困住魯山的守軍以保障漢水運輸的暢通。沔漢，即指漢水。漢水的上游多稱沔水；沔水的下游多稱漢水。[102]鄖城　即今湖北安陸，當時為安陸郡的郡治所在地，地處漢水支流涓水的邊上。[103]方舟而下　猶言「滾滾而下」、「絡繹而下」，意即大量地運輸下來。方舟，並船而進，極言河道運輸之通暢。[104]兩城　諸將所說的西陽、武昌二郡城。[105]頓九里　屯駐在九里的軍事據點前。九里是長江邊上的地名，距離郢州城九華里，其地有張沖的守軍。[106]石橋浦　郢州城外的古地名。[107]加湖　在當時郢州城的東北方，離郢州城三十里，在長江的北岸。[108]夏首　即夏口，也稱漢口、沔口，漢水入長江之口。[109]以守魯山　以與魯山之敵相對峙、相監視。[110]張惠紹　梁初的著名將領，義陽郡人，此時任水軍頭領。傳見《梁書》卷十八。[111]遊遏　遊弋、攔截。[112]絕郢魯二城信使　斷絕兩地間的相互聯繫。信使，傳遞信息的人。[113]節度　節制；調動、指揮。[114]蕭穎達　蕭穎胄之弟。傳見《梁書》卷十。[115]府朝　南康王蕭寶融的小朝廷，實即蕭穎胄所領導的議事班子。蕭寶融時居相國府，故稱「府朝」。[116]行湘州事　代理湘州刺史。[117]易擾難信　容易動盪騷亂，對統治者不易信服。[118]侵漁　侵陵、掠奪。漁，掠奪他人財物。[119]威略不振　在軍事方面缺乏威望。[120]無踰老夫　沒有比我更合適了。[121]嘗在湘州　胡三省曰：「按〈劉坦傳〉『先嘗在湘州』，蓋客遊也。」劉坦傳見《梁書》卷十九。[122]多舊恩　有許多老交情、老相識。舊恩，舊交。恩，情義。[123]屬路　一路上接連不斷。[124]堪事吏　能辦事的官吏。[125]十郡　湘州所轄的十個郡指長沙、桂陽、零陵、衡陽、營陽、湘東、邵陵、始興、臨賀、始安。[126]南堂西渚　郢州城南堂西側的江渚，在今漢口市區的夏口南方。所謂「南堂」乃與「北堂」相對。北堂即「射堂」，在郢州城的北部。[127]頓城北　駐軍於郢州城北。[128]曲水故城　胡三省曰：「蓋郢府官僚祓禊之地，在城東。」所謂「祓禊」是指古人春時在水邊祭祀以驅除不祥的一種習俗性的遊覽活動。[129]丁酉　三月初三。[130]江夏內史程茂　程茂是郢州刺史張沖的僚屬，張沖時為征虜將軍，程茂為其任長史；同時程茂又是江夏郡的行政長官，因江夏郡是江夏王蕭寶玄的封國，故其行政長官不稱太守，而稱內史。[131]乙巳　三月十一。[132]即皇帝位於江陵　司馬光《通鑑考異》曰：「〈東昏紀〉云：『丁未，南康王諱即皇帝位。』蓋是日建康始聞之耳。今從〈和帝紀〉及〈梁武帝紀〉。」[133]改元　從三月十一始改元為中興元年。在此之前是東昏侯蕭寶卷的永元三年。[134]置尚書五省　設置尚書省等五個中央辦事部門，即尚書省、中書省、祕書省、門下省、御史臺。[135]以南郡太守為尹　為仿照建康所在的郡稱「丹陽尹」而稱南郡太守曰「南郡尹」。[136]左僕射　尚書省副長官，僅低於尚書令，而高於尚書右僕射。[137]建安王寶寅為徐州刺史　此處所說的寶寅與上面所說的寶義、寶源都是蕭鸞之子，蕭寶融的親兄弟，故而要加官進爵；但他們現時都還在建康，故這裡只是遙授官位，做做樣子而已。所謂「徐州刺史」應該是指南徐州，州治即今江蘇鎮江市，乃僑置州名。138中領軍　與領軍將軍的職務相同，用以委任資歷較低的軍事人員，主管京城之內的一切軍事活動，統領所有朝廷禁軍。139丙午　三月十二。140詔封庶人寶卷為涪陵王　意即先將建康城裡的皇帝蕭寶卷廢為平民，而後再開恩封之為涪陵郡王。涪陵郡的郡治漢平，在今四川涪陵東南。141乙酉　三月乙未朔，無乙酉日。疑為「己酉」之誤。己酉，三月十五日。142行荊州刺史　兼任荊州刺史。由於荊州是蕭寶融臨時都城的江陵城所在的州，其地位非同小可，故由蕭穎胄兼任。按，此處似應曰「攝荊州刺史」，不應曰「行荊州刺史」，二字區別甚大。143假黃鉞　授予黃鉞，使其有莊嚴的統領一切的生殺之權。144楊口　楊水入漢水的匯口，在今湖北潛江縣西北。145和帝　即新在江陵稱帝的小傀儡蕭寶融。146勞軍　到楊口前線慰勞蕭衍的軍隊。147庾域　蕭衍的親信，為人頗多智略。傳見《梁書》卷十一。148諷夬　用含蓄的話向宗夬示意。149黃鉞未加二句　身無黃鉞，不是統領各路的諸侯的樣子。按，當初武王伐紂時，曾有所謂「左執黃鉞，右秉白旄」。事見《尚書・牧誓》。後世自曹操以後，凡國家的輔臣率師出征，往往都有「假黃鉞」一條。150西臺　西方的朝廷。與建康的蕭寶卷朝廷相對而言。151遂有是命　於是這才有了給蕭衍假黃鉞的詔令。按，讓蕭穎胄兼任楊州刺史，說兼就兼；而蕭衍的假黃鉞非等到蕭衍的部下提出請求才給，親疏何等分明？又加一條，蕭穎胄非死不可。當然，小傀儡也是非死不可。152亂流　橫渡江水而來，由大江的一側飛舸殺出。胡三省曰：「橫絕流而渡曰亂。」153癸丑　三月十九。154陳伯之　一個反覆無常的將領，先事蕭鸞、蕭寶卷父子，後歸降蕭衍，後又反衍而投降魏國。傳見《梁書》卷二十。此時為朝廷將。155不敢出　不敢出戰。156衍不許　胡三省曰：「衍欲持久，以全力斃郢、魯二城。」157廣陵惠王羽　即上文提到的元羽，被封為廣陵王，惠字是其死後的謚。158員外郎　編外的郎官，應屬於門下省，元羽當時為常侍，馮俊興為其僚屬。159匿之　自己隱忍不說。160五月壬子　五月十九。161希得進見　難得進宮面見魏主。希，通「稀」。162咸陽王禧意不自安　擔心要被魏主所殺。163齋帥　在皇帝或王公居室值勤的衛士長，此指元禧身邊的齋帥。164給事黃門侍郎　在宮廷內為皇帝服務的侍從官員，上屬門下省。有的用太監，也有的用士人。165氐王楊集始　當時生活在今甘肅成縣、武都一帶的少數民族氐族的頭領，楊氏家族世世代代為這一帶氐族的領袖，其原來的根據地即所謂仇池。由於南、北兩方的統治者都想控制這一地區，故楊氏遂依違於南、北政權之間。現在的楊集始是在去年又重新投降魏國的，眼下正在魏國的都城洛陽。166楊靈祐乞伏馬居　都是楊集始的部將。乞伏馬居應是十六國時西秦王乞伏乾歸的後代。167出獵北邙　出京城到北邙山打獵。北邙山在當時的洛陽城北，漢魏以來許多貴族的墳墓都埋在北邙山上。

168河內　魏郡名，郡治即今河南沁陽，在洛陽的東北方，與洛陽隔黃河相望，相距不到二百華里。169北走桑乾　京城失據，無處可歸，只好北逃平城。桑乾，河水名，也是魏郡名，都在今山西的北部，魏國舊都平城的西南方。這裡即用以代指平城一帶。170斷河橋　掐斷黃河上的浮橋，意即斷絕洛陽與平城一帶的聯繫。黃河浮橋在當時的洛陽城北，是聯結南北方的重要通道。171為河南天子　做黃河以南的魏國皇帝。172眾情前卻不壹　究竟是前進還是後退，眾人的意見不一致。卻，後退。173更緩　更加猶豫不定。174自旦至晡　從早晨起來直到日色偏西。旦，太陽剛出地面。晡，下午三時到五時。175既出　指離開元禧的城西小宅。176馳至北邙告之　飛馬加鞭前往北邙山向魏主報告。177直寢　魏主寢宮值勤的衛士。178浮圖之陰　佛塔的北面，這裡即指寺廟的北區屋舍。179病癩　渾身長癩瘡。180四出逐禽　把滿山的禽獸往一起趕，為天亮後的魏主打獵做準備。181直衛無幾　值勤的衛士沒有幾個。182倉猝不知所出　魏主聽到元禧謀反的消息後一下子不知如何是好。183計防遏有備　我想他一定有對付事變的準備。計，一定有；一定會。防遏，防止。184必無所慮　肯定會不勞您操心的。慮，憂；擔心。185此屬猖狂　這一夥子囂張的鼠輩。186清蹕徐還　意即從容悠閒地回來，一如往常，不用任何小題大作。清蹕，清道戒嚴，帝王出行歷來要做的事情。187以安物望　以安定人心，不使造成動盪。188自華林園還宮　經由華林園返回皇宮，沒有進皇宮的正門，以免過分招搖。華林園是當時皇家的園林，在皇宮的後面。189卿差彊人意　你的料事與處理突發事件，很使人滿意。按，「差彊人意」是舊有的成語，說得很有保留；但魏主在這裡的實際意思是很滿意，只不過是用成語調侃而已。190洪池別墅　元禧家的洪池別墅在洛陽城東二十里。胡三省曰：「洪池即漢之『鴻池』，在洛陽東二十里。田廬曰墅，今人謂之別業。晉人以來，往往治池館，觀游於其中。」191奉啓　假意去向魏主報告。192云檢行田收　說是要到自己家的領地上視察莊稼長勢。193困迫　猶言「無計可施」、「無著可想」。194乃緩之　才暫時讓他活了下來。195見意而停　意圖一旦洩露又想不幹了。見，通「現」。196何宜自寬　怎麼能自己放鬆下來。197已濟河　已經渡過黃河到河內郡去了。198追之　追他回來，意即讓他停止行動。199濟洛　向南渡過洛水。洛水從西南方流來，經洛陽城南，東北流入黃河。200柏谷塢　修有圍牆的村落名，在洛陽城東偃師縣的城南。201華林都亭　管理社會治安的基層機構，在當時的華林園門外。202壬戌　五月二十九。203絕屬籍　將其開除出皇帝家族的譜牒。屬籍，家族的名冊。204逮于流外　甚至那些不入品級的小官也得到了賞賜。逮，延及；達到。胡三省曰：「雜色補官不入品者謂之流外官。」205陸琇　魏國名臣陸俟之孫，陸馛之子。傳見《魏書》卷四十。206斬送禧子通首　以其在河內郡發動叛亂故也。207通情　知情；同謀。208徵詣廷尉　勒令他到廷尉衙門接受審判。廷尉，全國最高的司法官，相當於後來的刑部尚書。209死獄中　胡三省曰：「陸馛以傅孝文於受內禪之初，福澤及其子。至是，敗矣。」210巴西太守　巴西郡的郡治即今四川綿陽。
(211)巴東太守蕭惠訓　巴東郡的郡治魚腹，在今重慶市奉節東。蕭惠訓是南齊將領蕭惠基的族人。
(212)汶陽太守劉孝慶　汶陽郡的郡治高安，在今湖北遠安西北，在巴東郡的正東方。劉孝慶是劉宋名將劉勔之子，劉峻之兄。
(213)峽口　西陵峽口，在今湖北宜昌西。
(214)巴口　巴水流入長江的匯口，在今湖北黃岡東南。
(215)齎蕭穎胄等議　攜帶著蕭穎胄等人關於軍事問題的意見。齎，攜帶。議，看法；意見。
(216)控引秦梁　上連著秦州、梁州。控引，控制、連接。秦州的轄地本在甘肅的東南部，以今天水市為中心。但這一帶地區當時屬於魏國管轄，故南齊只設有「梁與南秦二州」，州治在今陝西漢中，兩個州共設一個刺史。從漢中一帶可以經由漢水過襄陽直達漢口，故蕭衍說漢口的形勢是「控引秦、梁」。
(217)仰此氣息　仰仗這一口氣，即仰仗我們能控制漢口這一交通要道。
(218)所以兵壓漢口二句　意思是我們所以能統率數州、號令數州，就因為我們能控制住漢口這一交通咽喉。
(219)沮沔路　截斷我們這一漢水的生命線。沮，通「阻」。截斷。
(220)搤吾咽喉　掐住我們的脖子。
(221)彼若懽然知機　尋陽的守軍（指陳伯之等）如果能看清形勢，倒戈投降。
(222)一說士足矣　我們只消派一個有才幹的說客去就足夠了。
(223)脫距王師　如果他們一旦要和我們打起來。脫，萬一；如果。距，抵抗。王師，猶言「義軍」，指以蕭寶融為旗幟的荊、雍之軍。
(224)取之即得　攻下兩城也許不難。
(225)不減萬人　少於一萬人是絕對不行的。
(226)糧儲稱是　同時還得有夠一萬人所需要的糧食與各種物資。稱是，與此成比例；與此相適應。
(227)卒無所出　這些都不是一下子就能準備好的。卒，通「猝」。倉卒；一時之間。
(228)脫東軍有上　如果突然有一支朝廷軍逆水而來。脫，如果突然。
(229)應援　接應、援救。
(230)首尾俱弱　攻郢城、魯山之軍與往援西陽、武昌之軍者都人少力分。
(231)孤城必陷　西陽、武昌兩座無援之城必然失陷。
(232)相次　緊接著。
(233)若郢州既拔　如果等著郢城攻下之後（再向東方各城發起攻擊）。
(234)席卷沿流　則將形成一種順江而下、風捲殘雲的局面。
(235)自然風靡　不費力氣地順風而倒。
(236)何遽　何必忙著。
(237)自貽憂患　自己給自己造成麻煩呢。貽，給；造成。
(238)欲清天步　想要掃清國家的危難。天步，以喻國家的命運。《詩經》有所謂「天步艱難」。
(239)懸河注火　挽起滾滾的黃河以澆那些星星點點的小火。
(240)豈容　怎能。
(241)北面　向北方的胡虜稱臣。
(242)示弱於天下　向天下人顯示我們的卑弱。
(243)彼未必能信　況且魏國也未必就能信任我們，能及時地給我們以援助。
(244)徒取醜聲　白白地落一個「認賊作父」的惡名。
(245)白鎮軍　回去告訴蕭穎胄。蕭穎胄此時為荊州小朝廷的尚書令，外加鎮軍將軍。
(246)前途攻取二句　前方作戰的問題，你就交給我，不用多管啦。
(247)事在目中　勝利就在眼前，看得清清楚楚。
(248)但借鎮軍靖鎮之　我就是仰仗著您的威名來辦好這一切。靖鎮，彈壓；掃平。胡三省曰：「蕭衍此計，可謂有英雄之略矣。」按，蕭穎胄高高在上，指手劃腳，蕭衍逐層剖析，高屋建瓴，根本也沒把蕭穎胄看在眼裡。
(249)武口　胡三省曰：「武湖水出江之口，水上通安陸之延頭，今謂之沙武口。」張舜民曰：「武口在陽羅洑西北十餘里。」(250)漁湖城　與下文之所謂「白陽壘」都是軍事據點名，離武口不遠。(251)加湖　在當時的湓陽城東的長江北岸，今湖北黃陂南。(252)內外各自保　郢州城內的守軍與前進至加湖的城外援軍都各自堅守營地，不敢相互救援。(253)助防孫樂祖　協助房僧寄組織守城的孫樂祖。(254)初起　開始發動擁立蕭寶融以反對建康朝廷。(255)出亡　逃出建康城。(256)廬陵　江州轄區的郡名，郡治在今江西吉水縣東北。(257)內史　廬陵郡的行政長官，職位與太守相同。因廬陵是諸侯王的封國，故其長官稱作內史。(258)豫章　江州轄區的郡名，郡治即今江西南昌。(259)赴之　率兵前往援救。(260)安成　江州轄區的郡名，郡治即今江西安福。(261)南康　江州轄區的郡名，郡治在今江西贛州西。(262)撤屋　拆其屋。(263)朝暮相繼　謂移植花木的人一天到晚地幹個不停。(264)立市　開辦集市貿易。(265)裨販　意即商販。胡三省曰：「裨，益也。買賤賣貴以自裨益，故曰裨販。」(266)市令　管理集市的長官。(267)市錄事　管理集市的小職員，受潘妃驅使。(268)得失　過失，偏義複詞。(269)妃則予杖　潘妃就用棍子打他。(270)大荊　胡三省曰：「牡荊也，俗稱之黃荊，以為箠杖。」按，即理解為「粗大的荊條」亦未為不可。(271)實中荻　實心的蘆葦。用實心的蘆葦打人，雖比大荊好受，但還是有些疼，故蕭寶卷告訴太監們當潘妃喝令要打人時，他們只把空心的蘆葦遞到她手中。(272)開渠立埭　修渠通水，又在渠上建立收費站。古時的地方官吏為了控制渠道以收取錢財，因而故意把渠道的一些咽喉之處弄得水淺，使過往的船隻不能正常通行，必須靠收費站裝置的機械，或是使用他們安排的人力、畜力前來挽船。這種水上的關卡叫作埭。(273)身自引船　親自下去給人挽船。(274)屠肉　宰割牲畜。(275)好巫覡　迷信那些男男女女裝神弄鬼的騙子。女的曰巫，男的曰覡。(276)樂遊苑　原是長安城郊的一個旅遊、娛樂之地，南遷的統治者為表達一種懷舊之情，也比照長安另在建康修建一處。就如同洛陽城有華林園，建康城也有個華林園一樣。(277)先帝　指齊明帝蕭鸞，蕭寶卷之父。(278)大嗔　大怒。(279)不許數出　不讓你頻繁地出來遊蕩。(280)縛菰為高宗形　用茭白的葉子捆成蕭鸞的形狀。菰，水生植物名，俗稱茭白。(281)縣首苑門　把蕭鸞的人頭懸掛在樂遊苑的門口示眾。縣，通「懸」。(282)崔慧景之敗　崔慧景以擁立蕭寶玄為名進攻建康、兵圍臺城，因其猶豫無斷被蕭懿打敗被殺事，見本書上卷永元二年。(283)昭胄　蕭昭胄，齊武帝蕭賾之孫，竟陵王蕭子良之子。崔慧景起初攻入建康時，蕭昭胄曾往投之，甚至使崔慧景曾心欲改立蕭昭胄為帝。事見本書上卷。(284)昭穎　蕭昭穎，蕭昭胄之弟，前曾與其兄一道投靠崔慧景。(285)出投臺軍　崔慧景被蕭懿打敗後，蕭昭胄兄弟又返回投降於朝廷軍的頭領胡松。(286)各以王侯還第　當時朝廷沒有和他們算帳，還讓他們保持著各自的爵位回家了。(287)故防閤　曾為蕭子良當過王宮衛士的頭領。(288)軍副　軍中的副統領。(289)新亭　地名，在當時的建康城南，地處長江邊，依山築城壘，是交通、軍事要地，也是觀光、遊覽的勝地。(290)須昏人出　等某一天那個昏小子再出宮遊蕩。胡三省曰：「須，待也。以帝昏狂，斥指為『昏人』。」(291)閉城號令　關閉臺城，發布新君已經上臺，廢掉蕭寶卷的命令。292還就將軍　回身前來投奔你。293閉壘不應　不開軍門，不接受他的指令。294三公不足得　得個三公之位不難。當時的三公指司徒、司空、太尉，是最高的加官。其意蓋謂那你就是數二數三的大功臣了。295健兒　勇士；敢死隊。296萬春門　芳樂苑的側門。297突取之　突然衝入以襲取之。298御刀　蕭寶卷身邊的帶刀護衛。299麝幐　裝麝香的布袋，王山沙所隨身攜帶者。幐，布袋。

【校　記】1求　原作「求舊」。胡三省注云：「『舊』字衍。」當是，今據刪。2子天子　此三字原為空格。據章鈺校，十二行本、乙十一行本皆作「子天子」，張瑛《通鑑校勘記》同，今據補。3閤　據章鈺校，十二行本、乙十一行本「閤」下皆有「等」字。4疢　據章鈺校，十二行本、乙十一行本皆作「疹」。5今　原作「令」。嚴衍《通鑑補》改作「今」，今據以校正。6頓　據章鈺校，孔天胤本作「屯」。7振　張敦仁《通鑑刊本識誤》認為應作「鎮」。8先　原無此字。據章鈺校，十二行本、乙十一行本皆有此字，張敦仁《通鑑刊本識誤》同，今據補。9咸陽王禧意不自安　此八字原無。據章鈺校，十二行本、乙十一行本皆有此八字，張瑛《通鑑校勘記》同，今據補。10齋　原作「齊」。據章鈺校，十二行本、乙十一行本皆作「齊」，今據改。11兼　原無此字。據章鈺校，十二行本、乙十一行本皆有此字，今據補。12之　據章鈺校，十二行本、乙十一行本「之」下皆有「後」字。13一　原作「兩」。據章鈺校，十二行本、乙十一行本皆作「一」，張瑛《通鑑校勘記》同，今據改。14孫樂祖　原作「張樂祖」。胡三省注云：「樂祖即去年張沖遣助房僧寄者。」嚴衍《通鑑補》改作「孫樂祖」，當是，今據改。15予　據章鈺校，十二行本、乙十一行本皆作「與」。

【語　譯】和皇帝

中興元年（辛巳　西元五〇一年）

春季，正月初二日丁酉，東昏侯蕭寶卷任命自己的哥哥晉安王蕭寶義為司徒，建安王蕭寶寅為車騎將軍、開府儀同三司。〇初十日乙巳，齊國的南康王蕭寶融開始正式就任相國之職，實行大赦。蕭寶融任命蕭穎冑為左長史，任命蕭衍為征東將軍，任命楊公則為湘州刺史。十三日戊申，蕭衍率領軍隊從襄陽出發，開始東征建康，他留下自己的弟弟蕭偉總管都督府與雍州刺史府的一切事務，令自己的弟弟蕭憺留守襄陽城外附近的堡寨，在征東將軍府擔任司馬的莊丘黑率軍駐守樊城。蕭衍率軍出發以後，雍州境內的軍隊以及倉庫中的各種物資儲備全部空虛。擔任魏興太守的裴師仁、擔任齊興太守的顏僧都全都不接受蕭衍的命令，他們出兵準備襲擊襄陽城，蕭偉、蕭憺派軍隊前往始平郡設置埋伏截擊了裴師仁、顏僧都的軍隊，把裴師仁、顏僧都所率領的魏興軍、齊興軍打得大敗，雍州才得以安然無事。

魏國的咸陽王元禧以太尉的身分輔佐朝政，位在群臣之首，然而他卻不親自處理政務，驕傲奢侈，貪婪荒淫，幹了許多違法亂紀的事情，魏世宗元恪對他便有些厭惡起來。元禧派自己的家奴到擔任領軍將軍的于烈那裡討要若干名皇帝的禁衛軍給自己充當帶刀侍衛，陪護自己出入宮廷。于烈回覆他說：「皇帝正在居喪期間，朝廷上的一切事務全歸宰相負責處理。我這個領軍將軍只知道自己的職責是主管守衛宮廷的事宜，如果沒有皇帝的詔書，我不敢違背原則給某個私人辦事。」元禧的家奴碰了一鼻子灰便惱怒地返回了咸陽王府。元禧又派人去對領軍將軍于烈說：「我咸陽王元禧，是老皇帝的兒子，是當今小皇帝的叔父，位居大臣之首，向你提出一些要求，與皇帝所下的詔書有什麼區別！」于烈神情嚴肅、語氣嚴厲地說：「我並不是不知道咸陽王地位的尊貴，咸陽王怎麼能讓自己的奴隸來向我索要皇帝的禁衛軍呢？要我的頭可以，要皇帝的禁衛軍卻不行！」元禧勃然大怒，立即把于烈調離宮廷，令他去擔任恆州刺史。于烈不願意離開朝廷到地方上去擔任刺史，因此堅決推辭，元禧就是不批准，于烈便自稱有病而閉門不出。

于烈的兒子、擔任左中郎將的于忠兼任直閤將軍之職，他經常陪侍在魏世宗元恪的身邊。于烈遂讓于忠對魏世宗說：「各王專權放縱，他們的意圖很難預測，應當早日罷免他們的官職，由皇帝自己總攬朝廷大權。」北海王元詳也祕密地把元禧的過失、罪惡報告給魏世宗，而且還說彭城王元勰深得朝野人心，不應該讓元勰長時間留在朝中輔政，以免大權旁落。魏世宗贊同北海王元詳的意見。

到了春天祭祀宗廟的時節，魏國的王公大臣在太廟東牌坊旁邊的屋子裡一同進行齋戒。魏世宗在夜間讓于忠對自己的父親于烈說「明天早上入朝覲見皇帝，皇帝要親自做出處理。」天剛亮的時候，于烈來到朝堂。魏世宗命令于烈率領著六十多名直閤的衛士宣布皇帝的旨意，召見咸陽王元禧、彭城王元勰、北海王元詳，衛士們護送著三位王爺來到魏世宗的所在。元禧等進入光極殿拜見魏世宗，世宗對他們三人說：「我雖然孤陋寡聞，愚昧無知，但畢竟是繼承了大統，坐在了這個皇帝的位子上。我前一段時間因為疾病纏身，朝廷政務實際上全都依靠各位伯父、叔父幫助處理，我才得以苟延殘喘，勉強維持生命，光陰荏苒，很快已經過去了三年。各位叔父多次懇切地請求交出職務，退休回家，如今我要親自管理各項政務，你們暫且各還府第，我會對你們另外做出安排。」世宗又對元勰說：「近來因為南方北方公務繁多，我沒有能夠使您滿足自己謙退的願望。我是何等樣人，竟敢長時間地違背先帝的遺詔，如今我就滿足叔父離開官場去當隱士的高尚心願。」元勰表示感謝說：「陛下孝順謙恭，能夠遵守先帝的遺詔，對上完成了英明睿智的先皇的遺願，對下滿足了微臣的心願，感謝當今皇帝的關懷，追念已經去世的先皇的恩德，不禁令我悲喜交加，感受頗深。」正月十五日庚戌，魏世宗下詔，免去了元勰所擔任的一切職務，帶著彭城王的爵祿回歸府第，元禧被授予太保的虛銜，元詳被提升為大將軍、錄尚書事。擔任尚書職務的清河人張彝、邢巒聽到世宗皇帝對三位諸侯王採取了不同尋常的措施，就棄官潛逃了，他們逃出洛陽城之後，便遭到擔任御史中尉的中山人甄琛的彈劾，世宗下詔對張彝、邢巒進行了嚴厲的批評。再次任命于烈為領軍將軍，同時加授于烈為車騎大將軍，從此以後領軍將軍于烈便長期在宮廷之中值勤，成為皇帝最親信的人，凡是軍國大事于烈全都能夠參與決策。

魏世宗元恪當時只有十六歲，還不能親自裁決、處理各項政務，他把政務委託給了自己身邊的那些親信。於是元恪所寵幸的臣子如茹皓、趙郡人王仲興、上谷人寇猛、趙郡人趙脩、南陽人趙邕以及外戚高肇等人開始掌權用事，魏國政權從此開始逐漸衰落下去。其中的趙脩尤其受到世宗的親近和寵愛，十天半月之間，趙脩的官位就升到了光祿卿的高位。而且趙脩每次升官之後，世宗都要親自到趙脩家中擺設酒宴以示慶賀，滿朝的王公大臣全都跟隨著皇帝到趙脩家中祝賀趙脩升官。

正月十六日辛亥，齊國的東昏侯蕭寶卷到建康城的南郊舉行祭天典禮，大赦天下。〇二十二日丁巳，魏國的世宗皇帝在太極前殿召見文武群臣，把自己準備親政的想法告訴了他們。二十七日壬戌，魏世宗任命擔任太保的咸陽王元禧兼任太尉之職，任命廣陵王元羽為司徒。魏世宗把元羽叫到宮內，當面授與他司徒的職位，元羽堅決推辭說：「彭城王元彥和當初原本就不願意擔任司徒這一職務，是陛下強迫他擔任了司徒。如今彭城王剛剛辭去這個職務，而陛下就讓我來代替彭城王擔任司徒，一定會招來眾人的議論。」世宗於是改任元羽為司空。

二月初一日乙丑，齊國的南康王蕭寶融任命擔任冠軍長史的王茂為江州刺史，任命擔任竟陵太守的曹景宗為郢州刺史，任命自己的弟弟邵陵王蕭寶攸為荊州刺史。○初十日甲戌，魏國實行大赦。○十八日壬午，齊國的東昏侯蕭寶卷派遣羽林軍去襲擊雍州刺史蕭衍，同時宣布朝廷內外進入緊急軍事戒備狀態。

二月二十日甲申，蕭衍率領雍州軍到達竟陵，他命令王茂、曹景宗為前軍，令擔任中兵參軍的張法安負責留守竟陵城。王茂等率領前軍到達漢水入長江之口處，各位將領全都主張集中大部分兵力圍困郢州城，分出一小部分兵力去襲擊西陽郡、武昌郡。蕭衍說：「漢水水面的寬度不超過一華里，兩岸的敵人都可以把箭射到我們的船上，房僧寄率領重兵把守魯山城，與郢州城形成了互相救援、互相策應之勢。如果我軍全部前往攻打郢城，房僧寄一定會切斷我軍的後路，到那時恐怕我軍後悔都來不及了。不如派王茂、曹景宗等各路軍隊乘船渡江，與荊州的軍隊會合後，再逼近郢城；我親自率軍去圍困魯山房僧寄的守軍，以保證漢水運輸的暢通，使從郾城、竟陵過來的運糧船可以並排前進，使江陵、湘州的軍隊可以順流而下，相繼到來，到那時我們兵多糧足，何必擔憂西陽、武昌這兩座城不被攻克呢！我們奪取天下的大事，依我看可以躺在床上就能輕而易舉地獲得成功了。」蕭衍於是派王茂等人率領眾軍乘船渡江，屯紮在九里的軍事據點前。朝廷所任命的郢州刺史張沖派遣擔任中兵參軍的陳光靜打開郢城城門出來迎戰，王茂等把陳光靜打得大敗，陳光靜當場戰死，張沖只好據城堅守。曹景宗順利地佔領了石橋浦，江陵和湘州的軍隊沿著長江相繼順流而下，一直延伸到加湖。

荊州方面派遣擔任冠軍將軍的鄧元起、部將王世興、田安之率領數千人在夏首與雍州蕭衍的軍隊會合。蕭衍在漢水的入長江口處築起堡寨與防守魯山的房僧寄軍相對峙，蕭衍命令擔任水軍頭領的義陽人張惠紹等率領一支船隊在長江之中往來巡視，隨時準備攔截，以斷絕郢城中的張沖與魯山房僧寄之間的聯繫。湘州刺史楊公則率軍前往夏口與蕭穎胄會合。蕭穎胄命令荊州各軍全都要接受楊公則的調動、指揮，即使自己的弟弟蕭穎達也隸屬於楊公則屬下。

南康王蕭寶融的小朝廷商議派人去擔任代替湘州刺史，卻一時又沒有合適的人選，擔任西中郎中兵參軍的劉坦對大家說：「湘州的風土人情是容易動盪騷亂，對統治他們的人難以信服，如果派一個武士前去掌管湘州事務，則容易發生侵陵人民、掠奪百姓的事情，如果派一個文官前去掌管湘州的事務，那麼在軍事方面又缺乏威望和謀略。如果一定要派一個能使湘州局勢安定下來，能令湘州的軍民吃上飽飯的人，我想沒有比我更合適的人選了。」南康王於是任命劉坦為輔國長史、長沙太守，代理湘州刺史。劉坦先前曾經在湘州做過官，他在湘州有很多老朋友、老相識，因此在劉坦前往赴任的路上前來迎接他的人接連不斷。劉坦到達湘州之後，便選拔了一些能辦事的官吏分別派往湘州所管轄的十個郡中去任職，又發動百姓給前方的荊州軍、雍州軍運送了三十餘萬斛租米，因此荊州軍與雍州軍的資用、糧食沒有出現過匱乏。

三月，雍州刺史蕭衍讓冠軍將軍鄧元起率軍進駐郢州城南堂西側的江渚，令將軍田安之率領軍隊屯紮在郢州城城北，令王世興率領軍隊屯紮在曲水故城。初三日丁酉，建康方面擔任郢州刺史的張沖病逝，擔任驍騎將軍的薛元嗣與張沖的兒子張孜以及擔任征虜長史、江夏內史的程茂共同守衛郢城。

三月十一日乙巳，南康王蕭寶融在江陵即皇帝位，改年號為中興元年，在自己的轄區內實行大赦；建立宗廟，在南北郊分別建立祭壇，州府的城門全部依照建康宮城的樣式進行改建；設置尚書省、中書省、祕書省、門下省、御史臺五個中央辦事部門，把南郡太守改稱南郡尹；任命蕭穎冑為尚書令，任命蕭衍為尚書左僕射，任命晉安王蕭寶義為司空，任命廬陵王蕭寶源為車騎將軍、開府儀同三司，任命建安王蕭寶寅為徐州刺史，任命擔任散騎常侍的夏侯詳為中領軍，任命冠軍將軍蕭偉為雍州刺史。十二日丙午，和皇帝蕭寶融下詔封被貶為平民的蕭寶卷為涪陵王。乙酉日，蕭寶融任命擔任尚書令的蕭穎冑兼任荊州刺史的職務，加授尚書左僕射蕭衍為征東大將軍、都督征討諸軍事，並授予其象徵具有生殺大權的黃鉞。當時蕭衍還駐紮在楊口，和皇帝派遣擔任御史中丞的宗夬代表皇帝到楊口前線去慰勞蕭衍的軍隊。擔任寧朔將軍的新野人庾域用含蓄的話向宗夬示意說：「皇帝沒有授予黃鉞，不像率領各路諸侯東征的樣子。」宗夬返回西部和帝的小朝廷之後，便把寧朔將軍庾域的意思報告給了和帝，這才有了給蕭衍假黃鉞的詔令。郢城內的驍騎將軍薛元嗣派遣部將沈難當率領數千艘戰船橫渡長江飛速前來交戰，水軍頭領張惠紹等率領水軍把沈難當的軍隊擊敗，並活捉了沈難當。

三月十九日癸丑，建康的東昏侯蕭寶卷任命擔任豫州刺史的陳伯之為江州刺史、假節、都督前鋒諸軍事，率軍西去攻擊反抗朝廷的荊州軍和雍州軍。

夏季，四月，蕭衍率軍從沔水出發，他命令江州刺史王茂、蕭穎達等人率軍逼近郢州城。守衛郢城的驍騎將軍薛元嗣不敢出城交戰，諸將領全都主張出兵攻打郢城，蕭衍不同意他們的主張。

魏國擔任司空的廣陵惠王元羽與擔任員外郎的馮俊興的妻子通姦，元羽在夜間前往馮俊興的家中與馮俊興的妻子約會，被馮俊興當場捉住，遭到一頓毆打，元羽隱忍下來沒敢聲張。五月十九日壬子，元羽去世。

魏世宗元恪已經親自掌管朝政，由於他所寵信的那些奸佞小人專擅朝政，朝中的王公大臣便很難進宮面見皇帝，咸陽王元禧感到自己隨時都有被皇帝殺頭的危險。在咸陽王居室值勤的衛隊長劉小苟多次對咸陽王說，他聽皇帝身邊的人說皇帝想要除掉咸陽王，元禧更加感到恐懼不安，於是就與王妃的哥哥兼任給事黃門侍郎的李伯尚、氐王楊集始、楊靈祐、乞伏馬居等人密謀造反。恰巧遇到世宗離開京城到北邙山打獵，元禧和他的黨羽在城西的一個小宅子裡集會，準備發兵襲擊世宗，元禧派自己的長子元通偷偷地前往河內郡起兵響應。乞伏馬居向元禧獻計說還是回到洛陽城，率領軍隊關閉城門，皇帝一定會向北逃往舊都平城，殿下可以切斷黃河上的浮橋，斷絕洛陽與平城一帶的聯繫，做黃河以南的魏國皇帝。究竟是前進還是後退，眾人的意見很不一致，元禧的心裡更加猶豫不定，他們從早上一直商量到傍晚，還是猶豫不決，於是約定好誰也不要走漏消息之後就各自散去了。楊集始離開元禧的城西小宅之後，就騎上快馬前往北邙山把咸陽王準備謀反的事情報告了世宗皇帝。

在魏世宗的寢宮值勤的衛士苻承祖、薛魏孫與咸陽王元禧串通謀反，當天，魏世宗在北邙山寺廟的北區屋舍裡睡覺休息，薛魏孫想趁機殺死皇帝，苻承祖阻止他說：「我聽說殺害皇帝的人會渾身長滿癩瘡。」薛魏孫這才沒有動手。一會兒世宗睡醒了，前來報信的楊集始也剛好趕到。魏世宗的侍從人員此時已經全都到北邙山上去追趕飛禽走獸，為天亮之後皇帝打獵做準備，此時在皇帝身邊值勤的警衛人員沒有幾個，倉促之間竟一下子不知道該怎麼辦才好。擔任左中郎將的于忠對世宗說：「我父親領軍將軍現在留守京城，我想他一定有對付事變的準備，肯定會不勞陛下操心的。」世宗立即派于忠騎著快馬趕回洛陽城去觀察形勢，領軍將軍于烈果然已經部署軍隊嚴加防備，于烈讓于忠返回北邙山向世宗奏報說：「我雖然年紀已老，而我的心智、能力還是可以為皇帝陛下效勞的。這些囂張的鼠輩，不值得皇帝陛下擔憂，希望陛下像以往一樣清道戒嚴，從容悠閒地返回京城，以安定人心。」世宗非常高興，他經由華林園返回皇宮之後，撫摸著于忠的背說：「你的料事能力和處理突發事件的能力，讓我很滿意！」

咸陽王元禧還不知道自己準備謀反的事情已經洩露，他與自己的姬妾以及左右侍從當晚住宿在洪池別墅，他派遣負責在自己居室值勤的衛隊長劉小苟向世宗奏報，說是要到自家的領地上「視察莊稼的長勢」。劉小苟來到北邙山，立即遇到了身穿軍服的人，他們看到劉小苟身穿紅色衣裳感到很奇怪，就要把劉小苟殺死。劉小苟一時無計可施，情急之下張口就說是來向皇帝報告，有人要造反，軍人這才暫時沒有殺死他。有人對元禧說：「殿下召集眾人圖謀起事，意圖已經暴露出來又突然不想幹了，恐怕消息一定會洩露出去，今天晚上怎麼能自己放鬆下來而不加警惕？」元禧回答說：「我自己的身體，我自然知道應該愛惜，豈能等著別人來提醒我！」那個人又對元禧說：「殿下的長子已經渡過黃河到河內郡發兵去了，現在雙方消息不通，豈不是一件讓人感到擔憂的事情嗎？」元禧說：「我已經派人去追趕他，估計今天應該就能回來。」當時元通已經進入河內郡，開始排列兵器儀仗，釋放囚犯了。

于烈派遣擔任直閣將軍的叔孫侯率領三百名虎賁衛士去逮捕元禧。元禧聽到消息之後，便從洪池別墅向東南方向逃走，跟隨元禧逃跑的童僕只有幾個人，元禧向南渡過洛水，到達柏谷塢的時候，追兵趕到，活捉了元禧，把他押送到華林都亭，世宗當面責問元禧為什麼要造反。五月二十九日壬戌，魏世宗令元禧在自己的家中自盡，與元禧一同陰謀造反而被殺死的有十多個人；元恪把元禧的幾個兒子全都開除出皇家家族的譜牒，多少給他們留下了一些資產、奴婢，把元禧剩餘的家財全部拿來分別賞給了自己的寵臣高肇和趙脩兩家，把元禧其他方面的財產賞賜給了朝廷內外的文武百官，甚至那些不入品級的小官也得到了賞賜，賞賜多的有一百多匹，賞賜少的也有十匹。元禧的兒子們缺衣少食，生活十分艱難，只有彭城王元勰曾經多次救濟他們。擔任河內郡太守的陸琇得知了元禧謀反失敗被殺的消息，就把元禧的大兒子元通殺死，然後把元通的人頭送到了京師洛陽。魏國朝廷因為陸琇沒有在元禧失敗之前逮捕元通，遂責備陸琇知情不報，一定與元禧同謀，於是勒令陸琇到廷尉衙門接受審判，陸琇遂死在獄中。世宗因為元禧無緣無故地謀反，因此更加疏遠、猜忌那些宗室成員。

　　齊國擔任巴西郡太守的魯休烈、擔任巴東郡太守的蕭惠訓不肯聽從蕭穎胄的命令，蕭惠訓還派自己的兒子蕭璝率領巴東軍攻擊蕭穎胄，蕭穎胄派遣擔任汶陽太守的劉孝慶率軍駐紮在西陵峽口，與擔任巴東太守的任漾之等人聯合抗擊蕭璝的進攻。〇齊國的東昏侯蕭寶卷派將領吳子陽、陳虎牙等十三支軍隊前往救援郢州，他們到達巴水流入長江的匯口處便駐紮下來。陳虎牙，是陳伯之的兒子。

　　六月，江陵和帝蕭寶融的小朝廷派遣擔任衛尉的席闡文到前方慰問蕭衍的軍隊，席闡文攜帶著蕭穎胄等人關於軍事問題的意見對蕭衍說：「如今我們把軍隊駐紮在長江兩岸，沒有及時地集中兵力去圍困郢城，攻佔西陽、武昌，奪取江州城，如今這個機會已經喪失了，現在我們不如向魏國請求援兵，與北方的魏國聯合起來，還不失為一個上策。」蕭衍說：「漢口的道路直通荊州、雍州，同時連接著漢水上游的秦州、梁州，我軍的糧食以及輜重的運輸補給，全都仰仗著我們能夠控制漢口這一交通要道，因為我派軍牢牢地把守住了漢口這一咽喉要道，所以我們才能統帥數州、號令數州。如果我們把軍隊集中起來去圍困郢城，又要分出一部分兵力繼續東進，把守魯山的房僧寄軍一定會截斷我們漢水的這一生命線，掐住我們的脖子。如果我軍糧食運輸的道路被切斷，我們的軍隊就要離散，哪裡還談得上堅持長久呢？冠軍將軍鄧元起最近想率領三千名士兵去攻取尋陽城，尋陽城內的守將陳伯之如果能看清形勢，倒戈投降，我們只需派一位有才幹的說客前去就足夠了。萬一陳伯之他們奮起抗拒我們的正義之師，我軍的三千名士兵就不可能攻下尋陽城。到那時我軍想進進不得，想退退不成，我看不出這樣做有什麼好處可言。關於奪取西陽、武昌二城，攻下兩城也許並不難，關鍵是既然奪取了西陽城、武昌城，就要派兵進行鎮守。如果想要守住西陽、武昌二城，至少也得要一萬人的兵力，同時還得要有足夠一萬人所需的糧食與各種物資，這些都不是倉促之間就能準備好的。如果突然有一支東部的軍隊逆水西上，用一萬人進攻其中的一座城，那麼西陽城、武昌城肯定不能互相救應。如果我們分出一支軍隊前去救援，那麼我軍無論是進攻郢城、魯山，還是前往增援西陽、武昌的軍隊都會顯得人少力弱；如果我們不派遣軍隊去救援西陽、武昌，那麼兩座孤立無援之城必然被攻陷。如果有一座城失陷，其他各城就會產生連鎖反應而形成土崩瓦解之勢，我們奪取天下的大事就算徹底失敗了。如果等到我軍攻克郢城之後再向東方各城發起進攻，就會形成一種順江而下、風捲殘雲的局面，那麼西陽、武昌二城自然就會順風而倒。我們何必忙著分散兵力，自己給自己留下憂患呢？況且大丈夫舉事，目的在於掃清國家的危難，匡扶社稷，何況目前我們是用好幾個州的兵力去誅除朝廷中那一群奸佞的小人，其形勢就像挽起滾滾的黃河水去澆滅那些星星點點的小火一樣，豈有不滅之理！我們怎能向北面的魏國稱臣，請求戎狄出兵救援，而向天下人顯示我們的卑弱呢！再說魏國也未必就能相信我們，能及時地給我們以援助，白白地落一個叛國投敵、認賊作父的惡名，這本來是一個最下等的計策，你怎麼還說它是一個上策呢？你替我們這些人回去稟告鎮軍將軍蕭穎胄，就說：前方作戰的問題，你只管交給我負責好了，勝利就在眼前，不要擔憂不能取得勝利，我就是仰仗著鎮軍將軍的威名來辦好這一切的。」

吳子陽等人進軍到武口。蕭衍命令部將梁天惠等率軍駐紮在漁湖城，派唐脩期等率軍駐紮在白陽壘，兩軍夾岸等待敵軍的進攻。吳子陽率軍進抵加湖。加湖距離郢州城三十里，吳子陽在依山傍水的地方修築起堡壘進行防守。吳子陽這邊舉起烽火，郢州城內也舉起烽火回應，然而無論是郢州城內的守軍還是進至加湖的吳子陽援軍都各自堅守自己的營地，不能互相救援。恰好遇到防守魯山的驍騎將軍房僧寄病死，眾人又推舉協助房僧寄組織守城的孫樂祖接替房僧寄率軍守衛魯山。

蕭穎胄在開始發動擁立南康王蕭寶融以反對建康朝廷的時候，他的弟弟蕭穎孚從建康城中逃了出來，廬陵郡的百姓脩靈祐為蕭穎孚召集了二千人，蕭穎孚遂率領這二千人襲擊廬陵郡城，將廬陵郡城攻克，擔任廬陵郡內史的謝篹逃往豫章郡。蕭穎胄派遣擔任寧朔將軍的范僧簡率軍從湘州出發前往廬陵增援蕭穎孚，范僧簡攻克了安成郡，蕭穎胄遂任命范僧簡為安成郡太守，任命蕭穎孚為廬陵郡內史。東昏侯蕭寶卷派將領劉希祖率領三千人前往廬陵攻打蕭穎孚，擔任南康郡太守的王丹出兵響應劉希祖，他將南康郡獻給了劉希祖。蕭穎孚被劉希祖打敗之後，便逃往長沙郡，不久蕭穎孚病死，逃往豫章郡的廬陵內史謝篹又回到了廬陵郡。劉希祖率軍攻克了安成郡，殺死了寧朔將軍、安成太守范僧簡，東昏侯任命劉希祖為安成郡內史。廬陵郡百姓脩靈祐又將被劉希祖打敗的蕭穎孚餘部招集起來進攻謝篹，謝篹戰敗後再次逃走。

東昏侯蕭寶卷修建芳樂苑，他把芳樂苑中的山石都塗上五彩；蕭寶卷看見百姓誰家裡有好樹、美竹，就下令將那家的院牆搗毀，將房屋拆除，然後把好樹、美竹移栽到芳樂苑中。當時正是暑熱天氣，移栽的樹、竹很快就枯萎了，移栽花木的人只得一天到晚不停地移栽。蕭寶卷又在芳樂苑中開辦集貿市場，他讓宮女、宦官全都充當小商販到集貿市場去做買賣。他讓潘貴妃擔任管理集貿市場的長官，蕭寶卷自己則親自充當管理集市的小職員，蕭寶卷稍微有一些過失，潘貴妃就用棍子責打他，蕭寶卷因此命令虎賁衛士們，在潘貴妃喝令要打人時，不許遞給潘貴妃粗大的荊條、實心的蘆葦。蕭寶卷又在芳樂苑中開鑿水渠，在水渠上設立收費站，蕭寶卷親自下水去給人拉縴使船隻通過水壩；有時候蕭寶卷就坐在集貿市場上宰割牲畜。蕭寶卷又迷信那些男男女女裝神弄鬼的騙子，蕭寶卷的親信朱光尚便假稱自己看見了鬼；蕭寶卷進入樂遊苑，人馬忽然受到驚嚇，便去詢問朱光尚，朱光尚回答說：「剛才我看見先帝蕭鸞的鬼魂非常憤怒，他不准許陛下頻繁地出來遊蕩。」東昏侯一聽大怒，立即拔出佩刀交給朱光尚，讓朱光尚去搜尋、砍殺明帝蕭鸞的鬼魂。朱光尚沒有找到明帝的鬼魂，蕭寶卷就令人用茭白的葉子捆成明帝的形狀，將明帝形狀的草人面向北，然後砍下腦袋，懸掛在樂遊苑的門口示眾。

崔慧景叛亂失敗的時候，巴陵王蕭昭胄、永新侯蕭昭穎從崔慧景的軍中跑出來投降了朝廷軍的頭領胡松，他們二人都是帶著王侯的爵位和俸祿回到自己的府第，然而他們的心中始終感到惶恐不安。曾經為竟陵王蕭子良擔任過王宮衛士頭領的桑偃是梅蟲兒軍中的副統領，桑偃與前任巴西太守蕭寅密謀擁立巴陵王蕭昭胄為皇帝，蕭昭胄也答應事情成功之後任用蕭寅為尚書左僕射、護軍將軍。當時將軍胡松正率軍駐紮在新亭，蕭寅派人去勸說胡松，對胡松說：「等哪一天那個昏庸的小皇帝再出宮遊蕩的時候，蕭寅等人就會率領軍隊擁戴巴陵王蕭昭胄進入皇宮，然後關閉臺城，發布小皇帝蕭寶卷已經被廢，新皇帝已經登基的命令。那個昏小子一定會回來投奔將軍，將軍只管關閉壘門，不接受他的指令，事成之後，你得個三公的職位並不難。」胡松答應了蕭寅的條件。碰巧東昏侯新建了芳樂苑，整整一個月沒有外出遊玩。桑偃等人商議招募一百多名敢死隊，從萬春門進入芳樂苑，突襲東昏侯，蕭昭胄認為不可以這樣做。桑偃的同黨王山沙擔心事情拖久了成不了功，於是就準備去告訴在東昏侯身邊擔任帶刀護衛的徐僧重。蕭寅派人在半路劫殺了王山沙，有位官吏在王山沙身上裝麝香的布袋裡搜出了有關桑偃、蕭寅準備廢掉小皇帝另立蕭昭胄為帝的告密信。蕭昭胄、蕭昭穎兄弟和桑偃等於是全部被誅殺。

雍州刺史張欣泰❶與弟前始安內史❷欣時，密謀結胡松及前南譙❸太守王靈秀、直閤將軍鴻選❹等誅諸嬖倖，廢東昏。東昏遣中書舍人馮元嗣監軍救郢❺。

秋，七月甲午❻，茹法珍、梅蟲兒及太子右率李居士、制局監楊明泰送之[1]中興堂❼，欣泰等使人懷刀於座斫元嗣，頭墜果柈❽中；又斫明泰，破其腹；蟲兒傷數瘡❾，手指皆墮；居士、法珍等散走還臺。靈秀詣石頭❿迎建康王寶寅⓫，帥城中將吏見力⓬，去車輪，載寶寅⓭，文武數百唱警蹕⓮，向臺城，百姓數千人皆空手隨之。欣泰聞事作，馳馬入宮，冀法珍等在外⓯，東昏盡以城中處分見委⓰，表裏相應⑰。既而法珍得返，處分閉門上仗⑱，不配欣泰兵⑲，鴻選在殿內亦不敢發。寶寅至[2]杜姥宅⑳，日已暝，城門閉。城上人射外人㉑，外人棄寶寅潰去，寶寅亦逃。三日，乃戎服詣草市尉㉒，尉馳以啓東昏。東昏召寶寅入宮問之，寶寅涕泣稱：「爾日㉓不知何人逼使上車，仍將去㉔，制不自由㉕。」東昏笑，復其爵位。張欣泰等事覺，與胡松皆伏誅。

蕭衍使征虜將軍王茂、軍主曹仲宗等乘水漲以舟師襲加湖，鼓譟攻之。丁酉㉖，加湖潰，吳子陽等走免㉗，將士殺溺死者萬計，俘其餘眾而還。於是郢、魯二城相視奪氣㉘。○乙巳㉙，柔然犯魏邊。○魯山乏糧，軍人於磯頭㉚捕細魚㉛供食，密治輕船，將奔夏口，蕭衍遣偏軍㉜斷其走路。丁巳㉝，孫樂祖窘迫，以城降。

己未㉞，東昏侯以程茂為郢州刺史，薛元嗣為雍州刺史。是日，茂、元嗣以郢城降。郢城之初圍也，士民男女近十萬口；閉門二百餘日，疾疫流腫㉟，死者什七八㊱，積尸牀下而寢其上，比屋㊲皆滿。茂、元嗣等議出降，使張孜㊳為書與衍。張沖故吏青州治中㊴房長瑜謂孜曰：「前使君㊵忠貫昊天㊶，郎君㊷但當坐守畫一㊸，以荷析薪㊹。若天運不與㊺，當幅巾待命㊻，下從使君㊼。今從諸人之計，非唯郢州士女失高山之望(48)，亦恐彼所不取(49)也。」孜不能用。蕭衍以韋叡為江夏太守，行郢府事，收瘞(50)死者而撫其生者，郢人遂安。

諸將欲頓軍夏口，衍以為宜乘勝直指建康，車騎諮議參軍張弘策(51)、寧遠將軍庚域(52)亦以為然。衍命眾軍即日上道。緣江至建康，凡磯、浦、村落，軍行宿次、立頓處所(53)，弘策逆為圖畫(54)，如在目中。

辛酉(55)，魏大赦。○魏安國宣簡侯王肅(56)卒於壽陽(57)，贈侍中、司空。初，肅以父死非命(58)，四年不除喪。高祖曰：「三年之喪，賢者不敢過(59)。」命肅以祥禫之禮除喪(60)。然肅猶素服(61)，不聽樂終身。

汝南民胡文超起兵於灄陽(62)以應蕭衍，求取義陽、安陸(63)等郡以自效。衍又遣軍主唐脩期攻隨郡(64)，皆克之。司州(65)刺史王僧景遣子貞孫[3]為質於衍，司部(66)悉平。

崔慧景之死也，其少子偃為始安內史(67)，逃潛得免。及西臺建，以偃為寧朔將軍。偃詣公車門(68)上書曰：「臣竊惟高宗之孝子忠臣，而昏主之亂臣賊子者，江夏王(69)與陛下，先臣(70)與鎮軍(71)是也。雖成敗異術而所由同方(72)。陛下初登至尊，與天合符(73)。天下纖芥[4]之屈，尚望陛下申之。況先帝之子、陛下之兄(74)所行之道，即陛下所由[75]哉！此尚不恤[76]，其餘何冀！今不可幸小民之無識而罔之[77]，若使曉然知其情節[78]，相帥而逃[79]，陛下將何以應之哉！」事寢不報[80]。偃又上疏曰：「近冒陳江夏之冤，非敢以父子之親而傷至公之義，誠不曉聖朝所以然[81]之意。若以狂主[82]雖狂〔5〕，實是天子；江夏雖賢，實是人臣。先臣奉人臣逆人君為不可，未審今之嚴兵勁卒直〔6〕指象魏[83]者，其故何哉？臣所以不死，苟存視息[84]，非有他故，所以待皇運之開泰[85]，申忠魂之枉屈。今皇運已開泰矣，而死社稷者返為賊臣[86]，臣何用此生於陛下之世矣！臣謹按鎮軍將軍臣穎胄、中領軍臣詳，皆社稷之臣也，同知[87]先臣股肱江夏[88]，匡濟王室，天命未遂，主亡與亡，而不為陛下瞥然一言[89]。知而不言，不忠；不知而不言，不智也。如以先臣遣使，江夏斬之[90]，則征東之驛使，何為見戮[91]？陛下斬征東之使，實詐山陽；江夏違先臣之請，實謀孔矜[92]。天命有歸[93]，故事業不遂[94]耳。臣所言畢矣，乞就湯鑊！然臣雖萬沒[95]，猶願陛下必申先臣[96]。何則？惻愴而申之[97]，則天下伏[98]；不惻愴而申之，則天下叛。先臣之忠，有識所知，南、董之筆[99]，千載可期[100]，亦何待陛下屈申而為褒貶[101]！然小臣惓惓之愚[102]，為陛下計耳。」詔報曰：「具知卿惋切[103]之懷，今當顯加贈諡。」偃尋下獄死[104]。

八月丁卯[105]，東昏侯以輔國將軍申胄監豫州事[106]。辛未[107]，以光祿大夫張瓌鎮石頭[108]。

初，東昏侯遣陳伯之鎮江州，以為吳子陽等聲援。子陽等既敗，蕭衍謂諸將曰：「用兵未必須實力，所聽威聲耳。今陳虎牙狼狽奔歸[109]，尋陽人情[110]理當恟懼[111]，可傳檄而定[112]也。」乃命搜俘囚[113]，得伯之幢主[114]蘇隆之，厚加賜與，使說伯之，許即用為安東將軍、江州刺史。伯之遣隆之返命[115]，雖許歸附，而云「大軍未須遽下[116]。」衍曰：「伯之此言，意懷首鼠[117]。及其猶豫，急往逼之，計無所出，勢不得不降。」乃命鄧元起引兵先下，楊公則徑掩柴桑[118]，衍與諸將以次進路。元起將至尋陽，伯之收兵退保湖口[119]，留陳虎牙守湓城[120]。選曹郎吳興沈瑀[121]說伯之迎衍。伯之泣曰：「余子在都，不能不愛[122]。」瑀曰：「不然。人情匈匈[123]，皆思改計，若不早圖，眾散難合。」丙子[124]，衍至尋陽，伯之束甲[125]請罪。

初，新蔡[126]太守席謙父恭穆[7]為鎮西司馬，為魚復侯子響[127]所殺。謙從伯之鎮尋陽，聞衍東下，曰：「我家世忠貞，有殞不二[128]。」伯之殺之。乙卯[129]，以伯之為江州刺史，虎牙為徐州刺史。

魯休烈、蕭瓚破劉孝慶等於峽口，任漾之戰死。休烈等進至上明[130]，江陵大震。蕭穎胄恐，馳告蕭衍，令遣楊公則還援根本[131]。衍曰：「公則今泝流上江陵，雖至，何能及事？休烈等烏合之眾，尋自退散，正須少時持重[132]耳。良須兵力[133]，兩弟在雍，指遣往徵[134]，不為難至。」穎胄乃遣軍主[135] [8]蔡道恭假節屯上明以拒蕭璝。○辛巳[136]，東昏侯以太子左率李居士總督西討諸軍事，屯新亭。

九月乙未[137]，詔蕭衍若定京邑，得以便宜從事[138]。衍留驍騎將軍鄭紹叔守尋陽，與陳伯之引兵東下，謂紹叔曰：「卿，吾之蕭何、寇恂[139]也。前塗[140]不捷，我當其咎；糧運不繼，卿任其責。」紹叔流涕拜辭。比克建康[141]，紹叔督江、湘糧運，未嘗乏絕。

魏司州牧廣陽王嘉[142]請築洛陽三百二十三坊[143]，各方三百步[144]，曰：「雖有暫勞，姦盜永息。」丁酉[145]，詔發畿內[146]夫五萬人築之，四旬而罷[147]。○己亥[148]，魏立皇后于氏。后，征虜將軍勁[149]之女；勁，烈之弟也。自祖父栗磾以來，累世貴盛，一皇后[150]，四贈公[151]，三領軍[152]，二尚書令[153]，三開國公[154]。

甲申[155]，東昏侯以李居士為江州刺史，冠軍將軍王珍國為雍州刺史，建安王寶寅為荊州刺史，輔國將軍申胄監郢州，龍驤將軍扶風馬仙琕監豫州，驍騎將軍徐元稱監徐州軍事。珍國，廣之[156]之子也。是日，蕭衍前軍至蕪湖[157]，申胄軍二萬人棄姑孰[158]走，衍進軍，據之。戊申[159]，東昏侯以後軍參軍蕭璝為司州刺史，前輔國將軍魯休烈為益州刺史。

蕭衍之克江、郢也，東昏遊[9]騁[160]如舊，謂茹法珍曰：「須來至白門[161]前，當一決。」衍至近道[162]，乃聚兵為固守之計。簡二尚方、二冶囚徒[163]以配軍，其不可活者[164]，於朱雀門[165]內日斬百餘人。

衍遣曹景宗等進頓[10]江寧[166]。丙辰[167]，李居士自新亭選精騎一千至江寧。景宗始至，營壘未立，且師行日久，器甲穿弊[168]。居士望而輕之，鼓譟直[11]前薄[169]之。景宗奮擊，破之，因乘勝而前，徑至皁莢橋[170]。於是王茂、鄧元起[12]、呂僧珍進據赤鼻邏[171]，新亭城主[172]江道林引兵出戰，眾軍擒之於陳[173]。衍至新林[174]，命王茂進據越城，鄧元起據道士墩，陳伯之據籬門[175]，呂僧珍據白板橋[176]。李居士覘知[177][13]僧珍眾少，帥銳卒萬人直來薄壘[178]。僧珍曰：「吾眾少，不可逆戰[179]，可勿遙射，須至塹裏[180]，當併力破之。」俄而皆越塹拔柵，僧珍分人上城，矢石俱發，自帥馬步三百人出其後，城上[14]復踰城而下[181]，內外奮擊，居士敗走，獲其器甲不可勝計。居士請於東昏侯，燒南岸邑屋[182]以開戰場，自大航[183]以西，新亭以北皆盡。衍諸弟皆自建康自拔[184]赴軍。

冬，十月甲戌[185]，東昏侯遣征虜將軍王珍國、軍主胡虎牙將精兵十萬餘人陳於朱雀航南，宦官王寶孫持白虎幡督戰，開航背水[186]，以絕歸路。衍軍小卻[187]，王茂下馬，單刀直前，其甥韋欣慶執鐵纏矟[188]以翼之[189]，衝擊東軍，應時而陷[190]。曹景宗縱兵乘之[191]，呂僧珍縱火焚其營，將士皆殊死戰，鼓譟震天地[192]。珍國等眾軍不能抗，王寶孫切罵[193]諸將帥，直閤將軍席豪發憤，突陣而死。豪，驍將也，既死，士卒土崩，赴淮死者無數，積尸與航等，後至者乘之而[15]濟[194]。於是東昏侯諸軍望之皆潰。衍軍長驅至宣陽門[195]，諸將移營稍前[196]。

陳伯之屯西明門[197]，每城中有降人出，伯之輒呼與耳語。衍恐其復懷翻覆，密語伯之曰：「聞城中甚忿卿舉江州降，欲遣刺客中卿[198]，宜以為慮[199]。」伯之未之信。會東昏侯將鄭伯倫來降，衍使伯倫過伯之[200]，謂曰：「城中甚忿卿，欲遣信[201]誘卿以封賞，須卿復降[202]，當生割卿手足；卿若不降，復欲遣刺客殺卿。宜深為備。」伯之懼，自是始無異志[203]。

戊寅[204]，東昏寧朔將軍徐元瑜以東府城[205]降。青、冀二州[206]刺史桓和入援，屯東宮。己卯[207]，和詐東昏云出戰，因[208]以其眾來降。光祿大夫張瓌棄石頭還宮。李居士以新亭降於衍，琅邪城主[209]張木亦降。壬午[210]，衍鎮石頭[211]，命諸軍攻六門[212]。

東昏燒門內營署、官府，驅逼士民，悉入宮城，閉門自守。衍命諸軍築長圍守之。

楊公則屯領軍府壘北樓[213]，與南掖門[214]相對，嘗登樓望戰。城中遙見麾蓋[215]，以神鋒弩[216]射之，矢貫胡牀[217]，左右失色。公則曰：「幾中吾腳[218]！」談笑如初。東昏夜選勇士攻公則柵，軍中驚擾，公則堅臥不起[219]，徐命擊之，東昏兵乃退。公則所領皆湘州人，素號怯懦，城中輕之，每出盪[220]，輒先犯公則壘。公則獎厲[221]軍士，克獲[222]更多。

先是，東昏遣軍主左僧慶屯京口[223]，常僧景屯廣陵[224]，李叔獻屯瓜步[225]。及申胄自姑孰奔歸，使屯破墩[226]，以為東北聲援。至是，衍遣使曉諭，皆帥其眾來降。衍遣弟輔國將軍秀鎮京口，輔國將軍恢[227]鎮破墩，從弟寧朔將軍景[228]鎮廣陵。

十一月丙申[229]，魏以驃騎大將軍穆亮[230]為司空。丁酉[231]，以北海王詳為太傅，領司徒。初，詳欲奪彭城王勰司徒，故譖而黜之[232]。既而畏人議己，故但為大將軍，至是乃居之。詳貴盛翕赫[233]，將作大匠[234]王遇多隨詳所欲，私以官物給之。司徒長史于忠責遇於詳前曰：「殿下，國之周公[235]，阿衡王室[236]，所須材用，自應關旨[237]，何至阿諛附勢，損公惠私[238]也！」遇既踧踖[239]，詳亦慚謝。忠每以鯁直為詳所忿，嘗罵忠曰：「我憂在前見爾死，不憂爾見我死時也[240]！」忠曰：「人生於世，自有定分[241]，若應死於王手[242]，避亦不免；若其不爾，王不能殺！」忠以討咸陽王禧功，封魏郡公，遷散騎常侍，兼武衛將軍[243]。詳因忠表讓[244]之際，密勸魏主以忠為列卿[245]，令解左右[246]，聽其讓爵[247]。於是詔停其封，優進太府卿[248]。

巴東獻武公[249]蕭穎胄以蕭璝與蔡道恭相持不決[250]，憂憤成疾[251]，壬午[252]，卒。夏侯詳祕之，使似其書者[253]假為教命[254]，密報蕭衍，衍亦祕之。詳徵兵雍州，蕭偉遣蕭憺將兵赴之[255]。璝等聞建康已危，眾懼而潰，璝及魯休烈皆降。乃發穎胄喪，贈侍中、丞相，於是眾望盡歸於衍。夏侯詳請與蕭憺共參軍國[256]，詔以詳為侍中、尚書右僕射，尋除使持節、撫軍將軍、荊州刺史。詳固讓于憺，乃以憺行荊州府州事[257][16]。

魏改築圜丘[258]於伊水之陽[259]。乙卯[260]，始祀於其上[261]。○魏鎮南將軍元英[262]上書曰：「蕭寶卷荒[17]縱日甚，虐害無辜。其雍州刺史蕭衍東伐秣陵[263]，掃土興兵[264]，順流而下，唯有孤城[265]，更無重衛，乃皇天授我之日，曠世一逢之秋。此而不乘[266]，將欲何待？臣乞躬帥步騎三萬，直指沔陰[267]，據襄陽之城，斷黑水[268]之路。昏虐君臣，自相魚肉，我居上流，威震遐邇。長驅南出，進拔江陵，則三楚[269]之地一朝可收，岷、蜀之道[270]自成斷絕。又命楊、徐二州[271]聲言俱舉[272]，建業窮蹙[273]，魚游釜中，可以齊文軌[274]而大同[275]，混天地而為一[276]。伏惟[277]陛下獨決聖心，無取疑議。此期脫爽[278]，并吞無日[279]。」事寢不報。

車騎大將軍源懷[280]上言：「蕭衍內侮[281]，寶卷孤危，廣陵、淮陰等戍[282]皆觀望得失[283]。斯實天啟之期[284]，并吞之會[285]。宜東西齊舉[286]，以成席卷之勢。若使蕭衍克濟[287]，上下同心，豈唯後圖之難，亦恐揚州危逼[288]。何則？壽春之去建康纔七百里，山川水陸皆彼所諳[289]。彼若內外無虞[290]，君臣分定，乘舟藉水[291]，倏忽而至[292]，未易當[293]也。今寶卷都邑有土崩之憂，邊城無繼援之望，廓清江表[294]，正在今日。」魏主乃以任城王澄[295]為都督淮南諸軍事、鎮南大將軍、開府儀同三司、揚州刺史，使為經略[296]。既而不果[297]。懷，賀[298]之子也。

東豫州[299]刺史田益宗上表曰：「蕭氏亂常，君臣交爭，江外州鎮，中分[18]為兩[300]，東西抗峙，已淹歲時[301]。民庶窮於轉輸[302]，甲兵疲於戰鬬，事救於目前[303]，力盡於麾下[304]，無暇外維州鎮[305]，綱紀庶方[306]，藩城[307]棋立，孤存而已。不乘機電掃[308]，廓彼蠻疆，恐後之經略，未易於此。且壽春雖平[309]，三面仍梗[310]，鎮守之宜[311]，實須豫設[312]。義陽差近淮源[313]，利涉津要[314]，朝廷行師，必由此道。若江南一平[315]，有事淮外[316]，須乘夏水汎長[317]，列舟長淮。師赴壽春[318]，須從義陽之北，便是居我喉要[319]，在慮彌深[320]。義陽之滅，今實時矣。度彼[321]不過須精卒一萬二千。然行師之法，貴張形勢[322]。請使兩荊[323]之眾西擬隨、雍[324]；揚州之卒[325]頓于建安[326]，得捍三關之援[327]；然後二豫[328]之軍直據南關[329]，對抗延頭[330]，遣一都督總諸軍節度，季冬進師，迄于春末，不過十旬，克之必矣。」元英又奏稱：「今寶卷骨肉相殘，藩鎮鼎立。義陽孤絕，密邇王土[331]，內無兵儲之固，外無糧援之期，此乃欲焚之鳥，不可去薪[332]；授首之寇[333]，豈容緩斧！若失此不取，豈唯後舉難圖，亦恐更為深患。今豫州刺史司馬悅已戒嚴垂發[334]，東豫州刺史田益宗兵守三關，請遣軍司[335]為之節度[336]。」魏主乃遣直寢[337]羊靈引為軍司。益宗遂入寇。建寧[338]太守黃天賜與益宗戰于赤亭[339]，天賜敗績。

崔慧景之逼建康也，東昏侯拜蔣子文[340][19]為假黃鉞、使持節、相國、太宰、大將軍、錄尚書事、揚州牧、鍾山王[20]。及衍至，又尊子文為靈帝[341]，迎神像入後堂，使巫禱祀求福。及城閉，城中軍事悉委王珍國。兗州刺史張稷入衛京師，以稷為珍國之副。稷，瓌[342]之弟也。

時城中實甲[343]猶七萬人，東昏素好軍陳，與黃門、「刀敕」及宮人於華光殿前習戰鬬，詐作被創勢[344]，使人以板擔去[345]，用為厭勝[346]。常於殿中戎服、騎馬出入，以金銀為鎧冑，具裝[347]飾以孔翠[348]。晝眠夜起，一如平常。聞外鼓叫聲，被大紅袍，登景陽樓屋上望之，弩幾中[349]之。

始，東昏與左右謀，以為陳顯達一戰即敗，崔慧景圍城尋走，謂衍兵亦然，敕太官辦樵、米[350]為百日調[351]而已。及大桁之敗，眾情兇懼。茹法珍等恐士民逃潰，故閉城不復出兵。既而長圍已立，塹柵嚴固，然後出盪，屢戰不捷。東昏尤惜金錢，不肯賞賜。法珍叩頭請之，東昏曰：「賊來獨取我耶？何為就我求物？」後堂儲數百具榜[352]，啟為城防[353]，東昏欲留作殿，竟不與。又督御府[354]作三百人精仗[355]，待圍解以擬屏除[356]，金銀雕鏤雜物，倍急於常[357]。眾皆怨怠，不為致力。外圍既久，城中皆思早亡[358]，莫敢先發[359]。

茹法珍、梅蟲兒說東昏曰：「大臣不留意[360]，使圍不解，宜悉誅之。」王珍國、張稷懼禍，珍國密遣所親獻明鏡於蕭衍[361]，衍斷金以報之[362]。兗州中兵參軍[21]張齊，稷之腹心也，珍國因齊[363]密與稷謀，同弒東昏。齊夜引珍國就稷，造膝[364]定計。齊自執燭，又以計告後閤舍人[365]錢強。十二月丙寅[366]夜，強密令人開雲龍門[367]，珍國、稷引兵入殿，御刀[368]豐勇之為內應。東昏在含德殿作笙歌[369]，寢未熟，聞兵入，趨出北戶，欲還後宮，門已閉。宦者黃泰平刀傷其膝，仆地，張齊斬之。

稷召尚書右僕射王亮[370]等列坐殿前西鍾[371]下，令百僚署牋[372]，以黃油[373]裹[22]東昏首，遣國子博士范雲[374]等送詣石頭。右衛將軍王志[375]歎曰：「冠雖弊，何可加足[376]！」取庭中樹葉挼服[377]之，僞悶[378]，不署名。衍覽牋無志名，心嘉之。亮，瑩[379]之從弟。志，僧虔之子也。衍與范雲有舊[380]，即留參帷幄[381]。王亮在東昏朝，以依違取容[382]。蕭衍至新林[383]，百僚皆間道送款[384]，亮獨不遣。東昏敗，亮出見衍，衍曰：「顛而不扶，安用彼相[385]！」亮曰：「若其可扶，明公豈有今日之舉[386]！」城中出者，或被劫剝。楊公則親帥麾下[387]陳於東掖門，衛送公卿、士民，故出者多由公則營[388]焉。衍使張弘策先入清宮，封府庫及圖籍。于時城內珍寶委積[389]，弘策禁勒部曲，秋毫無犯。收潘妃及嬖臣茹法珍、梅蟲兒、王咺之等四十一人皆屬吏[390]。

初，海陵王之廢[391]也，王太后[392]出居鄱陽王故第，號宣德宮。己巳[393][23]，蕭衍以宣德太后令追廢涪陵王為東昏侯[394]，褚后及太子誦並為庶人。以衍為中書監、大司馬、錄尚書事、驃騎大將軍、揚州刺史，封建安郡公，依晉武陵王遵承制故事[395]，百僚致敬。以王亮為長史。壬申[396]，更封建安王寶寅為鄱陽王。癸酉[397]，以司徒、揚州刺史晉安王寶義為太尉，領司徒。

己卯[398]，衍入屯閱武堂，下令大赦。又下令：「凡昏制謬賦[399]、淫刑濫役[400]外[401]，可詳檢前原[402]，悉皆除盪[403]。其主守[404]散失諸所損耗[405]，精立科條，咸從原例[406]。」又下令：「通檢尚書眾曹[407]，東昏時諸諍訟失理[408]，及主者淹停不時施行[409]者，精加訊辯[410]，依事議奏[411]。」又下令：「收葬義師[412]，瘞[413]逆徒[414]之死亡者。」潘妃有國色[415]，衍欲留之，以問侍中、領軍將軍王茂，茂曰：「亡齊者此物，留之恐貽外議[416]。」乃縊殺於獄，并誅嬖臣茹法珍等。以宮女二千分賚[417]將士。乙酉[418]，以輔國將軍蕭宏[419]為中護軍[420]。

衍之東下也，豫州刺史馬仙琕擁兵不附衍，衍使其故人姚仲賓說之，仙琕先為設酒，乃斬於軍門以徇。衍又遣其族叔懷遠說之，仙琕曰：「大義滅親！」又欲斬之，軍中為請，乃得免。衍至新林，仙琕猶於江西[421]日抄運船[422]。衍圍宮城，州郡皆遣使請降，吳興[423]太守袁昂獨拒境[424]不受命。昂，顗[425]之子也。衍使駕部郎[426]考城江革[427]為書與昂曰：「根本[428]既傾，枝葉安附？今竭力昏主[429]，未足為忠；家門屠滅，非所謂孝。豈若翻然改圖，自招多福？」昂復書曰：「三吳[430]內地，非用兵之所[431]，況以偏隅一郡，何能為役[432]？自承麾旆屆止[433]，莫不膝袒軍門[434]。唯僕一人敢後至[435]者，政以[436]內揆庸素[437]，文武無施[438]。雖欲獻心[439]，不增大師之勇；置其愚默[440]，寧沮眾軍之威[441]！幸藉將軍含弘之大[442]，可得從容以禮[443]。竊以一餐微施，尚復投殞(444)，況食人之祿(445)，而頓忘一旦(446)，非唯物議不可(447)，亦恐明公(448)鄙之，所以躊躇，未遑薦璧(449)。」昂問時事(450)於武康令北地傅映(451)[24]，映曰：「昔元嘉之末(452)，開闢未有(453)，故太尉殺身以明節(454)。司徒(455)當寄託之重，理無苟全，所以不顧夷險(456)以徇名義(457)。今嗣主昏虐，曾無悛改；荊、雍協舉(458)，乘據上流(459)，天人之意可知。願明府(460)深慮，無取後悔。」及建康平，衍使豫州刺史李元履巡撫東土，敕元履曰：「袁昂道素(461)之門，世有忠節，天下須共容之，勿以兵威陵辱。」元履至吳興，宣衍旨，昂亦不請降，開門撤備(462)而已。仙琕聞臺城不守，號泣謂將士曰：「我受人任寄(463)，義不容降(464)。君等皆有父母，我為忠臣，君為孝子，不亦可乎！」乃悉遣城內兵出降，餘壯士數十，閉門獨守。俄而兵入，圍之數十重。仙琕令士皆持滿(465)，兵不敢近。日暮，仙琕乃投弓曰：「諸君但來見取(466)，我義不降。」乃檻(467)送石頭。衍釋之，使待袁昂至，俱入(468)，曰：「今天下見二義士。」衍謂仙琕曰：「射鉤、斬袪(469)，昔人所美。卿勿以殺使斷運自嫌(470)。」仙琕謝曰：「小人如失主犬，後主飼之，則復為用矣。」衍笑，皆厚遇之。丙戌(471)，蕭衍入鎮殿中(472)。

劉希祖(473)既克安成，移檄湘部(474)，始興(475)內史王僧粲應之。僧粲自稱湘州刺史，引兵襲長沙[476]，去城[477]百餘里，於是湘州郡縣兵皆蜂起以應僧粲，唯臨湘、湘陰、瀏陽、羅[478]四縣尚全。長沙人皆欲汎舟走，行事劉坦[479]悉聚其舟焚之，遣軍主尹法略拒僧粲，戰數不利。前湘州鎮軍[480]鍾玄紹潛結士民數百人，刻日[481]翻城應僧粲。坦聞其謀，陽[482]為不知，因理訟[483]至夜，而城門遂不閉以疑之[484]，玄紹未發。明旦，詣坦問其故，坦久留與語，密遣親兵收其家書[485]。玄紹在坐，而收兵已報[486]，具得其文書本末[487]。玄紹即首伏[488][25]，於坐斬之，焚其文書，餘黨悉無所問。眾愧且服，州郡遂安。法略與僧粲相持累月，建康城平，楊公則還州[489]，僧粲等散走，王丹[490]為郡人所殺，劉希祖亦舉郡降。公則克己廉慎，輕刑薄賦，頃之，湘州戶口幾復其舊[491]。

【章　旨】以上為第二段，寫齊和帝蕭寶融中興元年（西元五〇一年）下半年的大事。主要寫了建康朝廷新任的雍州刺史張欣泰與直閣將軍鴻選、軍主胡松等人謀劃欲乘諸嬖幸為其所派的監軍馮元嗣送行於新亭之機誅諸嬖幸、廢蕭寶卷，結果事情未成，張欣泰、胡松等皆被蕭寶卷所殺；寫了建康朝廷又派吳子陽率兵西上救郢州，吳子陽駐軍於加湖，蕭衍派兵襲破之，死者萬餘，吳子陽走免，郢城、魯山為之喪氣，隨即魯山的守將孫樂祖、新任的郢州刺史程茂、雍州刺史薛元嗣等以郢城降蕭衍；寫蕭衍平定郢州後揮師東下，對江州的守將陳伯之進行攻心，陳伯之幾經動搖後，率江州投降蕭衍；寫蕭寶卷又派李居士、王珍國、馬仙琕等率軍西上迎敵，而蕭衍則一路破關斬將而下直抵新亭；寫蕭衍圍攻建康城，陳伯之尚心懷二意，蕭衍使反間計以絕其望；寫蕭衍的部將楊公則圍攻臺城，沉著幹練，情景動人，建康周圍的朝廷守軍紛紛投降蕭衍；寫長江上游的巴西、巴東二郡不從蕭衍，起兵下攻江陵，破江陵政權的守將劉孝慶於峽口，江陵震動，直至見建康的大勢已去，始向蕭衍投降；蕭穎胄則以自己不能安定後方憂憤而死，於是內外眾心悉歸蕭衍；寫東昏侯在宮城被圍時的吝嗇荒悖，欲殺大臣，致使王珍國、張稷等聯合蕭寶卷身邊的侍衛發難殺了蕭寶卷，送其首級於蕭衍；寫楊公則於戰爭停息後放宮城中吏民之出歸，與張弘策入宮城之封府庫，秋毫無犯，皆節制之兵；寫蕭衍置江陵的蕭寶融於不顧，而以宣德太后令任己為最高的執政者，代行國家政事；寫蕭衍入屯閱武堂，頒行各項條令，廢除蕭寶卷時代的一切弊政，完全以當年的劉邦自居；此外還寫了蕭寶卷的豫州刺史馬仙琕、與吳興太守袁昂的不肯投降，繼續對抗蕭衍，蕭衍給他們保全了面子，終於使二人心悅誠服；寫了魏將元英、源懷皆上書請魏主趁齊國內亂出兵伐齊，魏之東豫州刺史田益宗與魏將元英又進規取義陽之策，魏主皆未能迅速行動；以及崔慧景之子崔偃給蕭寶融上書要求給被蕭寶卷所殺的蕭寶玄與崔慧景平反，言辭懇切，勁直而頗顯滑稽，蕭衍不願視之為同道，致崔偃被下獄死等等。

【注　釋】❶雍州刺史張欣泰　此蕭寶卷聞蕭衍等在雍、荊擁立蕭寶融，起兵造反後，重新任命的雍州刺史。張欣泰是劉宋名將張興世之子，在南齊與魏國的交戰中立有軍功。傳見《南齊書》卷五十一。❷始安內史　始安是郡名，郡治即今廣西桂林。因此郡是諸侯王的封國，故其行政長官稱內史，不稱太守。❸南譙　當時的僑置郡名，郡治山桑，在今安徽巢縣東南。❹鴻選　姓鴻名選，時為直閤將軍。❺監軍救郢　為張欣泰的監軍。❻七月甲午　七月初二。❼送之中興堂　在中興堂給馮元嗣送別。中興堂即通常所說的新亭。胡三省曰：「宋孝武帝劉駿即位於新亭，改新亭曰中興堂。」❽果柈　果盤。柈，同「盤」。❾數瘡　多處受傷。瘡，此處通「創」。兵器所傷。❿詣石頭　到石頭城。石頭城是當時建康城的軍事要地，在當時建康城的西側，西靠長江。⓫建康王寶寅　蕭寶寅，齊明帝蕭鸞的第六子，被封為建安王。事見《南齊書・明七王傳》。作「建康王」，誤，應依《南齊書》改為「建安王」。⓬城中將吏見力　石頭城裡現有的將吏與兵力。見，同「現」。⓭去車輪二句　把車輪去掉，做成肩輿，抬著蕭寶寅。⓮唱警蹕　口中高呼著戒嚴啦。⓯冀法珍等在外　希望趁著茹法珍等當時不在蕭寶卷身邊。⑯盡以城中處分見委　希望蕭寶卷會把部署守衛臺城的事都交給自己。處分，部署；布置。見委，委託給自己。⑰表裏相應　從而使自己一方的城裡城外的勢力相互配合。⑱閉門上仗　關起城門，派兵把守。⑲不配欣泰兵　不讓張欣泰帶領軍隊。⑳杜姥宅　臺城城外的地名。㉑外人　臺城外人。㉒戎服詣草市尉　草市尉是管理草市的長官。胡三省曰：「臺城六門之外，各有草市，置草市尉司察之。」蕭寶寅之所以穿戎服，是因為他不敢再穿平日的建安王的服飾，故而穿起士兵的軍服以表示請罪。當時南朝的士兵身分低賤，等同於奴隸。㉓爾日　那一天。㉔仍將去　我上車後，他們就抬著我走了。仍，意思同「乃」。將，持；挾持。㉕制不自由　當時我以皇帝的口氣說的話，都不是我心甘情願的。制，文體名，皇帝所下的命令。㉖丁酉　七月初五。㉗走免　逃脫。㉘相視奪氣　眼巴巴地看著沒法援救而為之喪氣。奪氣，沮喪；喪氣。㉙乙巳　七月十三。㉚磯頭　水邊的山崖、石灘。磯，伸入水中石崖。㉛細魚　小魚。㉜偏軍　小部隊。㉝丁巳　七月二十五。㉞己未　七月二十七日。㉟流腫　因毒氣流行而浮腫。㊱什七八　十分之七八。㊲比屋　這間挨著那間，意思是家家如此。比，併；緊挨著。㊳張孜　張沖之子。㊴青州治中　張沖為青州刺史時的高級僚屬，掌管文書。㊵前使君　指張沖。使君，古代對州郡長官的尊稱。㊶昊天　意同「蒼天」、「高天」。昊，廣大。㊷郎君　僚屬對其主官兒子的敬稱。㊸坐守畫一　即堅持既定的方針政策不變。此以西漢的曹參繼續維持蕭何的方針政策為喻。《漢書．曹參傳》有所謂「蕭何為法，較若畫一；曹參代之，守而勿失。」畫一，清楚、明白的樣子。這裡是用其「守而勿失」之義。㊹以荷析薪　意即繼承父親的遺志，完成父親的使命。《左傳》昭公七年：「其父析薪，其子不克負荷。」意思是其父砍了很多柴，其子卻不能把它背回家去。析薪，砍柴。負荷，挑著；扛著。㊺天運不與　老天爺不幫著我們，指城被攻破。㊻幅巾待命　脫去官服，用布包頭，等待最後被殺。幅巾，百姓的包頭布。㊼下從使君　到地下去找死去的父親。房長瑜的意思是勸張孜堅守到底，城破時應以死明節。㊽失高山之望　意即對您的行為感到失望。古時稱道仰慕某人有所謂「高山仰止，景行行止」之語。㊾彼所不取　甚至連我們的敵人也瞧不起您。彼，指蕭衍。㊿收瘞　收拾、掩埋。(51)張弘策　蕭衍的忠實親信，協助蕭衍奪取南齊政權的關鍵人物之一，為蕭衍之堂舅。傳見《梁書》卷十一。此時名義上為車騎將軍蕭寶源的諮議參軍。(52)庾域　原為蕭衍之父蕭順之的部下，後佐蕭衍奪取南齊政權。傳見《梁書》卷十一。(53)軍行宿次立頓處所　軍隊前進中可以住宿、可以停留的地點。宿次，住宿；過夜。立頓，停留、中途休息。(54)逆為圖畫　預先標誌得清清楚楚。(55)辛酉　七月二十九。(56)安國宣簡侯王肅　王肅是齊臣王奐之子，因其父被齊武帝蕭賾所殺，王肅遂北逃魏國，深受孝文帝信任，被封為安國侯。傳見《魏書》卷六十三。宣簡二字是其死後的諡。(57)卒於壽陽　南齊將領裴叔業率壽陽降魏後，魏派王肅鎮守壽陽。(58)父死非命　指王肅之父王奐因擅自殺害寧蠻長史劉興祖而被蕭賾所討殺。事見本書卷一百三十八。死非命，意即非正常死亡，指被人所殺。59三年之喪二句　《禮記・檀弓》：「子夏既除喪而見，予之琴，和之而不和，彈之而不成聲。作而曰：『哀未忘也，先王制禮而弗敢過也。』」60以祥禫之禮除喪　舉行過祥禫之禮後換去喪服。古代喪禮，父母死後的第十三個月舉行祭祀稱作「小祥」；二十五個月後又舉行祭祀稱作「大祥」；大祥之後又一年舉行除服的祭祀，稱作「禫」。胡三省曰：「期而小祥，再期而大祥；大祥之後，中月而禫。」61猶素服　遵命去掉了喪服，但仍穿素服，即不穿綾羅綢緞等鮮美之服。62灄陽　南齊縣名，縣治在今湖北黃陂南，當時為僑置汝南郡的郡治所在地。63義陽安陸　南齊之二郡名，義陽郡的郡治即今河南信陽，安陸郡的郡治即今湖北安陸。64隨郡　郡治即今湖北隨州。65司州　南齊的司州州治即今河南信陽。66司部　司州所管轄的整個地區。67始安內史　始安王蕭寶覽所封之地的行政長官，職位與太守相同。蕭寶覽是明帝蕭鸞之姪，蕭鸞之弟蕭緬之子，過繼於蕭鸞之兄蕭鳳為後，繼蕭鳳之位為始興王。68公車門　也稱「司馬門」，皇宮的外門，因有公車令看守此門，進宮的百官到此下車，故稱為公車門。凡向朝廷上書的臣民，即在此上書並在此候旨。69江夏王　指曾隨崔慧景一道造反的蕭寶玄。70先臣　以稱其父崔慧景。71鎮軍　指蕭穎胄，時為鎮軍將軍。72成敗異術而所由同方　成敗的結局不同，但舉義兵、討伐昏主的行為是一樣的。73與天合符　與上天的意旨完全一致。合符，如合符契。74先帝之子陛下之兄　指江夏王蕭寶玄。崔慧景兵敗，蕭寶玄被殺。75即陛下所由　也就是陛下您今天所走的道路。76不恤　不憂慮；不解決。77幸小民之無識而罔之　不能因為百姓們對此看不透就欺騙他們。罔，欺騙。78曉然知其情節　（如果現在總是隱瞞）日後他們一旦明白了事實真相。79相帥而逃　紛紛地離你而去。80事寢不報　上書被壓下，不見下文。81所以然　所以這麼做的原因，即堅持不給蕭寶玄、崔慧景平反。82狂主　指蕭寶卷。83直指象魏　直接對著朝廷。象魏，皇宮的大門。84苟存視息　勉強活到今天。85皇運之開泰　國家出現一位好皇帝。皇運，國運。開泰，暢達；昌盛。86返為賊臣　還背著一個造反做賊的名聲。返，同「反」。87同知　大家都知道。88股肱江夏　意即輔佐江夏王蕭寶玄。股肱，胳膊大腿，以喻骨幹之臣。這裡用如動詞。89不為陛下瞥然一言　不為他們向陛下說一句話。瞥，短暫的意思。90先臣遣使二句　本書卷一百四十三永元二年有所謂「慧景遣使奉寶玄為主，寶玄斬其使，因發將吏守城」之語。91征東之驛使二句　征東之驛使指蕭衍的僚屬王天虎。王天虎多次為蕭衍出使江陵，進行舉事的聯絡。但由於蕭衍的手段狡黠，致使王天虎被蕭穎胄所殺，蕭穎胄用王天虎的人頭欺騙朝廷軍，從而襲殺了朝廷所派的將領劉山陽。事見本書上卷。92實謀孔矜　是為了暫時穩住他身邊的朝廷勢力司馬孔矜等人。93天命有歸　誰知天命是向著陛下您。94故事業不遂　所以蕭寶玄、崔慧景他們的事業沒有成功。95臣雖萬沒　言外之意是我雖然沒能說動您。96必申先臣　一定要為我的先父崔慧景平反昭雪。97惻愴而申之　能動惻隱之心為他們申冤平反。98天下伏　天下人心服、感謝。伏，同「服」。99南董之筆　南史、董狐那樣的歷史家。當春秋時齊國的權臣崔杼殺了齊莊公時，齊國的南史在史書上寫下了「崔杼弒其君」（見《左傳》襄公二十五年）；當晉國的權臣趙盾指使人殺了晉靈公時，晉國的史官董狐在史書上寫下了「趙盾弒其君」（見《左傳》宣公二年）。從此古代常用「南、董」來指代正直的史官。100千載可期　意思是早晚會有人為他們平反，對他們做出公正評價的。101何待陛下屈申而為褒貶　意思是您今天為他們平反或不平反，是褒還是貶，其實都沒有關係，都擋不住歷史的公論。102惓惓之愚　所以要一再這樣懇切地申說。惓惓，猶「拳拳」，懇切的樣子。103惋切　哀婉、痛切。104尋下獄死　說明蕭穎胄、蕭衍都不買崔慧景的帳，都不願視崔慧景為其先驅。尋，過了不久。105丁卯　八月初五。106監豫州事　監督豫州地區的軍民動態。此豫州指南豫州，州治即今安徽當塗，離建康不遠。107辛未　八月初九。108鎮石頭　加強石頭城的防禦。以上二事見蕭寶卷朝廷已迫切地感到了形勢的危機。109陳虎牙狼狽奔歸　當時陳虎牙率兵屯於巴口，見吳子陽兵敗，隨之而奔。所謂奔歸，是指逃回尋陽，歸於其父陳伯之。110人情　人心。111恟懼　恐懼。112傳檄而定　意思是不煩用兵，一道通告出去，敵人就會望風而降。檄，文體名，用於曉諭或聲討的命令、文告。113搜俘囚　從俘虜中尋找可供使用的人。114幢主　一支小部隊的頭目，以一幢為該支小部隊的標誌。幢的作用在這裡如同旗幟，但形狀與旗幟不同。115返命　回來覆命。116大軍未須遽下　你們的軍隊還不能現在就順流而下。未須，不能。遽，立即。117首鼠　首鼠兩端，意即左右觀望、遲疑不定。118徑掩柴桑　直接襲取柴桑口。柴桑是當時江州的州治所在地，在今江西九江市西。119湖口　縣名，即今江西湖口，地處於彭蠡澤（今鄱陽湖）入長江的匯口。120湓城　軍事據點名，在柴桑城的東北。121選曹郎吳興沈瑀　選曹郎，即後來的吏部尚書，是主管選拔、任命官員的長官，上屬於尚書令。吳興是郡名，郡治即今浙江湖州。122愛　憐惜；顧忌。123匈匈　喧擾不安的樣子。124丙子　八月十四。125束甲　把鎧甲收起來，意同放下武器。126新蔡　指僑置的南新蔡郡，郡治在柴桑西北。127魚復侯子響　蕭子響，齊武帝蕭賾之子，被封為魚復侯，曾任荊州刺史。因有些不守規矩的行為，被周圍的小人所逼反，後歸降朝廷，被殺。事見本書卷一百三十七永明八年。128有殞不二　至死不改變。殞，死亡。129乙卯　八月無乙卯日，似應作「己卯」，八月十七日。130上明　地名，在今湖北松滋西北，在江陵郡的西方。131根本　指西臺所在地。132少時持重　稍稍地堅持一下。持重，穩住軍隊，堅決頂住。133良須兵力　如果江陵的確兵力不足。134指遣往徵　派遣他們前去徵兵。135軍主　一支部隊的頭領。136辛巳　八月十九。137九月乙未　九月初四。138得以便宜從事　可以根據具體情況獨立自主地安排處理一切事情。即不必事事向蕭寶融請示。139蕭何寇恂　蕭何為劉邦留守關中，寇恂為劉秀留守河內，補兵源，籌糧餉，為平定天下發揮了重大作用。蕭何傳見《史記》卷五十三、《前漢書》卷三十九，寇恂傳見《後漢書》卷十八。[140]前途　指進取都城建康。塗，同「途」。[141]比克建康　從說話的時候起，一直到攻克建康城這一段時間。[142]廣陽王嘉　元嘉，拓跋壽之孫。傳見《魏書》卷十八。[143]三百二十三坊　三百二十三個街區。[144]各方三百步　縱橫各三百步長。古時的一步約當現在的五市尺。[145]丁酉　九月初六。[146]纔內　京城的郊區以內。[147]四旬而罷　此處所築的是指各坊之外所環繞的圍牆。[148]己亥　九月初八。[149]征虜將軍勁　于勁，于栗磾之孫，于烈之弟，時為征虜將軍。傳見《魏書》卷八十三下。[150]一皇后　一人為皇后，即于勁之女，為宣武順皇后。[151]四贈公　四人被贈為三公，于栗磾贈為太尉公，于烈贈為太尉公，于祚繼稱公。[152]三領軍　三人曾任領軍將軍，即于烈、于忠，另一人不詳。[153]二尚書令　于洛拔、于忠先後為尚書令。[154]三開國公　三人因立功被封為郡公，于烈為鉅鹿開國公、于忠為魏郡開國公、常山郡開國公。[155]甲申　九月無甲申日，疑為「甲辰」。[156]廣之　王廣之，南齊的名將，曾歷事蕭道成、蕭賾、蕭鸞三代。傳見《南齊書》卷二十九。[157]蕪湖　即今安徽蕪湖市。[158]姑孰　縣名，縣治即今安徽當塗。[159]戊申　九月十七。[160]遊騁　遊樂、馳騁。[161]白門　建康城的西門。古人以五色配五方，西方主白，故稱白門。[162]至近道　前進至離建康城不遠的地方。[163]簡二尚方二冶囚徒　挑選左右兩個尚方署與東西兩個冶煉場的勞役犯。簡，挑選；選拔。二尚方與二冶都是為朝廷、為宮廷製造器物、冶煉銅鐵的手工作坊，其中有大量被發來從事苦役的犯人。[164]不可活者　犯罪特別嚴重，不能放出當兵的。[165]朱雀門　建康城的南門。[166]江寧　縣名，縣治在今江蘇江寧的西南方，也是在當時建康城的西南方，在長江的東岸，距建康不足一百華里。[167]丙辰　九月二十五。[168]穿弊　破爛。[169]薄　逼進、衝過去。[170]皁莢橋　在建康城的西南近郊。[171]赤鼻邏　軍事據點名，離新亭不遠。[172]新亭城主　鎮守新亭要塞的軍事頭領。[173]擒之於陳　在交戰中將其擒獲。陳，通「陣」。[174]新林　長江邊上的灘浦名，在當時臺城的西南，與長江中的白鷺洲相對。[175]籬門　指建康外城的西籬門。[176]白板橋　在當時建康城的西南角。[177]覘知　探聽清楚。[178]薄壘　向著剛剛紮下的營壘發起攻擊。[179]不可逆戰　不能出城壘正面迎戰。[180]須至塹裏　等他們走到我們營壁周圍的壕溝。須，等待。塹，壕溝。[181]踰城而下　從四面跳下城牆。[182]南岸邑屋　秦淮河南岸的民房。[183]大航　即朱雀航，建康城南門外的秦淮河上的大浮橋。[184]自拔　脫身逃出。[185]十月甲戌　十月十三。[186]開航背水　拆掉浮橋，讓南岸的守軍無後路可退。[187]小卻　有些動搖；有些後退。[188]鐵纏矟　用細鐵絲纏柄的長矛。胡三省曰：「齊武陵王晃有銀纏矟。」[189]翼之　從兩翼保護著王茂。[190]應時而陷　頓時攻破了朝廷軍的軍陣。[191]縱兵乘之　順勢發起猛烈攻擊。乘，攻擊；衝殺。[192]將士皆殊死戰二句　殊死，拼死。按，數句描寫學習《史記》之寫鉅鹿之戰。[193]切罵　嚴厲地責罵。[194]乘之而濟　踩著人的屍體渡過河去。[195]宣陽門　建康城牆的南門。[196]移營稍前　圍城的軍隊越來越多，越來越逼近城牆。[197]西

明門　建康城的西門。(198)中卿　刺殺你。(199)宜以為慮　應該加以防範。(200)過伯之　到陳伯之處拜訪。(201)遣信　派使者。(202)須卿復降　等你回到朝廷之後。(203)始無異志　從此才死心塌地地投降了蕭衍。按，蕭衍所做的種種小狡獪，實在不見得高明，而作者似乎寫得很得意。(204)戊寅　十月十七。(205)東府城　在建康城的東側，是朝廷特大權臣的盤據之處，東晉的司馬道子，此前幾年的權臣蕭遙光都住在東府城。(206)青冀二州　南齊的青冀二州合設一個刺史，其州治僑設在今江蘇海州城南的朐山。(207)己卯　十月十八。(208)因　趁機。(209)琅邪城主　鎮守琅邪城的將領。此琅邪城是南朝僑置琅邪郡的郡治所在地，在當時建康城北的長江邊。(210)壬午　十月二十一。(211)衍鎮石頭　蕭衍軍隊的指揮部進入了石頭城。(212)六門　建康城的六個城門。(213)領軍府壘北樓　駐紮在領軍將軍府的北樓的軍事據點上。(214)南掖門　皇宮南門旁邊的側門。(215)麾蓋　楊公則的大將儀仗。麾，旗。蓋，大傘。(216)神鋒弩　有機械裝置的射程遠而有力的大弓。(217)矢貫胡牀　射出的箭穿進了楊公則的坐椅。胡牀，坐具。(218)幾中吾腳　差點射中了我的腳。按，此處又在學習《史記》之寫劉邦，見〈高祖本紀〉。(219)堅臥不起　一直躺在床上沒有起來，極言其從容、沉著。此處又學習《史記》之寫周亞夫，見〈絳侯世家〉。(220)出盪　出城挑戰。(221)獎厲　同「獎勵」。(222)克獲　所取得的勝利；所獲得的戰利品。(223)京口　即今江蘇鎮江市，在當時建康城的東方，約有一百五十華里。地處長江南岸。(224)廣陵　即今江蘇揚州，在長江的北岸，與鎮江隔江相對。(225)瓜步　長江邊的小山名，在當時建康城北的長江北岸，今南京六合區的南側。(226)破墩　也稱「破岡」，在當時建康城東南方，在現在的江蘇句容東南，丹陽的西南方。(227)輔國將軍恢　蕭恢，與上句輔國將軍蕭秀皆蕭衍之弟。傳見《梁書》卷二十二。(228)寧朔將軍景　蕭景，蕭衍之姪。本名蕭昺，李延壽作《南史》，避唐李淵之父李昺名諱，改昺為景，《通鑑》此處用的是《南史》的名字，後面也有用「蕭昺」的時候。傳見《梁書》卷二十四。(229)十一月丙申　十一月初六。(230)穆亮　魏國的功臣元老穆崇的後代。傳見《魏書》卷二十七。(231)丁酉　十一月初七。(232)譖而黜之　在魏主跟前說元勰的壞話，致使元勰被免職。(233)翕赫　隆盛、顯赫。(234)將作大匠　為朝廷、宮廷主管土木建築的官員。(235)國之周公　意即皇帝的叔叔。西周時成王在位，其叔周公為輔政大臣。今元詳也是魏主宣武帝的叔叔，故稱「國之周公」。(236)阿衡王室　意即輔佐天子，維護天子家族的利益。阿衡，本是周代官名，是扶持朝廷，使朝廷得以穩定的意思。這裡用為動詞。(237)關旨　稟告皇帝。(238)損公惠私　拿公家的東西送給私人。(239)踧踖　因犯錯誤而不知如何是好的樣子。(240)我憂在前見爾死二句　其意思是我相信你一定會死在我前頭，不相信我會死在你前頭。背後的話是我一定要殺了你。(241)定分　定數。人活多少歲都是老天爺事先規定好了的。(242)若應死於王手　如果我命定的是應該死在你的手裡。(243)武衛將軍　皇帝禁衛軍隊的統領官。(244)表讓　上表推讓，以表示客氣。(245)列卿　各位卿一級的朝廷官員，即今國務院裡的部長一級。(246)令解左右　指免去其散騎常侍之職。散騎常侍雖然沒有多少實權，但他經常出現在皇帝身邊，說話很起作用。(247)聽其讓爵　接受了于忠的推讓。(248)優進太府卿　表揚他的推讓精神，讓他當了太府卿。太府卿是掌管國家倉庫的官員。(249)巴東獻武公　巴東公是蕭穎冑生前的封號，獻武是死後謚。(250)蕭瓚與蔡道恭相持不決　巴西太守魯休烈與巴東太守蕭惠訓乘蕭衍東攻建康之機，從上游起兵援助朝廷以攻江陵，江陵政權的部將劉孝慶敗於峽口，任漾之戰死。蕭穎冑派軍主蔡道恭往守上明，魯休烈與蕭惠訓之子蕭瓚相持於上明，不分勝負。(251)憂憤成疾　胡三省曰：「蕭穎冑以蕭衍東伐，所向戰克，而己輔南康居江陵，近不能制蕭瓚，外無以服姦雄之心而內有附腋之寇，此其所以憂憤成疾也。」(252)壬午　十二月無壬午。《南齊書・和帝紀》作「壬寅」。壬寅，十一月十二日。(253)似其書者　寫字像蕭穎冑的人。書，文字。(254)假為教命　假充蕭穎冑給蕭衍寫了一封信。教、命，都是文體名，指諸侯王或三公大臣所下達的命令與通告。(255)赴之　前往上明前線。(256)共參軍國　共同參掌西臺的軍國大事。(257)行荊州府州事　代理荊州刺史與荊州都督的事務。胡三省曰：「豈特眾望歸衍哉，西臺之權又歸於儋矣。」(258)圜丘　祭天的壇臺。(259)伊水之陽　伊水的北岸。伊水是洛水的支流，流經洛陽城南。此祭天的圜丘即在洛陽城南，伊水的北岸。陽，通常指山之南、水之北。(260)乙卯　十一月二十五。(261)始祀於其上　在此圜丘上舉行祭天典禮。(262)元英　魏景穆帝拓跋晃之子，魏主宣武帝的叔祖父，在與南齊的戰爭中有過優異表現。傳見《魏書》卷十九下。(263)秣陵　古縣名，縣治在當時建康的西南方。孫權在秣陵建立都城後，改稱建業。晉時分秦淮河以南為秣陵縣，以北為建業城。因其相距甚近，故人們也往往用「秣陵」以稱建康。(264)掃土興兵　意即徵調了雍州、荊州的全部人馬。掃土，一個不留地徵調全部百姓參戰。(265)唯有孤城　指襄陽如今只剩下孤城一座。(266)此而不乘　有這樣好的機會而不利用。(267)沔陰　漢水以南，此指襄陽城，當時南齊的雍州州治所在地。(268)黑水　黑水出南鄭。元英的意思是攻得了襄陽，就截斷了荊襄通往梁州的道路。(269)三楚　秦漢時曾分戰國時的楚地為三楚，即東楚、西楚、南楚。此處即泛指江淮地區的舊楚國之地。(270)岷蜀之道　指建康上通岷、蜀一帶的道路。岷，指岷山，在今四川西北與甘肅交界的地方。蜀，古國名，都城成都，後一直作為今四川一帶的別稱沿用至今。(271)楊徐二州　當時魏國的徐州州治彭城，即今江蘇徐州；當時魏國的楊州州治壽陽，即今安徽壽縣。(272)聲言俱舉　故意聲張徐州、楊州要同時大舉出兵南伐建康。(273)窮蹙　窮困緊迫而無計可施。(274)齊文軌　書同文，車同軌，指統一天下。(275)大同　全國統一的太平盛世。(276)混天地而為一　將天地之間的一切人類、一切地區都混成一體。(277)伏惟　伏，謙詞。惟，思；請。意思是希望您、請求您。(278)脫爽　一旦錯過。脫，如果。爽，差錯；錯過。(279)并吞無日　就再沒有統一天下的機會了。(280)源懷　魏國元勳老臣源賀之子。傳見《魏書》卷四十一。(281)內侮　向著他的君主動兵。(282)廣陵淮陰等戍　廣陵、淮陰等軍事要地。戍，軍事據點；軍事要塞。

[283]觀望得失　觀望形勢變化。意即按兵不動，根據形勢發展以確定自己今後的動向。[284]天啓之期　老天爺為我們提供了好機會。[285]并吞之會　是吞併天下的關鍵時刻。[286]東西齊舉　東路進攻建康，西路進攻襄陽。[287]克濟　大事辦成，奪取了南齊政權。[288]楊州危逼　我們的壽春一帶也要受到威脅。當時的壽春是魏國楊州的州治所在地。[289]皆彼所諳　都是蕭衍等人所熟悉的。[290]內外無虞　朝廷內外都沒有危機。[291]藉水　憑著水路交通的便利。[292]倏忽而至　很快地就能達到壽春、徐州一帶。[293]未易當　不是容易抵抗的。當，抵擋。[294]廓清江表　掃平長江以南。廓清，澄清，意即掃平。江表，江外，從中原地區說，即長江以南。胡三省曰：「使魏從二臣之計，畫江為境，不待侯景之亂也。」[295]任城王澄　元澄，景穆帝拓跋晃之孫，魏主元恪的叔祖，在協助孝文帝的遷都與漢化問題上多有貢獻。傳見《魏書》卷十九中。[296]經略　經營、開拓。[297]不果　沒有成為事實。主要是因蕭衍很快地控制了局勢，統一了南朝，魏國只好作罷。[298]賀　源賀，原是河西王禿髮傉檀之子，拓跋燾時降魏，後對魏國有大功。傳見《魏書》卷四十一。[299]東豫州　魏州名，州治即今河南息縣。[300]中分為兩　指一部分屬於原朝廷的蕭寶卷，一部分屬於名義上的蕭寶融，實即屬於蕭衍。而胡三省卻有所謂「西陽郡以西歸蕭衍，歷陽郡以東猶屬於建康」。此說過於拘執。[301]已淹歲時　已經持續一年。淹，歷；經過。[302]轉輸　運送糧草。[303]事救於目前　一切都只顧緩解眼前的危難。[304]力盡於麾下　全部精力都消耗在戰場上。麾，將軍的指揮旗。[305]無暇外維州鎮　沒有工夫管理四周邊境上的政區與軍事據點。外維，四周邊界。[306]綱紀庶方　沒有辦法管好各個地區。綱紀，用如動詞，意即管理。[307]藩城　指南齊境內的各州城。[308]電掃　像閃電一樣迅速清掃。[309]雖平　雖已歸我佔有。[310]三面仍梗　但其東、西、南三面還受著威脅。梗，塞；存有敵方的勢力。[311]鎮守之宜　加強壽陽的防守事宜。[312]豫設　預先建立。[313]差近淮源　接近淮水的源頭，意即那裡河面較窄、河水較淺。按，淮水源出桐柏山，東流經過義陽（今河南信陽）。差近，比較接近。[314]利涉津要　是個有利於軍隊渡河的地方。津要，渡河的要道。津，渡口。[315]江南一平　江南一旦被蕭衍所平定。[316]有事淮外　著手經營淮河以北。有事，古時常指祭祀和用兵。這裡即指蕭衍用兵。[317]夏水汎長　夏天的水勢上漲。[318]師赴壽春　指魏軍從洛陽出發支援壽春。[319]便是居我喉要　這時的義陽恰好在我們的咽喉通道上。當時的義陽屬南齊所有，是南齊突出的北方軍事重鎮。[320]在慮彌深　是我們特別要考慮的地方。[321]度彼　估計攻下義陽。[322]貴張形勢　重要的在於虛張聲勢。[323]兩荊　指魏國的荊州與東荊州。魏國荊州的州治即今河南魯山縣，魏國東荊州的州治即今河南息縣。[324]西擬隨雍　從西路起兵進攻隨郡與襄陽。[325]楊州之卒　壽春的駐軍。當時的壽春是魏國的楊州州治所在地。[326]頓于建安　駐紮在建安。建安是當時的軍事要塞，即今河南固始，在壽春的西南方。[327]捍三關之援　阻擋住從三關方面出來的援救義陽之兵。三關即今信陽以南的平靖關、武陽關、黃峴關，都距離義陽百里左

右。(328)二豫　魏國的豫州與東豫州。魏國豫州的州治即今河南汝南縣，魏國東豫州的州治即今河南息縣。(329)南關　指陰山關，在今湖北麻城東北。(330)延頭　軍事要地，即今湖北安陸境內。(331)密邇王土　言其位於南齊的北境，距離魏國的疆土最近。密邇，靠近。(332)欲焚之鳥二句　已是快要燒死的鳥了，你不能再抽去薪柴，讓牠存活。(333)授首之寇　伸出脖子等待殺戮的敵寇。(334)戒嚴垂發　調集軍隊，將要出發。(335)軍司　本稱「軍師」，晉朝為避司馬師諱，改稱「軍司」，即朝廷派出的監軍。(336)為之節度　前去統一指揮、統一調度。(337)直寢　皇帝身邊侍從人員，在皇帝的臥室值勤。直，通「值」。(338)建寧　郡名，郡治在今湖北麻城西。(339)赤亭　地名，在建寧郡治的西南方。(340)蔣子文　東漢末年曾為秣陵尉，因追逐強盜至鍾山而戰死。東吳初年，有人看見蔣子文顯靈，於是被孫權封為鍾山的山神，並將鍾山改名為蔣山而為之立廟。(341)又尊子文為靈帝　此句的主語仍為東昏侯。靈帝，有靈驗的神帝。(342)瓌　張瓌，此時為光祿大夫。(343)實甲　疑應作「貫甲」，即披甲，指能夠戰鬥的士兵。(344)被創勢　受了傷的樣子。創，武器的傷害。(345)以板擱去　用木板抬走。(346)用為厭勝　大概是說用過這種辦法的人以後便不會真的再受類似的傷害。厭勝，巫覡為人祈福所做的一些把戲。(347)具裝　整套衣服上。(348)飾以孔翠　用孔雀的羽毛和翡翠裝飾起來。(349)幾中　差點射中。(350)辦樵米　預先準備的燒柴與米糧。(351)為百日調　夠一百天的用度。調，消費；用度。(352)數百具榜　幾百塊木板。(353)啓為城防　請求用作城上的防禦工事。(354)御府　為皇宮製造器物的部門。(355)精仗　精良的武器。(356)以擬屏除　以為自己充當驅趕行人、清道戒嚴之用。擬，充當。屏除，驅趕閒人。(357)倍急於常　搜刮得比平時更加倍緊急。(358)早亡　早點逃出。(359)莫敢先發　只是沒人敢挑頭而已。(360)不留意　不在意；不上心。(361)獻明鏡於蕭衍　意思是讓蕭衍明白他想要投降的心跡。胡三省曰：「鏡所以照物，獻鏡者，欲衍照其心也。」(362)斷金以報之　對王珍國表示信任，願意合作。《周易・繫辭》有所謂「二人同心，其利斷金。」此用其意。(363)因齊　通過張齊。(364)造膝　促膝，極言聚坐之近。造，至。(365)後閤舍人　東昏侯的侍從，常在齋閣後庭服務者。(366)十二月丙寅　十二月初六。(367)雲龍門　宮城的城門。(368)御刀　皇帝的帶刀護衛。(369)作笙歌　演奏笙歌完畢。(370)王亮　晉臣王導的後代，劉宋時期的名臣王曇首之孫，王僧綽之子，娶公主為妻；齊明帝蕭鸞時為吏部尚書，蕭寶卷時與六貴也相處很好，後來又給蕭衍當尚書令。傳見《梁書》卷十六。(371)殿前西鍾　殿前西側懸掛鐘磬的地方。(372)署牋　簽名。(373)黃油　不怕溼、不漏水的黃油布。胡三省曰：「黃絹施油可以禦雨，謂之黃油。以黃油裹物，表可見裏，蓋欲蕭衍易於審視也。」(374)國子博士范雲　國子博士是太學裡的教官。范雲是當時著名的文學家，先在南齊為臣，入梁後更受親任。傳見《梁書》卷十三。(375)王志　時為蕭寶卷任右衛將軍之職，為其一支禁衛軍的統領。入梁後曾為中書令，頗得百姓喜歡。傳見《梁書》卷二十一。(376)冠雖弊二句　帽子雖破，也不能穿在腳上。以喻東昏侯雖然是昏君，但也不能如此對待他。《史記・儒林列傳》有所謂「冠雖敝，必加於首；履雖新，必關於足。」此用其語。[377]揉服 揉搓後吞了下去。[378]偽悶 假裝喘不上氣來。[379]瑩 王瑩，晉臣王導的後代，先在劉宋娶公主為妻，後在齊任左僕射，入梁後官至尚書令。傳見《梁書》卷十六。[380]有舊 有舊交。范雲曾與蕭衍一道在齊武帝之子竟陵王蕭子良門下為賓客。[381]參帷幄 在蕭衍身邊充參謀顧問之用。帷幄，辦公與睡覺的帳幕。出入於君主或大將的帷幄，極言其關係之親密。[382]依違取容 模稜兩可，不明確表態，以求得主子的寬容，達到保官保命、保其榮華富貴的目的。[383]新林 當時建康郊區的長江渡口名，比上文提到的板橋更靠近建康城，離新亭不遠。[384]間道送款 暗中派人向蕭衍獻忠心，表示好感。款，心意。[385]顛而不扶二句 當一個人跌倒時，居然連個過來扶一把的都沒有，這要他身邊那些服務的人有什麼用。相，幫手；輔導人員。《論語・季氏》有所謂「陳力就列，不能者止。危而不持，顛而不扶，則將焉用彼相矣？」意思是說既然做人家的官，就得替人家辦事。如果人家有了危險，快要摔倒時，都沒有人去幫一把，那要你們這些「左膀右臂」的大臣幹什麼？蕭衍這裡是在批判王亮等做官而不管事，依違取容以保富貴的傢伙們。[386]若其可扶二句 王亮之對，只說出了蕭衍起兵的合理性，仍未回答他們這群無恥官僚存在的合理性。[387]麾下 部下。[388]多由公則營 大多是通過楊公則的防區平安出去的。[389]委積 堆積，極言其多。[390]屬吏 交給主管該事務的官吏看管。[391]海陵王之廢 海陵王蕭昭文被蕭鸞所廢。事見本書前文卷一百三十九建武元年。[392]王太后 指鬱林王之母，齊武帝太子蕭長懋的妃子王氏。傳見《南齊書》卷二十。[393]己巳 十二月初九。[394]追廢涪陵王為東昏侯 涪陵王，涪陵郡王。和帝蕭寶融初被蕭衍等擁立為帝時，將皇帝蕭寶卷遙貶為涪陵王，事見本卷前文，現又將其再貶為東昏縣侯。東昏縣的縣治不詳所在。[395]晉武陵王遵承制故事 武陵王遵，司馬遵，晉元帝司馬睿之孫，司馬晞之子，繼其父位為武陵王。在晉安帝元興三年（西元四〇四年），晉安帝被叛臣桓玄所挾持，離開建康後，武陵王司馬遵曾被擁戴建立行臺，以皇帝的身分代理朝政。事見本書卷一百十三。胡三省曰：「不待西臺詔命，而以宣德太后令高自署置，蕭衍之心，路人所知也，豈必待范雲、沈約發其端哉？」[396]壬申 十二月十二。[397]癸酉 十二月十三。[398]己卯 十二月十九。[399]昏制謬賦 指蕭寶卷所建立的昏庸制度、所規定的荒謬賦稅。[400]淫刑濫役 所制定的繁酷刑法、所實行的沒有節制的勞役制度。[401]外 此「外」字游離於上下文，疑為衍字。[402]詳檢前原 都詳細地檢查一下，恢復原來的樣子。[403]悉皆除盪 凡是蕭寶卷所增加的東西，通通廢除。[404]主守 管理各種府庫的長官。[405]散失諸所損耗 由於過去的條例散失，造成了大量的損耗。[406]精立科條二句 現在要認真地制定條例，恢復原有的情景。[407]通檢尚書眾曹 普遍地檢查一遍尚書省所屬的各個部門。[408]諍訟失理 一些存有爭論而未能解決的問題。失理，未能解決。[409]淹停不時施行 拖拉而未能及時實施。不時，沒有及時。[410]精加訊辯 仔細地查對清楚。訊，查問。辯，通「辨」。明晰。(411)依事議奏　按照具體情況提出處理意見。(412)義師　指在推翻蕭寶卷政權過程中犧牲的戰士。(413)瘞埋葬。(414)逆徒　為保衛東昏侯政權而效力的人。(415)國色　傾國的容貌，指姿容極其美麗。(416)貽外議　招來外面人們的議論。貽，給；招惹。(417)分賚　分別賞賜。賚，賜；給。(418)乙酉　十二月二十五。(419)蕭宏　蕭衍之弟。傳見《梁書》卷二十二。(420)中護軍　職同護軍將軍，掌管京城以外的所有軍隊。以最高統治者的親信但資歷稍差一點的人為之。(421)江西　長江以西地區。當時馬仙琕任南豫州刺史，州治當塗在長江以東，其轄境還有長江以西的大片地區。(422)日抄運船　每天都在抄掠蕭衍軍隊的運輸船。(423)吳興　郡名，郡治即今浙江湖州。(424)拒境　拒守邊境，不准蕭衍的軍隊進入。(425)顗　袁顗，劉宋時的將領。前廢帝劉子業濫殺大臣，袁顗奉劉子勛為帝起兵反朝廷；劉彧搶先奪得帝位後，袁顗等又反劉彧，事敗被殺。傳見《宋書》卷八十四。(426)駕部郎　尚書省裡主管車馬部門的長官。(427)考城江革　江革是考城縣（今河南民權東北）人。傳見《梁書》卷三十六。此時任駕部郎，相當於國務院裡的一名部長。(428)根本　指蕭寶卷的朝廷政權。(429)竭力昏主　為昏庸的君主效盡全力。(430)三吳　地區名，指吳郡、吳興、會稽。一說指吳興、吳郡、丹陽。是當時靠近京城、人煙密集、土地肥沃、物產豐饒的繁華地區。(431)非用兵之所　是不能讓戰爭毀壞的地方。(432)何能為役　又怎麼能和你們的大軍對抗。為役，指調兵遣將。(433)麾旆屆止　意即你們大軍的旌旗所到之處。麾旆，軍中的旗幟。屆止，來臨；到達。(434)膝袒軍門　肉袒膝行，叩見於軍門。膝，膝行。袒，袒露臂膊，表示請罪的姿態。(435)敢後至　所以膽敢不來叩見請降。(436)政以　正是因為。政，通「正」。(437)內揆庸素　認識到自己的平庸無能。揆，測；認識。(438)文武無施　既沒有文韜，也沒有武略。無施，一無所成。(439)獻心　獻出忠心，率郡歸附。(440)置其愚默　您就讓我保持沉默。置，聽任；允許。(441)寧沮眾軍之威　難道就損害了你們大軍的威望麼。沮，敗壞；損害。(442)幸藉將軍含弘之大　我希望能藉著您的寬仁大度。將軍，敬稱蕭衍。當時蕭衍自封為驃騎大將軍。(443)可得從容以禮　能夠讓我遵守一點小小的禮節。從容，意即別太威逼我，別太讓我為難。(444)投殞　指捐軀效命相報。投殞，獻身；效死。(445)食人之祿　享受人家的俸祿，給人家做臣子。(446)頓忘一旦　在一天之間說變就變了。頓，登時。(447)非唯物議不可　不光是社會輿論通不過。(448)明公　對受話人的敬稱，即指蕭衍。(449)未遑薦璧　沒有立即前來向您投降。遑，急遽；趕快。薦璧，古代求見人時獻上的禮物，這裡即指投降。薦，進；呈上。(450)時事　當前應該做的事。(451)傳映　北地郡（郡治在今陝西耀州東南）人，此時任武康縣令。傳見《梁書》卷二十六。當時的武康縣在今浙江德清西。(452)元嘉之末　元嘉是宋文帝劉義隆的年號（西元四二四—四五三年）。「元嘉之末」指劉義隆被其太子劉劭所殺的惡性事件。詳見本書前文卷一百二十七元嘉三十年。(453)開闢未有　其事件之惡劣是開天闢地以來所沒有過的。(454)太尉殺身以明節　時任太子右衛率的袁淑不屈從於劉劭，被劉劭所殺。

孝武帝劉駿即位後追贈袁淑為太尉。袁淑死事見本書卷一百二十七。袁淑是袁昂的叔祖父。傳見《宋書》卷七十。[455]司徒　指袁昂的叔父袁粲，在宋明帝劉彧朝歷任中書令、尚書令。明帝死後，與褚淵、劉秉等共同輔佐少帝劉昱，被進封司徒。蕭道成的權位日重，篡位的形勢日見險惡，袁粲為維護小皇帝，起兵翦滅蕭道成，失敗被殺。傳見《宋書》卷八十九。[456]夷險　偏義複詞，這裡即指險、兇險。[457]以徇名義　為堅持真理、正義而不惜獻出生命。徇，為……而死。[458]協舉　聯合舉兵。[459]乘據上流　佔據上游，順流而下。[460]明府　古代對州刺史與郡太守的敬稱。此稱吳興太守袁昂。[461]道素　道德高尚、門第清白。[462]開門撤備　打開城門，撤去防衛。[463]任寄　委任；任用。[464]義不容降　無論如何是不能投降的。[465]持滿　拉滿弓。[466]但來見取　只管前來殺我。[467]檻　囚車。這裡用如動詞，意即將其裝入囚車。[468]使待袁昂至二句　使馬仙琕等候袁昂來到後，一起進見蕭衍。[469]射鉤斬袪　射鉤指管仲射齊桓公事。管仲一開始跟從公子糾，為使公子糾奪取齊國諸侯之位，前往伏擊公子小白（即日後的齊桓公），曾射中小白胸前的帶鉤，賴帶鉤之蔽而未死。後來公子糾被打敗後，桓公不記舊仇，任管仲為相。事見《左傳》莊公九年。斬袪指寺人披往殺晉文公事。晉獻公聽驪姬之讒，派寺人披往刺公子重耳（即日後的晉文公），重耳倉皇逃走，被寺人披斬下了一隻袖子。晉文公奪得君位後，不計舊怨，重用寺人披。事見《左傳》僖公五年、二十四年。袪，衣袖。[470]自嫌　自己心存顧慮。[471]丙戌　十二月二十六。[472]入鎮殿中　將他的指揮部遷到了宮廷內。[473]劉希祖　蕭寶卷的將領，蕭穎胄的部將攻佔湘州後，蕭寶卷派劉希祖前往討伐。劉希祖奪回了安成郡，被蕭寶卷任為安成太守。事見本卷前文。[474]移檄湘部　給湘州所轄的各郡縣、各部門發出文告，號召他們保衛朝廷。[475]始興　郡名，郡治曲江，在現在的韶關市西南，曲江縣西北。[476]長沙　當時也叫臨湘，即今湖南長沙，當時湘州的州治所在地。[477]去城　距離長沙城。[478]臨湘湘陰瀏陽羅　當時湘州管轄下的四個縣名，都在今湖南境內。當時的臨湘縣即長沙所在的縣名，縣治在今長沙內，當時的湘陰即今天的湘陰，當時的瀏陽縣治在今瀏陰城的東北方，當時的羅縣縣治在今汨羅的西北側。[479]行事劉坦　臨時代理湘州刺史職務的將軍劉坦。當初劉坦毛遂自薦前來代理湘州刺史事，見本卷前文。劉坦傳見《梁書》卷十九。[480]湘州鎮軍　當時的州刺史部下沒有「鎮軍」的稱號，本文的說法來自《梁書・劉坦傳》。應是《梁書》的敘事有誤。[481]刻日　約定日期。[482]陽　通「佯」。假裝。[483]理訟　處理糾紛。[484]以疑之　讓陰謀叛亂者莫名其妙。[485]收其家書　查抄其家中的往來書信。[486]收兵已報　前去抄家的士兵已經回來報告。[487]具得其文書本末　全部查清了他們相互勾結、相互串通的詳情。[488]首伏　低頭認罪。[489]楊公則還州　楊公則是最先平定湘州的名將，而後隨大軍往攻建康城，今建康事畢回到湘州。[490]王丹　王丹原是湘州治下的南康郡太守，先已被楊公則平定；劉希祖攻下安成時，王丹又變卦投降了劉希祖。[491]幾復其舊　差不多恢復了原有的人口數量。

【校　記】①之　據章鈺校，十二行本、乙十一行本「之」下皆有「於」字。②至　據章鈺校，十二行本、乙十一行本皆作「去」。③貞孫　原無此二字。據章鈺校，十二行本、乙十一行本、孔天胤本皆有此二字，張敦仁《通鑑刊本識誤》同，今據補。④芥　據章鈺校，十二行本、乙十一行本皆作「介」。⑤狂　據章鈺校，十二行本、乙十一行本此下皆有「而」字。⑥直　據章鈺校，十二行本、乙十一行本皆作「方」。⑦恭穆　原作「恭祖」。據章鈺校，十二行本、乙十一行本皆作「恭穆」，今據改。⑧軍主　此二字原無。據章鈺校，十二行本、乙十一行本皆有此二字，張敦仁《通鑑刊本識誤》同，今據補。⑨遊　據章鈺校，十二行本、乙十一行本「遊」上皆有「侯」字。⑩頓　據章鈺校，孔天胤本作「屯」。⑪直　據章鈺校，十二行本、乙十一行本皆無此字。⑫鄧元起　據章鈺校，十二行本、乙十一行本皆作「鄧元超」。⑬知　據章鈺校，十二行本、乙十一行本皆作「之」。⑭上　據章鈺校，十二行本、乙十一行本「上」下皆有「人」字。⑮而　據章鈺校，十二行本、乙十一行本皆作「以」。⑯事　原誤作「軍」。據章鈺校，十二行本、乙十一行本皆作「事」，今據改。⑰荒　據章鈺校，十二行本、乙十一行本皆作「驕」。⑱分　據章鈺校，十二行本、乙十一行本皆作「外」。⑲文　據章鈺校，十二行本、乙十一行本此下皆有「神」字。⑳鍾山王　據章鈺校，孔天胤本作「中山王」。㉑參軍　據章鈺校，十二行本、乙十一行本「軍」下皆有「馮翊」二字。㉒裏　原「裏」下有空格。據章鈺校，十二行本、乙十一行本、孔天胤本皆無空格，今據刪。㉓己巳　原作「乙巳」。據章鈺校，十二行本、乙十一行本皆作「己巳」，嚴衍《通鑑補》同改作「己巳」，今據以校正。㉔映　原作「暎」。據章鈺校，十二行本、乙十一行本皆作「映」，今據改。下同。㉕伏　原作「服」。據章鈺校，十二行本、乙十一行本皆作「伏」，今據改。

【語　譯】齊國擔任雍州刺史的張欣泰和他的弟弟前任始安郡內史張欣時，密謀勾結胡松與前任南譙太守王靈秀、直閤將軍鴻選等誅除東昏侯所寵信的那些奸佞小人，廢掉東昏侯另立新君。東昏侯派遣擔任中書舍人的馮元嗣到張欣泰救援郢城的軍隊當中去做監軍。

秋季，七月初二日甲午，茹法珍、梅蟲兒以及擔任太子右衛率的李居士、擔任制局監的楊明泰到中興堂為馮元嗣餞行，張欣泰等事先已經讓人懷揣利刃做好了刺殺馮元嗣等人的準備，遂在餞行的坐席上砍殺了馮元嗣，馮元嗣的人頭掉在了果盤中；又去砍殺制局監楊明泰，將楊明泰剖膛破肚；梅蟲兒也多處受傷，手指頭都被砍了下來；李居士、茹法珍等逃回皇宮。王靈秀前往石頭城去迎接建康王蕭寶寅，他率領石頭城中現有的將領和兵力，把車輪去掉，製成肩輿，抬著建安王蕭寶寅，數百名文武官員跟隨著蕭寶寅，口中高喊著戒嚴了，一直奔向臺城，數千名百姓空著手跟隨著蕭寶寅的隊伍向臺城前進。張欣泰聽到已經發生政變的消息之後，立即騎上快馬進入皇宮，希望趁著茹法珍等人當時不在東昏侯身邊的機會，東昏侯會把部署守衛臺城的事情全都委託給自己負責，這樣自己就可以與城外的王靈秀等裡應外合。然而不一會兒的工夫茹法珍便逃回了宮中，茹法珍令人關閉城門，派兵加強防守，蕭寶卷沒有讓張欣泰統領軍隊，直閣將軍鴻選在殿內也不敢獨自採取行動。蕭寶寅被人抬到臺城城外的杜姥宅的時候，天色已經昏暗，城門已經關閉。城上的守軍向城外的人放箭，城外的人拋下蕭寶寅四處逃散，蕭寶寅也只好逃走。三天以後，蕭寶寅換上普通士兵的軍服前往管理草市的草市尉那裡，草市尉騎上馬飛快地去向東昏侯報告。東昏侯召蕭寶寅入宮，責問蕭寶寅為什麼造反，蕭寶寅哭著說：「那一天也不知道是些什麼人非得逼著讓我上車，我上車之後他們就抬著我走了，當時我以皇帝口氣說的話，是他們逼著我這樣做的，並不是我心甘情願的。」東昏侯聽後便笑了起來，於是恢復了蕭寶寅建安王的爵位。張欣泰等人圖謀政變的事情被發覺，張欣泰與胡松全被殺死。

蕭衍派遣擔任征虜將軍的王茂、部將曹仲宗等人趁著江水水位上漲的機會率領水軍艦船去襲擊加湖，王茂等擂鼓吶喊，猛攻加湖守軍。七月初五日丁酉，加湖被攻破，守衛加湖的吳子陽等人逃脫，吳子陽屬下的將士被殺死和淹死的數以萬計，王茂、曹仲宗把其餘的全部俘虜，凱旋而回。郢州城、魯山城的守軍眼巴巴地看著加湖丟失卻沒法救援，軍隊士氣遂一落千丈。〇十三日乙巳，柔然出兵侵犯魏國的北部邊境。〇魯山城內的守軍已經把糧食吃光了，士兵們便在水邊石灘上捕捉小魚充飢，他們祕密地準備了一些輕快的小舟，準備逃往夏口，蕭衍派遣一支小部隊切斷了魯山逃往夏口的道路。二十五日丁巳，接替房僧寄守衛魯山的孫樂祖在走投無路的情況下，只得獻出魯山城，向蕭衍投降。

七月二十七日己未，建康的東昏侯任命程茂為郢州刺史，任命驍騎將軍薛元嗣為雍州刺史。就在任命的當天，程茂、薛元嗣便獻出郢城，向蕭衍投降了。郢城剛剛被圍困的時候，城中的士大夫、平民百姓等男男女女有近十萬人；城門關閉了二百多天，城中因為瘟疫流行而浮腫死亡的，每十個人裡頭就有七八個人，因為無法出城掩埋屍體，只好把屍體堆積在床下，活人睡在床上，家家戶戶都堆滿了死屍。程茂、薛元嗣等商議出城投降，他們讓張沖的兒子張孜寫信給蕭衍。張沖在擔任青州刺史時在他手下擔任治中的房長瑜對張孜說：「你父親張沖對朝廷忠心耿耿，上貫天日，你就應當堅持既定的方針政策不變，繼承你父親的遺志，完成你父親的使命。如果上天不肯幫助我們而使郢城被攻陷，到那時就應當脫去官服，用布包頭，等待最後被殺，以死明志，到地下去追隨你的父親。如今你聽從這些人的意見投降蕭衍，不僅郢州城內的男女老少失去對你的仰慕，甚至我們的敵人也瞧不起你。」張孜沒有聽從房長瑜的勸阻。蕭衍任命韋叡為江夏太守，兼任郢州刺史的職務，他們收拾、掩埋了郢州城內的死者，安撫了那些還活著的人，郢州城內的百姓這才安定下來。

蕭衍的各位將領都主張把軍隊駐紮在夏口，蕭衍認為應當乘勝直指建康，擔任車騎諮議參軍的張弘策、寧遠將軍庾域也都同意蕭衍的意見。蕭衍於是命令各軍當天出發向建康進軍。他們沿著長江順流東下，一直到建康，沿途經過的山崖、渡口、村落，凡是軍隊前進中可以住宿、可以停留休息的地方，張弘策都預先標誌得清清楚楚，如在目前。

七月二十九日辛酉，魏國實行大赦。〇魏國安國宣簡侯王肅在壽陽去世，朝廷追贈王肅為侍中、司空。當初，王肅因為自己的父親王奐在齊國被齊武帝蕭賾所殺，死於非命，因此四年不曾脫下喪服。魏高祖元宏說：「為父母守孝三年，即使是賢明的人也不敢違背。」元宏命令王肅舉行過祥禫之禮後換去喪服。王肅雖然遵命脫掉了喪服，卻仍然穿著素色衣服，而且終其一生不聽音樂。

齊國汝南郡的百姓胡文超在灄陽縣起兵響應蕭衍，他請求為蕭衍奪取義陽、安陸等郡，為蕭衍效勞。蕭衍又派遣部將唐脩期率軍攻取隨郡，義陽、安陸、隨郡全部被攻克。擔任司州刺史的王僧景把自己的兒子王貞孫送到蕭衍那裡充當人質，司州所管轄的整個地區遂全部被蕭衍所佔領。

崔慧景被殺死的時候，他的小兒子崔偃正在始安王蕭寶覽的封地內擔任內史，由於及早潛逃得以幸免於難。等到南康王蕭寶融在江陵稱帝建立了小朝廷之後，任命崔偃為寧朔將軍。崔偃前往公車門給和帝蕭寶融上書說：「我私下裡認為江夏王與陛下，還有我的父親崔慧景與鎮軍將軍蕭穎胄都是高宗皇帝的孝子忠臣，是小昏君蕭寶卷的亂臣賊子。雖然成敗的結果不同，但舉義兵，討伐昏君的行為是一樣的。陛下剛剛登基做了皇帝，這與上天的意旨完全一致。天下小民百姓的冤屈，尚且盼望陛下為他們申冤昭雪。更何況先帝的兒子、陛下的哥哥江夏王所走過的道路，正是今天陛下所走的道路呢！江夏王的冤屈尚且得不到昭雪，其他的人還有什麼希望呢！現在不能再心存僥倖，認為小民愚昧無知而向他們隱瞞，如果日後他們一旦明白了事實真相，他們就會紛紛離陛下而去，陛下將用什麼辦法來對付他們呢！」崔偃的奏章被壓下來，沒有了下文。

崔偃又上書給和帝說：「近來我貿然地為江夏王申訴冤情，絕不敢為了我的父子私情而傷害最大的公平和正義，我確實不知道聖明的朝廷所以這麼做的原因。如果朝廷認為建康的小皇帝蕭寶卷雖然狂妄，但他畢竟是天子；江夏王蕭寶玄雖然賢能，畢竟還是蕭寶卷的臣下。認為我的先父崔慧景擁戴賢良的江夏王反對狂妄的君主是不可以的，我就不明白陛下今天率領精兵銳卒直接對著建康朝廷，是什麼緣故？我所以沒有去死，苟且地活到今天，不是因為別的原因，就是在等待國家出現一個好皇帝，為忠魂申冤昭雪。如今國家已經有了好皇帝，而為國家社稷犧牲了性命的人卻還背著一個造反逆賊的罪名，我何必再讓我的一生活在陛下之世呢！我認為擔任鎮軍將軍的大臣蕭穎胄、擔任中領軍的大臣夏侯詳，都是國家的重臣，他們都應該知道我的先父崔慧景是江夏王的骨幹之臣，為了匡扶王室，壯志未遂，主子被殺死，我的先父作為江夏王的臣屬也隨著他死了，而蕭穎胄他們竟然不向陛下言語一聲。如果他們知而不言，就是對陛下不忠；如果是因為不知而不言，就是不智。如果認為我的先父派使者到江夏王那裡，江夏王把使者殺掉了，從而認定我父親的行為屬於不忠，那麼征東將軍蕭衍派往江陵進行舉事聯絡的使者王天虎，為什麼也被陛下殺死了呢？陛下殺死征東將軍的使者王天虎，實際上是為了欺騙建康朝廷所派的將領劉山陽；當初江夏王拒絕我父親的請求，並殺死我父親所派的使者，目的是為了暫時穩住在他身邊的朝廷勢力司馬孔矜等人。誰知天命是向著陛下的，所以江夏王、我父親崔慧景他們的事業沒有成功。我要說的話已經說完了，請陛下把我扔到湯鍋裡煮了吧！然而我即使死一萬遍，還是希望陛下一定要為江夏王和我的父親伸冤平反。為什麼呢？能動惻隱之心為他們伸冤平反，那麼天下的人就會佩服陛下、感激陛下；沒有惻隱之心，不能為他們伸冤平反，天下人就會背叛陛下。我父親對國家社稷的忠誠，是有識之士所共知的，南史、董狐那樣正直的歷史家自然會秉筆直書，即使再過一千年，總會有人為他們平反，對他們做出公正的評價，又何必非等陛下為他們平反或不平反，對他們是褒揚或是貶抑呢！然而我這個級別低下的小臣所以要一再懇切地申述，實際上也是為陛下考慮。」和帝下詔答覆說：「我已經完全瞭解了你哀婉、痛切的心情，我即將公開為你父親追加謚號。」不久，崔偃被逮捕入獄，死在獄中。

八月初五日丁卯，齊國的東昏侯命擔任輔國將軍的申胄去監督豫州地區的軍民動態。初九日辛未，又命擔任光祿大夫的張瓌去加強石頭城的防禦。

當初，東昏侯派遣陳伯之前往鎮守江州，以聲援率軍前往郢州救援的將領吳子陽等人。吳子陽等人被打敗以後，蕭衍對屬下的諸將說：「用兵打仗不一定全靠軍事實力，有時也要憑藉威名和聲勢。如今陳虎牙看見吳子陽兵敗便狼狽地逃往尋陽去投奔他的父親陳伯之，尋陽城裡的人此時應該是非常恐懼，我們可以不必用兵，只需發布一道通告出去，尋陽城裡的人就會望風而降。」於是命人從俘虜當中搜尋可供使用的人，找到了陳伯之手下一個名叫蘇隆之的小頭目，蕭衍賞賜給蘇隆之很多錢財，讓他去勸說陳伯之投降，許諾陳伯之如果投降，就任用陳伯之為安東將軍、江州刺史。陳伯之派蘇隆之回來覆命，雖然答應向蕭衍投降，卻又認為「你們的軍隊現在還不能立即順流東下。」蕭衍說：「陳伯之說這番話，說明他心裡還在猶疑不決、左右觀望。我們要趁著他猶豫不定的時候趕緊進逼尋陽，陳伯之到了無計可施、走投無路的時候，就不得不向我們投降了。」蕭衍於是命令冠軍將軍鄧元起率領軍隊先行向尋陽進發，令楊公則率軍直接襲取柴桑口，蕭衍與其餘各將隨後依次進發。鄧元起的軍隊快要到達尋陽的時候，陳伯之將尋陽兵集中起來退到湖口堅守，他留下自己的兒子陳虎牙率領一部分軍隊守衛湓城。擔任選曹郎的吳興郡人沈瑀勸說陳伯之迎接蕭衍進城。陳伯之哭著說：「我的兒子還在都城建康，我不能不顧及他們的性命。」沈瑀說：「您的想法不對。現在人心喧擾不安，都在思考著如何改變自己的處境，您如果不早做打算，眾心離散之後就很難再聚合了。」八月十四日丙子，蕭衍到達尋陽，陳伯之放下武器、脫下鎧甲向蕭衍請罪。

當初，擔任南新蔡太守的席謙的父親席恭穆擔任鎮西司馬，被魚復侯蕭子響所殺。席謙跟隨陳伯之鎮守尋陽，他聽說蕭衍率軍東下的消息後，說：「我家世代忠貞，我至死都不會改變。」陳伯之於是把席謙殺死。乙卯日，蕭衍任命陳伯之為江州刺史，任命他的兒子陳虎牙為徐州刺史。

魯休烈、蕭璝等在峽口打敗了劉孝慶，巴東太守任漾之陣亡。魯休烈等人進兵到達江陵郡西面的上明，西部小朝廷的都城江陵受到很大的威脅，人心大為驚恐。蕭穎胄非常恐懼，他派人飛馬告知蕭衍，令蕭衍立即派楊公則率軍返回江陵救援。蕭衍答覆說：「讓楊公則現在率軍溯流西上去救援江陵，即使楊公則到達江陵，又怎麼能來得及呢？魯休烈等不過是一群烏合之眾，用不了多久就會自行退散，只需要你們那裡穩住軍隊，稍稍堅持一下。如果江陵的確兵力不足需要援助的話，我的兩個弟弟都在雍州，你可以指派他們前去徵兵，他們及時趕到江陵並不難。」蕭穎胄這才派遣部將蔡道恭假節，率軍駐紮在上明以抵抗蕭璝。〇八月十九日辛巳，東昏侯令擔任太子左衛率的李居士總督西討諸軍事，率軍駐紮在新亭。

九月初四日乙未，和帝蕭寶融下詔給蕭衍，如果攻克了京城建康，可以根據具體情況獨立自主地安排處理京城的一切事務。蕭衍留下擔任驍騎將軍的鄭紹叔守衛尋陽城，自己則與江州刺史陳伯之率軍東下，蕭衍對鄭紹叔說：「你，就是我的蕭何和寇恂。進取京師建康如果不能獲勝，由我承擔責任；如果大軍的糧秣供應不上，就由你承擔責任。」鄭紹叔流著眼淚向蕭衍告辭。從說話的時候起一直到蕭衍攻克建康城的這段時間裡，鄭紹叔督運江州、湘州的糧食源源不斷地供應前方，蕭衍大軍的糧食供應從來沒有缺乏、中斷過。

魏國擔任司州牧的廣陽王元嘉請求在洛陽城內修建三百二十三個街區，每個街區縱橫三百步見方，元嘉說：「雖然百姓修築街區會有暫時的辛勞，但可以使盜賊永遠銷聲匿跡。」九月初六日丁酉，魏世宗下詔從京城洛陽的郊區徵調五萬民工到洛陽城內修建街區，只用了四十天就完成了環繞各坊之外的圍牆。〇初八日己亥，魏世宗立于氏為皇后。于皇后，是征虜將軍于勁的女兒；于勁，是領軍將軍于烈的弟弟。從于烈的祖父于栗磾以來，于家一連幾代人都地位尊貴權勢顯赫，于家一共出了一位皇后，四個人被贈為三公，三個人曾經擔任領軍將軍，二個人先後擔任過尚書令，三個人因為功勞被封為開國公。

甲申日，東昏侯任命李居士為江州刺史，任命擔任冠軍將軍的王珍國為雍州刺史，任命建安王蕭寶寅為荊州刺史，令擔任輔國將軍的申冑監督郢州地區的軍民動態，令擔任龍驤將軍的扶風郡人馬仙琕監督豫州地區的軍民動態，令擔任驍騎將軍的徐元稱監督徐州地區的軍事行動。王珍國，是王廣之的兒子。當天，蕭衍的前鋒部隊已經到達蕪湖，申冑的二萬軍隊放棄姑孰縣城逃走，蕭衍隨即趕來，佔領了姑孰縣城。十七日戊申，東昏侯任命擔任後軍參軍的蕭璝為司州刺史，任命前任輔國將軍魯休烈為益州刺史。

蕭衍率軍攻克江州、郢州之後，建康城內的東昏侯依然像往常一樣任意地四處遊樂、馳騁，他對自己的親信茹法珍說：「等到蕭衍的軍隊來到建康城西門的時候，我要與他決一死戰。」蕭衍的大軍已經前進到了離建康城不遠的地方，蕭寶卷才聚集兵力考慮如何堅守建康的辦法。他從左右兩個尚方署與東西兩個冶煉場的勞役犯中挑選那些罪行較輕的去補充兵員，那些犯罪情節特別嚴重，不能放出去當兵的，就在朱雀門內每天斬殺一百多人。

蕭衍派遣部將曹景宗等人進駐江寧縣。九月二十五日丙辰，李居士率領著從新亭的守軍中挑選出來的一千名精騎兵前往江寧禦敵。曹景宗剛到江寧，營壘還沒有建好，再加上軍隊長時間行軍，士卒已經十分疲憊，兵器鎧甲也都破爛不堪。李居士望見這支狼狽不堪的軍隊便產生了一種輕敵的思想，他令手下的戰士擂鼓吶喊逕直向曹景宗的隊伍衝殺過去。曹景宗指揮自己的軍隊奮起還擊，打敗了李居士的進攻，並乘勝前進，一直殺到建康城西南近郊的皁莢橋。此時王茂、擔任冠軍將軍的鄧元起、呂僧珍等人也率軍進佔了赤鼻邏，建康朝廷派駐新亭要塞的軍事頭領江道林率軍出來迎戰，眾軍在交戰中把江道林活捉。蕭衍率軍到達新林，他命令王茂率軍去攻佔越城，派鄧元起去攻佔道士墩，派陳伯之去攻佔建康外城的西籬門，派呂僧珍去攻佔白板橋。李居士探聽到呂僧珍所率的軍隊數量很少，就率領一萬名精銳士兵逕直向佔據白板橋的呂僧珍軍發起進攻。呂僧珍分析說：「我們的軍隊數量少，不能出城壘正面去迎戰敵軍，也不要遠距離向敵軍放箭，必須等到敵軍逼近我們城壘周圍塹壕的時候，我們再集中全部兵力打敗敵人。」不一會兒的功夫，李居士的士兵就全部越過塹壕前來拔取寨柵。呂僧珍分出一部分兵力登上城牆，箭與石頭一齊向李居士的軍隊射過去、砸過去，呂僧珍親自率領三百名騎兵步兵繞到敵軍的後方，城上的守軍又從四面跳下城牆，內外奮力夾擊敵軍，李居士被打敗逃走，呂僧珍的軍隊繳獲了李居士丟棄的武器鎧甲不計其數。李居士向東昏侯請示，燒毀秦淮河南岸的民房，開闢成戰場，於是從大航以西，新亭以北全部化為了一片灰燼。蕭衍的弟弟們全都趁機從建康城裡脫身逃出投奔了蕭衍的軍隊。

冬季，十月十三日甲戌，東昏侯派遣擔任征虜將軍的王珍國、將領胡虎牙率領十萬多名精兵在朱雀航南邊布好陣勢，宦官王寶孫手裡拿著繡有白虎圖案的旗幡在軍中督戰，他們拆掉了秦淮河上的浮橋，讓秦淮河南岸的守軍在斷絕了後路的情況下背水作戰。蕭衍的軍隊見此情景便有些軍心動搖，稍稍向後退卻，王茂立即跳下戰馬，手執單刀奮勇向敵軍衝殺過去，王茂的外甥韋欣慶手裡拿著用細鐵絲纏柄的長矛在王茂的左右兩翼保護著王茂，他手下的軍隊也全都英勇地向建康軍發起猛攻，頓時將王珍國的軍陣攻破。蕭衍的部將曹景宗也趁勢出兵向敵軍發起猛烈攻擊，呂僧珍令手下的軍士放火焚燒了建康軍的軍營，所有的將士全都拼死作戰，擂鼓吶喊的聲音驚天動地。王珍國等人所率領的建康軍抵抗不住西軍的猛烈進攻，節節敗退，擔任督軍的宦官王寶孫嚴厲地責罵諸將帥無能，擔任直閤將軍的席豪立志要為建康朝廷盡忠，於是衝入敵陣而死。席豪，是一位驍將，席豪一死，建康軍立刻土崩瓦解，跳入秦淮河被水淹死的士兵多得無法計算，屍體堆積得與朱雀航一樣高，後面的人遂踩著他們的屍體渡過秦淮河。東昏侯的各路軍隊看到王珍國的軍隊已經戰敗，於是全部潰散。蕭衍的軍隊遂長驅直入，一直抵達建康城南門的宣陽門，其他將領也都率軍逐漸逼近建康城。

陳伯之率軍屯紮在建康城的西明門，每當建康城中有人出來投降的時候，陳伯之都要把他們叫到自己的跟前與他們小聲地交談一番。蕭衍擔心陳伯之心懷反覆，就祕密地對陳伯之說：「聽說建康城裡的人對你獻出江州投降江陵非常氣憤，他們想派刺客前來刺殺你，你應該在這方面加強防範。」陳伯之沒有相信蕭衍的話。恰遇東昏侯屬下的將領鄭伯倫來向蕭衍投降，蕭衍遂讓鄭伯倫去拜訪陳伯之，對陳伯之說：「城中的人非常恨你，他們準備派使者到你這裡來，用高官厚祿引誘你向朝廷投降，等你真的投降回到朝廷之後，他們就要活著剁下你的手腳；如果你不投降朝廷，朝廷就準備再派刺客前來刺殺你。你應該認真地做好防備。」陳伯之感到非常恐懼，從這以後陳伯之才算死心塌地歸順了蕭衍。

十月十七日戊寅，在東昏侯屬下擔任寧朔將軍的徐元瑜獻出東府城向蕭衍投降。擔任青、冀二州刺史的桓和率領青、冀二州的軍隊趕到建康來救援朝廷，他把軍隊屯紮在東宮。十八日己卯，桓和欺騙東昏侯說要出城與叛軍作戰，便趁機帶領自己的部隊投降了蕭衍。擔任光祿大夫的張瓌放棄了自己所鎮守的石頭城回到宮廷。江州刺史李居士獻出新亭投降了蕭衍，鎮守琅邪城的將領張木也投降了蕭衍。二十一日壬午，蕭衍的軍事指揮部進駐石頭城，下令各軍向建康城的六個城門發起猛攻。東昏侯下令燒毀城門內的軍營、官府，驅趕、逼迫著所有的官吏百姓，全部進入宮城，然後關閉宮城各門進行防守。蕭衍命令各軍修築起長長的包圍圈把宮城團團圍困。

楊公則率領軍隊屯紮在領軍將軍府北樓的軍事據點上，這裡與宮城南門旁邊的側門遙遙相對，楊公則曾經登上城樓觀望戰況。宮城中的士兵遠遠望見領軍將軍府的城樓上出現了楊公則的大將儀仗，於是就用射程遠而有力的神鋒弩向楊公則這邊射箭，射來的箭頭穿透了楊公則的座椅，楊公則身邊的人全都大驚失色。楊公則說：「差一點射中我的腳！」他依然像往常一樣有說有笑，一點也不慌張。東昏侯選派勇士利用黑夜作掩護進攻楊公則的寨柵，軍營之中立即慌亂起來，而楊公則一直躺在床上沒有起來，他從容地下達出兵反擊的命令，蕭寶卷的軍隊這才被打退。楊公則所率領的都是湘州人，一向被人認為怯懦，宮城裡的人因此都不把楊公則的軍隊放在眼裡，他們每次出城挑戰，首先遭到攻擊的肯定是楊公則的營壘。楊公則總是獎勵軍士，因此楊公則的軍隊所取得的勝利和繳獲的戰利品反而更多。

此前，東昏侯派遣將領左僧慶率領一支軍隊屯紮在京口，常僧景率領一支軍隊屯紮在廣陵，李叔獻率領一支軍隊屯紮在瓜步。等到輔國將軍申胄從姑孰逃回建康以後，建康朝廷又派申胄率軍屯紮在破墩，作為東北方面軍的聲援。此時，蕭衍派遣使者分別到他們那裡為他們分析利害關係，於是左僧慶、常僧景、李叔獻、申胄等便全都率領著他們的軍隊前來投降了蕭衍。蕭衍派遣他那擔任輔國將軍的弟弟蕭秀鎮守京口，派擔任輔國將軍的弟弟蕭恢鎮守破墩，派擔任寧朔將軍的堂弟蕭景鎮守廣陵。

十一月初六日丙申，魏國朝廷任命擔任驃騎大將軍的穆亮為司空。初七日丁酉，任命北海王元詳為太傅，兼任司徒。當初，元詳想從彭城王元勰手裡奪取司徒的職位，所以在魏世宗面前說元勰的壞話，致使元勰被免職。後來元詳又懼怕別人議論自己，所以只擔任了大將軍，到現在才開始擔任司徒。元詳地位尊貴權勢顯赫，擔任將作大匠的王遇大多數情況下都極力滿足元詳的私人欲望，私下裡把官府的財物提供給元詳私人使用。擔任司徒長史的于忠曾經當著元詳的面責備王遇說：「北海王殿下，是當今皇帝的叔父，他輔佐天子，維護皇帝家族的利益，北海王殿下需要什麼物品，自然應當稟告皇帝知曉，你何至於阿諛奉承，趨炎附勢，拿公家的東西做人情呢！」王遇聽了于忠的一番話以後感到有些局促不安，元詳也很慚愧地向于忠道歉。于忠每每因為自己的耿直而引起元詳的憤恨，元詳曾經詛咒于忠說：「我相信你一定會死在我的前頭，而不擔心你會看到我死的時候！」于忠說：「人活在這個世界上，能活多大歲數都是老天爺預先規定好了的，如果上天註定了我必須死在王爺的手裡，我就是想躲也免不掉；如果上天註定我不該死在王爺的手裡，王爺您也不能殺死我！」于忠因為討伐咸陽王元禧有功，被世宗封為魏郡公，提升為散騎常侍，兼武衛將軍。元詳趁著于忠上表謙讓之際，祕密地勸說魏世宗任命于忠為卿一級的朝廷官員，免去于忠所擔任的散騎常侍、武衛將軍等職務，接受于忠辭讓的請求。於是世宗下詔，停止對于忠的封賞，為表揚于忠的謙讓精神而任命他為太府卿。

齊國的巴東獻武公蕭穎胄因為蕭璝率軍與自己的部將蔡道恭在上明相持不下，使自己剛剛建立起來的都城江陵受到很大的威脅，而自己又無計退敵，因此憂憤成疾，壬午日，蕭穎胄去世。中領軍夏侯詳嚴密地封鎖了蕭穎胄去世的消息，並讓筆跡很像蕭穎胄的人假充蕭穎胄給前方的蕭衍寫了一封信，祕密地把蕭穎胄的死訊告訴了蕭衍，蕭衍也沒有將蕭穎胄去世的消息公之於眾。夏侯詳向雍州徵調軍隊，蕭偉派遣自己的弟弟蕭憺率軍隊前往上明增援。蕭璝等人聽到京師建康已經危在旦夕的消息之後，眾人非常恐懼，立即潰不成軍，蕭璝與巴西太守魯休烈全部投降。蕭衍這才為蕭穎胄發喪，並追贈蕭穎胄為侍中、丞相，於是眾人都把希望寄託在蕭衍身上。夏侯詳向和帝請求與蕭憺共同參掌西臺的軍國大事，和帝於是下詔任命夏侯詳為侍中、尚書右僕射，不久又任命夏侯詳為使持節、撫軍將軍、荊州刺史。夏侯詳堅持要把這一職位讓給蕭憺，和帝這才任命蕭憺為代理荊州刺史與荊州都督的職務。

魏國把祭天的壇臺改建在伊水的北岸。十一月二十五日乙卯，魏國首次在伊水北岸的祭天壇臺上舉行祭天典禮。○魏國擔任鎮南將軍的元英上書給魏國的世宗皇帝說：「齊國的小皇帝蕭寶卷的荒淫放縱一天比一天嚴重，他肆意殺害無辜。齊國擔任雍州刺史的蕭衍為了率軍東進攻取秣陵，已經徵調了雍州、荊州的全部人馬，順流東下，現在的襄陽只剩下一座孤城，更沒有重兵防守，這是上天有意把它交給我們的日子，是千載難逢的好機會。有這樣的好機會如果不去利用，還等待什麼呢？我請求親自率領三萬步兵騎兵，逕直去攻取漢水以南，我們佔據了襄陽城，就截斷了荊襄通往梁州的道路。他們昏君虐待臣子，內部自相殘殺，而我軍趁機佔據長江上游，聲威震動遠近。然後乘勝向南長驅而進攻克江陵，那麼江淮地區的舊楚之地一朝就可以佔領，建康通往岷、蜀一帶的道路也自然被我們切斷。陛下再命令楊州、徐州二州故意虛張聲勢，說要同時大舉出兵討伐建康，建康城內的小皇帝蕭寶卷窮困緊迫而又無計可施，必然像鍋中的游魚一樣沒有幾天可活，而我們就可以實現書同文，車同軌，天下一統的政治理想，將天地間的一切人類、一切地區全都混成一體。希望陛下獨自裁決，不要被反對的意見所左右。此次的機會如果錯過，就再也沒有統一天下的機會了。」元英的奏章呈遞上去之後竟然沒有得到任何答覆。

魏國擔任車騎大將軍的源懷上書給魏世宗說：「齊國的雍州刺史蕭衍出兵討伐他的君主，建康城裡的小皇帝蕭寶卷孤立無援，危在旦夕，廣陵、淮陰等軍事要塞的守軍全都按兵不動，他們都在觀望成敗以確定自己今後的歸屬。這確實是老天爺為我們提供的好機會，是我們吞併齊國、統一天下的關鍵時刻。我們應該採取東西兩路同時出兵進攻齊國的方針，造成一種席捲天下的態勢。如果讓蕭衍奪取了齊國的政權，他們上下同心，不只會使我們今後吞併齊國困難重重，我們的壽春一帶也要受到他們的威脅。為什麼呢？因為壽春距離齊國的都城建康才七百里，關於那裡的山川水路都是蕭衍等人所熟知的。如果齊國的朝廷內外已經沒有了危機，君臣的名分也已經確定下來，他們就會乘著戰船，憑藉著水路交通的便利，很快就能到達壽春、徐州一帶，我軍再想抵擋他們就沒有那麼容易了。如今蕭寶卷的都城已經面臨著土崩瓦解的危險，邊城的軍隊沒有繼續增援京城的動向，我們掃平長江以南，機會就在今天。」魏世宗於是任命任城王元澄為都督淮南諸軍事、鎮南大將軍、開府儀同三司、楊州刺史，讓他全面負責開拓、經營江南之事。後來因為蕭衍很快攻佔了建康、控制了局勢，魏國掃平江南這一計畫沒有成為事實。源懷，是源賀的兒子。

魏國擔任東豫州刺史的田益宗上表給魏世宗說：「齊國蕭氏綱紀混亂，君臣爭權奪利，長江以南的州鎮已經一分為二，一部分屬於建康的小皇帝蕭寶卷，一部分屬於名義上的蕭寶融，東西力量的抗衡，已經持續了將近一年的時間。庶民百姓由於轉運糧草而陷於極端的貧困，穿著鎧甲的士兵由於長期作戰而疲憊不堪，他們所做的一切都只顧緩解眼前的危難，全部精力都消耗在了戰場上，已經沒有功夫顧及四周邊境上的行政管理與軍事據點，沒有辦法管理好各個地方，各州城就像棋子，只是孤立的存在而已。如果我們不趁現在這個機會像閃電一樣迅速掃清江南，把那裡的疆土納入我國的版圖，恐怕以後再想佔領南方就比現在困難多了。而且壽春目前雖然是在我們的佔領之下，但是壽春的東、西、南三面仍然受到齊國的威脅，加強壽春的防守事宜，確實需要預先建立。義陽比較接近淮水的源頭，是個有利於軍隊渡河的地方，朝廷如果出兵齊國，那裡是必經之路。如果江南一旦被蕭衍所平定，齊國國內恢復了正常秩序，蕭衍就會著手經營淮河以北地區，他們必須趁著夏季河水上漲，把艦船排列在長江、淮河沿岸。我軍從洛陽出發去增援壽春，必須從義陽之北經過，齊國佔據的義陽恰好就在我們的咽喉通道上，是我們特別要認真考慮的地方。我們滅掉義陽，現在正是一個好時機。估計我們攻下義陽只需一萬二千名精銳士卒就足夠了。然而行軍打仗，重要的是製造聲勢。請陛下令荊州與東荊州的軍隊從西路起兵進攻齊國的隨郡與襄陽；令壽春的軍隊駐紮到建安，以阻擋齊國從平靖關、武陽關、黃峴關出來增援義陽的軍隊；然後令豫州與東豫州的軍隊逕直去攻取南關，以對抗駐守延頭的敵軍，再派遣一位都督統領各軍協同作戰，冬季開始向敵人發起進攻，一直持續到春末，不會超過一百天，就能徹底打敗齊國。」鎮南將軍元英又上書說：「如今齊國小皇帝蕭寶卷骨肉之間互相殘殺，藩鎮鼎足而立。義陽位於齊國的最北部，孤立無援，又靠近我國的邊境，城內沒有足夠的士兵可以堅守，指望外部增援糧草又希望渺茫，這是一隻就要被燒死的小鳥，我們不能給牠撤掉薪柴使牠存活；這是一個伸著脖子等待殺戮的敵寇，豈容我們延緩手中的刀斧！如果錯過這個機會不去攻取，不只是今後很難再有機會將其佔有，也恐怕義陽會成為我國的心腹之患。如今擔任豫州刺史的司馬悅已經在調集軍隊，整裝待發，東豫州刺史田益宗已經派兵密切注視三關的敵軍動向，請陛下派軍師前去統一指揮、調度。」魏世宗於是派遣在自己身邊負責寢室值勤的侍從人員羊靈引為軍司。田益宗便開始出兵入侵齊國。齊國擔任建寧太守的黃天賜率領齊軍在赤亭迎戰田益宗所率領的魏軍，黃天賜被魏軍打敗。

齊國平西將軍崔慧景率軍進逼建康的時候，東昏侯封蔣子文為假黃鉞、使持節、相國、太宰、大將軍、錄尚書事、楊州牧、鍾山王。等到蕭衍率軍抵達建康的時候，東昏侯又把蔣子文尊奉為有靈驗的神帝，把蔣子文的神像迎入皇宮後堂供奉，讓巫婆向蔣子文的神像禱告，祈求蔣子文降福。等到宮城城門全部關閉以後，東昏侯便把建康城中的所有軍事大權委託給王珍國。擔任兗州刺史的張稷率領兗州軍前來增援京師，東昏侯令張稷做王珍國的副手。張稷，是張瓌的弟弟。

當時建康城中還有七萬能夠作戰的軍隊，東昏侯一向喜歡排軍布陣，他在宮中與那些宦官、帶刀侍衛以及小答應們在華光殿前演習作戰，東昏侯裝作受了重傷的樣子，讓人用木板抬走，企圖用這種迷信做法使自己今後不會受到真的類似的傷害。東昏侯經常在殿中身穿軍服、騎著戰馬出出進進，他用金銀製作鎧甲頭盔，整套衣服上都用孔雀的羽毛和翡翠裝飾起來。他白天睡大覺夜晚起來活動，生活還像平時一樣。聽到外面擂鼓吶喊的聲音，就披上大紅袍，登上景陽樓的屋頂觀望，還差一點兒被飛來的亂箭射中。

開始的時候，東昏侯曾經與自己身邊的人商議，認為陳顯達造反的時候，只經過一戰就敗亡了，崔慧景包圍建康城的時候也沒過多久就逃走了，因而認為蕭衍的軍隊也會像他們一樣很快就會失敗，所以東昏侯命令太官只預先準備了一百天的燒柴與糧米而已。等到朱雀橋之戰建康軍大敗之後，建康城內人心驚恐不安。茹法珍等人擔心士大夫和百姓逃跑潰散，所以就緊閉城門不再出兵作戰。不久蕭衍的軍隊已經修好了長圍，把建康城包圍得水洩不通，塹壕柵欄也修築得十分嚴密牢固，此時城內的軍隊才出兵掃蕩，結果是屢戰不捷。東昏侯特別吝惜金錢，根本捨不得拿出來賞賜給將士。茹法珍給東昏侯跪下磕頭，請求他拿出金錢賞賜作戰的將士，東昏侯卻說：「難道賊軍到來之後就只砍我的腦袋？為什麼只要我拿出錢財去賞賜他們？」後堂儲存著幾百塊木板，大臣奏請將這些木板用作城上的防禦工事，東昏侯想留著這些木板今後修建宮殿用，竟然不許動用。他又督促專門為皇宮製造器物的御府打造三百人的精良武器，等待建康城解圍之後為自己出遊時充當驅趕行人、清道戒嚴之用，這些武器全部用金銀做裝飾，上面雕刻著各種各樣的動物花紋，比平常的工期加倍緊急。工匠們都因為怨恨小皇帝而消極怠工，不肯為東昏侯盡心盡力去做。建康城外，蕭衍的軍隊已經包圍了很久，建康城內的人都想早點逃出城去，只是沒有人敢挑頭而已。

寵臣茹法珍、梅蟲兒對東昏侯說：「大臣們都不上心，所以才使得叛軍將建康城包圍得這麼久而不能解除，應該把那些大臣全部殺掉。」雍州刺史王珍國、兗州刺史張稷都懼怕大禍臨頭，於是王珍國就祕密地派遣自己的親信獻給蕭衍一張明鏡，表明自己想要投降的心跡，蕭衍採用斷金的方式表示了自己對王珍國的信任。擔任兗州中兵參軍的張齊是兗州刺史張稷的心腹，王珍國想通過張齊的關係與張稷密謀，一同殺死東昏侯。張齊利用黑夜作掩護，帶著王珍國來到張稷那裡，兩個人促膝密謀，商定計策。張齊親自為他們舉著蠟燭，他們又把弒殺東昏侯的計畫告訴了在東昏侯身邊擔任侍從、常在齋閣後庭服務的錢強。十二月初六日丙寅的深夜，錢強祕密地讓人打開了宮城的雲龍門，王珍國、張稷率領著士兵進入宮殿，東昏侯的帶刀侍衛豐勇之為他們做內應。東昏侯當天晚上在含德殿演奏笙歌完畢之後，躺在床上還沒有睡熟，他聽到有士兵進來，就快速地跑出北門，想要逃回後宮，而通往後宮的門已經被人關閉。宮中的宦官黃泰平用刀砍傷了東昏侯的膝蓋，東昏侯撲倒在地上，張齊衝上前去把東昏侯殺死，並砍下了他的人頭。張稷將擔任尚書右僕射的王亮等人招集起來，讓他們列坐在殿前西側懸掛鐘磬的地方，命令百官逐個在花名冊上簽名，然後用塗油布把東昏侯的人頭包裹起來，派擔任國子博士的范雲等人把東昏侯的人頭送往石頭城，交給蕭衍審視。擔任右衛將軍的王志歎息著說：「帽子雖然破舊，也不能穿在腳上啊！」他悄悄地從庭中的樹上摘下一些樹葉揉搓後吞下肚裡，然後假裝喘不上氣來，而沒有簽名。蕭衍觀看簽名冊上沒有王志的名字，心裡暗暗誇獎王志。尚書右僕射王亮，是王瑩的堂弟。王志，是王僧虔的兒子。蕭衍與范雲早先就有交情，因而便將范雲留在自己身邊充當參謀顧問。王亮在東昏侯朝中任職的時候遇事總是採取模稜兩可、隨聲附和的態度以博取東昏侯的歡心，達到保官保命、保榮華富貴的目的。蕭衍到達新林的時候，建康朝廷中的文武百官都暗中派人向蕭衍獻忠心，唯獨王亮沒有派人。東昏侯被殺死之後，王亮出來面見蕭衍，蕭衍說：「當一個人跌倒時，居然連個過來幫扶一把的人都沒有，這要他身邊那些服務的人有什麼用！」王亮回答說：「如果東昏侯是一個可以扶得起來的人，您難道還會採取今天這樣的行動嗎！」從建康城中逃出來的人中，有人遭到了搶劫。蕭衍的部將楊公則親自率領自己的部下在東掖門列陣，護送從城中逃出來的公卿大臣、百姓，所以出城的人大多數都是通過楊公則的防區平安出城的。蕭衍派自己的親信張弘策率先進入清理皇宮，查封府庫以及圖冊典籍。當時宮城之內珍寶堆積得到處都是，張弘策嚴格約束自己的部下，秋毫無犯。張弘策逮捕了東昏侯的寵妃潘氏以及寵臣茹法珍、梅蟲兒、王咺之等四十一人，全部交給主管該項事務的官吏進行看管。

當初，海陵王蕭昭文被齊明帝蕭鸞廢掉的時候，蕭昭文的母親王太后被迫離開皇宮搬到鄱陽王的故居居住，人們遂稱這裡為宣德宮。十二月初九日己巳，蕭衍以宣德宮中王太后的名義追廢被和帝蕭寶融遙封為涪陵王的蕭寶卷為東昏侯，把東昏侯的皇后褚氏以及皇太子蕭誦全部貶為平民。任命蕭衍為中書監、大司馬、錄尚書事、驃騎大將軍、揚州刺史，封為建安郡公，蕭衍依照東晉武陵王司馬遵的做法，以皇帝身分代理朝政，屬下的文武百僚全都來向蕭衍致敬。蕭衍任命王亮為長史。十二日壬申，改封建安王蕭寶寅為鄱陽王。十三日癸酉，蕭衍任命擔任司徒、揚州刺史的晉安王蕭寶義為太尉，兼任司徒。

十二月十九日己卯，蕭衍進駐閱武堂，他下令實行大赦。蕭衍又下令說：「凡是東昏侯所建立的昏庸制度、所規定的荒謬賦稅、所制定的繁酷刑法、所實行的沒有節制的勞役制度，都要仔細地檢查一下，恢復原來的樣子，凡是東昏侯所增加的東西，一律廢除乾淨。負責管理各類府庫的長官由於過去條例的散失而造成了大量的損耗，現在要認真地制定條例，恢復原有的面目。」蕭衍又下令說：「普遍地檢查一遍尚書省所屬的各個部門，凡是東昏侯時期那些存有爭議而未能解決的問題，以及主管官員因為辦事拖拉而未能及時處理的事情，都要仔細地查對清楚，依據具體情況提出處理意見上奏朝廷。」又下令說：「要安葬那些在推翻東昏侯政權過程中犧牲的戰士，掩埋那些替東昏侯抗拒義師而死亡的人員的屍體。」東昏侯的寵妃潘氏有傾國傾城的容貌，蕭衍想把她留下來，他向擔任侍中、領軍將軍的王茂徵求意見，王茂回答說：「導致齊國滅亡的人就是她，留著她恐怕會招來外面人的議論。」於是把潘妃勒死在獄中，一同被誅殺的還有東昏侯的寵臣茹法珍等。蕭衍把二千名宮女分別賞賜給了屬下的將士。二十五日乙酉，蕭衍任命擔任輔國將軍的蕭宏為中護軍。

蕭衍率軍東下征討的時候，擔任豫州刺史的馬仙琕擁兵自重而不肯依附蕭衍，蕭衍派馬仙琕的老朋友姚仲賓前往豫州勸說馬仙琕歸順自己，馬仙琕首先擺設酒筵款待姚仲賓，以盡朋友之誼，然後便在軍門之前把姚仲賓斬首示眾。蕭衍又派馬仙琕的堂叔父馬懷遠去勸說馬仙琕，馬仙琕說：「我要大義滅親！」又準備把馬懷遠斬首，軍中的人為馬懷遠求情，馬懷遠才得以免除一死。蕭衍到達新林的時候，馬仙琕還在長江以西地區每天抄掠蕭衍的運輸船。蕭衍圍困了宮城，各州各郡都派使者來向蕭衍請求投降，唯獨擔任吳興太守的袁昂據守邊境，不肯接受蕭衍的命令。袁昂，是袁顗的兒子。蕭衍讓擔任駕部郎的考城縣人江革寫信給袁昂說：「大樹已經被連根推倒，樹葉還能依附在它的身上嗎？如今你雖然竭盡全力為昏庸的君主效勞，卻不足以稱為忠臣；因為你而使全家人都被殺光，不能說是孝子。哪裡比得上翻然醒悟，改變自己的立場，為自己招來多福呢？」袁昂回信答覆說：「三吳地區靠近京師，是不能讓戰爭毀壞的地方，況且我偏隅一郡，又怎麼能和你們的大軍對抗？自從你們大軍的旌旗所到之處，無不膝行肉袒，叩拜於你的軍門之前。唯獨我一個人膽敢不來叩見請降，正是因為我認識到自己的平庸無能，既沒有文韜，也沒有武略。即使我獻出自己的忠心，並不能增加大軍的武勇；您讓我這樣愚昧的人保持沉默，難道就損害了你們大軍的威望麼！我希望能藉著將軍的寬仁大度，讓我能夠遵守一點小小的禮節。我私下裡認為，即使是別人施捨一頓飯這樣小小的恩惠，尚且還要以捐軀效命來報答，何況是吃了別人的俸祿，豈能在一天之內說忘就忘，我如果這樣做了，不光是社會輿論不認可，也恐怕要遭到明公的鄙視，所以我才猶豫不決，沒有立即前去給您進獻玉璧請求投降。」袁昂向擔任武康縣令的北地郡人傅映諮詢當前應該怎麼做，傅映分析說：「過去宋文帝劉義隆元嘉末年，發生了開天闢地以來所從未有過的惡性事件，後來被宋孝武帝劉駿追贈為太尉的袁淑當時不屈從於弒父奪權的劉劭，他寧肯丟掉自己的性命也要保持自己的節操，結果被劉劭殺死。擔任司徒的袁粲肩負著共同輔佐少帝劉昱的重任，因此沒有苟且保全自己的道理，所以他不顧兇險，為維護少帝劉昱而起兵剪滅權臣蕭道成，為堅持真理、堅持正義而獻出了自己的生命。如今繼位的小皇帝蕭寶卷昏庸暴虐，一點也不知道悔改；荊州、雍州聯合出兵討伐他，他們佔據長江上游，順流而下，天意民心已經很明確。希望太守能夠深思熟慮，不要自找後悔。」等到建康被蕭衍平定之後，蕭衍派遣擔任豫州刺史的李元履前往建康東部進行巡視、安撫，蕭衍告誡李元履說：「袁昂出身於道德高尚、門第清白之家，世世代代都有忠誠節義之人，天下人必須共同包容他，不要憑藉兵威去欺陵他、侮辱他。」李元履到達吳興郡，宣布了蕭衍的旨意，袁昂並沒有出來請求投降，只是打開城門，撤去防衛而已。原任豫州刺史馬仙琕聽說建康小皇帝蕭寶卷的政權已經徹底垮臺的消息，便哭嚎著對屬下的將士說：「我受小皇帝的委任，無論如何我是不會投降的。你們這些人都有父母，我做我的忠臣，你們做你們的孝子，不是也可以嗎！」於是他讓城中所有的士兵全都出城投降，身邊只剩下幾十名壯士，關閉城門進行堅守。不久蕭衍的士兵進入城中，他們把馬仙琕裡裡外外包圍了數十重。馬仙琕命令那數十名壯士全都拉滿弓，蕭衍的士兵不敢靠近他們。雙方一直僵持到天色已晚，馬仙琕才扔下手裡的弓箭說：「你們只管前來殺我，我絕不向你們投降。」蕭衍的軍隊把馬仙琕打入囚車押送到石頭城。蕭衍釋放了馬仙琕，讓他等候袁昂來到之後，再一起進見，蕭衍說：「要讓天下人一同看看這二位忠義之士。」蕭衍對馬仙琕說：「管仲為公子糾而射殺齊桓公，結果射中了齊桓公的帶鉤，齊桓公當了齊國諸侯之後，不念舊惡，任用管仲為相；寺人披奉命去刺殺晉文公重耳，斬下了重耳的衣袖，重耳做了晉國的諸侯之後，重用寺人披，他們都受到古人的讚美。你不要因為殺了我的使者，劫奪過我的運糧船而心存顧慮。」馬仙琕謝罪說：「我就像失去了主人的一隻犬，後來的主人飼養我，我就要為後來的主人效勞。」蕭衍笑了起來，對袁昂、馬仙琕二人全都厚禮相待。十二月二十六日丙戌，蕭衍將自己的指揮部遷到了宮廷之內。

劉希祖攻克安成郡並被東昏侯任命為安成太守之後，便向湘州所統轄的各郡縣、各部門發出文告，擔任始興內史的王僧粲起兵響應劉希祖。王僧粲自稱湘州刺史，率軍前往襲擊長沙，王僧粲距離長沙還有一百多里，此時湘州所管轄的郡縣士兵全都蜂擁而起響應王僧粲，唯有臨湘縣、湘陰縣、瀏陽縣、羅縣四個縣還掌握在蕭衍的手中。長沙的居民都想乘船逃走，臨時代理湘州刺史職務的劉坦把所有的船隻全部集中起來燒毀，然後派遣將領尹法略率領一支人馬抗拒王僧粲的進攻，尹法略屢次作戰不利。前任湘州鎮軍鍾玄紹暗中串聯了數百人，約定好日期準備翻越城牆出去投奔王僧粲的部隊。劉坦得知了他們的陰謀之後，便假裝毫不知情的樣子，他在衙署中處理糾紛一直到深夜，而城門也一直沒有關閉，以此讓陰謀叛亂者感到莫名其妙，鍾玄紹因此而沒敢採取行動。第二天一早，鍾玄紹來到劉坦面前詢問緣故，劉坦把鍾玄紹留下來故意談了很久，私下裡卻祕密派自己的親兵前往鍾玄紹的家裡去查抄他的往來書信。鍾玄紹還在與劉坦談話，前去抄家的士兵已經回來報告，全部查清了鍾玄紹與那些人相互勾結、相互串通的事實。鍾玄紹立即低頭認罪，劉坦在座位上把鍾玄紹斬首，然後燒毀了鍾玄紹的往來書信，對鍾玄紹的餘黨一律不予追究。那些餘黨既慚愧又服罪，州郡於是安定下來。尹法略與王僧粲相持了數月之久，京城建康平定之後，楊公則回到湘州，王僧粲等人才四散逃走。原任南康郡太守的王丹被南康郡人殺死，安成太守劉希祖獻出郡城向楊公則投降。楊公則克己奉公，廉潔謹慎，他在湘州減輕刑罰，減輕賦稅，不久，湘州的人口幾乎恢復到了原來的數量。

【研　析】本卷寫齊和帝蕭寶融中興元年（西元五〇一年）一年間南齊與北魏兩國的大事。主要寫了蕭衍出兵東下，攻克建康，奪得朝廷權力，以及魏國政權內部矛盾眾多，魏主被身邊的小人所圍，政治日益衰落等等。其中可議論的問題主要在南朝方面。

一、關於南齊皇帝蕭寶卷應該被殺的理由，除了上卷所述的一些罪行顯係勝利者所強加外，本卷還繼續寫了蕭寶卷的搜刮百姓、奢侈荒淫，以及好出宮遊蕩、迷信鬼神等等。其中所說的蕭寶卷好巫覡，當有人假說其父蕭鸞顯靈，以責怪蕭寶卷的外出遊蕩，蕭寶卷竟「縛菰為高宗形，北向斬之，縣首苑門」云云，顯然誇張過分，使人生厭。王夫之《讀通鑑論》曰：「自宋以來，天下之滅裂甚矣。一帝殂，一嗣子立，則必有權臣不旋踵而思廢之。伺其失德，則暴揚之，以為奪之之名。當扆之席未暖，今將之械已成。謝晦一啟戎心，而接跡以興者不絕。至於東昏立，而無人不思攘臂以仍矣。江祏也，劉暄也，蕭遙光也，徐孝嗣也，沈文季也，陳顯達也，崔慧景也，張欣泰也，死而不懲，後起而益烈，汲汲焉唯手刃其君以為得志爾。身為大臣，不定策於顧命之日，不進諫於失德之始，翹首以待其顛覆，起而殺之。嗚呼，君臣道亡，恬不知恤，相習以成風尚，至此極矣。」《論語．子張》說：「紂之不善，不如是之甚也，是以君子惡居下流，天下之惡皆歸焉。」一個人如果處於誰都想殺他的地位，那這個人還會有優點麼？請注意，晉、宋、齊的這些小昏君還大都是十幾歲，甚至還不到十歲的孩子呀，奇怪的是他們的罪行不僅被當時人傳為故事，而且還被後代人摘為筆記、列為傳奇，被津津樂道地傳個不停；而從沒見有人摘出其編造的拙劣，痛斥其荒誕的不足信。唯有其中的好殺大臣一項，雖仍然看不清他究竟仗恃什麼而能如此肆無忌憚，但一些有功之臣紛紛被他所殺顯係事實。如打敗崔慧景，挽救了朝廷危難的蕭暢、蕭懿也被他殺害，這顯然是令人憎恨的，這是令當時人，以及令後代讀者轉而同情蕭衍集團的重要原因。

二、從上卷起本書寫蕭衍的能力才幹就比較注意，蕭衍先是不贊成崔慧景外逃魏國的主意，自己起兵後又駁斥了蕭穎胄等向魏國請救的主張，有比較感人的民族氣節，令人耳目一新；在圍攻郢口的時候，不聽蕭穎胄等人分兵以攻他城的指令，以求使攻郢之兵必獲全勝，說理高屋建瓴；蕭衍攻下建康，奪取大權後，實行了一系列的破舊立新，他下令「凡昏制謬賦、淫刑濫役外，可詳檢前原，悉皆除盪。其主守散失諸所損耗，精立科條，咸從原例」；又下令「通檢尚書眾曹，東昏時諸諍訟失理，及主者淹停不時施行者，精加訊辯，依事議奏」；又下令「收葬義師，瘞逆徒之死亡者」，洋洋灑灑，一派劉邦入咸陽，廢秦苛法，施行約法三章的氣象；蕭衍的軍隊攻破臺城前，建康的百姓都被蕭寶卷劫入臺城，蕭衍的軍隊攻破臺城後，「城中出者，或被劫剝。楊公則親帥麾下陳於東掖門，衛送公卿、士民，故出者多由公則營焉。衍使張弘策先入清宮，封府庫及圖籍。于時城內珍寶委積，弘策禁勒部曲，秋毫無犯。」自司馬睿建立東晉以來，一百八十多年了，誰見過如此氣象的節制之兵？楊公則、張弘策都是蕭衍部下的名將，歷史家充滿感情地描寫楊公則圍攻臺城時的風度說：「楊公則屯領軍府壘北樓，與南掖門相對，嘗登樓望戰。城中遙見麾蓋，以神鋒弩射之，矢貫胡牀，左右失色。公則曰：『幾中吾腳！』談笑如初。東昏夜選勇士攻公則柵，軍中驚擾，公則堅臥不起，徐命擊之，東昏兵乃退。公則所領皆湘州人，素號怯懦，城中輕之，每出盪，輒先犯公則壘。公則獎厲軍士，克獲更多。」雖然作者模仿《史記》的寫法像是有些拙笨，但良將的風采還是給人留下了深刻的印象。這些無疑地都讓人對蕭衍充滿了一種敬佩之情。自司馬氏篡漢魏來，晉、宋、齊、梁、陳，如同螳螂捕蟬、黃雀在後一樣，逐個篡取，對歷史不甚熟悉者，往往不加分別，一概而論；熟悉歷史者，則分別言之。劉裕是篡位不假，但人們認為他做皇帝是應該的，有蓋世之功，如果不做皇帝反倒讓人感到遺憾。最可惡的是蕭道成與蕭鸞，他們對國家、對黎民百姓沒有任何功勞，只靠玩陰謀騙取信任，篡得了政權後，又窮凶極惡地誅戮前個王朝的子孫，唯恐不盡。到頭來換得另一個陰謀家上臺，又變本加厲地重複他對前一個王朝所採取的種種手段。相比之下，蕭衍雖然沒有劉裕的功勞大，但他的起而奪權卻是名正言順，他既是報家仇，又是解民憤；他不是蕭寶卷的輔政之臣，而是由地方軍閥起而推翻昏君的，所以後代的歷史家稱他的軍隊為「義軍」。而且蕭衍上臺後，不論是內政還是對外關係，也都有一定程度的改善，在歷史上應該得到較好的評價。王夫之《讀通鑑論》說：「於諸篡主，唯衍差為近正者有二：穎胄恇怯，欲請救於魏，其時元英方欲乘亂以襲襄陽，幸其主不從耳，而請援以挑之，是授國於索虜也。衍毅然曰：『丈夫舉事，欲清天步，豈容北面請救戎狄？』衍之東下也，東昏已死於張稷之手，衍乃整勒部曲以入建康，自以宣德太后令承制受百僚之敬，而非受命於南康。故曰視諸篡者為近正也。」丁晏曰：「晉宋南北以降，蓋非論德之世也，苟以弔伐為事如衍者，此當時人心之渴望也。故《綱目》予之，不曰『反』，曰『起兵』，蓋《春秋》予桓、文之意，其他以『反』書者，豈知救世之權宜哉？」王夫之又評梁初政治狀況說：「梁氏享國五十年，天下且小康焉。舊習祓除已盡，而賢不肖皆得自如其志意，不相謀也，不相溷也。就無道之世而言之，亦淫雨之旬乍為開霽，雖不保於崇朝之後，而草木亦蓁蓁以向榮矣。」

三、關於王亮的答蕭衍之問。王亮是東晉名臣王導的後代，是劉宋時期的名臣王曇首之孫，王僧綽之子，於劉宋末年曾娶劉宋的公主為妻；進入南齊後，先在蕭道成、蕭賾的駕下為臣，蕭鸞篡取了蕭昭業的帝位後，王亮又當了蕭鸞的吏部尚書；蕭寶卷繼位後，主昏臣佞，時有六貴當權，王亮恰好又能與六貴都相處得很好；後來蕭衍起兵，攻克建康，蕭寶卷被自己的朝臣所殺，於是王亮又往見蕭衍。蕭衍問他：「顛而不扶，安用彼相！」意思是說：一個國家讓你們搞成這種樣子，一個皇帝讓你們培養、輔佐成這種樣子，你們這群皇帝的肱股大臣、左膀右臂們都是怎麼當的！這話問得很嚴厲，皇帝年幼無知，亡國的責任不就在你們這一群麼？如果蕭衍把王亮等人明正典刑，也完全是英明君主的作為，就像當年周武討伐殷紂，殺了殷紂，同時也殺了習廉、惡來等人一樣。王亮面對蕭衍的責問，回答說：「若其可扶，明公豈有今日之舉？」意思是說，我們的皇帝太壞，無法改好，所以只有等著您來除掉他，改朝換代了。王亮的話只表現了向蕭衍的討好，而完全沒有回答蕭衍的責問。「顛而不扶，安用彼相」是孔子的話，出自《論語・季氏》。其全文是「陳力就列，不能者止。危而不持，顛而不扶，則將焉用彼相矣？」孔子說，要做官，就得盡責任，就得把該幹的事情幹好。如果你沒有這種能力，你就別幹。別空自佔著茅坑不拉屎！你們輔佐一個主子，他有危險你不幫一把，他要摔倒你不攙扶住，那要你們這些侍候的人們幹什麼用？蕭衍在這裡是向王亮等人問責，而不是讓王亮評述他們的君主。而王亮竟然絲毫不知羞愧自責，竟公然把責任全部推給了他的主子。照理講，蕭衍應該發怒，至少應把王亮痛斥一頓。但是，蕭衍沒有動怒，反而又讓王亮給他當了尚書令，也就是後來的國務總理。這到底是怎麼回事？深入探究，原來是因為當時門閥制度盛行，而王亮的出身太好了，其父祖輩從東晉以來歷朝歷代都在朝廷當大官，在今天看來這是一個只知「保官」、「保命」，不負一點責任、不出一點力量的老滑頭，恰恰就是這種老滑頭的地位、聲望卻又特別高，故而蕭衍儘管知道他、討厭他，但仍不能得罪他，相反還得討好他，以能請他這樣一個人來到朝廷任職為光榮、為幸事。這就是從東晉以來南朝政治最惡劣、最腐敗的癥結之一。

卷第一百四十五

梁紀一　起玄黓敦牂（壬午　西元五〇二年），盡閼逢涒灘（甲申　西元五〇四年），凡三年。

【題　解】本卷寫梁武帝蕭衍天監元年（西元五〇二年）至天監三年共三年間南朝梁與北魏兩國的大事。主要寫了蕭衍初掌朝權，以范雲、沈約、任昉為親信，沈約、范雲勸蕭衍早即尊位，而沈約表現得尤其貪婪、自私；寫蕭衍先被宣德太后封為梁公，加封十郡；又封為梁王，再加十郡；接著和帝蕭寶融東歸至姑孰，宣布讓位於蕭衍，宣德太后亦宣布退位，於是蕭衍即皇帝位、改元；寫蕭衍先殺了蕭鸞的兒子蕭寶晊等兄弟三人，接著又殺了蕭鸞的其他諸子，只有蕭寶寅在眾人的幫助下逃到壽陽投降了魏人；接著又寫了蕭衍殘殺蕭寶融之狠毒，而偏又藉口是用沈約之謀而對沈約深表蔑視的虛偽十足；寫蕭寶卷的黨羽孫文明等入宮作亂，殺死衛尉張弘策，火燒神虎門、總章觀，被王茂、張惠紹等率軍討誅之；寫陳伯之目不識丁，又在鄧繕、褚緭等人的鼓動下起兵造反，結果兵敗逃降魏國；寫益州刺史劉季連於蕭衍篡齊之際首鼠觀望，又在舊吏朱道琛的挑撥下，據守成都以拒新刺史鄧元起之入代，最後失敗回建康請罪，蕭衍赦之為庶人；寫假隱士謝朏奉詔入朝，被任為侍中、尚書令，卻又不過問職事，而一股酸腐之氣十足；寫魏將元英率大軍進攻義陽，破梁軍於賢首山；又派傅豎眼等進攻東關、大峴，擒梁將司馬明素，斬其長史潘伯鄰，又敗梁將吳子陽於白沙關；寫陳伯之被派率軍南伐，破梁將趙祖悅於東關；任城王元澄之母孟氏率壽陽軍民抵抗梁將姜慶真之乘虛進攻，而與蕭寶寅合破姜慶真軍；寫元澄攻鍾離，俘獲梁將張惠紹，後因淮水暴漲，魏軍撤退不及，狼狽損失四千人，元澄被降三級；寫魏軍圍攻義陽，梁司州刺史蔡道恭隨方抵抗，斬獲甚多；蕭衍派名將馬仙琕救義陽，被魏將傅永擊敗，後值蔡道恭病死，義陽遂被魏軍所佔，梁之三關戍將亦皆棄城而走，魏將元英因功被立為中山王；寫梁國的角城戍主柴慶宗以城降魏，魏將吳秦生率軍迎之，擊破淮陰派出的救援之軍，遂取角城；寫魏國的佞幸趙脩因專權跋扈而被外戚高肇羅織下獄，被尚書令元紹所殺；寫北海王元詳與魏主的寵幸茹皓以及安定王元燮等相互勾結，招權納賄，氣焰兇盛，被外戚高肇向魏主進讒，致茹皓、劉胄諸小人被殺，元詳死於獄；接著高肇又進一步迫害魏國的宗室諸王，諸王被監守如同坐牢；此外還寫了魏國的名臣源懷視察北方六鎮與恆、燕、朔三州，源懷秉公行事，懲治了嚴重的違法犯罪，又建議整修北部邊防，使能犬牙相救，勸農積糧，以防後患，魏主從之等等。

高祖武皇帝❶

天監元年❷（壬午　西元五〇二年）

春，正月，齊和帝遣兼侍中席闡文❸等慰勞建康。○大司馬衍❹下令：「凡東昏時浮費❺，自非❻可以習禮樂之容，繕甲兵之備者，餘皆禁絕。」○戊戌❼，迎宣德太后入宮，臨朝稱制❽，衍解承制❾。己亥❿，以寧朔將軍蕭昺⓫監南兗州諸軍事。昺，衍之從父弟也。壬寅⓬，進大司馬衍都督中外諸軍事，劍履上殿，贊拜不名⓭。己酉⓮，以大司馬長史王亮⓯為中書監、兼[1]尚書令。

初，大司馬與黃門侍郎范雲⓰、南清河太守沈約⓱、司徒右長史任昉⓲同在竟陵王西邸⑲，意好敦密⑳，至是，引雲為大司馬諮議參軍、領錄事㉑，約為驃騎司馬㉒，昉為記室參軍㉓，與參謀議。前吳興太守謝朏㉔、國子祭酒何胤㉕先皆棄官家居，衍奏徵為軍諮祭酒㉖，朏、胤皆不至。

大司馬內有受禪㉗之志，沈約微扣其端㉘，大司馬不應。他日，又進曰：「今與古異，不可以淳風期物㉙。士大夫攀龍附鳳[2]，皆望有尺寸之功。今童兒牧豎㉚皆知齊祚已終㉛，明公當承其運，天文讖記㉜又復炳然㉝。天心不可違，人情不可失。苟曆數㉞所在，雖欲謙光㉟，亦不可得已。」大司馬曰：「吾方思之。」約曰：「公初建牙樊、沔㊱，此時應思㊲；今王業已成，何所復思㊳？若不早定大業，脫㊴有一人立異㊵，即損威德㊶。且人非金石㊷[3]，時事難保，豈可以建安之封㊸遺之子孫㊹？若天子還都㊺，公卿在位㊻，則君臣分定，無復異心，君明於上，臣忠於下，豈復有人方更同公作賊㊼？」大司馬然之。約出，大司馬召范雲告之，雲對略同約旨㊽。大司馬曰：「智者乃爾暗同㊾。卿明早將休文更來㊿！」雲出，語約，約曰：「卿必待我！」雲許諾，而約先期(51)入。大司馬命草具其事(52)，約乃出懷中詔書并諸選置(53)，大司馬初無所改(54)。俄而(55)雲自外來，至[4]殿門，不得入，徘徊壽光閣(56)外，但云「咄咄(57)！」約出，問曰：「何以見處(58)？」約舉手向左(59)，雲笑曰：「不乖所望[60]。」有頃，大司馬召雲入，嘆約才智縱橫，且曰：「我起兵於今三[5]年矣，功臣諸將實有其勞，然成帝業者，卿二人也。」

甲寅[61]，詔進大司馬位相國，總百揆[62]，揚州牧，封十郡[63]為梁公，備九錫之禮[64]，置梁百司[65]，去錄尚書之號，驃騎大將軍如故。二月辛酉[66]，梁公始受命。

齊湘東王寶晊[67]，安陸昭[6]王緬[68]之子也，頗好文學。東昏侯死，寶晊望物情歸己[69]，坐待法駕[70]。既而王珍國等送首梁公[71]，梁公以寶晊為太常，寶晊心不自安。壬戌[72]，梁公稱寶晊謀反，并其弟江陵公寶覽、汝南公寶宏[73]皆殺之。

丙寅[74]，詔梁國選諸要職[75]，悉依天朝[76]之制。於是以沈約為吏部尚書、兼右僕射，范雲為侍中[77]。

梁公納東昏余妃，頗妨政事，范雲以為言[78]，梁公未之從。雲與侍中、領軍將軍王茂[79]同入見，雲曰：「昔沛公[80]入關[81]，婦女無所幸，此范增[82]所以畏其志大[83]也。今明公始定建康，海內想望風聲[84]，奈何襲亂亡之迹[85]，以女德為累[86]乎？」王茂起拜曰：「范雲言是也。公必以天下為念，無宜留此[87]。」梁公默然。雲即請以余氏賚[88]王茂，梁公賢其意[89]而許之。明日，賜雲、茂錢各百萬。

丙戌[90]，詔梁公增封十郡[91]，進爵為王。癸巳[92]，受命[93]，赦國內及府州所統[7]

殊死以下[94]。○辛丑[95]，殺齊邵陵王寶攸、晉熙王寶嵩、桂陽王寶貞[96]。

梁王將殺齊諸王，防守猶未急[97]。鄱陽王寶寅家閹人顏文智，與左右麻拱等密謀穿牆夜出寶寅[98]，具小船於江岸，著烏布襦[99]，腰繫千餘〔8〕錢，潛赴江側，躡屩徒步[100]，足無完膚。防守者至明追之，寶寅詐為釣者，隨流上下[101]十餘里，追者不疑。待散[102]，乃渡西岸[103]，投民華文榮家，文榮與其族人天龍、惠連棄家將寶寅遁匿[104]山澗，賃驢[105]乘之，晝伏宵〔9〕行，抵壽陽之東城[106]。魏戍主杜元倫馳告揚州刺史任城王澄[107]，以車馬侍衛迎之。寶寅時年十六，徒步憔悴，見者以為掠賣生口[108]。澄待以客禮，寶寅請喪君斬衰之服[109]，澄遣人曉示情禮，以喪兄齊衰[110]之服給之。澄帥官僚赴弔，寶寅居處有禮，一同極哀之節[111]。壽陽多其義故[112]〔10〕，皆受慰唁[113]，唯不見夏侯一族[114]，以夏侯詳[115]從梁王故也。澄深器重之。

齊和帝東歸[116]，以蕭憺[117]為都督荊・湘等六州諸軍事、荊州刺史。荊州軍旅之後，公私空乏，憺厲精為治[118]，廣屯田[119]，省力役[120]，存問兵死之家[121]，供其乏困。自以少年居重任，謂佐吏曰：「政之不臧[122]，士君子所宜共惜[123]。吾今開懷[124]，卿其無隱[125]！」於是人人得盡意。民有訟者[126]皆立前待符教[127]，決於俄頃[128]，曹無留事[129]，荊人大悅。

齊和帝至姑孰[130]，丙辰[131]，下詔禪位于梁。○丁巳[132]，廬陵王寶源卒[133]。○魯陽蠻魯北鷰[134]等起兵攻魏潁州[135]。

夏，四月辛酉[136]，宣德太后令曰：「西詔[137]至，帝憲章[138]前代，敬禪神器于梁[139]，明可臨軒[140]，遣使恭授璽紱[141]，未亡人[142]歸于別宮。」壬戌[143]，發策[144]，遣兼太保、尚書令亮[145]等奉皇帝璽紱[11]詣梁宮。丙寅[146]，梁王即皇帝位于南郊，大赦，改元[147]。是日，追贈兄懿為丞相，封長沙王，謚曰宣武，葬禮依晉安平獻王[148]故事。丁卯[149]，奉和帝為巴陵王，宮于姑孰，優崇之禮，皆倣齊初[150]。奉宣德太后為齊文帝[151]妃，王皇后[152]為巴陵王妃。齊世王侯封爵，悉從降省[153]，唯宋汝陰王不在除例[154]。追尊皇考[155]為文皇帝，廟號太祖；皇妣為獻皇后。追謚妃郗氏曰德皇后。封文武功臣車騎將軍夏侯詳等十五人[156]為公、侯。立皇弟中護軍宏為臨川王，南徐州刺史秀為安成王，雍州刺史偉為建安王，左衛將軍恢為鄱陽王，荊州刺史憺[157]為始興王；以宏為楊州刺史[158]。

丁卯[159]，以中書監王亮為尚書令[160]，相國左長史王瑩[161]為中書監，吏部尚書沈約為尚書僕射，長兼侍中[162]范雲為散騎常侍、吏部尚書。○詔凡後宮[163]、樂府[164]、西解[165]、暴室[166]諸婦女一皆放遣[167]。

戊辰[168]，巴陵王卒[169]。時上欲以南海郡[170]為巴陵國，徙王居之。沈約曰：「古今殊事[171]，魏武[172]所云『不可慕虛名而受實禍[173]。』」上領之[174]，乃遣所親鄭伯禽詣姑孰，以生金[175]進王，王曰：「我死不須金，醇酒足矣。」乃飲沈醉；伯禽就摺殺[176]之。王之鎮荊州[177]也，琅邪顏見遠為錄事參軍[178]，及即帝[12]位，為治書侍御史兼中丞[179]，既禪位，見遠不食數日而卒[180]。上聞之曰：「我自應天從人[181]，何預[182]天下士大夫事，而顏見遠乃至於此！」

庚午[183]，詔有司依周、漢故事，議贖刑條格[184]，凡在官[185]身犯鞭杖之罪，悉入贖停罰；其臺省令史、士卒欲贖者聽之。◯以謝沭縣公寶義[186]為巴陵王，奉齊祀[187]。寶義幼有廢疾，不能言，故獨得全。

齊南康侯子恪[188]及弟祁陽侯子範嘗因事入見，上從容謂曰：「天下公器[189]，非可力取，苟無期運[190]，雖項籍[191]之力終亦敗亡。宋孝武[192]性猜忌，兄弟粗有令名[193]者皆鴆之，朝臣以疑似[194]枉死者相繼[195]。然或疑而不能去，或不疑而卒為患。如卿祖[196]以材略見疑，而無如之何[197]。湘東[198]以庸愚不疑，而子孫皆死其手。我於時已生，彼豈知我應有今日？固知有天命者非人所害[199]。我初平建康，人皆勸我除去卿輩[200]以壹物心[201]，我於時依而行之，誰謂不可？正以江左以來[202]，代謝之際[203]，必相屠滅[204]，感傷和氣[205]，所以國祚[206]不長。又，齊、梁雖云革命[207]，事異前世，我與卿兄弟雖復絕服[208]，宗屬未遠[209]。齊業之初亦共甘苦[210]，情同一家，豈可遽如行路之人[211]？卿兄弟果有天命，非我所殺[212]；若無天命，何忽行此[213]？適足示無度量[214]耳！且建武塗炭卿門[215]，我起義兵，非唯自雪門恥[216]，亦為卿兄弟報仇。卿若能在建武、永元之世[217]撥亂反正[218]，我豈得不釋戈推奉[219]邪？我自取天下於明帝家，非取之於卿家也。昔劉子輿[220]自稱成帝子，光武言：『假使成帝更生，天下亦不可復[13]得，況子輿乎？』[221]曹志[222]，魏武帝之孫，為晉忠臣。況卿今日猶是宗室，我方坦然相期[223]，卿無復懷自外之意[224]！小待[225]，當自[14]知我寸心[226]。」子恪兄弟凡十六人，皆仕梁，子恪、子範、子質、子顯、子雲、子暉並以才能知名，歷官清顯[227]，各以壽終。

詔徵謝朏為左光祿大夫[228]、開府儀同三司，何胤為右光祿大夫，何點為侍中；胤、點終不就。○癸酉[229]，詔「公車府[230]謗木、肺石[231]傍各置一函[232]，若肉食[233]莫言，欲有橫議[234]，投謗木函；若以功勞才器冤沈莫達者[235][15]，投肺石函。」

上身服浣濯之衣，常膳唯以菜蔬。每簡長吏[236]，務選廉平，皆召見於前，勗以政道[237]。擢尚書殿中郎[238]到溉[239]為建安內史[240]，左戶侍郎[241]劉鬷為晉安[242]太守，二人皆以廉潔著稱。溉，彥之曾孫也。又著令「小縣令有能，遷大縣；大縣有能，遷二千石[243]。」以山陰令丘仲孚[244]為長沙內史，武康令東海何遠[245]為宣城[246]太守，由是廉能莫不知勸[247]。

魯陽蠻圍魏湖陽[248]，撫軍將軍李崇[249]將兵擊破之，斬魯北鷰，徙萬餘戶於幽、并[250]諸州及六鎮[251]，尋叛南走，所在[252]追討，比及河[253]，殺之皆盡。

閏月丁巳[254]，魏頓丘匡公穆亮[255]卒。◯齊東昏侯嬖臣[256]孫文明等，雖經赦令，猶不自安，五月乙亥[257]夜，帥其徒數百人，因運荻炬[258]，束仗[259]入南、北掖門[260]，[16]作亂，燒神虎門[261]、總章觀[262]，入衛尉府[263]，殺衛尉洮陽愍侯張弘策[264]。前軍司馬呂僧珍[265]直殿內，以宿衛兵拒之，不能卻。上戎服御前殿，曰：「賊夜來，是其眾少，曉則走矣。」命擊五鼓，領軍將軍王茂、驍騎將軍張惠紹[266]聞難，引兵赴救，盜乃散走，討捕，悉誅之。

江州刺史陳伯之，目不識書，得文牒辭訟[267]，唯作大諾[268]而已，有事，典籤[269]傳口語[270]，與奪決於主者[271]。豫章[272]人鄧繕、永興[273]人戴永忠有舊恩於伯之，伯之以繕為別駕[274]，永忠為記室參軍[275]。河南褚緭[276]居建康，素薄行，仕宦[277]不得志，頻造[278]尚書范雲，雲不禮之。緭怒，私謂所親曰：「建武以後，草澤下族[279]悉化成貴人，吾何罪而見棄？今天下草創，饑饉不已，喪亂未可知[280]。陳伯之擁彊兵在江州，非主上舊臣，有自疑之意。且熒惑守南斗[281]，詎非為我出[282]邪？今者一行事若無成[283]，入魏不失[284]作河南郡守[285]。」遂投伯之，大見親狎[286]。伯之又以鄉人朱龍符為長流參軍[287]，並乘伯之愚闇，恣為姦利。

上聞之，使陳虎牙[288]私戒伯之，又遣人代鄧繕為別駕，伯之並不受命，表云：「龍符驍勇，鄧繕有績效，臺[289]所遣別駕，請以為治中[290]。」繕於是日夜說伯之云：「臺家[291]府藏空竭，復無器仗，三倉[292]無米，東境[293]飢流[294]，此萬世一時也，機不可失！」繢、永忠[17]共贊成之。伯之謂繕：「今啓卿[295]，若復不得，即與卿共反。」上敕伯之以部內一郡[296]處繕，於是伯之集府州僚佐謂曰：「奉齊建安王教[297]，帥江北義勇十萬，已次六合[298]，見使[299]以江州見力[300]運糧速下。我荷明帝厚恩，誓死以報。」即命纂嚴[301]，使繢詐為蕭寶寅書以示僚佐，於聽事[302]前為壇，歃血[303]共盟。

繢說伯之曰：「今舉大事，宜引眾望[304]。長史程元沖，不與人同心；臨川內史[305]王觀，僧虔[306]之孫，人身不惡[307]，可召為長史以代元沖。」伯之從之，仍以繢為尋陽太守，永忠為輔義將軍，龍符為豫州刺史。觀不應命。豫章太守鄭伯倫起郡兵拒守。程元沖既失職於家，合帥[308]數百人，乘伯之無備，突入至聽事前。伯之自出格鬬，元沖不勝，逃入廬山[309]。伯之密遣信[310]報虎牙兄弟，皆逃奔盱眙[311]。戊子[312]，詔以領軍將軍王茂為征南將軍、江州刺史，帥眾討之。○魏楊州小峴戍主[313]党法宗襲大峴戍[314]，破之，虜龍驤將軍邾菩薩。○陳伯之聞王茂來，謂褚緭等曰：「王觀既不就命，鄭伯倫又不肯從，便應[315]空手受困。今先平豫章，開通南路，多發丁力[316]，益運資糧，然後席卷北向[317]，以撲飢疲之眾，不憂不濟。」六月，留鄉人唐蓋人[318]守城[319]，引兵趣[320]豫章，攻伯倫，不能下。王茂軍至，伯之表裏受敵，遂敗走，間道渡江[321]，與虎牙等及褚緭俱奔魏。

上遣左右陳建孫送劉季連子弟[322]三人入蜀，使諭旨慰勞。季連受命，飭還裝[323]，益州刺史鄧元起[324]始得之官[325]。

初，季連為南郡太守，不禮於元起[326]。都錄[327]朱道琛有罪，季連欲殺之，逃匿得免。至是，道琛為元起典籤，說元起曰：「益州亂離已久，公私虛耗[328]。劉益州臨歸[329]，豈辦遠遣迎候[330]？道琛請先使檢校[331]，緣路奉迎[332]；不然，萬里資糧[333]，未易可得。」元起許之。道琛既至，言語不恭[334]，又歷造[335]府州人士，見器物輒奪之；有不獲[336]者，語曰：「會當屬人[337]，何須苦惜[338]？」於是軍府[339]大懼，謂元起至[18]必誅季連，禍及黨與，競言之於季連。季連亦以為然，且懼昔之不禮於元起，乃召兵筭之，有精甲十萬，歎曰：「據天險之地，握此彊兵，進可以匡社稷，退不失作劉備[340]，捨此安之[341]？」遂召佐史，矯稱齊宣德太后令，聚兵復反，收朱道琛，殺之。召巴西[342]太守朱士略及涪令[343]李膺，並不受命。是月，元起至巴西，士略開門納之。

先是，蜀民多逃亡，聞元起至，爭出投附，皆稱起義兵應朝廷，軍士新故三萬餘人[344]。元起在道久，糧食乏絕，或說之曰：「蜀土政慢[345]，民多詐疾[346]，若檢巴西一郡籍注[347]，因而罰之，所獲必厚[348]。」元起然之。李膺諫曰：「使君前有嚴敵[349]，後無繼援，山民[350]始附，於我觀德[351]。若糾以刻薄[352]，民必不堪，眾心一離，雖悔無及。何必起疾[353]可以濟師[354]？膺請出圖之[355]，不患資糧不足也。」元起曰：「善。一以委卿[356]！」膺退，帥富民上軍資米[357]，得三萬斛[358]。

秋，八月丁未[359]，命尚書刪定郎濟陽蔡法度[360]損益[361]王植之集註舊律[362]，為梁律，仍[363]命與尚書令王亮、侍中王瑩、尚書僕射沈約、吏部尚書范雲等九人同議定。

上素善鍾律[364]，欲釐正雅樂[365]，乃自制四器，名之為「通」。每通施三絃，黃鍾[366]絃用二百七十絲，長九尺，應鍾[367]絃用一百四十二絲，長四尺七寸四分差彊[368]，中間十律，以是為差[369]。因以通聲轉推月氣[370]，悉無差違[371]，而還得相中。又制十二笛[372]，黃鍾笛長三尺八寸，應鍾笛長二尺三寸，中間十律以是為差，以寫通聲[373]，飲[374]古鍾玉律[375]，並皆不差。於是被以八音[376]，施以七聲[377]，莫不和韻。先是，宮懸[378]止有四鎛鍾[379]，雜以編鍾[380]、編磬[381]、衡鍾[382]，凡十六虡[383]；上始命設十二鎛鍾，各有編鍾、編磬，凡三十六虡，而去衡鍾，四隅[384]植建鼓[385]。

魏高祖[386]之喪，前太傅平陽公丕[387]自晉陽來赴[388]，遂留洛陽。丕年八十餘，歷事六世[389]，位極公輔[390]，而還為庶人[391]。魏主以其宗室耆舊[392]，矜[393]而禮之。乙卯[394]，以丕為三老[395]。

魏楊州刺史任城王澄[396]表請攻鍾離[397]，魏主使羽林監[398]敦煌范紹[399]詣壽陽，共量進止[400]。澄曰：「當用兵十萬，往來百日，乞朝廷速辦糧仗。」紹曰：「今秋已向末[401]，方欲調發[402]，兵仗可集，糧何由致？有兵無糧，何以克敵？」澄沈思良久曰：「實如卿言。」乃止。

九月丁巳[403]，魏主如鄴。冬，十月庚子[404]，還至懷[405]，與宗室近侍射遠，帝射三百五十餘步[406]，羣臣刻銘以美之。甲辰[407]，還洛陽。

十一月己未[408]，立小廟[409]以祭太祖之母[410]，每祭太廟畢，以一太牢[411]祭之。○甲子[412]，立皇子統[413]為太子。○魏洛陽宮室始成[414]。

十二月，將軍張囂之侵魏淮南，取木陵戍[415]，魏任城王澄遣輔國將軍成興擊之。甲辰[416] [19]，囂之敗走，魏復取木陵。

劉季連遣其將李奉伯等拒鄧元起，元起與戰，互有勝負。久之，奉伯等敗，還成都，元起進屯西平[417]。季連驅略[418]居民，閉城固守。元起進屯蔣橋，去成都[419]二十里，留輜重於郫[420]。奉伯等間道襲郫，陷之，軍備盡沒。元起捨郫，徑圍州城[421]，城局參軍[422]江希之謀以城降，不克而死。

魏陳留公主寡居，僕射高肇、秦州刺史張彝皆欲尚[423]之，公主許彝而不許肇。肇怒，譖彝於魏主，彝[20]坐沈廢累年[424]。

是歲，江東大旱，米斗五千，民多餓死。

【章旨】以上為第一段，寫梁武帝蕭衍天監元年（西元五〇二年）一年間的大事。主要寫了蕭衍初掌朝權，以范雲、沈約、任昉等為親信，沈約、范雲勸蕭衍早即尊位，而沈約表現得尤其貪婪、自私；寫蕭衍先被宣德太后封為梁公，加封十郡、加九錫之禮，以及蕭衍殺死蕭鸞之子蕭寶晊等兄弟三人；寫蕭衍又被封為梁王，再加封十郡，以及蕭衍殺蕭鸞諸子，唯蕭寶寅在眾人的幫助下逃到壽陽降魏，深受魏人的敬重，表現了歷史家對蕭寶寅的同情；寫和帝蕭寶融東歸至姑孰，宣德太后亦宣布退位，蕭衍即位改元；寫了蕭衍殘殺蕭寶融之狠毒，而又藉口是用沈約之謀而對沈約深表蔑視之虛偽十足；寫蕭衍安撫與震懾蕭子恪兄弟，令其認清形勢，老老實實；寫蕭寶卷的黨羽孫文明等乘機入宮作亂，殺衛尉張弘策，燒神虎門、總章觀，王茂、張惠紹率外兵入討，悉誅之；寫陳伯之目不識丁，又親狎褚緭等人，恣為姦利；又在鄧繕、褚緭等人的鼓動下起兵造反，結果在部下鄭伯倫、程元沖的起兵抵制，與王茂所率朝廷軍的攻擊下，兵敗逃降魏國；寫益州刺史劉季連於蕭衍篡齊之際首鼠觀望，又在舊吏朱道琛的挑撥下，據州以拒新刺史鄧元起之入代，雙方戰鬥互有勝負；此外還寫了蕭衍命有關官員修訂舊律為《梁律》，以及其自製四器以正雅樂等等。

【注　釋】❶高祖武皇帝　即蕭衍。高祖是廟號，武是諡號。按，依《通鑑》體例，「高祖武皇帝」下應當有次序數「一」字。❷天監元年　梁武帝蕭衍的年號。本年的四月始改元，此前的一、二、三月，乃是和帝中興二年。❸席闡文　原是蕭穎胄的部下，蕭衍起事後，席闡文暗中投靠，並勸蕭穎胄與之合作，極表忠心。蕭穎胄死後，席闡文在和帝蕭寶融身邊為黃門侍郎，與蕭衍之弟蕭憺共同主管後方諸事。傳見《梁書》卷十二。❹大司馬衍　蕭衍。蕭衍入建康奪得朝權後，以宣德太后令任自己為大司馬，統領群臣，臨時以皇帝的身分發號施令。❺浮費　超出規定的開支。❻自非　如果不是；除……之外的。❼戊戌　正月初九。❽臨朝稱制　將已經在江陵稱帝號的小皇帝蕭寶融放到一邊，另請出一個宣德太后來臨朝稱制，是蕭衍的狡猾之處，表明他此前對蕭寶融的擁戴已經不算數了。❾衍解承制　蕭衍裝出一種謙退的樣子，此時的退一步，是為了明天的進兩步。❿己亥　正月初十。⓫蕭昺　本名蕭景，唐人避諱改稱之曰蕭昺，蕭衍的堂兄弟。傳見《梁書》卷二十四。⓬壬寅　正月十三。⓭贊拜不名　當叩拜皇帝時，贊禮者不稱蕭衍之名，只稱其官爵，以表示分外敬重。⓮己酉　正月二十。⓯王亮　晉臣王導的後代，劉宋時期的名臣王曇首之孫，王僧綽之子，娶公主為妻；齊明帝蕭鸞時為吏部尚書，蕭寶卷時與六貴也相處很好；蕭衍掌握南齊政權，王亮又給蕭衍當了尚書令。傳見《梁書》卷十六。⓰范雲　當時著名的文學家。傳見《梁書》卷十三。⓱沈約　當時著名的文學家，以寫新體詩聞名。傳見《梁書》卷十三。⓲任昉　當時著名的文學家，擅長表、章等各種文體的寫作，當時有「任筆沈（約）詩」之稱。傳見《梁書》卷十四。⓳同在竟陵王西邸　意即同在齊武帝蕭賾的兒子竟陵王蕭子良的門下為賓客。蕭子良以皇子之尊，又以喜愛文義、結交文學之士著名。傳見《南齊書》卷四十。西邸，指西州城。當時蕭子良以護軍將軍兼司徒，駐於西州城。⑳敦密　親密；緊密。敦，厚；實。㉑領錄事　代理錄尚書事的職務。蕭衍當時任錄尚書事，范雲領錄尚書府事。㉒驃騎司馬　驃騎大將軍蕭衍的高級僚屬。司馬，在軍中掌管司法的官員。㉓記室參軍　驃騎大將軍蕭衍的僚屬，主管文書簿記。㉔謝朏　南朝著名文學家謝莊之子，謝瀹之兄。兄弟二人生活在蕭鸞篡殺鬱林王之際，且又身居高位，但都陌視如路人，安居高位如故。傳見《南齊書》卷四十三。㉕何胤　劉宋大官僚何尚之之孫，有儒術，常懷隱遁之情。鬱林王在位時曾任中書令，齊明帝蕭鸞在位時，隱居於會稽山。傳見《南齊書·高逸傳》。㉖軍諮祭酒　驃騎大將軍府的參謀、顧問官員。㉗受禪　接受讓位做皇帝。㉘微扣其端　含蓄地試探其口風。㉙不可以淳風期物　不能像古代的舜、禹那樣期望著堯、舜主動地讓位給人。淳風，指堯、舜的真心讓位於人。期物，幻想現代人。㉚童兒牧豎　小孩子、放牧者，以喻沒有政治頭腦的人。㉛齊祚已終　南齊的國運已經到頭了。㉜天文讖記　天文星象所預示的種種徵兆，與社會民間所出現的種種讖語。讖記，是當時野心家故意編造、散布的一些煽動社會動亂的預言，如陳涉的所謂「大楚興，陳涉王」；東漢末的民謠「千里草，何青青？十日卜，不得生」；黃巢起義時編造的「蒼天已死，黃天當立」等等。關於蕭衍的這一套把戲，《梁書·武帝紀》中有鑿井得玉麒麟、金鏤玉璧，鳳凰現於桐下里云云。㉝炳然　清楚明白的樣子。㉞曆數　天數；命定。這裡指命定該做皇帝。㉟謙光　謙遜禮讓，光明盛大。《周易·謙卦》有所謂「謙尊而光」。㊱建牙樊沔　在襄陽發動起義的時候。樊、沔，樊城、漢水，都在襄陽城的旁邊，這裡即指襄陽城。㊲此時應思　那個時候您就應該想好必有這一天。㊳何所復思　還有什麼可猶豫的。㊴脫　突然冒出。㊵立異　提出不同意見，指立其他某人為皇帝。㊶即損威德　那時您再處置他，那就對您的威望有損了。㊷人非金石　人的壽命難以預料，日後會有什麼變化難以預知。㊸建安之封　指蕭衍此時所享有的建安郡公的封爵。㊹遺之子孫　傳給後代，意即在蕭衍之世不自己解決做皇帝的問題。㊺天子還都　當初蕭穎胄與蕭衍所擁立的身在江陵的小傀儡蕭寶融一旦來到京城。㊻公卿在位　三公九卿滿朝文武都各就各位。㊼方更同公作賊　還來和您一道去做那種弒君篡位的事情。古代把反抗朝廷和篡奪帝位的人統稱為「亂臣賊子」。㊽略同約旨　與沈約的說法差不多。㊾乃爾暗同　竟然如此地不約而同。爾，如此。㊿將休文更來　帶著沈約一同到我這裡來。休文，沈約的字。說話稱人之字表示客氣。(51)先期　在約好的時間之前。(52)草具其事　草擬一個篡取皇帝位的過程做法。(53)諸選置　朝廷各官員的安排任命。(54)初無所改　沒做一點變更。初，根本；一點也沒有。(55)俄而　不久；一會兒。(56)壽光閤　胡三省曰：「江南禁中有壽光省。」閤，音義皆同「閣」。(57)咄咄　嗟歎詞，在這裡的意思是「怪事，怪事」。(58)何以見處　安排我做什麼。(59)向

左　意思是讓你做尚書左僕射。左僕射在右僕射之上，僅低於尚書令。60不乖所望　和我的希望正好相同。乖，違背；差錯。61甲寅　正月二十五。62總百揆　領導、管理百官群臣。百揆，百官。63封十郡　胡三省曰：「時以豫州之梁郡、歷陽，南徐州之義興，揚州之淮南、宣城、吳興、會稽、新安、東陽凡十郡為梁公國。」按，胡氏只提出了九郡，據《梁書・武帝紀》還有「吳郡」，估計應是刻本脫漏。64九錫之禮　對即將篡位之臣的九種非凡待遇，指特殊的車馬、衣服、樂器、朱戶、納陛、虎賁、鈇鉞、弓矢、秬鬯九項。65置梁百司　建立梁國的一套朝廷班子，分職設官與當時的南齊朝廷相同。66二月辛酉　二月初二。67湘東王寶晊　齊明帝蕭鸞之弟蕭緬的兒子，被封為湘東王。傳見《南齊書》卷四十五。68安陸昭王緬　蕭緬，原被封為安陸王，昭字是謚。傳見《南齊書》卷四十五。69望物情歸己　盼著人心歸己，立自己為皇帝。70坐待法駕　等著公卿用皇帝的車駕來迎接自己。法駕，皇帝車駕的一種。《史記・孝文本紀》注引《漢官儀》云：「天子鹵簿有大駕、法駕。大駕，公卿奉引，大將軍參乘，屬車八十一乘；法駕，公卿不在鹵簿中，唯京兆尹、執金吾、長安令奉引，侍中參乘，屬車三十六乘。」71王珍國等送首梁公　王珍國等斬下東昏侯蕭寶卷之首送給蕭衍。王珍國在南齊末年任青、冀二州刺史，蕭衍率圍建康，王珍國遣人私表歸順之情，與衛尉張稷斬蕭寶卷之首以送蕭衍。傳見《梁書》卷十七。72壬戌　二月初三。73江陵公寶覽汝南公寶宏　皆蕭緬之子，蕭寶晊之弟。傳見《南齊書》卷四十五。74丙寅　二月初七。75選諸要職　對於重要職務的安排與任命，實際即如何安插心腹的問題。76天朝　天子之朝班，指南齊政權。77侍中　皇帝的機要之臣，兼有參謀顧問之用，後來位同宰相。78以為言　為此而提出意見。79王茂　蕭衍的開國元勳，南齊末，即為蕭衍部將；蕭衍起事後，為蕭衍開路先鋒，軍功累累。此時任領軍將軍。傳見《梁書》卷九。80沛公　指劉邦。劉邦響應陳涉起兵攻下沛縣後，被眾人共推為沛公。事見《史記・高祖本紀》。81入關　指佔據關中，滅掉秦王朝。關，通常指函谷關，在今河南靈寶東北，是中原進入長安的重要關隘。但劉邦入關乃從武關進入。82范增　項羽的謀士。事跡參見《史記・項羽本紀》與本書卷七、卷八。83畏其志大　鴻門宴前，范增慫恿項羽進攻劉邦，有所謂「沛公居山東時，貪於財貨，好美姬。今入關，財物無所取，婦女無所幸，此其志不在小」云云，見〈項羽本紀〉。84想望風聲　盼著見到您的風度與聲威。85襲亂亡之迹　步昏亂亡國之君的後塵。86以女德為累　以好女色成為自己的缺點。87無宜留此　不應把這個女人留在身邊。88賚　賞賜。89賢其意　欣賞他的好意。90丙戌　二月二十七。91增封十郡　胡三省曰：「時以豫州之南譙、廬江，江州之尋陽，郢州之武昌、西陽，南徐州之南琅邪、南東海、晉陵，揚州之臨海、永嘉十郡益梁國。」按，此「增封十郡」與「進爵為王」，皆宣德太后所下的詔命。92癸巳　三月初五。93受命　接受封爵為梁王。94赦國內及府州所統殊死以下　此句乃蕭衍下令，赦免其梁國境內與其楊州牧、驃騎大將軍府所轄的「殊死以下」的所有罪犯。殊死以下，即凡不到死罪的一切犯人。殊死，身首斷絕異處稱「殊死」。即死刑。殊，絕；異。(95)辛丑 三月十三。(96)邵陵王寶攸句 三人皆明帝蕭鸞子，都年在十六歲以下。傳見《南齊書》卷五十。(97)未急 看管得不緊、不嚴。(98)夜出寶寅 深夜將蕭寶寅救出。蕭寶寅亦蕭鸞之子。(99)烏布襦 黑布短襖，古時賤者之服。襦，短襖。(100)躡屩徒步 穿著草鞋步行。屩，用麻、草做的鞋。(101)隨流上下 為躲避追兵，有時沿江上行，有時沿江下行。(102)待散 待追捕者散去。(103)渡西岸 渡江到西岸。當時的建康城在長江東岸。(104)遁匿 躲藏。(105)賃驢 向村民雇了一頭毛驢。(106)壽陽之東城 壽陽即現今之安徽壽縣，當時屬於魏國。(107)任城王澄 元澄，景穆帝拓跋晃之孫，魏主元恪的叔祖。傳見《魏書》卷十九中。(108)掠賣生口 劫持販賣人口。生口，活人，指被劫持與被俘虜的人。(109)喪君斬衰之服 想為其被殺的兄長蕭寶卷服最重的喪服。斬衰，左、右與下邊均不修緣的喪服，是為父母、為君主應穿的孝衣。(110)喪兄齊衰 為兄長應服的齊衰，是次於斬衰的喪服。其衣邊縫齊。(111)一同極哀之節 意謂蕭寶寅雖然接受了齊衰的喪禮，但其心理感情仍是按照斬衰的禮節進行。極哀，極度的悲戚，如喪君、父之禮。(112)義故 以恩情、道義相結的老朋友、老相識。(113)皆受慰喭 有人前來向蕭寶寅表示安慰的，蕭寶寅都以禮接受。胡三省曰：「撫而安之曰慰，弔生曰唁。」喭，同「唁」。慰問生者。(114)夏侯一族 住在壽陽的姓夏侯的人。(115)夏侯詳 蕭鸞在位時為齊將，東昏侯在位時，夏侯詳在蕭穎胄的部下，但與蕭衍多方結好。蕭穎胄死後，夏侯詳遂成為蕭衍的親信。傳見《梁書》卷十。(116)東歸 由荊州東歸建康。(117)蕭憺 蕭衍之弟，自蕭穎胄死後，在夏侯詳的招引下，蕭憺遂控制了和帝小傀儡王朝的一切權力。(118)厲精為治 盡一切精力搞好各項工作。厲精，盡力。厲，同「礪」。磨練。(119)廣屯田 組織軍隊或動員百姓開展農業生產，擴大糧食與各種物資的收入。廣，開展；擴大。屯田，組織軍隊或百姓開荒種地。(120)省力役 減少百姓的勞役。(121)存問兵死之家 撫恤、問候那些隨蕭衍東征戰死士兵的家庭。(122)政之不臧 我們荊州刺史府的工作如果搞不好。不臧，不善；不好。(123)士君子所宜共惜 你們大家也應該感到惋惜。士君子，對自己佐吏的敬稱。惜，惋惜；遺憾。感到有責任。(124)開懷 開誠布公。(125)卿其無隱 你們也不要有話不說。(126)民有訟者 百姓間有爭執，有意見不同。(127)立前待符教 站在蕭憺面前，等蕭憺做出決斷。符、教，都是文體名，指王公大臣所下的命令。(128)決於俄頃 頃刻之間就拿出了處理意見。(129)曹無留事 各部門都沒有拖拉耽擱不辦的事情。(130)姑孰 即今安徽當塗，在馬鞍山市的城南，當時為南豫州的州治所在地。(131)丙辰 三月二十八。(132)丁巳 三月二十九。(133)廬陵王寶源卒 蕭寶源是蕭鸞的第五子，當時任會稽太守。傳見《南齊書》卷五十。按，此蕭寶源也肯定是被蕭衍所殺。(134)魯陽蠻魯北鷰 魯陽郡的少數民族頭領姓魯名北鷰。魯陽，魏郡名，郡治即今河南魯山縣。(135)穎州 據《魏書·蠻傳》，當作「穎川」。魏郡名，郡治在今河南長葛東北。

(136)四月辛酉　四月初三。(137)西詔　指和帝蕭寶融的詔書。胡三省曰：「齊和帝雖已至姑孰，其地猶在建康之西，故曰『西詔』。」(138)憲章　效法。(139)敬禪神器于梁　恭敬地把帝位禪讓給了梁王蕭衍。神器，古指帝位，或稱國家政權。(140)臨軒　意即臨朝即皇帝位。軒，堂前屋簷下的平臺。有時皇帝也在此會見群臣。(141)恭授璽紱　恭敬地把皇帝的印信交給梁王您。紱，繫印的絲條。(142)未亡人　古代寡婦謙稱自己為丈夫的「未亡人」。這裡是宣德太后謙稱自己。(143)壬戌　四月初四。(144)發策　發布退位的策書。(145)尚書令亮　即王亮。傳見前注。(146)丙寅　四月初八。(147)改元　改元天監。此前是用齊和帝蕭寶融的年號中興。(148)晉安平獻王　司馬懿的哥哥司馬孚。司馬懿的孫子司馬炎篡魏稱帝後，追封司馬孚為安平王，諡曰獻。胡三省曰：「懿為東昏侯所殺，葬不成禮，今依晉葬安平王孚禮葬之。」(149)丁卯　四月初九。(150)皆倣齊初　像蕭道成初篡位時還有幾天對退了位的宋順帝劉準表示崇敬，封他為汝陰王，行宋正朔。但未過多久劉準就被蕭道成殺掉了。(151)齊文帝　齊武帝蕭賾之太子蕭長懋，未繼位即死去，其子蕭昭業繼位為帝後，追尊其父為文帝。傳見《南齊書》卷二十一。(152)王皇后　蕭寶融的皇后，蕭道成時代的大官僚王儉的孫女。傳見《南齊書》卷二十。(153)悉從降省　一律地或降級、或廢除。降級如王降為公、公降為侯。省，廢除；撤銷。即撤銷其封地、封號。(154)不在除例　不在降省的範圍。但事實上劉準早已被蕭道成殺掉了。(155)皇考　蕭衍的父親蕭順之，曾在劉宋與南齊時代為將軍。(156)夏侯詳等十五人　此十五人應是王茂、曹景宗、柳慶遠、蕭穎達、夏侯詳、蔡道恭、楊公則、鄧元起、張弘策、鄭紹叔、呂僧珍等。(157)荊州刺史憺　蕭憺，此與上述的中護軍蕭宏、南徐州刺史蕭秀、雍州刺史蕭偉、左衛將軍蕭恢，皆蕭衍之弟。傳見《梁書》卷二十二。(158)楊州刺史　楊州的州治即在建康城內。因楊州是國家都城所在的州，此州刺史的權位非其他任何刺史可比，故歷代皆以皇帝的親信充任。(159)丁卯　四月初九。(160)以中書監王亮為尚書令　王亮前已在宣德太后稱制的傀儡朝廷任中書監、尚書令，今宣德太后退位，蕭衍正式建立梁王朝，故蕭衍重新任命王亮為其梁朝的尚書令。不倒翁居然如此，與南朝士族制度大有關係，儘管蕭衍的十五公侯可能都瞧不起他。傳見《梁書》卷十六。中書監是中書省的長官，主管為皇帝起草文件。(161)王瑩　一個多方討好的庸俗官僚，劉宋時娶公主為妻，南齊末依違於群小之間，無是無非；蕭衍掌權為相國，王瑩又為蕭衍的左長史。傳見《梁書》卷十六。(162)長兼侍中　經常服務於皇帝身邊的參謀官員。所謂「長兼」是指此人原有外朝職務，但仍兼為侍中之職。(163)後宮　指原來南齊後宮中的一切女人。(164)樂府　朝廷主管音樂的官署名，其屬下備有大量男女歌舞人員，以備朝廷的多方之用。(165)西解　西府的官舍。解，通「廨」。官舍。南齊時的楊州刺史居於西府。(166)暴室　古代宮中織染布匹的官署。以其需暴曬，故稱「暴室」。後亦作為囚禁宮女或后妃的場所。(167)一皆放遣　全部打發她們回家。(168)戊辰　四月初十。(169)巴陵王卒　被蕭穎胄、蕭衍擁立為傀儡皇帝的蕭寶融在宣告退位，被蕭衍封為巴陵王的第三天，被蕭衍殺死，時蕭寶融年十五歲。(170)南海郡　郡治即今廣州。(171)古今殊事　今天與古代的形勢不同，處理問題的方式也應該不同。《韓非子・定法》有所謂「時移則事異，事異則備變」。(172)魏武　指曹操，其子曹丕篡漢後，追尊曹操為魏武帝。(173)不可慕虛名而受實禍　語見曹操的〈讓縣自名本志令〉。意即迅速結束蕭寶融的性命，不要學曹操父子那樣留著漢獻帝的小命一直到其病死。(174)頷之　點頭答應。(175)生金　未經冶煉的金礦石，這裡即指金子。(176)摺殺　如扭斷脖子、折斷肋骨之類。摺，弄斷。(177)鎮荊州　指任名義上的荊州刺史。當時蕭寶融年十三歲。(178)錄事參軍　王公與方面大員的僚屬，掌管文書簿籍。(179)中丞　指御史中丞，御史臺的最高長官，主管監察彈劾。(180)見遠不食數日而卒　胡三省曰：「史言齊臣以死殉和帝者僅一顏見遠。」(181)應天從人　應天命順人心。從，順從。按，蕭衍為避其父蕭順之之諱，改「順人」說「從人」。(182)何預　與……有何關係。(183)庚午　四月十二。(184)議贖刑條格　討論用財物贖免刑罰的條例。胡三省曰：「〈舜典〉：『金作贖刑。』注曰：『誤入而刑，出金以贖罪。周穆王訓夏贖刑，亦以五刑之辟，疑者罰贖。』至漢文帝令民入粟以贖罪；武帝令死罪入贖，錢五十萬減死一等。蓋自虞及周疑誤者贖，漢則凡犯罪者皆可得而入贖。」(185)在官　在任的官員。(186)謝沭縣公寶義　蕭寶義，齊明帝蕭鸞之子。原封為晉安王，蕭衍篡齊後，降之為謝沭縣公。傳見《南齊書》卷五十。謝沭是縣名，上屬於臨賀郡。(187)奉齊祀　繼續維持對南齊列祖列宗的祭祀。(188)南康侯子恪　蕭子恪，齊武弟蕭賾之姪，齊豫章王蕭嶷的第二子。曾被王敬則推奉為帝以反蕭鸞，蕭子恪堅決不從，而逃歸蕭鸞請罪。傳見《南齊書》卷二十、《梁書》卷三十五。(189)天下公器　天下是屬於天下人的。公器，人所共有的器物。(190)苟無期運　如果沒有天命。期運，氣數；上天所預定的結局。(191)項籍　即項羽，名籍，字羽，秦末起義軍的領袖，以善戰聞名，劉邦曾被項羽打敗過很多次，最後終被劉邦消滅。事見《史記・項羽本紀》。(192)宋孝武　宋孝武帝劉駿，文帝劉義隆之子，西元四五四—四六四年在位。傳見《宋書》卷六。(193)粗有令名　稍微在臣民當中威望稍高的。粗，略；稍稍。令名，美譽。令，美；善。如南平王劉鑠等是也。(194)疑似　似是而實非。(195)枉死者相繼　如顏竣、王僧達、周朗、沈懷文等是也。(196)卿祖　你的祖父蕭道成。他就是那種被劉駿「疑而不能去」者。(197)無如之何　對之無可奈何。沒法對付他，想殺而殺不成。(198)湘東　指宋明帝劉彧，劉義隆之子，原被封為湘東王，後被叛亂分子擁立為皇帝，西元四六五—四七二年在位。繼位後殺光了其兄孝武帝劉駿的子孫。傳見《宋書》卷八。劉彧就是當初最不被孝武帝劉駿所懷疑，而最後取得了政權，殺光了劉駿子孫的人。(199)非人所害　不是誰想害就害得了的。(200)除去卿輩　殺掉你們這些蕭道成的子孫。(201)以壹物心　以統一、穩定全國的人心。(202)江左以來　晉室渡江以來。東晉以來，歷代在建康建都，建康在長江下游的東岸，習慣上稱為「江東」，也稱「江左」。(203)代謝之際　新王朝篡奪舊王朝的政權時，如宋篡晉、齊篡宋等等。[204]必相屠滅　新篡位者必然要殺光上一個王朝皇室的子孫，如劉裕殺司馬德宗、司馬德文；蕭道成殺劉昱、劉準等。[205]感傷和氣　損傷太和之氣。和氣，陰陽調和的美好之氣。[206]國祚　國運；政權維持的年代長短。[207]雖云革命　雖然說是改朝換代，老天爺已經有了新的任命。[208]絕服　出了五服，不再有為之服喪的關係。[209]宗屬未遠　但同在一個蕭氏的家族裡血緣還是比較近的。按，蕭衍之父蕭順之是齊高帝蕭道成的同族兄弟。[210]亦共甘苦　指在蕭道成篡取劉宋江山的過程中，蕭順之也跟著效了犬馬之勞。[211]遽如行路之人　一下子就變成了漠不相關的路人。[212]非我所殺　不是我所殺得了的。[213]何忽行此　何必忙著幹這種慘無人道的事呢。忽，急；忙著。[214]適足示無度量　只能是充分地表現了心胸的狹窄。[215]建武塗炭卿門　蕭鸞殘酷殺戮你們家族。建武，蕭鸞篡位後使用的年號（西元四九四－四九八年）。[216]自雪門恥　雪其兄蕭懿、其弟蕭暢被東昏侯蕭寶卷所殺的恥辱與仇恨。[217]建武永元之世　蕭鸞父子在位的時間。永元，東昏侯蕭寶卷的年號（西元四九九－五〇〇年）。[218]撥亂反正　指起兵討伐蕭鸞的篡位與蕭寶卷的殘暴。胡三省曰：「謂齊明帝父子為亂，高、武子孫為正。」[219]釋戈推奉　放下自己的武器，以擁戴蕭子恪兄弟。[220]劉子輿　王莽時，長安中有名劉子輿者，自稱成帝子，號召反王莽，被王莽所殺。又有邯鄲卜者王郎（又名王昌）亦詐稱自己是真成帝子劉子輿。人們受其迷惑，曾擁立他為天子，佔據燕趙之地，後被劉秀（光武帝）斬於邯鄲。事見本書卷三十九。[221]光武言四句　原文見《後漢書・光武紀》。意思是，別說有人自稱是漢成帝的兒子，即便是漢成帝本人出來爭天下，那也不可能，更別說漢成帝的兒子了。漢成帝劉驁是漢元帝的兒子，西元前三三－前七年在位。傳見《漢書》卷十。蕭衍說此話的意思是警告蕭子恪，我的政權不是從你們的家中奪來，你們的江山社稷早已經讓蕭鸞滅掉了，我是從蕭鸞的兒子手中奪來的。別說你們兄弟是武帝蕭賾的孫子，即使你們的爺爺蕭賾出來爭天下，那也沒門兒！所以你們應該識相。[222]曹志　曹植的兒子，入晉官至散騎常侍。傳見《晉書》卷五十。[223]坦然相期　胸襟坦蕩地期望你們消除隔閡。[224]懷自外之意　總想自己是個外人。[225]小待　稍等一段時間。[226]知我寸心　明白我的真心。心位於腹中的方寸之地，故稱「寸心」，通常是謙指自己的心思。[227]清顯　顯貴而無實際權力。[228]左光祿大夫　原為皇帝的侍從官員，晉以下多用為加官名，地位頗高。[229]癸酉　四月十五。[230]公車府　官署名，其地有公車司馬門，設在皇宮正門的前面，乘車的官員至此下車步行。[231]謗木肺石　都是讓臣民直言國家大事的重要標誌。謗木，即誹謗之木，後來演化成明清宮門外面的華表。設立在宮門外，朝政有過失，百姓可以站在木下發表意見。謗，古代是中性詞，提出不同意見。肺石，紅色的石頭，形如肺，故名「肺石」。古代立在宮門外，百姓有不平事可擊石鳴冤。《周禮・大司寇》有所謂「以肺石達窮民」。[232]函　石製或木製的意見箱，以徵集意見或建議書。[233]肉食　指吃肉的高級官員。《左傳》有所謂「肉食者鄙，未能遠謀」之語。[234]橫議指下層臣民挺身而出所發表的議論。胡三省曰：「布衣處士而議朝政，謂之橫議。」235寃沈莫達者　有寃屈不能上達朝廷的人。236簡長吏　選拔較高的官吏。《漢書·景帝紀》中元六年詔有所謂「吏六百石以上，皆長吏也。」泛指較高級的官長。237勗以政道　勉勵他們克盡職守。238尚書殿中郎　尚書省的官員，級別在各部尚書之下。239到溉　劉宋名將到彥之的曾孫。傳見《梁書》卷四十。240建安內史　相當於建安郡的太守，因建安郡是南齊郡王的封國，故其行政長官稱內史。建安郡的郡治即今福建建甌。241左戶侍郎　度支尚書的屬官，掌百姓戶籍。242晉安　郡名，郡治即今福州。243二千石　郡太守與諸侯國相皆為二千石。244丘仲孚　此時為山陰縣令。傳見《梁書》卷五十三。山陰縣即今浙江紹興。245何遠　此時為武康縣令。傳見《梁書》卷五十三。246宣城　郡名，郡治即今安徽宣州。《梁書·何遠傳》：「自縣為近畿大郡，近代未之有也。」247莫不知勸　沒有一個人不知道勉勵自己，希求上進。勸，自勉。248湖陽　軍事據點名，在今河南新野東。249李崇　孝文帝、宣武帝時代的著名將領與地方官。傳見《魏書》卷六十六。250幽并　二州名，幽州的州治即今北京市，并州的州治在今太原南側。251六鎮　魏國北部沿邊的六大軍事重鎮，即沃野鎮、懷朔鎮、武川鎮、撫冥鎮、柔玄鎮、懷荒鎮。252所在　指反叛的蠻人所在的州鎮與其所到之處。253比及河　等他們南逃到黃河邊。此黃河指今內蒙古境內由西向東的那段黃河。254閏月丁巳　閏四月三十。255頓丘匡公穆亮　穆亮是魏國元勳老臣穆崇之後，穆羆之弟，被封為頓丘公，匡字是謚。傳見《魏書》卷二十七。頓丘是魏郡名，郡治在今河南濮陽北。256嬖臣　受寵之臣，嬖是寵愛的貶義詞。257五月乙亥　五月十八。258荻炬　荻草捆成的火把。259束仗　把武器裹藏在荻草捆成的火把中。260南北掖門　南北正門的旁側小門。261神虎門　皇城的正北門，唐人避諱改稱曰「神武門」。262總章觀　皇宮中的宮殿名，乃仿效洛陽宮裡的總章觀而修建，窮極奢侈。263衛尉府　衛尉的辦公機關。衛尉是防衛宮廷的官員，屬九卿一級。264洮陽愍侯張弘策　蕭衍的開國元勳，此時任衛尉之職。被封為洮陽侯，愍字是謚。傳見《梁書》卷十一。265呂僧珍　蕭衍的嫡系親信與開國元勳，終生任蕭衍的侍中、侍衛之職。傳見《梁書》卷十一。此時任前軍將軍的司馬官。266張惠紹　蕭衍的親信將領。傳見《梁書》卷十八。267文牒辭訟　公文案卷。辭訟，申訴寃屈與分辨是非曲直的文書。268作大諾　在文書上簽字，表示同意。諾，答應；同意。269典籤　州刺史的僚屬，主管文簿機要。270傳口語　傳出陳伯之所說的話。271與奪決於主者　究竟怎麼辦，則全由當事人做主。予奪，辦還是不辦，肯定還是否定。272豫章　郡名，郡治即今南昌。273永興　郡名，郡治即今浙江蕭山縣。274別駕　州刺史的高級僚屬，以其隨刺史出行可以單獨乘坐一輛車而得名。275記室參軍　為州刺史或將軍主管文書案卷的官員。276河南褚緭　河南郡人姓褚名緭。河南郡的郡治即今洛陽，此時屬於魏國。277仕宦　官場生涯。278頻造　頻繁地前往求見。造，到；上門。279草澤下族　泛指門第出身不高的人。草澤，荒野，指下層人。(280)喪亂未可知　說不定哪一天還要發生動亂。(281)熒惑守南斗　火星運行到了南斗星的位置。熒惑，古人用以稱火星。南斗，星名，在北斗星南。《晉書．天文志》有所謂：「將有天子之事，占於南斗。南斗六星，天廟也。主兵。」(282)詎非為我出　誰能斷定這不是為我而出現的天文現象呢。詎，誰；誰能說不是。(283)一行事若無成　舉兵反對朝廷如果不成功。(284)不失　不會小於。(285)作河南郡守　在黃河以南地區做個太守官。(286)親狎　親近。狎，親近的貶義詞。(287)長流參軍　將軍的僚屬，主管緝捕盜賊。胡三省引《顏氏家訓》曰：「或問：何故名治獄參軍為長流？答曰：《帝王世紀》云：帝少昊崩，其神降於長流之山。其事本出《山海經》，於祀主秋。按《周禮》秋官司寇主刑罰。長流之職，漢、魏捕賊掾耳，晉、宋以降始為參軍，上屬司寇，故取秋帝所居為嘉名焉。」(288)陳虎牙　陳伯之之子，此時在蕭衍身邊任直閤將軍。傳見《梁書》卷二十。(289)臺　這裡指朝廷。(290)治中　也稱治中從事史，官名，州刺史的僚屬，主管本州的錢糧等事。(291)臺家　這裡以稱朝廷。(292)三倉　國家的三個大糧倉。胡三省曰：「三倉，太倉、石頭倉及常平倉。」(293)東境　指吳郡、吳興、會稽等一帶地區，當時南朝的最富饒之區。(294)飢流　因饑荒而逃亡。(295)今啓卿　我現在再為你的事上書朝廷，即請求不要變換你的職務。(296)部內一郡　江州刺史所統轄地區內的一個郡。(297)奉齊建安王教　接到齊建安王蕭寶寅的命令。蕭寶寅是齊明帝蕭鸞之子，蕭衍篡位時已逃往北魏，很受魏人重視。教，文體名，諸侯王公所下達的命令、文告。(298)已次六合　已經進駐到六合縣。六合縣即今南京六合區，在當時長江的北岸。(299)見使　他命令我。(300)以江州見力　用江州現有的兵力。(301)纂嚴　實行緊急動員，進入戰爭狀態。(302)聽事　議事廳。(303)歃血　殺雞狗馬之血抹在嘴上，這是古人結盟宣誓時所做的一種姿態。歃，飲；喝。(304)眾望　眾人所觀瞻，眾望所歸的人。(305)臨川內史　臨川郡的行政長官。臨川郡的郡治在今江西南城東南。(306)僧虔　王僧虔，劉宋的名臣王曇首之子，在宋曾任中書令、尚書令；入齊後為侍中、光祿大夫。傳見《南齊書》卷三十三。(307)人身不惡　猶言「這個人不壞」。其實主要是指出身門第而言。(308)合帥　集合、率領。(309)廬山　我國的旅遊勝地之一，在當時的江州，今江西九江市南。(310)遣信　派遣使者。信，使者。(311)盱眙　郡名，郡治在今江蘇盱眙城的東北側。(312)戊子　六月初二。(313)小峴戍主　小峴山軍事據點的駐軍頭領。小峴山在今安徽含山縣西北，當時屬魏。(314)大峴戍　大峴山軍事據點。在當時的和州，今安徽和縣西北，當時屬梁。(315)便應　便會形成。(316)丁力　壯丁、役夫。(317)席卷北向　大規模地北攻建康。當時陳伯之在江州，建康城在其東北方，故稱「北向」。(318)唐蓋人　姓唐，名蓋人。(319)守城　守衛尋陽城。(320)趣　同「趨」。向。(321)間道渡江　偷偷地由小道渡過長江。(322)劉季連子弟　劉季連的兒子與劉季連的弟弟劉子淵。劉季連是劉宋皇帝的族人，入齊後因討好蕭鸞，頗得蕭鸞信任，東昏侯時代以來為益州刺史。傳見《梁書》卷二十。(323)飭還裝　整理返回建康的行裝。(324)鄧元起　原為蕭穎胄的部下，蕭寶融被擁立為帝後，鄧元起率軍東下，對蕭衍篡齊頗有功績。此時被任為益州刺史，而未能赴任。傳見《梁書》卷十。(325)始得之官　這才能到益州任職。(326)不禮於元起　對鄧元起不禮貌。鄧元起是南郡人，《梁書．劉季連傳》說劉季連為南郡太守時「素薄元起」，無具體細節。(327)都錄　總領班。胡三省曰：「都錄，蓋郡之首吏，總錄諸吏者也。」(328)公私虛耗　官府與百姓全都很窮。虛耗，府庫空虛。(329)臨歸　馬上就要離益州返回朝廷。(330)豈辦遠遣迎候　他哪裡顧得上派遣官吏沿途做迎接您的準備呢。豈辦，哪裡顧得；哪裡能做好。(331)先使檢校　先派人去檢查一下。(332)緣路奉迎　讓他們做好沿途接待您的準備。(333)萬里資糧　漫漫長路上的各種花銷。(334)言語不恭　對劉季連出語不恭。(335)歷造　遍訪，一一地到各個頭面人物的家門。(336)不獲　得不到手；人家不給他。(337)會當屬人　反正是終歸要屬於別人。會當，必將。(338)苦惜　苦苦地吝嗇不放。(339)軍府　督軍府與刺史府。(340)退不失作劉備　頂不濟還能像劉備那樣來個三分天下，割據益州以稱王。(341)捨此安之　丟掉這麼好的地盤還能到哪裡去找。(342)巴西　郡名，郡治即今四川綿陽。(343)涪令　涪縣的縣令。(344)新故三萬餘人　指新歸附的蜀地人與原跟隨鄧元起入蜀的士兵共三萬餘人。(345)政慢　政治渙散、懈怠。(346)詐疾　假稱有病，以逃避兵役、勞役。(347)籍注　戶口冊上的記錄。胡三省曰：「民多詐疾，注之於籍，以避征役。」(348)所獲必厚　必然能收取很多弄虛作假者的罰款。(349)嚴敵　兇惡的敵人。(350)山民　在山中居住的百姓，平時受壓迫最重。(351)於我觀德　來觀察我們軍隊的德行如何。胡三省曰：「言山民觀望，我德則附，否則攜貳。」(352)糾以刻薄　以殘暴的法令懲辦之。糾，督察；懲辦。(353)起疾　向那些假稱有病的人勒索軍需。(354)濟師　供應軍隊需要。濟，滿足。(355)請出圖之　請讓我來給您辦理這件事。(356)一以委卿　那就全部委託你來辦了。一，一切；一概。(357)上軍資米　捐獻軍糧。軍資米，軍用的糧食。(358)三萬斛　即三萬石。一斛相當一石，一石為十斗。(359)八月丁未　八月二十二。(360)濟陽蔡法度　濟陽縣人姓蔡名法度。濟陽縣的縣治在今河南蘭考東北，當時屬魏。(361)損益　修改補充。(362)王植之集註舊律　王植之是南齊的律法學家，撰有《梁律》。王植之集定張、杜律見本書前文卷一百三十七永明元年。(363)仍同「乃」。與現今的「仍」字用法不同。(364)善鍾律　擅長於鐘磬的樂律。(365)釐正雅樂　改正古雅樂中音律與節奏中的失調之處。雅樂，指用於宗廟與朝堂的莊重之樂，與應用於日常生活的俗樂相對而言。(366)黃鍾　古樂十二律之一，聲音最洪亮。(367)應鍾　十二律的第十二律。(368)差彊　略長一點。(369)以是為差　將這中間的差距分成十份。古人推算十二律的方法，上下相生，三分益一或三分去一。又叫「三分損益法」。(370)月氣　節氣。按，用「通」的絃聲轉推節氣，是我國古代「作樂器，隨月律」，用樂律與時令相結合的傳統做法。「通」有四器，每通三絃，依次可表示冬、春、夏、秋四時和每個月的節氣。(371)悉無差違　全部沒有差錯後。差違，差錯。(372)十二笛　十二個定音管。(373)以寫通聲　把十二笛的音高移置到通絃上。按，十二笛開孔以絃音為根據，所以十二笛的音高與通的十二絃相同。(374)飲　飲聲，隨聲而斟酌清濁高下。(375)玉律　玉製的律管。按，古鐘玉律可能都是漢代的樂器。(376)被以八音　應用到各種物質製成的樂器上。古代的八種樂器指鐘（金）、磬（石）、琴瑟（絲）、簫管（竹）、笙竽（匏）、塤（土）、鼓（革）、柷敔（木，打擊樂器）。(377)施以七聲　確定七種音調的音高，即宮、商、角、徵、羽、變宮、變徵。(378)宮懸　指宮廷雅樂的鐘磬懸掛。帝王懸掛四面，象徵宮室四面牆壁，故稱「宮懸」。(379)鎛鍾　單獨懸掛的大鐘。(380)編鍾　鐘十六枚按其音調高低懸掛在一個架子上，稱為編鍾。(381)編磬　磬十六枚按其音調高低懸掛在一個架子上，稱為編磬。(382)衡鍾　古代金屬樂器的一種，與古文鐘、千石鐘、九乳鐘等等，都屬於俗樂部的金屬樂器之一。見《文獻通考》。(383)凡十六虡　一共有十六個懸掛編鐘編磬的木架子。虡，懸掛鐘磬的架子。(384)四隅　宮懸的四個角落。(385)植建鼓　架有大鼓。植，豎立；架設。建鼓，大鼓。(386)魏高祖　即孝文帝元宏，西元四七一—四九九年在位，死於西元四九九年的四月。傳見《魏書》卷一百四十二。(387)平陽公丕　元丕，烈帝拓跋翳槐的後代。傳見《魏書》卷十四。(388)來赴　前來奔喪。(389)歷事六世　在魏國的六代皇帝駕下稱臣。六世指太武帝、景穆帝、文成帝、獻文帝、孝文帝、今主宣武帝。(390)公輔　指三公，朝廷的最高長官。(391)還為庶人　因牽連穆泰搞分裂被免為庶人。(392)宗室耆舊　本家族的老人。(393)矜　同情；可憐。(394)乙卯　八月三十。(395)三老　榮譽官號，朝廷授與年高有德的老人，以表明朝廷的尊老敬賢之意。(396)任城王澄　元澄，拓跋晃之孫，拓跋雲之子，此時任楊州刺史，駐兵壽陽。傳見《魏書》卷十九中。(397)鍾離　梁國北部邊界的軍事要地名，在今安徽蚌埠東南。(398)羽林監　皇帝警衛部隊的監軍。(399)范紹　敦煌郡人，官至太常卿。傳見《魏書》卷七十九。(400)共量進止　共同商議進攻還是停止。(401)秋已向末　秋季已經快要過去了。(402)方欲調發　才提出來調集糧食武器。(403)九月丁巳　九月初二。(404)十月庚子　十月十六。(405)懷　魏縣名，縣治在今河南武陟西南，當時屬於河內郡。(406)步　古時的一步相當於五尺。(407)甲辰　十月二十。(408)十一月己未　十一月初五。(409)小廟　與「太廟」相對而言。太廟是整個皇室的祖廟，祭祀太廟歷來有嚴格的規定。(410)太祖之母　蕭順之之母，蕭衍的祖母。太祖是蕭衍追贈其父蕭順之的廟號。(411)一太牢　指一牛、一羊、一豬的祭品。如果只有一羊、一豬，稱一少牢。(412)甲子　十一月初十。(413)皇子統　蕭統，未即位而死，諡曰昭明，編有《文選》，是我國現存最早的古代詩文集。通稱《昭明文選》。傳見《梁書》卷八。(414)洛陽宮室始成　齊武帝永明十一年魏始營洛陽，至是宮室乃成。(415)木陵戍　魏國的軍事據點名，在今河南光山縣南。(416)甲辰　十二月二十。(417)西平　縣名，縣治在今成都內。(418)驅略　驅趕、脅迫。(419)去成都　距離成都。去，距離。(420)郫　縣名，縣治在今成都西北。(421)州城　益州的州治所在地，即今成都。(422)城局參軍　州刺史的僚屬，主管修城與守城事宜。(423)尚　上配，娶公主為妻的敬稱。(424)彝坐沈廢累年　沈廢，被壓抑；被免官。沈，同「沉」。累年，長達數年。

【校記】①兼 原無此字。據章鈺校，十二行本、乙十一行本、孔天胤本皆有此字，張敦仁《通鑑刊本識誤》同，今據補。②鳳 據章鈺校，十二行本、乙十一行本、孔天胤本此下皆有「者」字。③石 據章鈺校，十二行本、乙十一行本皆作「玉」。④至 張敦仁《通鑑刊本識誤》云：「『至』下脫『望』字」。⑤三 據章鈺校，乙十一行本作「二」。⑥昭 據章鈺校，十二行本、乙十一行本、孔天胤本皆無此字。⑦所統 此二字原無。據章鈺校，十二行本、乙十一行本、孔天胤本皆有此二字，張敦仁《通鑑刊本識誤》同，今據補。⑧餘 據章鈺校，十二行本、乙十一行本皆作「許」。⑨宵 原作「夜」。據章鈺校，十二行本、乙十一行本、孔天胤本皆作「宵」，張敦仁《通鑑刊本識誤》同，今據改。⑩義故 據章鈺校，十二行本、乙十一行本二字皆互乙。⑪紱 據章鈺校，十二行本、乙十一行本皆作「綬」。⑫帝 原無此字。據章鈺校，十二行本、乙十一行本、孔天胤本皆有此字，張敦仁《通鑑刊本識誤》、張瑛《通鑑校勘記》同，今據補。⑬可復 據章鈺校，十二行本、乙十一行本二字皆互乙。⑭當自 據章鈺校，十二行本、乙十一行本二字皆互乙。⑮者 原無此字。據章鈺校，十二行本、乙十一行本、孔天胤本皆有此字，張敦仁《通鑑刊本識誤》同，今據補。⑯門 據章鈺校，十二行本、乙十一行本皆無此字。⑰忠 據章鈺校，十二行本、乙十一行本「忠」下皆有「等」字。⑱至 原無此字。據章鈺校，十二行本、乙十一行本皆有此字，張敦仁《通鑑刊本識誤》同，今據補。⑲甲辰 原無此二字。據章鈺校，十二行本、乙十一行本、孔天胤本皆有此二字，張敦仁《通鑑刊本識誤》同，今據補。⑳彝 原無此字。據章鈺校，十二行本、乙十一行本皆有此字，孔天胤本作「尋」，張敦仁《通鑑刊本識誤》亦作「尋」。作「彝」義長，今據改。

【語譯】高祖武皇帝

天監元年（壬午 西元五〇二年）

春季，正月，齊和帝蕭寶融派遣兼任侍中之職的席闡文等人前往建康慰勞蕭衍的軍隊。〇齊國擔任大司馬的蕭衍下令說：「凡是東昏侯蕭寶卷執政時候超出規定的開支，如果不是用來練習禮樂，或是用來修繕武器的費用，其餘的一律取消。」〇初九日戊戌，大司馬蕭衍迎請宣德太后王氏回到皇宮，行使皇帝職權，當朝處理朝政，蕭衍主動解除了自己代表皇帝行使職權的身分。初十日己亥，齊國朝廷任命擔任寧朔將軍的蕭昺監南兗州諸軍事。蕭昺，是蕭衍的堂弟。十三日壬寅，宣德太后提升大司馬蕭衍為都督中外諸軍事，給與蕭衍可以身帶佩劍、穿著鞋子上殿，在朝見皇帝的時候，贊禮官不直接稱呼蕭衍的名字，只稱呼蕭衍官爵的特殊待遇。二十日己酉，齊國朝廷任命在大司馬蕭衍手下擔任長史的王亮為中書監、兼尚書令。

當初，大司馬蕭衍與擔任黃門侍郎的范雲、擔任南清河太守的沈約、擔任司徒右長史的任昉一同在西州城竟陵王蕭子良的門下為幕僚，他們之間的感情親密敦厚，現在，蕭衍便提拔范雲擔任了大司馬諮議參軍、代理錄尚書事的職務，提拔沈約為驃騎司馬，任昉為記室參軍，一同參與謀劃商議國家大事。前任吳興太守謝朏、國子祭酒何胤此前全都棄官在家閒居，蕭衍奏請宣德太后徵調他們擔任軍諮祭酒，謝朏、何胤都沒有應詔到京赴任。

大司馬蕭衍心裡很想讓和帝蕭寶融把皇位禪讓給自己，沈約含蓄地試探蕭衍的口風，蕭衍沒有回答。過了幾天，沈約又向蕭衍建議說：「現在和古代不一樣，不能像古代的舜、大禹那樣期望著堯、舜會主動地把君主之位讓給自己。士大夫們攀龍附鳳，全都希望能夠建立大大小小的功勞。如今就連那些小孩子、放牧的人都知道齊國的國運已經到頭了，應該由您繼承齊國的國運，天文星象所預示的種種徵兆與社會民間所出現的種種讖語又是這樣的清楚明白。天意是不可以違背的，民心是不能失去的。如果命中註定您該做皇帝，即使您光明正大地謙退禮讓，也是不可能的。」蕭衍說：「我正在考慮這件事情。」沈約說：「您當初在樊城、漢水旁的襄陽發動起義的時候，您就應該想到必然會有這麼一天；如今帝王的基業已經建立，您還有什麼可猶豫的？如果您不早日登基稱帝，說不定哪一天突然有人提出不同意見，指立其他某個人為皇帝，那時您再處置他，就會有損於您的威望。況且人的壽命並不能像金石那樣長久，日後會有什麼變化也很難預料，您難道甘心只把建安郡公的封爵傳給自己的子孫嗎？如果一旦身在江陵的和帝回到都城建康，三公九卿滿朝的文武大臣全都各就各位，君臣的名分就已經確定，臣下就不會再有其他的非分之想，在上有英明的皇帝，在下有忠誠的臣子，到那時還會有誰願意與您一道去做那種弒君篡位的事情？」大司馬蕭衍認為沈約的意見很有道理。沈約出去之後，蕭衍立即召見范雲，把沈約所說的一番話告訴了范雲，范雲的回答與沈約的說法差不多。蕭衍感慨地說：「有智者的看法竟然如此地不約而同。你明天早晨再帶著沈約一同到我這裡來商議此事！」范雲出去以後，便把明天一同去見蕭衍的話通知了沈約，沈約說：「明天你一定要等著我！」范雲答應了沈約，而沈約卻在約好的時間之前來到了蕭衍那裡。蕭衍令沈約草擬一個讓和帝禪位的詳細過程和具體做法，沈約立即從懷中掏出早已準備好的皇帝詔書以及朝廷各官員的安排任命，蕭衍對沈約草擬的文件一點也沒有變更。不一會兒范雲從外邊進來，走到宮殿門口的時候，警衛人員卻不放范雲進去，范雲只好在壽光閣外往來徘徊，嘴裡自言自語地說「真是怪事，真是怪事！」沈約出來以後，范雲向沈約詢問說：「安排我做什麼？」沈約舉起手來向左指了指，意思是說讓你做個尚書左僕射，范雲笑著說：「和我的期望正好相同。」過了一會兒，蕭衍招呼范雲進宮，蕭衍在范雲面前不停地稱讚沈約的多才多智，並且說：「我起兵到今天已經三年了，手下的功臣和諸將確實建立了功勞，然而幫助我最終成就帝王之業的，只有你們兩個人。」

正月二十五日甲寅，宣德太后下詔，進封大司馬蕭衍為相國，總百揆，揚州牧，同時把豫州之梁郡、歷陽，南徐州之義興，揚州之淮南、宣城、吳興、會稽、新安、東陽、吳郡這十個郡作為梁國分封給蕭衍，並給予梁公蕭衍九種特殊的待遇，在梁國內建立起一套分職設官與當時的建康朝廷完全相同的朝廷班子，撤銷蕭衍所擔任的錄尚書事的職務，驃騎大將軍的職務依然保留。二月初二日辛酉，梁公蕭衍開始正式接受這一詔命。

齊國的湘東王蕭寶晊，是安陸昭王蕭緬的兒子，他很喜好文學。東昏侯蕭寶卷被殺死之後，蕭寶晊便盼望著人心歸向自己，立自己為皇帝，於是便坐在家裡專等公卿大臣用皇帝的車駕來迎接自己入宮繼承皇位。後來王珍國等人把東昏侯的人頭送給了梁公蕭衍，蕭衍任命湘東王蕭寶晊為太常，蕭寶晊心裡感到很不安。二月初三日壬戌，蕭衍宣稱蕭寶晊謀反，於是便將蕭寶晊連同他的兩個弟弟江陵公蕭寶覽、汝南公蕭寶宏一同誅殺了。

二月初七日丙寅，齊國的宣德太后下詔令梁國在選拔任用各種重要官職的時候，要全部依照天子之朝的制度。於是梁公蕭衍任命沈約為吏部尚書、兼任尚書右僕射，任命范雲為侍中。

梁公蕭衍把東昏侯的余姓妃子留在了自己的身邊，由於蕭衍整天與余妃嬉戲取樂，非常耽誤政務，擔任侍中的范雲對此提出了勸告，蕭衍沒有聽從范雲的勸告。范雲與擔任侍中、領軍將軍的王茂一同進見，范雲說：「過去漢高祖劉邦佔據關中的時候，對秦朝皇宮中的那些美女一個也不寵幸，霸王項羽的謀臣范增以此知道劉邦志向遠大，因而對劉邦深感憂懼。如今您剛剛平定了建康，全國之人都在盼望能看到您的美好風度和聲望，您為什麼非要步昏亂亡國之君的後塵，以喜好女色而成就自己的缺點呢？」王茂起身叩拜說：「范雲說的話是對的，您一定要以天下蒼生為念，不應該把余姓女子留在自己身邊。」蕭衍默不作聲。范雲立即請求蕭衍把余氏賞賜給王茂，蕭衍很欣賞范雲的好主意，就答應了范雲的請求。第二天，蕭衍分別賞賜給范雲、王茂每人一百萬銅錢。

二月二十七日丙戌，齊國的宣德太后下詔將豫州之南譙、廬江，江州之尋陽，郢州之武昌、西陽，南徐州之南琅邪、南東海、晉陵，揚州之臨海、永嘉這十個郡加封給梁公蕭衍，晉封蕭衍為梁王。三月初五日癸巳，蕭衍接受封爵為梁王，並下令赦免梁國境內以及揚州牧、驃騎大將軍府所管轄之下的死刑犯以下的所有罪犯。〇十三日辛丑，梁王蕭衍誅殺了齊國的邵陵王蕭寶攸、晉熙王蕭寶嵩，桂陽王蕭寶貞。

梁王蕭衍準備把齊國的那些蕭姓諸侯王全部殺死，但對他們的防守還不十分緊急嚴密。鄱陽王蕭寶寅家的太監顏文智，與蕭寶寅身邊的侍從麻拱等祕密地把王府的圍牆打了一個洞，在夜間將蕭寶寅救出，並預先在江岸準備了一艘小船，蕭寶寅身穿黑布短襖，腰裡攜帶著一千多枚銅錢，偷偷地奔赴到江邊，由於腳上穿的是草鞋，徒步行走，所以腳上被磨得已經沒有一塊好皮膚。負責防守蕭寶寅的那些人到天亮時發現蕭寶寅已經逃走，便四處追趕，蕭寶寅假裝成一個釣魚的，為了逃避追兵，便有時沿江上行，有時沿江下行，漂流了十多里，追趕他的人對假扮成漁翁的蕭寶寅始終沒有產生懷疑。等到追捕的人全部散去之後，蕭寶寅才向西渡過長江來到西岸，投奔到百姓華文榮的家裡，華文榮和自己的族人華天龍、華惠連拋棄了自己的家業帶著蕭寶寅在山澗之中躲藏，他們向村民雇了一頭驢給蕭寶寅乘坐，白天就躲藏起來，夜間再繼續前行，終於抵達了壽陽的東城。魏國一個軍事據點的頭目杜元倫飛馬報告了擔任揚州刺史的任城王元澄，元澄派車馬侍衛前往迎接鄱陽王蕭寶寅。蕭寶寅當時只有十六歲，由於徒步奔走，面容憔悴，看見蕭寶寅的人都以為他是被劫持販賣的奴隸。元澄以客人之禮接待了鄱陽王蕭寶寅，蕭寶寅請求元澄允許自己為被殺死的齊國皇帝蕭寶卷服最重的喪服，元澄派人向蕭寶寅說明情禮，然後把弟弟應該為兄長所服的喪服給了蕭寶寅。元澄率領手下的官員僚屬前往蕭寶寅的住所進行弔唁，蕭寶寅在自己的住所按照禮節為自己的哥哥蕭寶卷服喪，但在心理感情上仍然是按照喪君、喪父的禮節進行，內心極度的哀痛。壽陽城內有許多人都是蕭寶寅的老相識，所以全都到蕭寶寅的住處來安慰他，唯獨不見夏侯氏一族的人前來慰問，因為夏侯詳跟隨了梁王蕭衍的緣故。元澄對蕭寶寅十分器重。

齊和帝蕭寶融由荊州東歸建康，他任命蕭衍的弟弟蕭憺為都督荊、湘等六州諸軍事、荊州刺史。荊州經過戰亂之後，無論是官府還是私人，物資都已極度匱乏，蕭憺竭盡一切精力搞好各項工作，組織軍隊和動員百姓大量開荒種地，開展農業生產，擴大糧食與各種物資的收入，減少百姓的傜役，撫恤、慰問那些跟隨蕭衍東征而戰死的士兵家屬，在他們經濟困難的時候，為他們提供救濟。蕭憺認為自己還很年輕就擔任了重要職務，於是就對自己的僚佐們說：「我們荊州刺史府的工作如果搞不好，你們大家也應該感到惋惜。我現在對你們開誠布公，你們也不要有話不說！」於是人人都能夠充分發表意見，暢所欲言。民間發生了訴訟的百姓，都站在蕭憺面前，等待蕭憺做出決斷，蕭憺頃刻之間就能拿出處理意見，荊州各部門都沒有拖拉不辦的事情，荊州的百姓非常高興。

齊和帝蕭寶融到達姑孰，三月二十八日丙辰，蕭寶融下詔把皇位禪讓給梁王蕭衍。○二十九日丁巳，擔任會稽太守的廬陵王蕭寶源去世。○魏國境內魯陽郡的少數民族頭領魯北鷰等聚眾起兵進攻魏國的潁州。

夏季，四月初三日辛酉，齊國宣德太后下令說：「和帝已經從西面的姑孰發來了詔書，他效法前代，真心誠意地把皇帝位禪讓給梁王蕭衍，明天梁王就可以臨朝即皇帝位，我將派遣使者恭敬地把皇帝的印信交給梁王，我也將搬回到原來的宮室居住。」初四日壬戌，宣德太后發布了和帝退位的冊書，派遣兼任太保、尚書令的王亮等人捧著皇帝的璽印前往梁王蕭衍的王宮。初八日丙寅，梁王在建康南郊即皇帝位，大赦天下，改年號為天監元年。當天，梁武帝蕭衍追贈自己的哥哥蕭懿為丞相，追封蕭懿為長沙王，謚號宣武，並按照晉朝司馬炎安葬安平獻王司馬孚的禮節安葬了長沙宣武王蕭懿。初九日丁卯，梁武帝蕭衍尊奉和帝蕭寶融為巴陵王，在姑孰為蕭寶寅建造了宮殿，對蕭寶融優待尊崇的禮節，完全仿照齊太祖蕭道成篡位之初對已經退位的宋順帝劉準表示尊崇的那一套做法。尊奉宣德太后為齊文帝妃，尊和帝的皇后王氏為巴陵王妃。齊國時期的那些王爵、侯爵，一律降級或廢除，只有宋汝陰王劉準的封爵不在降低、廢除的範圍。梁武帝追尊自己的父親蕭順之為文皇帝，廟號太祖；追尊自己的母親為獻皇后。追封自己已死的妃子郗氏為德皇后。封自己手下以車騎將軍夏侯詳等為首的文武功臣十五個人為公爵、侯爵。封自己的弟弟擔任中護軍的蕭宏為臨川王，擔任南徐州刺史的蕭秀為安成王，擔任雍州刺史的蕭偉為建安王，擔任左衛將軍的蕭恢為鄱陽王，擔任荊州刺史的蕭憺為始興王；任命臨川王蕭宏為楊州刺史。

四月初九日丁卯，梁武帝任命擔任中書監的王亮為尚書令，任命擔任相國左長史的王瑩為中書監，任命擔任吏部尚書的沈約為尚書僕射，長期兼任侍中的范雲為散騎常侍、吏部尚書。○梁武帝下詔，凡是齊國後宮中的一切女人、屬於樂府屬下的歌舞女以及西府官舍中、宮廷監獄中的所有婦女全部打發她們回家。

四月初十日戊辰，巴陵王蕭寶融去世。當時梁武帝蕭衍想把南海郡作為巴陵國，讓巴陵王遷到那裡去居住。尚書僕射沈約說：「古今所處的形勢不同，處理問題的方式也應該有所不同，魏武帝曹操曾經說『不能因為仰慕一種虛名而受到實際的災禍。』」梁武帝點頭答應，於是就派自己的親信鄭伯禽前往姑孰，把一些金子進獻給巴陵王，巴陵王說：「我死不需要金子，只要有美酒就足夠了。」於是巴陵王喝得酩酊大醉；鄭伯禽趁巴陵王醉酒，就上前弄死了他。巴陵王蕭寶融在擔任荊州刺史的時候，琅邪郡人顏見遠在他的屬下擔任錄事參軍，等到蕭寶融被推尊為皇帝以後，顏見遠擔任治書侍御史兼任御史中丞，等到蕭寶融把皇帝位禪讓給梁王蕭衍以後，顏見遠就開始絕食，幾天之後死去。梁武帝聽說這件事之後說：「我做皇帝是上應天命下順民心，與天下士大夫有何相干，而顏見遠竟至於如此絕食而死！」

四月十二日庚午，梁武帝下詔說有關部門可以依照周代、漢代的做法，商定出一套用錢財贖罪的條例，凡是在任的官員，自身犯了鞭打杖擊之罪，都可以出錢贖罪而停止受刑罰；其他那些臺省的令史、士卒犯罪之後想拿錢贖罪的一律允許。○梁武帝封謝沭縣公蕭寶義為巴陵王，繼續維持對齊國列祖列宗的祭祀。巴陵王蕭寶義從小就是一個殘廢人，他不能說話，所以只有他保住了性命。

齊國時期的南康侯蕭子恪和他的弟弟祁陽侯蕭子範曾經因為有事而入宮進見梁武帝，梁武帝從容地對他們說：「天下，是人所共有的器物，不是憑藉氣力就可以奪取的，如果沒有天命，即使有楚霸王項羽那樣力拔山兮氣蓋世的力量最終也只能以敗亡而告終。宋孝武帝劉駿生性猜疑妒忌，他的兄弟如果有誰在臣民當中稍微有些聲譽和名望，他都要想方設法把他們弄死，朝臣當中以似是而實非的罪名被冤殺的一個接著一個。然而當時雖然有人受到宋孝武帝的懷疑，而孝武帝卻對他無可奈何；有人並沒有受到宋孝武帝的懷疑，而最終卻成為他的禍患。像你的祖父蕭道成就是因為具有文才武略而受到宋孝武帝懷疑的人，劉駿對他卻無可奈何。湘東王劉彧因為才能平庸愚鈍，沒有引起宋孝武帝的懷疑，而孝武帝的子孫全都死在劉彧的手中。我那時已經出生，劉駿難道知道我應該有今天嗎？所以知道有天命的人不是誰想害就能害得了的。我剛剛率軍佔據建康的時候，人們都勸說我殺掉你們這些蕭道成的子孫以統一全國、穩定人心，我當時如果按照他們的意見將你們這些人殺死，誰能說不可以呢？正是因為自從晉室渡江建都建康以來，每當朝代更替之間，新奪取皇位的人一定要殺光上一個王朝皇室的子孫，而損傷了太和之氣，所以國家政權都維持得不長久。再有，從齊國進入到梁國，雖然說是改朝換代，畢竟和以前的朝代更替不完全一樣，我與你們兄弟雖然按血緣關係已經出了五服，但同屬一個蕭氏家族，關係並不是很遠。當初齊太祖蕭道成從宋順帝劉準的手中奪取江山的時候，我的父親蕭順之也曾經與之同甘共苦，為其效了犬馬之勞，與你們情同一家，豈能一下子就變成毫不相干的陌路之人？如果你們兄弟果然得到上天的保佑，就不是我能夠殺得了的；如果你們兄弟得不到上天的保佑，我何必忙著去幹那種慘無人道的事情呢？如果我真的那樣去做，只能是充分地顯示出我心胸的狹窄！況且建武年間齊明帝蕭鸞殘酷地屠殺了你們全家，我率領義軍討伐暴虐的昏君，不只是為了洗雪我們自家兄弟被東昏侯蕭寶卷所殺的仇恨與恥辱，也是為你們兄弟報了仇。你們如果能在建武、永元年間蕭鸞、蕭寶卷父子在位的時候起兵討伐蕭鸞的篡位和蕭寶卷的殘暴，我怎能不放下自己的武器，衷心地擁戴你們兄弟為帝呢？我是自己從齊明帝蕭鸞家奪取的天下，而不是從你們家奪取的天下。王莽時期，曾經有一個名叫劉子輿的人自稱是漢成帝劉驁的兒子，光武帝劉秀說：『即使是漢成帝劉驁再活過來，他也不可能再爭得天下，何況是他的兒子劉子輿呢？』曹植的兒子曹志，是魏武帝曹操的孫子，卻成為晉朝的忠臣。何況你們現在還是皇族成員，所以我才胸襟坦蕩地期望你們消除隔閡，你們不要再把自己當成外人！稍等一段時間，你們就會知道我對你們是真心實意的。」蕭子恪兄弟一共有十六人，都在梁朝做了官，蕭子恪、蕭子範、蕭子質、蕭子顯、蕭子雲、蕭子暉全都憑藉著自己的才能而聞名當世，所擔任的職務都很清閒、尊貴，全都壽終正寢。

梁武帝下詔徵聘謝朏為左光祿大夫、開府儀同三司，何胤為右光祿大夫，何點為侍中；何胤、何點始終沒有到任就職。○四月十五日癸酉，梁武帝下令「在公車府門前的誹謗木、肺石旁邊分別設置一個意見箱，如果高級官員不願意公開地站出來發表意見，下層的臣民想要挺身而出對朝政發表議論，可以把自己的意見投放到誹謗木旁邊的意見箱裡；如果是因為有功勞、有才能而被埋沒，或有冤屈而不能上達朝廷的人，可以把意見投放在肺石旁邊的意見箱裡。」

梁武帝厲行節儉，經常身穿洗滌過的衣服，平常所吃的飯菜只有蔬菜而沒有肉。朝廷每次選拔長史一級地位較高的官員，都是把為官清廉、處事公平作為必要條件，梁武帝每次都要親自召見那些被選中的人，勉勵他們為官要恪盡職守。梁武帝提拔擔任尚書殿中郎的到溉為建安內史，提拔擔任左戶侍郎的劉鬷為晉安太守，到溉和劉鬷兩人都以為官清正廉潔而著稱於世。到溉，是到彥之的曾孫。梁武帝又明確規定「小縣的縣令如果確實有才能，就升任到大縣去做縣長；大縣的縣長如果有才能，就提升為級別為二千石的郡太守或是諸侯國相。」梁武帝任命擔任山陰縣令的丘仲孚為長沙內史，任命擔任武康縣令的東海郡人何遠為宣城郡太守，從此以後，沒有一個人不知道以廉能來勉勵自己，希求上進。

魏國境內魯陽郡的少數民族頭領魯北鷰等人率領部眾圍困了魏國湖陽的軍事據點，魏國擔任撫軍將軍的李崇率軍把叛亂的魯陽郡少數民族打敗，殺死了他們的首領魯北鷰，把魯陽郡內的一萬多戶少數民族遷徙到幽州、并州諸州以及魏國北部沿邊的沃野鎮、懷朔鎮、武川鎮、撫冥鎮、柔玄鎮、懷荒鎮六大軍事重鎮安置，不久他們又叛變向南逃走，反叛的少數民族所在的州鎮與其所到之處都派兵追討他們，等他們逃到黃河岸邊的時候，官軍已經把這些叛逃的少數民族全部殺光了。

閏四月三十日丁巳，魏國的頓丘匡公穆亮去世。〇齊國東昏侯蕭寶卷的寵臣孫文明等人，雖然已經遇到朝廷發布的大赦令，但他們仍然感到自己的生命安全沒有保證，於是便在五月十八日乙亥的黑夜，率領他們的幾百名黨徒，趁著運送荻草捆成的火把的機會，偷偷地把武器裹藏在其中衝入皇宮南、北正門旁邊的側門進行作亂，他們放火焚燒了神虎門、總章觀，衝入衛尉府，殺死了擔任衛尉的洮陽愍侯張弘策。擔任前軍司馬的呂僧珍正在殿內值勤，他立即率領宿衛的士兵抵抗孫文明等人的進攻，卻不能將他們打退。梁武帝蕭衍穿上軍服來到前殿，他說：「賊人所以在夜間發動叛亂，是因為他們的人數很少，心裡膽怯，等到天亮他們自然就會退走。」蕭衍命令報時的人馬上敲起五更鼓，擔任領軍將軍的王茂、擔任驍騎將軍的張惠紹聽說有人作亂，立即率軍趕來相救，這些賊眾才倉惶四散逃走，朝廷派兵追討圍捕，全部把他們誅滅。

梁國擔任江州刺史的陳伯之，目不識丁，每當接到公文案卷，只是在上面簽字表示同意而已，有事的時候，就由擔任典籤的僚屬口頭傳達陳伯之所說的話，究竟應該怎麼辦，則全由主辦這件事的人做主。豫章郡人鄧繕、永興郡人戴永忠過去曾經對陳伯之有恩，陳伯之於是任命鄧繕為別駕，任命戴永忠為記室參軍。河南郡人褚緭居住在建康，一向品行不良、行為不端，在官場中很不得志，他頻繁地前往求見擔任吏部尚書的范雲，范雲由於看不起他而沒有對他以禮相待。褚緭因此發怒，私下裡對自己的親信說：「自從齊明帝建武年間以來，那些門第出身不高的人全都變成了有權有勢的貴人，我犯了什麼罪而被他們拋棄？如今梁朝的政權剛剛建立起來，便災荒不斷，說不定哪一天還要發生動亂。陳伯之在江州擁有強大的兵力，又不是當今皇帝蕭衍的舊臣，心中自然會懷疑皇帝不信任自己。再說，天上的火星運行到了南斗星的位置，誰能斷定這不是為我而出現的天文現象呢？如今我們去投奔陳伯之，勸說他起兵反對朝廷，如果事情不能成功，我們就投奔魏國，最小也能在河南地區做個郡太守。」於是褚緭就去投奔了陳伯之，陳伯之非常親近他、信任他。陳伯之又任命自己的同鄉朱龍符為長流參軍，他們都利用陳伯之的愚昧無知，肆意地為非作歹，謀取個人私利。

梁武帝得知了江州刺史陳伯之那裡的情況之後，就派陳伯之的兒子陳虎牙前往江州私下裡告誡陳伯之，又派人去代替鄧繕擔任別駕，陳伯之對這些全都沒有接受，他上表給梁武帝說：「朱龍符驍勇善戰，鄧繕有政績和實效，朝廷所派遣的別駕，請允許我改任他為治中從事史。」鄧繕於是日夜勸說陳伯之叛亂，他說：「朝廷的府庫已經空虛，各種物資儲備也已經枯竭，又沒有儲存的武器，國家的三個大糧倉裡也沒有存糧，東部吳興、吳郡、會稽等一帶地區的民眾因為饑荒而四處逃亡，這是萬世難逢的一個好機會，這個機會可不能錯過！」褚緭、戴永忠一同幫助鄧繕勸說陳伯之造反。陳伯之對鄧繕說：「現在我要再次為你擔任別駕的事情給朝廷上疏，如果仍然得不到朝廷的批准，我就與你一同造反。」梁武帝下令陳伯之把鄧繕安置到江州統轄區域內的一個郡中去擔任太守，陳伯之接到朝廷的答覆之後，就將江州刺史府的僚佐召集起來對他們說：「我接到齊國建安王蕭寶寅從魏國發來的命令，他已經率領長江以北的十萬義勇軍駐紮在六合縣，他命令我用江州現有的兵力迅速運糧東下。我蒙受齊明帝蕭鸞的厚恩，發誓要以死來報答他。」陳伯之立即下令實行緊急動員，進入戰爭狀態，他讓褚緭偽造了一封蕭寶寅的書信拿給僚佐們看，然後就在議事廳前築起一個臺子，與僚佐一起飲血宣誓、結盟。

褚緭對陳伯之說：「現在起兵造反，應該拉攏、任用那些眾望所歸的人。擔任長史的程元沖，和大家不是一條心；擔任臨川內史的王觀，是王僧虔的孫子，這個人門第出身不錯，可以把他召來擔任長史，取代程元沖。」陳伯之聽從了褚緭的意見，於是任命褚緭為尋陽郡太守，任命戴永忠為輔義將軍，任命朱龍符為豫州刺史。臨川內史王觀拒絕接受陳伯之的任命。擔任豫章太守的鄭伯倫發動郡中的軍隊嚴加據守，反抗陳伯之的叛亂。程元沖被陳伯之免官之後在家閒居，他招集起數百人，親自率領著，趁陳伯之沒有防備，突然衝到聽事廳前。陳伯之親自出來與程元沖搏鬥，程元沖無法戰勝陳伯之，便逃入廬山躲藏起來。陳伯之祕密派遣自己的親信將自己起兵造反的事情告訴自己的兒子陳虎牙兄弟，陳虎牙兄弟全都逃奔盱眙。

六月初二日戊子，梁武帝下詔任命擔任領軍將軍的王茂為征南將軍、江州刺史，率領眾軍前往江州討伐陳伯之。○魏國楊州小峴山軍事據點的駐軍頭領党法宗率軍襲擊梁國大峴山的軍事據點，打敗了大峴山軍事據點的守軍，俘虜了梁國擔任龍驤將軍的邾菩薩。○陳伯之聽到王茂被任命為江州刺史，已經率軍前來討伐，便對褚緭等人說：「臨川內史王觀既然不肯就任長史之職，豫章太守鄭伯倫又不肯服從我的命令，我們將會面臨空手受困的局面。現在我要先平定豫章郡，打通南方的道路，多發動一些役夫，增加運輸糧草，然後再大規模地向北進攻建康，憑藉我們的力量消滅那些飢餓疲憊的朝廷軍，不用擔憂不能取得成功。」六月，陳伯之留下與自己同鄉的唐蓋人負責守衛尋陽城，自己則率軍趕往豫章郡，攻打豫章太守鄭伯倫，沒有取得勝利。此時王茂恰好率軍趕到，陳伯之腹背受敵，因此失敗逃走，他偷偷地從偏僻小路渡過長江，與陳虎牙等以及褚緭全都投奔魏國去了。

梁武帝派自己身邊的陳建孫護送劉季連的兒子與劉季連的弟弟三個人一同入蜀，讓他們向擔任益州刺史的劉季連傳達皇帝的旨意和慰勞。劉季連接受了梁武帝的命令之後，便開始整理行裝準備返回京師建康，益州刺史鄧元起這才得以前往益州赴任。

當初，劉季連在擔任南郡太守的時候，對鄧元起很不禮貌。擔任都錄的朱道琛犯了罪，劉季連想要把朱道琛殺死，朱道琛逃跑之後隱藏起來才得以免死。到現在，朱道琛擔任了益州刺史鄧元起屬下的典籤，朱道琛對鄧元起說：「益州遭遇戰亂的時間已經很久，現在無論是官府還是百姓都很貧窮。前任益州刺史劉季連馬上就要離開益州返回朝廷，他哪裡還顧得上派遣官吏沿途做好迎接您的準備呢？請允許我先派人去檢查一下，讓他們做好沿途接待您的準備；不然的話，萬里長途上的各種花銷，可不是容易解決的問題。」鄧元起批准了朱道琛的請求。朱道琛到了益州之後，對劉季連說話很不恭敬，又一一地到州府各個頭面人物的家中拜訪，看見別人家裡有貴重的器物就強行索要；當人家不給他，他得不到的時候，就說：「這東西反正終究會歸別人所有，何必這樣苦苦地吝惜？」於是督軍府和刺史府中的人都感到非常恐懼，便認為新來的益州刺史鄧元起來到後一定會殺死劉季連，災禍必定會牽連到劉季連的黨羽身上，於是大家都爭相把這種看法告訴劉季連。劉季連也認為大家說得有道理，而且懼怕過去曾經對鄧元起不禮貌，鄧元起一定會報復自己，於是就調集了軍隊的花名冊估算了一下，大體可以有十萬名披甲的將士，於是歎息了一聲說：「佔據著益州這樣天然險要的地方，手中又握有如此強大的軍隊，前進可以匡復社稷，後退頂不濟還能像劉備那樣來個三分天下，割據益州稱王，丟掉這麼好的地盤還能到哪裡去找呢？」於是將手下的將佐召到面前，假稱奉了齊國宣德太后的命令，聚兵再次反叛，他下令逮捕了朱道琛，把朱道琛殺死。劉季連召見擔任巴西太守的朱士略和擔任涪縣縣令的李膺，朱士略和李膺都拒絕接受劉季連的命令。當月，新任益州刺史鄧元起到達巴西郡，巴西太守朱士略打開城門迎接鄧元起進入城中。

此前，蜀地的百姓大多數已經逃亡，當他們聽到新任益州刺史鄧元起來到益州的消息，便爭先恐後地出來投奔鄧元起，都聲稱要起義兵以響應建康朝廷，鄧元起屬下新歸順的蜀地人與原來跟隨一起入蜀的士兵總計已有三萬多人。鄧元起在路上耽擱的時間已經很久，軍中糧食缺乏，有人對鄧元起說：「蜀地的政治渙散、懈怠，百姓為了逃避兵役和勞役往往謊稱自己有病，如果把巴西郡戶口冊上的記錄檢查一遍，將那些謊稱有病的統計出來，進行處罰，一定能收到很多罰款。」鄧元起同意了這個意見。涪縣縣令李膺勸阻鄧元起說：「您的前面有強大的敵人，後面又沒有增援的部隊，那些在山中居住的百姓剛剛歸附於您，他們正在觀望我們軍隊的德行如何。如果我們現在就用刻薄的法令來懲辦他們，百姓必然不堪忍受，眾心一旦離散，即使後悔也來不及了。何必非要把那些假稱有病的人揭露出來，通過罰款來補充軍需呢？請讓我出面來給您辦理這件事，不用擔心糧食不充足。」鄧元起說：「說得好。這件事情就全部委託給你來辦了！」李膺出來以後，親自率領著富戶百姓為鄧元起的軍隊捐獻軍糧，一共得到了三萬斛糧食。

秋季，八月二十二日丁未，梁武帝命令擔任尚書刪定郎的濟陽縣人蔡法度修訂王植之集註的舊律，定書名為《梁律》，遂命令蔡法度與擔任尚書令的王亮、擔任侍中的王瑩、擔任尚書僕射的沈約、擔任吏部尚書的范雲等九人一同商議制定。

梁武帝蕭衍一向擅長鐘磬的樂律，他想改正古雅樂中音律與節奏中的失調之處，於是就自己製造了四器，取名為「通」。每通有三根絃，黃鐘絃用二百七十根絲製成，長度為九尺，應鐘絃用一百四十二根絲製成，長度為四尺七寸四分略長一點，中間十個音律，將這中間的差距分成十份。利用這種通的絃聲反過來推算節氣，不僅完全沒有絲毫差錯，而且彼此還能互相和諧。又製造了十二個定音笛，黃鐘笛長三尺八寸，應鐘笛長二尺三寸，中間十個音律，再將這中間的差距分成十份，把十二笛的音高移置到通絃上，斟酌古鐘玉律的清濁高下，全都絲毫不差。於是應用到鐘、磬、琴瑟、簫管、笙竽、塤、鼓、柷敔八種樂器上，用以確定宮、商、角、徵、羽、變宮、變徵七種音調的音高，沒有一點不符合韻律。此前，宮廷雅樂的懸掛只有單獨懸掛的四口鎛鐘，鎛鐘與鎛鐘之間分別懸掛著編鐘、編磬、衡鐘，總共有十六個木架子；梁武帝開始命令宮懸設置十二個鎛鐘，鎛鐘之間再分別懸掛上編鐘、編磬，總共有三十六個木架子，而去掉了衡鐘，在宮懸的四個角落則分別架有大鼓。

魏高祖元宏去世的時候，前任太傅平陽公元丕從晉陽前來奔喪，此後就留在了洛陽。平陽公元丕已經八十多歲了，他在魏國經歷並侍奉了六代皇帝，官位做到了最高級別的三公，竟然因為穆泰擁立太子，想在平城另立朝廷的分裂活動而受到牽連被貶為平民。魏宣武帝元恪因為元丕是本家族的老人，又很同情他，所以對他以禮相待。八月三十日乙卯，宣武帝授予元丕為三老。

魏國擔任楊州刺史的任城王元澄上表給宣武帝請求批准進攻梁國的鍾離，魏宣武帝派遣擔任羽林監的敦煌郡人范紹前往壽陽，與元澄一同商議是進攻鍾離還是不進攻鍾離。元澄對范紹說：「應當動用十萬大軍，往來需要一百天左右，請求朝廷迅速辦理糧草武器。」范紹說：「今年的秋天快要過去了，你才提出來要調集糧食武器，出兵攻打鍾離，兵士、武器可以調集，但糧食從哪裡來呢？有兵無糧，如何能夠克敵制勝？」元澄沉思了好久，然後說：「情況確實像你所說的那樣。」於是取消了進攻鍾離的打算。

九月初二日丁巳，魏宣武帝前往鄴城。冬季，十月十六日庚子，魏宣武帝返回洛陽途中抵達懷縣，他與宗室成員以及身邊的侍從一起比賽看誰的箭射得遠，宣武帝射出三百五十多步，群臣於是將此事刻在石碑上來讚美他。二十日甲辰，魏宣武帝回到都城洛陽。

十一月初五日己未，梁國建立小廟用以祭祀梁太祖蕭順之的母親，梁武帝每次在太廟祭祀完畢，就用一頭牛、一頭羊、一頭豬的祭品到這個小廟中去祭祀自己的祖母。〇初十日甲子，梁武帝立自己的兒子蕭統為皇太子。〇魏國洛陽的宮室竣工。

十二月，梁國的將軍張囂之率軍入侵魏國的淮南地區，奪取了魏國的木陵軍事據點，魏國的任城王元澄派遣擔任輔國將軍的成興率領魏軍反擊張囂之的入侵。二十日甲辰，張囂之兵敗逃走，魏國重新奪回了木陵軍事據點。

起兵造反的益州刺史劉季連派遣自己的部將李奉伯等抵抗鄧元起，鄧元起率領朝廷軍與李奉伯交戰，雙方互有勝負。過了很長一段時間，李奉伯等人被鄧元起打敗，返回成都，鄧元起乘勝前進，把軍隊屯紮在西平縣。劉季連驅趕著當地的居民進入成都城中，然後關閉城門固守。鄧元起繼續前進，屯紮在蔣橋，蔣橋距離成都只有二十里，他把輜重留在了郫縣。李奉伯等偷偷地從小路襲擊了郫縣，將郫縣佔領，鄧元起的軍用物資全部喪失。鄧元起於是放棄郫縣，率軍逕直前往圍攻成都，成都城內擔任城局參軍的江希之準備密謀獻出成都向鄧元起投降，沒有成功，江希之被殺死。

魏國的陳留公主寡居，擔任尚書僕射的高肇、擔任秦州刺史的張彝都想娶陳留公主為妻，陳留公主答應嫁給張彝而不願意嫁給高肇。高肇因此發怒，於是就在魏宣武帝的面前說張彝的壞話，張彝因此被免官，受壓抑長達數年之久。

這一年，長江以東地區發生了嚴重的乾旱，一斗米需要花費五千錢才能買到，有很多百姓被餓死。

二年（癸未　西元五〇三年）

春，正月乙卯❶，以尚書僕射沈約為左僕射，吏部尚書范雲為右僕射，尚書令王亮為左光祿大夫。丙辰❷，亮坐正旦❸詐疾不登殿，削爵，廢為庶人。○乙亥❹，魏主耕籍田❺。○魏梁州氐楊會❻叛，行梁州事楊椿❼等討之。

成都城中食盡，升米三千，人相食。劉季連食粥累月，計無所出。上遣主書❽趙景悅宣詔受季連降，季連肉袒❾請罪。鄧元起遷季連于城外，俄而造焉，待之以禮。季連謝曰：「早知如此，豈有前日之事❿！」郫城亦降。元起誅李奉伯等，送季連詣建康。初，元起在道，懼事不集⓫，無以為賞，士之至者皆許以辟命⓬，於是受別駕、治中檄⓭者將二千人。

季連至建康，入東掖門⓮，數步一稽顙⓯，以至上前。上笑曰：「卿欲慕劉備⓰，而曾不及公孫述⓱，豈無臥龍之臣⓲邪？」赦為庶人。

三月己巳⓳，魏皇后蠶於北郊⓴。○庚辰㉑，魏揚州刺史任城王澄遣長風戍[1]主奇道顯㉒入寇，取陰山、白藁二戍㉓。

蕭寶寅伏於魏闕㉔之下，請兵伐梁，雖暴風大雨，終不蹔移㉕。會陳伯之降魏，亦請兵自效㉖。魏主乃引八坐㉗、門下㉘入定議。夏，四月癸未朔㉙，以寶寅為都督東揚㉚等三州諸軍事、鎮東將軍、揚州刺史、丹楊公、齊王，禮賜甚厚，配兵一萬，令屯東城㉛；以伯之為都督淮南諸軍事、平南將軍、江州刺史，屯陽石㉜，俟秋冬大舉。寶寅明當拜命㉝，自[2]夜慟哭至晨㉞。魏人又聽㉟寶寅募四方壯勇，得數千人，以顏文智、華文榮等六人皆為將軍、軍主。寶寅志性雅重㊱，過期㊲猶絕酒肉，慘形悴色，蔬食粗衣，未嘗嬉笑。○癸卯㊳，蔡法度上梁律二十卷、令三十卷、科㊴四十卷。詔班行㊵之。

五月丁巳㊶，霄城文侯范雲㊷卒。雲盡心事上，知無不為，臨繁處劇㊸，精力過人。及卒，眾謂沈約宜當樞管㊹，上以約輕易㊺，不如尚書左丞徐勉㊻，乃以勉及右衛將軍汝南[3]周捨㊼同參國政㊽。捨雅量㊾不及勉，而清簡㊿過之，兩人俱稱賢相，常留省內，罕得休下(51)。勉或時還宅(52)，羣犬驚吠。每有表奏，輒焚其藁。捨豫機密二十餘年，未嘗離左右，國史、詔誥、儀體(53)、法律、軍旅謀謨(54)皆掌之。與人言謔(55)，終日不絕，而竟不漏泄機事，眾尤服之。

壬申(56)，斷(57)諸郡縣獻奉二宮(58)，惟諸州及會稽(59)許貢任土(60)；若非地產，亦不得貢。○甲戌(61)，魏楊椿等大破叛氐，斬首數千級。

六月壬午朔(62)，魏立皇弟悅(63)為汝南王。○魏楊州刺史任城王澄表稱：「蕭衍頻斷東關(64)，欲令漅湖汎溢以灌淮南諸戍(65)。吳、楚便水(66)，且灌且掠，淮南之地將非國有。壽陽去江(68)五百餘里，眾庶惶惶(69)，並懼水害，脫(70)乘民之願，攻敵之虛，豫勒諸州(71)，纂集士馬，首[4]秋(72)大集，應機經略(73)，雖混壹(74)不能必果，江西自是無虞(75)矣。」丙戌(76)，魏發冀、定、瀛、相、并、濟(77)六州二萬人，馬一千五百匹，令仲秋之中[78]畢會淮南，并壽陽先兵[79]三萬，委澄經略[80]；蕭寶寅、陳伯之皆受澄節度[81]。

謝朏輕舟出詣闕[82]，詔以為侍中、司徒、尚書令，朏辭腳疾不堪拜謁，角巾[83]自輿[84]詣雲龍門[85]謝。詔見於華林園[86]，乘小車就席。明旦，上幸朏宅，宴語[87]盡懽。朏固陳本志[88]，不許，因請自還東[89]迎母，許之。臨發，上復臨幸[90]，賦詩餞別，王人[91]送迎，相望於道。及還，詔起府於舊宅，禮遇優異。朏素憚煩，不省職事[92]，眾頗失望。○甲午[93]，以中書監王瑩為尚書右僕射。

秋，七月乙卯[94]，魏平陽平公丕[95]卒。○魏既罷鹽池之禁，而其利皆為富彊所專。庚午[96]，復收鹽池利入公。○辛未[97]，魏以彭城王勰[98]為太師，勰固辭。魏主賜詔敦諭，又為家人書[99]，祈請懇至。勰不得已，受命。

八月庚子[100]，魏以鎮南將軍元英都督征義陽[101]諸軍事。司州刺史蔡道恭[102]聞魏軍將至，遣驍騎將軍楊由帥城外居民三千餘家保賢首山[103]，為三柵。冬，十月，元英勒諸軍圍賢首柵，柵民任馬駒斬由降魏。

任城王澄命統軍党法宗、傅豎眼[104]、太原王神念[105]等分兵寇東關、大峴、淮陵[106]、九山[107]；高祖珍將三千騎為遊軍[108]，澄以大軍繼其後。豎眼，靈越[109]之子也。

魏人拔關要[110]、潁川[111]、大峴三城，白塔、牽城、清溪皆潰。徐州刺史司馬明素[112]將兵三千救九山，徐州長史潘伯鄰救淮陵，寧朔將軍王燮保焦城。党法宗等進拔焦城，破淮陵，十一月壬午[113]，擒明素，斬伯鄰。

先是，南梁太守馮道根[114]戍阜陵[115]；初到，修城隍[116]，遠斥候[117]，如敵將至，眾頗笑之。道根曰：「怯防勇戰[118]，此之謂也。」城未畢，党法宗等眾二萬奄至城下[119]，眾皆失色。道根命大開門，緩服登城，選精銳二百人出與魏兵戰，破之。魏人見其意思閒暇[120]，戰又不利，遂引去。道根將百騎擊高祖珍，破之。魏諸軍糧運絕，引退。以道根為豫州刺史[121]。

武興安王楊集始[122]卒。己未[123]，魏立其世子紹先為武興王。紹先幼，國事決於二叔父集起、集義。○乙亥[124]，尚書左僕射沈約以母憂去職[125]。

魏既遷洛陽，北邊荒遠，因以饑饉，百姓困弊。魏主加尚書左僕射源懷[126]侍中、行臺[127]，使持節巡行北邊六鎮、恆・燕・朔[128]三州，賑給貧乏，考論殿最[129]，事之得失皆先決後聞[130]。懷通濟有無[131]，飢民賴之。沃野[132]鎮將于祚[133]，皇后之世父[134]，與懷通婚。時于勁[135]方用事，勢傾朝野，祚頗有受納[136]。懷將入鎮[137]，祚郊迎道左，懷不與語，即劾奏[138]免官。懷朔[139]鎮將元尼須與懷舊交，貪穢狼籍[140]，置酒請懷，謂懷曰：「命之長短，豈可不相寬貸[141]？」懷曰：「今日源懷與故人飲酒之坐，非鞫獄[142]之所也。明日，公庭[143]始為使者檢鎮將罪狀之處耳。」尼須揮淚無以對，竟按劾抵罪[144]。懷又奏邊鎮事少而置官猥多[145]，沃野一鎮自將以下[146]八百餘人，請一切[147]五分損二[148]。魏主從之。

乙酉[149]，將軍吳子陽與魏元英戰於白沙[150]，子陽敗績。◯魏東荊州蠻[151]樊素安作亂，乙酉[152]，以左衛將軍李崇[153]為鎮南將軍、都督征蠻諸軍事，將步騎討之。

馮翊吉翂[154]父為原鄉令[155]，為姦吏所誣，逮詣廷尉[156]，罪當死。翂年十五，檛登聞鼓[157]，乞代父命。上以其幼，疑人教之，使廷尉卿[158]蔡法度嚴加誘脅，取其款實[159]。法度盛陳拷訊之具，詰翂曰：「爾求代父，敕已相許，審能死不[160]？且爾童騃[161]，若為人所教，亦聽悔異[162]。」翂曰：「囚雖愚幼，豈不知死之可憚！顧[163]不忍見父極刑，故求代之。此非細故[164]，柰何受人教[165]邪！明詔聽代[166]，不異登仙，豈有回貳[167]？」法度乃更和顏誘之曰：「主上知尊侯[168]無罪，行[169]當得釋，觀君足為佳童，今若轉辭，幸可父子同濟[170]。」翂曰：「父掛深劾[171]，必正刑書，囚瞑目引領[172]，唯聽大戮，無言復對。」時翂備加杻械[173]，法度愍[174]之，命更著小者，翂不[5]聽，曰：「死罪之囚，唯宜益械，豈可減乎！」竟不脫。法度具以聞，上乃宥其父罪。丹楊尹王志求其在廷尉事，并問鄉里[175]，欲於歲首舉充純孝[176]。翂曰：「異哉王尹，何量翂之薄[177]乎！父辱子死，道固當然。若翂當此舉[178]，乃是因父取名，何辱如之[179]！」固拒而止。

魏主納高肇[180]兄偃之女為貴嬪[181]。○魏散騎常侍趙脩[182]，寒賤暴貴，恃寵驕恣，陵轢[183]王公，為眾所疾[184]。魏主為脩治第舍，擬於諸王，鄰居獻地者或超補大郡[185]。脩請告歸[186]葬其父，凡財役所須[187]，並從官給[188]。脩在道[189]淫縱，左右乘其出外，頗發其罪惡。及還，舊寵小衰。高肇密出構成其罪[190]，侍中、領御史中尉甄琛、黃門郎李憑、廷尉卿陽平王顯[191]，素皆諂附於脩，至是懼相連及[192]，爭助肇攻之。帝命尚書元紹[193]檢訊[194]，下詔暴其姦惡[195]，免死，鞭一百，徙敦煌為兵。而脩愚疏[196]，初不之知[197]，方在領軍于勁第樗蒱[198]，羽林數人稱詔呼之，送詣領軍府[199]。甄琛、王顯監罰，先具問事有力者[200]五人，迭[201]鞭之，欲令必死。脩素肥壯，堪忍楚毒[202]，密加鞭至三百不死。即召驛馬，促之上道，出城不自勝[203]，舉縛置鞍中[204]，急驅之，行八十里，乃死。帝聞之，責元紹不重聞[205]，紹曰：「脩之佞幸，為國深蠹，臣不因釁除之[206]，恐陛下受萬世之謗。」帝以其言正，不罪也。紹出，廣平王懷[207]拜之曰：「翁[208]之直過於汲黯[209]。」紹曰：「但恨戮之稍晚，以為愧耳。」紹，素之孫也。明日，甄琛、李憑以脩黨皆坐免官，左右與脩連坐死黜210者二十餘人。散騎常侍高聰211與脩素親狎212，而又以宗人213諂事高肇，故獨得免。

【章　旨】以上為第二段，寫梁武帝蕭衍天監二年（西元五〇三年）一年中的大事。主要寫了梁益州刺史劉季連據成都以抗鄧元起，至彈盡糧絕，蕭衍又下詔招之，劉季連遂回建康請罪，蕭衍赦之為庶人；寫蕭寶寅哭魏闕，請求出兵伐梁，魏主遂命蕭寶寅與陳伯之為主要將領，準備大舉伐梁；寫魏將元英率大軍進攻義陽，破梁軍於賢首山；又派傅豎眼等進攻東關、大峴、淮陵、九山，擒徐州刺史司馬明素，斬其長史潘伯鄰，拔關要、淮陵、九山；又敗梁將吳子陽於白沙關；寫魏國的佞幸趙脩因專權跋扈、作惡多端而被外戚高肇羅織下獄，尚書令元紹等遂趁機將其殺死，以除後患；寫魏國名臣源懷視察北方六鎮與恆、燕、朔三州，源懷秉公行事，懲治了嚴重的違法犯罪；寫魏國的名臣李崇有文韜武略，於孝文、宣武二代屢立功勳；寫梁之假隱士謝朏奉詔入朝，被任為侍中、尚書令，又不關心過問職事，一股酸腐之氣可厭；寫梁之十五歲童吉翂擊登聞鼓以救其父的故事，恰似漢代的緹縈；寫梁臣范雲死，兼寫周捨、徐勉為政之賢能幹練；此外還寫了魏主堅請彭城王元勰出身任職，元勰不得已而入朝從政，為其日後被害埋下伏線等等。

【注　釋】❶正月乙卯　正月初二。❷丙辰　正月初三。❸正旦　正月初一，這裡指正月初一舉行的朝拜皇帝的朝廷盛典。❹乙亥　正月二十二。❺耕籍田　皇帝在特定的日子到一塊特定的土地上去表演農業耕作，意思是表現皇帝對發展農業的重視，以鼓勵全國農民積極從事農業生產。籍田，皇帝親自耕種的示範田。❻梁州氐楊會　梁州地區的氐族頭領楊會。魏國的梁州州治在駱谷城，今甘肅成縣西北，當時也是仇池郡的郡治所在地。楊會是這一帶氐族頭領楊氏家族的後裔，長期以來楊氏依違於南朝與北朝之間。楊會此前是依附於魏國。傳見《魏書》卷一百一。❼楊椿　孝文、宣武時代的魏國名將，前曾為梁州刺史，招募氐族有功。此時為行梁州事，即代理梁州刺史。傳見《魏書》卷五十八。❽主書　中書省的屬官，掌管文書。

❾肉袒　褪下衣袖，露著臂膀。這是古人表示請罪的一種姿態。❿早知如此二句　胡三省曰：「蓋言前日所以阻兵拒命，實為朱道琛構間也。」⓫懼事不集　擔心事情不能成功，即無法制服劉季連。不集，不成。⓬辟命　聘任其為官。辟，聘。⓭受別駕治中檄　接受到鄧元起聘書答應其為別駕、為治中者。別駕、治中，都是州刺史的高級僚屬。檄，這裡指聘任書、委任狀。⓮東掖門　皇宮的東側門。⓯稽顙　磕頭至地。顙，前額。⓰欲慕劉備　指前面所說的「退不失作劉備」云云。⓱曾不及公孫述　結果連個公孫述也比不上。公孫述是西漢末、東漢初在巴蜀割據稱帝的軍閥，最後被漢光武所滅。傳見《後漢書》卷四十三。⓲無臥龍之臣　沒有諸葛亮那樣的臣子。諸葛亮在出世前隱於隆中，人稱之曰「臥龍」。事見《三國志・諸葛亮傳》。⓳三月己巳　三月十七。⓴蠶於北郊　在洛陽城的北郊行採桑養蠶之禮，以鼓勵全國的婦女都要勤於養蠶織布。與前文之皇帝「耕籍田」意思相同。㉑庚辰　三月二十八。㉒長風戍主奇道顯　長風據點的駐軍頭領姓奇名道顯。長風戍，《魏書・田益宗傳》云：「進至陰山關南八十餘里，據長風城……。」又胡注云：「據《水經注》，陰山關在弋陽縣西南。」弋陽縣即今河南潢川縣，則長風城位於今潢川縣西南方，即今河南光山縣附近，長風戍當依長風城而設，亦當位於光山縣附近處。㉓陰山白藁二戍　當時原屬於南朝的兩個軍事據點名，在當時的弋陽郡（今河南潢川縣西）西南。㉔魏闕　魏國皇宮的正門。因古代宮廷的正門外立有雙闕，類似今故宮午門的五鳳樓，故稱宮門曰「闕」。㉕不蹔移　跪在原地一刻不動。㉖自效　自己出征，為魏國效力。㉗八坐　尚書省的八位長官，指尚書令、左右僕射，與五個部門的尚書。㉘門下　指門下省的幾位長官，指侍中、散騎常侍等官。㉙四月癸未朔　四月初一是癸未日。㉚東楊　魏國所說的東楊州，州治在安徽東城一帶，因在南朝境內，又在魏國楊州的壽春以東，故指其地以任之。㉛東城　秦漢時代的東城縣，在今安徽定遠東南，滁州西北。㉜陽石　又作「羊石」，在今安徽舒城西北。㉝明當拜命　在明天就要接受任命的頭天晚上。㉞自夜慟哭至晨　以言其為了報父兄之仇不得不倚靠外邦的矛盾痛苦。㉟聽　聽任；允許。㊱雅重　文雅、莊重，言行不輕率。㊲過期　已經超過了服喪的時間。㊳癸卯　四月二十一。㊴科　也是法律條文的一種。㊵班行　同「頒行」。頒布實行。㊶五月丁巳　五月初六。㊷霄城文侯范雲　范雲被封為霄城縣侯。當時的霄城縣即日後的竟陵縣，在今湖北潛江縣城的西南側。㊸臨繁處劇　擅長於處理非常複雜、非常繁難的事務。繁劇，複雜、艱難。㊹樞管　軸心；關鍵。這裡指中書省、門下省的主要長官，如中書令、中書侍郎、侍中等等，都是侍候在皇帝身邊，為之籌謀劃策、起草文件、下達命令的關鍵人物。宋代稱樞使曰「樞管」。㊺輕易　說話、辦事不穩重。㊻徐勉　蕭衍建梁後，先後任中書侍郎、尚書左丞等職。傳見《梁書》卷二十五。㊼汝南周捨　汝南郡人周捨。周捨是晉朝名臣周顗的後代，周顒之子。在齊時為太學博士，入梁後為尚書祠郎、中書侍郎、尚書吏部郎。身參機要二十多年。㊽同參

國政 意即同時任中書侍郎之職。(49)雅量 說話、辦事及一舉一動的風度、氣量。(50)清簡 簡要、不繁瑣。(51)罕得休下 很少有時間歇班、回家。(52)或時還宅 偶爾有時回家。(53)儀體 意同「儀禮」，國家的重大典禮、儀式。(54)謀謨 謀劃。謨，謀略；韜略。(55)言謔 談笑。謔，開玩笑。(56)壬申 五月二十一。(57)斷 禁止。(58)獻奉二宮 給皇帝宮與太子宮進獻物品。(59)諸州及會稽 各州的刺史與會稽郡的太守。胡三省曰：「會稽，東土大郡也，故使之同於諸州。」(60)許貢任土 許可他們進貢一些當地出產的東西。(61)甲戌 五月二十三。(62)六月壬午朔 六月初一是壬午日。(63)皇弟悅 元悅，孝文帝的第六子，為人無品行。傳見《魏書》卷二十二。因其日後有事端，故特別表出之。(64)頻斷東關 屢屢地挖斷東關一帶的堤壩。東關在今安徽含山縣西南的濡須山上，北控巢湖，南扼長江，是當時的軍事要地。(65)淮南諸戍 地處淮水以南的魏國的諸軍事據點，如壽春、雍丘等。(66)吳楚 春秋、戰國時代的古國名，吳國的都城即今蘇州，楚國的都城在今安徽壽縣。這裡代指南朝佔據的長江中下游與淮河以南地區。(67)便水 擅長於水戰。(68)去江 距離長江。(69)眾庶惶惶 指淮南地區梁國百姓的人心惶惶，害怕自己的土地、屋舍被淹。(70)脫 假如；萬一。(71)豫勒諸州 預先命令魏國南部邊境上的諸州郡。勒，命令。(72)首秋 初秋的七月。(73)應機經略 隨機應變地進行出動進攻。(74)混壹 消滅南朝，統一天下。(75)江西自是無虞 長江以西可以從此不再操心，意即整個的淮南地區可以為我所有。江西，古代泛指今安徽中部的淮河以南地區，因其地處長江的西側故也。(76)丙戌 六月初五。(77)冀定瀛相并濟 魏之六州名，冀州的州治即今河北冀州，定州的州治即今河北定州，瀛州的州治即今河間，相州的州治鄴城，在今臨漳西南，并州的州治在今太原南側，濟州的州治盧縣，在今山東東阿西北。(78)仲秋之中 八月的中旬。(79)壽陽先兵 早就屯駐於壽陽的軍隊。(80)委澄經略 委託元澄統一指揮。(81)受澄節度 接受元澄的統一調度。(82)詣闕 到達宮廷；到達朝廷。闕，宮門，指朝廷。(83)角巾 方巾，古代隱士的帽子，這裡即指一套隱士的裝束。(84)自輿 詞語生澀，《梁書．謝朏傳》作「肩輿」，即軟轎、滑竿。(85)雲龍門 宮廷的內門。(86)華林園 在宮廷後面，與宮廷相通的皇家園林。(87)宴語 也作「燕語」，不拘禮節地傾心交談。宴，安閒。(88)固陳本志 即表達不樂仕宦之意。(89)還東 指回會稽。謝朏住在會稽。(90)臨幸 臨幸謝朏在京的宅院。(91)王人 朝中的官員。胡三省曰：「凡將上命者皆謂之王人。」(92)不省職事 不關心、不過問職內的事務。(93)甲午 六月十三。(94)七月乙卯 七月初五。(95)平陽平公丕 元丕，被封為平陽郡公，平陽郡是封地名，即今山西臨汾。後平字是謚。傳見《魏書》卷十四。(96)庚午 七月二十日。(97)辛未 七月二十一日。(98)彭城王勰 元勰，孝文帝的親兄弟，輔佐孝文帝盡心盡責，又使宣武帝元恪順利接班，有重大功勳，宣武帝繼位後，元勰辭官職，在家賦閒。傳見《魏書》卷二十一下。(99)為家人書 不以君臣之禮，而以平常人家叔姪的關係寫信。家人，平民百姓。(100)八月庚子 八月二十。(101)義陽　南朝北部前線的軍事重鎮，即今河南信陽。(102)司州刺史蔡道恭　蔡道恭是齊梁之交的重要將領，先為蕭穎胄的部下，蕭衍稱帝後，為司州刺史。傳見《梁書》卷十。南朝的司州州治就在信陽。(103)保賢首山　依據賢首山進行防守。賢首山在今河南信陽西。(104)傅暨眼　劉宋名將傅靈越之子，傅靈越為擁立劉子勛而戰死，傅暨眼逃到魏國，為魏國名將。傳見《魏書》卷七十。(105)王神念　南朝梁太原人，少好儒術，尤明內典。仕魏起家州主簿，遷穎川太守，後據郡歸梁，封南城縣侯。性剛直、善騎射，官至爪牙將軍。(106)淮陵　南朝的僑置縣名，在當時的鍾離郡界，鍾離郡的郡治在今安徽鳳陽城東。(107)九山　又名「九山灣」，具體方位不詳，應在淮北，是北兵渡淮的津要。(108)遊軍　機動靈活的小部隊，負責四處策應。(109)靈越　傅靈越，隨薛安都起兵反劉彧，兵敗被殺。傳見《魏書》卷七十。(110)闕要　方位不詳。(111)穎川　胡三省曰：「霍州有北穎川郡，領穎川三縣。」霍州的州治即今安徽霍山縣。(112)徐州刺史司馬明素　梁朝的徐州刺史司馬明素。梁朝的徐州州治在鍾離。(113)十一月壬午　此語疑有誤，十一月無壬午日。(114)南梁太守馮道根　南梁是南朝的郡名，郡治壽春。馮道根是梁初的重要將領，初為王茂的部下，破建康有功，又隨討陳伯之有功，為南梁郡太守。傳見《梁書》卷十八。(115)戍阜陵　帶兵駐守阜陵。(116)修城隍　修城與深挖護城河。隍，護城河。(117)遠斥候　把偵察兵遠遠地派出去偵察。(118)怯防勇戰　小心謹慎地防守，好像是害怕敵人，而作戰則需要勇敢頑強。(119)奄至城下　突然地來到城下。(120)意思閒暇　神情舉止毫不慌亂，像沒事人一樣。(121)豫州刺史　梁朝的豫州州治本在壽春，但這時的壽春已經屬於魏國。(122)楊集始　仇池地區氐族頭領楊氏家族的繼承人之一，楊鼠之子。在此以前率部投降了魏國，被魏國封為武興王。因此其後代繼續為頭領要有魏國朝廷的策封。(123)己未　十一月十一。(124)乙亥　十一月二十七。(125)以母憂去職　因為母親守孝而辭去官職。當時的官場上有這樣的規定。(126)源懷　魏國的元勳老臣源賀之子，為魏國鎮守北方，頗有貢獻。傳見《魏書》卷四十一。(127)行臺　朝廷的派出機構，此指為主持行臺事務的首腦。(128)恆燕朔　魏國的三個州名，恆州的州治即今山西大同，燕州的州治即今河北涿鹿，朔州的州治盛樂，在今內蒙古和林格爾城的北側。(129)考論殿最　考評官吏政績的優劣，上等為最，下等為殿。(130)先決後聞　先處理、解決問題，而後再向朝廷上報。(131)通濟有無　調濟貧富。(132)沃野　北邊的六大軍鎮之一，其軍鎮在今內蒙古烏拉特前旗東南。(133)于祚　孝文帝時代的親信大臣于烈之子，曾為沃野鎮將。傳見《魏書》卷三十一。(134)世父　伯父。(135)于勁　于烈之弟，其女為宣武帝皇后。傳見《魏書·外戚傳》。(136)受納　接受賄賂。(137)入鎮　入鎮檢查工作。(138)劾奏　彈劾上奏。劾，揭發罪狀。(139)懷朔　北方六鎮之一，軍鎮在今內蒙古固陽西南。(140)貪穢狼籍　意思是貪婪汙穢，行為很壞。狼籍，雜亂的樣子。(141)寬貸　寬免；寬饒。貸，放過。(142)鞫獄　審問案情。鞫，審問；審查。(143)公庭　你的辦公廳。(144)按劾抵罪　按其罪行判處了應得之罪。(145)猥多　不應多而多。猥，曲；不當。146自將以下　鎮將以下的各級辦事人員。147一切　一概。148五分損二　五個人裡頭減少兩個。149乙酉　十二月初七。150白沙　白沙關，在今湖北麻城北。151東荊州蠻　東荊州境內的少數民族。魏國的東荊州州治即今河南泌陽。152乙酉　《魏書・世宗紀》作「庚寅」，十二月十二日。153李崇　孝文帝、宣武帝時代的名臣，頗有文韜武略，屢建功勳。傳見《魏書》卷六十六。154馮翊吉翂　馮翊郡人姓吉名翂。馮翊郡的郡治高陵，即今陝西高陵，此時屬於魏國。而吉翂現時實居住在襄陽。事見《梁書・孝行傳》。155原鄉令　原鄉縣的縣令。原鄉縣的縣治在今浙江安吉北，上屬於吳興郡。156逮詣廷尉　被捉到刑部下了獄。廷尉，全國最高的司法長官，相當於後代的刑部尚書。157撾登聞鼓　到宮門外擊登聞鼓為其父鳴冤。登聞鼓，宮門前懸掛的大鼓，有冤情或有事要向朝廷稟告者，可擊鼓令朝廷知之。158廷尉卿　廷尉的副職。159取其款實　摸清他的真實情況。款，真情。160審能死不　真的能替你的父親死嗎。審，果真。161童騃　小孩子不懂事。騃，呆傻。162亦聽悔異　你還可以反悔，改變說法。聽，許可；任憑。163顧　轉折語詞，猶今所謂「關鍵在於」、「問題在於」。164此非細故　這可不是小事情。165柰何受人教　怎麼能受人指使呢。166明詔聽代　皇上英明，允許由兒子頂替。167豈有回貳　哪裡有反悔的道理呢。胡三省曰：「反前說為回，異前說為貳。」168尊侯　敬稱對方的父親。169行　即將；馬上。170父子同濟　父子同被免罪。171父掛深劾　父親被誣犯了大罪。172引領　伸長脖子。173備加杻械　戴著全套的手銬和腳鐐。174愍　同情；憐憫。175鄉里　縣以下的居民組織。據《宋書・百官志》，一萬戶為一鄉（一說一萬二千戶），一百戶為一里。176舉充純孝　把吉翂作為大孝子的身分由州郡向朝廷上報。177何量翂之薄　為何把我吉翂估計得如此淺薄。178當此舉　接受了這次的推薦。179何辱如之　還有什麼別的恥辱能比這個更嚴重。180高肇　魏國專權跋扈的大外戚，孝文帝高皇后之兄，宣武帝之舅。傳見《魏書》卷八十三下。181貴嬪　后妃的封號名。魏國的皇后下有左右昭儀，其下有三夫人，其下有三嬪、六嬪等等。182趙脩　魏宣武帝的寵幸。傳見《魏書》卷九十三。183陵轢　欺壓、踐踏。184為眾所疾　為眾人所痛恨。185超補大郡　破格任用大郡的太守。186告歸　請假回家。187財役所須　所需要的一切財力、人力。188並從官給　一概由官府供給。189在道　在回家的路途中，即從洛陽到其故鄉趙郡的途中。趙脩是趙郡房子縣（今河北臨城北）人。190構成其罪　再添油加醋地羅織其罪行。191王顯　字世榮，北魏陽平樂平人，通醫術，常為宮中診治，補侍御師，歷任廷尉卿、御史中尉，後為太子詹事，封衛國縣侯。宣武帝崩，孝明帝立，被朝宰以侍療無效為由誅之。192懼相連及　害怕自己連坐及禍。193尚書元紹　元紹是拓跋什翼犍之孫，常山王拓跋素之子。傳見《魏書》卷十五。當時任尚書令之職。194檢訊　檢查、審問。195暴其姦惡　公布其罪惡。暴，公布。196愚疏　愚蠢、粗心。197初不之知　事先一點也沒有察覺。198樗蒲　類似擲色子的一種賭博遊戲。199領軍府　領軍將軍的衙門。200先具問事

有力者　預先找好了履行杖刑有力氣的人。(201)迭　輪流。(202)楚毒　痛苦。(203)不自勝　無法自己騎在馬上。(204)舉縛置鞍中　胡三省曰：「脩困極不能自勝乘騎，兩人對舉而置之馬上，縛著鞍中。」(205)不重聞　沒有再次請示報告。按，世宗僅令鞭打一百，而甄琛、王顯私自加到三百，又強令帶重傷乘馬上路等等，皆獨斷專行。(206)因釁除之　趁機會殺掉他。(207)廣平王懷　元懷，孝文帝元宏之子，被封為廣平王。傳見《魏書》卷二十二。(208)翁　廣平王元懷對尚書元紹的敬稱，因元紹比廣平王元懷年長好幾輩，故元懷稱之曰「翁」，猶今所謂「老人家」。(209)直過於汲黯　比漢朝的汲黯還要耿直。汲黯是漢武帝時代的直臣，以敢於諫諍聞名。事見《史記・汲鄭列傳》。(210)死黜　或被殺、或被免官。(211)高聰　孝文、宣武時代的佞幸之臣。傳見《魏書》卷六十八。(212)親狎　親近；親密。狎，親暱的貶義詞。(213)宗人　同一個族姓的人。

【校　記】[1]戍　原作「城」。據章鈺校，十二行本、乙十一行本、孔天胤本皆作「戍」，張敦仁《通鑑刊本識誤》、張瑛《通鑑校勘記》同，今據改。[2]自　據章鈺校，十二行本、乙十一行本、孔天胤本皆作「其」。[3]汝南　原無此二字。據章鈺校，十二行本、乙十一行本、孔天胤本皆有此二字，張瑛《通鑑校勘記》同，今據補。[4]首　原作「有」。據章鈺校，十二行本、乙十一行本、孔天胤本皆作「首」，張瑛《通鑑校勘記》同，今據校正。[5]不　據章鈺校，十二行本、乙十一行本皆作「弗」。

【語　譯】二年（癸未　西元五〇三年）

春季，正月初二日乙卯，梁武帝蕭衍任命擔任尚書僕射的沈約為尚書左僕射，任命擔任吏部尚書的范雲為尚書右僕射，任命擔任尚書令的王亮為左光祿大夫。初三日丙辰，王亮因為裝病沒有入宮參加正月初一舉行的朝拜皇帝的朝廷盛典而獲罪，被削去了官爵，貶為平民。〇二十二日乙亥，魏宣武帝元恪到專門為皇帝準備的一塊農田裡親自進行耕作示範，以此鼓勵全國的農民積極從事農業生產。〇魏國境內梁州地區的氐族頭領楊會發動叛亂，擔任代理梁州刺史職務的楊椿等人率軍前往平息楊會的叛亂。

成都城內的糧食已經吃光了，一升米的價錢已經漲到三千錢，人們因為無法忍受飢餓，已經發生了人吃人的現象。就連身為益州刺史的劉季連也一連幾個月都在吃粥，卻想不出任何解決問題的辦法。梁武帝蕭衍派遣擔任主書的趙景悅前往益州宣布皇帝的詔書，接受劉季連的投降，劉季連坦露著臂膀向朝廷請罪。新任益州刺史鄧元起把劉季連遷到成都城外安置，不久鄧元起親自到劉季連的住處拜訪，對劉季連完全以禮相待。

劉季連向鄧元起道歉說：「如果早點知道你會這樣對待我，怎麼會發生此前阻兵抗命的事情呢！」劉季連投降之後，郫城的守軍也向鄧元起投降。鄧元起誅殺了劉季連的部將李奉伯等人，將劉季連送往建康。當初，鄧元起在前往益州赴任的路上，擔心事情不能成功，又沒有什麼可以用來賞賜跟隨的將士，於是宣布凡是來投奔的知識分子都將聘任他們為官，於是接受到鄧元起聘書答應其為別駕、為治中的有將近兩千人。

劉季連到達建康，進入皇宮的東側門之後，便幾步一磕頭，一直來到梁武帝的面前。梁武帝笑著說：「你羨慕劉備，想效法他做一個蜀中王，結果卻連個公孫述也比不上，是不是缺少臥龍那樣的賢臣輔佐你呀？」梁武帝赦免了劉季連舉兵造反的死罪，將他貶為平民。

三月十七日己巳，魏國的皇后到洛陽北郊舉行採桑養蠶之禮，以鼓勵全國的婦女都要勤於養蠶織布。○二十八日庚辰，魏國擔任楊州刺史的任城王元澄派遣長風軍事據點的駐軍頭領奇道顯率軍入侵梁國，攻取了陰山、白藁兩個軍事據點。

逃奔魏國的鄱陽王蕭寶寅跪伏在魏國皇宮的正門之下，請求魏國皇帝元恪出兵討伐梁國，即使是遇到了暴風驟雨，蕭寶寅始終跪在那裡一動不動。恰好遇到江州刺史陳伯之投降魏國，陳伯之也向魏國皇帝請求批准自己率軍出征，為魏國效勞。於是魏宣武帝便把尚書省的八位長官與門下省的幾位長官召入宮中進行商議決定。夏季，四月初一日癸未，魏國朝廷任命蕭寶寅為都督東楊等三州諸軍事、鎮東將軍、楊州刺史、丹楊公、齊王，給予蕭寶寅的禮遇、賞賜非常優厚，還撥給蕭寶寅一萬軍隊，讓他屯駐在東城；任命陳伯之為都督淮南諸軍事、平南將軍、江州刺史，屯紮在陽石城，等到秋冬之季再大舉進攻梁國。蕭寶寅第二天就要接受任命，他從頭天夜裡一直慟哭到第二天早晨。魏國又允許蕭寶寅招募四方的壯年勇士，一下子就招募到了數千人，蕭寶寅任命顏文智、華文榮等六人都為將軍、軍主。蕭寶寅性情文雅、舉止莊重，言行不輕率，雖然已經超過了服喪的時間，仍然拒絕喝酒吃肉，面容淒慘憔悴，吃的是菜蔬素食，穿的是粗布衣，從不嬉笑。

○二十一日癸卯，尚書刪定郎蔡法度向梁武帝呈上《梁律》二十卷、《令》三十卷、《科》四十卷。梁武帝下詔頒布施行。

五月初六日丁巳，霄城文侯范雲去世。范雲盡心竭力地為梁武帝效勞，凡是他認為應該去做的事情全都不惜餘力地去做，范雲擅長處理各種非常複雜、非常繁難的事務，他的精力超過一般人。等到范雲去世之後，眾人都認為沈約最適宜擔任中書省、門下省的主要長官，梁武帝認為沈約說話、辦事不穩重，不如擔任尚書左丞的徐勉，於是任命徐勉和擔任右衛將軍的汝南人周捨同時擔任中書侍郎之職。周捨在說話的風度、辦事的氣量方面比不上徐勉，而在辦事的簡要、不繁瑣方面則勝過了徐勉，兩個人都稱得上是賢明的宰相，他們經常留在省中辦公，很少有時間歇班、回家。徐勉有時偶爾回一趟家，家中的群犬都把他當做外人而向他狂吠。每次寫好表章上奏給皇帝之後，他就把草稿焚燒掉。周捨參與朝廷機密長達二十多年，未曾離開過皇帝左右，國史、詔誥、儀禮、法律、軍旅謀劃都在他的掌握之中。周捨一天到晚經常與人開玩笑，卻從來沒有洩露過朝廷的機密，眾人都特別佩服他。

五月二十一日壬申，梁武帝下令禁止各郡縣的官員向皇帝宮與太子宮進獻物品，只允許各州的刺史和會稽郡太守向兩宮進貢一些當地的土特產；如果不是當地出產的物品，也不許向朝廷進貢。〇二十三日甲戌，魏國代理梁州刺史的楊椿等打敗了梁州地區氐族首領楊會所率領的叛軍，斬殺了數千人。

六月初一日壬午，魏宣武帝封自己的弟弟元悅為汝南王。〇魏國擔任楊州刺史的任城王元澄上表給宣武帝說：「梁國的皇帝蕭衍屢屢地派人挖斷東關一帶的堤壩，想讓漅湖水氾濫以淹沒我國設在淮水以南的各個軍事據點。吳、楚一帶的敵軍擅長於水上作戰，他們一邊放水淹沒我國設在淮南的軍事據點，一邊進攻搶掠，我擔心淮水以南地區將不再屬於我們魏國所有。壽陽距離長江有五百多里，這裡的百姓已經人心惶惶，全都懼怕自己的土地、房屋被水淹沒，倘若我們順應百姓的意願，對敵人防守虛弱的部位發起進攻，預先命令我國南部邊境上的各州郡調集人馬，利用初秋時節把人馬大量集中起來，隨機應變地進行出擊，雖然不一定能馬上消滅梁朝，統一天下，長江以西地區從此以後就可以不再擔憂了。」六月初五日丙戌，魏國發動冀州、定州、瀛州、相州、并州、濟州六州的二萬人，一千五百匹戰馬，命令於八月中旬全部到淮南會合，連同早就屯駐在壽陽的三萬軍隊，全部委託給元澄統一指揮，蕭寶寅、陳伯之全都接受元澄的統一調度。

謝朏乘坐著一艘輕便的小船來到朝廷，梁武帝下詔任命謝朏為侍中、司徒、尚書令，謝朏推說自己的腳上有病受不了拜謁的辛勞，於是就頭戴方巾坐在肩輿上讓人抬著來到皇宮的內門雲龍門謝恩。梁武帝下詔，在華林園接見謝朏，讓謝朏乘坐著一輛小車就席。第二天早上，梁武帝親自駕臨謝朏的住宅，與謝朏不拘禮節地傾心交談，盡歡而散。謝朏一再向梁武帝陳述自己不樂仕宦的想法，梁武帝就是不允，於是謝朏請求允許自己返回東方的會稽將母親接到建康，梁武帝表示同意。謝朏臨出發的時候，梁武帝又一次來到謝朏的家中，賦詩與謝朏餞別，朝中的官員奉命對謝朏送往迎來，不絕於道路。等到謝朏接母親回到建康之後，梁武帝下詔在謝朏的舊宅為他重新建造府第，對謝朏特別厚待，禮遇有加。謝朏一向害怕麻煩，對自己職分之內的事務不關心、不過問，眾人對此感到非常失望。〇六月十三日甲午，梁武帝任命擔任中書監的王瑩為尚書右僕射。

秋季，七月初五日乙卯，魏國的平陽平公元丕去世。〇魏國取消了不允許私自煮鹽的禁令之後，煮鹽的豐厚利潤全都被那些富人豪強所壟斷。二十日庚午，魏國朝廷又把煮鹽的專利收歸國有。〇二十一日辛未，魏宣武帝任命彭城王元勰為太師，元勰堅決推辭。宣武帝賜詔書給元勰，誠懇地開導他、勸說他，又以平常人家叔姪的關係寫信給元勰，祈請懇切到了極點。元勰迫不得已，只好接受了任命。

八月二十日庚子，魏國朝廷任命擔任鎮南將軍的元英為都督征義陽諸軍事。梁國擔任司州刺史的蔡道恭聽說魏軍即將到來，立即派遣擔任驍騎將軍的楊由帶領城外的三千多戶居民前往防守賢首山，楊由等在賢首山設置了三個營寨。冬季，十月，元英指揮軍隊包圍了賢首山剛剛建立起來的營寨，營寨之內的百姓任馬駒斬殺了駐軍頭領楊由投降了魏軍。

魏國的任城王元澄命令統軍党法宗、傅豎眼、太原王神念等人分別率軍進犯梁國的東關、大峴城、淮陵、九山；派高祖珍率領三千名騎兵作為機動部隊，負責四處策應，元澄親自率領大軍隨後進發。傅豎眼，是傅靈越的兒子。魏軍一路攻克了梁國的關要、潁川、大峴三城，白塔、牽城、清溪的梁國守軍全都聞風潰散。擔任徐州刺史的司馬明素率領三千名士卒前往救援九山，擔任徐州長史的潘伯鄰率軍前往救援淮陵，擔任寧朔將軍的王燮堅守焦城。魏國的党法宗等率軍攻佔了焦城，攻陷了淮陵，十一月壬午日，魏軍活捉了徐州刺史司馬明素，殺死了徐州長史潘伯鄰。

先前，擔任南梁太守的馮道根率軍駐守阜陵；馮道根剛到阜陵的時候，就加固阜陵城牆，深挖護城河，把偵察兵遠遠地放出去偵查敵情，就像敵軍即將到來的樣子，眾人都嘲笑他膽小如鼠。馮道根解釋說：「小心謹慎地防守，好像是害怕敵人，而在作戰的時候則需要勇敢頑強，就是說的這種做法。」城牆還沒有修築好，党法宗等已經率領二萬軍隊突然來到阜陵城下，眾人都大驚失色。馮道根命令大開城門，然後身穿寬鬆的官服登上城樓，他挑選出二百名精兵出城與魏軍作戰，把魏軍打敗。魏軍看見城樓上面的馮道根神情舉止毫不慌亂，像沒事人似的，戰事又對己不利，就退走了。馮道根率領百名騎兵攻擊高祖珍，將他打敗。魏國許多軍糧道斷絕，遂退兵。梁武帝任命馮道根為豫州刺史。

武興安王楊集始去世。十一月十一日己未，魏宣武帝封楊集始的長子楊紹先為武興王。由於楊紹先當時還很年幼，封國內的政務全都由楊紹先的兩位叔父楊集起、楊集義掌管。○二十七日乙亥，梁國擔任尚書左僕射的沈約因為母親去世需要在家守孝而辭去官職。

魏國遷都洛陽以後，北部地區荒僻遙遠，再加上遇到災荒，百姓生活十分貧困艱難。魏宣武帝加授擔任尚書左僕射的源懷為侍中、主持行臺事務的首腦，讓源懷持節前往巡視北方的沃野鎮、懷朔鎮、武川鎮、撫冥鎮、柔玄鎮、懷荒鎮六鎮和恆州、燕州、朔州三州，賑濟那裡的貧困百姓，考評那裡官吏政績的優劣，遇到事情有權先做出處理，然後再上報朝廷知道。源懷到了北方之後，立即開始調劑貧富，飢民全都依靠源懷的救濟而得以生存。沃野鎮的守將于祚，是于皇后的伯父，與源懷家也有姻親關係。當時于皇后的父親于勁正在朝中執掌大權，他的勢力壓倒了朝野，于祚也接受了很多賄賂。源懷即將進入沃野鎮檢查工作，于祚親自到郊外，站在路旁迎接源懷的到來，源懷根本沒有理睬于祚，就給朝廷上奏了一份彈劾于祚的奏章，當即免去了于祚的官職。懷朔鎮的守將元尼須與源懷是老相識，但貪婪得一塌糊塗，元尼須擺設酒宴邀請源懷一同飲酒，他對源懷說：「我的壽命長短，全憑你的一張嘴，你難道不能對我有所寬容嗎？」源懷說：「今天我是和你這位老朋友在一起飲酒，這裡不是審問案情的場所。明天，你的辦公廳才是我開始以使者的身分檢舉鎮將罪狀的場所。」元尼須在老朋友面前流著眼淚卻無話可說，源懷按照元尼須所犯的罪行處置了元尼須，使元尼須受到了應有的懲罰。源懷又上奏宣武帝說邊鎮的事務少而設置的官員卻很多，僅沃野一個邊鎮所設置的官員從鎮將以下總共有八百多人，請一概減少五分之二。魏宣武帝聽從了源懷的建議。

十二月初七日乙酉，梁國的將軍吳子陽與魏國的鎮南將軍元英在白沙關交戰，吳子陽被元英打敗。○魏國東荊州境內的少數民族首領樊素安舉兵作亂，乙酉日，魏國朝廷任命擔任左衛將軍的李崇為鎮南將軍、都督征蠻諸軍事，率領步兵騎兵前往討伐樊素安的叛亂。

馮翊郡人吉翂的父親是原鄉縣的縣令，因為遭到狡詐官吏的誣陷，被捉到刑部下了大獄，按照被誣陷的罪狀應該被判處死刑。吉翂當時才十五歲，他跑到宮門外擊打登聞鼓，請求替自己的父親去死。梁武帝因為吉翂年幼，懷疑是有人在背後教他這樣做，於是就讓擔任廷尉卿的蔡法度對吉翂嚴加引誘威脅，務必要弄清他的真實情況。蔡法度把所有用來拷打犯人的刑具全都擺在吉翂的面前，然後責問吉翂說：「你請求替你父親去死，皇帝已經下令批准，你能不能真的替你父親去死？況且你是一個不懂事的小孩子，如果你是聽信了別人的教唆，現在也還允許你反悔。」吉翂說：「我這個囚犯雖然愚昧幼稚，難道不知道死亡是很可怕的事情嗎！我只是不忍心看到自己的父親遭受極刑而死，所以才請求替父親去死。這可不是小事情，怎麼會是受別人指使呢！皇帝英明，已經允許我替父親去死，我覺得這和升仙沒什麼兩樣，怎麼會反悔呢？」蔡法度於是又換上一副和顏悅色的樣子繼續誘導吉翂說：「皇上知道你父親無罪，很快就會將你的父親釋放，我看你確實是一個好孩子，現在你如果改變說法，你就可以有幸和你的父親一同被免罪。」吉翂說：「我的父親被誣陷犯了大罪，一定會受到懲處，我現在閉上眼睛，伸長脖子，只等接受殺戮，我已經沒有什麼話可說了。」當時吉翂身上戴著全副的手銬和腳鐐，蔡法度很同情他，就命人再給他換上小一點的手銬腳鐐，吉翂不願意，他說：「犯了死罪的囚犯，只應該加重刑具，怎能減輕刑具呢！」竟然不肯脫下大號刑具。蔡法度把審問的情況詳細地向梁武帝做了彙報，梁武帝遂赦免了吉翂父親的死罪。擔任丹楊尹的王志打聽吉翂在廷尉那裡接受審問的情況，並到鄉里去詢問吉翂的平時表現，準備在年初時把吉翂作為大孝子由州郡上報給朝廷。吉翂說：「丹楊尹王志真是一個奇怪的人物，為什麼把我吉翂估計得如此淺薄呢！父親受到侮辱，兒子替父親去死，這是理所當然的道理。如果我接受了這樣的推薦，就是在利用父親的苦難來博取自己的美名，還有什麼樣的恥辱比這個更嚴重！」吉翂堅決拒絕了王志的舉薦，王志才停止了推舉吉翂的行動。

魏宣武帝將高肇哥哥高偃的女兒接入後宮封為貴嬪。○魏國擔任散騎常侍的趙脩，出身寒門，地位低賤，突然之間成了有權有勢的達官貴人，依仗著皇帝的寵信驕橫放縱，任意欺壓陵辱王公大臣，因而為眾人所痛恨。魏宣武帝為趙脩所建造的宅第屋舍，其規格等同於一個諸侯王，趙脩的鄰居凡是願意將土地獻給趙脩的，都被趙脩任用為官，有的甚至被破格任用為大郡的太守。趙脩向宣武帝請假回家安葬自己的父親，所需要的一切財力物力，都由官府供給。趙脩在返回家鄉趙郡的路上照樣淫樂放縱，宣武帝身邊的那些侍從趁著趙脩回家葬父的機會，揭發了趙脩的很多罪惡。等到趙脩回到朝廷之後，宣武帝對他的寵信便有些不如從前了。宣武帝的舅舅高肇趁機祕密地在宣武帝面前添油加醋地羅織趙脩的罪名，擔任侍中兼御史中尉的甄琛、擔任黃門郎的李憑、擔任廷尉卿的陽平人王顯，向來都是依附於趙脩，向趙脩諂媚取容，到現在都懼怕受到趙脩的牽連給自己招來災禍，於是全都爭先恐後地幫助高肇攻擊趙脩。宣武帝命令擔任尚書令的元紹主持對趙脩罪行的核實、審問工作，並下詔公布趙脩作奸犯科的種種罪惡，但卻免除了趙脩的死罪，只令責打趙脩一百鞭子，然後發配到敦煌去當兵。而趙脩為人愚昧、粗疏，事先一點也沒有察覺，正在領軍將軍于勁的府第玩賭博遊戲，幾名羽林軍來到于勁的府第口稱趙脩接旨，趙脩接旨之後，便被送到了領軍將軍的衙門。由甄琛、王顯監督對趙脩的懲罰，甄琛、王顯預先詳細問清了履行杖刑誰最有力氣，便從中挑選了五個人，讓他們輪流鞭打趙脩，一心想把趙脩活活打死。趙脩一向肥胖健壯，能夠忍受鞭打的痛苦，甄琛、王顯只好暗中將一百鞭增加到了三百鞭，趙脩仍然沒死。甄琛、王顯立即召呼驛站的馬匹，催促趙脩騎上驛馬上路，前往敦煌，趙脩出城之後無法自己騎在馬上，負責押送的人就把他舉起來放到馬鞍上捆綁牢固，然後驅馬疾馳，跑了八十里，趙脩才死。宣武帝得知甄琛、王顯私自責打趙脩三百鞭，又強行令趙脩帶重傷騎馬上路，從而導致趙脩死亡的消息後，就責問元紹為什麼沒有再次請示報告便獨斷專行，元紹辯解說：「趙脩奸佞諂媚，成為危害國家的大蠹蟲，我不趁他犯罪的機會把他除掉，恐怕陛下會受到萬世的誹謗。」宣武帝認為元紹言辭正直，便沒有怪罪他。元紹出宮之後，廣平王元懷向元紹拜謝說：「您老人家的正直超過了漢朝有名的直臣汲黯。」元紹說：「令我感到遺憾的是殺他稍微晚了一點，我正因此而感到羞愧。」元紹，是元素的孫子。第二天，甄琛、黃門郎李憑都因為是趙脩的同黨而被免官，宣武帝身邊的侍從受趙脩的牽連而獲罪被處死、被免官的有二十多人。擔任散騎常侍的高聰一向與趙脩親密無間，又因為與高肇是同一族姓的人而向高肇獻媚取寵，所以在趙脩的黨羽中只有高聰一個人得以免受懲罰。

三年（甲申　西元五〇四年）

春，正月庚戌❶，征虜將軍趙祖悅與魏江州刺史陳伯之戰於東關，祖悅敗績。

○癸丑❷，以尚書右僕射王瑩為左僕射，太子詹事柳惔為右僕射。○丙辰❸，魏東荊州刺史楊大眼擊叛蠻樊季安等，大破之。季安，素安之弟也。○丙寅❹，魏大赦，改元正始❺。

蕭寶寅行及汝陰，東城已為梁所取，乃屯壽陽棲賢寺。二月戊子❻，將軍姜慶真乘魏任城王澄在外，襲壽陽，據其外郭❼。長史韋纘倉猝失圖❽，任城太妃❾孟氏勒兵登陴❿，先守要便⓫，激厲文武，安慰新舊⓬，勸以賞罰⓭ [1]，將士咸有奮志。太妃親巡城守，不避矢石。蕭寶寅引兵至，與州軍合擊之，自四鼓⓮戰至下哺⑮，慶真敗走。韋纘坐免官。

任城王澄攻鍾離⑯，上遣冠軍將軍張惠紹⑰等將兵五千送糧詣鍾離，澄遣平遠將軍劉思祖⑱等邀之。丁酉⑲，戰于邵陽⑳，大敗梁兵，俘惠紹等十將，殺虜士卒殆盡。思祖，芳之從子也。尚書論思祖功，應封千戶侯。侍中、領右衛將軍元暉㉑求二婢於思祖，不得，事遂寢㉒。暉，素之孫也。

上遣平西將軍曹景宗㉓、後軍王僧炳㉔等帥步騎三萬救義陽。僧炳將二萬人據鑿峴㉕，景宗將萬人為後繼，元英遣冠軍將軍元逞等據樊城㉖以拒之。三月壬申㉗，大破僧炳於樊城，俘斬四千餘人。

魏詔任城王澄，以「四月淮水將漲，舟行無礙，南軍得時，勿昧利㉘以取後悔。」會大雨，淮水暴漲，澄引兵還壽陽。魏軍還既狼狽，失亡四千餘人。中書侍郎齊郡賈思伯㉙為澄軍司，居後為殿㉚，澄以其儒者，謂之必死；及至，大喜曰：『仁者必有勇㉛』，於軍司見之矣。」思伯託以失道㉜，不伐其功㉝。有司奏奪澄開府㉞，仍降三階㉟。上㊱以所獲魏將士請易張惠紹于魏，魏人歸之。

魏太傅、領司徒、錄尚書北海王詳㊲，驕奢好聲色，貪冒無厭㊳，廣營第舍，奪人居室，嬖昵左右㊴，所在請託㊵，中外嗟怨㊶。魏主以其尊親㊷，恩禮無替㊸，軍國大事皆與參決[44]，所奏請無不開允[45]。魏主之初親政也，以兵召諸叔[46]，詳與咸陽、彭城王[47]共車而入，防衛嚴固。高太妃[48]大懼，乘車隨而哭之。既得免[49]，謂詳曰：「自今不願富貴，但使母子相保，與汝掃市為生[50]耳。」及詳再執政，太妃不復念前事，專助詳為貪虐。冠軍將軍茹皓[51]，以巧思[52]有寵於帝，常在左右，傳可[53]門下奏事[54]，弄權納賄，朝野憚之，詳亦附[55]焉。皓娶尚書令高肇從妹[56]，皓妻之姊為詳從父安定王燮[57]之妃，詳烝於燮妃[58]，由是與皓益相昵狎[59]。直閤將軍劉胄，本詳所引薦，殿中將軍常季賢以善養馬，陳掃靜掌櫛[60]，皆得幸於帝，與皓相表裏，賣權勢[61]。

高肇本出高麗[62]，時望輕之[63]。帝既黜六輔[64]，誅咸陽王禧[65]，專委事於肇。肇以在朝親族至少，乃邀結朋援[66]，附之者旬月超擢[67]，不附者陷以大罪。尤忌諸王，以詳位居其上，欲去之，獨執朝政，乃譖之於帝，云詳與皓、胄、季賢、掃靜謀為逆亂。

夏，四月，帝夜召中尉崔亮[68]入禁中，使彈奏詳貪淫奢縱，及皓等四人怙權[69]貪橫，收皓等繫南臺[70]，遣虎賁百人圍守詳第。又慮詳驚懼逃逸，遣左右郭翼開金墉門馳出諭旨，示以中尉彈狀。詳曰：「審如中尉所糾，何憂也？正恐更有大罪橫至[71]耳。人與我物，我實受之。」詰朝，有司奏處皓等罪，皆賜死。帝引高陽王雍[72]等五王[73]入議詳罪。詳單車防衛，送華林園，母妻隨入，給小奴弱婢數人，圍守甚嚴，內外不通。

五月丁未朔[74]，下詔宥詳死，免為庶人。頃之，徙詳於太府寺[75]，圍禁彌急，母妻皆還南第，五日一來視之。

初，詳娶宋王劉昶[76]女，待之疏薄。詳既被禁，高太妃乃知安定高妃[77]事，大怒曰：「汝妻妾盛多如此，安用彼高麗婢[78]，陷罪至此！」杖之百餘，被創[79]膿潰，旬餘乃能立。又杖劉妃數十，曰：「婦人皆妬，何獨不妬！」劉妃笑而受罰，卒無所言。

詳家奴數人陰結黨輩[80]，欲劫出詳，密書姓名，託侍婢通於詳。詳始得執省[81]，而門防主司[82]遙見，突入就詳手中攬得[83]，奏之，詳慟哭數聲，暴卒。詔有司以禮殯葬。

先是，典事[84]史元顯獻雞雛，四翼四足，詔以問侍中崔光。光上表曰：「漢元帝初元中[85]，丞相府史[86]家雌雞伏子，漸化為雄，冠距鳴將[87]。永光[88]中，有獻雄雞生角。劉向[89]以為『雞者小畜，主司時起居人[90]，小臣執事為政之象[91]也。竟寧元年[92]，石顯伏辜[93]，此[2]其效也。』靈帝[94]光和元年[95]，南宮寺[96]雌雞欲化為雄，但頭冠未變，詔以問議郎蔡邕[97]，對曰：『頭為元首，人君之象也。今雞一身已變，未至於頭，而上知之，是將有其事[98]而不遂成[99]之象也。若應之不精[100]，政無所改，頭冠或成[101]，為患滋大。』是後黃巾[102]破壞四方，天下遂大亂。今之雞狀雖與漢不同，而其應頗相類，誠可畏也。臣以向、邕言推之，翼足眾多，亦羣下相扇助[103]之象。雛而未大，足羽差小[104]，亦其勢尚微，易制御[105]也。臣聞災異[106]之見，皆所以示[107]吉凶，明君覩之而懼，乃能致福；闇主覩之而慢[108]，所以致禍。或者今亦有自賤而貴，關預政事，如前世石顯之比者邪？願陛下進賢黜佞，則妖弭慶集[109]矣。」後數日，皓等伏誅，帝愈重光。

高肇說帝，使宿衛隊主[110]帥羽林虎賁[111]守諸王第，殆同幽禁，彭城王勰切諫，不聽。勰志尚高邁[112]，不樂榮勢，避事家居，而出無山水之適[113]，處無知己之遊，獨對妻子，常鬱鬱不樂。

魏人圍義陽，城中兵不滿五千人，食纔支半歲。魏軍攻之，晝夜不息。刺史蔡道恭[114]隨方抗禦，皆應手摧卻[115]，相持百餘日，前後斬獲不可勝計。魏軍憚之，將退。會道恭疾篤，乃呼從弟驍騎將軍靈恩，兄子尚書郎僧勰及諸將佐，謂曰：

「吾受國厚恩，不能攘滅寇賊，今所苦轉篤[116]，勢不支久[117]。汝等當以死固節[118]，無令吾沒[119]有遺恨！」眾皆流涕。道恭卒，靈恩攝行州事，代之城守。

六月癸未[120]，大赦[121]。◯魏大旱，散騎常侍兼尚書邢巒[122]奏稱：「昔者明王重粟帛、輕金玉，何則？粟帛養民而安國，金玉無用而敗德故也。先帝深鑒奢泰[123]，務崇節儉，至以紙絹為帳扆[124]，銅鐵為轡勒[125]，府藏之金，裁給[126]而已，不復買積[127]以費國資。逮景明之初[128]，承升平之業[129]，四境清晏[130]，遠邇來同[131]，於是貢篚相繼[132]，商估交入[133]，諸所獻納，倍多於常，金玉恆[3]有餘，國用恆不足[134]。苟非為之分限[135]，但恐歲計不充[136]，自今請非要須者一切不受。」魏主納之。

秋，七月癸丑[137]，角城戍主[138]柴慶宗以城降魏，魏徐州刺史元鑒[139]遣淮陽太守吳秦生將千餘人赴之。淮陰援軍[140]斷其路，秦生屢戰，破之，遂取角城。◯甲子[141]，立皇子綜[142]為豫章王。◯魏李崇破東荊叛蠻，生擒樊素安，進討西荊[143]諸蠻，悉降之。

魏人聞蔡道恭卒，攻義陽益急，短兵日接。曹景宗頓鑿峴不進，但耀兵遊獵[144]而已。上復遣寧朔將軍馬仙琕[145]救義陽，仙琕轉戰而前，兵勢甚銳。元英結壘於士雅山[146][4]，分命諸將伏於四山，示之以弱。仙琕乘勝直抵長圍[147]，掩[148]英營。英偽北[149]以誘之，至平地，縱兵擊之。統軍傅永[150]擐甲執槊[151]，單騎先入，唯軍主蔡三虎副之[152]，突陳橫過[153]。梁兵射永，洞其左股[154]，永拔箭復入。仙琕大敗，一子戰死，仙琕退走。英謂永曰：「公傷矣，且還營。」永曰：「昔漢高捫足[155]不欲人知，下官雖微，國家一將，柰何使賊有傷將之名！」遂與諸軍追之，盡夜而返。時年七十餘矣，軍中莫不壯之。仙琕復帥萬餘人進擊英，英又破之，殺將軍陳秀之。仙琕知義陽危急，盡銳[156]決戰，一日三交，皆大敗而返。蔡靈恩勢窮，八月乙酉[157]，降於魏。三關[158]戍將聞之，辛卯[159] [5]，亦棄城走。

英使司馬陸希道為露版[160]，嫌其不精，命傅永改之。永不增文彩，直[161]為之陳列軍事處置形要[162]而已。英深賞之，曰：「觀此經算[163]，雖有金城湯池[164]，不能守矣。」初，南安惠王[165]以預穆泰之謀[166]，追奪爵邑[167]，及英克義陽，乃復立英為中山王[168]。

御史中丞任昉[169]奏彈曹景宗[170]，上以其功臣，寢而不治[171]。○衛尉鄭紹叔[172]忠於事上，外所聞知，纖豪無隱[173]。每為上言事，善則推功於上，不善則引咎歸己，上以是親之。詔於南義陽[174]置司州，移鎮關南[175]，以紹叔為刺史。紹叔立城隍、繕器械，廣田[176]積穀，招集流散，百姓安之。○魏置郢州於義陽，以司馬悅為刺史。上遣馬仙琕築竹敦、麻陽二城於三關南，司馬悅遣兵攻竹敦，拔之。

九月壬子[177]，以吐谷渾王伏連籌[178]為西秦、河[179]二州刺史、河南王[180]。○柔然侵魏之沃野及懷朔鎮[181]，詔車騎大將軍源懷出行北邊[182]，指授方[6]略，隨須徵發[183]，皆以便宜從事[184]。懷至雲中[185]，柔然遁去。懷以為用夏制夷[186]，莫如城郭。還至恆代[187]，按視[188]諸鎮左右要害之地，可以築城置戍之處，欲東西為九城，及儲糧積仗之宜，犬牙相救[189]之勢，凡五十八條，表上之，曰：「今定鼎成周[190]，去北遙遠，代表諸國[191]頗或外叛，仍遭[192]旱饑，戎馬甲兵十分闕八[193]。謂[194]宜準舊鎮[195]，東西相望，令形勢相接[196]，築城置戍，分兵要害，勸農[197]積粟，警急之日[198]，隨便翦討[199]；彼游騎之寇，終不敢攻城，亦不敢越城南出。如此，北方無憂矣。」魏主從之。

魏太和之[7]十六年[200]，高祖詔中書監高閭[201]與給事中公孫崇考定雅樂，久之，未就。會高祖殂[202]，高閭卒。景明中[203]，崇為太樂令[204]，上所調金石[205]及書。至是，世宗始命八座[206]已下議之。

冬，十一月戊午[207]，魏詔營繕國學。時魏平寧日久，學業大盛，燕、齊、趙、魏[208]之間，教授者不可勝數，弟子著錄[209]多者千餘人，少者猶數百，州舉茂異[210]，郡貢孝廉[211]，每年逾眾[212]。○甲子[213]，除以金贖罪之科[214]。

十二月丙子[215]，魏詔殿中郎陳郡袁翻[216]等議立律令，彭城王勰等監之。○己亥[217]，魏主幸伊闕[218]。

上雅好儒術，以東晉、宋、齊雖開置國學，不及十年輒廢之，其存亦文具[219]而已，無講授之實。

【章　旨】以上為第三段，寫梁武帝蕭衍天監三年（西元五〇四年）一年中的大事。主要寫了魏將陳伯之率軍南伐，破梁將趙祖悅於東關；任城王元澄之母孟氏率壽陽軍民抵抗梁將姜慶真之乘虛進攻，而與蕭寶寅合破姜慶真軍；寫魏將元澄攻鍾離，梁將張惠紹送糧於鍾離，被魏將劉思祖擊敗俘獲；寫因淮水暴漲，魏軍撤退不及，狼狽損失四千人，元澄被降三級；寫魏將元逞破梁將王僧炳於樊城；寫魏軍圍攻義陽，梁司州刺史蔡道恭隨方抵抗，斬獲不可勝計；蕭衍派名將馬仙琕救義陽，被魏將傅永擊敗，又值蔡道恭病死，義陽遂被魏軍所佔，梁之三關戍將亦皆棄城而走，魏將元英因功被立為中山王；寫梁國的角城戍主柴慶宗以城降魏，魏將吳秦生率軍迎之，擊破淮陰派出的救援之軍，遂取角城；寫北海王元詳與魏主的寵幸茹皓以及安定王元燮等相互勾結，招權納賄，氣焰兇盛；魏國的外戚高肇向魏主進讒加害於北海王詳與茹皓、劉胄等人，致諸小人被殺，元詳死於獄；接著高肇又進一步迫害魏國的宗室諸王，諸王被監守得如同坐牢；此外還寫了魏臣源懷乘巡視北方之際，建議整修北部邊防，使能犬牙相救，勸農積糧，以防後患，魏主從之；以及魏國發展太學，州郡舉薦人才形成制度，不似東晉以來的南朝太學等同虛設等等。

【注釋】❶正月庚戌　正月初三。❷癸丑　正月初六。❸丙辰　正月初九。❹丙寅　正月十九。❺正始　魏宣武帝的第二個年號（西元五〇四—五〇七年）。其第一個年號是「景明」（西元五〇〇—五〇三年）。❻二月戊子　二月十一。❼外郭　外城。❽倉猝失圖　緊急之下一籌莫展。失圖，拿不出辦法。❾任城太妃　任城王元澄的母親，姓孟。事跡見於《魏書·列女傳》。❿登陴　意即登城。陴，城上的女牆，可以從洞口向外瞭望。⓫要便　扼要和便於制敵的地方。⓬新舊　北來的將士與壽陽當地的兵民。一說，新，新附。舊，舊民。⓭勸以賞罰　以什麼表現該受獎賞，什麼表現該受懲罰來鼓勵將士。⓮四鼓　同「四更」。凌晨一點到三點。⓯下晡　古時稱下午的三點到五點曰申時，也稱「晡時」。稱日未入之前曰「下晡」。⓰鍾離　梁國北部的軍事要地，在今安徽鳳陽的東北側。⓱張惠紹　原曾為蕭鸞的直閤將軍，後歸蕭衍，破建康有功，又成為蕭衍的親信護衛。傳見《梁書》卷十八。⓲劉思祖　國子祭酒劉芳的姪子，劉芳以儒學見賞於孝文帝。劉思祖是魏國的重要將領。傳見《魏書》卷五十五。⓳丁酉　二月二十。⓴邵陽　即邵陽州，在當時鍾離郡的城北。㉑元暉　常山王拓跋素之孫，任吏部尚書，為官貪婪。傳見《魏書》卷十五。㉒事遂寢　事情遂被擱置下來。㉓曹景宗　南齊時代的名將，曾為陳顯達的部下。因及時地投靠蕭衍，並在攻下建康的戰鬥中有功，被任為郢州刺史。傳見《梁書》卷九。㉔後軍王僧炳　後軍將軍王僧炳。㉕鑿峴　地名，也稱鑿峴口，在今河南信陽南三十五里。㉖樊城　即今湖北襄樊之樊城區，在漢水的北岸，當時屬魏；而南岸的襄陽區當時屬於梁。㉗三月壬申　三月二十五。㉘昧利　貪圖取勝而不顧危險。昧，冒；只顧。㉙賈思伯　魏國名臣，孝文帝時為中書侍郎，此時為元澄的軍司。傳見《魏書》卷七十二。軍司，意同「軍師」。㉚為殿　為後衛，掩護整個軍隊的撤退事宜。㉛仁者必有勇　孔子的話，見於《論語·憲問》。原文曰：「仁者必有勇，勇者不必有仁。」㉜託以失道　假說是因為迷失道路才追上來晚了。㉝不伐其功　不誇耀自己與追兵戰鬥之功。㉞奏奪澄開府　建議魏主免去元澄開府儀同三司的榮譽性加官。奪，免去；撤銷。㉟仍降三階　於是給他降了三級，意即保留了他開府儀同三司的職銜。北魏官制，分九品三十級。仍，意思同「乃」。與今之「仍」字意思不同。㊱上　寫史者以稱梁武帝蕭衍。㊲北海王詳　元詳，孝文帝之弟，宣武王之叔，被封為北海王，其人心術不正，罪惡多端。傳見《魏書》卷七十二。元詳此時任錄尚書事，又有太傅、司徒的加官，實為魏國政權的操縱者。㊳貪冒無厭　貪婪而永無滿足。冒，不顧一切；不擇手段。厭，止境；滿足。㊴嬖昵左右　他身邊的那些心腹寵幸。嬖昵，親昵的貶義詞。㊵所在請託　到處託人情，走後門，為非作歹。所在，到處。㊶中外嗟怨　朝裡朝外一片歎氣聲、怨恨聲。㊷以其尊親　看在他是自己的父輩。元詳是魏主元恪的親叔父。㊸恩禮無替　在情感上、禮數上都沒有改變。無替，不變；不衰。㊹皆與參決　都讓他參加意見。㊺開允　答應；允許。㊻以兵召諸叔　即前文「帝命烈將直閤六十餘人，宣旨召禧、勰、詳，衛送至帝所」事，見本書卷一百四十四中興元年。㊼咸陽彭城王　咸陽王元禧、彭城王元勰。㊽高太妃　獻文帝拓跋弘之妃，北海王元詳的生母。㊾既得免　當時宣武帝沒有處置元禧、元詳、元勰三人。㊿掃市為生　掃取集市上的遺物以維持生活。(51)茹皓　宣武帝身邊的佞幸，任左中郎將，領直閤。傳見《魏書》卷九十三。此時任冠軍將軍，從三品。(52)巧思　巧妙的設計才能。據本傳，茹皓有設計園林的才能，曾為華林園修築了許多景觀，宣武帝很喜歡。(53)傳可　傳達、允許。可，口頭批准。(54)門下奏事　門下省官員向皇帝稟報、請示批覆的奏章。(55)附　依附於其門下。(56)從妹　堂妹，其叔伯之女。(57)安定王燮　景穆帝拓跋晃之孫，現今魏主的長輩。傳見《魏書》卷十九下。(58)烝於燮妃　與元燮之妃私通。烝，晚輩之男與長輩之女私通。(59)昵狎　關係親密的貶義詞。(60)陳掃靜掌櫛　陳掃靜（人名）主管給魏主梳頭。櫛，梳子，這裡用如動詞。(61)賣權勢　以權勢謀私利，行權錢交易。(62)本出高麗　原本是高麗族人。高麗，又名「高句麗」，古國名，在今遼寧新賓境，即今朝鮮族的前身。(63)時望輕之　當時有身分的人都瞧不起他。(64)既黜六輔　指宣武帝廢除了六位受孝文帝遺詔的輔政大臣。此六臣是北海王元詳、尚書令王肅、廣陽王元嘉、吏部尚書宋弁、咸陽王元禧、任城王元澄。宣武帝廢黜六輔政大臣，在其親政之第二年，見本書卷一百四十四中興元年。(65)誅咸陽王禧　咸陽王元禧因謀反被殺事，亦見於本書卷一百四十四中興元年。(66)邀結朋援　結交招進了一群狐朋狗友。(67)超擢　破格提拔。(68)中尉崔亮　中尉是國家都城的治安長官，也是主辦皇帝欽定大案的主要官員之一。崔亮是孝文、宣武兩代的賢能公正之吏。傳見《魏書》卷六十六。(69)怙權　依仗權勢。(70)南臺　即御史臺。其主官即御史中丞，主管監察、彈劾。(71)橫至　意外飛來；憑空而降。(72)高陽王雍　獻文帝拓跋弘之子，魏主元恪之叔。傳見《魏書》卷二十一上。(73)五王　五位皇室的老人。(74)五月丁未朔　五月初一是丁未日。(75)太府寺　官署名，掌管宮廷庫儲的出納。(76)宋王劉昶　宋文帝劉義隆的第九子，因孝武帝劉駿的兒子劉子業在位兇殘橫暴，劉昶為求自保逃到魏國，被魏國封為宋王，娶魏公主為妻。傳見《魏書》卷五十九。(77)安定高妃　安定王元燮之妃高氏，乃高麗族人。(78)高麗婢　高麗族的奴婢。婢，古代罵女人的用語。(79)被創　受棍棒之傷。(80)黨輩　同黨的人。(81)始得執省　剛拿起來看。省，視；看。(82)門防主司　看守元詳的人員。(83)攬得　奪了過去。(84)典事　尚書省的下屬官吏，猶如後代的六部主事。(85)漢元帝初元中　漢元帝的初元年間。漢元帝是漢宣帝之子，名劉奭，西元前四八—前三三年在位。傳見《漢書》卷九。初元是漢元帝的第一個年號（西元前四八—前四四年）。(86)丞相府史　丞相府的小吏。史，掌管文書的小吏。(87)冠距鳴將　雞冠、腳距、叫聲都超過其他公雞。距，公雞腳爪後面突出像腳距的部分。將，群雞的首領。(88)永光　漢元帝的第二個年號（西元前四三—前三九年）。(89)劉向　劉邦之弟楚元王劉交的後代，是西漢元帝、成帝時代的著名學者與散文家。著有《別錄》，是我國最早的目錄學著作。傳見《漢書》卷三十六。(90)主司時起居人　主管掌握時間，到時候呼喚人們起床。(91)小臣執事為政之象　是將有小臣出來掌管國家大政的徵兆。這就是漢代最惹人討厭的那種「天人感應」的邪說。劉向作為一個學問家，竟也是這種荒誕迷信的吹鼓手。(92)竟寧元年　竟寧是漢元帝的第四個年號，竟寧元年為西元前三三年。(93)石顯伏辜　石顯出身於太監，在漢元帝時竟掌權做了尚書令，殺害過許多正直的大臣。竟寧元年漢元帝死，漢成帝上臺，石顯的罪行被揭露，被漢成帝所殺。傳見《漢書》卷九十三。(94)靈帝　名劉宏，是東漢章帝的玄孫，桓帝之姪，繼桓帝為帝，西元一六八—一八八年在位。傳見《後漢書》卷八。(95)光和元年　為西元一七八年。光和是漢靈帝的第三個年號（西元一七八—一八三年）。(96)南宮寺　洛陽城裡的寺廟名。(97)蔡邕　東漢末期的著名學者，女詩人蔡文姬的父親，曾任議郎之職。事跡見《後漢書·蔡邕傳》。(98)將有其事　將有篡國篡政之事。(99)不遂成　沒有篡奪成功。(100)應之不精　意即變化得不徹底，還有一些部分沒有變完。(101)頭冠或成　雞冠如果也變成了雄性。或，如果。(102)黃巾　東漢末年所爆發的農民起義軍，其領袖為張角、張梁、張寶。(103)羣下相扇助　一些下層人相互煽動造反。扇，用如動詞。(104)差小　略小；較小。(105)易制御　容易駕御、控制。(106)災異　陰陽五行家所說的上天為警示人類所出現的怪現象，如日蝕、月蝕、山崩、地震、動物的怪胎、植物的變形等等。如果出現一些好現象，如麒麟出、鳳凰降、天降甘霖、地生靈芝等等，這就叫作祥瑞。(107)示　預示，作為一種將要發生什麼變故的徵兆。(108)慢　怠慢；置之不理。(109)妖弭慶集　反常的現象消失，喜慶的事物降臨。妖，反常的東西或現象。慶，喜慶的好事。集，至；到來。(110)宿衛隊主　禁衛軍的帶兵頭領。(111)羽林虎賁　都是禁衛軍的稱號名，或言其如鳥之快，或言其如虎之猛。這裡即指禁衛軍中的士兵。(112)高邁　高遠超俗，以言其不慕榮利、不慕權勢。(113)無山水之適　沒有貪戀山水的樂趣。適，樂趣；愛好。(114)刺史蔡道恭　司州刺史蔡道恭。梁國的司州州治即在義陽，今河南信陽。蔡道恭原是蕭穎胄的部下，蕭衍統兵東下後，蔡道恭曾打敗來自長江上游的朝廷勢力，保衛江陵的安全有功。蕭衍稱帝後，蔡道恭任司州刺史。傳見《梁書》卷十。(115)應手摧卻　及時地將其挫敗。(116)所苦轉篤　病痛加深。(117)勢不支久　看來病是好不了啦。(118)以死固節　拼出一死以保持自己的清白節操。(119)沒　同「歿」。死。(120)六月癸未　六月初八。(121)大赦　此句的主語是梁國。(122)邢巒　魏國的文學之臣，有文韜武略，深受孝文帝賞識，此時以散騎常侍兼尚書。傳見《魏書》卷六十五。(123)深鑒奢泰　深以奢侈浪費為失敗的教訓。鑒，戒；教訓。(124)帳扆　床帳與座位周圍的帳幕。扆，座位後面的屏風。這裡即指帳幕。(125)轡勒　繫馬的嚼子。通常用銅鐵製造，帝王的坐騎常用金銀製作。(126)裁給　剛剛夠用，沒有任何富餘。裁，通「才」。僅僅。(127)不復買積　不買很多東西存著備用。(128)景明之初　即景明元年。景明是魏宣武帝的第一個年號（西元五〇〇—五〇三年）。(129)承升平之業　接續著孝文帝的太平盛世。[130]清晏　河清海晏，指天下太平。晏，安也。[131]遠邇來同　遠近的番邦小國全來歸附。同，來歸；來聚。[132]貢篚相繼　進貢的東西源源不斷地送來。貢篚，盛貢品的各種竹筐。古時稱方形的竹器曰筐，圓形的竹器曰篚。《尚書·禹貢》有所謂「厥貢漆絲，厥篚織文」。[133]商估交入　各國的商人都湧到洛陽來。估，通「賈」。商人。交入，從各地而來。[134]國用恆不足　國家需要的糧食與布帛常常不夠用。[135]苟非為之分限　假如不給各方面的花銷定出一個制度。[136]歲計不充　這一年的收入就不能滿足各處的開銷。[137]七月癸丑　七月初八。[138]角城戍主　角城軍事據點的駐軍頭領。角城在淮水北岸，是梁國的軍事重鎮，南岸即淮陰鎮。[139]元鑒　道武帝拓跋珪後代，拓跋平原之子，此時任徐州刺史。傳見《魏書》卷十六。[140]淮陰援軍　胡三省曰：「淮陰，梁重鎮也，以角城叛，遣軍援其不從叛者。」[141]甲子　七月十九。[142]皇子綜　蕭綜，蕭衍之第二子。傳見《梁書》卷五十五。[143]西荊　即魏國的荊州，郡治即今河南鄧州。其地在東荊州之西，故稱「西荊」。[144]耀兵遊獵　做出一種顯示兵力的樣子，像似遊獵，而不真的援救義陽。[145]馬仙琕　原是南齊蕭寶卷的部將，蕭衍篡齊後，馬仙琕不肯歸降梁朝，後蕭衍誠心接納，馬始降之。傳見《梁書》卷十七。[146]士雅山　原稱大木山，在義陽城東。因晉將祖逖曾率家族避難於此山，祖逖字士雅，故當地人以「士雅」名此山。[147]直抵長圍　一直進入了魏軍的伏擊圈裡。[148]掩　襲擊。[149]偽北　假裝逃跑。北，意思同「背」，轉身逃跑。[150]統軍傅永　魏國的名將，時為寧朔將軍，統率部隊。傳見《魏書》卷七十。統軍，不是正式的官名，意思猶如軍主、部隊長。[151]擐甲執槊　身披鎧甲，手執長矛。[152]副之　隨其身後。[153]突陳橫過　在梁軍的陣前一閃而過。[154]洞其左股　梁軍的箭穿透了傅永的左腿。洞，用如動詞，穿透。[155]漢高捫足　劉邦與項羽對陣於滎陽，項羽的箭射中劉邦；劉邦傷胸，為了不動搖軍心，故意地彎下腰去捫足說：「虜中吾趾！」事見《史記·高祖本紀》。[156]盡銳　投入全部的精銳部隊。[157]乙酉　八月十一。[158]三關　當時義陽南面的三個關塞，即武勝關、平靖關、黃峴關。[159]辛卯　八月十七。[160]露版　也稱「露布」，文體名，向魏主報捷的公開文書。[161]直　僅；只。[162]軍事處置形要　指揮作戰的大概情況。[163]經筭　指籌劃對敵的陣法與戰法。[164]金城湯池　以金做城，以開水做護城河，以喻其守城工事的堅固。[165]南安惠王　拓跋楨，景穆帝拓跋晃之子，中山王元英之父。傳見《魏書》卷十九下。[166]預穆泰之謀　參與過穆泰等人搞分裂的事情。穆泰是魏國的功勳老臣，因不滿意孝文帝的遷都洛陽，企圖另在平城擁立皇太子為皇帝，分裂國家，事發後被處死。事見本書卷一百四十建武三年。[167]追奪爵邑　南安王拓跋楨因參與穆泰搞分裂事應受懲處，但事發時拓跋楨已經病死，於是被追加懲處，削去了王爵與封地。[168]復立英為中山王　重新封立元英為中山王，封地為中山郡，郡治即今河北定州。[169]任昉　當時著名的文學家，擅長於寫散文，南齊時曾任中書侍郎；入梁後，為御史中丞、祕書監。傳見《梁書》卷十四下。[170]奏彈曹景宗　以曹景宗奉命援救義陽，而逗撓不進，「耀兵遊獵」，致貽誤軍機故也。奏彈，上書列述其罪行，請求朝廷予以懲處。[171]寢而不治　壓下彈奏的文書而對犯罪者不予以懲處。[172]鄭紹叔　蕭衍的忠實部下，蕭衍稱帝後，鄭紹叔為衛尉卿。傳見《梁書》卷十一。[173]纖豪無隱　毫無保留地都報告給蕭衍。豪，通「毫」。長而細的毛。[174]南義陽　郡治鹿城關，在今湖北安陸東。[175]移鎮關南　把原駐軍於義陽的指揮部遷到鹿城關。[176]廣田　開闢農田。[177]九月壬子　九月初八。[178]伏連籌　當時吐谷渾的國王名，吐谷渾是活動在今青海一帶的部族，也是小國名，自劉宋以來接受南朝的封號。傳見《梁書》卷五十四。[179]西秦河　南朝封與吐谷渾王的二州名，西秦州約當今甘肅蘭州一帶地區，河州約當今甘肅臨夏東北一帶地區，這些地區當時都在魏國的統治下，只是說起來令其高興而已。[180]河南王　此所謂「河南」，乃指今青海境內的黃河以南地區，如尖扎、同仁、貴德、同德等縣。[181]沃野及懷朔鎮　魏國北部邊防上的軍鎮名，沃野鎮在今內蒙古烏拉特前旗東南的黃河南岸，懷朔鎮在今內蒙古固陽城的西南側。[182]出行北邊　到北部的沿邊地區巡行視察。行，巡行。[183]隨須徵發　可以根據實際需要下令向所在地區徵調人力、物資。[184]以便宜從事　遇有應該立即解決的事務，可以不必請示朝廷而先行處理，這是皇帝授予其所派大臣的一種特別權力。[185]雲中魏郡名，郡治盛樂，在今內蒙古和林格爾城北。[186]用夏制夷　用管理中原地區的辦法管理少數民族。夏，中原，魏國人自稱。夷，少數民族，魏國指北方的柔然、南方的齊、梁以及氐族、羌族、吐谷渾等等。[187]恆代　即指魏之舊都平城，今山西大同東北側。平城既是恆州的州治所在地，又是代郡的郡治所在地。[188]按視　考察、巡視。[189]犬牙相救　各城戍交錯排列，便於互相援救。犬牙生得不齊，以形容築壘防守的相互交錯勾連之勢。[190]定鼎成周　意即建都於洛陽。定鼎，把傳國的夏鼎安放在某地，通常即指建都。成周，周初在王城東側建立的都城，通常即指洛陽。[191]代表諸國　代郡以北的少數民族國家，指柔然等等。代表，代郡以北的國外。[192]仍遭　頻頻地遭受。仍，意思同「頻」。連續。[193]十分闕八　十成裡面缺八成。闕，同「缺」。[194]謂　我以為。[195]宜準舊鎮　應該依照舊鎮的樣子。準，以……為標準；依照……的樣子。[196]令形勢相接　讓它們能夠彼此相互呼應、相互救援。相接，彼此夠得著。[197]勸農　鼓勵發展農業，增加糧食。[198]警急之日　一旦出現緊急情況。[199]隨便翦討　可以很及時、很方便地加以消滅。[200]太和之十六年　太和是孝文帝的第三個年號，太和十六年即西元四九二年。[201]中書監高閭　中書監是中書省的副長官，職同副丞相，主管為皇帝起草詔令。高閭是魏國的儒學之臣，深受孝文帝的賞識。傳見《魏書》卷五十四。[202]高祖殂　孝文帝元宏死，事在西元四九九年。[203]景明中　景明年間。景明是宣武帝元恪的第一個年號（西元五〇〇—五〇三年）。[204]太樂令　掌管國家音樂的官員，主要管朝廷與宗廟的音樂，即所謂「雅樂」。[205]上所謂金石　把經他調試過的鐘磬之類的樂器上交給皇帝。調，指調試音階的高低。[206]八座　尚書省的八位主要官員，指尚書令、尚書左右僕射與其下屬的五部尚書郎。207十一月戊午　十一月十五。208燕齊趙魏　魏國的四個地區名，燕指今河北之北部和與之鄰近的內蒙古東南部與遼寧西部等一帶地區，齊指今山東的中部、西北部與東部地區，趙指今河北的南部地區，魏指今山西的南部與河南的開封一帶地區。209著錄　登記在冊。210州舉茂異　各州按時向朝廷推薦的優秀人才。茂異，即漢朝所說的「茂才」、「異等」，都是地方政府向朝廷推薦人才的科目名。茂才，即「秀才」，儒書讀得好，會講會用。異等，指行為表現好，辦事能力強。211郡貢孝廉　地方各郡向州、向朝廷推薦人才的科目名，主要指孝順長輩、為政清廉等道德方面的優秀而言。貢，推薦；進獻。212每年逾眾　一年比一年加多。213甲子　十一月二十一。214除以金贖罪之科　除，廢除。科，條例；規定。目的是突出法律的嚴肅性。215十二月丙子　十二月初四。216袁翻　魏國的文學、禮法之士。傳見《魏書》卷六十九。217己亥　十二月二十七。218伊闕　山口名，在當時洛陽城南的伊水上，伊水流經其間，兩岸山形對立如門。219文具　猶言「具文」，有名無實，擺擺樣子。

【校記】1勸以賞罰　原無此四字。據章鈺校，十二行本、乙十一行本、孔天胤本皆有此四字，張敦仁《通鑑刊本識誤》同，今據補。2此　原作「比」。據章鈺校，十二行本、乙十一行本皆作「此」，今據改。3恆　據章鈺校，十二行本、乙十一行本、孔天胤本皆作「常」。4士雅山　原作「上雅山」。胡三省注云：「『上雅山』當作『士雅山』。」據章鈺校，十二行本、乙十一行本、孔天胤本皆作「士雅山」，惟孔本「雅」作「稚」，當是訛誤，張敦仁《通鑑刊本識誤》、熊羅宿《胡刻資治通鑑校字記》同，今據改。5辛卯　原作「辛酉」。胡三省注以為此月無辛酉日，當為辛卯。嚴衍《通鑑補》改作「辛卯」，當是，今從改。6方　據章鈺校，十二行本、乙十一行本、孔天胤本皆作「規」。7太和之　據章鈺校，十二行本、乙十一行本皆作「之太和」。

【語譯】三年（甲申　西元五〇四年）

春季，正月初三日庚戌，梁國擔任征虜將軍的趙祖悅與被魏國任命為江州刺史的陳伯之在東關交戰，趙祖悅被陳伯之打敗。○初六日癸丑，梁武帝蕭衍任命擔任尚書右僕射的王瑩為尚書左僕射，任命擔任太子詹事的柳惔為尚書右僕射。○初九日丙辰，魏國擔任東荊州刺史的楊大眼率軍進擊發動叛亂的少數民族首領樊季安等，把樊季安打得大敗。樊季安，是酋長樊素安的弟弟。○十九日丙寅，魏國實行大赦，改年號為正始。

蕭寶寅率軍前往東城駐紮，當他到達汝陰的時候，東城已經被梁國的軍隊所佔領，蕭寶寅遂把軍隊屯紮在壽陽的棲賢寺。二月十一日戊子，梁國的將軍姜慶真趁著魏國任城王元澄率軍離開壽陽前往攻打鍾離的機會，襲擊了壽陽，攻佔了壽陽的外城。擔任長史的韋纘在壽陽城中倉促之間一籌莫展，任城王元澄的母親太妃孟氏緊急調集部隊，然後登上城上的女牆向外瞭望，她先派軍隊守住地勢險要和便於制服敵人的地方，又激勵城中的文官武將，安慰那些從北方來的將士和壽陽當地的兵民，用守城有功者重賞、表現不好的重罰等來勉勵他們，將士們全都群情激奮、勇敢殺敵。孟太妃親自冒著飛箭滾石的危險四處巡視城內的防務。齊王蕭寶寅率領自己的部下正好趕到，他與壽陽城內的軍隊裡外夾擊梁軍，從四更天一直戰鬥到太陽快要落山，姜慶真才失敗逃走。韋纘因為失職而受到懲罰，被免去了官職。

魏國的任城王元澄率領大軍進攻鍾離，梁武帝派遣擔任冠軍將軍的張惠紹等人率領五千人押送著糧草前往鍾離，元澄派遣擔任平遠將軍的劉思祖等前往截擊運送糧草的張惠紹。二月二十日丁酉，劉思祖與張惠紹在邵陽展開激戰，劉思祖把張惠紹所率領的運糧軍打得大敗，活捉了張惠紹等十名梁國的將領，把押運糧草的五千名士卒幾乎全部殺死或俘虜。劉思祖，是劉芳的姪子。尚書省根據劉思祖的功勞，應該封為千戶侯。然而由於擔任侍中、兼任右衛將軍的元暉曾經向劉思祖索要二個美貌的婢女，劉思祖沒有給他，所以封賞劉思祖的事情就被擱置下來。元暉，是元素的孫子。

梁武帝派遣擔任平西將軍的曹景宗、擔任後軍將軍的王僧炳等人率領三萬步兵、騎兵前往救援義陽。王僧炳率領二萬步騎兵據守鑿峴，曹景宗率領一萬名步騎兵隨後進發，魏國的鎮南將軍元英派遣擔任冠軍將軍的元逞等據守樊城抵抗梁軍。三月二十五日壬申，元英在樊城把王僧炳所率領的梁軍打得大敗，俘虜、斬殺了四千多人。

魏宣武帝元恪下詔給任城王元澄，認為「四月淮河的水位即將上漲，船隻航行方便無阻，南方的梁國擁有天時地利，我軍不要貪圖取勝而不顧危險，自找後悔。」恰好天降大雨，淮河水位暴漲，元澄只好率軍返回壽陽。魏軍因為狼狽撤退，損失、傷亡了四千多人。擔任中書侍郎的齊郡人賈思伯在元澄手下擔任軍司，在軍隊撤退的時候主動率軍殿後，掩護全軍撤退，元澄因為賈思伯只是一個精通儒家經典的書生，以為他一定會被梁軍殺死無疑；等到賈思伯安全返回的時候，元澄喜出望外地說：「『懂得仁愛的人一定很勇敢』，我在軍司賈思伯的身上得到了驗證。」賈思伯推說自己因為迷失了道路才沒有跟隨大部隊一同返回，而不誇耀自己與追兵作戰以掩護全軍撤退的功勞。有關部門的官員奏請宣武帝撤銷元澄開府儀同三司的待遇，宣武帝保留了元澄的開府儀同三司，只給他降了三級。梁武帝請求用梁軍俘虜的魏國將士換回被劉思祖俘獲的冠軍將軍張惠紹，魏國遂把張惠紹送還給梁國。

魏國擔任太傅、兼司徒、錄尚書事的北海王元詳，驕奢淫逸，喜好聲色犬馬，為人貪婪並永遠不知道滿足，他大量地建造府第房舍，對別人的房屋強取豪奪，他身邊那些受寵幸的心腹，到處託人情，走門路，為非作歹，朝廷內外一片哀歎聲、怨恨聲。魏宣武帝看在元詳是自己父輩的分上，對他在感情上、禮數上都沒有什麼改變，軍國大事都讓元詳參與決策，凡是元詳奏請的事情，宣武帝無不應允。魏宣武帝剛剛開始親政的時候，曾經派領軍將軍于烈率領直閤六十餘人宣召咸陽王元禧、彭城王元勰、北海王元詳等幾位叔父，北海王元詳與咸陽王元禧、彭城王元勰同乘一輛車子入宮，宣武帝對他們的防守十分嚴密。北海王元詳的母親高太妃當時非常恐懼，便坐著車子跟在元詳的車子後面哭泣。等他們平安回家以後，高太妃曾經對元詳說：「從今以後我不再盼望你能夠榮華富貴，只希望我們能夠母子平安，哪怕是和你一起靠掃取集市上的遺物來維持生活。」等到元詳再次掌管大權的時候，高太妃已經不再記得從前的事情，她專門幫助元詳做那些貪贓枉法、殘虐百姓的事情。擔任冠軍將軍的茹皓憑藉著自己巧妙的設計才能而受到宣武帝的寵信，經常侍奉在宣武帝的身邊，專門負責傳達、口頭批准門下省官員向皇帝稟報、請示批覆的奏章，他玩弄權柄，收受賄賂，朝野之人都很懼怕他，就連元詳也要巴結、依附於他。茹皓娶了尚書令高肇的堂妹為妻，茹皓妻子的姐姐是元詳的堂叔安定王元燮的王妃，元詳與自己的堂嬸即安定王元燮的妃子私通，因此元詳與茹皓的關係就愈加親密。擔任直閤將軍的劉冑，本來是靠了元詳的推薦才得以被任用，擔任殿中將軍的常季賢是因為善於養馬，而陳掃靜因為負責給宣武帝梳頭，他們三人都受到宣武帝的寵信，與茹皓狼狽為奸，憑藉自己的權勢謀取私利，做權錢交易。

魏宣武帝的舅舅高肇原本是高麗國人，當時有身分的人都瞧不起他。宣武帝已經廢黜了北海王元詳、尚書令王肅、廣陽王元嘉、吏部尚書宋弁、咸陽王元禧、任城王元澄這六位受孝文帝遺詔的輔佐大臣，又誅殺了咸陽王元禧，遂把政務專門委託給自己的舅舅高肇。高肇因為自己家族的人在朝中任職的很少，於是就結交招引了一群狐朋狗友，凡是依附他的人十天半月之間就被破格提拔任用，對於那些不肯依附他的人，就誣陷他們犯了大罪。高肇尤其忌恨那些諸侯王，因為北海王元詳的官位在自己之上，就千方百計想把元詳除掉，自己好獨攬朝權，於是就在宣武帝面前說元詳的壞話，他對宣武帝說北海王元詳與冠軍將軍茹皓、直閣將軍劉胄、殿中將軍常季賢以及陳掃靜一起密謀發動政變。

夏季，四月，宣武帝在夜間緊急召見擔任中尉的崔亮進入宮中，他讓崔亮上奏章彈劾元詳犯有貪贓枉法、驕奢淫逸、行為放縱，以及和茹皓等四人倚仗權勢收受賄賂、驕橫不法等罪狀，於是逮捕了茹皓等人，把他們關押在御史臺，又派遣一百名勇士包圍了元詳的府第。又擔心元詳受驚之後倉惶逃跑，於是派遣身邊的侍從郭翼打開金墉城門飛馬而出傳達皇帝的旨意，把中尉崔亮彈劾元詳的奏章拿給元詳看。元詳說：「如果確實像中尉崔亮在奏章中所彈劾的那樣，我有什麼可擔憂的呢？我是怕突然有一個更大的罪名憑空降落到我的頭上。人們送給我東西，我確實接受了。」第二天早朝，有關部門的官員奏報判處茹皓等人有罪，宣武帝全都賜他們自盡。魏宣武帝指定由高陽王元雍等五位皇室的老人議定元詳的罪行。元詳乘坐著一輛單車，在嚴密的防衛之下被送往華林園，元詳的母親高太妃和元詳的妻子都跟隨元詳一起進入華林園，宣武帝給他們撥了幾個小奴僕和體弱的婢女，而對他們的包圍和防守卻非常嚴密，與外界不能互通一點音信。

五月初一日丁未，宣武帝下詔，赦免元詳的死罪，將元詳貶為平民。不久，又把元詳移送到太府寺，對他的圈禁更加嚴密，元詳的母親和妻子全都回到南邊的府第，允許他們五天一次去探望元詳。

當初，元詳娶了宋王劉昶的女兒為妻，元詳對待他的這個妻子很疏遠、很薄情。元詳被監禁以後，元詳的母親高太妃才知道元詳跟他的堂嬸安定王妃通姦之事，於是憤怒地說：「你的妻妾這麼多，為什麼還貪戀那個高麗族的奴婢，以至於犯下如此大罪！」她打了元詳一百多棍棒，元詳身上受的棍棒之傷潰爛化膿，經過十多天才能下床。高太妃又把劉妃打了幾十棍棒，她責備劉氏說：「所有的婦人都會嫉妒，為什麼只有你不會嫉妒！」劉妃笑著接受了婆婆的處罰，卻始終沒有說什麼。

元詳的幾個家奴暗中結成同黨，想把元詳從太府寺搶劫出來，他們祕密地寫好姓名，委託侍候元詳的婢女送給元詳。元詳剛拿起來要看，負責看守的官員就從遠處瞧見了，他突然衝進囚禁元詳的屋子從元詳的手中把那張寫有人名的紙條搶了過去，然後奏報給宣武帝，元詳慟哭了幾聲之後，就突然死去了。宣武帝下詔給有關部門令以禮安葬元詳。

先前，魏國擔任典事的史元顯給宣武帝進獻了一隻小雞，這隻小雞長著四個翅膀、四隻腳，宣武帝就此事下詔詢問擔任侍中的崔光，崔光上表給宣武帝說：「漢元帝初元年間，丞相府中一個小吏家的一隻母雞孵小雞，這隻母雞竟然漸漸地變成了公雞，雞冠、腳距、叫聲都超過其他公雞。漢元帝永光年間，有人進獻了一隻頭上長角的公雞，當時著名的學者劉向認為『雞，是一種小家畜，主管報時，到時候就呼喚人們起床，這種奇怪現象的出現，是將有小臣出來掌管國家大政的預兆。竟寧元年，漢元帝去世之後，出身太監的尚書令石顯的罪行被揭露出來後被漢成帝所殺，就是它的驗證。』漢靈帝光和元年，洛陽城內南宮寺的母雞眼看就要變成公雞，只剩下頭上的雞冠還沒有變，漢靈帝劉宏下詔向擔任議郎的蔡邕詢問是什麼徵兆，蔡邕回答說：『頭就是元首，是人君的象徵。如今母雞的整個身子都變成了公雞的模樣，只是還沒有改變到雞冠，就被陛下發現了，是預示將有篡國篡位之事發生而不能成功的象徵。如果不能徹底改變治國方針以應對這種變化，或是在政令方面一無所改，母雞的雞冠就有可能變成了公雞的雞冠，所造成的災禍就會更大。』此後便爆發了以張角為首的黃巾起義，黃巾軍遍布全國，造成天下大亂。現在史元顯所進獻的這隻長著四個翅膀、四隻腳的小雞雖然與漢代的那兩隻母雞形狀不完全一樣，但其所預示的應該是類似的，實在令人感到可怕。我如果用劉向、蔡邕的理論來推斷今天的事情，那麼雞的翅膀多、腳多，也就象徵著一些下層人相互煽動造反。然而這隻小雞還沒有長大，腳和翅膀還都比較小，這也說明其勢力還很弱小，還很容易控制。我聽說反常的自然災害等怪異現象的出現，都是上天在警示人類，預示著將要有重大的事情發生，聖明的君主見到這種怪異現象而感到恐懼，因而有所變革，才能變禍為福；而昏庸的君主目睹了這種怪異之後卻置之不理，所以就給國家招來災禍。或許現在也有一些原本出身卑賤而突然成為權貴的人在掌握大權，類似於前代石顯那樣的人吧？希望陛下進用賢能，貶黜奸佞，那麼反常的現象就會消失，喜慶的事物就會接踵到來。」過了沒幾天，茹皓等人就被誅殺，宣武帝更加器重崔光。

魏宣武帝元恪的舅舅高肇勸說元恪，建議讓禁衛軍的帶兵頭領率領羽林軍、虎賁軍加強對諸侯王府第的防守，宣武帝採納了高肇的建議，從此以後，各諸侯王就等於受到了軟禁一樣，彭城王元勰極力進行勸阻，而宣武帝就是不聽勸告。元勰的志向高遠超脫，不羨慕榮華權勢，為了避免麻煩，就待在家裡足不出戶，在他的生活當中既沒有貪戀山水的樂趣，又沒有知己朋友互相往來，獨自面對著妻子，經常悶悶不樂。

魏國的軍隊圍困了梁國的義陽，義陽城中的守軍還不滿五千人，儲存的糧食只能支持半年。魏軍攻打義陽，不分白天黑夜地輪番進攻。擔任司州刺史的蔡道恭隨機應變地指揮義陽城內的守軍進行抵抗，對於魏軍的每次進攻，都能及時地予以挫敗，雙方相持了一百多天，前後斬殺、俘虜的魏軍多得無法統計。魏軍因為懼怕蔡道恭，遂準備撤軍。而此時蔡道恭病情加重，就把自己的堂弟擔任驍騎將軍的蔡靈恩、自己的姪子擔任尚書郎的蔡僧勰以及屬下各將佐召到自己面前，對他們說：「我深受國家的厚恩，卻沒有能夠消滅賊寇，現在我的病情加重，看來我是支撐不了多久了。你們這些人應當拼死保持你們的清白節操，不要讓我死後留下遺憾！」眾人全都痛哭流涕。蔡道恭病逝之後，擔任驍騎將軍的蔡靈恩代理了司州刺史的職務，接替蔡道恭堅守義陽城。

六月初八日癸未，梁國實行大赦。○魏國發生了嚴重的旱情，擔任散騎常侍兼尚書的邢巒上書給宣武帝，邢巒在奏章中說：「過去英明的君主全都重視糧食、布帛的生產，而看輕黃金、美玉，原因何在呢？因為糧食和布帛可以養活百姓而使國家政局穩定，黃金、美玉沒有什麼實際的用處卻能敗壞人的品行。先帝接受了奢侈浪費而導致失敗的歷史教訓，因而極力推行節儉，他甚至於用紙絹作帳幕，用銅鐵製造馬鞍子、馬嚼子，府庫當中儲藏的黃金，剛剛夠用而已，不再花錢購買很多東西存著備用而浪費國家的資財。等到景明初年，陛下接續著孝文帝的太平盛世，四境之內河清海晏，遠近的番邦小國全都前來歸附，於是裝滿貢品的竹筐便源源不斷地送來，各國的商賈全都湧到洛陽來，他們繳納的稅金以及各種貢獻的物品，比平常的需要多出一倍，黃金、美玉經常用不了，而國家所需要的糧食和布帛卻經常不夠用。如果不給各方面的花銷定出一個限額，恐怕每年的收入就不能滿足各處的需要，從今起請免除非必要的開銷，一概不接受。」魏宣武帝採納了邢巒的意見。

秋季，七月初八日癸丑，梁國擔任角城軍事據點駐軍頭領的柴慶宗獻出角城投降了魏國，魏國擔任徐州刺史的元鑒派遣擔任淮陽太守的吳秦生率領一千多人趕赴角城。梁國從淮陰派往救援角城的援軍截斷了吳秦生前往角城的道路，吳秦生經過多次奮戰，打敗了淮陰的援軍，終於接管了角城。○十九日甲子，梁武帝蕭衍立自己的兒子蕭綜為豫章王。○魏國李崇率軍平定了東荊州境內少數民族的叛亂，活捉了樊素安，然後進軍荊州，討伐荊州境內的各少數民族部落，各部落全部向李崇投降。

魏國攻打義陽的軍隊聽到司州刺史蔡道恭去世的消息，便加緊了對義陽城的進攻，每天都有近距離搏鬥。曹景宗率軍停留在鑿峴遲遲不敢前進，只是做出一種像似遊獵一般向魏軍炫耀一下兵力而已。梁武帝蕭衍又派遣擔任寧朔將軍的馬仙琕率軍前往解救義陽，馬仙琕率軍一面作戰一面前進，士氣非常旺盛。元英在士雅山上構築了防禦工事，他分別命令各軍隱藏在四周山中，使梁軍所看到的魏軍兵力很弱小。馬仙琕乘勝前進，逕直進入魏軍的包圍圈，襲擊元英的軍營。元英假裝戰敗逃跑以引誘敵軍，馬仙琕果然中計，當他追到平地的時候，元英一聲令下，埋伏在四面山中的魏軍立即向梁軍衝殺過來。魏軍中擔任統軍的傅永身披鎧甲，手執長矛，單人匹馬率先衝入梁軍陣內，只有軍主蔡三虎緊隨其後，他們橫穿敵陣一閃而過。梁軍用亂箭向傅永射擊，一支箭穿透了傅永的左腿，傅永拔出箭來再次衝入梁軍陣內。馬仙琕的軍隊立即大敗，馬仙琕的一個兒子陣亡，馬仙琕率軍退走。元英對傅永說：「你受傷了，暫且回營休息吧。」傅永說：「過去漢高祖胸部中箭卻用手去捂住自己的腳，是不想讓人知道自己負了重傷，我雖然職位卑微，也是國家的一位將領，怎麼能讓賊軍有射傷我國將領的名聲呢！」於是堅持與各軍一起奮力追殺梁軍，追了一夜才返回。當時傅永已經七十多歲了，軍中的將士對傅永勇猛作戰的壯舉沒有一個人不感到由衷的敬佩。馬仙琕又率領一萬多人返回攻打元英，元英又把馬仙琕打敗，還殺死了梁國將軍陳秀之。馬仙琕知道義陽已經危在旦夕，於是就投入全部的精銳部隊與魏軍展開決戰，一天之內就向魏軍發起了三次猛攻，結果全都大敗而回。代理司州刺史職務的蔡靈恩勢窮力竭，八月十一日乙酉，蔡靈恩投降了魏軍。義陽城南的武勝關、平靖關、黃峴關三關的守將聽到了蔡靈恩投降魏軍的消息，便於十七日辛卯棄城逃走。

元英讓擔任司馬的陸希道起草向朝廷報捷的公開文書，元英嫌陸希道所寫的報捷文書不精練，就讓傅永對其進行修改。傅永沒有在辭藻方面進行修飾，只是增加了一些指揮作戰的大概情況而已。元英非常讚賞傅永，說：「看你這些籌劃對敵的陣法與戰法，敵人即使是用金子築成的城牆，用沸水做護城河，也不能再堅守下去。」當初，元英的父親南安惠王元楨因為參與穆泰擁立皇太子、在平城另立朝廷的分裂活動，被削去了王爵和封地，等到元英攻克義陽之後，宣武帝又封元英為中山王。

梁國擔任御史中丞的任昉上奏給梁武帝，彈劾平西將軍曹景宗畏敵不前，以至於義陽失守之罪，梁武帝因為曹景宗是個功臣，遂將任昉的奏章擱置在一邊，沒有對曹景宗進行懲處。〇梁國擔任衛尉的鄭紹叔對梁武帝忠心耿耿，凡是在外面所聽說、所看到的事情，都會毫無保留地報告給梁武帝。每次向梁武帝彙報工作，凡是做得好的就把功勞歸於皇帝領導有方，做得不好的就把責任全部攬到自己身上，梁武帝因此特別親近鄭紹叔。梁武帝下詔在南義陽郡設置司州，把司州刺史原來設在義陽的軍事指揮部遷到關南，任命鄭紹叔為司州刺史。鄭紹叔在關南修築城牆、開挖護城河、修繕器械，大量開闢農田、積蓄糧食，招集那些背井離鄉四處流浪的百姓返回故鄉從事生產生活，百姓都很願意接受他的統治。〇魏國在義陽郡設置郢州，任命司馬悅為郢州刺史。梁武帝派馬仙琕在武勝關、平靖關、黃峴關三關的南面修築竹敦、麻陽二城，司馬悅派兵攻打竹敦，將竹敦城攻陷。

九月初八日壬子，梁國朝廷任命吐谷渾王伏連籌為西秦、河二州刺史、河南王。〇柔然國出兵入侵魏國的沃野鎮和懷朔鎮，魏宣武帝下詔給車騎大將軍源懷，令他到北部的沿邊地區巡行視察，指導那裡的作戰方略，可以根據實際需要隨時下令向所在地區徵調兵力、物資，凡是遇到應該立即解決的問題，可以不必請示朝廷，全都可以先行處理。源懷到達雲中郡之後，柔然人就偷偷地撤走了。源懷認為用管理中原地區的辦法管理少數民族，最好的辦法就是修建城郭。返回的路上，源懷來到魏國的舊都平城，他考察、巡視了各鎮附近的要害之地，做出了哪些地方可以修築城郭、設置軍事據點的規劃，準備從東到西修築起九個城郭，並標出何處可以儲備糧食、何處可以存放武器等各項事宜，使各城、各軍事據點像犬牙一樣交錯排列，以方便互相救援，總共提出了五十八條建議，寫成表章上奏給魏宣武帝，源懷在奏章中說：「如今已經建都於洛陽，洛陽距離北部邊境路途遙遠，代郡以北的那些少數民族國家中有不少國家背叛我國，向北逃走，當地頻頻遭受旱災，百姓食不果腹，戰馬、士兵十成裡面已經缺少了八成。我認為應當以舊有的城鎮為標準，修建新的城鎮，使北部邊境上的新舊城鎮東西方向互相都能望得見，令它們彼此之間能夠互相呼應、互相救援，修建城鎮、設置軍事據點，分兵把守要害之地，鼓勵百姓發展農業生產，儲存糧食；一旦邊境地區發生緊急情況，便可以很及時、很方便地加以消滅；那些騎在馬上四處流動的賊寇，終究不敢攻打城池，也不敢繞過城池進一步向南入侵。這樣的話，北方就用不著擔憂了。」魏宣武帝聽從了源懷的意見。

魏太和十六年，高祖元宏曾經下詔給擔任中書監的高閭和擔任給事中的公孫崇考察修訂雅樂，過去了很長時間都沒有完成這項工作。遇到高祖元宏駕崩，中書監高閭又相繼去世。宣武帝景明年間，公孫崇擔任了太樂令，他把經過自己調試過的鐘磬之類的樂器以及樂譜類書籍上交給宣武帝。這時，宣武帝才開始命令尚書省的八位主要官員對此進行商定。

冬季，十一月十五日戊午，魏宣武帝下詔營建、開辦國立學校。當時魏國享受太平盛世的時間已經很久，教育事業很發達，燕、齊、趙、魏這些地區，從事教書職業的人多得不可勝數，記錄在冊的學生多的能達到上千人，少的也有數百人，各州按時向朝廷舉薦優秀的人才，各郡向州、向朝廷所推舉的具有孝敬長輩、為政清廉等優秀品行的人，一年比一年多。〇二十一日甲子，梁國朝廷廢除用金錢贖罪的條例。

十二月初四日丙子，魏宣武帝下詔，令擔任殿中郎的陳郡人袁翻等商議修訂法律條令，彭城王元勰等人負責監督實施。〇二十七日己亥，魏宣武帝前往位於洛陽城南的伊闕。

梁武帝一向喜歡儒家經典，認為東晉、宋、齊時期雖然開設了國立學校，但全都不到十年就又廢棄了，即使有的學校還存在，也只不過是擺擺樣子而已，已經沒有了老師講授學業的實際。

【研　析】本卷寫了梁武帝蕭衍天監元年（西元五〇二年）至天監三年共三年間南梁與北魏兩國的大事。主要寫了梁武帝蕭衍在沈約、范雲等人的策劃下篡奪了南齊政權，殺掉了南齊皇帝蕭寶卷，又殺了蕭衍等自己起兵時新立的小傀儡蕭寶融，而後即位稱帝；寫了魏將元英攻拔了梁國的北部重鎮義陽（今河南信陽），以及魏國的外戚高肇專權跋扈與魏主身邊的佞幸群小相互鬥爭，迫害宗室諸王等等。其中可議論的問題有以下兩點：

其一，古代歷史家對於梁武帝蕭衍篡齊的看法，與蕭道成的篡宋，和蕭鸞篡奪蕭道成父子政權的看法有些不同，他們特意把蕭衍從上游的興兵稱作「起義」，把蕭衍的稱帝視為理所當然。蕭衍與蕭道成、蕭鸞究竟有什麼不同呢？其實，蕭衍在起兵前對於國家民族、對於黎民百姓沒有任何功勞，這一點與蕭道成、蕭鸞沒有區別，他們都沒有曹氏、沒有劉裕那樣的本錢。蕭衍與蕭道成、蕭鸞的主要區別是在於他本人不是上一個王朝老皇帝的託孤大臣，他的皇位不是從他所輔佐的小傀儡皇帝的手中奪來；相反，他還有一個哥哥蕭懿、一個弟弟蕭暢，都是被南齊的末代皇帝蕭寶卷無辜殺害的，蕭懿、蕭暢都是南齊的忠臣，蕭懿在戍守北部邊疆、在與魏國作戰、在討伐崔慧景的叛亂等方面都有大功；蕭暢也在為抵抗叛亂，為保衛南齊的宮城做出了卓越的貢獻，但是他們都被忘恩負義的蕭寶卷殺害了。蕭懿的起兵既是為自己的家族報仇，也有某種為全國蒼生「伐罪弔民」的意味。從這個意義上說，蕭衍的推翻南齊、奪取皇位，的確是理所應當。

但蕭衍篡取了政權，登上皇位後，又是學著蕭道成、蕭鸞的樣子，依次把宋明帝劉彧的兒子、齊武帝蕭賾的兒子通通殺光一樣，也把齊明帝蕭鸞的兒子，除蕭寶寅一人在眾人的祕密保護下逃到了魏國，其他也都通通殺光了。尤其可惡的是蕭衍還殘酷地殺害了他自己起兵時所立的傀儡皇帝蕭寶融。其過程大致是這樣的：蕭衍攻克建康，奪取政權後，蕭寶融立刻就自己宣布退位，把位子讓給了蕭衍。蕭衍當了皇帝的第一天，封蕭寶融為巴陵王，說好讓他「全食一郡，載天子旌旗，乘五時副車，行齊正朔」（《梁書・武帝紀》）。結果在第三天就變了，他派他的親信鄭伯禽帶著一塊生金去找蕭寶融，逼著蕭寶融吃。蕭寶融說：「我死不須金，醇酒足矣。」就這樣，「乃飲沈醉；伯禽就摺殺之」。這一年蕭寶融虛歲十五。明代的袁俊德在《歷史綱鑑補》裡說：「湯放桀、武王伐紂，二君不失為聖人，寶卷罪惡昭著，蕭衍數其罪而誅之，若湯、武之所為；然後舉齊後封以一國，使不泯其祀，是亦足矣，豈必假寶融之名以為篡取之地哉？且夫已立之，已廢之，又從而弒之，將誰欺哉？」蕭衍知道這件事必將在歷史上留下罵名，於是又拉出來一個沈約來做替罪羊。他說他自己本來不想加害蕭寶融，是沈約勸他說：「古今殊事，魏武所云『不可慕虛名而受實禍』。」我就是在沈約的鼓動下才採取了如此的行動。而且還假惺惺地做出了一種與沈約格格不入的情態，以至於沈約死後，大家都說應該謚曰「文」，而蕭衍卻堅持說「懷情不盡曰『隱』」，於是便謚為「隱」了。所謂「懷情不盡」，所謂「隱」，大概就是心狠手辣、為人刻毒的意思。

學文學史的人只知道沈約是當時著名的文學家，對發現漢語中的「平」、「上」、「去」、「入」四調，對發展新體詩很有貢獻，對於沈約政治方面的故事知道不多。而本書在本卷的開頭便講了沈約既貪婪又狡猾的一個情節。沈約與范雲原是舊交，而范雲為人誠實，也更早地被蕭衍所依任，當蕭衍已經掌控朝權，但還未及篡位稱帝的時刻，沈約與范雲都曾對他積極勸進。當蕭衍的主意已定，讓范雲帶著沈約明天一早共同來見時，沈約故意使壞，他讓范雲在外頭等候，他自己一個人進去見蕭衍，說范雲到現在尚未到來。於是他便一個人幫著蕭衍設計了一切行動的路數。待大局已定，他才出來喊范雲進去。沈約就是靠著這種狡猾的伎倆奪得了他幫著蕭衍實行篡位的第一功。袁俊德在《歷史綱鑑補》中評點說：「雲、約同贊逆謀，罪惡相等，而約之負雲先入，其賣友僉險，似更甚於雲。然若輩身事兩朝，喪心無恥，臣節且不知守，尚何『友誼』之足云？」用詞是陳舊了點，但評說人物的秉性是明確的。

其二，蕭衍的起兵奪權是被某些寫歷史的人稱作「起義」了，但他的所作所為是不是就被廣大的人群所擁護了呢？自來像是並未如此，有兩件事情可以證明。一件是蕭衍對蕭鸞的子孫趕盡殺絕，這點與蕭道成、蕭鸞的做法並無二致，於是反而引起了當時人對蕭鸞子孫的極大同情，這表現在蕭寶寅潛逃魏國的事件上，史文說：「梁王將殺齊諸王，防守猶未急。鄱陽王寶寅家閹人顏文智與左右麻拱等密謀穿牆夜出寶寅，具小船於江岸，著烏布襦，腰繫千餘錢，潛赴江側，躡屩徒步，足無完膚。防守者至明追之，寶寅詐為釣者，隨流上下十餘里，追者不疑。待散，乃渡西岸投民華文榮家，文榮與其族人天龍、惠連棄家將寶寅遁匿山澗，賃驢乘之，晝伏夜行，抵壽陽之東城。魏戍主杜元倫馳告揚州刺史任城王澄，以車馬侍衛迎之。寶寅時年十六，徒步憔悴，見者以為掠賣生口。澄待以客禮，寶寅請喪君斬衰之服，澄遣人曉示情禮，以喪兄齊衰之服給之。澄帥官僚赴弔，寶寅居處有禮，一同極哀之節。壽陽多其義，故皆受慰唁，唯不見夏侯一族，以夏侯詳從梁王故也。澄深器重之。」首先說，寫歷史的人肯拿出這些筆墨如此詳盡地描寫蕭寶寅，這本身就表明了一種態度。其次是在惶惶然的事變中敢於挺身而出冒險救人並不只是蕭寶寅的家奴與故交，還有素不相識的百姓華文榮與其族人，是他們先將蕭寶寅掩藏在山洞，而後又賃來一頭毛驢，晝伏夜行地將蕭寶寅送到了魏軍佔領的壽陽城。其三是蕭寶寅逃到魏國後，並不只是魏國的軍政官員對之抱有好感，視為「奇貨可居」，而是壽陽的縉紳之士「多其義」，「皆受慰唁」。這就頗能說明一些問題了。另一件事情是，當蕭衍篡位稱帝後，正在給功臣宗室加官進爵，又警告蕭道成的後代蕭子恪等要他們認清形勢，老老實實，不要做不自量力的事情時，突然發生了一件意想不到的暴亂：「齊東昏侯嬖臣孫文明等，雖經赦令，猶不自安，五月乙亥夜，帥其徒數百人，因運荻炬，束仗入南、北掖門作亂，燒神虎門、總章觀，入衛尉府，殺衛尉洮陽愍侯張弘策。前軍司馬呂僧珍直殿內，以宿衛兵拒之，不能卻。上戎服御前殿，曰：『賊夜來，是其眾少，曉則走矣。』命擊五鼓，領軍將軍王茂、驍騎將軍張惠紹聞難，引兵赴救，盜乃散走，討捕，悉誅之。」作亂者只是蕭寶卷舊時的寵臣，小癟三，領著一小撮烏合之眾，怎麼就能輕易地混入宮門，並能掀起一場驚天動地的暴亂呢？他們殺死了守衛宮廷的高級武官張弘策，張弘策是蕭衍開國元勳中的佼佼者，部長一級的衛尉之職；他們放火燒了神虎門、總章觀，連蕭衍的另一位大功臣呂僧珍所統領的皇帝的御林軍都不是孫文明的對手。直到天亮後蕭衍另兩位大功臣王茂、張惠紹統領著更多的衛戍部隊到來，「盜乃散走，討捕，悉誅之」。說到孫文明的勢力總是很小很小，而孫文明所幹出的動靜，卻是極大極大，這究竟是怎麼回事？為什麼蕭衍的防禦系統竟如此的不堪一擊？看來這是一場裡應外合的暴亂，宮廷裡、軍隊裡，與孫文明有關係的人少不了，肯於幫著蕭衍與孫文明積極作戰的人少得可憐，所以才出現了一條小魚居然翻出一波大浪的驚心駭目的圖景。

卷第一百四十六

梁紀二

起旃蒙作噩（乙酉　西元五〇五年），盡彊圉大淵獻（丁亥　西元五〇七年），凡三年。

【題解】本卷寫梁武帝蕭衍天監四年（西元五〇五年）至天監六年共三年間南梁與北魏兩國的大事。主要寫了梁武帝蕭衍整頓太學，建立《五經》博士，廣招生員，考試優秀者除以為吏，又令各州郡普遍立學，此形勢為東晉以來二百多年所未有；寫梁國反覆無常的軍閥夏侯道遷以漢中地區投降魏國；魏國派其名臣邢巒為梁、秦二州刺史，邢巒派兵南入劍閣，攻得南安、梓潼，致梁州的十四個郡落入魏人之手；寫梁益州刺史鄧元起坐視不救梁州諸城之急，在即將離任時又欲盡捲州裡的積蓄而走，又向新刺史蕭淵藻索取良馬，出言狂傲，被蕭淵藻所殺；蕭淵藻任益州刺史，有膽有識，能掃平焦僧護之亂，維持一方平安；寫魏軍攻破梁豫州刺史王超宗於小峴山，敗梁將姜慶真，又敗梁將楊公則於馬頭；西線的魏將王足大破梁軍王景胤、魯方達等，進逼涪城，王景胤、魯方達等敗死；寫魏將邢巒上書魏主請求增兵一舉平蜀，魏主不許；邢巒又建議於巴西郡設立巴州，以鞏固魏在益州的現有勝利，魏主仍不聽，最後致王足憤而降梁，魏將之鎮巴西者又驕縱懈怠，致使發生兵變，投降梁朝，邢巒伐蜀的大好形勢遂被葬送；寫魏將陳伯之敗梁將昌義之於梁城，梁國的文學之臣丘遲致書陳伯之，勸其回南，陳伯之遂擁壽陽、梁城之眾八千人回歸梁朝；寫梁將韋叡攻拔魏軍佔領的小峴山，又前進攻拔合肥城，英勇機智，令魏人喪膽；寫魏將邢巒破梁將角念、蕭及、桓和於孤山，拔取固城；寫魏國發定、冀、瀛、相、并、肆六州十萬人以益南伐之兵，由魏將邢巒等率之南伐，邢巒、楊大眼等破梁將藍懷恭於睢口，又追破藍懷恭於宿預，懷恭戰死、蕭昞（亦作「蕭昺」）棄淮陽南逃；蕭衍之弟蕭宏為統帥，率大軍進駐洛口，魏軍渡淮進攻梁城，蕭宏、呂僧珍畏敵不戰，被魏人嘲之曰「蕭娘」、「呂姥」；結果又因夜間有暴風雨，蕭宏單身逃走，遂導致洛口的梁軍全部潰散，魏人遂進而攻佔了梁城、馬頭城；寫魏將元英進圍鍾離城，魏主令邢巒將兵會之，邢巒力陳魏師勞乏、鍾離不可取之狀，魏主不聽，改以蕭寶寅代邢巒領其軍會之；寫了梁將昌義之堅守鍾離，殊死戰鬥；寫了梁將韋叡、曹景宗等率軍救鍾離，韋叡等機智、勇敢地大破元英於鍾離城下，殺死魏兵十餘萬、淹死者十餘萬，被俘者五萬人，實肥水之戰以來所未有之大捷也；此外還寫了魏臣盧昶與元暉勾結作惡，元暉為吏部尚書，定價賣官，人稱「市曹」；梁國的吏部尚書徐勉辦事幹練、公正無私，以及梁武帝蕭統之諸弟蕭秀等人輕財重士，時人稱之為「四豪」等等。

高祖武皇帝二

天監四年（乙酉　西元五〇五年）

春，正月癸卯朔❶，詔曰：「二漢登賢❷，莫非經術❸，服膺雅道❹，名立行成❺。魏、晉浮蕩❻，儒教淪歇❼，風節罔樹❽，抑此之由❾。可置五經博士❿各一人，廣開館宇⓫，招內後進⓬。」於是以賀瑒⓭及平原明山賓⓮、吳興沈峻⓯、建平嚴植之⓰補博士，各主一館，館有數百生，給其餼廩⓱，其射策通明⓲者即除為吏⓳。朞年⓴之間，懷經負笈㉑者雲會㉒。瑒，循㉓之玄孫也。又選學生，往會稽雲門山㉔從何胤受業㉕，命胤選門徒中經明行脩㉖者，具以名聞㉗。分遣博士祭酒㉘巡州郡立學。

初，譙國夏侯道遷㉙以輔國將軍從裴叔業㉚鎮壽陽，為南譙㉛太守，與叔業有隙，單騎奔魏。魏以道遷為驍騎將軍，從王肅鎮壽陽㉜，使道遷守合肥㉝。肅卒，道遷棄戍來奔㉞，從梁、秦二州刺史㉟莊丘黑鎮南鄭，以道遷為長史，領漢中太守。黑卒，詔以都官尚書王珍國㊱為刺史，未至，道遷陰與軍主考城江悅之㊲[1]等謀降魏。

先是，魏仇池鎮將楊靈珍叛魏來奔㊳，朝廷以為征虜將軍、假武都王㊴，助戍漢中，有部曲六百人[2]，道遷憚之。上遣左右吳公之等使南鄭，道遷遂殺使者，發兵擊靈珍父子，斬之，并使者首送於魏。白馬戍㊵主尹天寶聞之，引兵擊道遷，敗其將龐樹，遂圍南鄭。道遷求救於氐王楊紹先㊶、楊集起、楊集義，皆不應，集義弟集朗獨[3]引兵救道遷，擊天寶，殺之。魏以道遷為平南將軍、豫州刺史㊷、豐縣侯㊸。又以尚書邢巒為鎮西將軍、都督征梁・漢㊹諸軍事，將兵赴之。道遷受平南，辭豫州㊺，且求公爵，魏主不許。

辛亥㊻，上祀南郊㊼，大赦。○乙丑㊽，魏以驃騎大將軍高陽王雍㊾為司空，加尚書令廣陽王嘉50儀同三司。

二月丙子51，魏以宕昌52世子梁彌博53為宕昌王。○上謀伐魏，壬午54，遣衛尉卿楊公則55將宿衛兵塞洛口56。○壬辰57，交州58刺史李凱據州反，長史59李叟討平之。

魏邢巒至漢中，擊諸城戍，所向摧破。晉壽60太守王景胤據石亭61，巒遣統軍李義珍擊走之。魏以巒為梁、秦二州刺史62。巴西63太守龐景民據郡不下，郡民嚴玄思聚眾自稱巴州刺史，附於魏，攻景民，斬之。楊集起、集義聞魏克漢中而懼，閏月64，帥羣氐叛魏，斷漢中糧道，巒屢遣軍擊破之。

夏，四月丁巳65，以行宕昌王66梁彌博為河、涼67二州刺史、宕昌王。○冠軍將軍孔陵等將兵二萬戍深杭68[4]，魯方達戍南安69，任僧褒等戍石同70，以拒魏。邢巒遣統軍王足將兵擊之，所至皆捷，遂入劍閣71。陵等退保梓潼72，足又進擊，破之。梁州十四郡地73，東西七百里，南北千里，皆入于魏。

初，益州當陽侯[5]刺史鄧元起74以母老乞歸，詔徵為右衛將軍，以西昌侯淵藻75代之。淵藻，懿之子也。夏侯道遷之叛也，尹天寶馳使報元起。及魏寇晉壽，王景胤等並遣告急，眾勸元起急救之，元起曰：「朝廷萬里，軍不猝至76，若寇賊侵淫[77]，方須撲討，董督之任[78]，非我而誰，何事匆匆救之？」詔假[79]元起都督征討諸軍事，救漢中，而晉壽已陷。蕭淵藻將至，元起營還裝[80]，糧儲器械，取之無遺[81]。淵藻入城，恨之。又求其良馬[82]，元起曰：「年少郎子[83]，何用馬為！」淵藻恚，因醉，殺之。元起麾下圍城，哭且問故，淵藻曰：「天子有詔。」眾乃散。遂誣以反，上疑焉。元起故吏廣漢羅研詣闕訟之[84]，上曰：「果如我所量也。」使讓淵藻曰：「元起為汝報讎[85]，汝為讎報讎[86]，忠孝之道如何？」乃貶淵藻號為冠軍將軍，贈元起征西將軍，謚曰忠侯。

李延壽論曰[87]：「元起勤乃胥附[88]，功惟闢土[89]，勞之不圖[90]，禍機先陷[91]。冠軍之貶[92]，於罰已輕，梁之政刑，於斯為失。私戚[93]之端，自斯而啓，年之不永[94]，不亦宜乎？」

益州民焦僧護聚眾數萬〔6〕作亂，蕭淵藻年未弱冠[95]，集僚佐議自擊之。或陳不可，淵藻大怒，斬于階側。乃乘平肩輿[96]巡行賊壘[97]，賊弓亂射，矢下如雨，從者舉楯禦矢[98]，淵藻命去之。由是人心大安，擊僧護等，皆平之。

六月庚戌[99]，初立孔子廟[100]。○豫州刺史[101]王超宗將兵圍魏小峴[102]。丁卯[103]，魏楊州刺史薛真度[104]遣兼統軍李叔仁等擊之，超宗兵大敗。○冠軍將軍王景胤、李畎、輔國將軍魯方達等與魏王足戰，屢敗。秋，七月，足進逼涪城[105]。

八月壬寅[106]，魏中山王英寇雍州[107]。○庚戌[108]，秦、梁二州刺史魯方達與魏王足統軍紀洪雅、盧祖遷戰，敗，方達等十五將皆死。壬子[109]，王景胤等又與祖遷戰，敗，景胤等二十四將皆死。

楊公則至洛口，與魏豫州長史石榮戰，斬之。甲寅[110]，將軍姜慶真與魏戰於羊石[111]，不利，公則退屯馬頭[112]。○雍州蠻沔東[113]太守田青喜叛降魏。

魏有芝生於太極殿之西序[114]，魏主以示侍中崔光[115]，光上表以為「此莊子所謂『氣蒸成菌』者也。柔脆之物，生於墟落[116]穢濕之地，不當生於殿堂高華之處。今忽有之，厥狀扶疏[117]，誠足異也。夫野木生朝[118]，野鳥入廟[119]，古人皆以為敗亡之象[120]，故太戊、高宗[121][7]懼災脩德[122]，殷道以昌，所謂『家利而怪先[123]，國興而妖豫[124]』者也。今西南二方[125]，兵革未息，郊甸之內[126]，大旱踰時[127]，民勞物悴，莫此之甚[128]，承天育民者[129]所宜矜恤[130]。伏願陛下側躬聳意[131]，惟新聖道[132]，節[133]夜飲之樂，養方富之年[134]，則魏祚[135]可以永隆，皇壽[136]等於山岳矣。」於是[137]魏主好宴樂[138]，故光言及之。

九月己巳[139]，楊公則等與魏揚州刺史元嵩[140]戰，公則敗績。○冬，十月丙午[141]，上大舉伐魏，以楊州刺史臨川王宏都督北討諸軍事，尚書右僕射柳惔[142]為副，王公以下各上國租[143]及田穀[144]以助軍。宏軍于洛口。◯楊集起、集義立楊紹先[145]為帝，自皆稱王。十一月戊辰朔[146]，魏遣光祿大夫楊椿[147]將兵討之。

魏王足圍涪城，蜀人震恐，益州城戍降魏者什二三，民自上名籍[148]者五萬餘戶。邢巒表於魏主，請乘勝進[8]取蜀，以為「建康、成都，相去萬里，陸行既絕[149]，惟資水路[150]。水軍西上，非周年不達，益州外無軍援，一可圖也；頃[151]經劉季連反，鄧元起攻圍，資儲空竭，吏民無復固守之志，二可圖也；蕭淵藻裙屐少年[152]，未洽治務[153]，宿昔[154]名將，多見囚戮，今之所任，皆左右少年，三可圖也；蜀之所恃，唯在劍閣，今既克南安，已奪其險，據彼竟[9]內[155]，三分已一。自南安向涪，方軌無礙[156]，前軍累敗，後眾喪魄，四可圖也；淵藻是蕭衍骨肉至親，必無死理[157]，若克涪城，淵藻安肯城中坐而受困，必將望風逃去。若其出鬭，庸、蜀[158]士卒駑怯[159]，弓矢寡弱，五可圖也。臣內省文吏[160]，不習軍旅，賴將士竭力，頗有薄捷[161]。既克重阻，民心懷服[162]，瞻望涪、益，旦夕可圖[10]。正以[163]兵少糧匱，未宜前出，今若不取，後圖便難。況益州殷實[164]，戶口十萬，比壽春、義陽，其利三倍。朝廷若欲進取，時不可失。若欲保境寧民，則臣居此無事，乞歸侍養[165]。」

魏主詔以「平蜀之舉，當更聽後敕[166]。寇難未夷[167]，何得以養親為辭？」艾又表稱「昔鄧艾、鍾會[168]帥十八萬眾，傾[169]中國資儲，僅能平蜀，所以然者，鬭實力[170]也。況臣才非古人[171]，何宜以二萬之眾而希平蜀？所以敢者，正以[172]據得要險，士民慕義，此往則易[173]，彼來則難[174]，任力而行[175]，理有可克。今王足已逼涪城，脫得涪[176]，則益州乃成擒之物[177]，但得之有早晚耳。且梓潼已附民戶數萬，朝廷豈可不守！又，劍閣天險，得而棄之，良可惜矣。臣誠知戰伐危事，未易可為。自軍度劍閣以來，鬢髮中白[178]，日夜戰懼，何可為心[179]？所以勉強[180]者，既得此地而自退不守，恐負陛下之爵祿故也。且臣之意算[181]，正欲先取涪城，以漸而進。若得涪城，則中分益州之地[182]，斷水陸之衝[183]，彼外無援軍，孤城自守，何能復持久哉？臣今欲使軍軍相次[184]，聲勢連接[185]，先為萬全之計，然後圖功[186]，得之則大利，不得則自全。又，巴西[187]、南鄭[188]，相距千四百里，去州迢遞[189]，恆多擾動[190]。昔在南之日[191]，以其統綰[192]勢難，曾立巴州[193]，鎮靜夷、獠[194]，梁州藉利[195]，因而表罷[196]。彼土民望[197]，嚴、蒲、何、楊，非唯一族。雖率居山谷[198]，而豪右[199]甚多，文學風流[200]，亦為不少。但以去州既遠，不獲仕進[201]，至於州綱[202]，無由廁迹[203]，是以鬱怏[204]，多生異圖[205]。比道遷建義[206]之始，嚴玄思自號巴州刺史，克城以來，仍使行事(207)。巴西廣袤千里，戶餘四萬，若於彼立州(208)，鎮攝華、獠(209)，則大帖民情(210)，從墊江已還(211)，不勞征伐，自為國有。」魏主不從。

先是，魏主以王足行益州刺史。上遣天門太守張齊將兵救益州，未至，魏主更以梁州軍司泰山羊祉為益州刺史。王足聞之，不悅，輒引兵還，遂不能定蜀。久之，足自魏來奔(212)。邢巒在梁州，接豪右(213)以禮，撫小民以惠，州人悅之。巒之克巴西也，使軍主李仲遷守之。仲遷溺於酒色，費散兵儲，公事諮承(214)，無能見者。巒忿之切齒，仲遷懼，謀叛，城人斬其首，以城來降(215)。

十二月庚申(216)，魏遣驃騎大將軍源懷討武興氐(217)，邢巒等並受節度。〇司徒、尚書令謝朏以母憂(218)去職。〇是歲，大穰(219)，米斛三十錢。

【章　旨】以上為第一段，寫梁武帝蕭衍天監四年（西元五〇五年）一年間的大事。主要寫了蕭衍下令整頓太學，建立《五經》博士，廣招生員，給其伙食，考試優秀者除以為吏，又令各州郡普遍立學，此東晉以來二百多年所未有；寫反覆無常的軍閥夏侯道遷佔據漢中地區投降魏國；寫魏國派其名臣邢巒為梁、秦二州刺史，臨近的梁國晉壽太守被擊走，巴西郡民斬其太守降魏；邢巒又派兵南入劍閣，攻得南安、梓潼，從此梁州的十四個郡落入魏人之手；寫梁益州刺史鄧元起坐視不救梁州諸城之急，在即將離任時又欲盡捲州裡積蓄而走，又向新刺史蕭淵藻索取良馬，出言狂傲，被蕭淵藻所殺；蕭淵藻任益州刺史，有膽有識，能掃平焦僧護之亂，維持一方平安；寫魏軍破梁之豫州刺史王超宗於小峴山，敗梁將姜慶真，又敗梁將楊公則於馬頭；西線的將軍王足大破梁軍王景胤、魯方達等，進逼涪城，王景胤、魯方達等皆敗死；中路之元英又攻梁之襄陽市；寫魏將邢巒、王足等在勝利攻蜀節節前進的形勢下，邢巒上書魏主請求增兵一舉平蜀，魏主不許；邢巒又建議於巴西郡設立巴州，以鞏固魏在益州的現有勝利，魏主仍不聽，最後致王足憤而降梁，魏將之鎮巴西者又驕縱懈怠，致使發生兵變，投降梁朝，邢巒伐蜀的大好形勢遂被葬送等等。

【注釋】❶正月癸卯朔　正月初一是癸卯日。❷二漢登賢　西漢與東漢兩朝的進用賢人。登，進；提拔。❸經術　儒家學派治國安邦的理論與學說。❹服膺雅道　凡是能按照儒家學說嚴格要求自己，身體力行的人。服膺，牢記在心，並依照實行。雅道，正道，即儒家所提倡遵行的生活方式。❺名立行成　就能夠名揚天下，事業成功。❻魏晉浮蕩　魏、晉兩朝崇尚虛浮放蕩的老莊一派。魏是曹丕建立的王朝，其存在的年代是西元二二〇—二六五年。晉是司馬炎建立的王朝，其存在的年代是西元二六五—四二〇年。浮蕩，虛浮、放蕩，即把一切都看成虛無，提倡自由放蕩、蔑棄一切的生活方式。❼淪歇　沒落；衰敗。歇，衰敗。❽風節罔樹　沒有人再講究仁義禮智信的思想與實踐。風節，儒家的風度與人格。罔樹，沒法樹立；沒人講究。❾抑此之由　就是由於統治者不重視、不提倡儒家的思想學說造成的。抑，虛詞，用在句首，無義。❿五經博士　在太學裡講授儒家經典的教官。所謂《五經》，是《詩》、《書》、《禮》、《易》、《春秋》五種儒家經典。⓫廣開館宇　大規模地建造太學的教室與宿舍。⓬招內後進　招收年輕的學子到太學裡學習。招內，同「招納」。⓭賀瑒　當時的著名儒生，在齊代即為太學博士，入梁後為太常丞，兼為《五經》博士。長於《禮》學。傳見《梁書》卷四十八。⓮明山賓　一個精通儒學經典的官僚，曾任國子博士，而能官至中書侍郎。傳見《梁書》卷二十七。⓯沈峻　當時著名的儒生，博通《五經》，尤長三《禮》。又在仕途上官至中書舍人。事見《梁書‧儒林傳》。⓰嚴植之　少好老莊，後轉習儒家經典，入梁後為《五經》博士。事見《梁書‧儒林傳》。⓱給其餼廩　由公家供給其伙食。餼，伙食。廩，糧庫，這裡即指糧食。⓲射策通明　考試時回答問題清楚明白。古代皇帝考試應試的舉子，所出的考題寫在竹簡上，稱為「策」。考生揣摹出題者的心思回答問題，叫做「射策」。⓳除為吏　任用為官吏。除，選用。⓴朞年　一週年。㉑懷經負笈　懷裡揣著經書，背上背著書箱。笈，書箱。㉒雲會　如大風吹雲之來會，極言其來人之多、之快。㉓循　賀循，東晉初期的江南名士，也是當時當地的儒學首領。傳見《晉書》卷六十八。㉔會稽雲門山　會稽郡的雲門山，在今浙江紹興城南三十一里，山上有雲門寺，南齊時代的隱士何胤即隱居於此。㉕從

何胤受業　去跟著何胤上學。何胤是劉宋官僚何尚之的後代，與其兄何點都是當時有名的隱士。事見《南齊書・高逸傳》。受業，聽老師講課。㉖經明行脩　經書學得透徹，品行修得到家。㉗具以名聞　把他們的姓名報到朝廷。㉘博士祭酒　太學的行政負責人，猶如今之校長。㉙夏侯道遷　譙郡人，譙郡的郡治即今安徽亳州。因譙郡當時是諸侯國和封地，故不稱郡而稱國。夏侯道遷原為南齊將領，後投魏國，其後又反覆無常，多次叛服於南朝北朝之間。傳見《魏書》卷七十一。㉚裴叔業原是南齊名將，任豫州刺史，駐兵壽陽。因南齊末年政局險惡，後來率壽陽人投歸魏國。傳見《南齊書》卷五十一。㉛南譙齊郡名，郡治在今安徽巢縣東南。㉜王肅鎮壽陽　王肅是南齊官僚王奐之子，王奐被齊武帝蕭賾所殺，死不以罪，王肅逃往魏國，深受孝文帝寵信，出將入相，在裴叔業降魏後，代裴叔業鎮守壽陽。傳見《魏書》卷六十三。㉝合肥　合肥戍，當時魏國的軍事據點名，在今合肥東南側。㉞棄戍來奔　丟下魏國的據點，轉身投降了梁朝。㉟梁秦二州刺史　梁國的梁、秦二州共設一個刺史，州治南鄭，即今陝西漢中。梁州的轄境在今陝西秦嶺以南，而秦州的轄區則基本都在魏國的佔領下，南朝虛設其名而已。㊱王珍國　原是南齊的重要將領，在蕭衍進攻建康的關鍵時刻，王珍國率部歸順蕭衍，被蕭衍封侯。傳見《梁書》卷十七。㊲江悅之　先後曾為劉宋之將、南齊之將，又為蕭衍之將，最後與夏侯道遷一同投降魏國。傳見《魏書》卷七十一。㊳仇池鎮將楊靈珍叛魏來奔　事見本書卷一百四十一永泰元年。仇池是魏郡名，郡治在今甘肅成縣西北、西和東南。㊴假武都王　臨時代任武都王。武都是魏郡名，郡治在甘肅武都東南側。㊵白馬戍　在今陝西勉縣西。㊶楊紹先　前氐王楊集始之子，襲其父爵稱武興王。紹先年幼，二叔父集起、集義為紹先主事。㊷豫州刺史　魏國的豫州州治即今河南汝南縣。㊸豐縣侯　封地即今江蘇豐縣。㊹梁漢　即今陝西的漢中一帶地區，當時的漢中既是漢中郡的郡治所在地，又是梁州的州治所在地。㊺受平南二句　接受了平南將軍的稱號，不接受豫州刺史的職務。因為夏侯道遷希望做梁州刺史。㊻辛亥　正月初九。㊼上祀南郊　皇帝蕭衍到南郊祭天。㊽乙丑　正月二十三。㊾高陽王雍　元雍，孝文帝元宏之弟，宣武帝之叔。傳見《魏書》卷二十一上。㊿廣陽王嘉　元嘉，太武帝拓跋燾之孫，拓跋建之子。傳見《魏書》卷十八。(51)二月丙子　二月初五。(52)宕昌　當時的少數民族小國名，羌族，居住在今甘肅白龍江上游一帶。傳見《魏書》卷一百一。(53)世子梁彌博　老宕昌王的太子名叫梁彌博。世子，義同太子，老國君的接班人。(54)壬午　二月十一。(55)楊公則　蕭衍的開國元勳，先為蕭衍取得了湘州，又在攻建康的戰鬥中功勞巨大，第一批被封為侯爵。傳見《梁書》卷十。(56)洛口　洛澗入淮的匯口，在今安徽淮南市東北。(57)壬辰　二月二十一。(58)交州　梁朝的州名，轄境大體都在越南境內，州治龍編，在今越南河內東北。(59)長史　當時州刺史的高級僚屬，為諸史之長。(60)晉壽　梁郡名，郡治在今四川劍閣東北。(61)石亭　軍事據點名，在晉壽城西。(62)梁秦二州刺史州治即今漢中。[63]巴西　梁郡名，郡治即今四川綿陽。[64]閏月　指閏二月。[65]四月丁巳　四月十七。[66]行宕昌王　代理宕昌王。此前梁彌博雖已自稱宕昌王，但還未得到梁的照準，所以先稱「行」。按，此時之宕昌既附魏，又附梁，獲兩處的封爵。[67]河涼　今甘肅境內的古代二州名，河州的州治枹罕，在今臨夏東北，涼州的州治即今武威。河、涼二州均在魏國的統治下，梁指之以封梁彌博，可笑。[68]深杭　梁地名，方位不詳。[69]南安　梁郡名，郡治即今四川劍閣。[70]石同　梁地名，方位不詳。[71]劍閣　劍閣道，山路名，在今四川劍閣東北，是川陝間主要通道，自古是軍事交通要地。[72]梓潼　梁縣名，即今四川梓潼。[73]梁州十四郡地　胡三省曰：「蕭子顯〈齊志〉，梁州注籍者二十二郡，荒郡不與焉。今魏取十四郡。」[74]鄧元起　蕭衍的開國功臣，第一批獲封侯者，此時剛剛取代劉季連任益州刺史。傳見《梁書》卷十。[75]西昌侯淵藻　蕭淵藻，蕭衍之姪，蕭衍兄蕭懿的兒子。蕭懿傳見《梁書》卷二十三。[76]軍不猝至　救援之軍不可能短時間來到。猝，突然；短時間。[77]侵淫　逐漸向益州境內推進。[78]董督之任　總指揮的責任。[79]假　臨時授予，讓其暫時代理。[80]營還裝　料理返京的行裝。[81]取之無遺　意即想全部裹挾帶走。[82]求其良馬　向蕭淵藻討要他所騎乘的好馬。[83]郎子　猶言「郎君」，對主人家子弟的稱呼。蕭淵藻是皇族子弟，鄧元起是蕭衍的部將，如此稱呼，表面像是客氣，其實是倚老賣老。[84]詣闕訟之　到朝廷為鄧元起辯冤。闕，宮門，這裡即指朝廷。訟，申訴。[85]元起為汝報讎　蕭淵藻之父蕭懿是被東昏侯蕭寶卷所殺，鄧元起協同蕭衍起兵殺了蕭寶卷。[86]汝為讎報讎　你卻殺了殺蕭寶卷的人。[87]李延壽論曰　以下所引見《南史》卷五十五。李延壽，唐代歷史家，著有《南史》、《北史》，其事跡見新、舊《唐書》本傳。[88]勤乃胥附　殷勤地忠於蕭衍，對破郢州的朝廷軍頗有功勞。胡三省引毛萇語：「幸下親上曰胥附。」[89]功惟闢土　有開拓疆土的功勞。惟，虛詞。鄧元起很早就被任為益州刺史，在原刺史劉季連據蜀觀望時，鄧元起有平定蜀地之功。[90]勞之不圖　有功勞還沒有受到朝廷的獎賞。[91]禍機先陷　就已經陷入災難被殺了。按，李延壽此評不合實際。胡三省曰：「元起養寇自資，雖淵藻以私憤殺之，亦不為無罪也。」[92]冠軍之貶　殺人者蕭淵藻只被貶為冠軍將軍。[93]私戚　偏袒自己的親屬。[94]年之不永　王朝的命運不長，只存在了五十四年。[95]年未弱冠　年齡不到二十歲，尚未行加冠禮。古時男子二十歲行加冠禮，稱之「弱冠」，蓋謂雖已加冠而實尚弱也。[96]平肩輿　軟轎，即今所謂「滑竿」。[97]巡行賊壘　在敵兵的營盤前巡視而過。壘，營盤；營寨。[98]舉楯禦矢　舉起盾牌為淵藻擋箭。楯，同「盾」。禦，遮擋。[99]六月庚戌　六月十一。[100]初立孔子廟　謂梁朝始下令立孔子廟，二百多年來所未有也。[101]豫州刺史　此時梁國的豫州州治在晉熙郡的郡治皖城，即今安徽潛山縣。[102]小峴　軍事據點名，在今安徽含山縣西北，當時屬魏。[103]丁卯　六月二十八。[104]薛真度　劉宋名將薛安都之子，因宋明帝的錯誤處置使薛安都率徐州降魏。薛真度此時在魏任楊州刺史。魏國的楊州州治即今安徽壽縣。[105]涪城　涪縣縣城，在今四川綿陽東南，當時為梓潼郡的郡治所在地。[106]八月壬寅　八月初四。[107]雍州　梁州名，州治即今湖北襄樊之襄陽區，其漢水對面的樊城區，早在幾年前已被魏人佔據。[108]庚戌　八月十二。[109]壬子　八月十四。[110]甲寅　八月十六。[111]羊石　也作「陽石」，在今安徽舒城西北。[112]馬頭　梁國的北方軍事要地名，也是郡名，在今安徽蚌埠西南、淮南市東北。[113]沔東　梁郡名，胡三省曰：「考之《北史》，青喜所據之地蓋在襄陽之東，竟陵之西。」[114]西序　殿西側的廊簷下。胡三省曰：「殿廡曰序。」[115]崔光　魏國的文學之臣，受知於孝文帝、宣武帝二代，任侍中，加撫軍將軍。傳見《魏書》卷六十七。[116]墟落　廢棄人跡罕至之處。[117]扶疏　繁茂紛披的樣子。[118]生朝　生於朝堂之上。[119]入廟　進入人的祖廟。[120]敗亡之象　國破家亡的先兆。[121]太戊高宗　商代的兩位有功有德的帝王。太戊是帝雍己之弟，繼其兄位為帝。高宗指商王武丁，西元前一二五〇—前一一九二年在位。[122]懼災脩德　相傳太戊為帝時，有桑、穀共生於朝廷，一夜便長得有一搯（兩手合圍）那麼粗。有人主張祭祀它，太戊則採取了知懼而修德，於是怪樹死去，殷朝以興。又相傳武丁祭成湯時，有雉飛到鼎上鳴叫。對於這種怪現象，武丁勤政修德，結果國泰民安。以上二事皆見於《史記・殷本紀》。[123]家利而怪先　一個家族將要大吉大利時，可能開頭出現一些怪現象，這是一種很好的提醒。[124]國興而妖豫　一個國家將要興旺時，可能預先出現一些妖妄的東西，這對我們是很好的警告。妖豫，妖妄的東西預先產生。[125]西南二方　西指西南方的梁州、益州一帶的對梁國作戰；南指東南方淮河以南的對梁國作戰。[126]郊甸之內　郊甸，原指國都的郊區，古時國都百里之內稱「郊」，郊外稱「甸」。這裡即指魏國的本土，鞏固的統治區。[127]大旱踰時　乾旱的時間出奇地長。踰時，超過應有的節氣，接連數月。[128]莫此之甚　莫此為甚，沒有再比這個更嚴重的了。[129]承天育民者　指皇帝。古代統治者總說他們的統治是上承天命而來管轄黎民百姓的。育民，養民。不說是百姓養他，而說他養百姓，統治者的邏輯就是如此。[130]矜恤　哀憐。[131]側躬聳意　敬慎恐懼，不敢絲毫懈怠的樣子。側躬，反側。聳，通「悚」。敬懼。[132]惟新聖道　認真搞好您的方針大計，讓它日新月異地越來越好。惟，同「維」。發語詞。新，用如動詞。[133]節　控制；減少。[134]養方富之年　要好好保養您青年時代的身體。方富，指年輕，古人稱此曰「富於春秋」，時宣武帝元恪年二十一歲。古人特別警告這個年齡要戒之在酒、戒之在色。[135]魏祚　魏國的國運。[136]皇壽　您的壽命；您的健康。[137]於是　當時。[138]宴樂　安樂；縱情酒色。[139]九月己巳　九月初一。[140]元嵩　景穆帝拓跋晃之子、中山王元澄之弟。傳見《魏書》卷十二中。[141]十月丙午　十月初九。[142]柳惔　在齊為中書侍郎、梁秦二州刺史，因能及早地響應蕭衍起兵，入梁後為尚書右僕射。傳見《梁書》卷十二。[143]國租　各自封國的收入。[144]田穀　職田的收入。南朝的官吏都有一份祿米田，按官品等級分配，連陶淵明任彭澤縣令時都還有一份。[145]楊紹先　氐族頭領楊集始之子，繼其父位為武都王，但實權在其二叔楊集起、楊集義之手。傳見《梁書》卷五十四。146十一月戊辰朔　十一月初一是戊辰日。147楊椿　楊播之弟，二人皆孝文帝、宣武帝時代魏國的重要將領。傳見《魏書》卷五十八。148自上名籍　把自己的戶口冊獻給魏國，也就是表示歸順。149陸行既絕　陸路交通早已斷絕。按，從建康經襄陽西行，走陸路經漢中可到益州，但漢中此時已被魏人所佔，故此路不通。150惟資水路　只有靠著經長江一條水路。資，借助。151頃　不久前。152裙屐少年　猶言「紈絝子弟」，一個穿戴華美而無實才的年輕人。屐，木屐。153未洽治務　不熟悉為官治政的訣竅。154宿昔　過去的；舊有的。155據彼竟內　所佔益州之境的地盤。竟，同「境」。156方軌無礙　猶言大路暢通。方軌，兩車並行，極言道路之寬廣。157必無死理　一定不會為守成都而戰死。158庸蜀　皆古國名，蜀國的都城成都，庸國的都城上庸，在今湖北竹山縣西南。這裡即泛指西蜀及其周邊地區。159駑怯　軟弱膽小。160內省文吏　朝廷的文職官員。邢巒曾任中書侍郎、散騎常侍、尚書令等出入宮禁的官職，所以自稱「內省文吏」。內省，也作「禁省」。指宮中或朝廷裡。161頻有薄捷　屢獲小勝。這裡是謙詞。162民心懷服　益州的軍民都懷有歸服之心。163正以　只是因為。正，僅；只。164殷實　富足。165乞歸侍養　請求回家侍奉父母。166更聽後敕　再等待朝廷日後的命令。167寇難未夷　敵寇之亂尚未平定。168鄧艾鍾會　都是當年曹魏滅掉西蜀的將領。傳並見《三國志》卷二十八。169傾花盡；消耗完。170鬭實力　是雙方拼鬥實力的結果。171才非古人　沒有鄧艾、鍾會那樣的才幹。這裡是謙詞。172正以　就是因為；實在是因為。正，的確；實在。表示肯定的強調語氣。173此往則易　現在動手會比較容易。174彼來則難　蕭衍的援軍從東方前來，那是很艱難的。175任力而行　憑著我們的力量向前推進。176脫得涪　如果一旦攻下涪城。177成擒之物　已經擒獲之物，意思是定可攻下。178鬢髮中白　頭髮有一半已經變白了。179何可為心　這該是何等艱難的一種心情啊。180勉強　堅持努力；堅決挺住。181意筭　打算。182中分益州之地　佔有了益州地區的一半。183斷水陸之衝　佔據了益州水陸交通的要衝。184軍軍相次　駐軍與駐軍之間佔好位置。185聲勢連接　各據點之間建立好相互聯絡、相互支援的體系。186圖功　圖謀進取成功。187巴西　蜀郡名，郡治即今四川綿陽，在當時的涪城西北，相距很近。188南鄭　即今陝西漢中，當時魏國梁、漢都督府的駐地，邢巒鎮西將軍的大本營。189去州迢遞　與南鄭的刺史府、督軍府相隔太遠。迢遞，路途遙遠的樣子。190恆多擾動　常有一些騷擾、動亂。191在南之日　在南齊王朝的時候。192統綰　統轄、管理。綰，意思同「管」。193曾立巴州　事在齊高帝蕭道成建元二年，當時因「群蠻數為叛亂，分荊、益置巴州以鎮之」，州刺史兼任巴東太守，州治即在巴東，今重慶市奉節。後於齊武帝永明二年廢除。194夷獠　當時生活在梁、益地區的少數民族名。195梁州藉利　梁州的官員不顧利歸他人。因為建新州要割梁州之地，故而反對。藉利，圖利。藉，憑藉；貪圖。196因而表罷　於是上表請求撤銷了巴州。197彼土民望　那個地區的頭面人物。(198)雖率居山谷　雖然彼此都是住在山谷裡。率，相率；彼此都是。(199)豪右　有勢力的大家族。(200)文學風流　文化修養高，能從事文學、教育並能影響一方的人物。(201)不獲仕進　沒有機會進入官場。(202)州綱　州裡的高級僚屬，如長史、別駕、治中等。綱，綱紀；骨幹。(203)無由廁迹　沒法讓他們置身其間。廁迹，插足；置身。(204)鬱怏　鬱悶不樂；心懷不滿。(205)多生異圖　製造了許多事端。(206)道遷建義　指夏侯道遷率梁州降魏。(207)仍使行事　仍在讓他代理巴州刺史的職務。(208)於彼立州　在巴西郡設立巴州。(209)鎮攝華獠　鎮撫華夏人與土著的蠻夷。華，指漢族人與魏國人。(210)大帖民情　大順民意。(211)墊江已還　這裡指墊江以西。墊江，梁縣名，縣治即今重慶市。當時為巴郡的郡治所在地。(212)來奔　來投降梁朝。(213)豪右　豪門大族。(214)公事諮承　僚屬有公務向他請示報告。(215)以城來降　帶著巴西郡投降了梁國。(216)十二月庚申　十二月二十四。(217)武興氐　武興郡的氐族，即前文所說的楊紹先、楊集起、楊集義等人。(218)母憂　母親去世。古代凡有父母之喪，其子居官者例皆辭官回家守孝。(219)大穰　糧食大豐收。

【校　記】[1]江悅之　原誤作「江忱之」。嚴衍《通鑑補》改作「江悅之」，今據以校正。[2]人　據章鈺校，十二行本、乙十一行本、孔天胤本「人」上皆有「餘」字。[3]獨　原無此字。據章鈺校，十二行本、乙十一行本皆有此字，今據補。[4]深杭　據章鈺校，十二行本、乙十一行本，皆作「深阬」，張瑛《通鑑校勘記》同。[5]當陽侯　原無此三字。據章鈺校，十二行本、乙十一行本皆有此三字，張敦仁《通鑑刊本識誤》、張瑛《通鑑校勘記》同，今據補。[6]數萬　原無此二字。據章鈺校，十二行本、乙十一行本、孔天胤本皆有此二字，張敦仁《通鑑刊本識誤》同，今據補。[7]高宗　原作「中宗」。嚴衍《通鑑補》改作「高宗」，今據以校正。[8]進　據章鈺校，十二行本、乙十一行本、孔天胤本皆無此字。[9]竟　據章鈺校，十二行本、乙十一行本、孔天胤本皆作「境」。[10]圖　據章鈺校，十二行本、乙十一行本皆作「啚」。

【語　譯】高祖武皇帝二

天監四年（乙酉　西元五〇五年）

春季，正月初一日癸卯，梁武帝蕭衍下詔說：「西漢和東漢兩朝的進用賢人，無非就是以儒家學說治國安邦的理論與學說為標準，凡是能夠按照儒家學說嚴格要求自己並身體力行的人，就能夠名揚四海，事業成功。魏、晉兩朝崇尚虛浮放蕩的老莊一派，從而導致了儒家學派的沒落與衰敗，沒有人再去講究和實踐儒家仁義禮智信的思想，儒家所提倡的良好風氣和人格樹立不起來，就是因為這個原因。現在應該在太學裡設置講授儒家《詩》、《書》、《禮》、《易》、《春秋》這五種經典的博士各一人，大規模地建造太學的教室和宿舍，招收年輕的學子到太學裡來學習。」於是將當時著名的儒生賀瑒以及平原縣人明山賓、吳興郡人沈峻、建平人嚴植之增補為博士，讓他們各自主持一個學館，每個學館都有幾百名學生，這些學生的伙食全部由國家供給，考試時對考試題目回答得清楚明白的考生就任用為官吏。在一年的時間裡，懷裡揣著儒家經典、背上背著書箱的人就像風起雲湧一樣向京城建康彙集。賀瑒，是賀循的玄孫。朝廷又選派一些學生前往會稽郡的雲門山跟隨何胤讀書學習，讓何胤從自己的學生當中挑選那些經書學得透徹、品行修養到家的學生，把他們的姓名報到朝廷。朝廷還將在太學中擔任博士祭酒的人分別派到各州各郡進行巡視，檢查那裡的辦學情況。

當初，譙國人夏侯道遷以輔國將軍的身分跟隨著豫州刺史裴叔業駐兵壽陽，在擔任了南譙太守之後，因為與裴叔業產生了矛盾，於是就獨自一人騎著馬投降了魏國。魏國任命夏侯道遷為驍騎將軍，跟隨王肅鎮守壽陽，王肅派夏侯道遷鎮守合肥。王肅去世之後，夏侯道遷放棄了自己的職守轉身又投降了梁國，跟隨擔任梁、秦二州刺史的莊丘黑鎮守南鄭，莊丘黑任命夏侯道遷為長史，兼任漢中太守。莊丘黑去世之後，梁武帝下詔任命擔任都官尚書的王珍國為梁、秦二州刺史，王珍國還沒有到任，夏侯道遷又暗中與擔任一支軍隊頭領的考城縣人江悅之等密謀投降魏國。

此前，魏國擔任仇池鎮將的楊靈珍背叛魏國前來投奔梁國，梁國朝廷任命楊靈珍為征虜將軍、代理武都王，協助守衛漢中。楊靈珍手下有六百人的私人武裝，夏侯道遷很懼怕楊靈珍。梁武帝派遣自己身邊的親信吳公之等出使南鄭，夏侯道遷殺死了吳公之等朝廷使者，又出兵襲擊楊靈珍父子，把楊靈珍父子斬首，然後將楊靈珍父子的人頭連同使者吳公之的人頭一同送到了魏國。梁國擔任白馬軍事據點駐軍首領的尹天寶聽到消息之後，立即率軍攻打夏侯道遷，把夏侯道遷的部將龐樹打敗，然後率軍包圍了南鄭。夏侯道遷向氐族人首領楊紹先、楊集起、楊集義求救，三個人都沒有出兵相救，只有楊集義的弟弟楊集朗獨自率軍前往救援夏侯道遷，攻打尹天寶，把尹天寶殺死。魏國任命夏侯道遷為平南將軍、豫州刺史、豐縣侯。又任命擔任尚書的邢巒為鎮西將軍、都督征梁、漢諸軍事，率軍前往接管南鄭。夏侯道遷接受了平南將軍的稱號，沒有接受豫州刺史的職位，夏侯道遷請求魏國朝廷封自己為公爵，魏宣武帝沒有同意。

正月初九日辛亥，梁武帝到建康南郊舉行祭祀典禮，實行大赦。〇二十三日乙丑，魏國任命擔任驃騎大將軍的高陽王元雍為司空，加授擔任尚書令的廣陽王元嘉為開府儀同三司。

二月初五日丙子，魏國任命宕昌國王的繼承人梁彌博為宕昌王。〇梁武帝謀劃出兵討伐魏國，十一日壬午，派遣擔任衛尉卿的楊公則率領禁衛軍封鎖了洛澗入淮的匯口。〇二十一日壬辰，梁國擔任交州刺史的李凱佔據交州造反，擔任交州長史的李畟率軍平定了李凱的叛亂。

魏國邢巒到達漢中地區，他率軍攻打那些拒絕向魏國投降的各城軍事據點的梁國守軍，所向披靡，無不被他攻克。梁國擔任晉壽太守的王景胤佔據了晉壽城西的軍事據點石亭，邢巒派遣屬下擔任統軍的李義珍打跑了王景胤。魏國朝廷任命邢巒為梁、秦二州刺史。梁國擔任巴西太守的龐景民據守巴西郡不肯向魏軍投降，巴西郡中的百姓嚴玄思聚集民眾自稱巴州刺史，歸附了魏國，並率眾攻打巴西太守龐景民，把龐景民殺死。氐族首領楊集起、楊集義聽到魏國的軍隊已經攻佔了漢中的消息之後非常恐懼，閏二月，楊集起、楊集義率領氐族各部落背叛了魏國，他們切斷了魏國往漢中地區運送糧食的道路，邢巒多次派兵打敗楊集起、楊集義。

夏季，四月十七日丁巳，魏國朝廷任命代理宕昌王梁彌博為河、涼二州刺史、宕昌王。〇梁國擔任冠軍將軍的孔陵等人率領二萬軍隊據守深杭，魯方達率軍據守南安郡，任僧褒等率軍據守石同，共同抗拒魏軍的入侵。邢巒派遣擔任統軍的王足率軍逐個地進攻他們，所到之處無不告捷，遂進入劍閣道。冠軍將軍孔陵等退到梓潼縣進行堅守，王足率軍乘勝前進，又向梓潼發動攻擊，將梓潼縣攻克。梁國管轄之下的梁州一共有十四個郡，東西寬七百里，南北長約一千里，此時便全部併入了魏國的版圖。

當初，梁國擔任益州刺史的當陽侯鄧元起以自己的母親年紀已老為藉口請求回京侍奉母親，梁武帝於是下詔徵調鄧元起回京擔任右衛將軍，任命西昌侯蕭淵藻代替鄧元起擔任益州刺史。蕭淵藻，是蕭懿的兒子。夏侯道遷背叛梁國的時候，尹天寶派使者飛馬趕往成都向擔任益州刺史的鄧元起報告。等到魏軍進攻晉壽，擔任晉壽太守的王景胤等全都派使者向鄧元起告急求救，眾人都勸說鄧元起趕緊派兵前往救援，鄧元起說：

「朝廷遠在萬里之外，救援的軍隊不可能在短時間之內到達，如果賊寇逐漸向益州境內推進，才需要我們出兵去討伐他們、消滅他們，總指揮的責任，除去我以外還有誰能夠擔任？我何必非要急急忙忙地去解救他們？」梁武帝下詔臨時授予鄧元起為都督征討諸軍事，率軍前往解救漢中，而此時晉壽郡已經落入魏軍之手。蕭淵藻即將到達成都，鄧元起於是開始料理回京的行裝，他準備把益州所儲存的所有糧食、器械，全部帶走，一點也不給蕭淵藻留下。蕭淵藻進入成都城，對鄧元起的行為非常痛恨。鄧元起又向蕭淵藻索要他所騎乘的良馬，鄧元起說：「一個年少的郎君，哪裡用得著騎這樣的好馬！」蕭淵藻非常氣憤，就趁著鄧元起喝醉了酒，把鄧元起殺了。鄧元起的部下包圍了益州城，他們痛哭著質問蕭淵藻為什麼要殺死鄧元起，蕭淵藻說：「我是奉了皇帝的命令殺死鄧元起的。」眾人這才散去。蕭淵藻於是汙衊鄧元起想要造反，梁武帝對此種說法深感懷疑。鄧元起的舊部下廣漢人羅研到朝廷為鄧元起辯冤，梁武帝說：「果然像我所估計的那樣。」於是派使者前往成都責備西昌侯蕭淵藻說：「鄧元起協同我起兵殺死了蕭寶卷為你報了殺父之仇，你卻殺了鄧元起為你的仇人蕭寶卷報了仇，你是如何遵守忠孝之道的呢？」於是將蕭淵藻貶為冠軍將軍，追贈鄧元起為征西將軍，諡號為忠侯。

唐代的歷史家李延壽評論說：「鄧元起殷勤地效忠於梁武帝，又有開拓疆土的功勞，有功勞還沒有得到朝廷的獎賞，就已經陷入災難被殺。殺死鄧元起的蕭淵藻只被貶為冠軍將軍，對蕭淵藻的這種懲罰未免是太輕了些，梁國的政治刑法，在這件事情上已經失去公正。梁武帝偏袒自己親屬的行為，就從此開始了，梁國的政權所以沒有維持多久，不是理所應當的嗎？」

梁國管轄之下的益州百姓焦僧護聚集了數萬人造反，蕭淵藻年齡還不滿二十歲，他召集僚佐進行商議，想要親自帶兵去平息焦僧護的叛亂。有人認為不可以，蕭淵藻於是大怒，立即就在臺階旁邊把那個不贊成他意見的人殺死了。蕭淵藻坐著由兩人抬著的軟轎在賊軍的營壘前巡視而過，賊軍弓箭亂射，矢下如雨，跟隨蕭淵藻的人全都舉著盾牌為蕭淵藻遮擋射過來的箭，蕭淵藻命令去掉盾牌。因為這個原因民心才算真正安定下來，蕭淵藻於是出兵進攻焦僧護等，把焦僧護的叛亂全部鎮壓下去。

六月十一日庚戌，梁國開始下令建立孔子廟。〇梁國擔任豫州刺史的王超宗率軍包圍了魏國設在小峴的軍事據點。二十八日丁卯，魏國擔任楊州刺史的薛真度派遣兼任統軍的李叔仁等攻打王超宗，把王超宗打得大敗。〇梁國擔任冠軍將軍的王景胤、李畎、擔任輔國將軍的魯方達等繼續率軍與魏國擔任統軍的王足交戰，卻屢戰屢敗。秋季，七月，王足率領魏軍逼近了涪縣縣城。

八月初四日壬寅，魏國的中山王元英率領一支魏軍進攻梁國的雍州。〇十二日庚戌，梁國擔任秦、梁二州刺史的魯方達與魏將王足屬下的統軍紀洪雅、盧祖遷作戰失敗，魯方達等十五位將領全部戰死。十四日壬子，冠軍將軍王景胤等又與盧祖遷交戰，失敗，王景胤等二十四位將領全部陣亡。

梁國擔任衛尉卿的楊公則奉命率領禁衛軍到達了洛澗入淮的匯口處，他率軍與魏國擔任豫州長史的石榮交戰，把石榮殺死。八月十六日甲寅，梁國的將軍姜慶真與魏軍在羊石作戰失利，楊公則得知消息後率軍撤退到馬頭駐紮。〇出身於雍州少數民族的沔東太守田青喜叛變，投降了魏國。

魏國太極殿西側的廊簷下長了一棵靈芝，魏宣武帝元恪遂指給擔任侍中的崔光看，崔光於是上表給宣武帝認為「這就是《莊子》一書中所說的『氣蒸成菌』之類的現象。柔軟脆弱的菌類，本來應該生長在人跡罕到的雜草叢生而又潮溼的地方，不應該生長在高大而華麗的殿堂旁邊。如今殿堂西側的廊簷下忽然長出了靈芝，而且靈芝的頂部向四面張開，長得很茂盛，實在是一件非常怪異的事情。野生的樹木生於朝堂之上，野鳥飛入宗廟，古人都認為是國破家亡的先兆，所以商代有功德的兩位帝王太戊和武丁遇到怪異之事便知道懼怕而勤政修德，商朝的國運因此而繁榮、昌盛，這就是俗話所說的『一個家族將要興盛的時候，可能開始會出現一些怪現象，這是一種很好的提醒，一個國家將要興旺時，可能會預先出現一些妖妄的東西，這對我們是一個很好的警告』。如今西南方的梁州、益州一帶，東南方的淮河以南一帶的對梁作戰還沒有停止，魏國境內，乾旱的時間出奇的長，百姓勞苦，物資缺乏，沒有再比這個更嚴重的了，上承天命而來撫育百姓的皇帝應該憐憫百姓的苦難。我希望陛下對怪異現象的出現能夠引起敬畏和恐懼，對於國事絲毫不能懈怠，認真搞好您的方針大計，使國家發生日新月異的變化，越來越好，還要盡可能地減少夜間的飲酒之樂，好好保養自己富於春秋年華的身體，那麼魏國的國運就可以永久地昌盛不衰，皇帝的生命就可以壽比南山了。」當時，魏宣武帝正縱情於酒色，所以崔光在奏章中特別提到這一點。

九月初一日己巳，衛尉卿楊公則等率領梁軍與魏國的楊州刺史元嵩作戰，楊公則作戰失敗。○冬季，十月初九日丙午，梁武帝出動大軍討伐魏國，他任命擔任楊州刺史的臨川王蕭宏為都督北討諸軍事，任命擔任尚書右僕射的柳惔為副都督，王爵、公爵以下的大臣全都將自己封國的收入以及職田的收入拿出來資助軍餉。臨川王蕭宏把軍隊屯紮在洛口。○氐族人首領楊集起、楊集義兄弟二人擁立自己的姪子楊紹先為皇帝，自己稱王。十一月初一日戊辰，魏國朝廷派遣擔任光祿大夫的楊椿率軍前往武都討伐自行稱帝的楊紹先等。

魏國擔任統軍的王足率軍圍困了涪縣縣城，蜀地人感到非常的震驚和恐懼，益州城的守軍中有十分之二三投降了魏軍，普通居民中主動把自己的戶口冊獻給魏軍、表示願意歸順魏國的有五萬多戶。擔任梁、秦二州刺史的邢巒把蜀地的情況奏報給魏宣武帝，請求乘勝進兵，奪取梁國的蜀地，邢巒認為「建康與成都之間相距萬里之遙，陸路交通早已斷絕，只能依靠長江一條水路。梁國的水軍如果沿長江逆流西上去增援成都，沒有一年的時間根本無法到達，益州外無軍援，這是可以奪取成都的第一條理由；不久前益州經過了劉季連佔據成都造反，新任益州刺史鄧元起包圍成都攻打劉季連的一場戰亂，成都城內的物資儲備已經枯竭，官吏和百姓已經沒有了繼續堅守成都的決心，這是可以奪取成都的第二條理由；現在負責守衛成都的冠軍將軍蕭淵藻不過是一個穿戴華美而無真才實學的年輕人，根本不熟悉為官治政的訣竅，過去的有名將領，大多數已經被囚禁、被殺戮，如今蕭淵藻所任用的將領，都是蕭淵藻身邊的一些年輕人，這是可以奪取成都的第三條理由；蜀地所仗恃的，只有劍閣這道屏障，如今我軍攻克了南安，已經奪佔了這一險要之地，我軍所佔益州之境的地盤，已經有三分之一。從南安向涪縣縣城進軍，可以兩車並行、暢通無阻，他們前方的軍隊多次作戰失敗，後方的民眾已經失魂落魄，這是可以奪取成都的第四條理由；蕭淵藻是蕭衍的親姪子，是骨肉至親，他一定不會為固守成都而戰死，如果我軍攻克了涪縣縣城，蕭淵藻怎麼可能會在成都城中坐以待斃，他一定會望風逃竄。即使蕭淵藻敢於出城與我軍作戰，而上庸、西蜀一帶的士兵軟弱膽小，他們的弓箭不僅數量少，而且弓力又弱，這是可以奪取成都的第五條理由。我是朝廷的文職官員，並不熟悉行軍打仗方面的事情，全都依賴著軍中將士們盡心竭力，才多次獲得小勝。現在我軍已經突破了重重障礙，益州的軍民都懷有歸順之心，瞻望涪城、益州城，將其攻克只在早晚之間。只是因為軍中兵少糧缺，不適合繼續前進出擊，但是如果我們現在不能奪取涪城、益州城，以後再想奪取就非常困難了。更何況益州一向富足，擁有十萬戶人口，與壽春、義陽比起來，獲利將是後者的三倍。如果朝廷想奪取益州，眼下的機會就不要失去。如果朝廷只要求我們能夠保衛邊境，安定百姓，那麼我在這裡就沒有什麼事情可做，我請求回家去侍奉我的父母。」魏宣武帝下詔給邢巒說：「關於攻取蜀地的重大行動，要等待朝廷日後的命令。賊寇還沒有最後被消滅，你怎麼可以以侍奉父母為由而請求辭職呢？」邢巒又上表給宣武帝說「過去曹魏時期的鄧艾、鍾會率領十八萬軍隊，消耗了中國所有的物資儲備，才僅僅能夠平定蜀國，所以會是這樣，實際上是雙方拼鬥實力的結果。何況我的才能比不上古代的鄧艾、鍾會，怎麼可能憑藉著二萬軍隊就希望能夠平定蜀地呢？我現在所以敢於要這樣做，就是因為我軍現在已經佔領了險要地形，蜀地的士大夫、知識分子和百姓仰慕我軍的仁義，所以現在動手會比較容易，而蕭衍的援軍從遙遠的東方前來增援蜀地則很困難，憑著我們現有的力量向前推進，按理說是可以攻克益州的。現在王足已經率軍逼近涪城，如果我軍一旦攻下涪城，那麼益州就已經成了我們的囊中之物，只是在得到益州的時間上有早一點或晚一點的區別而已。而且梓潼縣已經有數萬戶居民歸順我國，朝廷怎能不派兵保衛他們！再有，像劍閣這樣的天險，我軍如果得而棄之，實在是太可惜了。我確實知道征戰討伐是很危險的事情，不宜輕舉妄動。我自從派兵奪取劍閣天險以來，頭髮都已經有一半變白了，每日每夜都處在戰爭的恐懼之中，這該是何等艱難的一種心境啊？我之所以能夠努力地堅持下來，是因為我軍既然已經佔領了此地，如果我主動退卻而不能堅守，是怕辜負了陛下封賞給我的爵位和俸祿。而且按照我的打算，正準備先奪取涪城，再逐漸向前推進。如果我軍攻佔了涪城，就佔有了益州轄區的一半，就佔據了益州水陸交通的要衝，蕭淵藻他們在外無援軍的情況下，困守成都一座孤城，如何能夠堅持長久呢？我現在準備讓各部軍與部隊之間佔好紮營的位置，建立起一種能夠相互聯絡、相互支援的體系，首先使自己能夠確保萬無一失，然後再圖謀進取，如果進取能夠獲得成功當然是再好不過，萬一不能獲得成功也可以使我軍得到保全。再有，巴西郡與南鄭之間，相距一千四百里，距離設在南鄭的梁、秦二州刺史府、督軍府路途遙遠，這一帶地區經常發生一些騷擾、動亂。過去巴西歸屬於齊國管轄的時候，因為對那裡的統轄、管理非常困難，所以曾經在齊高帝蕭道成建元二年分荊、益置巴州，以鎮壓生活在梁、益地區的夷、獠等少數民族的叛亂，梁州的官員不願意利益歸於他人，因而上表請求朝廷撤銷了巴州。那個地區的頭面人物，有嚴姓、蒲姓、何姓、楊姓，並非只有一個家族。雖然彼此都是居住在山谷裡，而有勢力的大家族非常多，文化修養高，能從事文學、教育並影響一方的人，也為數不少。只是因為他們距離州府所在地非常遙遠，沒有機會進入官場，至於州裡的高級僚屬，他們更是無法置身其間，所以他們鬱悶不樂，心懷不滿，製造了很多事端。等到夏侯道遷率領梁州歸降我們魏國的時候，巴西郡的百姓嚴玄思便自稱巴州刺史，歸順了魏國，我軍攻克了巴州城以後，仍然讓嚴玄思擔任代理巴州刺史的職務。巴西地域廣袤千里，有四萬多戶居民，如果在那裡設立一個州，鎮撫那裡的漢族人與土著的少數民族，就會大順民心，這樣一來，從墊江縣以西，根本用不著再去出兵征討，自然就歸我國所有了。」宣武帝沒有聽從邢巒的建議。

先前的時候，魏宣武帝曾經任命王足為代理益州刺史。梁武帝派遣擔任天門郡太守的張齊率軍前往益州救援蕭淵藻，張齊所率領的援軍還沒有到達益州，魏宣武帝又改任擔任梁州軍司的泰山人羊祉為益州刺史。王足得知這個消息以後，心裡非常不滿意，就率領自己的部隊撤離了涪城，魏軍因此沒有能夠攻取涪城。很久以後，王足從魏國叛逃出來投降了梁國。邢巒在梁州對待那些豪門望族全都以禮相待，用恩惠安撫那裡的小民百姓，因此梁州的人都非常願意接受邢巒的統治。邢巒在攻克巴西的時候，派遣屬下擔任一支部隊頭領的李仲遷負責守衛巴西。李仲遷整日沉湎於酒色之中，把軍隊的儲蓄全都花費光了，僚屬想要向他請示彙報工作，根本都見不到他本人。邢巒對李仲遷的所作所為憤恨得咬牙切齒，李仲遷感到十分恐懼，於是就陰謀叛亂，城中的人把李仲遷殺死，獻出巴西郡城投降了梁國。

十二月二十四日庚申，魏國朝廷派遣擔任驃騎大將軍的源懷率軍前往吳興郡討伐叛亂的氐族首領楊集起、楊集義等，邢巒等人全都接受源懷的統一指揮和調遣。○梁國擔任司徒、尚書令的謝朏因為母親去世而辭去職務在家為母親守孝。○這一年，梁國的糧食獲得了大豐收，一斛米才賣三十個銅錢。

五年（丙戌　西元五〇六年）

春，正月丁卯朔❶，魏于后❷生子昌，大赦。○楊集義圍魏關城❸，邢巒遣[1]建武將軍傅豎眼❹討之，集義逆戰，豎眼擊破之；乘勝逐北❺，壬申❻，克武興❼，執楊紹先，送洛陽。楊集起、楊集義亡走，遂滅其國❽，以為武興鎮，又改為東益州❾。

乙亥❿，以前司徒謝朏為中書監⓫、司徒。○冀州⓬刺史桓和擊魏南青州⓭，不克。○魏秦州屠各⓮王法智聚眾二千，推秦州主簿⓯呂苟兒為主，改元建明，置百官，攻逼州郡。涇州⓰民陳瞻亦聚眾稱王，改元聖明。○己卯⓱，楊集起兄弟相帥降魏⓲[2]。○甲申⓳，封皇子綱⓴為晉安王㉑。

二月丙辰㉒，魏主詔王公以下直言忠諫。治書侍御史陽固㉓上表，以為「當今之務，宜親宗室、勤庶政、貴農桑、賤工賈，絕談虛窮微之論㉔，簡桑門㉕無用之費，以救飢寒之苦。」時魏主委任高肇，疏薄㉖宗室，好桑門之法，不親政事，故固言及之。

戊午[27]，魏遣右衛將軍元麗[28]都督諸軍討呂苟兒。麗，小新成之子也。○乙丑[29]，徐州刺史歷陽昌義之[30]與魏平南將軍陳伯之戰於梁城[31]，義之敗績。○將軍蕭昞將兵擊魏徐州，圍淮陽[32]。

三月丙寅朔[33]，日有食之。○己卯[34]，魏荊州[35]刺史趙怡、平南將軍奚康生救淮陽。

魏咸陽王禧之子翼，遇赦求葬其父[36]，屢泣請於魏主，魏主不許。癸未[37]，翼與其弟昌、曄來奔[38]。上以翼為咸陽王，翼以曄嫡母李妃之子也，請以爵讓之，上不許。○輔國將軍劉思效敗魏青州刺史元繫於膠水[39]。

臨川王宏[40]使記室吳興丘遲[41]為書遺陳伯之曰：「尋[42]君去就之際[43]，非有他故，直以[44]不能內審諸己[45]，外受流言，沈迷猖蹶[46]，以至於此。主上屈法申恩[47]，吞舟是漏[48]，將軍松柏不翦[49]，親戚安居[50]，高臺未傾[51]，愛妾尚在[52]。而將軍魚游於沸鼎[53]之中，鷰巢於飛幕[54]之上，不亦惑乎？想早勵良圖[55]，自求多福。」庚寅[56]，伯之自壽陽、梁城擁眾[57]八千來降，魏人殺其子虎牙。詔復以伯之為西豫州[58]刺史；未之任[59]，復以為通直散騎常侍[60]。久之，卒於家。

初，魏御史中尉甄琛表稱：「周禮[61]，山林川澤有虞、衡[62]之官，為之厲禁[63]，蓋取之以時，不使戕賊[64]而已。故雖置有司[65]，實為民守之也。夫一家之長，必惠養[66]子孫。天下之君，必惠養兆民，未有為人父母而吝其醯醢[67]，富有羣生[68]而榷其一物[69]者也。今縣官[70]鄣護河東鹽池[71]而收其利，是專奉口腹而不及四體[72]也。蓋天子富有四海，何患於貧？乞弛鹽禁，與民共之！」錄尚書事勰[73]、尚書邢巒[74]奏，以為「琛之所陳，坐談則理高，行之則事闕[75]。竊[76]惟古之善治民者，必污隆隨時[77]，豐儉稱事[78]，役養消息[79]以成其性命[80]。若任其自生，隨其飲啄[81]，乃是芻狗萬物[82]，何以君為[83]？是故聖人斂山澤之貨[84]以寬田疇之賦[85]，收關市之稅[86]以助什一之儲[87]，取此與彼[88]，皆非為身，所謂資天地之產，惠天地之民也。今鹽池之禁，為日已久，積而散之[89]，以濟軍國，非專為供太官之膳羞[90]，給後宮之服玩。既利不在己，則彼我一也。然自禁鹽以來，有司多慢[91]，出納[92]之間，或不如法[93]。是使細民嗟怨，負販[94]輕議，此乃用之者[95]無方，非作之者[96]有失也。一日罷之，恐乖本旨[97]。一行一改，法若弈棋[98]。參論理要，宜如舊式[99]。」魏主卒從琛議，夏，四月乙未[100]，罷鹽池禁。

庚戌[101]，魏以中山王英為征南將軍、都督楊・徐二州諸軍事，帥眾十餘萬以拒梁軍，指授諸節度[102]，所至以便宜從事[103]。

江州刺史王茂將兵數萬侵魏荊州[104]，誘魏邊民及諸蠻更立宛州，遣其所署宛州刺史雷豹狼等襲取魏河南城[105]。魏遣平南將軍楊大眼都督諸軍擊茂，辛酉[106]，茂戰敗，失亡二千餘人。大眼進攻河南城，茂逃還。大眼追至漢水，攻拔五城。

○魏征虜將軍宇文福寇司州[107]，俘千餘口而去。

五月辛未[108]，太子右衛率張惠紹等侵魏徐州，拔宿預[109]，執城主馬成龍。乙亥[110]，北徐州刺史昌義之拔梁城。

豫州刺史韋叡[111]遣長史王超等攻小峴，未拔。叡行圍柵[112]，魏出數百人陳於門外，叡欲擊之，諸將皆曰：「向者輕來[113]，未有戰備，徐還授甲[114]，乃可進耳。」叡曰：「不然。魏城中二千餘人，足以固守，今無故出人於外[115]，必其驍勇者也，苟能挫之，其城自拔。」眾猶遲疑，叡指其節[116]曰：「朝廷授此，非以為飾，韋叡法不可犯也！」遂進擊之，士皆殊死戰，魏兵敗走，因急攻之，中宿[117]而拔，遂至合肥。

先是，右軍司馬胡景略[3]等攻合肥，久未下。叡按山川[118]，夜，帥眾堰肥水[119]，頃之，堰成水通，舟艦繼至[120]。魏築東、西小城夾合肥，叡先攻二城，魏將楊靈胤帥眾五萬奄至[121]。眾懼不敵，請奏益兵[122]，叡笑曰：「賊至城下，方求益兵，將何所及？且吾求益兵，彼亦益兵，兵貴用奇，豈在眾也！」遂擊靈胤，破之。叡使軍主王懷靜築城於岸以守堰，魏攻拔之，城中千餘人皆沒。魏人乘勝至堤下，兵勢甚盛，諸將欲退還巢湖[123]，或欲保三叉[124]，叡怒曰：「寧有此邪！」命取繖扇麾幢[125]，樹之堤下，示無動志。魏人來鑿堤，叡親與之爭，魏兵卻，因築壘於堤以自固。叡起鬭艦[126]，高與合肥城等，四面臨之，城中人皆哭，守將杜元倫登城督戰，中弩死。辛巳[127]，城潰，俘斬萬餘級，獲牛羊以萬數。

叡體素羸[128]，未嘗跨馬，每戰，常乘板輿[129]督厲將士，勇氣無敵。晝接賓旅，夜半起，筭軍書[130]，張燈達曙。撫循其眾，常如不及[131]，故投募之士爭歸之。所至頓舍館宇，藩牆皆應準繩[132]。

諸軍進至東陵[133]，有詔班師[134]。去魏城既近，諸將恐其追躡，叡悉遣輜重居前，身乘小輿殿後，魏人服叡威名，望之不敢逼，全軍[135]而還。於是遷豫州治合肥[136]。

壬午[137]，魏遣尚書亢逵[138]南拒梁兵。〇癸未[139]，魏遣征西將軍于勁節度[140]秦、隴諸軍[141]。〇丁亥[142]，廬江太守聞喜裴邃[143]克魏羊石城，庚寅[144]，又克霍丘城[145]。

六月庚子[146]，青、冀二州[147]刺史桓和克朐山城[148]。◯乙巳[149]，魏安西將軍元麗擊王法智，破之，斬首六千級。◯張惠紹與假徐州刺史宋黑水陸俱進，趣彭城，圍高塚戍[150]，魏武衛將軍奚康生將兵救之。丁未[151]，惠紹兵不利，黑戰死。◯太子統生五歲，能遍誦[152]五經。庚戌[153]，始自禁中出居東宮。

丁巳[154]，魏以度支尚書邢巒都督東討[155]諸軍事。◯魏驃騎大將軍馮翊惠公源懷[156]卒。懷性寬簡，不喜煩碎，常曰：「為貴人當舉綱維[157]，何必事事詳細？譬如為屋，但外望高顯，楹棟[158]平正，基壁完牢，足矣。斧斤[159]不平，斲削[160]不密，非屋之病也。」

秋，七月丙寅[161]，桓和擊魏兗州[162]，拔固城[163]。◯呂苟兒率眾十餘萬屯孤山[164]，圍逼秦州，元麗進擊，大破之。行秦州事李韶掩擊孤山，獲其父母妻子，庚辰[165]，苟兒帥其徒詣麗降。

兼太僕卿楊椿別討[166]陳瞻，瞻據險拒守。諸將或請伏兵山蹊[167]，斷其出入，待糧盡而攻之；或欲斬木焚山，然後進討。椿曰：「皆非計也。自官軍之至，所向輒克，賊所以深竄，正避死耳。今約勒[168]諸軍，勿更侵掠，賊必謂我見險不前。待其無備，然後奮擊，可一舉平也。」乃止屯不進。賊果出抄掠，椿復以馬畜餌之[169]，不加討逐。久之，陰[170]簡精卒，銜枚夜襲之，斬瞻，傳首[171]。秦、涇二州皆平。

戊子[172]，徐州[173]刺史王伯敖與魏中山王英戰於陰陵[174]，伯敖兵敗，失亡五千餘人。○己丑[175]，魏發定、冀、瀛、相、并、肆[176]六州十萬人以益[177]南行之兵。上遣將軍角念將兵一萬屯蒙山[178]，招納兗州之民，降者甚眾。是時，將軍蕭及[179]屯固城，桓和屯孤山[180]。魏邢巒遣統軍樊魯攻和，別將元恆攻及，統軍畢祖朽攻念。壬寅[181]，魯大破和於孤山，恆拔固城，祖朽擊念，走之。己酉[182]，魏詔平南將軍安樂王詮[183]督後發諸軍赴淮南。詮，長樂之子也。

將軍藍懷恭與魏邢巒戰于睢口[184]，懷恭敗績，巒進圍宿預。懷恭復於清南[185]築城，巒與平南將軍楊大眼合攻之，九月癸酉[186]，拔之，斬懷恭，殺獲萬計。張惠紹棄宿預[187]，蕭昞棄淮陽，遁還。

臨川王宏以帝弟將兵，器械精新，軍容甚盛，北人以為百數十年所未之有。軍次洛口，前軍克梁城，諸將欲乘勝深入，宏性懦怯，部分乖方[188]。魏詔邢巒引兵度淮，與中山王英合攻梁城。宏聞之，懼，召諸將議旋[189]師，呂僧珍[190]曰：「知難而退，不亦善乎！」宏曰：「我亦以為然。」柳惔曰：「自我大眾所臨，何城不服，何謂難乎？」裴邃曰：「是行也，固敵是求[191]，何難之避！」馬仙琕曰：「王安得亡國之言？天子掃境內以屬王[192]，有前死一尺，無卻生一寸！」昌義之怒，須髮盡磔[193]，曰：「呂僧珍可斬也！豈有百萬之師出未逢敵，望風遽退，何面目得見聖主乎！」朱僧勇、胡辛生拔劍而起[4]，曰：「欲退自退，下官當前向取死[194]。」議者罷出，僧珍謝諸將曰：「殿下昨來風動[195]，意不在軍[196]，深恐大致沮喪[197]，故欲全師而返耳。」宏不敢遽違群議，停軍不前。魏人知其不武[198]，遺以巾幗[199]，且歌之曰：「不畏蕭娘與呂姥[200]，但畏合肥有韋虎[201]。」虎，謂韋叡也。僧珍歎曰：「使始興、吳平為帥[202]而佐之[203]，豈有為敵人所侮如是乎！」欲遣裴邃分軍取壽陽，大眾停洛口，宏固執不聽，令軍中曰：「人馬有前行者斬！」於是將士人懷憤怒。魏奚康生馳遣楊大眼謂中山王英曰：「梁人自克梁城已後，久不進軍，其勢可見，必畏我也。王若進據洛水，彼自奔敗。」英曰：「蕭臨川雖騃[204]，其下有良將韋、裴[205]之屬，未可輕也。宜且觀形勢，勿與交鋒。」

張惠紹號令嚴明，所至獨克，軍于下邳[206]，下邳人多欲降者，惠紹諭之曰：「我若得城，諸卿皆是國人[207]；若不能克，徒使諸卿失鄉里[208]，非朝廷弔民[209]之意也。今且安堵復業[210]，勿妄自辛苦。」降人咸悅。

己丑夜[211]，洛口暴風雨，軍中驚，臨川王宏與數騎逃去。將士求宏不得[212]，皆散歸，棄甲投戈，填滿水陸，捐棄病者及羸老[213]，死者近五萬人。宏乘小船濟江，夜至白石壘[214]，叩城門求入。臨汝侯淵猷[215]登城謂曰：「百萬之師，一朝鳥散，國之存亡，未可知也。恐姦人乘間為變[216]，城不可夜開。」宏無以對，乃縋食饋之[217]。淵猷，淵藻[218]之弟也[5]。時昌義之軍梁城，聞洛口敗，與張惠紹皆引兵退[219]。

魏主詔中山王英乘勝平蕩東南，逐北至馬頭[220]，攻拔之，城中糧儲，魏悉遷之歸北。議者咸曰：「魏運米北歸，當不復南向。」上曰：「不然，此必欲進兵，為詐計耳。」乃命脩鍾離城[221]，敕昌義之為戰守之備[222]。

冬，十月，英進圍鍾離，魏主詔邢巒引兵會之。巒上表，以為「南軍雖野戰非敵[223]，而城守有餘。今盡銳攻鍾離，得之則所利無幾，不得則虧損甚大。且介在淮外[224]，借使束手歸順，猶恐無糧難守，況殺士卒[225]以攻之乎？又，征南士卒從戎二時[226]，疲弊死傷，不問可知。雖有乘勝之資，懼無可用之力。若臣愚見，謂宜脩復舊戍，撫循諸州，以俟後舉，江東之釁[227]，不患其無。」詔曰：「濟淮掎角[228]，事如前敕，何容猶爾盤桓[229]，方有此請[230]？可速進軍！」巒又表，以為「今中山[231]進軍鍾離，實所未解[232]。若為得失之計[233]，不顧萬全，直襲廣陵，出其不備，或未可知。若正欲[234]『以八十日糧取鍾離城[235]』者，臣未之前聞[236]也。彼堅城自守，不與人戰，城塹水深，非可填塞，空坐至春，士卒自弊。若遣臣赴彼[237]，從何致糧？夏來之兵[238]，不齎冬服，脫遇冰雪，何方取濟[239]？臣寧荷[240]怯懦不進之責，不受敗損空行之罪。鍾離天險，朝貴所具[241]，若有內應，則所不知；如其無也，必無克狀[242]。若信臣言，願賜臣停；若謂臣憚行求還，臣所領兵乞盡付中山，任其處分，臣止以單騎[243]隨之東西。臣屢更為將[244]，頗知可否，臣既謂難，何容強遣[245]？」乃召巒還，更命鎮東將軍蕭寶寅[246]與英同圍鍾離。

侍中盧昶[247]素惡巒，與侍中、領右衛將軍元暉[248]共譖之，使御史中尉崔亮彈巒在漢中掠人為奴婢。巒以漢中所得美女賂暉，暉言於魏主曰：「巒新有大功，不當以赦前[249]小事案[250]之。」魏主以為然，遂不問。

暉與盧昶皆有寵於魏主而貪縱，時人謂之「餓虎將軍」、「飢鷹侍中」。暉尋遷吏部尚書，用官皆有定價：大郡二千匹，次郡、下郡遞減其半，餘官各有等差，選者謂之「市曹[251]」。

丁酉[252]，梁兵圍義陽者夜遁[253]，魏郢州[254]刺史婁悅追擊，破之。○柔然庫者可汗[255]卒，子伏圖立，號佗汗可汗[256]，改元始平[257]。戊申[258]，佗汗遣使者紇奚勿六跋如魏請和。魏主不報其使[259]，謂勿六跋曰：「蠕蠕[260]遠祖社崙[261]，乃魏之叛臣[262]，往者包容，蹔聽通使[263]。今蠕蠕衰微，不及疇昔[264]，大魏之德，方隆周、漢[265]。正以江南未平，少寬北略[266]，通和之事，未容相許。若修藩禮[267]，款誠昭著者，當不爾孤[268]也。」

魏京兆王愉[269]、廣平王懷[270]國臣[271]多驕縱，公行屬請[272]，魏主詔中尉崔亮窮治之，坐死者三十餘人，其不死者悉除名為民。惟廣平右常侍[273]楊昱、文學[274]崔楷以忠諫獲免。昱，椿[275]之子也。

十一月乙丑[276]，大赦。詔右衛將軍曹景宗[277]都督諸軍二十萬救鍾離。上敕景宗頓道人洲[278]，俟眾軍齊集俱進。景宗固啓求先據邵陽洲尾，上不許。景宗欲專其功，違詔而進，值暴風猝起，頗有溺者，復還守先頓[279]。上聞之曰：「景宗不進，蓋天意也。若孤軍獨往，城不時立[280]，必致狼狽，今破賊必矣。」

初，漢歸義侯勢[281]之末，羣獠[282]始出，北自漢中，南至邛、笮[283]，布滿山谷。勢既亡，蜀民多東徙，山谷空地皆為獠所據。其近郡縣與華民雜居者，頗輸租賦[284]；遠在深山者，郡縣不能制。梁、益二州歲伐獠以自潤[285]，公私利之。及邢巒為梁州[286]，獠近者皆安堵樂業，遠者不敢為寇。巒既罷去，魏以羊祉為梁州刺史，傅豎眼為益州刺史。祉性酷虐，不得物情[287]。獠王趙清荊引梁兵入州境為寇，祉遣兵擊破之。豎眼施恩布信，大得獠和[288]。

十二月癸卯[289]，都亭靖侯謝朏[290]卒。◯魏人議樂[291]，久不決。

【章　旨】以上為第二段，寫梁武帝蕭衍天監五年（西元五〇六年）一年間的大事。主要寫了魏滅氏族楊氏，楊氏兄弟三人皆降魏，魏在武興設立東益州；寫魏國秦、涇二州的民變起而反魏，魏將元麗討破呂苟兒，楊椿又討破陳瞻，秦、涇二州皆平；寫魏將陳伯之敗梁將昌義之於梁城，梁國的文學之臣丘遲致書陳伯之，勸其回南，陳伯之遂擁壽陽、梁城之眾八千人歸梁；寫梁將韋叡進攻魏軍佔領之小峴，拔之；又進攻魏軍佔領之合肥，機智勇敢，亦攻拔之；寫梁將張惠紹、宋黑進攻徐州，被魏將奚康生打敗，宋黑戰死；寫梁徐州刺史王伯敖被魏將元英擊破於陰陵，失亡五千人；寫魏將邢巒破角念、蕭及、桓和於孤山、拔取固城；寫魏國發定、冀、瀛、相、并、肆六州十萬人以益南伐之兵，由魏將邢巒、元詮等率之南伐，邢巒、楊大眼等，破梁將藍懷恭於睢口，又追破藍懷恭於宿預，懷恭戰死、蕭昞棄淮陽南逃；寫蕭衍之弟蕭宏為統帥，率大軍進駐洛口，魏軍渡淮進攻梁城，蕭宏、呂僧珍畏敵欲退，諸將請戰，蕭宏不允，魏人贈之以巾幗，嘲之曰「蕭娘」、「呂姥」；結果又因夜間有暴風雨，蕭宏單身逃走，遂導致洛口的梁軍全部潰散，駐守在梁城的昌義之與駐軍下邳的張惠紹亦相繼撤退，魏人遂進擊而攻佔了梁城、馬頭城；與此同時，進圍義陽的梁軍聞洛口之潰敗，亦撤軍南逃，被魏人追敗之；寫魏將元英進圍鍾離城，魏主令魏將邢巒將兵會之，邢巒力陳魏師勞乏、鍾離不可取之狀，魏主不聽，改以蕭寶寅代邢巒領其軍會之；而此時梁國亦派曹景宗率兵救鍾離，駐兵於道人洲；此外還寫了魏臣盧昶與元暉勾結作惡，元暉為吏部尚書，定價賣官，人稱「市曹」，以及魏臣甄琛建議解除河東鹽禁，元詡、邢巒極言不可，魏主竟愚妄地從甄琛之議等等。

【注釋】❶正月丁卯朔　正月初一是丁卯日。❷于后　于皇后，于烈的姪女，于勁之女。傳見《魏書》卷十三。❸關城　陽平關城，在今陝西沔縣西白馬河入漢水處。❹傅豎眼　魏國名將，傅靈越之子。傳見《魏書》卷十三。❺逐北　追逐敗軍。❻壬申　正月初六。❼武興　郡名，郡治即今陝西略陽，當時屬於氐族楊氏。❽遂滅其國　胡三省曰：「晉惠帝元康六年，氐王楊茂搜始據仇池百頃，其後浸盛，盡有漢武都郡之地，北侵隴西、天水，南侵漢中。拓跋既興，取武都、仇池之地，楊氏僅據武興。今魏既取漢中，遂滅楊氏。」❾東益州　胡三省曰：「領武興、仇池、盤頭、廣長、廣業、梓潼、洛叢七郡。」❿乙亥　正月初九。⓫謝朏為中書監　謝朏原在南齊就是一個居官而不任事的庸俗官僚，後又進山稱隱士，上年應詔入梁為尚書令，遭母憂去職，今乃改授中書監。中書監是中書省的次長官。傳見《梁書》卷十五。⓬冀州　梁朝的冀州州治在今江蘇海州。⓭南青州　魏國南青州的州治在今山東沂水縣。⓮秦州屠各　秦州管轄區內的少數民族名，魏國的秦州州治即今甘肅天水市。屠各，匈奴族的一支。⓯主簿　州刺史的高級僚屬，為刺史掌管並起草文書。⓰涇州　州治在今甘肅涇川縣北。⓱己卯　正月十三。⓲相帥降魏　彼此一同投降了魏國。⓳甲申　正月十八。⓴皇子綱　蕭綱，蕭衍的第二子，昭明太子蕭統的同母弟，即後來的梁簡文帝。傳見《梁書》卷四。㉑晉安王　晉安郡王。封地晉安郡，郡治即今福州。㉒二月丙辰　二月二十一。㉓陽固　宣武帝時代的文學之臣。傳見《魏書》卷七十二。㉔談虛窮微之論　即南朝士大夫長期以來所盛行的談玄，內容即老莊、佛法、《周易》等等。談虛，即討論「有」與「無」的問題。窮微，深究細微的邏輯關係。㉕桑門　也作「沙門」，即指佛教、寺廟、僧尼等等。㉖疏薄　疏遠；不厚待。㉗戊午　二月二十三。㉘元麗　景穆帝拓跋晃之孫，濟陰王小新成之子。傳見《魏書》卷十九上。㉙乙丑　二月三十。㉚昌義之　原為南齊將領，入梁後為蕭衍名將，與魏作戰有功。傳見《梁書》卷十八。㉛梁城　梁郡的郡治所在地，在今安徽壽縣東北，鍾離西南，當時屬魏。㉜淮陽　魏郡名，郡治即今安徽睢寧。㉝三月丙寅朔　三月初一是丙寅日。㉞己卯　三月十四。㉟魏荊州　魏國的荊州州治即今河南魯山縣。㊱求葬其父　請求對其父葬之以禮。其父元禧前因謀反被殺，不得其葬，故其子請之。㊲癸未　三月十八。㊳來奔　前來投降梁國。㊴膠水　這裡指「北膠水」，源出山東諸城境，北流入萊州灣。㊵臨川王宏　蕭宏，蕭衍的六弟，被封為臨川王。傳見《梁書》卷二十二。㊶吳興丘遲　吳興是梁郡名，郡治即今浙江湖州。丘遲是當時著名的文學家，在齊為太中大夫、太學博士；入梁後因替人寫勸進文，受蕭衍喜愛，為中書侍郎，待詔文德殿。傳見《梁書》卷四十九。㊷尋　尋思；回想。㊸去就之際　在叛變梁朝、投歸魏國的時刻。㊹直以　只是因為。直，只。㊺內審諸己　好好地反思一下自己。審，細想。㊻沈迷猖蹶　猶今所謂一時的糊塗、蠻幹。猖蹶，蠻幹。㊼屈法申恩　寧可不顧法律，也要表現出不忘舊好。㊽吞舟是漏　法網之寬大，竟能讓吞舟的大魚也能跑出去。㊾松柏不翦　你們家的祖先墓地被保護得完好無損，連墓地上的松柏都沒有人動過。㊿親戚安居　你們家的親戚朋友都生活得平安無事，沒有因為你的降魏受到任何牽連。51高臺未傾　胡三省曰：「謂居第未嘗汙瀦，池臺如故也。昔雍門子見孟嘗君，吟曰：『高臺既已傾，曲池既已平，墳墓生荊棘，牧豎遊其上，孟嘗君亦如是乎？』孟嘗君為之喟然歎息。」52愛妾尚在　胡三省曰：「謂其婢妾猶守其家，不沒於官及流落於他家也。」53魚游於沸鼎　極言其處境之危險。54鷰巢於飛幕　語出《左傳》襄公二十九年：吳季札謂孫林父曰：「夫子之居此也，猶鷰之巢於幕上。」飛幕，飄動的帷幕。亦比喻其境況之危險。55早勵良圖　要及早想一條好的出路。勵，求；爭取。56庚寅　三月二十五。57擁眾　帶著兩個城鎮的部眾。58西豫州　梁州名，州治即今河南息縣。59未之任　還未等其前往上任。60復以為通直散騎常侍　胡三省曰：「不使之出當邊鎮，恐其復叛也。」61周禮　有關古代官制的一本書，儒家的經典之一，與《儀禮》、《禮記》合稱「三禮」。62虞衡　山虞、澤虞；林衡、川衡。都是《周禮》中的官名，管理山林、河流、湖澤及有關開發利用的事宜。63厲禁　修理、看管。64戕賊　破壞；損害。65置有司　委任管理此事的官員。66惠養　意即養育，為子孫造福。67吝其醯醢　吝惜家裡的油鹽醬醋，不給子孫們用。醯醢，醋與肉醬。68富有羣生　掌管著廣大的黎民百姓。69榷其一物　把某一種東西壟斷起來歸己掌握。榷，獨木橋，借用為「壟斷」之意，如榷酒、榷煙、榷鹽等等。70縣官　古稱國家、政府，有時也指皇帝。71鄣護河東鹽池　把河東郡的鹽池掌控起來。鄣護，設置關卡加以控制。河東，古郡名，相當於今山西運城一帶地區，其地有鹽池。72專奉口腹而不及四體　比喻只顧富了皇帝而不管黎民百姓的生活。73錄尚書事勰　元勰，時任錄尚書事，即以國家首輔之尊，而兼管尚書省的事務。74尚書邢巒　邢巒當時任尚書令，是尚書省的最高長官。75行之則事闕　真正執行起來則有很多問題。76竊　竊以為，謙詞。77污隆隨時　該高該低、該寬該嚴都要隨時局而定。污隆，高與低。污，通「窳」。低窪。78豐儉稱事　豪華點還是節儉點，都要根據客觀情況來定。豐，富裕；豪華。稱事，與客觀情況相稱。79役養消息　有時役使、有時護養，有時令其消除、有時令其生長。80以成其性命　以使其能盡天年。81隨其飲啄　像鳥獸一樣隨意生活。82芻狗萬物　把萬物當成芻狗般輕賤。芻狗，古時用草編結成的狗形，供祭祀用，用完即丟棄。也用來比喻輕賤無用之物。語出《老子》第五章：「天地不仁，以萬物為芻狗。」83何以君為　還要皇帝做什麼。84斂山澤之貨　徵收開發山林湖海的賦稅。85寬田疇之賦　以減少農業的稅收。86收關市之稅　徵收貨物流通、交易買賣中的稅收。關市，關卡、集市的稅收。87助什一之儲　以補助農業稅收之不足。什一，代指農業稅。收十斗，交一斗的公糧。漢代文帝、景帝時代有所謂十五稅一，三十稅一，那就被人稱作「聖世」了。88取此與彼　向某些行業索取，給某些行業提供補貼。89積而散之　積蓄起來再分散下去。90太官之膳羞　皇帝廚房的美味的食品。太官，為皇帝掌管伙食的官署。羞，美食。91多慢　不認真管理各方面的事務。92出納　一買入、一賣出；一花錢、一收錢。指經營管理工商業。93或不如法　有人就不按章程辦事。94負販　小商販。95用之者　執行政策、章程的人。96作之者　制定政策、章程的人。97恐乖本旨　恐怕就違背了制定政策的本意。98法若弈棋　意思是變來變去，沒有一定的方法。99宜如舊式　應按舊的章程不變。100四月乙未　四月初一。101庚戌　四月十六。102指授諸節度　指揮、授意給受節度的各路兵馬。103所至以便宜從事　所到之處一律因地制宜，先辦後奏。104魏荊州　州治在今河南鄧州。105河南城　河南郡的郡治所在地，胡三省以為應在今河南新野境內。106辛酉　四月二十七。107司州　梁國的司州州治義陽，即今河南信陽。但此時義陽已被魏人所佔，宇文福所攻掠者，乃梁司州之餘地也。108五月辛未　五月初七。109宿預　郡名，郡治在今江蘇宿遷東南。110乙亥　五月十一。111韋叡　在宋、齊時為地方官，蕭衍起事，韋叡積極投靠。蕭衍稱帝後，韋叡為廷尉，又為豫州刺史。傳見《梁書》卷十二。112行圍柵　巡視自己軍隊對小峴守軍的包圍圈。圍柵，圍敵之營壘所修的工事。113向者輕來　剛才我們是輕裝而來，意即未做進攻敵兵的準備。114徐還授甲　等我們回去換上鎧甲。115出人於外　把一些人擺在外頭。116節　此指旌節，皇帝授與大將或特使的信物，持此節者有生殺與臨時處置之權。117中宿　半夜。118按山川　考察合肥四周的山川形勢。119堰肥水　把肥水的下游截斷，令合肥附近的水位上漲。堰，堤壩，這裡用如動詞。120舟艦繼至　梁軍的船隻相繼到達合肥城下。121奄至　突然到來。122請奏益兵　請求奏明皇帝增派救兵。123漅湖　即今巢湖，在今安徽巢湖市西，合肥東南。124三叉　巢湖水分為三叉的地方。胡三省曰：「退保於此，利於入船，故眾欲之。」125繖扇麾幢　都是朝廷賜予韋叡的儀仗，以體現其地位與身分。126起鬭艦　建造了一種樓臺很高，易於和城上守軍作戰的大船。127辛巳　五月十七。128素羸　一向很瘦弱。129板輿　兩人抬著的椅子，類似所謂「滑竿」。130筭軍書　籌算行軍作戰的謀略計畫。131常如不及　唯恐做得不細不好。132皆應準繩　都符合國家的規定，意即從不追求豪華，奢侈浪費。133東陵　當時廬江金蘭縣的鄉鎮名。胡三省引《水經注》曰：「廬江金蘭縣西北東陵鄉大蘇山，灌水之所出也。」134有詔班師　胡三省曰：「班師之詔必在洛口師潰之後，史因書叡事而終言之。」135全軍　保全整個軍隊完好無損。136還豫州治合肥　梁國豫州的州治從此由晉熙郡遷到了合肥。137壬午　五月十八。138元遙　景穆帝拓跋晃之孫。傳見《魏書》卷十九上。139癸未　五月十九。140節

度　指揮、調度。141秦隴諸軍　秦州與隴山一帶的軍隊，魏國秦州的州治即今甘肅天水市，隴山在今陝西、甘肅、寧夏三省的交界處。142丁亥　五月二十三。143聞喜裴邃　聞喜是今山西西南部的縣名。裴邃原是南齊的官吏，隨裴叔業降魏，梁朝建國後，裴邃又逃回南朝，被任為廬江太守。傳見《梁書》卷二十八。144庚寅　五月二十六。145霍丘城　霍丘縣城，在今安徽壽縣東。146六月庚子　六月初七。147青冀二州　梁國的青、冀二州合設一個刺史，其州治僑設在今江蘇海州。148朐山城　在今海州的西南側，此時正被魏人所佔據。149乙巳　六月十二。150高塚戍　魏國的軍事據點名，在當時的彭城城西。高塚，又名楚元王塚。楚元王是漢高祖劉邦之弟，封為楚王，建都彭城。魏軍依其冢墓建立了軍事據點。151丁未　六月十四。152誦　本指讀，這裡指背誦。153庚戌　六月十七。154丁巳　六月二十四。155東討　指討伐梁國的馬頭、鍾離、合肥等一帶地區。156馮翊惠公源懷　魏國的名將源懷被封為馮翊郡公，死後謚為惠。157舉綱維　注意大節；注意大的方面。綱，拉網的總綱。維，繫物的大繩。158楹棟　猶今所謂「樑柱」，支撐房子不倒的關鍵所在。楹，立柱。棟，大樑。159斧斤　斧子，這裡指斧子所砍的痕跡。160斲削　這裡即指雕刻、裝飾。161七月丙寅　七月初三。162魏兗州　魏國兗州的州治在今山東兗州的西北側，當時也稱作瑕丘。163固城　又名「五固」，在今山東滕州東北，當時兗州的東南方。164孤山　地名，在當時秦州州治的上邽，即今甘肅天水市的附近。165庚辰　七月十七。166別討　另率一支軍隊出討。167山蹊　山間小路。168約勒　約束；管理好。169以馬畜餌之　故意丟給他一些馬匹做誘餌。餌，魚餌，這裡用作動詞。170陰　暗中；悄悄地。171傳首　將陳瞻的首級用傳車送到洛陽。172戊子　七月二十五。173徐州　此指梁國的北徐州，州治鍾離郡，在今安徽蚌埠東南不遠。174陰陵　梁縣名，縣治在當時的鍾離郡西南，今蚌埠東南。175己丑　七月二十六。176定冀瀛相并肆　魏之六州名，定州的州治即今河北定州，冀州的州治即今河北冀州，瀛州的州治即今河北的河間，相州的州治鄴城，在今河北臨漳西南，并州的州治在今太原西南側，肆州的州治在今山西忻州城北。177益　壯大。178蒙山　山名，在當時兗州的城東，今山東蒙陰的南部。179將軍蕭及　梁國的將軍蕭及。180孤山　地名，在今滕州東南。181壬寅　八月初十。182己酉　八月十七。183安樂王詮　元詮，文成帝拓跋濬之孫，安樂王拓跋長樂之子，繼其父之爵為王。傳見《魏書》卷二十。184睢口　睢水入泗水的匯口，在今江蘇宿預西北。185清南　清水之南。當時的泗水也稱清水。186九月癸酉　九月十一。187張惠紹棄宿預　胡三省曰：「此與後『張惠紹聞洛口敗，引兵退』，本一事耳。」188部分乖方　指揮不當，處置失宜。部分，指揮；處置。189旋　回；歸。190呂僧珍　蕭衍的開國元勳、心腹將領。傳見《梁書》卷十一。191固敵是求　所求的就是遇上敵人。192掃境內以屬王　掃盡了境內所有的人力物力交給您。掃，盡其所有。193須髮盡磔　鬍子眉毛全都張開豎起來。磔，張開。《廣雅・釋詁》：「磔，張也。」194前向取死　殺上前去尋求戰死。195昨來風動　昨晚得了中風。196意不在軍　心思不在打仗上。197大致沮喪　導致大的失敗。198不武　沒有勇氣；沒有氣魄。199遺以巾幗　送給他婦女的頭巾與髮飾。幗，婦女的頭飾。200蕭娘與呂姥　把蕭宏稱作蕭姑娘，把呂僧珍稱作呂老太太。201韋虎　姓韋的一隻虎，以稱合肥的梁國守將韋叡。202使始興吳平為帥　如果是讓始興王蕭憺或吳平侯蕭昞（亦作「蕭昺」）為統帥。始興王蕭憺是蕭衍的十一弟，自蕭衍未為帝時便勇武有戰功。傳見《梁書》卷二十二。至於吳平侯蕭昞，是蕭衍的堂弟，梁朝初期的名將。因唐人為李淵之父避諱，改「昞」字作「景」。事跡見《梁書》卷二十四。203而佐之　而為他們當助手。204蕭臨川雖騃　臨川王蕭宏雖然是個白痴。騃，愚；痴。205韋裴　韋叡、裴邃。206下邳　郡名，郡治在今江蘇邳州南，當時屬魏。207皆是國人　都是梁朝的子民。208失鄉里　指離鄉別井地跟著我們逃難。209弔民　安慰人民，拯救黎民於水火。210且安堵復業　暫且各自回去，該幹什麼幹什麼。安堵，安居以操其舊業。211己丑夜　九月二十七的夜間。212求宏不得　尋找蕭宏找不著。求，尋找。213羸老　病弱者與老年人。214白石壘　也稱「白下城」，在當時建康城的城北，即今南京下關的獅子山，白下城在山麓。215淵猷　蕭淵猷，蕭衍的長兄蕭懿之子，蕭淵藻之弟，被封為臨汝侯，當時鎮守白下城。216乘間為變　利用這個機會發動叛亂。217縋食餽之　用繩子從城上給他繫下去一些食物。縋，繩索，用繩索繫東西。218淵藻　蕭淵猷之兄。事跡見《梁書》卷二十三。但《梁書》僅稱之曰「蕭藻」，蓋唐朝人著《梁書》，為給李淵避諱而削去「淵」字也。219皆引兵退　胡三省曰：「此即張惠紹棄宿預事也，《通鑑》因《南史．臨川王宏傳》所載者書之，遂致複出。」220逐北至馬頭　追擊敗兵一直追到馬頭城。馬頭城在今安徽蚌埠西南，相距不遠，是當時梁國北部前線的軍事要地。221鍾離城　鍾離郡有郡城，梁國北部邊境的軍事重鎮，在今安徽鳳陽的東北側。222敕昌義之為戰守之備　胡三省曰：「馬頭城在鍾離之西，馬頭既陷，魏必東攻鍾離，故預為之備。」223非敵　不是我們的對手。224介在淮外　意即鍾離地處淮河的南岸。介，同「界」。隔著。淮外，淮河以南。225殺士卒　犧牲我們的士兵。226從戎二時　已經出征兩個季度，即從夏至秋。227釁　縫隙；機會。228濟淮掎角　渡過淮河，與元英形成相互協作的形勢。掎角，你扯其腿，我拉其角，以比喻相互協作。229猶爾盤桓　還這樣徘徊不前。230方有此請　還有這個樣子的建議提出。231中山　指中山王元英。232實所未解　實在是不理解他的意圖。解，曉得；明白。233得失之計　不計得失地給他們來個突然襲擊。胡三省曰：「謂為一切之計，或得或失，未可必也。」234正欲　只是想。235以八十日糧取鍾離城　這是元英對魏主誇口的原話。胡三省曰：「英期以八十日糧取鍾離，故巒云然。」據《魏書．元英傳》，元英是估計用兩三個月的時間可以攻下鍾離城。236未之前聞　沒聽說前輩的軍事家能打這樣的仗。237赴彼　到他那裡，即也率軍到鍾離城下去。238夏來之兵　魏國的軍隊是從夏天就來到這裡了。239何方取濟　有什麼辦法能解決困難，度過難關。

(240)寧苟　寧可承受。(241)朝貴所具　是魏國朝廷的權貴大臣們所共知的。(242)必無克狀　肯定沒有取勝的可能。(243)止以單騎　只以一個小卒的身分。(244)屢更為將　曾經多次為將領。(245)何容強遣　又怎麼能夠勉強地接受派遣。(246)蕭寶寅　齊明帝蕭鸞之子，蕭衍篡奪齊國政權後，殘殺蕭鸞諸子孫，蕭寶寅在許多人的幫助下北逃投降魏國，被魏國任為此次南伐的大將之一。傳見《南齊書》卷五十。(247)盧昶　魏國的儒學之臣盧玄之孫，盧度世之子。傳見《魏書》卷四十七。(248)元暉　魏昭成帝拓跋什翼犍的後代。傳見《魏書》卷十五。(249)赦前　指本年正月魏主因生皇子發布的大赦以前。(250)案　追究；查辦。(251)市曹　元暉為吏部尚書，照理應稱為「選曹」；但他以賣官為務，如同市場上的管理員，故人們譏之為「市曹」。(252)丁酉　十月初六。(253)夜遁　胡三省曰：「聞洛口師潰，故亦遁。」(254)魏郢州　魏國的郢州州治此時就在義陽，即今河南信陽。(255)庫者可汗　也稱「那蓋」可汗，西元四九二—五〇五年在位。傳見《魏書》卷一百三。(256)佗汗可汗　名伏圖，西元五〇六—五〇七年在位。傳見《魏書》卷一百三。(257)改元始平　在此之前是其父那蓋可汗的年號，稱作「太安」，共十七年。(258)戊申　十月十七。(259)不報其使　不對柔然的派使來訪作出回應。(260)蠕蠕　魏人對柔然族的蔑稱。(261)社崙　柔然族的祖先。事跡見《魏書》卷一百三。(262)魏之叛臣　社崙一度歸附於魏，後又叛魏事，見本書卷一百八太元十九年。(263)暫聽通使　柔然與魏國一度平等通使事，見本書卷一百三十六永明五年。(264)疇昔　往昔；當年。(265)方隆周漢　正與當年的周王朝、漢王朝一樣強盛。(266)少寬北略　稍微放鬆了一些對北方的討伐。北略，向北擴展地盤。(267)脩藩禮　承認魏國是柔然宗主國，對魏國行藩臣之禮。(268)當不爾孤　那麼我也不會辜負你。意即答應。孤，辜負；不同意。(269)京兆王愉　元愉，孝文帝之子，被封為京兆王。傳見《魏書》卷二十二。(270)廣平王懷　元懷，孝文帝之子，被封為廣平王。傳見《魏書》卷二十二。(271)國臣　郡王、縣公領地上的行政官員。(272)屬請　請託，即今之走後門、行賄賂。(273)廣平右常侍　廣平王元懷的侍從官員。(274)文學　郡王、縣公身邊的侍從兼訓導官員，主管王公的文化課學習。(275)椿　楊椿，魏國孝文帝、宣武帝時代的名將與賢能的地方官。傳見《魏書》卷五十八。(276)十一月乙丑　十一月初四。(277)曹景宗　蕭衍的開國將領，時任右衛將軍之職。傳見《梁書》卷九。右衛將軍是皇帝禁軍的統領官。(278)頓道人洲　把軍隊駐在道人洲。道人洲在當時鍾離郡（今安徽鳳陽）的東北方，在邵陽洲的東面。(279)先頓　先前的屯兵處，即道人洲。(280)城不時立　一時不能築起城來。(281)漢歸義侯勢　李勢，東晉時期在今四川境內所建漢國的君主，嘉寧二年（西元三四七年）投降東晉，被東晉封為歸義侯。傳見《晉書》卷一百二十一。(282)羣獠　各個被稱作獠的少數民族部落。(283)邛笮　古地名，在今四川南部。古稱今之西昌曰「邛都」；稱今之鹽源曰「定笮」。(284)頗輸租賦　稍向政府交納一點賦稅。(285)自潤　自己得到好處。潤，沾惠；受到好處。(286)為梁州　任梁州刺史。事見本卷前文。(287)不得物情　不受百姓擁護。(288)大得獠和　大受獠人的愛戴。289十二月癸卯　十二月十二。290都亭靖侯謝朏　假隱士謝朏被封為都亭縣侯，死後諡曰靖。291魏人議樂　魏主元恪令其國大臣議樂事，在景明三年。事見本書上卷。

【校　記】1遣　據章鈺校，十二行本、乙十一行本皆作「使」。2魏　原作「建」。據章鈺校，十二行本、乙十一行本、孔天胤本皆作「魏」，今據校正。3胡景略　據章鈺校，十二行本、乙十一行本皆作「胡略」。4起　原作「退」。胡三省注云：「『退』當作『起』。」嚴衍《通鑑補》改作「起」，今據以校正。5也　原無此字。據章鈺校，十二行本、乙十一行本皆有此字，今據補。

【語　譯】五年（丙戌　西元五〇六年）

春季，正月初一日丁卯，魏宣武帝元恪的皇后于氏生了一個兒子，取名叫元昌，於是實行大赦。〇自行稱王的氐族人首領楊集義率軍圍攻魏國的陽平關城，邢巒派遣擔任建武將軍的傅豎眼率軍前往討伐楊集義，楊集義率眾迎戰傅豎眼，傅豎眼把楊集義打敗；傅豎眼乘勝追逐敗軍，初六日壬申，傅豎眼攻克了武興郡，俘虜了楊紹先，把楊紹先押送到了洛陽。楊集起、楊集義兵敗逃走，魏國遂滅掉了氐族楊氏的封國，把武興郡改為武興鎮，不久又改為東益州。

正月初九日乙亥，梁武帝蕭衍任命前任司徒謝朏為中書監、司徒。〇梁國擔任冀州刺史的桓和率軍進攻魏國的南青州，沒有取得勝利。〇魏國秦州境內的屠各族人王法智聚集了二千人，推舉擔任秦州主簿的呂苟兒為王，改年號為建明元年，並設置文武百官，然後出兵進攻秦州所轄各郡。涇州的百姓陳瞻也聚眾稱王，改年號為聖明元年。〇十三日己卯，氐族首領楊集起、楊集義兄弟一同投降了魏國。〇十八日甲申，梁武帝封兒子蕭綱為晉安王。

二月二十一日丙辰，魏宣武帝下詔令王公以下的大臣都要上表給朝廷，直言朝政得失。擔任治書侍御史的陽固於是上表給宣武帝，認為「當今的首要任務，就是要親近宗室成員，勤於處理各種政務，重視農業生產和種桑養蠶，抑制工商業，杜絕那些虛無的談玄和深究細微邏輯關係的理論，減少佛門無用的開銷，以救濟那些處在飢寒交迫苦難中的百姓。」當時魏宣武帝信任高肇，把朝政大權委託給高肇掌管，而疏遠、薄待那些宗室成員，又喜好佛門佛法，不親自處理政務，所以陽固在奏章中專門談論這方面的問題。

二月二十三日戊午，魏國朝廷派遣擔任右衛將軍的元麗統領諸軍前往秦州討伐稱王的呂苟兒。元麗，是元小新成的兒子。〇三十日乙丑，梁國擔任徐州刺史的歷陽人昌義之率軍與魏國擔任平南將軍的陳伯之在梁城開戰，昌義之作戰失敗。〇梁國的將軍蕭昞率軍襲擊魏國所屬的徐州，包圍了淮陽城。

三月初一日丙寅，發生日蝕。〇十四日己卯，魏國擔任荊州刺史的趙怡、擔任平南將軍的奚康生率軍前往救援淮陽。

魏國咸陽王元禧的兒子元翼，因為遇到國家實行大赦，遂向魏宣武帝請求以禮安葬自己的父親元禧，他多次在宣武帝面前流著眼淚請求，魏宣武帝就是不同意。三月十八日癸未，元翼和自己的弟弟元昌、元曄前來投降梁國。梁武帝封元翼為咸陽王，元翼因為元曄是咸陽王的正妻李妃所生的嫡子，所以請求把爵位讓給元曄，梁武帝沒有答應。〇梁國擔任輔國將軍的劉思效在北膠水一帶打敗了魏國擔任青州刺史的元繫。

梁國的臨川王蕭宏讓擔任記室的吳興郡人丘遲給陳伯之寫信說：「回想你在背叛梁國、投歸魏國的時候，並不是因為有什麼特別的緣故，只是因為你沒有能夠好好地反思一下自己，又受到外部流言蜚語的影響，遂導致你的一時糊塗蠻幹，以至有了今天。當今皇帝寧可不顧法律的尊嚴受到損害也要對你施以恩惠，法網之寬大，竟能讓吞舟的大魚跑出去，將軍家的祖先墓地被保護得完好無損，就連墓地上的松柏都沒有人動過，將軍家的親戚朋友沒有因為你的降魏而受到任何牽連，他們都生活得平安無事，將軍家的舊宅池臺如故，婢妾還在家中翹首等待你的歸來。而將軍現在的處境就像魚兒游在開水鍋中，就像燕子把巢築在飄動的帷幕之上一樣危險，將軍是不是太糊塗了？希望你及早為自己想一條好的出路，求得更多的幸福。」三月二十五日庚寅，陳伯之率領著壽陽、梁城兩個城鎮的八千名部眾投降了梁國，魏國人殺死了陳伯之的兒子陳虎牙。梁武帝下詔任命陳伯之為西豫州刺史；陳伯之還沒有前往赴任，梁武帝又任命陳伯之為通直散騎常侍。很久以後，陳伯之在自己的家中去世。

當初，魏國擔任御史中尉的甄琛上表給魏宣武帝說：「《周禮》中記載，負責管理山林、河流、湖澤以及有關開發利用事宜的有山虞、澤虞、林衡、川衡等官員，並制定有嚴厲的禁令，目的就是要求人們要按時收穫，不讓資源受到破壞和損害而已。所以雖然設立了管理此事的官員，實際上是為百姓守護著這些資源。作為一家之長，一定要負起養育子孫、為後代造福的責任。作為統治天下的君主，也一定要負起養育全國百姓的責任。從來沒有為人父母的卻捨不得讓自己的子孫吃家裡的油鹽醬醋，也從來沒有掌管著億兆百姓的君主卻要把一種東西壟斷起來將收益歸為自己所有。如今皇帝設置關卡把河東郡的鹽池掌控起來而坐收其利，這就如同一個人只顧自己的嘴巴和肚子而不顧及四肢一樣。天子富有四海，何必擔憂貧窮？請求朝廷撤銷禁止私人煮鹽的禁令，與百姓共同享有煮鹽的利益！」擔任錄尚書事的元勰、擔任尚書令的邢巒也都上奏給宣武帝，他們認為「甄琛所陳述的道理，坐在那裡談論起來好像很高明，而真正實行起來則有很多問題。我們私下裡以為，古代善於治理百姓的君主，該高該低、該寬該嚴，都要隨時局而定；是豪華一點還是節儉一點，都要與國家實際的經濟情況相稱，有時需要役使、有時需要養護，有時令其消除、有時令其生長，以使他們能夠盡其天年。如果放任他們自由生長，就像鳥獸一樣想飲就飲、想吃就吃地隨意生活，那就是把世間的萬物當做芻狗般輕賤，那還要皇帝做什麼呢？所以聖明的皇帝徵收開發山林湖海的賦稅為的是減少農業的稅收，徵收貨物流通、交易過程中的賦稅，用以補助農業稅收的不足，從某些行業徵收賦稅，給某些行業提供補貼，都不是為了皇帝自身的利益，正如人們所說的是取之於天地之間的資產，施恩惠給天下所有的百姓。如今禁止私人採鹽的禁令，已經實施很長時間，將積蓄起來的錢財再分散下去，用以維持軍隊和國家的開支，並不是專門用來供給皇家廚房烹製美味佳餚，為後宮的嬪妃美女提供華服珍玩。既然利益並不歸於陛下一人，那麼利益就在萬民，不分彼此。然而自從禁止私人煮鹽以來，有關部門的官員中有許多人並沒有認真管理這方面的事務，在買入賣出、花錢收錢之間，有人就不按照章程辦事，所以導致那些小民百姓怨聲載道，小商販隨意誹謗，這都是因為執行政策的人不按章辦事造成的，而不是制定政策的人考慮不周造成的。朝廷一旦撤銷禁止私人煮鹽的禁令，恐怕就違背了制定政策的本意。對於一項政策一會兒推行一會兒更改，就像下棋一樣總是變來變去怎麼可以呢。綜合各方面的要點，還是應該按照舊的章程不做改變。」魏宣武帝最終還是採納了甄琛的建議，夏季，四月初一日乙未，魏國取消了禁止私人煮鹽的禁令。

四月十六日庚戌，魏國朝廷任命中山王元英為征南將軍、都督楊、徐二州諸軍事，率領十多萬大軍抵抗梁國軍隊的北伐，指揮、授意各路兵馬都要接受中山王元英的統一調度指揮，所到之處中山王元英有權根據實際情況先行處理，然後再奏報朝廷。

梁國擔任江州刺史的王茂率領數萬大軍入侵魏國的荊州，誘導魏國邊境地區的居民和那些少數民族脫離魏國的統治另行設立宛州，王茂派遣自己所任命的宛州刺史雷豹狼等突然攻佔了魏國河南郡的郡城。魏國派遣擔任平南將軍的楊大眼統領各軍反擊王茂的入侵，四月二十七日辛酉，王茂作戰失敗，共計損失傷亡了二千多人。楊大眼乘勝率軍進攻河南郡郡城，王茂逃回了梁國境內。楊大眼一直把王茂追擊到漢水邊，沿途攻克了梁國的五座城。〇魏國擔任征虜將軍的宇文福率軍進犯梁國的司州，俘虜了一千多口人然後離去。

五月初七日辛未，梁國擔任太子右衛率的張惠紹等人侵犯魏國的徐州，攻克了宿預郡城，活捉了宿預郡城的駐軍頭領馬成龍。十一日乙亥，梁國擔任北徐州刺史的昌義之攻取了魏國所屬的梁城。

梁國擔任豫州刺史的韋叡派遣擔任長史的王超等率軍進攻魏國設在小峴的軍事據點，王超等人沒有能夠將小峴軍事據點攻克。韋叡出營巡視自己軍隊對小峴據點的包圍情況，魏軍出動數百人在門外列好陣勢，韋叡便準備出兵攻打他們。跟隨韋叡出來巡視的將領們都說：「剛才我們是輕裝而來，沒有做好戰鬥準備，等我們回去換上鎧甲，才可以進兵。」韋叡說：「你們說得不對。魏國小峴城中有二千多人，完全可以堅守得住，現在無緣無故地把數百人擺在城門之外，這數百人一定是他們當中最驍勇善戰的人，如果我們能夠挫敗這些人，小峴城自然就可以被我們所佔領。」眾將領還在猶豫不決，韋叡指著自己手中所持梁武帝授予的符節說：「朝廷把這個符節授予我，並不是讓我拿它來作為裝飾，我韋叡所下的命令，誰也不可違犯！」於是對城門外的魏軍發起進攻，將士全都拼命死戰，魏軍失敗逃走，韋叡趁機加緊進攻小峴城，半夜時分便攻克了小峴城，然後率軍抵達合肥。

此前，梁國擔任右軍司馬的胡景略等率軍進攻合肥，攻打了很久都沒能將合肥攻克。韋叡到來之後詳細地考察了合肥四周的山川地形，夜間，便率領部眾截斷肥水的下游，很快，截斷肥水的堤壩就修好了，合肥附近的水位因此上漲，水路得以暢通，梁國的舟艦遂相繼到達合肥城下。魏軍先在合肥城的東、西兩側各修築了一座小城夾護著合肥，韋叡先率軍進攻這二座小城，魏軍將領楊靈胤率領著五萬軍隊突然到來。眾人都擔心抵抗不住敵軍，要求韋叡奏請朝廷請求增派救兵，韋叡笑著說：「魏軍已經到達合肥城下，我們此時才請求朝廷增派救兵，哪裡還來得及呢？而且我們請求朝廷增兵，敵人也在增兵，出兵打仗貴在能夠出奇制勝，哪裡在乎軍隊數量的多少呢！」於是向楊靈胤發起進攻，把楊靈胤打敗。韋叡派擔任一支軍隊頭領的王懷靜在肥水岸邊築城以守衛剛剛築起來的堤壩，魏軍攻克了王懷靜新築的城壘，城壘中的一千多人全部戰死。魏軍乘勝逼近堤堰之下，兵勢非常強盛，梁軍中的將領都想退回到濼湖一帶，有的人想退往濼湖水分成三叉的那個地方進行堅守，韋叡發怒說：「豈有此理！」他立即命人將朝廷賜予自己的傘、扇、旗幟、幢等儀仗，擺列在堤堰之下，表示自己巋然不動的決心。魏軍前來破壞堤壩，韋叡親自率軍與魏軍搏鬥，魏軍退卻，韋叡抓緊時機在堤上築起堡壘加強防守。韋叡又建造了一種有很高樓臺的大船，其高度與合肥城一樣高，從四面把合肥城圍住，合肥城中的人面對梁軍的這種氣勢都被嚇哭了，合肥城中的守將杜元倫親自登上城樓督率作戰，結果中箭身亡。五月十七日辛巳，合肥城終於被韋叡所率領的梁軍攻克，俘虜、斬首了一萬多人，繳獲的牛羊數以萬計。

韋叡身體一向瘦弱，從來沒有騎過戰馬，每次與敵人作戰，經常坐著由兩個人抬著的轎椅親自來到陣前，督促、激勵將士們奮勇殺敵，他所表現出來的勇氣簡直無人能比。韋叡總是在白天接待賓客，半夜起來，籌算行軍作戰的方略計畫，軍帳中的燈光一直亮到天明。韋叡撫慰他的部下，唯恐做得不好不細，所以投軍的人都爭著來投奔他。韋叡所到之處，供其停留止息的房舍，用竹木編織的圍牆都符合國家的規定標準。

韋叡率領各軍到達東陵的時候，梁武帝下詔班師。東陵距離魏軍的城池已經很近，各將領都擔心班師的時候魏軍會緊隨其後進行追擊，韋叡命令所有的輜重部隊走在前邊，自己則乘坐著一輛小車殿後，魏軍敬畏韋叡的威名，眼望著韋叡的身影卻不敢逼近，終於使全軍完好無損地撤回。於是梁國豫州的州治從此便由晉熙遷到了合肥。

五月十八日壬午，魏國朝廷派遣擔任尚書的元遙率軍到魏國南部前線抗拒梁軍的入侵。〇十九日癸未，魏國朝廷派遣擔任征西將軍的于勁負責指揮、調度秦州與隴山一帶地區的軍隊。〇二十三日丁亥，梁國擔任廬江太守的聞喜縣人裴邃率軍攻克了魏國的羊石城。二十六日庚寅，又攻克了魏國的霍丘城。

六月初七日庚子，梁國擔任青、冀二州刺史的桓和率軍攻克了魏國的朐山城。〇十二日乙巳，魏國擔任安西將軍的元麗率軍攻擊王法智，把王法智打敗，斬殺了六千人。〇梁國擔任太子右衛率的張惠紹與代理徐州刺史的宋黑一同率軍由水路、陸路同時並進，趕赴彭城，圍困了魏國設在高塚的軍事據點，魏國擔任武衛將軍的奚康生率軍趕往高塚救援。十四日丁未，張惠紹率軍作戰失利，代理徐州刺史宋黑陣亡。〇梁國的皇太子蕭統才五歲就能背誦全部的《五經》。十七日庚戌，太子蕭統從皇宮搬出來開始到東宮居住。

六月二十四日丁巳，魏國朝廷任命擔任度支尚書的邢巒為都督東討諸軍事。〇魏國擔任驃騎大將軍的馮翊惠公源懷去世。源懷為人寬厚簡易，不喜歡煩雜瑣碎，他曾經說：「一個地位尊貴的實權人物應當注意大節，注意大的方面，何必非要把每件事情都管得非常詳細？就拿蓋房子來說，只要從外觀看上去高大明亮，立柱、大樑平穩端正，基礎牢固、牆體完好就足夠了。至於斧子所砍的痕跡不平整，雕刻、裝飾得不嚴密，那不是房屋本身的毛病。」

秋季，七月初三日丙寅，梁國青、冀二州刺史桓和率軍攻打魏國的兗州，攻佔了位於兗州東南方的固城。〇呂苟兒率領部眾十多萬人屯紮在秦州境內的孤山，對秦州州治上邽形成了進逼包圍的態勢，安西將軍元麗率軍主動出擊，把呂苟兒打得大敗。代理秦州刺史職務的李韶率軍突然襲擊孤山，活捉了呂苟兒的父母妻兒，十七日庚辰，呂苟兒率領他的部眾前往安西將軍元麗的軍前請求投降。

魏國兼任太僕卿的楊椿另外率領一支軍隊前往討伐陳瞻，陳瞻佔據險要進行堅守，抗拒官軍的討伐。楊椿手下的將領有的請求到山間小路上進行埋伏，切斷陳瞻叛軍的出入，等到叛軍把儲存的糧食吃光之後再向其發動進攻；有的主張砍伐樹木放火燒山，然後再進軍討伐。楊椿說：「你們所說的這些都不是好辦法。自從官軍到來之後，所向披靡，攻無不克，賊人所以逃竄到深山老林據守，就是為了逃避死亡。現在只要我們約束、管理好各路人馬，不要再騷擾掠奪百姓，叛賊一定會認為我們官軍畏懼艱險而不敢向前。等到叛賊鬆懈下來沒有戒備的時候，我們再奮力出擊，可以一舉蕩平這些叛賊。」於是楊椿下令全軍停止前進就地屯紮下來。叛賊果然出來四處抄掠搶奪，楊椿又用馬等牲畜作為誘餌，故意讓叛賊搶走，而不進行討伐追趕。時間一長，楊椿悄悄地選拔精銳士兵，在夜間令士兵口裡銜著木棍兒以免發出聲響去偷襲賊軍，將陳瞻斬首，並把陳瞻的人頭用傳車送往京城洛陽。到此，秦、涇二州的叛亂全部被平息下去。

七月二十五日戊子，梁國擔任徐州刺史的王伯敖與魏國的中山王元英在陰陵展開激戰，王伯敖作戰失敗，損失死亡了五千多人。○二十六日己丑，魏國從定州、冀州、瀛州、相州、并州、肆州六個州中徵調了十萬人以壯大南征的軍隊。梁武帝派遣將軍角念率領一萬軍隊駐紮在蒙山，以招納兗州的百姓，兗州百姓投降角念的人非常多。當時，梁國的將軍蕭及率軍駐紮在固城，青、冀二州刺史桓和的軍隊駐紮在孤山。魏軍擔任都督東南諸軍事的邢巒派遣擔任統軍的樊魯進攻駐紮在孤山的桓和，派另外一支軍隊的頭領元恆進攻駐紮在固城的蕭及，派擔任統軍的畢祖朽進攻駐紮在蒙山的角念。八月初十日壬寅，樊魯在孤山把桓和打得大敗，元恆攻佔了蕭及所據守的固城，畢祖朽則趕跑了角念。十七日己酉，魏宣武帝下詔，令擔任平南將軍的安樂王元詮統領後來從六州徵調的十萬人奔赴淮南戰場。元詮，是元長樂的兒子。

梁國的將軍藍懷恭與魏國都督東南諸軍事的邢巒在睢水流入泗水的匯口處交戰，藍懷恭戰敗，邢巒乘勝進兵，包圍了宿預。藍懷恭又在清水南岸修築城壘，邢巒與平南將軍楊大眼聯合起來進攻藍懷恭，九月十一日癸酉，邢巒與楊大眼攻克了藍懷恭在清水南岸所修築的城壘，殺死了藍懷恭，魏軍殺死、俘虜的梁軍將士數以萬計。太子右衛率張惠紹丟棄了宿預，將軍蕭昞放棄圍攻魏國的淮陽城，逃回了梁國。

梁國的臨川王蕭宏以皇帝弟弟的身分領軍，他所率領的部隊武器配備精良、嶄新，軍容非常整齊強盛，北方的人都認為這是近一百年來前所未有的。臨川王率軍駐紮在洛口，他的先頭部隊已經攻克了梁城，屬下諸將都想乘勝繼續深入，而蕭宏生性懦弱、膽小，部署不當。魏宣武帝下詔令都督東南諸軍事的邢巒率領大軍渡過淮河，與中山王元英聯合起來攻打剛剛被梁軍佔領的梁城。蕭宏得知這個消息後，非常恐懼，就召集屬下的將領商議準備回師，呂僧珍首先說：「知難而退，不也是一種好辦法嗎！」蕭宏說：「我也認為呂僧珍說得對。」柳惔說：「自從我們率軍出征以來，所到之處，哪一個城的魏軍不被我們征服，知難而退又是從何說起呢？」廬江太守裴邃說：「我們這次出兵，所尋求的就是要與魏軍作戰，為什麼要迴避困難！」馬仙琕說：「王爺怎能說出這種亡國的言論？皇上掃盡了境內所有的人力物力交付給你，就應該寧可前進一尺而死，也不能為了活命而後退一寸！」擔任北徐州刺史的昌義之勃然大怒，鬍子眉毛全都豎了起來，他說：「應該把呂僧珍斬首！哪有率領百萬大軍出征北伐，還沒有真正跟敵人交鋒就望風而退的道理，如果這樣做了還有什麼臉面回去面見皇上！」朱僧勇、胡辛生也拔出身上的佩劍從座位上一躍而起，說：「誰想撤退誰就撤退，我們應當殺上前去尋求戰死。」商討遂告結束，諸將從臨川王的大帳中出來，呂僧珍向其他將領道歉說：「臨川王殿下從昨天晚上開始得了中風，心思全不在打仗上，我非常擔心會因此而導致大失敗，所以想撤退以保全實力。」蕭宏不敢馬上違背諸將領的意見，便令軍隊停止前進。魏軍知道臨川王沒有勇氣和氣魄與魏軍作戰，就派人送給臨川王一些婦女用的頭巾與髮飾，還編成歌謠說：「我們不懼怕蕭宏姑娘和呂僧珍老太太，只怕鎮守合肥的那個姓韋的老虎。」這裡所說的老虎，指的是擔任豫州刺史的韋叡。呂僧珍歎息著說：「如果是讓始興王蕭憺或是吳平侯蕭昺為統帥而我為他們當副手，我豈能受到敵人這樣的侮辱！」呂僧珍想派廬江太守裴邃率領一支軍隊去攻取壽陽，其餘的大部隊仍舊停留在洛口，蕭宏固執己見，就是不肯採納別人的建議，他對軍隊下令說：「有膽敢擅自前進的人馬，一律格殺勿論！」於是將士們人人心懷憤怒。魏軍當中的武衛將軍奚康生立即派遣平南將軍楊大眼飛速報告中山王元英說：「梁軍自從攻克梁城以後，便長時間不敢向前進軍，他們的意圖很明顯，就是懼怕我軍。大王您如果進兵佔據洛水一帶，梁軍自然就會奔潰逃跑。」中山王元英說：「臨川王蕭宏雖然愚不可及，然而他的手下還有像韋叡、裴邃那樣的良將，所以不應該輕視敵人。我們應該暫且觀察形勢，不要與他們交鋒。」

太子右衛率張惠紹號令嚴明，只有他所率領的這支軍隊所到之處攻無不克，他把軍隊駐紮在下邳郡，下邳郡中的很多人都想投降他，張惠紹向他們解釋說：「如果我軍能夠佔領下邳郡城，你們就都是梁國的子民；如果我軍不能攻克郡城，那不是白白地讓你們背井離鄉地跟著我們逃難，這可不是朝廷安慰人民，拯救黎民於水火的本意。現在你們暫且各自回去，該幹什麼還幹什麼，不要妄自辛苦。」想投降的人都非常高興。

九月二十七日己丑的夜間，洛口地區突然降下暴風驟雨，駐紮在洛口的梁國軍隊受到驚嚇，臨川王蕭宏只帶著幾名騎兵便連夜逃走了。將士們四下裡找不到蕭宏，因為群龍無首，於是全都自行解散返回，梁軍所拋棄的盔甲、扔掉的戈矛，布滿了河渠陸地，那些有病的、年老體弱的士兵全都被拋棄，死了將近五萬人。蕭宏乘坐著一艘小船渡過長江，夜間到達白石壘，他向城門守衛呼叫開門，請求讓自己進城。臨汝侯蕭淵猷登上城樓對蕭宏說：「百萬大軍，一朝之間就像鳥獸一樣散去，國家是存是亡，現在還是個未知數。我擔心壞人會利用這個機會發動叛亂，城門不許在夜間打開。」蕭宏無言以對，蕭淵猷令人用繩子把一些食物從城牆上繫下去讓蕭宏等食用。蕭淵猷，是蕭淵藻的弟弟。當時廬江太守昌義之正率軍駐紮在梁城，他聽到洛口兵敗的消息，就與張惠紹全都率軍撤退。

魏宣武帝下詔令中山王元英乘勝進兵消滅東南的梁國政權，中山王元英率領大軍追擊敗逃的梁國軍隊，一直追到馬頭城，遂向馬頭城展開攻勢，很快便攻克了馬頭城，馬頭城中所有的糧食儲備全部被魏軍運回了北方。議論的人都說：「魏軍把糧食全都運回北方，應該是不再繼續深入進犯了。」梁武帝說：「不是這樣，這一定是魏軍準備繼續向南深入，故意用這種假象來麻痺我們的。」於是下令修固鍾離城，命令廬江太守昌義之嚴密防守，做好迎戰魏軍的準備。

冬季，十月，魏國的中山王元英奉命繼續進軍，包圍了梁國北部的軍事重鎮鍾離城，魏宣武帝下詔令都督東南諸軍事的邢巒率軍前往鍾離與元英會合。邢巒上表給宣武帝，認為「南朝梁國的軍隊雖然野外作戰不是我們的對手，而城池保衛戰他們的力量卻是綽綽有餘。如果把所有的精銳部隊全部用來攻打鍾離城，即使我軍攻下鍾離城也不會得到多少好處，如果攻不下鍾離城卻會造成很大的損失。況且鍾離城地處淮河以南，即使鍾離城束手歸順我國，尚且還要擔心缺乏糧食難以堅守，何況是需要我們犧牲士卒去攻取它呢？再有，我們征南的將士已經出征在外兩個季度，疲憊的程度、死傷的情況，不用問也能想像得到。雖然我軍有乘勝進軍的條件可以利用，令人擔憂的是恐怕沒有可用的力量。如果按照我的愚蠢見解，我認為現在應當修復舊有的軍事據點，撫慰各州的百姓，等今後找到機會再大舉進兵消滅梁國。江東的可乘之機，不用擔心等不到。」魏宣武帝下詔說：「你率軍渡過淮河，與中山王元英形成相互支援、相互協作的形勢，就像此前我所下達的命令那樣，豈容徘徊不前，到了現在還有這樣的建議提出來？你應該迅速進軍！」邢巒又上表給宣武帝，認為「如今中山王元英進軍鍾離城，我實在想不明白他的意圖是什麼。如果只是不計後果地給敵人來個突然襲擊，而不考慮萬無一失，那就逕直去進攻廣陵，來個出其不備，說不定還真能取勝。如果只是想『攜帶著八十天的糧草就可以攻克鍾離城』的話，我從來沒有聽說過前輩的軍事家們能打這樣的仗。如果敵軍堅守城池，不出來與我軍交戰，他們的護城河又很深，我們不可能將其填平，只能白白地坐在那裡等待春天的到來，士卒當然已經疲憊不堪。如果非要派我率軍趕赴鍾離城，那麼從哪裡得到糧食？軍隊是從夏天出發的，他們根本就沒有攜帶冬天的服裝，倘若遇到天降大雪，有什麼辦法為他們解決冬天禦寒的衣服，使他們能夠渡過難關？我寧可承受膽小懦弱不敢進兵的責任，也不願意接受失敗受損、白跑一趟而一無所獲的罪名。鍾離城是個天險要塞，這是朝廷的權貴大臣們所共知的，如果城內有我們的內應，那麼勝負尚未可知；如果城內沒有我們的人做內應，肯定沒有取勝的可能。如果陛下相信我所說的話，希望陛下令我停止進軍；如果陛下認為我是因懼怕作戰而請求還朝，那麼就請把我所統領的軍隊交給中山王元英，任憑他調遣定奪，一切全都聽從他的指揮、調遣，我只以一個小卒的身分跟隨在他的左右。我曾經多次擔任將領，非常清楚這個仗能打還是不能打，我既然認為此次出兵很難取勝，又怎麼能勉強地接受陛下的派遣呢？」於是魏宣武帝將邢巒召回洛陽，改任擔任鎮東將軍的蕭寶寅與元英一同圍困鍾離城。

魏國擔任侍中的盧昶一向厭惡邢巒，遂與擔任侍中、兼右衛將軍的元暉共同在宣武帝面前說邢巒的壞話，並指使擔任御史中尉的崔亮彈劾邢巒在漢中時曾經掠奪民女為奴婢。邢巒用從漢中所得的美女賄賂元暉，元暉於是對魏宣武帝說：「邢巒最近立了大功，不應該因為大赦之前的小事情來追究、查辦他。」魏宣武帝認為元暉說得有道理，於是對邢巒便不再深入追究。

元暉與盧昶都受到魏宣武帝的寵信，然而二人都很貪婪放縱，當時的人把他們叫做「餓虎將軍」、「飢鷹侍中」。不久元暉升任為吏部尚書，他準備任用的官員都有一定的價格：大郡的太守需要交納二千匹綢緞，稍小一點的郡、最小的郡，所需繳納的綢緞便依次減少一半，其餘的職位根據不同的官階，所需繳納的綢緞也有不同的等級差別，主管選拔任用官吏的吏部尚書遂被人們譏諷為「市曹」。

十月初六日丁酉，圍困義陽的梁軍聽到駐紮洛口的臨川王蕭宏所統帥的軍隊已經全部潰散的消息，便連夜潛逃了，魏國擔任郢州刺史的婁悅出兵追擊，把梁軍打得大敗。○柔然庫者可汗去世，他的兒子伏圖繼位，號稱佗汗可汗，改年號為始平元年。十七日戊申，佗汗可汗伏圖派遣紇奚勿六跋為使者到魏國請求講和。魏宣武帝對柔然的使者來訪沒有作出回應，他對紇奚勿六跋說：「蠕蠕人的遠祖社崙，乃是魏國的叛臣，以往我國包容你們，曾經暫時聽任你們與我國平等地互通使節。如今蠕蠕國已經衰弱下來，不比當年了，我們大魏國的德運，正與當年的周王朝、漢王朝一樣強盛。只是因為江南還沒有平定，稍微放鬆了一些對北方的討伐，至於互通友好的事情，容不得我答應你。如果你們承認魏國是柔然宗主國的地位，對魏國行藩臣之禮，表現得誠心誠意，我也不會辜負你們。」

魏國京兆王元愉、廣平王元懷封國之內的官員大多都是那種驕橫、放縱之人，他們公開走後門、行賄賂，魏宣武帝下詔令擔任中尉的崔亮對其不法行為嚴加追究、查辦，受牽連被殺死的有三十多人，那些夠不上死罪的都被撤銷官職，貶回家中為民。只有在廣平王元懷的府中擔任右常侍的楊昱、擔任文學的崔楷兩個人因為忠心耿耿、直言敢諫而免於受處罰。楊昱，是楊椿的兒子。

十一月初四日乙丑，梁國實行大赦。梁武帝下詔令擔任右衛將軍的曹景宗統領二十萬大軍前往救援鍾離。梁武帝命令曹景宗率軍先駐紮在道人洲，等待各路軍隊會齊之後再一同前往。曹景宗堅持請求允許自己先佔據邵陽洲尾，梁武帝沒有批准他的這一請求。曹景宗想獨自建立救援鍾離之功，遂違背梁武帝的詔命，沒有等各路人馬會齊便孤軍向鍾離進發，恰逢暴風驟起，有不少人因此而落入水中淹死，曹景宗只好退回到道人洲駐紮。梁武帝聽到這個消息之後說：「曹景宗沒有能夠繼續前進，這是天意。如果曹景宗孤軍前往，一時之間又不能築起城來，一定會導致狼狽不堪，現在打敗賊軍是必定無疑的了。」

當初，東晉時期在蜀地建立漢國、投降東晉後被封為歸義侯的李勢末期，蜀地那些被稱為獠人的少數民族部落開始從山中走出來，北部起自漢中，南部直到邛、笮，山谷空地全都是這些少數民族。李勢滅亡之後，蜀地的居民有很多都向東方遷移，山谷空地於是全被這些少數民族所佔據。那些靠近郡縣與漢族人雜居的少數民族，稍微向政府交納一些租賦；而對於遠在深山的那些少數民族，郡縣卻無法控制。梁、益這兩個州的官府每年都要出兵討伐這些遠在深山的少數民族以求自己獲得好處，官府、私人都能得到利益。等到邢巒擔任了梁州刺史的時候，那些靠近郡縣的少數民族都能安居樂業，遠處深山裡的那些少數民族也不敢出來偷盜搶劫。邢巒被罷免之後，魏國朝廷任命羊祉為梁州刺史，任命傅豎眼為益州刺史。羊祉性情殘酷暴虐，不受百姓擁護。獠人首領趙清荊遂引領梁國的軍隊進入梁州境內進行騷擾掠奪，羊祉派兵打敗了他們的騷擾。傅豎眼則能夠施惠於民、講究誠信，非常受少數民族的愛戴。

十二月十二日癸卯，梁國的都亭靖侯謝胐去世。〇魏宣武帝令其大臣商議制定雅樂之事，卻久議不決。

六年（丁亥　西元五〇七年）

春，正月，公孫崇請委衛軍將軍、尚書右僕射高肇監其事❶；魏主知肇不學，詔太常卿劉芳❷佐之。

魏中山王英與平東將軍楊大眼等眾數十萬攻鍾離。鍾離城北阻淮水❸，魏人於邵陽洲兩岸為橋，樹柵數百步，跨淮通道❹。英據南岸攻城，大眼據北岸立城，以通糧運。城中眾纔三千人，昌義之督帥將士，隨方抗禦。魏人以車載土填塹，使其眾負土隨之，嚴騎蹙其後⑤，人有未及回者，因以土迮之⑥，俄而塹滿。衝車⑦所撞，城土輒頹，義之用泥補之，衝車雖入而不能壞。魏人晝夜苦攻，分番⑧相代，墜而復升⑨，莫有退者。一日戰數十合，前後殺傷萬計，魏人死者與城平[1]。

二月，魏主召英使還，英表稱：「臣志殄逋寇⑩，而月初已來，霖雨不止，若三月晴霽，城必可克，願少賜寬假⑪！」魏主復賜[2]詔曰：「彼土蒸濕，無宜久淹⑫。勢雖必取，乃將軍之深計；兵久力殆，亦朝廷之所憂也。」英猶表稱必克。魏主遣步兵校尉范紹⑬詣英議攻取形勢，紹見鍾離城堅，勸英引還，英不從⑭。

上命豫州刺史韋叡將兵救鍾離，受曹景宗節度。叡自合肥取直道，由陰陵大澤⑮行，值澗谷⑯，輒飛橋以濟⑰。師人畏魏兵盛，多勸叡緩行，叡曰：「鍾離今鑿穴而處，負戶而汲⑱，車馳卒奔，猶恐其後⑲，而況緩乎！魏人已墮吾腹中⑳，卿曹勿憂也。」旬日至邵陽㉑，上豫敕曹景宗曰：「韋叡，卿之鄉望㉒，宜善敬之！」景宗見叡，禮甚謹，上聞之曰：「二將和，師必濟㉓矣。」

景宗與叡進頓邵陽洲，叡於景宗營前二十里夜掘長塹，樹鹿角㉔，截洲為城，去魏城百餘步。南梁太守馮道根能走馬步地㉕，計馬足以賦功㉖，比曉而營立㉗。

魏中山王英大驚，以杖擊地曰：「是何神也！」景宗等器甲精新，軍容甚盛，魏人望之奪氣㉘。景宗慮城中危懼，募軍士言文達等潛行水底，齎敕㉙入城，城中始知有外援，勇氣百倍。

楊大眼勇冠軍中，將萬餘騎來戰，所向皆靡。叡結車為陳㉚，大眼聚騎圍之，叡以彊弩二千一時俱發，洞甲穿中㉛，殺傷甚眾。矢貫大眼右臂，大眼退走。明旦，英自帥眾來戰，叡乘素木輿㉜，執白角如意㉝以麾軍，一日數合，英乃退。魏師復夜來攻城，飛矢雨集，叡子黯請下城㉞以避箭，叡不許㉟。軍中驚㊱，叡於城上厲聲呵之，乃定。牧人過淮北伐芻藁㊲者，皆為楊大眼所略㊳。曹景宗募「勇敢士」千餘人，於大眼城南數里築壘，大眼來攻，景宗擊卻之。壘成，使別將趙草守之，有抄掠者㊴，皆為草所獲，是後始得縱芻牧㊵。

上命景宗等豫裝高艦，使與魏橋等，為火攻之計，令景宗與叡各攻一橋，叡攻其南，景宗攻其北㊶。三月，淮水暴漲六七尺，叡使馮道根與廬江太守裴邃、秦郡㊷太守李文釗等乘鬬艦競發，擊魏洲上軍盡殪㊸。別以小船載草，灌之以膏㊹，從而焚其橋㊺，風怒火盛，烟塵晦冥㊻。敢死之士，拔柵斫橋，水又漂疾㊼，倏忽之間，橋柵俱盡。道根等皆身自搏戰，軍人奮勇，呼聲動天地，無不一當百，魏軍大潰。英見橋絕，脫身棄城走，大眼亦燒營去。諸壘相次土崩，悉棄其器甲，爭投水死者十餘萬，斬首亦如之。叡遣報昌義之，義之悲喜，不暇答語，但叫曰：「更生！更生[48]！」諸軍逐北至濊水[49]上，英單騎入梁城，緣淮百餘里，尸相枕藉，生擒五萬人，收其資糧、器械山積，牛馬驢騾不可勝計。

義之德[50]景宗及叡，請二人共會[51]，設錢二十萬，官賭[52]之。景宗擲得雉[53]，叡徐擲得盧[54]，遽取一子反之，曰：「異事！」[55]遂作塞[56]。景宗與羣帥爭先告捷，叡獨居後，世尤以此賢之。詔增景宗、叡爵邑，義之等受賞各有差。

夏，四月己酉[57]，以江州刺史王茂為尚書右僕射，安成王秀[58]為江州刺史。秀將發[59]，主者求堅船以為齋舫[60]，秀曰：「吾豈愛財而不愛士乎？」乃以堅者給參佐，下者載齋物，既而遭風，齋舫遂破[61]。

丁巳[62]，以臨川王宏為驃騎將軍、開府儀同三司，建安王偉為揚州刺史，右光祿大夫沈約[63]為尚書左僕射，左僕射王瑩[64]為中軍將軍。

六月丙午[65]，馮翊等七郡[66]叛降魏。○秋，七月丁亥[67]，以尚書右僕射王茂為中衛③將軍。○八月戊子[68]，大赦[69]。

魏有司奏中山王英經筭失圖[70]，齊王蕭寶寅等守橋不固，皆處以極法[71]。己亥[72]，詔英、寶寅免死，除名為民，楊大眼徙營州[73]為兵。以中護軍李崇[74]為征南將軍、楊州刺史。崇多事產業[75]，征南長史狄道辛琛[76]屢諫不從，遂相糾舉[77]。詔並不問。崇因置酒謂琛曰：「長史後必為刺史，但不知得上佐[78]何如人耳。」琛曰：「若萬一叨忝[79]，得一方正長史，朝夕聞過，是所願也。」崇有慚色。

九月己未[80][4]，魏以司空高陽王雍[81]為太尉，尚書令廣陽王嘉[82]為司空。○甲子[83]，魏開斜谷舊道[84]。

冬，十月壬寅[85]，以五兵尚書[86]徐勉[87]為吏部尚書。勉精力過人，雖文案填積[88]，坐客充滿，應對如流，手不停筆。又該綜百氏[89]，皆為避諱[90]。嘗與門人夜集[91]，客虞暠求詹事五官[92]，勉正色曰：「今夕止可談風月，不可及公事。」時人咸服其無私。

閏月乙丑[93]，以臨川王宏為司徒、行太子太傅[94]，尚書左僕射沈約為尚書令、行太子少傅，吏部尚書袁昂[95]為右僕射。○丁卯[96]，魏皇后于氏[97]殂。是時高貴嬪有寵而妬，高肇勢傾中外，后暴疾而殂，人皆歸咎高氏，宮禁事祕，莫能詳也。○甲申[98]，以光祿大夫夏侯詳[99]為尚書左僕射。○乙酉[100]，魏葬順皇后[101]于永泰陵。

十二月丙辰[102]，豐城景公夏侯詳[103]卒。○乙丑[104]，魏淮陽鎮都軍主[105]常邕和以城來降。

【章　旨】以上為第三段，寫梁武帝蕭衍天監六年（西元五〇七年）一年間的大事。主要寫了魏將元英、楊大眼率兵攻鍾離，梁將昌義之堅守鍾離，殊死戰鬥；寫梁將韋叡、曹景宗等率軍救鍾離，韋叡等機智、勇敢地大破元英於鍾離城下，殺死魏兵十餘萬、淹死者十餘萬、被俘者五萬人，實肥水之戰以來所未有之大捷也，文章突出地描寫了梁將韋叡的卓越人格；事後魏將元英被除名為民，魏以其中護軍李崇為楊州刺史；此外還寫了梁吏部尚書徐勉的辦事幹練、公正無私，以及梁武帝蕭統之弟蕭秀等人的輕財重士，以至時人稱這為「四豪」等等。

【注　釋】❶監其事　監管組織、討論雅樂的事情。此句乃接上段末尾「魏人議樂，久不決」一句而來。❷劉芳　魏國的儒學之臣，曾任中書令，此時任太常卿。傳見《魏書》卷五十五。❸北阻淮水　北面以淮水為屏障。阻，以……為依托。❹跨淮通道　橫跨淮河架起了一條空中通道。❺嚴騎蹙其後　後面有精銳的騎兵逼著。蹙，催逼。❻以土迮之　用土把他們埋在了裡面。迮，迫；衝壓。❼衝車　古代攻城用的戰車。❽分番　分批；輪番。❾墜而復升　掉下來再爬上去。❿志殄逋寇　決心要消滅尚未被滅之殘敵。逋，逃亡。⓫少賜寬假　稍寬限我幾天。⓬久淹　久留。⓭步兵校尉范紹　步兵校尉是掌管警衛部隊的軍官名。范紹是一個既通儒學又長於實踐活動的官吏，曾主持屯田以及工程技術之事，皆有可觀。傳見《魏書》卷七十九。⓮英不從　胡三省曰：「元英違眾議，志在必克鍾離，恃義陽之勝而驕也。《兵法》曰：『常勝之家，難與慮敵』，又曰『兵驕者敗』，其謂是歟?」⓯陰陵大澤　陰陵縣裡的低溼沼澤地。⓰值澗谷　每逢遇到深澗、深溝。⓱輒飛橋以濟　總是在山溝、山澗上面架一道橋，讓軍隊飛空而過。⓲負戶而汲　出門提水都得帶著一塊門板以擋城外的來箭。⓳猶恐其後　還怕來不及。⓴墮吾腹中　全在我的考慮之中、成算之內了。㉑邵陽　即邵陽洲，在當時的鍾離城（今安徽鳳陽）東北。㉒卿之鄉望　你們同鄉中的大名人。胡三省曰：「曹景宗，新野人，韋叡以京兆著姓居襄陽，既同州鄉，而韋為望族。」㉓濟　成功；勝利。㉔鹿角　古時陣地、營寨前的一種防禦工事。把帶枝的樹幹削尖，半埋入地下阻截敵人。㉕走馬步地　以跑馬來丈量土地。㉖計馬足以賦功　計算馬跑的距離來分配工作量。㉗比曉而營立　等到天亮時營壘已經建立起來了。㉘望之奪

氣 望著這樣的甲兵而自感失魂喪氣。㉙齎敕 帶著皇帝的命令。㉚結車為陳 把戰車連接起來，作為防禦工事。陳，同「陣」。㉛洞甲穿中 穿透鎧甲射中人身。㉜素木輿 未加油飾的滑竿。㉝白角如意 用白色獸角雕削而成的如意。如意，搔癢的器具，魏晉南北朝時人們常拿在手中當做一種時尚。㉞請下城 請求其父下城避箭。㉟叡不許 胡三省曰：「此確鬥也。兩軍營壘相逼，旦暮接戰，勇而無剛者不能支久，韋叡於此，是難能也。比年襄陽之守，使諸將連營而前，如韋叡之略，城猶可全，不至誤國矣。嗚乎，痛哉！」按，此乃胡三省聯繫宋代現實而發。㊱軍中驚 軍中某部發生驚擾。㊲伐芻藁 割取餵牲畜的乾草。藁，同「稿」。草木枯乾。㊳略 意思同「掠」。擒拿；捉去。㊴有抄掠者 有前來抄掠伐芻藁者的魏國士兵。㊵縱芻牧 隨意地出去割草放牧。㊶景宗攻其北 胡三省曰：「魏於邵陽洲兩岸立橋，南橋以接元英之兵，北橋以接楊大眼之兵。」㊷秦郡 梁國的僑置郡名，郡治在今南京六合區。㊸殪 被殺死。㊹膏 油類。㊺從而焚其橋 放過去燒他們的橋。從，同「縱」。推出；放出。㊻晦冥 昏暗得有如黑夜。㊼漂疾 水勢迅猛。㊽更生二句 又活了，又活了。㊾澮水 也稱「澮水」、「渙水」，淮水的支流，流經今安徽亳州城北，東南流至今固鎮匯入淮水。㊿德 感謝……的恩情。51共會 一起到他的官衙聚會。52官賭 當著大眾賭博。53擲得雉 出手就擲了個次大彩。「雉」、「盧」都是古代賭博樗蒱中的一種術語。樗蒱類似今天的擲色子，共五顆子，用樗木削成，有黑白兩面，一把撒出去，如五顆子皆呈黑色，稱作「盧」，是最大的點兒，頭彩；如四顆黑色，一顆白色，稱作「雉」，是其次的大點兒，二彩；如五顆都是白色，稱作「塞」，是最壞的點兒，最小。54徐擲得盧 慢騰騰地一擲，結果呈現的是頭彩。所謂「徐擲」，表現了韋叡想把贏家讓給曹景宗，自己不想再擲的心理。55遽取一子反之三句 韋叡見自己要得頭彩，趕緊趁大家尚未看清之際，將其一子迅速翻成背面，口中還念叨著「奇怪」。56遂作塞 結果他這一把就變成了最壞的點兒。韋叡在整個賭博過程中的表現就是不想贏，想輸給曹景宗。袁俊德曰：「叡擲得盧，本勝雉矣，乃故反其子而作塞，見能讓不伐也。」袁黃曰：「並書，喜二將也，非景宗之能謙、韋叡之能讓，不至是也。並書二將，所以著師克之在和也。」57四月己酉 四月二十。58安成王秀 蕭秀，梁武帝蕭衍的七弟。傳見《梁書》卷二十二。59將發 將起身前往江州上任。60齋舫 供蕭秀乘坐住宿兼供運輸其家財的船。胡三省曰：「以船載齋庫物，因曰『齋舫』。」齋庫物即官僚的「小金庫」，做官所搜刮歸己的私人財產。現在改任他職，故需要用船搬家。61齋舫遂破 結果那艘裝載家財的次等船觸礁沉沒，眾僚佐因乘坐堅船遂免於難。胡三省曰：「時諸王並下士，建安王偉與秀尤好人物，時人方之『四豪』。」62丁巳 四月二十八。63沈約 當時著名的文人，幫著蕭衍篡取政權的急先鋒。傳見《梁書》卷十三。64王瑩 一個多方討好的庸俗官僚，劉宋時娶公主為妻，南齊末依違於群小之間，無是無非；蕭衍篡國稱帝後，王瑩又任尚書左僕射、侍中。傳見《梁書》卷十六。(65)六月丙午　六月十八。(66)馮翊等七郡　都是梁國的僑置郡名，都在當時梁國的雍州界內。當時梁國雍州的州治即今湖北襄樊的襄陽區。(67)七月丁亥　七月三十。(68)八月戊子　八月初一。(69)大赦　梁武帝蕭衍宣布大赦。(70)失圖　失算；方略錯誤。(71)極法　指死刑。(72)己亥　八月十二。(73)營州　發配到營州。營州的州治在今遼寧建昌西北。(74)李崇　孝文帝、宣武帝時代的魏國名將，曾任梁州刺史、中護軍。傳見《魏書》卷六十六。(75)多事產業　好置辦家產、田產。(76)狄道辛琛　辛琛是狄道人，宣武帝時代的方正官吏。傳見《魏書》卷七十七。狄道，縣名，即今甘肅臨洮，曾為隴西郡的郡治。(77)相糾舉　相互攻擊舉報。(78)上佐　敬稱辛琛日後所任的長史。長史是三公、刺史、將軍屬下的高級僚屬，為諸史之長。(79)萬一叨忝　謙詞，意即有朝一日如果真能像您所說，我也當上了刺史。叨忝，猶言勉強地竊居其任。(80)九月己未　九月初三。(81)高陽王雍　元雍，孝文帝之弟。傳見《魏書》卷七十七。(82)廣陽王嘉　元嘉，太武帝拓跋燾之孫。傳見《魏書》卷十八。(83)甲子　九月初八。(84)斜谷舊道　即褒斜道。因當時南北分爭，曾堵塞舊道，別開新路，以增加其險峻程度。(85)十月壬寅　十月十六。(86)五兵尚書　即後來的兵部尚書，主管全國軍事，上屬於尚書令。(87)徐勉　在南齊時為官，人已稱其有宰輔之量。入梁後，先後任中書侍郎、尚書吏部郎、五兵尚書。傳見《梁書》卷二十五。(88)文案填積　請示、報告的文書充塞、堆積。(89)該綜百氏　熟悉朝廷百官的家世、出身。該綜，熟悉；全都知道。該，同「賅」。完備。百氏，猶言百官。(90)皆為避諱　知道他們每個人父親的名字叫什麼、祖父的名字叫什麼，說起話來都為之避諱，於是顯得極其謙恭有禮。(91)夜集　夜間聚會飲宴。(92)求詹事五官　謀求太子詹事屬下的五官掾一職。太子詹事是皇太子屬下的官員，其部下有五官掾，職同於功曹。(93)閏月乙丑　閏十月初十。(94)行太子太傅　兼任太子太傅。行，兼任，以高級別兼任低職務曰「行」。太子太傅主管皇太子的訓導、教育等事。袁黃曰：「始書遣宏率師伐魏，繼書宏逃歸，今又書『以宏為司徒』，見其有罪不誅，宜黜而賞也。」(95)袁昂　在齊時曾任御史中丞，入梁後為黃門侍郎，遷侍中，又為吏部尚書。傳見《梁書》卷三十一。(96)丁卯　閏十月十二。(97)于氏　魏國太尉于烈的姪女，人言被未來的皇后高氏所害，傳見《魏書》卷十三。(98)甲申　閏十月二十九。(99)夏侯詳　蕭衍的開國元勳，此時任光祿大夫。傳見《梁書》卷十。(100)乙酉　閏十月三十。(101)順皇后　即被高氏所害的于皇后，順字是其死後的謚號。(102)十二月丙辰　十二月初二。(103)豐城景公夏侯詳　夏侯詳生前被封為豐城縣公，死後謚曰景。(104)乙丑　十二月十一日。(105)淮陽鎮都軍主　駐兵於淮陽鎮的總統領。淮陽，魏郡名，郡治睢陵，即今江蘇睢寧。都軍主，猶今所謂「總統領」，可以看出職責，但看不出職官的級別。都，是「總」的意思。

【校記】①城平　此二字原作空格。據四庫館臣校陳仁錫本作「城平」，《梁書・昌義之傳》、《南史・昌義之傳》亦作「城平」，今據補。②賜　原無此字。據章鈺校，十二行本、乙十一行本、孔天胤本皆有此字，今據補。③中衛　原作「中軍」。嚴衍《通鑑補》改作「中衛」，今據以校正。④己未　原誤作「己亥」。嚴衍《通鑑補》改作「己未」，張敦仁《通鑑刊本識誤》同，今從改。

【語譯】六年（丁亥　西元五〇七年）

春季，正月，公孫崇請求魏宣武帝元恪委任擔任衛軍將軍、尚書右僕射的高肇負責監管組織、商討雅樂的事情；宣武帝知道高肇不學無術，遂下詔令擔任太常卿的劉芳協助公孫崇。

魏國中山王元英與平東將軍楊大眼等數十萬人攻打梁國的鍾離城。鍾離城北面以淮水為屏障，魏軍在邵陽洲兩岸架橋，樹起了數百步長的木柵，橫跨淮河架起了一條空中通道。中山王元英佔據淮河南岸攻打鍾離城，楊大眼佔據淮河北岸修建城壘，以保障運糧的道路暢通無阻。鍾離城中其實只有三千人，守軍頭領昌義之督率屬下將士，根據形勢變化隨機應變地採取各種措施抵抗魏軍的進攻。魏軍用車運土想要填平護城河，並讓士卒背著土跟在車子後面，士卒後面又有精銳的騎兵催逼著他們往護城河裡填土，有的士卒把所背的土扔進護城河之後還沒有來得及轉過身，就被後面的人用土把他們埋在了裡面，不久護城河就被填平了。魏軍開始用衝車衝撞鍾離城的城牆，遭到衝撞的牆土一崩落下來，昌義之馬上組織人用泥土把城牆修補好，因此魏軍的衝車雖然能夠衝入卻不能將城牆打開缺口。魏軍不分白天黑夜，輪番向鍾離城發起攻擊，爬上去的掉下來再接著往上爬，沒有一個人退卻。就這樣一天數十次的攻擊，魏軍前後被守城的梁軍殺死殺傷的數以萬計，魏軍的屍體堆積得與鍾離城的城牆一樣高。

二月，魏宣武帝召中山王元英返回洛陽，元英上表說：「我立志要消滅南方尚未被滅掉的殘寇，然而從本月初以來，便陰雨不止，如果三月的天氣能夠放晴，我軍一定能夠攻克鍾離城，希望陛下稍微寬限幾天！」魏宣武帝又下詔說：「那裡的地面就像蒸籠一樣，悶熱潮溼，大軍不適合在那裡久留。將軍雖然志在必得，也只能是將軍更深入的打算；大軍在外久了就會精疲力盡，這也是朝廷所擔憂的。」元英仍然上表說一定能夠攻克鍾離城。魏宣武帝遂派遣擔任步兵校尉的范紹到元英那裡共同商議攻取鍾離城的前景，范紹看到鍾離城防守堅固，就勸說元英率軍返回，元英沒有聽從范紹的勸告。

梁武帝蕭衍命令擔任豫州刺史的韋叡率軍前往救援鍾離，接受右衛將軍曹景宗的指揮、調遣。韋叡率軍從合肥出發，選擇最直接的道路向鍾離進發，他率軍穿過陰陵縣境內的沼澤地，一路之上，遇到深澗山谷，就在山澗上面架起一道橋，讓軍隊飛空而過。軍人懼怕魏軍的強大，很多人都勸韋叡慢點走，韋叡回答說：「如今鍾離城內的守軍已經在挖地窖居住，出門提水都得背著一塊門板以遮擋城外隨時射過來的箭，即使我們的戰車飛速奔馳，士兵拼命奔跑，還怕來不及，又怎能容得我們緩慢行軍呢！魏軍已經全在我的算計之中，你們這些人不用擔憂。」韋叡所率之軍十天就到達了邵陽洲，梁武帝預先曾經告誡曹景宗說：「韋叡是你們同鄉望族中的大名人，你應該善待他、尊敬他！」曹景宗見了韋叡，禮節上表現得非常謹慎，梁武帝聽說這種情況之後說：「二位將領能夠和睦相處，軍隊一定能打勝仗。」

右衛將軍曹景宗與豫州刺史韋叡一同進駐邵陽洲，韋叡命令軍隊利用黑夜作掩護，在距離曹景宗軍營前面二十里之處挖掘了一條長長的壕溝，又用樹幹修築起一道防禦工事，把邵陽洲攔護起來使之形成一座城壘，距離魏軍的城壘僅有一百多步遠。擔任南梁太守的馮道根善於用跑馬的形式來丈量土地，根據馬的步數給士兵們分配了工作量，等到天亮的時候營壘已經建立起來了。魏國的中山王元英看到這種情景不禁大驚失色，他用手杖使勁敲擊著地面說：「他們怎麼會如此的神速！」曹景宗等人所率領的軍隊，兵器鎧甲精良嶄新，軍隊的聲勢十分強盛，魏軍望著這樣的軍隊不禁被震懾而喪失了膽氣。曹景宗擔心鍾離城中的將士因為處境危險而心生恐懼，便從軍士中招募了會潛水的言文達等人攜帶著皇帝的命令潛水進入鍾離城，城中的將士這才知道自己的援軍已經來到了城外，勇氣立即增加了一百倍。

魏國平南將軍楊大眼的勇猛善戰在魏軍當中可稱得上是個冠軍，他率領著一萬多名騎兵與梁軍交戰，所向披靡。豫州刺史韋叡把戰車連接起來作為防禦工事，楊大眼聚集了所有的騎兵把韋叡包圍起來，韋叡用二千張強弩同時向楊大眼的騎兵放箭，弩箭穿透了魏軍的鎧甲射入魏軍的身體，殺死殺傷了很多魏軍。箭頭貫穿了楊大眼的右臂，楊大眼率軍撤走。第二天天剛亮，中山王元英親自率軍前來交戰，韋叡坐著一個由兩人抬著的未加油飾的木椅，手中拿著一個用白色獸角雕刻成的如意指揮自己的軍隊與魏軍作戰，一天之內雙方就打了好幾仗，元英才被打退。魏軍又在夜間前來攻城，發射過來的箭就像雨點一樣密集，韋叡的兒子韋黯請求自己的父親下城避箭，韋叡沒有答應。軍中某處發生驚擾，韋叡在城上厲聲呵斥，軍中才安靜下來。梁國到淮北地區割取餵牲畜乾草的牧民，全都被楊大眼掠去了。曹景宗招募了一千多名勇士，在楊大眼城壘南面幾里遠的地方修築營壘，楊大眼率軍前來攻打，曹景宗出兵把楊大眼擊退。營壘修成之後，曹景宗派另一支部隊的將領趙草率軍防守，此後再有前來劫掠梁國割取乾草的牧人的魏國士兵，便都被趙草所抓獲，從此以後，牧民們才開始能夠隨意地到淮北地區割草放牧。

梁武帝命令右衛將軍曹景宗等預先製造高大的艦船，讓所建造的艦船與魏軍在邵陽洲兩岸建起的橋樑一樣高，準備用火攻之計燒毀魏軍的大橋，並命令曹景宗與韋叡每人負責進攻魏軍的一座橋，韋叡負責進攻邵陽洲南岸的橋，曹景宗負責進攻邵陽洲北岸的橋。三月，淮河水位暴漲了六七尺，韋叡派南梁太守馮道根與廬江太守裴邃、秦郡太守李文釗等人乘著戰艦爭相進發，把邵陽洲上的魏軍全部殺死。另外又用小船裝滿柴草，柴草上澆上油，然後將這些小船放出去焚燒魏軍所建造的橋，風大火旺，煙塵遮天蔽日，白晝昏暗得如同黑夜一般。敢死隊的勇士們衝上前去，拔掉魏軍所樹的木柵，砍斷橋樑，加之水勢迅猛，霎時間，魏軍所建的橋樑、所樹的木柵就全部被毀掉了。馮道根等人都親自參加搏鬥，士卒更是奮勇當先，喊殺之聲驚天動地，將士們無不以一當百，魏軍遂被打得大敗。元英看見橋樑已經被梁軍毀掉，就擺脫梁軍棄城逃走，楊大眼也燒毀自己的營寨逃走。魏軍所有的營壘便一個接一個地土崩瓦解了，魏軍把所有的武器、鎧甲全部拋棄，爭先恐後地逃命，被擠落淮水中淹死的就有十多萬人，被殺死的也大體有這個數目。韋叡派人將勝利的消息報告鍾離城裡的守將昌義之，昌義之悲喜交加，來不及回話，只是一個勁地叫喊著：「又可活命了！又可活命了！」各軍向北追擊敗逃的魏軍，一直追到濊水岸邊，元英單人獨騎逃入梁城，沿著淮河的一百多里之處，魏軍的屍體你壓著我，我壓著你，一片狼藉，梁軍還俘虜了五萬名魏軍，繳獲的各種軍用物資、糧食、器械等堆積如山，牛馬驢騾多得無法統計。

鍾離城守將昌義之對曹景宗以及韋叡的救命之恩非常感激，於是就邀請二人一同參加宴會，並拿出二十萬錢，當著眾人的面進行賭博遊戲。曹景宗出手就擲出了一個次大彩雉，韋叡慢騰騰地一擲，卻擲出一個頭彩的盧，韋叡看見自己要得頭彩，趕緊趁大家尚未看清之際，迅速將其一子翻過來，口中還念叨著：「奇怪！」結果他這一把就變成了最壞的塞點。曹景宗與各部隊的將帥都爭先恐後地向朝廷奏報鍾離勝利的消息，只有豫州刺史韋叡拖到最後才上報，世人因為此事而特別稱讚韋叡的賢德。梁武帝下詔提升右衛將軍曹景宗、豫州刺史韋叡的爵位、增加他們的封邑，鍾離守將昌義之等人也受到不同檔次的獎賞。

夏季，四月二十日己酉，梁武帝任命擔任江州刺史的王茂為尚書右僕射，任命安成王蕭秀為江州刺史。蕭秀將要起身前往江州上任的時候，主管官員請求把堅固的船隻提供給蕭秀，作為他乘坐、住宿兼運輸其家庭財物之用，蕭秀說：「我難道是那種只愛財物而不愛惜士人的人嗎？」遂把堅固的船隻讓給了跟隨自己前往江州赴任的僚佐，而用最次等的船隻裝載個人的財物，後來船隻在江上遭到暴風的襲擊，裝載蕭秀私家財物的那艘齋舫遂破裂沉沒了。

四月二十八日丁巳，梁武帝任命臨川王蕭宏為驃騎將軍、開府儀同三司，建安王蕭偉為楊州刺史，任命擔任右光祿大夫的沈約為尚書左僕射，原任尚書左僕射的王瑩為中軍將軍。

六月十八日丙午，梁國所屬的馮翊等七個郡背叛了梁國，投降了魏國。〇秋季，七月三十日丁亥，梁武帝任命擔任尚書右僕射的王茂為中衛將軍。〇八月初一日戊子，梁武帝宣布大赦。

魏國有關部門的官員上書給宣武帝說中山王元英經營謀略錯誤，齊王蕭寶寅等沒有守住大橋，都應當被處以死刑。八月十二日己亥，魏宣武帝下詔免除中山王元英、齊王蕭寶寅的死罪，削去他們的爵位，貶為平民，平南將軍楊大眼被發配到營州充當士卒。任命擔任中護軍的李崇為征南將軍、楊州刺史。李崇為自己置辦了很多的家業、田產，在他手下擔任征南長史的狄道縣人辛琛多次勸諫李崇，李崇始終不改，於是李崇與辛琛之間便相互攻擊舉報。魏宣武帝下詔，對二人不予追究。李崇於是擺酒宴請辛琛，並對辛琛說：「你這個長史今後一定能擔任刺史的職務，只是不知道你需要一個什麼樣的長史來輔佐你。」辛琛說：「如果萬一哪一天真能像您所說的，我也當上了刺史，能得到一位正直不阿的長史，使我從早到晚隨時能聽到自己的過錯，就是我最希望得到的。」李崇聽後不禁露出慚愧的神色。

九月初三日己未，魏宣武帝任命擔任司空的高陽王元雍為太尉，任命擔任尚書令的廣陽王元嘉為司空。○初八日甲子，魏國開闢斜谷舊路。

冬季，十月十六日壬寅，梁武帝任命擔任五兵尚書的徐勉為吏部尚書。徐勉精力過人，即使是請示、報告的文書案卷在辦公桌上堆積起來，賓客座無虛席，他照樣能夠應對如流，手不停筆。他還熟悉朝廷百官的家世、出身，知道他們每個人的父親叫什麼名字、祖父叫什麼名字，說起話來都為之避諱。徐勉曾經與自己的門客在夜間聚會宴飲，門客虞暠趁機向徐勉謀求擔任太子詹事屬下的五官掾一職，徐勉態度嚴肅地說：「今晚只能談論風花雪月，不可涉及公事。」當時的人都很佩服他的公正無私。

閏十月初十日乙丑，梁武帝任命臨川王蕭宏為司徒、兼任太子太傅，任命擔任尚書左僕射的沈約為尚書令、兼任太子少傅，任命擔任吏部尚書的袁昂為尚書右僕射。○十二日丁卯，魏國的于皇后突然去世。當時貴嬪高氏很受宣武帝的寵愛，而高氏生性嫉妒，高肇的權勢又壓倒朝廷內外，于皇后遂得暴病而死，人們都歸罪於高貴嬪，認為是她害死了于皇后，然而宮廷內的事情十分祕密，外面的人根本無法知道其中的詳細情況。○二十九日甲申，梁武帝任命擔任光祿大夫的夏侯詳為尚書左僕射。○三十日乙酉，魏國把順皇后于氏安葬在永泰陵。

十二月初二日丙辰，梁國的豐城景公夏侯詳去世。○十一日乙丑，魏國淮陽鎮駐軍的總統領常邕和獻出城池向梁國投降。

【研　析】本卷寫梁武帝蕭衍天監四年（西元五〇五年）至天監六年共三年間南梁與北魏兩國的大事。其中最重要的是魏軍在邢巒、王足的率領下先在梁州擴大地盤，又攻入劍門，勢如破竹，迅即又佔領了益州的大片領土，可惜魏主不用邢巒的計謀，致使伐蜀之功，成為泡影；隨後魏國又大舉徵兵，命邢巒、元英、楊大眼等進攻淮河以南，雙方互有勝負。其中魏將元英仗恃著他此前在義陽一線的勝利，決心要攻克梁國北方的重鎮鍾離。魏主令邢巒率軍往會，邢巒以為魏軍已很疲憊，鍾離難以短期攻下，堅請魏主退兵。魏主又不聽，改派蕭寶寅代領邢巒之兵會同元英攻鍾離。結果梁將昌義之在城內頑強堅守，梁將韋叡、曹景宗又率軍火速相援，雙方大戰於鍾離城下，最後魏軍又遭慘敗。魏國的教訓是極其深刻的；而梁朝在此戰中的卓越表現也一掃宋、齊以來幾十年的無恥與沉靡，使朝野的精神為之一振。

鍾離之戰的描寫是極其精彩的，文章寫鍾離守將昌義之的表現說：「城中眾纔三千人，昌義之督帥將士，隨方抗禦。魏人以車載土填塹，使其眾負土隨之，嚴騎蹙其後，人有未及回者，因以土迮之，俄而塹滿。衝車所撞，城土輒頹，義之用泥補之，衝車雖入而不能壞。魏人晝夜苦攻，分番相代，墜而復升，莫有退者。一日戰數十合，前後殺傷萬計，魏人死者與城平。」文章寫韋叡、曹景宗等救鍾離的卓絕表現說：「叡自合肥取直道，由陰陵大澤行，值澗谷，輒飛橋以濟。師人畏魏兵盛，多勸叡緩行，叡曰：『鍾離今鑿穴而處，負戶而汲，車馳卒奔，猶恐其後，而況緩乎！魏人已墮吾腹中，卿曹勿憂也。』旬日至邵陽。」文章在寫到雙方的決戰時說：「楊大眼勇冠軍中，將萬餘騎來戰，所向皆靡。叡結車為陳，大眼聚騎圍之，叡以彊弩二千一時俱發，洞甲穿中，殺傷甚眾。矢貫大眼右臂，大眼退走。明旦，英自帥眾來戰，叡乘素木輿，執白角如意以麾軍，一日數合，英乃退。魏師復夜來攻城，飛矢雨集，叡子黯請下城以避箭，叡不許。軍中驚，叡於城上厲聲呵之，乃定。」「上命景宗等豫裝高艦，使與魏橋等，為火攻之計，令景宗與叡各攻一橋，叡攻其南，景宗攻其北。三月，淮水暴漲六七尺，叡使馮道根與廬江太守裴邃、秦郡太守李文釗等乘鬭艦競發，擊魏洲上軍盡殪。別以小船載草，灌之以膏，從而焚其橋，風怒火盛，烟塵晦冥。敢死之士，拔柵斫橋，水又漂疾，倏忽之間，橋柵俱盡。道根等皆身自搏戰，軍人奮勇，呼聲動天地，無不一當百，魏軍大潰。英見橋絕，脫身棄城走，大眼亦燒營去。諸壘相次土崩，悉棄其器甲，爭投水死者十餘萬，斬首亦如之。……緣淮百餘里，尸相枕藉，生擒五萬人，收其資糧、器械山積，牛馬驢騾不可勝計。」這樣精彩的戰爭描寫，自東漢劉秀的昆陽之戰後，已經幾百年沒有見過了。

鍾離之戰能出現在梁朝的初期絕不是偶然的，首先是梁初的政治面貌與以往東晉、宋、齊有較大的變化，王夫之《讀通鑑論》說：「晉、宋以降，為大臣者怙其世族之榮，以瓦全為善術，風教所移，遞相師效，以為固然」，朝野充斥著一片懈怠沉靡之氣；而蕭衍建國以後，「則世局一遷，而夫人不昧之天良，乃以無所傳染而孤露。梁氏享國五十年，天下且小康焉。舊習祓除已盡，而賢不肖皆得自如其志意，不相謀也，不相溷也。就無道之世而言之，亦霪雨之旬，乍為開霽，雖不保於崇朝之後，而草木亦蓁蓁以嚮榮矣。」這種政治面貌在鍾離之戰的整個過程中就突出地表現為梁朝君臣之間、諸將之間的同心協力、無私無畏，而又身先士卒的以身作則上。在諸將中，曹景宗是蕭衍的開國功臣，地位最高，是諸將之首，蕭衍首先教導他：「韋叡，卿之鄉望，宜善敬之！」韋叡本來就是一個謙遜無私的人，曹景宗一旦對韋叡表現友好，主要問題就解決了。故而蕭衍聽說他們的關係不錯時，高興地說：「二將和，師必濟矣。」其他親自率軍衝鋒的馮道根也是當時的名將，裴邃、李文釗也都是一個郡的太守官，但都能恭順地聚集在曹景宗、韋叡的周圍，不顧生死地完成他們的將令。最令人鼓舞、令人喜愛的當然是韋叡。韋叡貌似羸弱，智勇非凡，早在他的攻取合肥一戰中，就令魏人知道了他的厲害，以至於魏軍中有歌謠說：「不畏蕭娘與呂姥，但畏合肥有韋虎。」韋叡不僅有超人的智，而且有超人的勇，他那種坐著滑竿泰然自若地出入於「飛矢雨集」之下的情景，給人留下了深刻的印象。當大將當然不一定必須身臨最前線，但當大將必須要有這種氣度，這對鼓舞士氣是絕對必要的。文章還寫了戰勝之後，昌義之為表示感謝曹景宗與韋叡，而置樗蒲請他們一起玩耍的情景，韋叡先擲出了已贏曹景宗的點兒，但又眼快手疾地翻成了最壞的點兒，從而輸給了曹景宗，表現了韋叡的事事謙退，這與文章接著所寫的「景宗與羣帥爭先告捷，叡獨居後」云云都是一樣的。

以上所說，都是蕭衍建國之初的一些令人高興的事情，但蕭衍與此同時還有許多令人討厭的事情，歷史家也還是隱隱約約地寫了出來。蕭衍所以能順順當當地篡位稱帝，自然是少不了有許多得力的幹將為他效力。事成之後，蕭衍必須給這些開國元勳以種種特權、種種照顧，這是不消說的。但不加教育、不加管理，出了事情又格外縱容，這就令人氣憤，認為他沒有個人君的樣子了。本書上卷寫到梁國的北部重鎮義陽（即今河南信陽）被魏軍攻佔時，就寫到了曹景宗奉命救義陽，中途「耀兵遊獵」，逗撓不進，致使義陽失守，此事被御史中丞任昉所彈劾，結果蕭衍「以其功臣，寢而不治」；本卷前文又寫了蕭衍的功臣鄧元起被任為益州刺史，鄧元起為形成自己的幫派勢力，在去益州的一路上，招降納叛，許之以為治中、別駕者二千人。鄧元起任益州刺史後，又眼巴巴地不救梁州諸城之急，坐視梁州的大片地區落入魏人之手；在他即將離任時又欲盡數席捲益州府庫的積蓄而走；又向前來接任的新益州刺史蕭淵藻索取良馬，並出言狂傲，被蕭淵藻氣憤所殺，蕭淵藻是蕭衍長兄蕭懿的兒子，對於這件事，蕭衍竟絲毫不問鄧元起有無罪惡，只管一味地斥責蕭淵藻。其實蕭淵藻倒是一位很有能力的地方官，他平息了益州境內的叛亂，把益州治理得很好。唐朝的李延壽寫《南史》時也跟著起哄，說什麼蕭衍只把蕭淵藻貶為冠軍將軍，是「於罰已輕」；說「梁之政刑，於斯為失」，蕭淵藻殺死鄧元起是有些過分，但事出有因，不能不問始末根由。

在鍾離之勝的一個月前，梁國還有一次令人髮指的洛口慘敗。當時梁國的最高統帥是蕭宏，梁武帝蕭衍的胞弟。史文說：「臨川王宏以帝弟將兵，器械精新，軍容甚盛，北人以為百數十年所未之有。軍次洛口，前軍克梁城，諸將欲乘勝深入，宏性懦怯，部分乖方。」史文記載了眾人辯論的情景，主張撤退的是蕭宏與呂僧珍；主張進戰的是柳惔、裴邃、馬仙琕、昌義之、朱僧勇、胡辛生。每個人的措詞與表現方式都不相同，生動多采，文章有如《左傳》僖公二十八年「城濮之戰」前的眾將集議。最可惡的是蕭宏，既命令全軍「人馬有前行者斬」，又不做任何防守的準備，只是一籌莫展地無所事事。等到晚上突有暴風雨降臨時，軍中驚恐，而統帥蕭宏竟一聲不吭地「與數騎逃去」，這一來，遂使「將士求宏不得，皆散歸，棄甲投戈，填滿水陸，捐棄病者及羸老，死者近五萬人」。對於這樣一個喪師辱國的人，即使不將其明正典刑，至少也要把他禁錮終身吧？但沒過多久，「以臨川王宏為驃騎將軍、開府儀同三司」；又不久，「以臨川王宏為司徒、行太子太傅」。袁黃在解釋《綱鑑》行文方法的時候說：「始書遣宏率師伐魏，繼書宏逃歸，今又書『以宏為司徒』，見其有罪不誅，宜黜而賞也。」李延壽在這裡怎麼不說「梁之政刑，於斯為失」了呢？

新譯范文正公選集
新譯蘇洵文選
新譯蘇軾文選
新譯蘇軾詞選
新譯蘇轍文選
新譯曾鞏文選
新譯王安石文選
新譯柳永詞集
新譯李清照集
新譯辛棄疾詞選
新譯陸游詩文選
新譯歸有光文選
新譯徐渭詩文選
新譯薑齋文集
新譯顧亭林文集
新譯方苞文選
新譯袁枚詩文選
新譯聊齋誌異選
新譯聊齋誌異全集
新譯閱微草堂筆記
新譯浮生六記
新譯弘一大師詩詞全編

教育類

新譯爾雅讀本
新譯顏氏家訓
新譯聰訓齋語
新譯曾文正公家書
新譯三字經
新譯百家姓
新譯幼學瓊林
新譯增廣賢文・千字文
新譯格言聯璧

歷史類

新譯史記
新譯漢書
新譯後漢書
新譯三國志
新譯資治通鑑
新譯史記──名篇精選
新譯尚書讀本
新譯周禮讀本
新譯逸周書
新譯左傳讀本
新譯公羊傳
新譯穀梁傳
新譯春秋穀梁傳
新譯戰國策
新譯國語讀本
新譯說苑讀本
新譯新序讀本
新譯吳越春秋
新譯西京雜記
新譯列女傳
新譯越絕書
新譯燕丹子
新譯東萊博議
新譯唐六典
新譯唐摭言

宗教類

新譯金剛經
新譯高僧傳
新譯碧巖集
新譯百喻經
新譯楞嚴經
新譯梵網經
新譯法句經
新譯六祖壇經
新譯禪林寶訓
新譯維摩詰經
新譯經律異相
新譯阿彌陀經
新譯無量壽經
新譯妙法蓮華經
新譯景德傳燈錄
新譯釋禪波羅蜜
新譯大乘起信論
新譯八識規矩頌
新譯永嘉大師證道歌
新譯華嚴經入法界品
新譯地藏菩薩本願經
新譯悟真篇
新譯无能子
新譯坐忘論
新譯列仙傳
新譯抱朴子
新譯神仙傳
新譯性命圭旨
新譯老子想爾注
新譯周易參同契
新譯道門觀心經
新譯養性延命錄
新譯樂育堂語錄
新譯沖虛至德真經
新譯長春真人西遊記
新譯黃庭經・陰符經

地志類

新譯山海經
新譯水經注
新譯佛國記
新譯大唐西域記
新譯洛陽伽藍記
新譯徐霞客遊記
新譯東京夢華錄

政事類

新譯商君書
新譯鹽鐵論
新譯貞觀政要

軍事類

新譯孫子讀本
新譯司馬法
新譯尉繚子
新譯三略讀本
新譯六韜讀本
新譯吳子讀本
新譯李衛公問對